ESTUDOS DE DIREITO INTERNACIONAL PRIVADO

*Direito de Conflitos, Competência Internacional
e Reconhecimento de Decisões Estrangeiras*

LUÍS DE LIMA PINHEIRO

Doutor em Direito
Professor da Faculdade de Direito de Lisboa

ESTUDOS DE DIREITO INTERNACIONAL PRIVADO

Direito de Conflitos, Competência Internacional e Reconhecimento de Decisões Estrangeiras

ESTUDOS DE DIREITO INTERNACIONAL PRIVADO
Direito de Conflitos, Competência Internacional
e Reconhecimento de Decisões Estrangeiras

AUTOR
LUÍS DE LIMA PINHEIRO

EDITOR
EDIÇÕES ALMEDINA, SA
Rua da Estrela, n.º 6
3000-161 Coimbra
Tel.: 239 851 904
Fax: 239 851 901
www.almedina.net
editora@almedina.net

EXECUÇÃO GRÁFICA
G.C. – GRÁFICA DE COIMBRA, LDA.
Palheira – Assafarge
3001-453 Coimbra
producao@graficadecoimbra.pt

Fevereiro, 2006

DEPÓSITO LEGAL
239086/06

Os dados e as opiniões inseridos na presente publicação
são da exclusiva responsabilidade do(s) seu(s) autor(es).

Toda a reprodução desta obra, por fotocópia ou outro qualquer processo,
sem prévia autorização escrita do Editor,
é ilícita e passível de procedimento judicial contra o infractor.

OBRAS DO AUTOR

A Cláusula de Reserva de Propriedade, Coimbra, Almedina, 1988.

A Venda com Reserva da Propriedade em Direito Internacional Privado, Lisboa et. al., McGraw-Hill, 1991.

"Venda marítima internacional – alguns aspectos fundamentais da sua regulação jurídica", *Revista AMB* (Associação dos Magistrados Brasileiros) 1 (1997) 44-67 e *Boletim da Faculdade de Direito de Bissau* 5 (1998) 173-225.

Contrato de Empreendimento Comum (Joint Venture) em Direito Internacional Privado, Lisboa, Cosmos e Almedina, 1998.

Lista da Principal Legislação de Direito Internacional Privado, Lisboa, AAFDL, 1998.

"O Direito aplicável às sociedades. Contributo para o Direito Internacional Privado das sociedades", *ROA* 58 (1998) 673-777 (=*in Estudos Jurídicos e Económicos em Homenagem ao Professor João Lumbrales*, 475-555, Lisboa, 2000).

Direito Internacional Privado. Parte Especial (Direito de Conflitos), Coimbra, 1999.

"O problema do Direito aplicável aos contratos internacionais celebrados pela Administração Pública", *Direito e Justiça* 13 (1999) 29-64.

Lista da Principal Legislação de Direito Internacional Privado, Lisboa, AAFDL, 1999.

"Apontamento sobre as normas de aplicação necessária perante o Direito Internacional Privado português e o art. 21.º do Código Civil de Macau", *ROA* 60 (2000) 23-48.

"Contributo para a Reforma do Direito Comercial Marítimo", *ROA* 60 (2000) 1057-1210.

Direito Internacional Privado. Volume I – Introdução e Direito de Conflitos – Parte Geral, Coimbra, 2001.

"Direito aplicável aos contratos com consumidores", *ROA* 61 (2001) 155-170 (=*in Estudos do Instituto de Direito do Consumo*, vol. I, 93-106, Coimbra, 2002).

Um Direito Internacional Privado para o Século XXI. Relatório sobre o Programa, os Conteúdos e os Métodos de Ensino do Direito Internacional Privado, Suplemento *RFDUL* (2001).

"The 'Denationalization' of Transnational Relationships – Regulation of Transnational Relationships by Public International Law, European Community Law and Transnational Law", *in Aufbruch nach Europa. 75 Jahre Max-Planck-Institut für Privatrecht*, 429-446, Tubinga, 2001 (com alterações não autorizadas pelo autor).

Lista da Principal Legislação de Direito Internacional Privado, Lisboa, AAFDL, 2001.

"Regime interno de reconhecimento de decisões judiciais estrangeiras", *ROA* 61 (2001) 561-628.

"A lei aplicável aos direitos de propriedade intelectual", *RFDUL* 42 – n.º 1 (2001) 63-75.

"Direito aplicável à responsabilidade extracontratual na Internet", *RFDUL* 42 – n.º 2 (2001) 825-834.

6   *Estudos de Direito Internacional Privado*

"Parecer", *in O Caso Meco (Pareceres Jurídicos e Peças Processuais)*, vol. II, 271-289, Ministério do Ambiente e do Ordenamento do Território, Amadora, 2002.

Direito Internacional Privado. Volume III – Competência Internacional e Reconhecimento de Decisões Estrangeiras, Coimbra, 2002.

"A triangularidade do Direito Internacional Privado – Ensaio sobre a articulação entre o Direito de Conflitos, o Direito da Competência Internacional e o Direito de Reconhecimento", *in Estudos em Homenagem à Professora Doutora Isabel de Magalhães Collaço*, vol. I, 311-378, Coimbra, 2002.

"Arrendamentos de duração limitada", *in Estudos em Homenagem ao Professor Doutor Inocêncio Galvão Telles*, vol. III – *Direito do Arrendamento Urbano*, 391-405, Coimbra, 2002.

Lista da Principal Legislação de Direito Internacional Privado, Lisboa, AAFDL, 2002.

Direito Internacional Privado. Volume II – Direito de Conflitos – Parte Especial, 2.ª ed., Coimbra, 2002.

"O Direito Comercial Marítimo de Macau Revisitado", *ROA* 62 (2002) 425-438.

"Competência internacional em matéria de contratos com consumidores", *RFDUL* 43 – n.º 1 (2002) 41-54.

"Breves considerações sobre a responsabilidade dos consorciados perante terceiros", *in Estudos em Homenagem ao Prof. Doutor Raúl Ventura*, vol. II, 165-179, Coimbra, 2003.

"Competência internacional em matéria de litígios relativos à *Internet*", *in Estudos em Homenagem ao Prof. Doutor Inocêncio Galvão Telles*, vol. V, 695-712, Coimbra, 2003 (=*Direito da Sociedade da Informação*, vol. IV, 171-189, Coimbra, 2003).

"Federalismo e Direito Internacional Privado – algumas reflexões sobre a comunitarização do Direito Internacional Privado", *Cadernos de Direito Privado* 2 (Junho 2003) 3-19.

Lista da Principal Legislação de Direito Internacional Privado, Lisboa, AAFDL, 2003.

"Direito aplicável ao mérito da causa na arbitragem transnacional", *ROA* 63 (2003) 157--210 (= *in Estudos de Direito Comercial Internacional*, vol. I, 11-61).

(Org.) *Estudos de Direito Comercial Internacional*, vol. I, Coimbra, 2004.

"Cláusulas típicas dos contratos do comércio internacional", *in Estudos de Direito Comercial Internacional*, vol. I, 239-269, Coimbra, 2004 (=*RFDUL* 44 [2003] 83-108).

"Convenção de arbitragem (aspectos internos e transnacionais", *ROA* 64 (2004) 125-200.

"O reconhecimento das decisões arbitrais 'estrangeiras' segundo a Convenção de Nova Iorque de 1958", *in Cuestiones Actuales del Derecho Mercantil Internacional*, 671-697, Editorial Colex, Madrid, 2005.

(Org.) *Seminário Internacional sobre a Comunitarização do Direito Internacional Privado. Direito de Conflitos, Competência Internacional e Reconhecimento de Decisões Estrangeiras*, Almedina, Coimbra, 2005.

"O Direito de Conflitos e as liberdades comunitárias de estabelecimento e de prestação de serviços", *in Seminário Internacional sobre a Comunitarização do Direito Internacional Privado*, 79-109, Coimbra, 2005 (= *in Estudos em Memória do Professor Doutor António Marques dos Santos*, vol. I, 273-303, Almedina, Coimbra, 2005).

Arbitragem Transnacional. A Determinação do Estatuto da Arbitragem, Almedina, Coimbra, 2005.

Direito Comercial Internacional – O Direito Privado da Globalização Económica. Relatório sobre o Programa, os Conteúdos e os Métodos de Ensino do Direito Comercial Internacional, policopiado, Lisboa, 2005.

Direito Comercial Internacional. Contratos Comerciais Internacionais. Convenção de Viena sobre a Venda Internacional de Mercadorias. Arbitragem Transnacional, Almedina, Coimbra, 2005.

Lista da Principal Legislação de Direito Internacional Privado, AAFDL, 2005.

"Incoterms – introdução e traços fundamentais", *ROA* 65 (2005) 387-406.

ÍNDICE GERAL

O Direito aplicável às sociedades. Contributo para o Direito Internacional Privado das pessoas colectivas 11

Contratos de Estado 105

Apontamento sobre as normas de aplicação necessária perante o Direito Internacional Privado português e o art. 21.º do Código Civil de Macau 133

Direito aplicável aos contratos com consumidores 159

The 'Denationalization' of Transnational Relationships – Regulation of Transnational Relationships by Public International Law, European Community Law and Transnational Law 173

A lei aplicável aos direitos de propriedade intelectual 195

Direito aplicável à responsabilidade extracontratual na Internet 213

A triangularidade do Direito Internacional Privado – Ensaio sobre a articulação entre o Direito de Conflitos, o Direito da Competência Internacional e o Direito de Reconhecimento 225

Competência internacional em matéria de contratos com consumidores 295

Competência internacional em matéria de litígios relativos à Internet 311

Federalismo e Direito Internacional Privado – algumas reflexões sobre a comunitarização do Direito Internacional Privado 331

O Direito de Conflitos e as liberdades comunitárias de estabelecimento e de prestação de serviços 357

Circulação de decisões judiciais e integração supranacional e internacional 389

A competência internacional exclusiva dos tribunais portugueses 403

Reconhecimento autónomo de decisões estrangeiras e controlo do Direito aplicável.. 435

O DIREITO APLICÁVEL ÀS SOCIEDADES

Contributo para o Direito Internacional Privado das pessoas colectivas

> SUMÁRIO: Introdução. I. A tradicional oposição entre teoria da constituição e teoria da sede. A) Os principais critérios para a determinação do estatuto pessoal da sociedade. B) A teoria da constituição. C) A teoria da sede. II. A necessidade de uma revisão. A) Preliminares. B) O problema do Direito aplicável no momento da constituição da sociedade. C) A teoria da sede como qualificação da teoria da constituição. D) As atenuações da teoria da sede: presunção de coincidência com a sede estatutária, manutenção da personalidade jurídica em caso de transferência internacional da sede e devolução. E) A combinação da teoria da constituição com a teoria da sede. F) O problema do Direito aplicável às sociedades que se constituem sem intervenção de órgãos públicos (incluindo as sociedades sem personalidade jurídica). G) As atenuações da teoria da constituição. H) A relevância do lugar onde a sociedade desenvolve actividade. III. O Direito aplicável à constituição da sociedade. A) Em geral. B) Direito aplicável ao contrato de sociedade. C) Direito aplicável à forma do contrato de sociedade. D) Conclusões. IV. O Direito aplicável ao estatuto pessoal da sociedade – apreciação político-jurídica. A) Apreciação da teoria da constituição. B) Apreciação da teoria da sede. C) Posição adoptada: teoria atenuada da constituição. V. O estatuto pessoal da sociedade perante o Direito Internacional Privado português. A) Breve referência à divergência doutrinal na vigência dos arts. 109.º a 112.º C. Com.. B) O Direito vigente. Arts. 33.º/1 CC e 3.º/1 C. Soc. Com.. C) Articulação da sede da administração com a sede estatutária. D) Âmbito de aplicação do Direito Internacional Privado especial das sociedades comerciais.

INTRODUÇÃO

I. O problema do Direito aplicável à sociedade surge quando uma sociedade apresenta laços juridicamente relevantes com a esfera social ou, directamente, com a ordem jurídica de mais de um Estado. De entre os laços juridicamente relevantes avultam a nacionalidade, domicílio, residência habitual ou sede dos sócios; a nacionalidade, o lugar da constituição ou a sede da sociedade; e, o lugar onde se desenvolve a actividade social.

Ao tempo em que, normalmente, as sociedades eram constituídas num determinado Estado, por nacionais deste Estado, para desenvolverem actividade no respectivo território e só em momento posterior alargavam a sua actividade a outros Estados, as atenções centravam-se na questão do *reconhecimento* das sociedades "estrangeiras". Colocava-se então, em primeiro lugar, a questão do *reconhecimento da sua personalidade jurídica*[1]. Uma vez reconhecida a personalidade jurídica da sociedade, examinava-se os limites ou condicionamentos a que o Estado local subordinava o exercício da actividade social das sociedades "estrangeiras", problema que MACHADO VILLELA designou de *"reconhecimento da capacidade funcional"*[2]. Os arts. 109.º a 112.º C. Com. espelhavam este modo de ver as coisas, embora o art. 110.º já previsse o caso de sociedades que, sendo constituídas no estrangeiro, "devam ter sede no reino e nele exercer o principal comércio".

Por certo que o reconhecimento da sociedade pressupõe a determinação do Direito aplicável à aquisição da personalidade jurídica. Só depois de se ter determinado o Direito aplicável e verificado que, segundo este Direito, a sociedade se constituiu como pessoa colectiva, faz sentido perguntar se a sociedade é reconhecida no Estado local.

Mas o problema do Direito aplicável ao estatuto pessoal só ganha consistência prática no decurso do presente século. Com a progressiva internacionalização da economia e transnacionalização das empresas, cada vez mais sociedades apresentam, desde o início, laços importantes com diferentes Estados, mobilizam capitais provenientes de diversos países e deslocam os centros de actividade e (ou) de direcção para fora do Estado de constituição.

---

[1] Ver MACHADO VILLELA [I 238 e segs. e 252 e segs.], n. 4 ao art. 1.º do Anteprojecto de 1951, da autoria de FERRER CORREIA [*in BMJ* 24: 9 e segs.], ISABEL DE MAGALHÃES COLLAÇO [1971: 3 e segs. e 50 e segs.] e FERRER CORREIA [1973: 121 e segs.].

[2] Ver MACHADO VILLELA [I 255 e 263 e segs.], ISABEL DE MAGALHÃES COLLAÇO [1971: 51 e 55 e segs.] e FERRER CORREIA [1973: 125 e segs.].

Este desenvolvimento é acompanhado por uma liberalização do sistema de reconhecimento, que se vem a traduzir na generalização do reconhecimento automático das sociedades de estatuto pessoal estrangeiro.

A tendência mais recente vai mesmo no sentido de negar a autonomia do reconhecimento da personalidade jurídica relativamente à determinação do estatuto pessoal. Com efeito, a partir do momento em que o reconhecimento é automático e não depende da verificação de condições fixadas pelo Direito material do foro, o "reconhecimento" da personalidade jurídica mais não é que uma consequência da aplicação da lei pessoal da sociedade[3].

II. Convém esclarecer o conceito de sociedade relevante para a presente indagação.

O conceito de sociedade diverge muito de sistema para sistema[4]. O Direito alemão, os sistemas da *Common Law* e o § 2.º do art. 58.º do Tratado de Roma adoptam um conceito amplo de sociedade, que abrange todo o contrato por que duas ou mais pessoas se obrigam a colaborar na prossecução de um fim comum (que, no Direito alemão, nem tem necessariamente de ser de índole económica). A noção que consta do art. 980.º CC port. ilustra um conceito restritivo de sociedade: duas ou mais pessoas obrigam-se a contribuir com bens ou serviços para o exercício em comum de certa actividade económica, que não seja de mera fruição, a fim de repartirem os lucros resultantes dessa actividade. Os Direitos francês e italiano, por seu turno, evoluíram de um conceito restritivo para uma posição intermédia, que admite ou tende a admitir sociedades que não têm por fim a realização, no seu património, de um lucro susceptível de distribuição.

Nesta indagação toma-se por base um conceito relativamente amplo de sociedade: o de contrato por que duas ou mais pessoas se obrigam a colaborar na prossecução de um fim económico comum. Procura-se assim abranger relações que, não sendo entre nós qualificadas como sociedades, suscitam problemas jurídico-materiais e jurídico-conflituais idênticos ou análogos. Claro que não se pode, *a priori*, pretender que é este o conceito de sociedade relevante para o Direito de Conflitos especial das sociedades comerciais. O alcance deste conceito de sociedades comerciais é uma

---

3 Cf. KEGEL [417].
4 Ver LIMA PINHEIRO [197 e segs.].

questão de interpretação das normas que o utilizam, questão que será adiante retomada. Mas é perfeitamente legítimo que, para efeitos de delimitação do âmbito da presente contribuição, se parta de um conceito autónomo de base doutrinal. A indagação posterior se encarregará de confirmar ou infirmar a funcionalidade deste conceito.

III. O Direito Internacional Privado português configura um estatuto pessoal da pessoa colectiva, à semelhança do estatuto pessoal dos indivíduos. O n.º 2 do art. 33.º e o art. 38.º CC contêm uma enumeração não taxativa das matérias que integram este estatuto pessoal.

Segundo esta enumeração, a lei pessoal é aplicável à capacidade; às relações internas (constituição, funcionamento e competência dos órgãos, modos de aquisição e perda da qualidade de associado e correspondentes direitos e deveres); às relações externas (termos em que a pessoa colectiva, bem como os seus órgãos e membros, respondem perante terceiros); à representação da pessoa colectiva pelos seus órgãos; e, à transformação, dissolução e extinção da pessoa colectiva.

A constituição da pessoa colectiva não consta desta enumeração. É um facto curioso, tanto mais que na doutrina, quer seja anterior ou posterior ao Código Civil, parece pacífico que esta matéria está submetida à lei pessoal. Mas, como adiante se verá, pode fazer sentido que a constituição da pessoa colectiva seja excluída do âmbito de aplicação da lei da sede.

Esta ideia de simetria entre o estatuto pessoal dos indivíduos e o estatuto pessoal das pessoas colectivas não é comum a todos os sistemas. Designadamente, ela é estranha ao Direito Internacional Privado dos EUA, em que a delimitação do âmbito de aplicação do Direito da constituição tem sido ponto bastante controvertido (*infra* II.G)[5]. Mesmo perante um sistema como o nosso deve reconhecer-se que a analogia entre o estatuto pessoal dos indivíduos e o estatuto pessoal das sociedades é bastante limitada.

Para além das questões da aquisição e perda da personalidade, bem como da capacidade, que se colocam por forma análoga, o âmbito do estatuto da pessoa colectiva abrange essencialmente matérias específicas das pessoas colectivas, que não encontram paralelo no estatuto pessoal dos indivíduos. Podemos agrupar estas matérias em quatro categorias:

---

[5] Ver REESE [1982: 145 e seg.].

– matérias relativas à *constituição da pessoa colectiva* (que, segundo a posição adiante defendida, devem ser autonomizadas);
– questões que poderemos designar por *estatutárias*: constituição e funcionamento dos órgãos e relações entre a pessoa colectiva e os sócios, ou entre os sócios, com respeito aos assuntos sociais;
– a *representação orgânica*;
– a conformação da *autonomia patrimonial da pessoa colectiva*.

IV. Fora do âmbito da presente indagação ficam todos aqueles problemas que, embora abrangidos pelo Direito Internacional Privado das sociedades, não dizem directamente respeito à constituição da sociedade e ao seu estatuto pessoal.

É o que verifica, em primeiro lugar, com o já aludido problema do "reconhecimento da capacidade funcional" das sociedades de estatuto pessoal estrangeiro. Não se trata, porém, de exclusão absoluta, porque, como veremos, existe um nexo entre este problema e o da determinação do estatuto pessoal, que deve ser esclarecido (*infra* II.H).

Excluídos ficam igualmente os problemas internacionalprivatísticos dos grupos de sociedades. Não se abstrairá, porém, da posição peculiar das filiais, quando se tratar de determinar o conceito relevante de sede da administração.

Enfim, exclui-se a questão da nacionalidade da sociedade, relevante principalmente para o exercício de protecção diplomática e para a aplicação de verdadeiras normas de Direito dos Estrangeiros[6].

V. O estudo principiará com uma exposição das principais teorias em presença, tal como são tradicionalmente entendidas (I). Em seguida apresentarei as razões por que, em minha opinião, o modo tradicional de colocar o problema carece de uma revisão (II). Em conformidade com estas razões, distinguirei entre a determinação do Direito aplicável à constituição da sociedade (III) e a determinação do Direito aplicável ao estatuto pessoal. Esta última parte será subdividida numa apreciação político-jurídica (IV) e numa indagação perante o Direito Internacional Privado vigente em Portugal (V).

---

6 Ver ISABEL DE MAGALHÃES COLLAÇO [1963: 46 e 1971: 17 e segs.], FERRER CORREIA [1973: 106 e seg.], FERNANDES COSTA e MARQUES DOS SANTOS [1985: 51 e segs.].

I. A TRADICIONAL OPOSIÇÃO ENTRE TEORIA DA CONSTITUIÇÃO E TEORIA DA SEDE

A) Os principais critérios para a determinação do estatuto pessoal da sociedade

Para a determinação do estatuto da pessoa colectiva foram formulados diversos critérios, de entre os quais são de mencionar a nacionalidade, a *incorporation theory*, o lugar da sede estatutária, o lugar do centro de exploração e o lugar da sede da administração.

Do ponto de vista lógico, nada impede que o elemento de conexão relevante para as pessoas colectivas, à semelhança do que se verifica com os indivíduos, seja a *nacionalidade*. Esta é, aliás, a concepção tradicionalmente seguida nos países latinos. Mas nem sempre esta concepção foi seguida por forma coerente. Na verdade, se o critério relevante for a nacionalidade, o Direito do foro deverá limitar-se a definir as sociedades que são nacionais do respectivo Estado e a aplicar, às sociedades estrangeiras, o Direito do Estado que as considerar como suas nacionais. Ora, foi por vezes defendida a determinação da nacionalidade estrangeira com base no critério que o Direito do foro considera ser o mais significativo. Isto não é compatível com o critério da nacionalidade. Encontra-se justamente aqui a razão por que a nacionalidade tem perdido importância como elemento de conexão em matéria de estatuto pessoal das sociedades. A evolução verificada na maior parte dos países latinos aponta para a consagração de um critério de conexão baseado num laço fáctico, tal como a sede da administração, ou para uma combinação deste critério com a *incorporation theory*.

A *incorporation theory* considera aplicável à sociedade o Direito segundo o qual se constituiu como pessoa colectiva. É geralmente traduzida por "teoria da incorporação". Mas *incorporation* mais não significa que a constituição de uma sociedade com personalidade jurídica[7]. Por isso afigura-se preferível traduzir aquela expressão por "teoria da constituição".

Segundo o critério da sede estatutária, a sociedade é regida pelo Direito do Estado onde se situa a sede fixada nos estatutos.

---

[7] Cf. *Jowitt's Dicitionary of English Law* [2.ª ed., 1977], "Incorporation", "Companies" e "Corporation".

Os critérios da sede estatutária e do lugar do centro de exploração perderam todo o significado enquanto *critérios autónomos* de determinação do estatuto da sociedade. Adiante veremos que eles continuam a desempenhar um papel, mas em combinação com a teoria da constituição ou com o critério da sede da administração.

Para a perda de autonomia do critério da sede estatutária contribuíram diversos factores.

A sede estatutária é, em princípio, estabelecida no país da constituição da sociedade. As leis de alguns Estados exigem-no expressamente. É o que se verifica com o *Companies Act* com respeito às sociedades constituídas na Inglaterra, País de Gales e Escócia[8]. Por conseguinte, o critério da sede estatutária coincide geralmente com a *incorporation theory*[9].

Mas a sede estatutária, tal como é concebida no Direito português e sistemas aparentados, não é idêntica ao *registered office* dos sistemas da *Common Law*[10]. Quanto às sociedades constituídas na Inglaterra, País de Gales e Escócia, este *registered office* é estabelecido fundamentalmente para efeitos de correspondência, notificações e inspecção de livros, registos e outra documentação da sociedade. Normalmente o *registered office* não se situa no estabelecimento da sociedade, mas no escritório dos contabilistas ou advogados da sociedade[11]. Daí que a actuação do critério da sede estatutária possa suscitar dúvidas que a *incorporation theory* não suscita.

Como é lógico, nas ordens jurídicas em que não se considerou suficiente o recurso ao Direito da constituição, o critério da sede estatutária também foi afastado, a favor da "sede real" ou "efectiva", que corresponde, em princípio, à sede da administração.

O critério do centro de exploração foi seguido pela jurisprudência francesa na segunda metade do séc. XIX e por parte da doutrina coeva[12].

---

[8] Cf. MAYSON – FRENCH – RYAN [17].

[9] Cf. VAN HECKE [1965a: 232] e *IPRG Kommentar*/VISCHER [Art. 154 n.° 11]. Nem sempre se verifica, porém, esta coincidência. Nos EUA, nem todos os Estados exigem que a sociedade mantenha continuamente no seu território um *registered office* – cf. HENN – ALEXANDER [299 e segs.].

[10] Cp. RAÚL VENTURA [474 e seg.].

[11] Cf. MAYSON – FRENCH – RYAN [37]. Nos EUA, segundo HENN – ALEXANDER [299 e segs.], a maior parte dos Estados requer, além da indicação do *registered office*, a designação de um "representante registado" [*registered agent*]. É a este "representante registado" que incumbe rebecer as notificações feitas à sociedade.

[12] Ver referências em LOUSSOUARN [1959: 461 e seg.].

Como razões para o seu abandono, a favor do critério da sede, invocou-se, em primeiro lugar, que a sociedade pode ter centros de exploração em vários países. Esta dificuldade é superável mediante a consideração do principal centro de exploração. Mas pode ser difícil, ou até impossível, determinar qual é o centro principal[13].

Em segundo lugar, argumenta-se que o principal centro de exploração muda frequentemente, em especial em certos ramos de actividade, como a construção civil e a exploração de recursos geológicos[14].

O critério da sede teria a vantagem, relativamente ao do centro de exploração, de ser habitualmente único e mais facilmente estável[15].

Estes argumentos não são completamente convincentes. A sede da administração, como adiante se assinalará, também suscita dificuldades de determinação (*infra* B) e, na actualidade, não oferece especiais garantias de estabilidade (*infra* IV.B).

A verdadeira razão que poderá subsistir para a preferência dada à sede social em detrimento do centro de exploração parece residir no interesse da sociedade. A administração da sociedade é naturalmente facilitada pela aplicação do Direito em vigor no Estado onde funcionam os órgãos de direcção. Veremos adiante que a teoria da sede exige, em princípio, que a sociedade tenha a sede da administração no país em que se constituiu. Por isso, normalmente, o Direito da sede da administração é também o Direito segundo o qual a sociedade se constituiu. O critério do centro de exploração levaria a que a sociedade que estabelecesse o seu principal centro de exploração fora do Estado da sede social fosse subtraída ao Direito segundo o qual se constituiu e que é mais familiar aos seus órgãos de direcção. O que sem dúvida dificultaria a actividade transnacional das sociedades.

Como resultado de toda esta evolução o debate sobre o estatuto pessoal da sociedade tem vindo a ser travado principalmente entre os defensores da teoria da constituição e os partidários da teoria da sede (da administração).

---

[13] Ver José Tavares [454], Loussouarn [1959: 462 e seg.], Fernandes Costa [183 e seg.] e Marques dos Santos [1985: 70], relativamente à nacionalidade. Ver ainda as observações de Boggiano [25 e segs.]

[14] Loussouarn [*ibidem*], Ferrer Correia [1973: 112], Fernandes Costa [loc. cit.] e Marques dos Santos [loc. cit.].

[15] Cf. Batiffol – Lagarde [I 335].

B) A teoria da constituição

Segundo a teoria da constituição, a sociedade é regida pela ordem jurídica segundo a qual se constituiu como pessoa colectiva.

A teoria da constituição, tal como é entendida nos sistemas da *Common Law*, pressupõe claramente que no processo constitutivo intervêm órgãos públicos e que estes órgãos públicos aplicam necessariamente o Direito local. Por conseguinte, decisivo para esta teoria não é, nomeadamente, em que Estado o contrato de sociedade é celebrado, ou o Direito segundo o qual é celebrado, mas *o Estado em que são praticados os actos que desencadeiam a atribuição da personalidade colectiva.*

Os sistemas da *Common Law* divergem entre si quanto aos actos que desencadeiam a produção deste efeito. Nos EUA, as soluções mais usuais são a atribuição da personalidade colectiva com o depósito do "pacto social" [*filing of the articles of incorporation*] junto da autoridade competente ou com a emissão pela autoridade competente de um "certificado de constituição" [*certificate of incorporation*] subsequente ao depósito do "pacto social"[16]. As sociedades constituídas na Inglaterra, País de Gales e Escócia adquirem a personalidade colectiva mediante o registo do "contrato de sociedade" [*Memorandum of Association*] junto da autoridade competente[17].

Enquanto a teoria da constituição for entendida nestes termos, o Direito da constituição coincide necessariamente com o Direito do lugar da constituição. De resto, não tenho notícia de que, actualmente, algum Estado admita a constituição de sociedades-pessoas colectivas, com a intervenção dos seus órgãos, segundo um Direito estrangeiro[18]. Razão por que

---

[16] Cf. HENN – ALEXANDER [267 e segs.].

[17] Cf. MAYSON – FRENCH – RYAN [3 e seg. e 96 e segs.]. Aparentemente o "certificado de constituição" é encarado como mero meio de prova de que a sociedade se encontra regularmente registada.

[18] Isto não exclui que, em circunstâncias muito específicas, como o das empresas mistas constituídas nas décadas de setenta e oitenta em países de Leste, esta hipótese se tenha verificado. Parece que a lei romena sobre empresas mistas de 1972 [Decreto n.° 424/72, de 2/11] admitia a escolha de um Direito estrangeiro como aplicável à empresa mista constituída na Roménia; em todo o caso, parece que esta empresa ficava submetida às normas especiais contidas na referida lei romena, e que só dentro dos limites daí resultantes era eficaz a escolha do Direito aplicável. Este Decreto foi revogado pela Lei romena sobre as sociedades comerciais de 1990 [Lei n.° 31/90, de 16/11), com excepção de alguns preceitos. Em todo o caso, as circunstâncias em que esta hipótese se verificou dificilmente encontram paralelo no mundo actual.

não vejo utilidade na distinção entre a teoria da constituição e a "tese do lugar da constituição"[19].

A teoria da constituição é hoje a concepção dominante na maior parte dos sistemas jurídicos.

É a concepção tradicionalmente consagrada nos sistemas da família da *Common Law*. Os tribunais ingleses seguiram sempre esta teoria. A doutrina inglesa afirma, com base numa analogia com o estatuto pessoal dos indivíduos, que as questões relativas ao estatuto das sociedades estão submetidas ao Direito do seu "domicílio". Mas entende que pessoa colectiva tem o seu domicílio no país em que foi constituída [*incorporated*][20]. Nos EUA, a teoria da constituição foi adoptada pela jurisprudência e encontra-se consagrada legalmente em numerosos Estados[21]. A *"conflicts revolution"*, que agitou o Direito Internacional Privado estadounidense, teve um reduzido impacto neste domínio[22]. Foi plenamente consagrada pelo art. 2.º da Convenção Interamericana sobre os Conflitos de Leis Relativos às Sociedades (Montevideu, 1979), embora esta convenção não tenha ainda entrado em vigor. Também se encontra acolhida em diversos sistemas da Europa continental, designadamente o suíço, holandês e liechtensteiniano[23].

Mesmo nos sistemas que adoptam, pelo menos em princípio, a teoria da sede, a teoria da constituição é defendida por parte da doutrina. É o que se verifica, designadamente, na Alemanha e em França[24].

---

[19] Cp. RAÚL VENTURA [463], BAPTISTA MACHADO [345 n. 1], FERNANDES COSTA [191] e MARQUES DOS SANTOS [1987: 249].

[20] Cf. CHESHIRE – NORTH – FAWCETT [174 e segs. e 897 e seg.] e DIZEY – MORRIS – COLLINS [1103 e segs.], com reservas relativamente à utilização do conceio de domicílio com respeito às pessoas colectivas. É um domicílio de origem que não pode ser substituído por um domicílio voluntário.

[21] Cf. KOZYRIS [1985: 26 e segs.]. Neste sentido também o art. 302.º do *Second Restatement on the Conflict of Laws*, o art. 15.05c do *Revised Model Business Corporation Act* (1984) e o art. 901.º do *Revised Uniform Limited Partnership Act* (1994).

[22] Cf. KOZYRIS [1985: 17 e segs.]. Ver ainda GOLDSMITH III [600 e segs. e 613 e segs.].

[23] Art. 154.º da Lei federal de Direito Internacional Privado, jurisprudência do *Hoge Raad* referida por ROOIJ – POLACK [1987: 168 e seg. e 1995: 104 e seg.] e arts. 676.º e seg. da Lei de 30/10/96 sobre a Reforma do Direito das Pessoas Colectivas e das Sociedades, respectivamente.

[24] Na Alemanha ver, designadamente, BEITZKE [1938: 92 e segs. e 1972: 94 e segs.]; DROBNIG [1967: 115 e 119]; FIKENTSCHER [72]; GRASMANN [272 e segs.], mas com limitação da teoria às relações internas; KÖTZ [1965: 70]; MANN [1952: 271]; SANDROCK [1979: 670]; BEHRENS [1997]; e, KROPHOLLER [474]. Entre os autores franceses, MAYER [651 e

C) A teoria da sede

De acordo com a teoria da sede, a lei pessoal da sociedade é a do Estado onde se encontra situada a sede da administração.

Abstrai-se, aparentemente, do Direito segundo o qual a sociedade se constituiu e da sede estatutária. Adiante se ajuizará até que ponto esta aparência corresponde à realidade. Por agora interessa assinalar que a teoria da sede surge frequentemente associada a uma ideia de coincidência entre a sede estatutária e a sede da administração. Esta coincidência é encarada como a hipótese normal. Quando ela se verifica a teoria da sede conduz ao mesmo resultado que a teoria da constituição, uma vez que, em regra, a sociedade tem a sede estatutária no país em que se constitui. A teoria da sede ganha assim um sentido útil quando, anomalamente, se regista uma divergência entre sede estatutária e sede da administração. Neste caso é decisiva a localização da sede da administração.

Isto tem duas consequências.

Primeiro, se a sociedade estabelece a primeira sede da sua administração num Estado diferente daquele em que se constituiu, a sua válida constituição vai ser apreciada segundo o Direito da sede da administração. Quando o processo constitutivo estabelecido por este Direito inclui trâmites que exigem a intervenção de órgãos públicos, chega-se normalmente à conclusão que a sociedade não se encontra regularmente constituída. Com efeito, mesmo que o conteúdo do contrato de sociedade seja válido perante o Direito do Estado da sede da administração, verifica-se que a escritura não foi lavrada por um notário deste Estado (e) ou que não foram cumpridas as exigências de registo por ele formuladas.

Segundo, a transferência da sede da administração do Estado em que a sociedade se constituiu para outro Estado desencadeia uma mudança da sua lei pessoal. Uma vez que a pessoa colectiva é uma criação da ordem jurídica, entendia-se tradicionalmente que a transferência da sede da administração implicava a extinção da sociedade perante o Direito da sede ante-

---

segs.] entende que as sociedades que são criadas com a intervenção de um órgão estadual estão necessariamente submetidas ao Direito do Estado em que se "incorporaram". Mas a aplicação do Direito da constituição fica dependente da observância, pela autoridade do país de constituição, de uma "regra de competência internacional de autoridades". A diferença entre a teoria da incorporação e a teoria da sede residiria na conteúdo da regra de competência. Para a primeira todo o país é competente para constituir a sociedade. Para a segunda, só o país da sede é competente para o efeito.

22   *Estudos de Direito Internacional Privado*

rior e a constituição de uma nova sociedade segundo o Direito da nova sede[25]. Esta consequência, gravemente lesiva dos interesses da sociedade e dos seus sócios, foi posteriormente atenuada, como adiante se assinalará (*infra* II.D).

A *determinação da sede da administração* pode suscitar dificuldades[26].

Segundo o entendimento mais divulgado, a sede da administração situa-se no lugar onde normalmente se forma a vontade dos órgãos de direcção, i.e., o lugar onde se reúnem os administradores e onde as assembleias de sócios são realizadas[27]. Para uma parte importante da doutrina devem ser tidos em conta não só os órgãos de direcção mas também os órgãos de fiscalização ou de controlo[28]. Mas não parece oferecer dúvida que é mais importante o lugar onde se reúnem os órgãos de direcção.

Já surgem maiores dificuldades quando a reunião da administração e a assembleia de sócios se realizam normalmente em países diferentes. Aqui os autores dividem-se. RABEL – DROBNIG entendem que é necessária uma avaliação do conjunto das circunstâncias, não se devendo estabelecer um critério rígido[29]. Para BATIFFOL – LAGARDE é determinante o lugar onde se tomam as decisões finais. Por conseguinte, nas sociedades anónimas é mais importante o lugar onde se reúne o conselho de administração que o lugar das reuniões de assembleias de accionistas[30].

Esta segunda opinião parece de preferir perante o art. 33.°/1 CC port., que manda atender à "sede principal e efectiva" da administração. Se os órgãos da pessoa colectiva funcionam em diferentes países a lei competente é a do país onde está o centro de decisão superior e final. Relativamente a alguns tipos de sociedades é possível identificar *a priori* este centro de decisão. Assim, no caso das sociedades anónimas é o conselho

---

[25] Cf. MACHADO VILLELA [I 236], NIBOYET [304] e RABEL – DROBNIG [39].

[26] Cp. GRASMANN [218 e segs.] e *MünchKomm.*/EBENROTH [*Nach* Art. 10 EGBGB n.os 179 e segs.].

[27] Cf. RABEL – DROBNIG [41]; BATIFFOL – LAGARDE [I 335 e 339]; ISABEL DE MAGALHÃES COLLAÇO [1971: 40]; FERRER CORREIA [1973: 111] (relativamente à nacionalidade das pessoas colectivas); BALLARINO [1996: 350]; MARQUES DOS SANTOS [1985: 65 e seg.] (relativamente à atribuição da nacionalidade); e, EBENROTH/SURA [324].

[28] Cf. BATIFFOL – LAGARDE [loc. cit.]; KEGEL [416]; ISABEL DE MAGALHÃES COLLAÇO [loc. cit.]; e, FERRER CORREIA [loc. cit.] (relativamente à nacionalidade das pessoas colectivas),.

[29] 41 e seg.

[30] N.° 194 n. 6. Em sentido convergente, MARQUES DOS SANTOS [1987: 126].

O Direito aplicável às sociedades... 23

de administração. Noutros casos poderá ser necessária uma avaliação das competências exercidas efectivamente pelos diferentes órgãos de direcção.

O fenómeno dos grupos de sociedades veio, porém, questionar este modo de entender a sede da administração. Frequentemente são tomadas na sede da administração da sociedade-mãe decisões relevantes para a administração das filiais. Em certos grupos de sociedades o centro de decisão superior é, em vasta medida, deslocado da administração da filial para a administração da sociedade-mãe. O critério do centro de decisão superior e final conduziria pois à submissão da filial ao Direito da sede da sociedade-mãe, que não coincide com o Direito da sua constituição. Mas, segundo a concepção mais comum, as filiais têm a sua própria sede, no sentido da teoria da sede[31]. Ora, para se chegar a este resultado, tem de se partir de um conceito de sede de administração diferente.

Vem assim a entender-se por sede da administração o *lugar onde as decisões fundamentais da direcção da empresa são convertidas em actos de administração corrente*[32]. No mesmo sentido aponta o art. 5.º da Resolução do Instituto de Direito Internacional sobre as sociedades anónimas em Direito Internacional Privado (sessão de Varsóvia, 1965), segundo o qual "a sede real de uma sociedade é o lugar onde tem o centro principal da sua direcção e da gestão dos seus negócios, mesmo se as decisões que aí são tomadas obedecem a directivas emanadas de accionistas que residam noutro lugar"[33].

A teoria da sede é adoptada por alguns sistemas de Direito Internacional Privado, designadamente na Europa continental e na América Latina. Mas uma parte destes sistemas vêm a combiná-la com o critério da sede estatutária. Assim, por exemplo, a admitir-se que o critério da sede da administração vigora na ordem jurídica francesa – o que não é pacífico[34] –,

---

[31] Cf. BEITZKE [1972: 115], WIEDEMANN [800], *Staudinger*/GROẞFELD [n.os 223 e segs.] e KEGEL [416].

[32] No mesmo sentido SANDROCK [1979: 683 e seg.], seguido por *Staudinger*/GROẞ-FELD [n.os 220 e seg.].

[33] Ver VAN HECKE [1965a: 234].

[34] BATIFFOL – LAGARDE submetem as pessoas colectivas à lei da nacionalidade e afirmam que a jurisprudência acabou por consagrar o critério da sede social para a determinação das sociedades francesas [I 330 e 335]. Mas as decisões citadas por estes autores não têm um sentido inequívoco: *Cass civ.* 20/6/870 [*RDS* 1870.1.416] é uma decisão de Direito fiscal em que se atende para a fixação da nacionalidade francesa ao lugar da constituição, à sede estatutária e à sede da administração, entre outros elementos; *Cass.* (*Requêtes*) 22/12/896 [*RDS* 1897.1.159] afasta a aplicação da lei inglesa da sede estatutária,

verifica-se que este critério é combinado com o critério da sede estatutária em matéria de sociedades. É o que se verifica também com o Direito português no que toca às sociedades comerciais (art. 3.º/1 C. Soc. Com.). Em resultado, é reduzido o número de sistemas que consagram plenamente a teoria da sede.

Entre os poucos sistemas que consagram irrestritamente a teoria da sede contam-se o austríaco e o alemão.

---

a favor da lei francesa, por entender que a sede estatutária era fictícia e fraudulenta; portanto, neste caso, atendeu-se não só ao carácter fradulento da sede estatutária, mas também à sua não coincidência com a sede da administração; *Cass.* (*Requêtes*) 29/3/898 [*RDS* 1899.1.595] aplica a lei francesa, segundo a qual a sociedade se tinha constituído e onde, pelo menos inicialmente, era a sede da administração, em detrimento da lei belga da nova sede estatutária, mas esta solução não se fundamenta no critério da sede da administração, mas na referência, contida nos estatutos, à lei francesa; *Cass.* (*Requêtes*) 6/7/14 [*Clunet* 1916: 1296] opta pela aplicação da lei da sede estatutária (lei inglesa) em prejuízo da lei da sede da administração (lei francesa), assinalando que não se pode demonstrar o intuito de defraudar a lei francesa.

O art. 3.º/1 da Lei 66-537, de 24/7, veio consagrar o critério da sede social com respeito à aplicação da lei francesa: "As sociedades cuja sede social está situada em território francês são submetidas à lei francesa". A bilateralização desta norma unilateral é ponto controverso. Na doutrina pronunciam-se a favor da bilateralização Loussouarn – Trochu [n.º 4]. Em sentido diferente, Batiffol – Lagarde [I 337 e seg.] entendem que a nacionalidade das sociedades estrangeiras é determinada pela lei do Estado cuja nacionalidade está em causa. Em caso de concurso da "nacionalidade" atribuída pelo país de constituição com a atribuída pelo país da sede real deve ser preferida esta última. Admitem, porém, que a jurisprudência favorece a bilateralização. Mas a jurisprudência citada não tem, de novo, um sentido inequívoco: *Cass. civ.* 30/3/71 [*R. crit.* 1971: 451 com an. de Lagarde] apreciou a questão da conservação da nacionalidade francesa de uma sociedade que tinha a sede da administração na Argélia à data da independência; embora a decisão se tenha formalmente baseado na transferência da sede da administração para França, os requisitos da transferência não foram apreciados segundo a lei argelina, mas segundo a lei francesa, o que constitui um desvio à teoria da sede; *Cass. Ass. plén.* 21/12/90 [*R. crit.* 1992: 70, com an. Duranton] relativa ao Direito Fiscal Internacional; *Cass. com.* 9/4/91 [*Rev. sociétés* 1991:746] aplica a lei do Luxemburgo a uma sociedade, aparentemente com base no critério da sede estatutária.

Já Mayer [651 e segs.], como atrás se assinalou, se aproxima da teoria da constituição. Segundo este autor, é uma leitura errónea da jurisprudência que leva a afirmar que o critério adoptado na ordem jurídica francesa é o da sede real. A sede relevante é, em princípio, a sede estatutária. As decisões que são invocadas a favor do critério da sede real ter-se-ão limitado a afastar um sede estatutária não só fictícia, mas também fraudulenta, por aplicação do instituto da fraude à lei.

A Lei austríaca de Direito Internacional Privado, de 1978, submete o estatuto pessoal das pessoas colectivas e das "associações de pessoas ou organizações de bens susceptíveis de serem titulares de direitos e deveres" à lei do Estado da sede efectiva da administração principal (art. 10.°).

Perante o Direito alemão, na falta de disposição legal, a jurisprudência recente e a doutrina dominante têm-se pronunciado a favor da teoria da sede[35]. Segundo BEHRENS, esta jurisprudência não é, apesar de tudo, conclusiva, porque nuns casos o Direito da sede coincide com o Direito da constituição, noutros casos o conceito de sede aproxima-se do de lugar da constituição, noutros ainda presume-se que a sociedade tem a sede no país em que se constituiu[36]. Além disso, a teoria da sede é afastada por alguns tratados bilaterais.

II. A NECESSIDADE DE UMA REVISÃO

A) Preliminares

Até aqui, seguindo-se o modo tradicional de colocar a questão, as teorias da constituição e da sede foram consideradas em pé de igualdade, como alternativas globais para a determinação do estatuto pessoal da sociedade.

Procurar-se-á em seguida demonstrar que esta colocação tradicional do problema não se ajusta ao real alcance das teorias em presença e às tendências que se manifestam no Direito positivo. As teorias em presença não são alternativas globais para a solução do conjunto de problemas envolvidos e não podem ser comparadas a esse nível. Em certos domínios estas teorias podem ser complementares. Noutros domínios, a teoria da sede não constitui um critério autónomo, mas uma qualificação da teoria da constituição. Enfim, regista-se uma tendência importante para introduzir atenuações em ambas as teorias, que diminuem a distância que as separa.

---

[35] Designadamente *Staundinger*/GROßFELD [n.os 33 e segs.]; *MünchKomm.*/EBENROTH [*Nach* Art. 10 EGBGB n.os 177 e segs.]; KEGEL [413 e segs.]; *Soergel*/LÜDERITZ [*Vor* Art. 7 EGBGB n.os 202 e segs.); mas presumindo que a sociedade tem a sede da sua administração no Estado da constituição; restritivamente, WIEDEMANN [782 e segs.].

[36] 1997 IPR 4 n. 15.

B) O problema do Direito aplicável no momento da constituição da sociedade

Desde logo, não faz sentido colocar em alternativa a teoria da constituição e a teoria da sede no momento da constituição da sociedade. Neste momento não há sede da administração[37].

Do ponto de vista da teoria da sede o problema coloca-se *a posteriori*: só depois de estabelecida a sede da administração é que é examinado se a sociedade está constituída em conformidade com a lei do respectivo Estado.

No momento da constituição, porém, os sócios encontram-se exactamente na mesma posição quer se siga a teoria da constituição ou a teoria da sede.

Em sentido contrário poderá argumentar-se que, num Estado que adopta a teoria da sede, os órgãos públicos deverão recusar-se a praticar os actos necessários à constituição da sociedade, caso verifiquem que os fundadores pretendem estabelecer a sede da administração no estrangeiro. Mas este argumento não tem consistência prática, porque a lei não exige que seja declarada a intenção dos fundadores sobre o estabelecimento da sede da administração, nem é normal que o contrato da sociedade contenha qualquer indicação a este respeito.

C) A teoria da sede como qualificação da teoria da constituição

Relativamente às sociedades com personalidade jurídica que são constituídas com a intervenção de órgãos públicos, a teoria da sede não é um critério autónomo, mas uma *qualificação da teoria da constituição*[38]. Como justamente assinalam RABEL – DROBNIG e VISCHER[39], a teoria da sede exige, como a teoria da constituição, que a sociedade se constitua segundo o Direito do país da constituição, mas exige adicionalmente que tenha a sede efectiva no país da constituição[40].

---

[37] O ponto é assinalado por RAÚL VENTURA [472]. Ver também MAYER [654 e segs.].

[38] Cf. BEHRENS [1997 IPR 4].

[39] RABEL – DROBNIG [II 38] e VISCHER [1960: 53 e 1977: 644 e segs.].

[40] No mesmo sentido, NEUHAUS [1976: 207], GROßFELD [1967: 32] e RIGAUX [1989: 97 e segs.]. Cp. *MünchKomm.*/EBENROTH [*Nach* Art. 10 n.° 178]. Na Alemanha é discutido se esta exigência se aplica no caso da constituição segundo o Direito alemão de uma socie-

Com efeito, na constituição destas sociedades tem sempre de ser observado o Direito do Estado em que se constituem, uma vez que, como atrás se assinalou (I.B), os órgãos públicos que intervêm na constituição aplicam o Direito local. A teoria da sede não põe isto em causa. Mas como a constituição da sociedade vem a ser apreciada, *a posteriori*, segundo o Direito da sede da administração, a sociedade deve estabelecer a sede da administração no Estado em que se constituiu.

Caso a sociedade estabeleça a sede da administração num Estado diferente daquele em que se constituiu, a teoria da sede leva geralmente à negação da sua personalidade jurídica, por não estarem preenchidos os pressupostos que são exigidos pelo Direito da sede para a sua atribuição[41].

O Direito da sede não é então aplicado enquanto estatuto da pessoa colectiva. Só são aplicáveis aquelas regras, do Direito da sede, que regulam as sociedades irregularmente constituídas[42]. Como se trata de socie-

---

dade que estabelece a sede da administração no estrangeiro. A opinião dominante entende que sim – cf. *Staudinger*/GROßFELD [n.os 82 e segs. e 250], *MünchKomm.*/EBENROTH [*Nach* Art. 10 n.° 177], *Soergel*/LÜDERITZ [*Vor* Art. 7 EGBGB n.° 205] e BEHRENS [1997 IPR 30]. Em sentido contrário, DROBNIG [1967: 117 e 1990: 185 e segs.] e WIEDEMANN [791 e seg.].

Isto é confirmado, no Direito português, por alguma legislação avulsa. O DL n.° 433/ /91, de 7/11, que estabelece o regime jurídico das sociedades de capital de risco e das sociedades de fomento empresarial, determina no art. 5.°/1 que as sociedades de capital de risco têm sede em território nacional. De onde resulta que as sociedades de capital risco constituídas segundo a lei portuguesa têm de estar sediadas em Portugal. Os arts. 14.°/1 e 174.°/1 do regime geral das instituições financeiras – DL n.° 298/92, de 31/12 ao determinarem que as instituições de crédito e as sociedades financeiras com sede em Portugal devem corresponder a um dos tipos previstos na lei portuguesa, admitiriam uma interpretação no sentido de a sociedade se poder constituir no estrangeiro. Mas não parece que assim seja, uma vez que o n.° 2 destes artigos estabelece exigências com respeito à constituição, que os arts. 16.° e 175.° sujeitam a constituição a autorização do Banco de Portugal e que todos os arts. seguintes pressupõem que a sociedade é constituída em Portugal. Portanto, também neste caso se exige que as sociedades constituídas segundo a lei portuguesa tenham sede em Portugal.

41 Ver RIGAUX [1989: 100], *Staundinger*/GROßFELD [n.os 53 e segs.] e *Münch-Komm.*/EBENROTH [*Nach* Art. 10 EGBGB 178]. Ressalve-se, no caso de a sede da administração estar situada num terceiro Estado, a possibilidade de aplicação do Direito da constituição através da devolução – cf. caso do Banco otomano, *Trib. com. Paris* 19/10/82 [*R. crit.* 1984: 93] e *Cour d'Appel de Paris* 3/10/84 [*R. crit.* 1985: 526 com nota de SYNVET].

42 Ver WIEDEMANN [787 e seg.], *Staudinger*/GROßFELD [n.os 390 e segs.] e BEHRENS [1997 IPR 4].

28 *Estudos de Direito Internacional Privado*

dades sem personalidade jurídica[43], perante o Direito Internacional Privado português a atribuição deste "estatuto pessoal" tem de fundar-se numa aplicação analógica da norma de conflitos do art. 33.°/1 CC (*infra* F).

D) As atenuações da teoria da sede: presunção de coincidência com a sede estatutária, manutenção da personalidade jurídica em caso de transferência internacional da sede e devolução

É pelo menos duvidoso que a teoria da sede tenha alguma vez sido seguida com todo o rigor. Isto é bem ilustrado pela jurisprudência dos tribunais alemães e franceses que têm sido considerados os paladinos da teoria da sede[44].

Em especial, é de salientar a *presunção* de que a sede da administração coincide com a sede estatutária, consagrada pela *cassation* francesa e acolhida em algumas decisões alemãs, com o aplauso de uma parte da doutrina[45]. Por força desta presunção, na falta de demonstração de que a sede da administração se situe noutro Estado, é aplicado o Direito da sede estatutária que, como se assinalou, coincide em princípio com o Direito da constituição.

Esta atenuação do rigor da teoria da sede merece aprovação. Ela permite minorar um dos inconvenientes da teoria, que é a incerteza jurídica gerada pelas dificuldades que possam subsistir na determinação da sede da administração.

Uma segunda atenuação da teoria da sede, a que já se fez alusão, é a possibilidade de a sociedade manter a sua personalidade jurídica em caso de *transferência internacional de sede da administração*, se o Direito da sede anterior e o da nova sede nisso convierem.

---

[43] Cf., no Direito português, o art. 5.° C. Soc. Com; cp. OLIVEIRA ASCENSÃO [170 e segs.]. Também o art. 5.°/1 da Lei francesa 66-537, de 24/7, determina que "As sociedades comerciais gozam de personalidade colectiva a partir da sua matrícula no registo do comércio e das sociedades".

[44] *Supra* n. 34.

[45] No que toca ao sistema francês, cf. *Cass. Ass. plén.* 21/11/90 *R. crit.* 1992: 70]; cp. BATIFFOL – LAGARDE [I 338 e seg.]. Relativamente ao sistema alemão, cf. *Soergel/ /Lüderitz* [n.° 9] e BEHRENS [1997 IPR 4 n. 15]; contra, KEGEL [1995: 415].

Esta possibilidade é admitida pela maioria dos autores alemães e franceses[46].

Todavia, no caso de transferência da sede para França, é controverso se tem ou não de se constituir um nova sociedade. A posição da Administração fiscal, aparentemente aprovada por BATIFFOL – LAGARDE[47], é a de que tem de se constituir uma nova sociedade. Já MAYER entende que tal não é necessário, bastando que a sociedade cumpra certos requisitos estabelecidos pela lei francesa para a constituição da sociedade (designadamente as regras de publicidade) e ajuste os seus estatutos à lei francesa[48].

A susceptibilidade de persistência da personalidade jurídica da sociedade que transfere internacionalmente a sede da sua administração encontra-se consagrada no art. 33.°/3 CC port. e no art. 3.°/2 e /5 C. Soc. Com. Segundo estes últimos preceitos o Direito português não se opõe à persistência da personalidade jurídica da sociedade comercial que transfira a sua sede do estrangeiro para Portugal ou de Portugal para o estrangeiro, desde que sejam observados determinados requisitos[49].

Também é de aplaudir esta atenuação da teoria da sede. Desde que sejam acautelados os interesses dos sócios minoritários e que a sociedade tenha de conformar os seus estatutos com o Direito da nova sede e cumprir os requisitos de publicidade por ele prescritos não se vê razão suficientemente forte para exigir a extinção e subsequente reconstituição da sociedade.

Enfim, as consequências a que conduz a teoria da sede podem ser atenuadas mediante a *devolução*. Esta atenuação só opera quando a sede da

---

[46] Cf. LOUSSOUARN [1959: 493 e segs. e 499 e segs.]; *Staudinger*/GROßFELD [n.° 553]; KEGEL [419 e seg.]; MAYER [669 e segs.]; e, KROPHOLLER [489 e seg.]; esta doutrina foi acolhida entre os fundamentos da decisão do BGH de 21/3/86 [*BGHZ* 97: 269] que, porém, entendeu que uma "sociedade unipessoal" [*Einzelpersonenanstalt*] de Direito do *Liechtenstein* que transfere a sua sede para a Alemanha só "obtém" a sua personalidade colectiva através de uma nova constituição como sociedade de responsabilidade limitada; ver ainda BEHRENS [1986] e GROßFELD – KÖNIG [1991].

[47] I 346.

[48] Loc. cit. No caso de transferência para o estrangeiro a sociedade não carece de dissolução, mas tem de haver unanimidade dos sócios (arts. 31.° e 60.° da Lei de 24/7/66). A unanimidade pode ser dispensada, quanto às sociedades anónimas, ao abrigo de convenções bilaterais (art. 154.° da Lei das sociedades anónimas).

[49] Definidos nos n.os 3, 4 e 6 do art. 3.° C. Soc. Com. Já neste sentido CUNHA GONÇALVES [246] e JOSÉ TAVARES [463].

administração não está situada no Estado do foro. A devolução, nesta matéria, é geralmente admitida nos Direitos alemão e francês[50].

Caso o Estado da sede da administração adopte a teoria da constituição, poderá surgir um problema de retorno de competência, se a sociedade se constituiu segundo o Direito do foro, ou de transmissão de competência, se a sociedade se constituiu segundo o Direito de um terceiro Estado.

Neste último caso, perante o Direito Internacional Privado português, se o terceiro Estado se considerar competente, designadamente porque também segue a teoria da constituição, estão reunidos os pressupostos da transmissão de competência fixados pelo n.° 1 do art. 17.° CC. Isto permite que o Direito da constituição venha a ser aplicado à sociedade.

Já na hipótese de retorno de competência, se o Direito da sede remeter para o Direito português com devolução integral [*foreign court theory*], deve entender-se que o art. 18.°/1 CC não permite aceitar o retorno[51]. É um resultado indesejável, porque impede o reconhecimento da personalidade jurídica de uma sociedade que se constituiu segundo o Direito português e que tem a sua sede num Estado que a reconhecerá, se o nosso sistema aceitar o retorno.

Uma ideia de favorecimento da personalidade jurídica da sociedade poderia justificar que a referência feita ao Direito da sede fosse entendida no sentido de aceitar o retorno de competência operado por um sistema que remeta com devolução integral.

Mas o mesmo resultado pode ser alcançado por via da distinção entre Direito aplicável à constituição e Direito regulador do estatuto pessoal (*infra* III.A).

E) A combinação da teoria da constituição com a teoria da sede

Como representando um compromisso entre as teorias da constituição e da teoria da sede são geralmente referidas as Convenções da Haia sobre o Reconhecimento das Sociedades, Associações e Fundações Estrangeiras (1956) e de Bruxelas sobre o Reconhecimento Mútuo de Sociedades e Pessoas Colectivas (1968).

---

[50] *Supra* n. 41.

[51] Cf. Isabel de Magalhães Collaço [1968: 15 e seg.]; cp. Baptista Machado [202 e seg.].

O art. 1.º da *Convenção da Haia* determina o reconhecimento da personalidade jurídica "adquirida por uma sociedade, uma associação ou uma fundação por força da lei do Estado contratante onde as formalidades de registo e de publicidade foram cumpridas e onde encontra a sede estatutária." Mas o art. 2.º estabelece uma importante limitação, ao permitir que o Estado que adopte o critério da sede real não reconheça a sociedade que tenha a sede real no seu território ou noutro Estado que consagre o mesmo critério[52]. Esta convenção não se encontra em vigor[53].

Não há aqui propriamente uma combinação das duas teorias. Caso viesse a entrar em vigor, a eficácia prática desta convenção seria muito reduzida. Um Estado que adopte a teoria da constituição continuaria a aplicá-la. E um Estado que siga a teoria da sede também poderia continuar a aplicá-la. O reconhecimento da sociedade que se constituiu num Estado contratante e que tem sede da administração noutro Estado que adopta a teoria da constituição não representa um desvio à teoria da sede, porque se chegaria ao mesmo resultado através da aceitação do reenvio da lei do país da sede para a lei do país da constituição da pessoa colectiva[54].

Já a *Convenção de Bruxelas* parece mais próxima da teoria da constituição[55]. Segundo o art. 1.º desta convenção devem ser reconhecidas as sociedades que se tenham constituído em conformidade com a lei de um Estado contratante e que tenham sede estatutária nos territórios a que a convenção se aplica. A negação da personalidade jurídica às sociedades que se tenham constituído noutro Estado contratante, que não seja o Estado da sede da administração, deixa de ser admissível. A concessão mais importante à teoria da sede é a reserva contida no art. 4.º: os Estados contratantes podem declarar que aplicarão as disposições injuntivas da sua própria lei às sociedades e pessoas colectivas cuja sede real se situe no seu território. Mas esta reserva não prejudica o reconhecimento da personalidade jurídica adquirida segundo o Direito da constituição.

Esta convenção foi ratificada por cinco dos Estados fundadores da CEE (Alemanha, Bélgica, França, Itália e Luxemburgo). Todos os Estados fizeram a declaração prevista no art. 4.º. A Holanda não a ratificou, desig-

---

[52] Ver FERRER CORREIA [1963: 615 e segs.] e BAPTISTA MACHADO [348 e seg.].

[53] Das cinco ratificações requeridas para a sua entrada em vigor esta convenção só obteve três (Bélgica, França e Holanda).

[54] Cf. FERRER CORREIA [1963: 616].

[55] Ver GOLDMAN – LYON-CAEN – VOGEL [119 e segs.].

nadamente por considerar que as implicações de fazer tal declaração não são claras[56]. A convenção também é encarada desfavoravelmente pelos novos Estados comunitários que seguem a teoria da constituição (Reino Unido, Irlanda e Dinamarca). Por conseguinte, não é de contar com a sua entrada em vigor[57].

Um exemplo claro de combinação directa da teoria da constituição com a teoria da sede é o que, segundo o melhor entendimento (ISABEL DE MAGALHÃES COLLAÇO), se verificou no *Direito português*, em matéria de sociedades comerciais, durante a vigência dos arts. 109.° e segs. C. Com. A teoria da sede valia para as sociedades com sede da administração em Portugal, a teoria da constituição para as restantes sociedades (*infra* V.A)[58].

Uma outra forma de combinação directa encontra-se legalmente consagrada naqueles sistemas, como o italiano, o argentino e o brasileiro, em que se parte da teoria da constituição, mas também se atende à sede da administração para determinar as sociedades que estão submetidas ao Direito do foro.

Segundo o art. 25.°/1 da *Lei italiana de reforma do Direito Internacional Privado* "As sociedades, associações, as fundações e qualquer outro ente, público ou privado, ainda que privado de natureza associativa, são disciplinados pela lei do Estado em cujo território se tornou perfeito o processo de constituição. Aplica-se, porém, a lei italiana se a sede da administração está situada na Itália, bem como se se encontra na Itália o objecto principal de tais entes."

Segundo a interpretação de alguns autores (SANTA MARIA e BALLARINO), este preceito não significa que o estatuto pessoal das sociedades com sede da administração ou objecto principal na Itália seja regido exclusivamente pelo Direito italiano. A sociedade continua a ser regida pelo Direito da constituição, mas aplicam-se cumulativamente as normas injuntivas do Direito italiano[59].

---

[56] Cf. ROOIJ – POLACK [1987: 169].

[57] Cf. BEHRENS [1997 IPR 19].

[58] Algo de semelhante parece resultar da doutrina de BATIFFOL – LAGARDE. Com atrás se assinalou (n. 34) estes autores opõem-se à bilateralização da regra de conflitos unilateral que submete as sociedades com sede social em França à lei francesa, defendendo que a "nacionalidade" das sociedades estrangeiras é determinada pela lei do Estado cuja "nacionalidade" está em causa. Não equivale isto a dizer que as sociedades "estrangeiras" estão submetidas ao Direito segundo o qual se constituíram?

[59] SANTA MARIA [1995 n.° 3 e 1997: 476 e segs.], na linha do já defendido pelo autor perante o art. 2505.° CC (revogado expressamente pelo art. 73.° da lei de reforma) [1970:

Uma solução semelhante, aliás inspirada no Direito italiano, encontra-se consagrada na *Lei argentina* n.° 19.550[60]. Mas, segundo a interpretação proposta por BOGGIANO[61], a competência da lei argentina a título de lei da sede da administração ou do objecto principal da sociedade exclui peremptoriamente a aplicação do Direito estrangeiro.

Quer se siga uma ou outra variante, este tipo de soluções é condenável, porque atribui ao Direito do Estado do foro uma esfera de aplicação muito mais ampla que a concedida ao Direito dos outros Estados. Com efeito, enquanto o Direito estrangeiro será aplicado apenas a título de Direito da constituição, o Direito do foro será aplicado não só quando a sociedade se tenha constituído no Estado do foro[62], mas também quando tenha a sede da administração ou desenvolva a principal actividade no Estado do foro. Isto compromete gravemente a harmonia internacional de soluções. Se mais Estados adoptassem uma solução semelhante surgiriam facilmente situações em que uma sociedade constituída num Estado, com sede de administração noutro Estado e com actividade principal no outro seria submetida, em cada um deles, ao respectivo Direito interno.

Um outro exemplo de combinação directa da teoria da sede com a teoria da constituição é o fornecido pelo *Direito brasileiro*.

A doutrina brasileira segue a concepção tradicional nos países latinos, segundo a qual a sociedade está submetida ao Direito da sua nacionalidade[63]. O art. 11.° da Lei de Introdução do Código Civil estabelece que as sociedades "obedecem à lei do Estado em que se constituiram".

---

182 e segs.]; BALLARINO [1996: 344 e segs.] que continua a propugnar, perante a actual a lei, por soluções semelhantes as que defendia anteriormente, com alegado apoio no art. 16.° das disposições preliminares do CC [ver 1994: 33 e segs. e 181 e segs.].

Estes autores já divergem sobre a necessidade de as sociedades com sede da administração ou objecto principal em Itália obedecerem aos requisitos de constituição fixados pela lei italiana. BALLARINO exige-o, com excepção das sociedades que pertençam a um Estado comunitário [1996: 353 e 1994: 95 e segs. e 188 e seg.]. SANTA MARIA [1995 n.° 3] pronuncia-se em sentido contrário.

[60] Arts. 118.°/1 e 124.°.

[61] 23. O autor defende ainda que o Direito argentino só será aplicável a título de lugar do objecto principal quando o centro de exploração da sociedade for exclusivamente localizado na Argentina [35].

[62] Aparentemente o Direito italiano só será aplicável a este título enquanto a sociedade mantiver a sede estatutária em Itália – cf. art. 25.°/3 da lei de reforma e cp. SANTA MARIA [1995 n.° 5] e BALLARINO [1996: 358 e seg.].

[63] Ver VALLADÃO [443 e segs.] e DOLINGER [445 e segs.].

34   *Estudos de Direito Internacional Privado*

Mas o DL n.° 2.627, de 1940, determina que "são nacionais as sociedades organizadas na conformidade da lei brasileira e que têm no país a sede de sua administração" (art. 60.°). Poderá pensar-se que, da conjugação destes preceitos, resulta que a teoria da sede vale para a determinação das sociedades brasileiras e a teoria da constituição para as sociedades estrangeiras. Assim entendida, a solução não se presta à mesma crítica que foi movida à solução atrás exposta. Mas o sentido destes preceitos da lei brasileira suscita dúvidas relativamente ao estatuto das sociedades constituídas no Brasil com sede da administração no estrangeiro e às sociedades constituídas no estrangeiro com sede da administração no país.

Já se referiu que alguns sistemas, como é o caso do francês e do português, combinam o critério da sede da administração com o critério da sede estatutária. Como decorre do anteriormente exposto, o critério da sede estatutária coincide, em toda a regra, com a teoria da constituição. O que significa que, embora indirectamente, também nestes sistemas se encontram combinadas as teorias da constituição e da sede.

No *Direito francês*, o art. 3.°/1 da Lei n.° 66-537, de 24/7, relativo às sociedades comerciais, estabelece que "As sociedades cuja sede social está situada em território francês são submetidas à lei francesa". O art. 3.°/2 acrescenta que "Os terceiros podem prevalecer-se da sede estatutária, mas esta não lhes é oponível pela sociedade se a sua sede real é situada noutro lugar". Estas soluções foram generalizadas a todas as sociedades, mediante a redacção dada pela Lei n.° 78-9, de 4/1, ao art. 1837.° CC fr.

Nesta solução se inspirou visivelmente o legislador português em matéria de sociedades comerciais[64]. Com efeito, a 2.ª parte do n.° 1 do art. 3.° C. Soc. Com. determina que a sociedade que tenha a sua sede estatutária em Portugal (mas a sede da administração no estrangeiro) não pode opor a terceiros a lei pessoal estrangeira.

O art. 3.° da Lei francesa n.° 66-537, no seu conjunto, bem como a segunda parte do art. 3.°/1 C. Soc. Com. port., estão formulados em termos unilaterais. Por conseguinte, só dispõem directamente sobre a relevância da lei francesa e da lei portuguesa a título de sede estatutária.

A doutrina francesa encara esta solução como uma aplicação da "teoria da aparência": a sociedade que se tenha constituído segundo a lei francesa e fixado em França a sede estatutária não pode pretender, perante ter-

---

[64] Art. 2.° da Lei de 24/7/66 e art. 1837.° do CC francês, com a redacção dada pela L n.° 85-697, de 11/7.

O Direito aplicável às sociedades... 35

ceiros, escapar à lei francesa com base na localização da "sede real" no estrangeiro. E parece admitir que os terceiros podem optar pela lei francesa da sede estatutária ou pela lei estrangeira da sede real[65].

Na falta de indicações em contrário, podemos supor que a intenção do legislador português também foi a de tutelar a confiança depositada por terceiros na competência da lei portuguesa a título de sede estatutária[66]. Mas já pode suscitar dúvidas que o art. 3.°/1 C. Soc. Com. estabeleça uma verdadeira conexão optativa, por via da qual os terceiros tenham a faculdade de optar entre o Direito estrangeiro da sede da administração e o Direito português da sede estatutária[67]. Enquanto a redacção dos preceitos franceses parece apontar para uma conexão optativa, o art. 3.°/1/2.ª parte do C. Soc. Com. limita-se a estabelecer que a sociedade não pode "opor a terceiros a sua sujeição a lei diferente da lei portuguesa." O sentido literal deste preceito admite a interpretação segundo a qual os terceiros podem livremente optar entre o Direito estrangeiro da sede da administração e o Direito português da sede estatutária. Mas também consente a interpretação segundo a qual o Direito português da sede estatutária é o aplicável nas relações com terceiros, a menos que estes tenham razão para contar com a aplicação do Direito da sede da administração. Esta segunda interpretação parece-me corresponder melhor à intenção legislativa subjacente, que é a de proteger a confiança de terceiros na competência da lei local, a título de lei da sede estatutária, e não a de criar uma vantagem para terceiros, mediante uma faculdade de opção pela lei mais conveniente para os seus interesses. Esta interpretação é ainda reforçada pelas considerações que se seguem.

Formalmente, parte-se do critério da sede da administração, e vem admitir-se um desvio a este critério, mediante a aplicação da lei local da sede estatutária, fundada na protecção da confiança de terceiros.

Mas se encararmos a teoria da sede como uma qualificação da teoria da constituição, e atendermos à presunção de coincidência da sede da administração com a sede estatutária, esta solução surge-nos a uma outra luz.

---

[65] Cf. BATIFFOL – LAGARDE [I: 338] e MAYER [1994: 654].

[66] Nas sociedades de capitais, a protecção da confiança deve ser estendida aos sócios que não fazem parte dos órgãos de direcção. Em sentido próximo, *Soergel*/LÜDERITZ [n.° 9].

[67] No sentido de se tratar de uma conexão optativa, MARQUES DOS SANTOS [1987: 67, 128 e seg. e 253]; em sentido diferente, PAIS DE VASCONCELOS [1989: 49 e segs.].

Como assinala MAYER, a sede relevante é, em princípio, a sede estatutária[68]. O que equivale a dizer que *o ponto de partida é a teoria da constituição*. Em princípio, a sociedade está submetida ao Direito do Estado onde se constituiu e fixou a sede estatutária.

Quando, porém, se demonstre que a sede da administração não coincide com a sede estatutária, é aplicável às *relações internas* o Direito da sede da administração.

Nas *relações externas*, não basta, para afastar a competência do Direito português da sede estatutária, a demonstração de que a sociedade tem a sede da administração no estrangeiro. É ainda necessário demonstrar que os terceiros em causa devem contar com a competência do Direito estrangeiro da sede da administração. Se for recusada a bilateralização da norma que impede a sociedade de prevalecer-se da sede da administração perante terceiros, o Direito estrangeiro da sede estatutária será afastado sempre que se demonstre que a sociedade tem a sede da administração noutro Estado. No entanto, se a norma for bilateralizada, o Direito da sede estatutária só será afastado quando se demonstre não só que a sociedade tem a sede da administração noutro Estado, mas também que os terceiros em causa têm razão para contar com a competência do Direito deste Estado. O problema da bilateralização será adiante retomado (*infra* V.B).

O ponto privilegiado de referência de terceiros para determinar o estatuto da sociedade é a sede estatutária. É a sede estatutária que consta do contrato de sociedade e dos actos externos da sociedade. Os credores que desconhecem que a sociedade é administrada noutro Estado não podem contar com a competência do Direito deste Estado. E os terceiros que, estando estabelecidos num Estado que adopta a teoria da constituição, contratam aí com a sociedade, também não devem contar com a competência do Direito da sede da administração, mesmo que estejam ao corrente desta sede. A sociedade não poderá opor a estes terceiros o Direito da sede da administração. Mas, segundo creio, estes terceiros também não poderão invocar o Direito da sede da administração, ainda que este seja mais favorável aos seus interesses.

A principal hipótese em que terceiros deverão contar com a competência do Direito da sede da administração é a que se verifica quando a sociedade tem a sede da administração num Estado que adopta a teoria da sede e, aí, contrata com terceiros que têm conhecimento desta sede.

---

[68] 651 e segs.

O Direito aplicável às sociedades... 37

Em caso de dúvida, deverá presumir-se que os terceiros em causa não devem contar com a competência do Direito da sede da administração. Esta presunção, favorável à competência do Direito da sede estatutária, permitirá atenuar as incertezas que esta averiguação pode introduzir na determinação do Direito aplicável à sociedade nas relações externas.

F) O problema do Direito aplicável às sociedades que se constituem sem intervenção de órgãos públicos (incluindo as sociedades sem personalidade jurídica)

Segundo as concepções vigentes ou dominantes nos principais sistemas jurídicos, as sociedades constituídas sem intervenção de órgãos públicos são geralmente privadas de personalidade jurídica.

No Direito português todas as sociedades comerciais, regularmente constituídas, gozam de personalidade jurídica, e é mesmo defendida, por alguns autores, a aquisição de personalidade jurídica por parte das sociedades civis. Mas nos restantes sistemas é geralmente reconhecido que há sociedades sem personalidade jurídica, incluindo sociedades comerciais (ou sociedades que, entre nós, seriam consideradas como tendo objecto comercial). Por conseguinte, na grande maioria dos países as sociedades sem personalidade jurídica desempenham um papel importante na vida económica.

Não obstante, registam-se diferenças importantes na forma por que os diversos sistemas jurídicos encaram as sociedades sem personalidade jurídica.

Nos sistemas da família romano-germânica as sociedades de base pessoal, ainda que sem personalidade jurídica, *tendem* a ser encaradas na sua dupla dimensão contratual e institucional[69]. E o Direito das Sociedades tende a ser concebido por forma a abranger o conjunto das sociedades. Já nos Direitos da *Common Law* as sociedades de base pessoal (*partnership*) são encaradas essencialmente como relações contratuais.

---

[69] Esta tendência não obsta à admissibilidade de tipos societários com carácter interno, como é o caso, na Alemanha, da *stille Gesellschaft*, ou que podem ter carácter interno ou externo, como se verifica, em França, com a *société en participation* (os sócios só respondem pessoal e solidariamente se o credor provar a revelação da sociedade a terceiros). É esta característica, aliada à falta de personalidade jurídica, que pode explicar que a *société en participation* seja por vezes encarada como uma "mera relação contratual".

38   *Estudos de Direito Internacional Privado*

E o Direito aplicável a estas sociedades constitui um complexo normativo claramente separado do Direito das Sociedades com personalidade jurídica [*Company Law*][70].
Estas diferenças têm incidência nos respectivos Direitos de Conflitos. Nos sistemas da família romano-germânica, é entendimento dominante que as sociedades sem personalidade jurídica que dão corpo a uma organização externa também estão submetidas a um estatuto "pessoal"[71].

---

[70] Esse complexo normativo integra, designadamente, regras ou princípios de Direito dos contratos, "responsabilidade extra-contratual" e "representação" [*contract, tort* e *agency*].

[71] Cf. RABEL – DROBNIG [II 101]; BEITZKE [1972: 122 e segs.]; KEGEL [1995: 428]; FERRER CORREIA [1973: 128 e seg. e 1975: 167]; BATIFFOL – LAGARDE [I: 352 e seg.]; *Staudinger*/GROßFELD [n.º 685]; BAPTISTA MACHADO [349 e seg.]; BALLARINO [1996: 367]; FERNANDES COSTA [158], mas defendendo a aplicação das soluções conflituais das obrigações voluntárias à *société en participation* e ao *partnership*, na suposição de que estas sociedades não dispõem de organização externa nem património autónomo; *MünchKomm.*/EBENROTH [*Nach* Art. 10 n.º 87]; MOURA RAMOS [1991: 640 n. 569]; KROPHOLLER [489]; e, LIMA PINHEIRO [743 e segs.], com mais desenvolvimento.

Este entendimento foi acolhido na supracit. Convenção da Haia. Com efeito, o art. 6.º desta Convenção determina que as sociedades, as associações e as fundações a que não é atribuída, pela lei que as rege, personalidade, terão, no território de outros Estados contratantes, a situação jurídica que lhes reconhece essa lei, designadamente no que concerne à capacidade judiciária e às relações com os credores. O que pressupõe que tais entes sem personalidade jurídica são regidos por uma lei individualizada pelos mesmos elementos de conexão que aí são utilizados para designar a lei reguladora das pessoas colectivas. O mesmo se diga da supracit. Convenção de Bruxelas. O mesmo entendimento encontra-se legalmente consagrado no art. 10.º da Lei austríaca de Direito Internacional Privado, no n.º 1 do art. 150.º da Lei federal suíça de Direito Internacional Privado e no art. 25.º/1 da lei italiana de reforma do Direito Internacional Privado – cf. MONACO [177] e BALLARINO [loc. cit.].

À face do Direito português, pode ainda retirar-se um argumento favorável a este entendimento do art. 36.º do DL n.º 248/86, de 25/8, que consagra, como elementos de conexão relevantes para a aplicabilidade do regime do estabelecimento individual de responsabilidade limitada, o lugar da constituição e da sede principal e efectiva, embora o "estabelecimento" não tenha uma personalidade jurídica distinta da do seu titular.

Em sentido contrário, defendendo a aplicabilidade das normas de conflitos reguladoras das obrigações voluntárias às sociedades não personificadas, BATIFFOL [292 e seg.] (mas cp. *supra* nesta n. BATIFFOL – LAGARDE), RAÚL VENTURA [1977: 490 e segs.] e. MAYER [650]. Ver ainda decisões *Corte di Appello di Milano* 25/2/77 [*RDIPP* 15 (1979) 266], RPt 15/12/80 [*CJ* (1980-V) 167] e CCI n.º 5029, de 16/7/86 [*Yb. Comm. Arb.* 11 (1986) 113].

O Direito aplicável às sociedades... 39

Este entendimento deve ser seguido perante o Direito de Conflitos português: as normas de conflitos reguladoras das pessoas colectivas são aplicáveis analogicamente a certos entes organizados sem personalidade jurídica[72]. A aplicação analógica também se justifica em relação às sociedades irregularmente constituídas e a que, por isso mesmo, o Direito da sede negue a personalidade jurídica[73].

A atribuição de um estatuto institucional deve basear-se na conformação concreta e global do ente e, no mínimo, há-de pressupor uma *unidade que actua no tráfico jurídico como ente individualizado*, graças a mecanismos jurídicos que permitam a *formação de um vontade colectiva* e a *imputabilidade de actos praticados em seu nome*. De entre os traços caracterizadores a *ter em conta* são de salientar o grau de estruturação orgânica, a existência de um património autónomo[74], a fixação de uma sede e o emprego de uma denominação social[75].

A atribuição de um estatuto institucional a entes sem personalidade jurídica pressupõe que o ente actue, como tal, no tráfico jurídico. Para o efeito é necessário que o ente disponha, pelo menos, de um órgão de administração e que exista um mecanismo de imputação jurídica, ao ente, dos actos praticados em seu nome[76]. A atribuição de um estatuto institucional supõe pois a existência de uma *organização externa*[77].

---

[72] Ver justificação em LIMA PINHEIRO [loc. cit.].

[73] Cf. FERRER CORREIA [1963: 617]. No caso *Ubbink Isolatie BV* vs. *Dak – en Wandtechniek BV* (ac. 20/09/88, proc. n.º 136/87) [*CTCE* (1988) 4665], o TCE afirmou, em *obiter dictum*, que cabe ao Direito nacional aplicável à constituição da sociedade organizar, em conformidade com o art. 7.º da Dir. 68/151 do Conselho (Primeira Directiva em matéria de Direito das Sociedades), a responsabilidade solidária e ilimitada das pessoas que praticaram actos em nome de sociedade de responsabilidade limitada não regularmente constituída.

[74] Afecto à actividade da organização e que responda pelas dívidas resultantes desta actividade, com ou sem exclusão da responsabilidade pessoal dos seus membros.

[75] Cp., por forma acentuadamente restritiva, *IPRG Komm.*/VISCHER [Art. 150 n.ºs 23 e segs.].

[76] Ainda que tal não signifique mais que a atribuição de direitos e deveres a um conjunto de pessoas designados através da referência ao ente e a afectação destes direitos e deveres a um património separado.

[77] A existência de mecanismos de formação de uma vontade colectiva e de imputação de actos praticados em nome do ente são indispensáveis à sua capacidade de acção social. Este conceito de organização externa já não pressupõe a existência de uma diferenciação funcional e, assim, do sistema de órgãos de que normalmente dispõem as pessoas colectivas.

Assim, por exemplo, o consórcio externo, tal como se encontra configurado no Direito português, deve ser submetido (analogicamente) às normas de conflitos reguladoras das pessoas colectivas[78].

Tradicionalmente, nos sistemas da *Common Law*, o problema da determinação do estatuto institucional só se coloca em relação às sociedades com personalidade jurídica [*corporations*]. A *incorporation* exige sempre uma intervenção de órgãos públicos. É neste quadro que surge a teoria da constituição. A teoria da constituição, *tal como é tradicionalmente entendida*, tem um campo de aplicação limitado às *sociedades que adquirem personalidade jurídica mediante um processo constitutivo em que intervêm órgãos públicos*.

A teoria da constituição, tal como é tradicionalmente entendida, não fornece qualquer critério para a determinação do Direito aplicável às sociedades que se constituem sem intervenção de órgãos públicos, quer sejam ou não susceptíveis de personificação.

Suponha-se que um português e um canadiano, tendo em vista exercer uma actividade de *import/export* em Londres, constituem uma sociedade de base pessoal, mediante um contrato de sociedade celebrado, por documento particular, em Nova Iorque. Qual é o Direito da constituição desta sociedade? O Direito do lugar onde o contrato é celebrado? O Direito aplicável ao contrato segundo o Direito de Conflitos das obrigações contratuais? O Direito do Estado onde a sociedade se organiza?

A teoria da constituição, tal como é tradicionalmente entendida, não fornece qualquer resposta. A teoria da sede pode nestes casos constituir um critério autónomo de determinação do estatuto da sociedade. Para a teoria da sede é indiferente que as sociedades se constituam ou não com a intervenção de órgãos públicos.

Os sistemas que adoptam a teoria da constituição não se mostram, porém, favoráveis ao recurso imediato ao critério da sede da administração.

Os sistemas da *Common Law*, como encaram os *partnerships* como relações contratuais, tendem tradicionalmente a aplicar-lhes as soluções desenvolvidas para os contratos.

Nos EUA, o *Second Restatement of the Conflict of Laws* submete os *partnerships* ao Direito que apresente a relação mais significativa com os sócios e com a transacção (art. 294.°). Para a determinação da relação mais

---

[78] Ver LIMA PINHEIRO [743 e segs. e 801 e segs.].

O Direito aplicável às sociedades...   41

significativa atribui-se especial importância ao lugar onde segundo as disposições do contrato o *partnership* deve desenvolver a sua actividade[79].

Já o *Revised Uniform Partnership Act* (1994) manda aplicar às relações entre os sócios e entre eles e a sociedade o Direito do Estado onde o *partnership* tenha a sede da administração principal [*chief executive office*] (art. 106.°)[80]. Segundo o comentário oficial e este preceito, entendeu-se que, não sendo necessário o depósito do "pacto social" para formar um *partnership*, o lugar da sua organização nem sempre é claro. Mas o comentário acrescenta que a regra da sede da administração é supletiva: os sócios podem por acordo escolher o Direito de outro Estado para reger os "assuntos internos"[81].

Noutros quadrantes tem-se propugnado por uma "interpretação lata" da teoria da constituição.

CHESHIRE – NORTH – FAWCETT, tendo em mente alguns tipos societários dos sistemas da *civil law*, defendem a aplicação do Direito do país de formação às sociedades que, embora se constituam sem a intervenção de órgãos públicos, são encaradas como pessoas colectivas[82]. Mas como se determina o país de formação? Será de atender ao lugar onde se realiza a assembleia constitutiva? Ou ao lugar onde é celebrado o contrato de sociedade? Ou ainda ao lugar onde se forma a organização da sociedade? Seria

---

[79] Cf. *Comment* d ao art. 294.°. Neste sentido podem invocar-se duas decisões, relativas a *joint ventures*, proferidas nos casos *Teas* vs. *Kimball* (1958), pelo *USCA Fifth Circuit* [257 *F.2d* 817] e *Flammia* vs. *Mite Corp.* (1975), pelo *USDC E.D. New York* [401 *F. Supp.* 1121], confirmada pelo USCA (1977) [553 *F.2d* 93], que partindo da consideração do escopo do *joint venture*, aplicaram a lei do lugar onde o empreendimento deveria ser realizado. Observe-se que no primeiro caso uma das partes tinha o seu estabelecimento no Estado onde o *joint venture* deveria desenvolver a sua actividade; o mesmo se verificou no segundo caso, no qual foi por acréscimo levado em conta que o *joint venture* tinha por objecto a venda de uma sociedade constituída segundo o Direito de Nova Iorque. SCOLES – HAY [718 e seg.] consideram este *case law* insuficiente para definir uma regra para a determinação da lei supletivamente aplicável ao contrato de *joint venture*.

[80] Este conceito inspira-se no art. 9-103/3/d do *Uniform Commercial Code*. Segundo o § 5 do *Official Comment* neste preceito entende-se por "*chief executive office*" "o lugar a partir do qual o devedor gere a maior parte das suas operações económicas".

[81] Dentro dos limites traçados pelo art. 187/2.° do *Second Restatement*.

[82] 897 e seg. Cita-se *Von Hellfeld v. Rechnitzer and Mayer Freres & Co* [(1914) 1 Ch 748 e *Skylines Associates v. Small* [(1974) 50 DLR (3d) 217]. Na verdade, nestas decisões aplicou-se à sociedade o Direito do país onde aparentemente se tinha formado, e segundo o qual não tinha personalidade colectiva. Mas as decisões parecem ter por evidente que esse era o Direito competente, sem esclarecerem o título de aplicação.

concebível atender ao lugar onde se completa o processo constitutivo. Esta solução não é, porém, satisfatória. Perante uma sociedade que se constitua mediante um simples contrato, ir-se-ia aplicar o Direito do lugar da celebração que, como o exemplo acima dado ilustra, pode não ter qualquer laço importante com a sociedade.

É mais interessante a "interpretação lata" da teoria da constituição oferecida pelo art. 154.º da Lei federal suíça de Direito Internacional Privado. É o seguinte o seu teor:

> "1. As sociedades são regidas pelo Direito do Estado segundo o qual são organizadas, se cumprem as prescrições publicidade ou de registo deste Direito ou, quando faltem estas prescrições, se são organizadas segundo o Direito deste Estado.
>
> "2. A sociedade que não satisfaz essas condições é regida pelo Direito do Estado na qual é administrada efectivamente."

Segundo esta disposição, a sociedade é regida pelo Direito por que, por forma externamente visível, se orientou a sua constituição[83]. Naturalmente que podem surgir dificuldades na determinação deste Direito. Mas a Lei suíça não deixa o intérprete desarmado: se não for reconhecível o Direito por que a sociedade tenha sido organizada passa-se à aplicação do Direito da sede da administração[84].

Esta solução converge com a dada pelo *Revised Uniform Partnership Act*. Mas com esta diferença: o Direito por onde se orientou a constituição da sociedade é aplicável mesmo na falta de designação.

A solução da Lei suíça é que apresenta maior sintonia com as valorações subjacentes à teoria da constituição, tal como é entendida tradicionalmente. A sociedade e os sócios têm interesse na aplicação do Direito em que se baseou a constituição da sociedade. Os interesses de terceiros na cognoscibilidade do estatuto da sociedade não são postos em causa a

---

[83] Cf. *IPRG Kommentar*/VISCHER [Art. 154 n.º 17 e seg.]. Critica-se, no entanto, a utilização da palavra "organizadas", defendendo-se que um Direito também é neste caso aplicável quando na constituição da sociedade os interessados se tenham por ele orientado de facto. Que a sociedade se tenha organizado segundo um determinado Direito é algo que deve ser externamente visível, designadamente por meio da respectiva estrutura organizatória ou dos estatutos, por forma a ser visível por terceiros. Cp. BROGGINI [1992: 275].

[84] Cf. *IPRG Kommentar*/VISCHER [Art. 154 n.os 19 e seg.]

O Direito aplicável às sociedades... 43

partir do momento em que se exige que seja externamente reconhecível que a constituição se orientou por esse Direito.

G) As atenuações da teoria da constituição

Em parte dos sistemas que adoptam a teoria da constituição foram-lhe introduzidas atenuações importantes.

Nos EUA, a doutrina das *sociedades pseudo-estrangeiras* tem constituído uma das atenuações mais importantes.

O conceito de "sociedades pseudo-estrangeiras" foi introduzido por LATTY[85]. Este autor veio defender que nenhum princípio de Direito de Conflitos ou razão constitucional obriga um Estado a aplicar exclusivamente o Direito da constituição às sociedades estrangeiras que realizam a actividade principal no seu território. No entanto, o autor não propugna por uma aplicação em bloco do Direito local, mas apenas daquelas leis que têm um carácter de protecção e que reflectem uma "forte política legislativa". Tem de se tratar de normas injuntivas que visam proteger interesses dos credores ou dos sócios e estes interesses têm de ser predominantemente ou, pelo menos, substancialmente locais[86].

Esta doutrina encontrou eco na jurisprudência e na legislação de alguns Estados norte-americanos. Um considerável número de decisões afastou-se da aplicação do Direito da constituição aos "assuntos internos"[87]. A legislação de alguns Estados submete as sociedades constituídas noutro Estado, que desenvolvem a sua actividade principal no seu território, a um conjunto mais ou menos vasto de disposições do seu Direito das Sociedades. Os casos mais referidos são os dos Estados de Nova Iorque e da Califórnia.

Por exemplo, o art. 2115.° do *California Corporations Code* é aplicável quando mais de metade das acções com direito de voto for detida por

---

[85] 138 e segs. e 162 e segs.

[86] 159 e segs.

[87] SCOLES – HAY [924 e seg.]. Da delimitação traçada pelo *Second Restatement* entre o campo de aplicação do art. 302.° e do art. 301.° resulta que são "internos" os assuntos que são especificamente regulados pelo "Direito das Sociedades", segundo a concepção estadounidense (*Corporation Law*). Neste sentido, ver decisão proferida no caso *McDermott Inc.* vs. *Lewis* (*Supreme Court of Delaware*, 1987 [531 A.2d 206]) que, considera como " internos" os "assuntos que são peculiares às sociedades".

residentes na Califórnia e mais de metade do volume de negócios for feito na Califórnia (a), salvo se as acções da sociedade estrangeira estiverem cotadas numa bolsa nacional [*national securities exchange*] (e)[88]. As sociedades que se encontrem nestas condições ficam submetidas às regras locais sobre designação e destituição dos administradores, deveres e responsabilidade dos administradores, indemnização dos administradores e empregados (por prejuízos sofridos perante terceiros em ligação com a actividade da sociedade), limites à distribuição de dividendos, convocação das assembleias ordinárias, direito de voto dos sócios, limites à venda de bens e a fusões, reorganizações e direitos de inspecção dos sócios (b).

A questão da constitucionalidade destas leis tem sido muito debatida. Assim, por exemplo, a lei californiana já foi nuns casos considerada constitucional e noutros inconstitucional[89]. Algumas decisões importantes entenderam que certas leis aplicáveis aos "assuntos internos" das sociedades estrangeiras violam a *Commerce Clause*, por constituírem um entrave ao comércio interestadual que não é justificado pelos interesses locais[90]. Mas foi principalmente a partir da decisão do *US Supreme Court* no caso *CTS Corp.* vs. *Dynamics Corp. of America* (1987) que tem vindo a ser questionado se a regra da competência do Direito da constituição em matéria de "assuntos internos" não terá sido elevada à categoria de imposição constitucional, incompatível com a doutrina das sociedades pseudo--estrangeiras[91].

Sendo descabido aprofundar aqui este ponto, limitar-me-ei a uma breve referência às principais posições assumidas a este respeito.

Segundo um entendimento, que foi acolhido no *Revised Model Business Corporation Act* (1984), a um Estado não é permitido regular os "assuntos internos" da sociedade estrangeira autorizada a realizar actividade no seu território[92].

---

[88] Caso em que a sociedade ficará sujeita às *federal securities and exchange rules and regulations* que proporcionam aos investidores uma protecção similar a que é dada pela legislação californiana.

[89] Ver KOZYRIS [1985: 57 e segs. e 69 e segs.] e SCOLES – HAY [924 e seg.].

[90] Ver *Edgar vs. Mite Corp.* (*US Supreme Court*, 1982 [457 *U.S.* 624] e *McDermott Inc.* vs. *Lewis* (*Supreme Court of Delaware*, 1987 [531 A.2d 206]).

[91] 481 *US* 69. Ver ainda *Tyson Foods, Inc.* vs. *McReynolds* (*US Court of Appeals, Sixth Circuit*, 1989 [865 *F.2d* 99] e a jurisprudência referida por KOZYRIS – SYMEONIDES [641].

[92] Art. 15.05./c.

Bastante diferente é a opinião expressa por SCOLES – HAY: quando uma sociedade organizada segundo a lei de um país conduz toda ou parte substancial da sua actividade noutro país, este país pode tratá-la em muitos aspectos como se fosse uma sociedade constituída neste país. Perante as dúvidas suscitadas pela decisão proferida no caso *CTS Corp.* os autores são da opinião que o foro deve reter alguma medida de controlo sobre as actividades de sociedades que se encontrem nestas circunstâncias.

Outros autores assumem uma posição intermédia que se vem a traduzir num conceito mais restrito de sociedade pseudo-estrangeira. A teoria da constituição não foi inteiramente constitucionalizada. Um Estado pode aplicar o seu Direito a uma sociedade formalmente estrangeira que em todos os aspectos importantes é uma sociedade "interna" (KOZYRIS)[93]. Não basta que a sociedade realize toda ou quase toda a sua actividade no seu território. É ainda necessário que todos, ou quase todos os sócios residam aí (REESE – ROSENBERG – HAY)[94].

A doutrina das sociedades pseudo-estrangeiras também influenciou a já mencionada Resolução do Instituto de Direito Internacional sobre as sociedades anónimas em Direito Internacional Privado. Esta Resolução, porém, atende não só ao lugar da actividade principal mas também à sede da administração e aos laços existentes com o Estado da constituição.

A Resolução distingue duas situações diferentes[95].

Por um lado, as sociedades constituídas num Estado que desenvolvem a sua actividade global ou principal noutro Estado, onde têm a sede da sua administração. Aqui têm-se em vista as sociedades pseudo-estrangeiras em sentido tendencialmente estrito: sociedades que se constituem num país mas se destinam a funcionar e desenvolver a sua actividade noutro país. O reconhecimento destas sociedades como sujeito jurídico poderá

---

[93] 1995: 421 e seg. Acresce que, como o teste da *commerce clause* remete para uma ponderação, é possível argumentar que alguns desvios ao princípio do Direito único podem ser tolerados se forem pequenos e os benefícios locais pesarem mais que as desvantagens interestaduais. Assim, por exemplo, foi decidido no caso *Sadler* vs. *NCR Corp.* (*US Court of Appeals, 2d Cir. 1991* [928 *F.2d* 48]) que a regra legal de Nova Iorque que aplica o Direito de Nova Iorque aos direitos de inspecção de sócios novaiorquinos em sociedades estrangeiras não viola a *commerce clause*, designadamente porque não afecta seriamente o tratamento uniforme de todos os sócios. Ver ainda DE MOTT.

[94] 1000.

[95] Ver VAN HECKE [1965a: 233 e segs. e 1965b].

ser recusado se a constituição não é regular perante a lei do lugar da sede real (art. 3.°). Vale, portanto, a teoria da sede.

Por outro lado, as sociedades que desenvolvem a sua actividade numa pluralidade de países. Neste caso vale a teoria da constituição. O Direito da constituição só não é aplicado se a sociedade não apresenta qualquer laço efectivo com o Estado da constituição.

Esta exigência de um laço efectivo com o Estado da constituição destina-se a evitar a constituição de sociedades em Estados que se apresentam, do ponto de vista da permissividade do Direito das Sociedades e do regime fiscal aplicável, como "paraísos". É uma exigência aparentemente justificada, mas que suscita algumas dúvidas a um exame mais atento. Ela vem introduzir alguma margem de incerteza na actuação da teoria da sede, pois torna necessária uma avaliação dos laços existentes com o Estado da constituição. Não se ajusta bem a uma economia aberta e dinâmica em que as participações sociais mudam frequentemente de mãos e em que os centros de exploração e de direcção das sociedades estão sujeitos a deslocações internacionais. Enfim, para terceiros é, em princípio, indiferente que a sociedade apresente ou não laços efectivos com o país da constituição.

A Lei suíça, que adopta também uma teoria mitigada da constituição, não exige um laço efectivo com o Estado da constituição[96]. O legislador suíço optou antes por uma combinação da teoria da constituição com conexões especiais[97]. Estas conexões especiais abrangem as pretensões que

---

[96] No entanto, a lei exige um laço efectivo com a Suíça no caso de transferência da sede estatutária para a Suíça. Para se submeter ao Direito suíço a sociedade tem de transferir o seu centro de actividades para a Suíça (art. 162.°/1), se é uma sociedade sujeita a registo comercial e, não o sendo, tem de apresentar um laço suficiente com a Suíça (art. 162.°/2). Segundo *IPRG Kommentar*/VISCHER [Art. 162 n.° 4 e seg.] o legislador afastou-se da teoria da constituição, com vista a evitar que a Suíça seja escolhida como mero Estado de constituição, sem que existam laços com a Suíça. Como justificação para a formulação de maiores exigências para imigração da sociedade do que para a sua constituição sublinha-se que a maior parte das ordens jurídicas da Europa continental seguem a teoria da sede e, por isso, só reconhecem a transferência se este requisito estiver satisfeito (cf. PHILIPPE REYMOND [200]).

[97] Segundo *IPRG Kommentar*/VISCHER [Art. 154 n.os 9 e 10] esta solução aproximar-se-á da "teoria da sobreposição" [*Überlagungstheorie*] defendida por SANDROCK. Significa isto que certas leis do Estado da sede se sobrepõem ao Direito da constituição – cf. SANDROCK [1978: 191 e segs.]. O autor encara como exemplos de aplicação desta teoria as leis de Nova Iorque e da California e, na Europa, o art. 4.° da supracit. Convenção de Bruxelas.

derivam de negócios de emissão que são realizados por meio de ofertas públicas, as restrições ao poder de representação de um órgão ou de um representante, as questões de registo, firma e representação das sucursais e a responsabilidade das pessoas que agiram em nome da sociedade (arts. 156.º e segs.).

As questões relativas às ofertas públicas e às restrições ao poder de representação são objecto de conexões especiais em muitos sistemas que adoptam quer a teoria da constituição quer a teoria da sede. Estas conexões especiais são aí encaradas como limites ao estatuto pessoal da sociedade e, por conseguinte, não constituem propriamente desvios a estas teorias.

Das conexões especiais estabelecidas pela Lei suíça, é entendida como uma importante concessão à teoria da sede a que se encontra consagrada no art. 159.º com respeito à responsabilidade das pessoas que agiram por conta da sociedade. Segundo esta disposição, se os negócios de uma sociedade constituída por força do Direito estrangeiro são geridos na Suíça ou a partir da Suíça, a responsabilidade das pessoas que agiram por conta da sociedade é regulada pelo Direito suíço[98].

Encontra-se o fundamento deste desvio na protecção da confiança depositada na competência do Direito local. O legislador entendeu que a divergência entre a sede da administração na Suíça e o estatuto da constituição estrangeiro pode causar a aparência de uma sociedade de estatuto nacional. Os interesses de terceiros seriam postos em risco se a sociedade, contra a aparência por si criada, pudesse invocar as disposições sobre responsabilidade ou protecção dos credores do Direito da constituição[99].

A esta luz, vem defender-se que o art. 159.º consagra uma conexão optativa, em que o Direito da sede da administração pode ser invocado por terceiros que tenham razões para crer que se trata de uma sociedade de estatuto nacional[100]. VISCHER defende ainda que o art. 159.º não pode ser

---

[98] No sentido de se tratar uma concessão à teoria da sede efectiva, cf. NOBEL [188] e *IPRG Kommentar*/VISCHER [Art. 159 n.º 1]. O texto francês, que se refere às "pessoas que agiram em nome da sociedade", diverge dos textos alemão e italiano, que parecem corresponder melhor à intenção do legislador (op. cit. [n.º 22]).

[99] Cf. *Message concernant une loi fédérale sur le droit international privé*, 178; HEINI [1984: 168]; *IPRG Kommentar*/VISCHER [Art. 159 n.º 1]; e, DUTOIT [Art. 159 n.º 2]. Cp. GHANDCHI [86 e segs.], assinalando que o texto da lei não contém o pressuposto da criação de aparência que constava do projecto da comissão de peritos.

[100] *IPRG Kommentar*/VISCHER [Art. 159 n.os 2 e segs.] propõe a interpretação deste preceito como "conexão alternativa com direito de escolha do credor", o que corresponde,

aplicado quando a sucursal de uma sociedade estrangeira se encontra inscrita no registo suíço[101], mas esta posição é especialmente controversa[102]. Acrescente-se que do art. 159.° não decorre automaticamente a responsabilidade pessoal dos gerentes ou administradores pelas dívidas da sociedade. Eles só respondem pelas dívidas da sociedade quando tal resulte das disposições sobre responsabilidade aplicáveis ao correspondente tipo societário do Direito suíço ou das normas gerais de responsabilidade do Direito suíço[103].

Mas será que o elemento de conexão mais importante do ponto de vista da confiança de terceiros é o lugar da sede da administração? Não será antes de atender ao lugar onde a sociedade desenvolve a sua actividade? Estas questões levam a reexaminar a relevância do lugar onde a sociedade desenvolve a sua actividade.

H) A relevância do lugar onde a sociedade desenvolve actividade

Nos termos em que a questão do estatuto pessoal da sociedade é correntemente colocada, o lugar onde a sociedade desenvolve actividade é irrelevante ou assume, quando muito, um papel secundário.

Esta visão das coisas não corresponde inteiramente à realidade jurídico-positiva.

Por um lado, a generalidade dos sistemas concede ao Direito do Estado onde a sociedade desenvolve a sua actividade ou, pelo menos, onde exerce esta actividade com determinado grau de permanência ou organização, competência para regular certas questões.

Por outro lado, embora não tenha notícia de que qualquer sistema consagre plenamente o critério do centro de exploração, há sistemas que combinam este critério com a teoria da sede e (ou) da constituição.

---

com mais rigor, a uma conexão optativa (PHILIPPE REYMOND [193] aponta neste sentido, mas aparentemente *de lege ferenda*). *IPRG Kommentar*/VISCHER [Art. 159 n.os 2 e segs.] entende que esta opção só deve existir quando o tribunal suíço for competente tanto com base no art. 151.° como no art. 152.°. Se a competência só se funda no art. 152.° – que é o que se verifica quando a acção é proposta no sede da administração da sociedade e as pessoas que respondem por responsabilidade jurídico-societária não têm aí o seu domicílio ou residência habitual – só o Direito suíço pode ser aplicado.

[101] Cf. *IPRG Kommentar*/VISCHER [Art. 159 n.° 26 e Art. 160 n.os 11 e segs.].

[102] Cp. PHILIPPE REYMOND [198] e BROGGINI [1990: 282].

[103] Cf. *IPRG Kommentar*/VISCHER [Art. 159 n.os 12 e segs.].

O Direito aplicável às sociedades... 49

No que toca à primeira hipótese, há a referir a competência reconhecida ao Estado do lugar da actividade em matéria de *"reconhecimento da capacidade funcional"* das sociedades de estatuto pessoal estrangeiro (*supra* Introdução). Dizem respeito a este reconhecimento as normas relativas ao direito de estabelecimento e à liberdade de prestação de serviços. Trata-se então de normas de Direito da Economia, que prosseguem fins diferentes daqueles que são visados pelas normas integradas no estatuto pessoal[104].

Mas com estas normas relacionam-se aquelas que condicionam o exercício da actividade da pessoa colectiva à instituição de uma representação permanente e ao cumprimento de disposições de registo e de publicações, e que estabelecem consequências jurídicas para o incumprimento destes requisitos, como é o caso das normas constantes do art. 4.° C. Soc. Com., complementado, quanto ao registo e às publicações, pelos arts. 10.°/c e /d, 40.°/2 e 70.°/f C. Reg. Com.[105]. Estas normas desempenham um *papel fundamental* na protecção dos interesses de terceiros no comércio jurídico local[106].

Com efeito, os interesses de terceiros têm de ser acautelados mesmo que a sociedade não tenha a sede estatutária nem a sede da administração num país onde desenvolve actividade, em especial quando esta actividade é desenvolvida por um centro local organizado. Não se deve colocar a cargo de todos aqueles que neste país contratam com a sociedade ou que são lesados mediante a violação pela sociedade dos seus direitos e interesses juridicamente protegidos o ónus de indagar em que Estado a sociedade está sediada e de consultar as inscrições feitas no registo organizado neste Estado. Daí resultariam não só dificuldades e custos para terceiros mas também um entrave ao comércio jurídico em geral.

---

[104] O número destas normas tem vindo a decrescer em virtude do reconhecimento, por força do Direito Comunitário, do direito do estabelecimento e da liberdade de prestação de serviços por parte das sociedades comunitárias e, mais em geral, pela tendência para uma liberalização na ordenação económica das relações do comércio internacional.

[105] Os entes colectivos personalizados que exerçam habitualmente actividade em Portugal e as suas representações também estão obrigados a inscrição no ficheiro central de pessoas colectivas, nos termos do art. 29.° do DL n.° 42/89, de 3/2.

Com respeito às sucursais de sociedades anónimas, por quotas e em comandita por acções, ver ainda Décima Primeira Dir. do Conselho em matéria de Direito das Sociedades, relativa à publicidade das sucursais criadas num Estado-membro por certas formas de sociedades relevando do Direito de outro Estado-membro [89/666/CEE, de 21/12/89].

[106] Ver MOURA RAMOS [1987a: 6 e segs.].

Por acréscimo, estes terceiros devem poder contactar a sociedade através de um representante local e, pelo menos se esta representação local constitui um centro organizado de actividade, devem poder propor as acções relativas à sua exploração nos tribunais locais e contra a própria representação local[107].

O disposto no art. 4.º C. Soc. Com. vai ao encontro destas preocupações. A sociedade de estatuto pessoal estrangeiro que deseje exercer a sua actividade em Portugal por mais de um ano deve instituir uma representação permanente e cumprir o disposto na lei portuguesa sobre registo comercial (n.º 1)[108].

Por seu turno, o art. 10.º/c e /d C. Reg. Com. determina que estão sujeitos a registo a criação, alteração e encerramento das representações permanentes, bem como a designação, poderes e cessação de funções dos respectivos representantes e, ainda, a prestação de contas das sociedades representadas. Por força do art. 40.º/2 C. Reg. Com. o registo das representações permanentes é feito em face de documento comprovativo da de-

---

[107] Cf. art. 5.º/5 da Convenção de Bruxelas Relativa à Competência Judiciária e Execução de Sentenças em Matéria Civil e Comercial e arts. 65.º/1/a, 65.º/2 e 7.º CPC. Observe-se que estes preceitos do CPC permitem que a acção seja proposta em tribunais portugueses mesmo que a acção não seja relativa à exploração do centro organizado local (o que não é permitido pelo regime convencional), e que a representação local seja demandada mesmo que a acção não derive de facto "por ela praticado" quando a obrigação tenha sido contraída com um português ou com um estrangeiro domiciliado em Portugal.

[108] Diferentemente, Moura Ramos entende que o art. 4.º C. Soc. Com. contém normas sobre a condição jurídica das sociedades estrangeiras – cf. 1987a: 5 e segs. e 1987b: 345. Pode pensar-se que a questão não tem relevância prática, uma vez que o critério da sede efectiva serve tanto para determinar as sociedades de estatuto pessoal português como para atribuir a nacionalidade portuguesa. Mas a partir do momento em que se entenda que a sede relevante para determinar o estatuto pessoal é, em princípio, a sede estatutária, torna-se concebível que uma sociedade de nacionalidade estrangeira tenha estatuto pessoal português. À primeira vista isto viria apoiar a opinião de Moura Ramos, uma vez que o art. 4.º (bem como os arts. 26.º e 40.º/2 C. Reg. Com.) se refere só às sociedades com sede principal e efectiva no estrangeiro (que nunca têm nacionalidade portuguesa). Mas parece que só faz sentido aplicar o art. 4.º (bem como as disposições do C. Reg. Com. que o complementam) quando se trate de uma sociedade de estatuto pessoal do estrangeiro. Com efeito, a sociedade, que embora com sede efectiva da administração no estrangeiro, se tenha constituído em Portugal e, tenha, por isso, sede estatutária no nosso território, tem sempre de obedecer ao disposto na lei portuguesa sobre registo comercial. E fará sentido exigir a uma sociedade que tem sede estatutária em Portugal que institua aqui uma representação permanente?

liberação social que a estabeleça, do texto completo e actualizado do contrato de sociedade e de documento que prove a existência jurídica desta. Em caso de não cumprimento das exigências feitas pelo n.° 1 do art. 4.°, estabelece-se a responsabilidade solidária com a sociedade das pessoas que tenham praticado actos em seu nome em Portugal bem como dos gerentes ou administradores da sociedade (n.° 2)[109].

O Código Comercial também determinava a aplicação aos representantes das sociedades que estabelecessem uma representação em Portugal das normas sobre responsabilidade dos administradores (art. 111.° § único). Esta solução não foi mantida pelo Código das Sociedades Comerciais.

É corrente, nos sistemas estrangeiros, a subordinação do exercício de actividade local por sociedades de estatuto pessoal estrangeiro a exigências de estabelecimento de uma representação local e de registo, bem como, em alguns casos, a responsabilidade pessoal dos administradores em caso de incumprimento destas exigências[110]. Nos EUA fala-se, a este respeito, de *"qualification"*[111].

As normas que estabelecem estas exigências são *normas de Direito material especial*, visto que formulam requisitos específicos para a actividade local das sociedades de estatuto pessoal estrangeiro. Elas constituem um complemento das regras de conflitos que regulam o estatuto pessoal. Este complemento é necessário porque os interesses de terceiros não podem ser protegidos adequadamente por via conflitual.

Outra questão em que se verifica uma tendência para reconhecer uma certa competência ao Direito do Estado onde a sociedade exerce a sua actividade é a da *capacidade jurídica*[112].

---

[109] O n.° 3 vem ainda facultar que o tribunal, a requerimento de qualquer interessado ou do Ministério Público, ordene que a sociedade cesse a sua actividade em Portugal e decrete a liquidição do património aqui situado.

[110] Ver também o art. 160.° da Lei suíça e, sobre ele, cp. *IPRG Kommentar*/VISCHER [Art. 159 n.° 26 e Art. 160 n.os 11 e segs.] e BROGGINI [1990: 281 e segs.]; art. 2506.° CC italiano e, sobre ele, BALLARINO [1996: 355 e segs.]; Décima Primeira Directiva do Conselho em matéria de Direito das Sociedades sobre a publicidade das sucursais criadas num Estado-membro por certas formas de sociedade que relevem do Direito de outro Estado-membro (89/666/CEE).

[111] Ver art. 15.05a do *Revised Model Business Corportation Law* (1984) e LEFLAR – MCDOUGAL III – FELIX [696 e segs.].

[112] Além dos sistemas referidos no texto, ver, com respeito ao Direito inglês, DIZEY – MORRIS – COLLINS [1111 e segs.]. Cp. art. 158.° da Lei suíça que dá relevância, quanto

Esta tendência apoia-se em vasta medida no desvio à lei pessoal admitido em matéria de capacidade dos indivíduos. Este desvio consta hoje fundamentalmente do art. 11.° da Convenção de Roma sobre a Lei Aplicável às Obrigações Contratuais: "Num contrato celebrado entre pessoas que se encontram no mesmo país, uma pessoa singular considerada capaz segundo a lei desse país só pode invocar a sua incapacidade que resulte de uma outra lei se, no momento da celebração do contrato, o outro contraente tinha conhecimento dessa incapacidade ou a desconhecia por imprudência da sua parte." Segundo a opinião dominante na Alemanha esta norma é aplicável analogicamente à personalidade e à capacidade das sociedades[113].

Entre nós a questão foi discutida perante o disposto no art. 28.° CC. FERRER CORREIA, BAPTISTA MACHADO e MARQUES DOS SANTOS defendem que o princípio consagrado nesta disposição deve valer para as pessoas colectivas e para as organizações de pessoas e bens não dotadas de personalidade jurídica[114]. ISABEL DE MAGALHÃES COLLAÇO colocou algumas reservas a este entendimento, assinalando que o art. 28.° se reporta apenas aos actos anuláveis com fundamento em incapacidade de exercício e que o acto do órgão da pessoa colectiva que esteja viciado por falta de capacidade de gozo não é equivalente a uma mera incapacidade de exercício[115].

Com efeito, este preceito está inserido entre as normas de conflitos que se referem ao estatuto pessoal dos indivíduos e limita-se a obstar à anulação com fundamento na incapacidade. Os limites colocados pelo princípio da especialidade em matéria de fins e objecto das pessoas colectivas são encarados pela doutrina dominante como incapacidades de gozo que geram a nulidade do acto. Por conseguinte, o art. 28.° não é directamente aplicável aos actos que sejam inválidos por desrespeito dos limites fixados pela lei ou pelos estatutos.

Mas há razões fortes para admitir uma aplicação analógica seja do art. 11.° da Convenção de Roma seja, subsidiariamente, do art. 28.° CC, às pessoas colectivas. Os terceiros que contratam no comércio jurídico local carecem de protecção quer se trate de pessoas singulares estrangeiras ou

---

aos limites dos poderes de representação, ao Direito do Estado de estabelecimento ou residência habitual da outra parte.

[113] Cf. KEGEL [417], *Staundinger*/GROßFELD [n.os 254 e 264] e ZIMMER [255 e segs.].

[114] FERRER CORREIA [1975: 168 e seg.], BAPTISTA MACHADO [350 e seg.] e MARQUES DOS SANTOS [1987: 256 e seg.].

[115] 1971: 42.

de pessoas colectivas de estatuto pessoal estrangeiro. Aqui, de novo, não se deve exigir a terceiros que determinem a lei estrangeira aplicável à sociedade, indaguem do seu conteúdo e examinem o contrato de sociedade salvo, neste último caso, a possibilidade de o terceiro ter conhecimento do contrato de sociedade, ou dele poder tomar conhecimento com uma diligência razoável, como sucede no caso de a sociedade ter uma representação registada em Portugal.

Em minha opinião, esta aplicação analógica justifica-se perante limites colocados pela lei, pelos estatutos ou por deliberações sociais e quer tenham por objecto os fins que a sociedade pode prosseguir, os actos que os órgãos da sociedade podem praticar para a sua realização ou a vinculação da sociedade pelos seus gerentes ou administradores[116]. Também é indiferente que estes limites sejam ou não qualificados como incapacidades.

Esta solução constitui um desvio à lei pessoal da sociedade, relativamente a questões bem delimitadas que caem no âmbito do estatuto pessoal, mediante o estabelecimento de uma conexão especial com o Direito do lugar de celebração do negócio jurídico. Normalmente a sociedade celebra negócios jurídicos nos Estados em que desenvolve a sua actividade, o que permite incluir esta solução entre os casos de relevância do Direito do lugar onde a sociedade desenvolve a sua actividade.

Alguns sistemas vão mais longe, e conferem relevância ao lugar onde a sociedade desenvolve a sua actividade na própria *determinação do estatuto pessoal.*

Como ficou atrás assinalado (*supra* E), é o que se verifica com o sistema italiano (até certo ponto seguido pelo Direito argentino), bem como, mais moderadamente, com os Direitos de alguns Estados norte-americanos, como é o caso da Califórnia e de Nova Iorque. Parte-se da teoria da constituição, mas determina-se a aplicação cumulativa de todas ou de grande parte das normas injuntivas do Direito local se a sociedade desenvolver aí a sua actividade principal. O lugar onde a sociedade desenvolve a sua principal actividade constitui aqui um dos elementos de conexão que servem para ampliar a esfera de aplicação do Direito do foro. Foi atrás feita a crítica deste favorecimento do Direito do foro.

---

[116] Esta solução tem um significado prático limitado em matéria de sociedades, uma vez que, seguindo a Primeira Directiva da CEE em matéria de Direito das Sociedades, o art. 6.º/4 C. Soc. Com. determina que as cláusulas contratuais e as deliberações sociais que fixem à sociedade determinado objecto ou proibam a prática de certos actos não limitam a capacidade da sociedade.

Um outro sistema que confere relevância ao Direito do lugar onde a sociedade desenvolve a sua actividade é o espanhol. O art. 9.º/11 CC esp. (introduzido pela reforma de 1974) acolhe o entendimento da doutrina espanhola tradicional segundo o qual a pessoa colectiva está submetida ao Estado da sua nacionalidade. A determinação da nacionalidade foi objecto de controvérsia, sobretudo em relação às sociedades. O art. 5.º/1 da Lei das Sociedades Anónimas (com a redacção de 1989) veio estabelecer que são espanholas "as sociedades anónimas que tenham domicílio em território espanhol, qualquer que seja o lugar onde se tenham constituído". O n.º 2 do mesmo artigo acrescenta que "devem ter o seu domicílio em Espanha as sociedades anónimas cujo principal estabelecimento ou exploração radique dentro do seu território". Daqui resulta, segundo CALVO CARAVACA[117], uma combinação do critério da sede real com o critério do centro de exploração. O resultado prático é que as sociedades que tenham o principal centro de exploração em Espanha estão submetidas à lei espanhola.

Por certo este tipo de soluções põe em relevo que, à luz das finalidades visadas pelas normas de conflitos em matéria de sociedades, o Direito do lugar onde a sociedade desenvolve a sua actividade é uma conexão importante a ter em conta. Mas não parece adequada aos fins em jogo uma solução que conduz a aplicar todas ou grande parte das normas societárias do Direito do lugar onde é exercida a principal actividade e não atribui qualquer título de aplicação a normas de outros Estados onde a sociedade exerça a sua actividade.

Por um lado, esta solução sujeita-se a parte das críticas tradicionalmente movidas ao critério do centro de exploração: a instabilidade da lei aplicável em virtude da deslocação do centro principal de exploração e a aplicação de um Direito que pode ser estranho à sociedade e à sua administração. Aparentemente, a variante espanhola permite evitar estas objecções. Mas só o evita mediante a imposição da sede em Espanha quando aí se situa o principal centro de exploração. O que é ainda mais constrangedor para a sociedade: não só tem de se conformar com o Direito do Estado onde se situa o principal centro de exploração como tem ainda de fixar aí a sua sede.

Por outro lado, a necessidade de protecção de terceiros surge tanto no Estado onde a sociedade desenvolve a principal actividade como nos Estados em que exerce actividade a título secundário.

---

[117] 89 e seg.

Parece mais adequada a solução que se traduza na atribuição ao Direito de todo o Estado em que a sociedade exerça a sua actividade ou, pelo menos, em que estabeleça um centro organizado de actividade, de uma competência limitada às normas que visam a protecção de terceiros. Entre estas normas contam-se não só as que se referem ao estabelecimento de uma representação local e do cumprimento das disposições sobre registo e publicações, mas também, designadamente, as que se referem à responsabilidade das pessoas que agem por conta da sociedade para com terceiros, ao capital mínimo, à realização das entradas, à distribuição de bens aos sócios e aos administradores e à redução de capital[118]. Neste último caso, porém, parece que a aplicação das normas locais deve ser justificada pela protecção da confiança na competência do Direito local.

III. DIREITO APLICÁVEL À CONSTITUIÇÃO DA SOCIEDADE

A) Em geral

Em conformidade com o anteriormente exposto (*supra* II.C e F), é necessário distinguir conforme a sociedade se constitui ou não com a intervenção de órgãos públicos que aplicam o Direito local.

Foi atrás sublinhado que na constituição de sociedades, como pessoas colectivas, os órgãos públicos aplicam o Direito local (I.B).

Nos Estados que adoptam a teoria da constituição esta solução decorre naturalmente da norma de conflitos vigente.

---

[118] KOZYRIS [1985: 64 e seg.] entende que o Estado onde a sociedade realiza a sua actividade pode ter uma "relação mais significativa" com respeito às regras que atingem significativamente os direitos dos credores, tais como as regras sobre sociedades de facto, doutrina *ultra vires*, desconsideração da personalidade jurídica, responsabilidade pessoal dos administradores, proibições de distribuição de bens da sociedade aos sócios ou administradores.

Vem a propósito assinalar que não é inequívoco que o art. 159.º da Lei suíça estabeleça uma conexão especial com a Suíça a título de Estado da sede efectiva da administração. Em especial o texto francês, que se reporta às "actividades (…) exercidas na Suíça ou a partir da Suíça" aponta num sentido diferente: o da aplicação da Lei suíça quando a sociedade tem um centro de actividades na Suíça. Também as considerações tecidas na *Message concernant une loi fédérale sur le droit international privé* [177 e seg.], que acompanhou o projecto de Lei, apontam claramente neste sentido.

56   *Estudos de Direito Internacional Privado*

Já nos Estados que seguem a teoria da sede não se encontra uma norma de conflitos expressamente formulada que fundamente a prática dos órgãos públicos. Mas não parece oferecer dúvida que os órgãos públicos se consideram vinculados à aplicação do Direito local. Por conseguinte, esta prática evidencia a vigência de uma norma de conflitos implícita sobre o Direito aplicável à constituição da sociedade.

Perante o Direito português, esta conclusão é reforçada pela consideração de outras normas de Direito Internacional Privado das sociedades, que pressupõem ou estabelecem uma íntima conexão com essa norma de conflitos implícita.

Como adiante veremos (*infra* C), pode inferir-se do art. 3.º/2 C. Soc. Com. que os contratos de sociedade relativos a sociedades de Direito português têm de ser celebrados por escritura pública em Portugal. Ora, se é assim, não parece razoável admitir a celebração por escritura pública realizada em Portugal de um contrato de sociedade que se constitua segundo um Direito estrangeiro[119].

Também das normas sobre registos e publicações parece decorrer que a conservatória do registo comercial aplica necessariamente, aos actos de registo exigidos para a constituição da sociedade em Portugal, o Direito português. Perante o art. 25.º C. Reg. Com. a conservatória só tem competência para o registo de sociedades com sede estatutária ou da administração em Portugal. Há uma correspondência entre a competência das conservatórias portuguesas e os títulos de competência do Direito português definidos pelo art. 3.º/1 C. Soc. Com. Tudo indica que se quis atribuir competência para o registo das sociedades que são regidas pelo Direito português. As sociedades que não são regidas pelo Direito português só são sujeitas a obrigações de registo e publicações quando estabeleçam representações permanentes em Portugal e no que se refere aos factos relativos a estas representações e à prestação de contas (cf. arts. 10.º/c e /d, 40.º/2 C. e 70.º/1/f)[120]. Por certo não se teve em conta que no momento

---

[119] Outra coisa é a possibilidade de o contrato de sociedade ter um estatuto próprio, eventualmente regido por Direito estrangeiro, possibilidade que será examinada na alínea seguinte.

[120] É indubitável que a conservatória não tem competência para o registo de sociedades que não tenham sede estatutária ou da administração em Portugal e que não estabeleçam aqui representação permanente (cf. arts. 25.º e 26.º C. Reg. Com.). Já suscita dúvidas se a sociedade sem sede estatutária ou da administração em Portugal que aqui estabeleça representação permanente está sujeita a matrícula. Esta exigência era formulada

do registo do contrato de sociedade, enquanto acto integrado no processo de constituição da sociedade, a sociedade ainda não tem sede da administração. Mas a ideia de base continua de pé: só há lugar a registo do contrato de sociedade, enquanto acto integrado no processo de constituição da sociedade, quando a constituição da sociedade é regida pelo Direito português.

Pode pois concluir-se que vigora no Direito português uma norma de conflitos segundo a qual é aplicável à constituição das sociedades, como pessoas colectivas, o *Direito do lugar da constituição*, no sentido de Direito do Estado onde são realizados os actos de constituição em que intervêm órgãos públicos.

A sociedade pode constituir-se segundo um Direito que não exija a intervenção de órgãos públicos. No caso de sociedades que, segundo as concepções dominantes, não têm personalidade jurídica, também é concebível que a intervenção de órgãos públicos se possa limitar à formalização do contrato de sociedade e não implique, necessariamente, a aplicação do Direito local[121]. Em qualquer destas hipóteses, a sociedade constitui-se com a celebração do contrato de sociedade. O Direito aplicável à constituição é, portanto, o Direito regulador do contrato de sociedade (*infra* B).

---

pelo antigo Regulamento do Registo Comercial (arts. 4.º e 48.º), mas no pressuposto que a sociedade se encontrava constituída e funcionava segundo o Direito da constituição. Não se tratava, portanto, de admitir a constituição em Portugal de uma sociedade segundo um Direito estrangeiro, mas de sujeitar a registo a sociedade constituída segundo um Direito estrangeiro e por ele regida. O Código de Registo Comercial vigente não contém normas semelhantes, e os arts. 10.º/c e /d, 40.º/2 C. e 70.º/1/f apenas se referem aos factos relativos à representação permanente e à prestação de contas. O art. 26.º/1, porém, tem uma redacção equívoca, que sugere que o próprio acto constitutivo da sociedade está sujeito a registo. Isto entra em contradição com o art. 40.º/2, uma vez que se o acto constitutivo estivesse sujeito a registo não faria sentido exigir, para o registo da representação permanente, a apresentação do texto do contrato de sociedade. E entra ainda em contradição com o art. 3.º/4 C. Soc. Com., quando se refere às "disposições legais sobre o registo e publicação de contratos de sociedade celebrados em Portugal". Mas mesmo que se admitisse que a sociedade sem sede estatutária ou da administração em Portugal, que aqui estabeleça representação permanente, ficasse sujeita a registo, tal pressuporia que a sociedade se constituiu regularmente no estrangeiro (cf. art. 40.º/2 *in fine* que manda apresentar documento que prove a existência jurídica da sociedade). Portanto, este registo é uma condição para o exercício da actividade em Portugal, não integra qualquer processo constitutivo.

[121] Por exemplo, quando o contrato de uma sociedade civil deva ser celebrado por escritura pública, perante o art. 981.º CC.

Naturalmente que se for previsível que a sede da administração venha a ser estabelecida num Estado que adopte a teoria da sede, os sócios fundadores terão todo o interesse em constituir a sociedade segundo o Direito deste Estado[122]. Mas isto em nada altera as regras enunciadas anteriormente. O lugar da futura sede da administração dificilmente pode constituir o elemento de conexão relevante, porque não representa um laço objectivo no momento da constituição, mas uma mera intenção ou juízo de probabilidade dos sócios fundadores. Isto é particularmente claro nos casos em que, no momento da constituição, ainda não existe uma intenção clara sobre o lugar onde será estabelecida a sede da administração, ou em que, existindo esta intenção, ela vem a ser alterada antes do início da actividade da sociedade. Enquanto não se estabelecer a sede da administração não há nenhuma razão para contestar a válida constituição da sociedade segundo o Direito do lugar de constituição (no caso de sociedades constituídas, como pessoas colectivas, com intervenção de órgãos públicos) ou segundo o Direito regulador do contrato de sociedade (relativamente a outras sociedades).

Estas soluções não colidem com a teoria da sede, uma vez que a teoria da sede não fornece uma resposta para o problema do Direito aplicável à constituição da sociedade. O legislador português parece reconhecê-lo quando não inclui a constituição da sociedade entre as matérias que integram o âmbito de aplicação do Direito da sede, enumeradas no n.° 2 do art. 33.°[123].

Mesmo no caso de a sociedade constituída segundo um Direito estrangeiro vir a estabelecer a primeira sede da administração em Portugal, parece defensável que o Direito Internacional Privado português a possa

---

[122] Para RAÚL VENTURA [473] a solução está em entender, "como implícito" no art. 33.°/1, que a sociedade tem como lei pessoal a lei do Estado em que é fixada a sede estatutária, enquanto não houver uma sede efectiva. Isto decorre da clara preferência do autor pelo critério da sede estatutária relativamente ao critério da constituição.

[123] Diferente era a situação perante o art. 110.° C. Com., como demonstra RAÚL VENTURA [479 e seg.]. Este autor, com base na letra do artigo e nas suas fontes materiais – o art. 230.° C. Com. italiano que, por sua vez, influenciou o art. 2509.° CC it. – fornece argumentos convincentes no sentido de uma intenção legislativa de abranger o momento da constituição da sociedade. Repare-se ainda que a sujeição à lei portuguesa abrange "todas as disposições deste Código". Nesta base o autor faz valer que neste preceito a palavra "constituir" significa, no essencial, a celebração do contrato de sociedade; os actos de publicidade e de registo já têm de ser praticados em Portugal.

tratar como uma sociedade validamente constituída. Este ponto será examinado posteriormente (*infra* V.C).

B) Direito aplicável ao contrato de sociedade

Quando a sociedade se constitui, como pessoa colectiva, com a intervenção de órgãos públicos, a questão do Direito aplicável ao contrato de sociedade não é geralmente autonomizada. Quer isto dizer que, normalmente, o contrato de sociedade é apreciado segundo o Direito aplicável à constituição que é, como ficou assinalado, o Direito do Estado cujos órgãos são chamados a intervir. Tratando-se, porém, de um instrumento da autonomia privada e de um acto gerador de obrigações, é legítimo questionar se o contrato de sociedade não deverá ter o seu próprio estatuto e, por conseguinte, se o Direito aplicável à constituição da sociedade não resultará de uma conjugação do Direito do lugar da constituição com o Direito especificamente regulador do contrato de sociedade.

Relativamente às sociedades que se constituem sem a intervenção de órgãos públicos, o problema da determinação do Direito regulador do contrato de sociedade coloca-se inevitavelmente (*supra* A).

Não se deve confundir esta questão com a de saber se à sociedade é ou não atribuído um estatuto institucional. É evidente que a sociedade que, por não dispor de uma organização externa, seja privada de um estatuto institucional, está submetida ao Direito regulador do contrato de sociedade[124]. Mas a atribuição de um estatuto institucional não implica que o contrato de sociedade seja privado de um estatuto próprio.

A tese dominante parte do princípio que o contrato de sociedade está submetido à lei pessoal da sociedade[125]. Mas a tese contrária – segundo a

---

[124] Isto encontra-se expressamente consagrado no n.º 2 do art. 150.º da Lei suíça, onde se determina que "as *sociétés simples* que não são dotadas de uma organização são regidas pelas disposições da presente lei relativas ao Direito aplicável em matéria de contratos". Entendimento semelhante encontra largo acolhimento entre os autores alemães, o que lhes permite defender que a sociedade regida pelo Código Civil [*BGB-Gesellschaft*], constituída por um contrato de *joint venture* ou de *Konsortium*, é regulada pela *lex contractus*, contanto que não disponha de uma organização própria – cf. *MünchKomm./*EBENROTH [*Nach* Art. 10, n.ºs 90, 92 e segs. e 432] e KEGEL [428].

[125] Cf. I. DE MAGALHÃES COLLAÇO [1963: 51]; BATIFFOL – LAGARDE [II: 299 n.º 586 n. 4]; KEGEL [1995: 417 e seg.]; *Soergel/*LÜDERITZ [n.º 24]; *Staudinger/*GROßFELD [n.ºs 245

qual o contrato de sociedade está submetido ao Direito designado pelas normas de conflitos reguladoras das obrigações voluntárias – foi seguida em Itália pela doutrina tradicional[126], encontra defensores entre os autores suíços (designadamente VISCHER e VON PLANTA) e[127], conta, entre nós, com o apoio de BAPTISTA MACHADO[128].

Examine-se o ponto perante o Direito vigente.

A *Convenção de Roma sobre a Lei Aplicável às Obrigações Contratuais* exclui do seu âmbito de aplicação as "questões respeitantes ao direito das sociedades, associações e pessoas colectivas, tais como a constituição,

---

e segs.]; BEHRENS [1997 IPR 28]. Também art. 2.°/1 do Reg. do Agrupamento Europeu de Interesse Económico, quando submete o contrato de constituição ao Direito interno do Estado onde o AEIE tem a sua sede. Cp. RAÚL VENTURA [487 e segs.].

[126] Estes autores consideravam aplicáveis ao contrato de sociedade as normas de conflitos reguladoras das obrigações contratuais, quer se trate ou não de uma sociedade-pessoa colectiva. Assim, à face do art. 25.°/1 das Disposições Preliminares do CC it., que se reportava às "obrigações que nasçam de contrato", VENTURINI [1956: 117 e 174] e VITTA [1973: 93 e segs.]. A separação feita por esta doutrina entre as questões relativas à "sociedade" e as que concernem ao "contrato", exprime uma contraposição entre instituição e relação contratual. Este conceito de sociedade-instituição compreende não só as pessoas colectivas mas também as sociedades sem personalidade jurídica e mesmo as que careçam de organização. Resta saber até que ponto esta doutrina poderá ser mantida perante o art. 25.° da Lei de Direito Internacional Privado de 1995, que submete a constituição do ente à sua lei pessoal, sem formular qualquer excepção com respeito ao contrato de sociedade. Cp. BALLARINO [1993: 1 e segs. e 4 e seg. e 1996: 362 e seg.] e SANTA MARIA [1990 n.os 2 e 3].

[127] VISCHER [1972: 128 e seg.]; VISCHER – VON PLANTA [183]. Perante o art. 155.° da Lei suíça a constituição da sociedade está incluída no seu estatuto pessoal. *IPRG Kommentar*/VISCHER [Art. 155 n.° 6] defende que o "contrato de constituição" [*Gründungsgesellschaft*] antes do surgimento da pessoa colectiva está no essencial submetido ao seu próprio estatuto. Caso dê origem a uma sociedade meramente interna aplica-se o art. 150.°/2. Mas com a localização objectiva da sociedade deve ser observado o futuro estatuto da sociedade a constituir, designadamente aquelas disposições que regulam a fase da constituição, tais como as regras sobre a responsabilidade dos fundadores, o contrato-promessa de sociedade ou o contrato de constituição.

Em sentido favorável à liberdade de designação do Direito aplicável às relações internas, ver GRASMANN [489 e segs.]; *IPRG Komm.*/VISCHER [Art. 150 n.os 32 e seg.] (nas sociedades de pessoas); a doutrina dominante na Alemanha mostra-se contrária à cisão entre relações internas e externas – cf. KOPPENSTEINER [109 e segs.]; BEITZKE [1972: 131 e segs., cp. 123]; GROßFELD [1986: 38]; *MünchKomm.*/EBENROTH [n.os 169 e segs.].

[128] Cf. 147 n. 1. No mesmo sentido, LIMA PINHEIRO [739 e segs.]. Ver ainda as considerações tecidas por PAIS DE VASCONCELOS [44 e seg.].

O *Direito aplicável às sociedades...* 61

a capacidade jurídica, o funcionamento interno e a dissolução das sociedades, associações e pessoas colectivas, bem como a responsabilidade pessoal legal dos associados e dos órgãos relativamente às dívidas da sociedade, associação ou pessoa colectiva"[129].

Sublinhe-se que se excluem não só as questões relativas às pessoas
colectivas, mas também as que digam respeito a quaisquer sociedades ou
associações com ou sem personalidade jurídica[130]. A expressa exclusão
das questões relativas ao "Direito das sociedades" reforça esta ideia.

Perante o texto da convenção, poderá pensar-se que objecto da exclusão são apenas os efeitos institucionais dos contratos e não, em si, os contratos de sociedade ou de associação. Diferente é, no entanto, a opinião
que terá vingado nos trabalhos preparatórios e que tem sido seguida pelos
comentadores. Segundo o relatório GIULIANO – LAGARDE, o grupo de trabalho precisou que esta exclusão visa "todos os actos de natureza complexa", *incluindo os contratuais*, "necessários à criação de uma sociedade,
ou regulando a sua vida interna ou a sua dissolução, quer dizer, os actos
que relevam do Direito das sociedades"[131].

Quererá isto dizer que todos os contratos de sociedade se encontrarão
excluídos do âmbito de aplicação da convenção? O referido relatório não
parece ir tão longe, pois sugere – se o entendo correctamente – que certas
relações como a sociedade civil, a associação sem personalidade jurídica
e o *partnership* poderão ou não ser excluídas do âmbito de aplicação da
convenção conforme no Direito nacional relevante sejam ou não "assimi-
ladas às visadas pelo Direito das sociedades".

Parece que os autores do relatório seguem um conceito restrito de
Direito das Sociedades, porventura baseado nas sociedades-pessoas

---

[129] Também o art. 5.º/f da Convenção Interamericana sobre a Lei Aplicável aos
Contratos Internacionais (1994) exclui, do seu domínio de aplicação, as "questões de
Direito das Sociedades".

[130] Cf. GIULIANO – LAGARDE [12].

[131] Loc. cit, assinalando que não são cobertos pela exclusão "os actos ou contratos
preliminares cujo único fim seja o de vincular os promotores com vista a constituir uma sociedade"; GAUDEMET-TALLON [239]; LAGARDE [297] sublinha a exclusão de tudo o que respeita ao "contrato de sociedade propriamente dito"; em sentido convergente, BALLARINO
[1993: 1 e seg.]. Já CHESHIRE – NORTH – FAWCETT [472] e KAYE [125], partindo naturalmente de um diferente conceito de "Direito das Sociedades", referem apenas a exclusão do
contrato contido no *memorandum* e *articles of association* de um *company*.

colectivas, e admitem que a exclusão do âmbito da convenção também se verifique no caso de entes submetidos a um regime até certo ponto semelhante[132].

Um ponto importante a ter em conta, para a interpretação da convenção, é a relação directa que se estabelece entre a exclusão da matéria societária e os trabalhos nesta matéria então em curso no quadro comunitário[133]. Têm-se em vista as Directivas em matéria de Direito das Sociedades, a supracitada Convenção de Bruxelas sobre o Reconhecimento Mútuo de Sociedades (II.E), um projecto de Convenção sobre Fusões Internacionais e a proposta de Regulamento da Sociedade Anónima Europeia. Enquanto as Directivas então vigentes ou em projecto concerniam quase exclusivamente às sociedades com personalidade jurídica, a convenção sobre reconhecimento de sociedades, além de abranger outros entes que exerçam normalmente uma actividade económica contra remuneração, não se limita a pessoas colectivas. Aplica-se igualmente a entes sem personalidade jurídica contanto que "capazes" de serem "titulares de direitos e obrigações". É suficiente, para o efeito, que o ente tenha um "património próprio" e "capacidade judiciária". Certos entes cuja inclusão no âmbito da convenção seria duvidosa, por não estarem submetidos a um regime semelhante ao das pessoas colectivas, como é o caso da *societa semplice* de Direito italiano, foram expressamente incluídos, por declaração comum, no âmbito de aplicação da convenção[134].

A esta luz, poderá concluir-se que serão abrangidos pela convenção os contratos de sociedade meramente obrigacionais, os que constituam uma organização meramente interna e os que constituam uma organização externa que não seja considerada, pela lei que seria competente para definir o seu estatuto institucional, como uma realidade assimilável a uma pessoa colectiva[135].

---

[132] Não é claro até que ponto se deixa espaço à formação de um conceito autónomo de "Direito das Sociedades", ou se tudo fica dependente do que cada Estado contratante entender como tal.

[133] Cf. GIULIANO – LAGARDE [12 e n. 12] e o Relatório relativo ao Anteprojecto GIULIANO – LAGARDE – VAN YSSELT [253]. Ver também GAUDEMET-TALLON [238] e DIZEY – MORRIS – COLLINS [1115].

[134] Ver GOLDMAN – LYON – CAEN – VOGEL [121] e LUTTER [1991: 127].

[135] Ver reservas opostas a este critério em LIMA PINHEIRO [751 e seg.].

Estes contratos são regidos pelo Direito escolhido pelas partes (art. 3.º). Na falta de escolha, o contrato é regulado pela lei do país com o qual apresente uma conexão mais estreita (art. 4.º/1)[136].

A determinação da conexão mais estreita tem de se basear numa avaliação das circunstâncias do caso concreto à luz de todos os pontos de vista juridicamente relevantes. Não é possível definir *a priori* quais são os elementos de conexão ou as combinações de elementos de conexão que serão decisivos para o efeito. Afigura-se tão-somente possível estabelecer algumas directrizes interpretativas sobre os laços que, em princípio, desempenharão um papel mais importante na concretização dessa cláusula geral no que toca aos contratos de sociedade.

Da primazia dos interesses das partes, no domínio dos contratos obrigacionais, resulta que os elementos de conexão pessoais são os que em primeira linha devem servir para estabelecer a conexão mais estreita com o contrato[137]. São também estes elementos de conexão que melhor podem traduzir a inserção do contrato de sociedade na esfera económico-social de um Estado. Se as partes do contrato de sociedade têm a sede ou o estabelecimento relevante no mesmo país, pode partir-se do princípio que o contrato apresenta a conexão mais estreita com este país[138].

Já quando nem todas as partes se encontrarem ligadas ao mesmo país por laços tão importantes quanto o lugar da sede da administração central ou o estabelecimento, poderão ser decisivos elementos de conexão reais, designadamente o lugar da execução do contrato, e o lugar onde, segundo a intenção das partes, se deve estabelecer a sede da administração.

Perante a exclusão da maioria dos contratos de sociedade do âmbito de aplicação da Convenção de Roma, coloca-se a questão de saber se estes contratos poderão ser abrangidos pelas *normas de conflitos internas reguladoras das obrigações voluntárias* (arts. 41.º e 42.º CC).

A vigência destas normas não cessou nem foi suspensa pela entrada em vigor da Convenção de Roma na esfera interna, uma vez que o âmbito de aplicação da convenção não abrange toda a matéria por elas regulada. Na falta de uma indicação do legislador interno nesse sentido, não parece

---

[136] Na grande maioria dos casos a prestação característica não será determinável e, por conseguinte, não funcionará a "presunção" prevista no n.º 2 do art. 4.º (cf. n.º 5/1.ª parte). Sobre os casos em que a prestação característica é determinável ver LIMA PINHEIRO [860 e segs.].

[137] Ver desenvolvimento em LIMA PINHEIRO [863 e segs.].

[138] Ver ainda, em tese geral, MOURA RAMOS [1991: 541 e segs.].

64 Estudos de Direito Internacional Privado

de presumir que estas normas internas se apliquem apenas a obrigações voluntárias não-contratuais. Deve antes partir-se do princípio que as normas internas também regularão, em princípio, as obrigações contratuais excluídas do âmbito de aplicação da convenção[139].

Da interpretação das normas de conflitos reguladoras das obrigações voluntárias nenhuma indicação se retira no sentido da exclusão do seu âmbito de aplicação dos negócios que além de gerarem obrigações produzam outros efeitos, designadamente reais ou institucionais. Quer as razões que fundamentam a liberdade de designação do Direito aplicável (a auto-determinação das partes, a certeza, previsibilidade e facilidade na determinação da disciplina material do caso, a protecção da confiança recíproca e a adequação da solução aos interesses das partes) quer as que subjazem às conexões objectivas (designadamente a primazia dos interesses das partes) procedem relativamente a todos os negócios geradores de obrigações.

A tutela de interesses colectivos, de terceiros ou do comércio jurídico em geral já justifica o respeito das normas injuntivas sobre a formação e validade substancial do contrato de sociedade estabelecidas pelo Direito do aplicável à constituição, no que toca às sociedades constituídas, como pessoas colectivas, com a intervenção de órgãos públicos. Para se constituir num Estado a sociedade tem de celebrar o contrato da sociedade na forma exigida por este Estado e é normal que a legalidade do contrato seja controlada pelos órgãos públicos. À luz dos mesmos interesses é também claro que a concreta produção dos efeitos institucionais do negócio deve ser controlada pelo estatuto institucional.

Mas estes interesses já não justificam a subtracção do negócio institutivo de ente dotado de estatuto institucional à *lex contractus*. O domínio de aplicação da *lex contractus* é limitado pela competência atribuída ao Direito ou Direitos reguladores da constituição e do estatuto institucional da sociedade, mas não é excluído. Este *domínio de aplicação* abrange todas as questões relativas à *formação e validade do contrato* de sociedade que não sejam objecto de conexões especiais, bem como às *obrigações geradas pelo contrato*. Isto, sem prejuízo das normas injuntivas contidas no Direito do lugar da constituição com respeito às sociedades constituídas, como pessoas colectivas, com a intervenção de órgãos públicos[140].

---

[139] Neste sentido, DIZEY – MORRIS – COLLINS [1114] e RIGAUX – FALLON [507].

[140] Naturalmente que os efeitos da invalidade do contrato sobre a sociedade/ente colectivo ficarão dependentes da sua lei pessoal.

Para além disso, a *lex contractus* é exclusivamente aplicável à *interpretação e à integração* do contrato de sociedade (*ex vi* art. 35.°/1 CC).

Resta examinar o argumento a favor do entendimento dominante que se pode retirar do disposto no n.° 2 do art. 3.° do C. Soc. Com., que em caso de transferência da sede efectiva para Portugal manda conformar o respectivo contrato com a lei portuguesa. Esta exigência pressupõe que o contrato de sociedade se tem de conformar com o Direito da nova sede da administração. Mas este argumento não é conclusivo.

Desde logo, esta exigência é feita para a hipótese de uma transferência de sede efectiva, e não pode ser transposta sem adaptações para o momento da constituição, em que ainda não existe sede da administração. Como já foi repetidamente sublinhado, o real problema que se coloca no momento da constituição de uma sociedade, como pessoa colectiva, com intervenção de órgãos públicos, é o da autonomia do estatuto do contrato relativamente ao Direito do lugar da constituição.

Em segundo lugar, pode entender-se que há "conformação" do contrato com o Direito da sede da administração a partir do momento em que são respeitadas as normas injuntivas deste Direito relativamente à sua formação e validade substancial. E é justamente esta interpretação que melhor corresponde à articulação das finalidades prosseguidas pelas normas de conflitos em jogo. Portanto, não se pode retirar daqui nenhum argumento forte contra a autonomia do estatuto do contrato.

Em suma, as normas de conflitos sobre obrigações voluntárias de fonte interna são aplicáveis aos contratos de sociedade que além de estabelecerem uma relação obrigacional vão orientados à instituição de pessoas colectivas ou organizações a elas assimiláveis.

Também neste caso o contrato é regido pelo Direito escolhido pelas partes, contanto que este Direito tenha uma conexão objectiva com o contrato ou que se demonstre um interesse sério na sua designação (art. 41.°). No caso de constituição de sociedades com a intervenção de órgãos públicos, que aplicam o Direito local, será frequentemente possível estabelecer uma vontade, tacitamente manifestada, de designação do Direito do lugar da constituição. Esta vontade poderá inferir-se, designadamente, da circunstância de as cláusulas do contrato conterem referências a disposições individualizadas deste Direito ou se basearem neste Direito.

Na falta de designação, aplica-se a lei da residência habitual comum ou, por analogia, da sede comum, e, na sua falta, a lei do lugar da cele-

66 *Estudos de Direito Internacional Privado*

bração (art. 42.°). Este recurso à lei do lugar da celebração é criticável[141].
De iure condendo afigurar-se-ia preferível, no caso de sociedades que se constituem, como pessoas colectivas, com a intervenção de órgãos públicos, a aplicação do Direito do lugar da constituição e, relativamente às outras sociedades, as soluções consagradas pela Convenção de Roma.

C) Direito aplicável à forma do contrato de sociedade

Importa distinguir conforme o contrato de sociedade é regido pela Convenção de Roma ou pelo Direito de Conflitos de fonte interna.

A Convenção de Roma regula a forma do contrato no art. 9.°. O contrato celebrado entre pessoas que se encontrem no mesmo país é formalmente válido desde que preencha os requisitos de forma prescritos pela lei reguladora da substância (*supra* B) ou pela lei do país em que foi celebrado (n.° 1). O contrato celebrado entre pessoas que se encontrem em países diferentes é formalmente válido desde que preencha os requisitos de forma prescritos pela lei reguladora da substância ou pela lei de um desses países (n.° 2).

No Direito de Conflitos de fonte interna a forma do contrato é regida pelo art. 36.° CC. É esta a norma de conflitos que, em princípio, regula a forma dos contratos de sociedade comercial de Direito português, uma vez que se trata de sociedades com personalidade jurídica.

Perante a norma de conflitos do art. 36.°/1 CC, o negócio jurídico será em princípio formalmente válido caso observe a forma prescrita pela lei da substância ou pela lei do lugar da celebração. No caso de contrato de sociedade comercial regida pelo Direito português isto significaria que se o contrato de sociedade fosse celebrado no estrangeiro seria suficiente a forma exigida pela lei local.

Mas a jurisprudência, seguindo o parecer da Direcção-Geral dos Registos e Notariado de 8/7/92, entende que a celebração ou alteração de contratos de sociedade comercial de Direito português tem necessariamente de ser feita por escritura pública.

A argumentação em que se baseia este entendimento suscita algumas dúvidas.

---

[141] Ver crítica em LIMA PINHEIRO [873].

Com efeito, a Direcção-Geral dos Registos e Notariado faz uma interpretação insatisfatória do art. 36.°/1, aplicando a última parte do n.° 1 sem demonstrar que a lei portuguesa exige escritura pública "ainda que o negócio seja celebrado no estrangeiro". Neste pressuposto, concluiu que não é válida a alteração do contrato de sociedade celebrada em Gibraltar, porque o documento passado pelo *notary* local não é um documento autêntico, uma vez que não goza da fé pública nem de força executiva, e não é escriturado num suporte documental conservado em arquivo público. O mesmo entendimento foi acolhido pela Relação do Porto, no ac. de 12//7/94 e pelo STJ, no ac. de 3/10/95[142]. O que os levou a concluir que o documento passado por um *notary* londrino, por não ser uma escritura pública, não satisfaz a forma exigida pela lei portuguesa.

Este entendimento não excluiria, em absoluto, a possibilidade de o contrato de sociedade ser celebrado ou alterado no estrangeiro, por escritura pública[143]. Mas o ac. STJ vai mais longe, e afirma, em *obita*, que a escritura deve ser sempre realizada em Portugal, porque o notário estrangeiro não pode exercer a função de controlo de legalidade que incumbe ao notário português.

Este argumento levaria a que sempre que a lei portuguesa, sendo a lei da substância, exija escritura pública, esta tivesse de ser efectuada em Portugal, porque o notário desempenha sempre uma função de controlo da legalidade. Não poderá partir-se do princípio que o notário estrangeiro exerce esta função através da aplicação da lei reguladora da substância do acto, mesmo que esta lei seja estrangeira? Há indicações de que noutros sistemas isto não se verifica. Sendo, porém, certo que este défice no controlo da legalidade por parte do notário estrangeiro seria minorado, em matéria de sociedades comerciais, pelo controlo da legalidade do acto feito pelo conservador do registo comercial, aquando da inscrição no registo[144].

Mas há um outro argumento no sentido de a escritura ter de ser efectuada em Portugal. Este argumento retira-se do art. 3.°/3 C. Soc. Com. que obriga a sociedade comercial que transfira a sua sede da administração para Portugal a outorgar aqui escritura pública. Esta exigência só se com-

---

[142] *CJ* (1994-IV) 184 e *BMJ* 450: 508, respectivamente

[143] A questão de saber se determinada forma observada no estrangeiro equivale à escritura pública exigida pelo Direito português configuraria então um caso de substituição.

[144] Cf. arts. 5.° e 18.° C. Soc. Com. e art. 47.° C. Reg. Com.

preende se as escrituras relativas às sociedades regidas pelo Direito português tiverem de ser feitas em Portugal. Com efeito, não faria sentido exigir à sociedade que transfere a sede da administração para Portugal que outorgasse uma escritura em Portugal quando o contrato de sociedade que se constitui segundo o Direito português e estabelece a sede da administração em Portugal pudesse ser celebrado ou alterado mediante escritura celebrada no estrangeiro. No mesmo sentido aponta o art. 3.º/4 quando manda aplicar aos actos previstos no número anterior "as disposições legais sobre o registo e publicação de contratos de sociedade celebrados em Portugal". Caso se admita, de acordo com o anteriormente exposto, que estas disposições legais só são aplicáveis às sociedades de Direito português (III.A), este preceito indica que os respectivos contratos de sociedade são necessariamente celebrados em Portugal.

O que resulta daqui não é uma exigência de determinada forma, ainda que o acto seja celebrado no estrangeiro, mas a obrigatoriedade de o acto ser celebrado em Portugal, na forma prescrita pela lei portuguesa.

D) Conclusões

Do exposto resulta que na determinação do Direito aplicável à constituição da sociedade é necessário distinguir conforme há ou não lugar à intervenção de órgãos públicos que aplicam o Direito local.

Quando não se verifica esta intervenção, como sucede em regra com as sociedades que não adquirem personalidade jurídica, a constituição é regida pelo Direito regulador do contrato, sem prejuízo das conexões especiais, designadamente em matéria de forma.

A constituição de sociedades com intervenção de órgãos públicos, que aplicam o Direito local, integra diferentes estatutos. O Direito do lugar da constituição define o estatuto geral, o Direito regulador do contrato um estatuto especial. Em parte estes estatutos sobrepõem-se (relativamente à formação e validade substancial e às obrigações geradas pelo contrato), noutra parte limitam-se reciprocamente (a interpretação e integração do contrato está exclusivamente submetida ao seu próprio estatuto, as exigências de registo e publicações e a atribuição da personalidade jurídica dependem exclusivamente do estatuto geral).

IV. O DIREITO APLICÁVEL AO ESTATUTO PESSOAL DA SOCIEDADE – APRECIAÇÃO POLÍTICO-JURÍDICA

A) Apreciação da teoria da constituição

Vou abstrair das razões históricas da adopção desta teoria no universo anglo-saxónico para me centrar nas vantagens e inconvenientes que apresenta na actualidade[145].

Um primeiro argumento a favor da teoria da constituição é o que se retira do *princípio da autonomia privada*[146]. A constituição de sociedades é a uma vez a expressão da autonomia negocial e da autonomia associativa e um corolário da liberdade de iniciativa económica privada. Nas relações "privadas" internacionais esta autonomia privada projecta-se num novo plano: o da liberdade de escolha do Estado de constituição da sociedade. Naturalmente que esta liberdade pode ser restringida, por exemplo, mediante a exigência de que certas actividades desenvolvidas no território de um Estado sejam realizadas por sociedades constituídas segundo o seu Direito e (ou) com sede no seu território. Mas num quadro definido por um grande liberalismo nas relações comerciais internacionais, que se concretiza designadamente nas liberdades de estabelecimento e de prestação de serviços, estas restrições só se justificarão em casos especiais em que haja razões suficientemente ponderosas.

A partir do momento em que se admite a escolha do Estado da constituição, e, por seu intermédio, do Direito da constituição, existe uma razão para defender que a sociedade deve ser doravante regulada pelo Direito da constituição. Com efeito, a aplicação de outro Direito pode suscitar as maiores dificuldades e conduz, assiduamente, a negar que a sociedade se tenha validamente constituído.

Com isto liga-se um segundo argumento: *a teoria da constituição favorece a validade da sociedade*, evitando as sociedades "coxas". Com efeito, ela leva a que sejam tratadas como pessoas colectivas todas as sociedades que se tenham validamente constituído como pessoas colectivas num qualquer país. Não creio, porém, que a validade da sociedade deve ser encarada como um valor em si, que a norma de conflitos deva

---

[145] Para as razões históricas da adopção desta teoria nos EUA ver BUXBAUM [78 e segs.].

[146] Ver KOZYRIS [1985: 50].

70 Estudos de Direito Internacional Privado

prosseguir a todo o custo. Importa antes reconhecer que a validade da sociedade corresponde ao interesse da própria sociedade, dos sócios e, até certo ponto, dos credores.

Mais em geral, pode dizer-se que a teoria da constituição se mostra *conveniente do ponto de vista dos interesses da sociedade e dos sócios.* A realização dos fins da sociedade e a sua administração são obviamente facilitadas pela competência do Direito segundo o qual a sociedade se constituiu. Os sócios fundadores, como melhores juízes dos seus interesses, escolheram o Estado de constituição e assim, indirectamente, o Direito da constituição. Por certo que as participações sociais podem mudar de mãos. Mas não é menos certo que a aquisição de uma participação social decorre na maior parte dos casos de negócio jurídico e que, por conseguinte, os novos sócios sabem ou devem saber que entram para uma sociedade que se constituiu segundo determinado Direito.

Quarto, a teoria da constituição promove a *certeza jurídica*, uma vez que o conceito designativo da conexão é inequívoco[147]. Esta certeza jurídica serve todos os interesses em jogo.

Enfim, a teoria da constituição favorece a *estabilidade e permanência do estatuto da sociedade.* A sociedade pode deslocar internacionalmente não só os seus centros de actividade mas também o seu centro de direcção sem que isso implique uma mudança do Direito aplicável.

Nada impede, porém, um sistema que adopta a teoria da constituição de admitir uma mudança de lei pessoal, o que normalmente andará associado a uma transferência da sede estatutária. É o que se verifica com a Lei suíça de Direito Internacional Privado (arts. 162.° e 163.°). Parece conveniente admitir, *sob certas condições*, esta mudança de lei pessoal. Com efeito, a sociedade pode ter um interesse legítimo nesta mudança, designadamente no caso de deslocação dos seus centros de actividade e (ou) administração do Estado da constituição para outro Estado[148]. Desde que os interesses dos sócios minoritários e de terceiros sejam acautelados não se vê razão para lhe negar esta possibilidade.

A actuação da autonomia privada, por via da teoria da constituição, é objecto de cerrada crítica por parte dos partidários da teoria da sede.

---

[147] O ponto é geralmente reconhecido. Por todos, ver FERRER CORREIA [1973: 110] (relativamente à nacionalidade das pessoas colectivas) e BEHRENS [1997 IPR 20].

[148] Mas, contrariamente ao sustentado por FERNANDES COSTA [138 e segs.], não se deve partir do princípio que a sociedade que estabelece a sede da administração fora do Estado da constituição está interessada na mudança da sua lei pessoal.

Neste domínio não poderia actuar o princípio da autonomia da vontade, porque *estão em primeira linha em causa interesses de terceiros e do comércio jurídico em geral*[149]. A teoria da constituição desconheceria a missão das normas injuntivas, que devem assegurar os interesses da parte contratual mais fraca e os interesses de terceiros[150]. A teoria da constituição favoreceria a constituição das sociedades em países que constituem "paraísos" do ponto de vista da permissividade do Direito das Sociedades e (ou) do ponto de vista fiscal, sem que a sociedade tenha qualquer ligação efectiva à sua esfera sócio-económica[151]. A "lei da incorporação", porque pode ser de todo estranha à vida da pessoa colectiva, não tem qualquer título para proteger os interesses do comércio jurídico em que intervenha a sociedade[152].

Nesta crítica importa distinguir dois aspectos.

O primeiro diz respeito à tutela dos interesses de terceiros, do comércio jurídico em geral e dos sócios minoritários. Foi atrás reconhecido que a competência do Direito da constituição não assegura satisfatoriamente a tutela dos interesses de terceiros e do comércio jurídico (*supra* II.G e H). Mas, como veremos em seguida, a teoria da sede também não a assegura. Por conseguinte, a tutela destes interesses tem de passar por conexões especiais, que limitam o estatuto da sociedade, quer se adopte a teoria da constituição ou a teoria da sede. Veremos que a teoria da sede também não apresenta nenhuma vantagem sobre a teoria da constituição quanto à protecção dos sócios minoritários. Em suma, a argumentação utilizada pelos partidários da teoria da sede é, deste ponto de vista, equivocada.

O segundo aspecto concerne à possibilidade de a sociedade estar submetida a um Direito especialmente permissivo sem apresentar qualquer laço objectivo com o respectivo Estado. Isto pode corresponder basicamente a duas situações diferentes: a de uma sociedade pseudo-estrangeira (*supra* II.G) ou a de uma sociedade transnacional, que desenvolve a sua actividade em vários Estados.

Como atrás se assinalou há uma forte tendência para limitar a teoria da constituição com respeito às sociedades pseudo-estrangeiras. Esta tendência é de aprovar no que toca às sociedades que desenvolvem *toda* a sua

---

[149] Já neste sentido, JOSÉ TAVARES [447 e segs.].

[150] Ver WIEDEMANN [786].

[151] Ver FERRER CORREIA [1973: 110 e seg.] e BAPTISTA MACHADO [345].

[152] Ver BAPTISTA MACHADO [346].

actividade num Estado diferente daquele em que se constituiram. Com efeito, o interesse na constituição da sociedade neste Estado não se afigura tão digno de tutela quanto os interesses de terceiros e a protecção do comércio jurídico, que apontam para a competência do Direito do Estado onde a sociedade exerce toda a sua actividade.

Ficamos assim limitados às sociedades transnacionais. A este respeito cabe observar que a teoria da sede também permite, indirectamente, uma escolha do Direito aplicável à sociedade: a sociedade pode igualmente constituir-se e fixar a sede da sua administração no Estado cujo Direito seja mais permissivo. Resta o limite colocado pelo instituto da fraude à lei que, em minha opinião, tanto pode actuar em relação à teoria da sede como perante a teoria da constituição[153]. A única diferença com a teoria da constituição reside em que a sociedade tem de ter a sede da administração no Estado em que se constitui. Chegados aqui cabe perguntar se, perante os interesses em jogo, é relevante que a sociedade tenha ou não a sede da sua administração num "paraíso".

Não se cuidará aqui do aspecto fiscal, que é alheio ao estatuto pessoal da sociedade.

Do ponto de vista da sociedade e dos sócios, já vimos que há um interesse na aplicação do Direito da constituição que não depende da localização da sede efectiva no respectivo Estado. Do ponto de vista dos interesses de terceiros e do comércio jurídico em geral tudo depende da conclusão a que se venha a chegar sobre a idoneidade da teoria da sede

---

[153] O ponto é todavia controverso no que toca à teoria da sede. FERRER CORREIA [1973: 584 e seg.] só admite a actuação da fraude nos casos de internacionalização fictícia da pessoa colectiva através da fixação da sede no estrangeiro. A fraude à lei já não poderia actuar perante a fixação da sede real de uma sociedade que deva exercer a sua actividade em diversos países, porque a "conexão dada pelo elemento-sede – desde que se trate da sede efectiva das pessoas colectivas e não de uma sede fictícia ou aparente – corresponderá sempre à *conexão hipotizada* pela respectiva norma de conflitos, seja qual for o motivo que tenha induzido as partes a eleger aquela sede...". RAÚL VENTURA [468 e seg.] perfilha a mesma opinião [mas cp. 507], embora com argumentos algo diversos. Em sentido contrário, FERNANDES COSTA [194] admite a actuação da fraude à lei mesmo perante uma sociedade internacional. Este entendimento afigura-se preferível. A competência atribuída ao Direito da sede da administração baseia-se no pressuposto que a sociedade tem o centro de gravidade no Estado da sede da administração. Por isso, há fraude se a sede da administração de uma sociedade que, segundo todos os restantes laços objectivos, está ligada a um Estado, é estabelecida noutro Estado, para evitar a aplicação de normas injuntivas do Estado onde tem o seu centro de gravidade.

para a sua tutela. Se esta conclusão é, como já adiantei, negativa, é irrelevante, perante os interesses em jogo, que a administração da sociedade esteja ou não sediada no "paraíso".

Portanto, desde que se restrinja a teoria da constituição relativamente às sociedades pseudo-estrangeiras, a crítica que lhe é movida pelos partidários da teoria da sede parece infundada.

B) Apreciação da teoria da sede

A teoria da sede parte do princípio que o *centro de gravidade de uma organização se situa no Estado da sede da administração*. A sede da administração principal seria "o elemento capaz de traduzir a ligação a um tempo mais forte e mais estável da pessoa jurídica com determinado Estado"[154]. Seria o Direito da administração o que melhor poderia satisfazer os interesses da sociedade e do tráfico jurídico (segurança jurídica e protecção de terceiros)[155].

A fundamentação da teoria da sede é reforçada, na doutrina mais recente, pela invocação dos *interesses dos trabalhadores e do interesse público*, em especial no controlo das empresas. Esta protecção, alega-se, deve ser reservada ao Estado cujo interesse económico e político é mais afectado pela sociedade[156].

Estes argumentos, pelo peso dos autores que os formulam, devem ser cuidadosamente ponderados. Por minha parte não posso deixar de concordar com aqueles que consideram estas vantagens da teoria da sede meramente aparentes.

Desde logo, esta argumentação parece reflectir uma representação da realidade económica e empresarial que não corresponde ao dinamismo e globalização da economia actual e às modernas estruturas empresariais.

Numa época em que as sociedades eram geralmente constituídas num Estado, por nacionais seus, para aí exercerem a sua actividade principal, havia uma normal coincidência entre lugar da constituição, sede da admi-

---

[154] Cf. FERRER CORREIA [1975: 166].

[155] KEGEL [110 e 413 e seg.], seguido entre nós por FERRER CORREIA [1963: 609], BAPTISTA MACHADO [344 e seg.] e FERNANDES COSTA [186 e segs.].

[156] Ver WIEDEMANN [784], *Staundinger*/GROßFELD [n.os 35 e segs. e 49] e BEHRENS [1997 IPR 4].

74   *Estudos de Direito Internacional Privado*

nistração e localização da empresa. Verificados estes pressupostos poderia por certo dizer-se que a sociedade tinha o seu centro de gravidade no Estado da sede da administração. As hipóteses de divergência entre lugar da constituição e lugar da sede da administração eram excepcionais, e esta excepcionalidade justificava o tratamento desfavorável das sociedades que se encontrassem nestas circunstâncias.

Numa economia aberta, que está integrada no mercado mundial, e com elevado dinamismo, já não se pode partir do princípio que o centro de gravidade económico de uma sociedade está onde a sede da administração se encontra e que é aí que surge uma maior necessidade de protecção das pessoas envolvidas[157].

Há, como já se assinalou, uma grande mobilidade dos centros de actividade e de direcção. Pode haver interesses legítimos na fixação da sede da administração num país diferente daquele em que a sociedade se constituiu[158]. Muito frequentemente a sociedade não desenvolve a sua actividade principal ou, até, não desenvolve qualquer actividade no Estado em que é administrada. Isto pode verificar-se em ligação com a inserção da sociedade num grupo de sociedades, a que pode corresponder uma empresa complexa. Neste caso, a sociedade-mãe pode nem sequer exercer directamente qualquer actividade económica e cada uma das filiais não é mais que um dos instrumentos organizativos em que se estrutura a empresa transnacional. Por motivos de simplificação administrativa, pode haver interesse em gerir as filiais no Estado em que é gerida a sociedade-mãe, embora as filiais não tenham sido constituídas neste Estado nem desenvolvam aí actividade.

Visto isoladamente, o lugar da sede da administração não traduz o centro de gravidade da sociedade. Uma sociedade que foi constituída no Estado A, por nacionais do mesmo Estado, e que exerce a sua actividade principal neste Estado, não deixa de ter o seu centro de gravidade neste Estado pela circunstância de ser administrada no Estado B. Claro que isto é uma hipótese eminentemente académica. Mas já são frequentes os casos em que não há um claro centro de gravidade.

Uma sociedade estabelece relações com grupos de pessoas muito diferentes: os sócios, que puseram o capital à sua disposição; os credores, que lhe concederam crédito; os trabalhadores que puseram ao seu dispor

---

[157] Cf. BEHRENS [1997 IPR 13].
[158] Cf. op. cit. 16.

O Direito aplicável às sociedades...

a força de trabalho; os fornecedores e clientes que com ela transaccionam produtos. Por isso, uma sociedade actua em diferentes mercados, em especial o mercado de capitais, o mercado de trabalho e os mercados de fornecimento e de distribuição. A teoria da sede só pode assegurar a protecção dos círculos de pessoas em causa quando a empresa actua primariamente em mercados nacionais. Já não quando ela actua normalmente em mercados internacionais, designadamente no mercado único europeu. Neste caso não há a possibilidade de vincular o estatuto da sociedade a um centro de gravidade económico nacionalmente limitado[159].

Quando a sociedade intervém em mercados internacionais ou em mercados nacionais fora do Estado da sede da administração a aplicação do Direito deste Estado não apresenta nenhuma vantagem relativamente à teoria da constituição no que toca aos *interesses de terceiros e do comércio jurídico em geral*. Os terceiros que entram em contacto com a sociedade fora do país da sede da administração têm de indagar do lugar da sede da administração, consultar o registo aí organizado e averiguar o conteúdo do Direito aí vigente. Nem é o Estado da sede da administração que é mais atingido por esta actuação e que se encontra em melhor posição para intervir em defesa destes interesses. De acordo com anteriormente exposto, justifica-se uma autonomização de conexões especiais com o Direito do lugar onde a sociedade exerce a sua actividade ou, de outro modo, celebra negócios jurídicos, relativamente ao estatuto da sociedade, que atenda a esta necessidade de protecção.

Relativamente à prossecução de fins colectivos e à protecção do interesse dos trabalhadores, o que importa também não é o lugar da sede da administração mas a localização da empresa ou dos centros organizados de actividade em que se desdobra. Aqui ainda é mais claro que o estatuto societário não está em posição de assegurar a prossecução destas finalidades. E há muito é reconhecido que a aplicação das normas de Direito Económico e de Direito do Trabalho que prosseguem estas finalidades resulta de normas especiais de conexão e não da norma de conflitos reguladora da sociedade[160].

Estas considerações levam a afastar um outro argumento que tem sido invocado a favor da teoria da sede. A teoria da sede favoreceria um *estatuto unitário da sociedade*, que facilita a expansão das sociedades ao

---

[159] Cf. op. cit. 13.
[160] Cf. op. cit. 14. Ver também Vischer [1977], Großfeld [1986] e Zimmer.

76   *Estudos de Direito Internacional Privado*

permitir-lhes estender a sua actividade no plano territorial sem a obrigar a modificar o seu estatuto jurídico[161]. A aplicação de outro Direito que não seja o da sede constituiria uma excepção[162]. Ao passo que a teoria da constituição carece de um conjunto de restrições, mediante conexões especializadas, que dificultaria a sua aplicação e a actividade transnacional da sociedade. Ora, do exposto, já resulta que as conexões especializadas com o Direito do lugar onde a sociedade desenvolve a sua actividade e com o Direito do lugar da celebração de negócios jurídicos se justificam tanto perante a teoria da constituição como face à teoria da sede (*supra* II.H). Saber se, para além disto, a teoria da constituição carece de restrições adicionais, é ponto a ser ulteriormente examinado (*infra* C).

Enfim, a teoria da sede também não apresenta nenhuma vantagem sobre a teoria da constituição quanto à *protecção dos sócios minoritários*. Nada garante que o Direito da sede da administração seja mais protector que o Direito da constituição, nem que os sócios minoritários estejam mais ligados ao Estado da sede da administração que ao Estado da constituição. Pelo contrário, o lugar da constituição é um elemento de conexão mais fácil de determinar e menos manipulável que o lugar da sede da administração.

Se os argumentos favoráveis à teoria da sede não impressionam, vejamos agora as desvantagens relativamente à teoria da constituição que lhe são assinaladas.

Assinale-se que esta apreciação só diz respeito às sociedades que se constituem, como pessoas colectivas, com a intervenção de órgãos públicos, uma vez que a teoria da constituição, tal como é tradicionalmente entendida, só a estas sociedades se aplica. Recorde-se que, no que toca a estas sociedades a teoria da sede mais não é que uma qualificação da teoria da constituição (*supra* II.C). Adiante se ajuizará se, relativamente às restantes sociedades será de adoptar a teoria da sede ou uma teoria "ampla" da constituição (*infra* C).

Primeiro, a sede da administração é um conceito com certa indeterminação, o que conduz à *incerteza jurídica*[163]. É certo que com uma formulação mais precisa do conceito esta incerteza pode ser minorada, mas não é eliminada. A mobilidade de recursos e operações das sociedades e,

---

[161] Cf. LOUSSOUARN [1959: 463].

[162] Cf. *Staundinger*/GROßFELD [n.os 37 e 239 e segs.]

[163] Ver BEITZKE [1972: 114 e seg.] e GRASMANN [348].

mormente, das que exercem actividades transnacionais, suscita inevitáveis dificuldades na determinação da sede. Daí resulta um inconveniente para todos os interessados e o risco de uma desarmonia internacional de soluções, uma vez que na prova e apreciação dos factos relevantes tribunais de diferentes países podem chegar a conclusões diferentes sobre a sede da sociedade[164]. A qualificação introduzida pela teoria da sede só vem prejudicar a certeza jurídica proporcionada pela teoria da constituição.

Segundo, a teoria da sede *desfavorece a validade das sociedades*[165], uma vez que, em caso de divergência entre Estado da constituição e Estado da sede da administração, a validade da sociedade que se constituiu segundo o Direito da constituição fica dependente da realização dos actos e da satisfação dos requisitos estabelecidos pelo Direito da sede da administração. Como não foram realizados os actos prescritos pelo Direito do Estado da sede da administração – por exemplo, a outorga de escritura pública neste Estado e a inscrição no registo aí organizado – daí decorre, normalmente, a invalidade da sociedade e a negação da sua personalidade jurídica.

É óbvio que este desfavor da validade da sociedade é contrário aos interesses da sociedade e dos sócios. Mas será justificado pelos outros interesses em jogo? O ponto é controverso.

No caso de sociedades de responsabilidade limitada os credores podem ser beneficiados pela responsabilidade pessoal dos sócios pelas dívidas da sociedade a que geralmente conduz a sua invalidade. Alguns autores suíços e alemães argumentam, porém, que os credores podem com isto ficar colocados em pior posição[166], designadamente porque os credores terão de identificar as pessoas que estão por detrás da sociedade e que accioná-las directamente[167]. Este inconveniente não parece existir no Direito português, uma vez que as sociedades sem personalidade jurídica gozam de personalidade judiciária[168]. A negação da personalidade jurídica da sociedade também poderá ter consequências negativas sobre a validade dos contratos por ela celebrados, com prejuízo para o co-contratante local[169].

---

[164] Cf. Scoles – Hay [912].

[165] Cf. Vischer [1977: 644 e segs.].

[166] Neste sentido, Vischer [1977: 644 e segs.] e Vischer – Von Planta [62].

[167] Cf. Behrens [1997 IPR 16].

[168] Cf. arts. 6.º/c e d e 22.º CPC.

[169] Relativamente ao Direito alemão, ver Eidenmüller – Rehm.

Ambos os inconvenientes podem ser eliminados através de uma conexão especial que proteja o comércio jurídico local com base no princípio da confiança (*supra* II.H). Mas deve reconhecer-se que esta conexão especial representa uma forte restrição da teoria da sede, porquanto leva a tratar a sociedade como pessoa colectiva, apesar de não se encontrarem preenchidos os pressupostos de personificação estabelecidos pelo Direito da sede da administração. Neste caso, a teoria da sede exige uma maior restrição, mediante uma conexão especializada, que a teoria da constituição.

No caso de sociedades de responsabilidade ilimitada, a invalidade da sociedade não parece trazer qualquer vantagem significativa para os credores e pode acarretar os mesmos inconvenientes.

Em conclusão, parece que o sacrifício dos interesses da sociedade e dos sócios representado pelo desfavorecimento da validade da sociedade não é suficientemente justificado pelas vantagens que daí advêm para terceiros.

Uma terceira desvantagem da teoria da sede reside na circunstância de a *transferência internacional da sede* desencadear uma mudança do Direito aplicável e com as dificuldades que, por este facto, são colocadas à transferência.

A teoria da constituição proporciona uma maior estabilidade e permanência do estatuto da sociedade que a teoria da sede. Como, perante a teoria da constituição, a transferência internacional da sede da administração não desencadeia uma sucessão de estatutos, não se torna necessário rodear esta transferência de especiais cautelas. Se a variante atenuada da teoria da sede, que hoje é geralmente defendida, não obsta necessariamente à manutenção da personalidade colectiva em caso de transferência internacional de sede, ela tem de subordinar esta transferência a certos requisitos que se destinam a acautelar a posição de terceiros e dos sócios minoritários e a assegurar a conformação da sociedade com um dos tipos societários configurados pelo Direito da nova sede. Por isso, a mobilidade do centro de direcção da sociedade é facilitada pela teoria da constituição.

C) Posição adoptada: teoria atenuada da constituição

Da apreciação feita nas alíneas anteriores resulta que, relativamente às *sociedades que se constituem, como pessoas colectivas, mediante a inter-*

venção de órgãos públicos, a teoria da constituição serve melhor os interesses da sociedade e dos sócios e não apresenta desvantagens importantes, relativamente à teoria da sede, do ponto de vista dos interesses de terceiros e do comércio jurídico em geral. A prossecução de outras finalidades, designadamente de fins de política económica, não pode ser assegurada pelo estatuto societário, passando antes pelo desenvolvimento de conexões especiais.

Defende-se uma *teoria atenuada da constituição que exclui a aplicação do Direito da constituição às sociedades pseudo-estrangeiras e admite conexões especiais bem delimitadas com o Direito do Estado onde a sociedade desenvolve a sua actividade e com o Direito de outros Estados onde a sociedade celebra negócios jurídicos.*

Entende-se aqui por *sociedade pseudo-estrangeira* aquela que exercendo toda a sua actividade num determinado Estado, se constituiu num Estado diferente[170]. Esta sociedade deve ficar submetida ao Direito do Estado em que exerce a sua actividade. Como já se sublinhou, os interesses que podem concorrer na constituição, num Estado, de uma sociedade que vai desenvolver toda a sua actividade noutro Estado, não se afiguram tão dignos de tutela quanto os interesses de terceiros e a tutela do comércio jurídico geral, que apontam decisivamente para a competência do Direito do lugar da actividade (*supra* II.H).

Para este efeito é irrelevante o lugar da sede da administração. Normalmente a sociedade terá a sede da administração no Estado onde desenvolve toda a sua actividade. Não se deve permitir que mediante o estabelecimento da sede da administração no Estado da constituição se possa afastar a aplicação do Direito do lugar da actividade. O recurso ao instituto da fraude à lei, embora admissível (*supra* A), não é satisfatório, porque a actuação da fraude pressupõe a demonstração de um intuito fraudulento. Ora, não se contesta que, se houver um interesse legítimo na constituição da sociedade no Estado em causa, também possa haver um interesse legítimo na fixação da sede da administração nesse Estado. Mas isto não altera a valoração dos interesses em jogo, que continua a justificar a competência do Direito do Estado da actividade.

Se a sociedade exercia inicialmente actividade no Estado da constituição, ou numa pluralidade de Estados, e a partir de determinado momento concentra toda a sua actividade num Estado diferente daquele em que se constituiu, operar-se-á uma sucessão do Direito aplicável.

---

[170] Cp. os conceitos de sociedade pseudo-estrangeira referidos *supra* II.G.

No que toca às *conexões especializadas*, são de sublinhar dois pontos. Por um lado, contrariamente ao que tem sido defendido pelos autores germânicos que são partidários da teoria da constituição[171], e foi até certo ponto consagrado pela Lei suíça (*supra* II.G), não se justificam conexões especiais com o Estado da sede da administração. Os interesses que devem ser tutelados por estas conexões especiais apontam antes para os Direitos dos Estados onde a sociedade exerce a sua actividade ou de outro modo celebra negócios jurídicos. A atenuação da teoria da constituição que se propõe não representa, pois, qualquer compromisso com a teoria da sede.

Por outro lado, é evidente que estas conexões especiais trazem consigo desvantagens para o interesse da sociedade, criando algumas dificuldades à realização de uma actividade transnacional. Elas vêm a traduzir-se numa aplicação cumulativa das normas do estatuto societário e das normas do Estado onde a sociedade desenvolve a sua actividade ou celebra negócios jurídicos. No quadro de uma economia aberta o favorecimento da actividade transnacional também é um fim de política económica prosseguido pelos Estados. Por conseguinte, não se deve favorecer a sobreposição de um vasto conjunto de normas do Estado da actividade social. As conexões especiais devem ser limitadas ao mínimo indispensável para a tutela dos interesses de terceiros e do comércio jurídico em geral, mediante uma ponderação dos valores em presença.

A protecção de terceiros pode em vasta medida ser assegurada pelas normas de Direito material especial relativas ao estabelecimento de representações das sociedades de estatuto pessoal estrangeiro, e sujeição a registo, nos Estados onde a actividade social é exercida, e por uma conexão especial em matéria de "capacidade" com o Estado onde são celebrados negócios jurídicos (que é, na maior parte dos casos, um Estado onde a actividade social é exercida) (*supra* II.H).

É aconselhável um aperfeiçoamento das normas sobre estabelecimento de representações locais e sujeição a registo. Como parte deste aperfeiçoamento, parece defensável que a exigência de uma representação local seja feita relativamente a todas as sociedades que pretendem exercer actividade em Portugal, ainda que de curta duração, e não só quando a actividade se prolongue por mais de uma ano[172]. Também cabe perguntar

---

[171] Ver, designadamente, BEHRENS [1997 IPR 22] e KROPHOLLER [491]. Mas cp. ZIMMER [241 e segs.].

[172] Isto não exclui que, salvo disposição especial em contrário, uma sociedade possa,

se não seria de recuperar a solução contida no § único do art. 111.º C. Com., por forma a que os gestores das representações locais respondam para com terceiros nos termos previstos pela lei portuguesa para os gerentes, administradores ou directores das sociedades.

É igualmente recomendável que, por forma a evitar dúvidas e incertezas, seja formulada uma norma de conflitos directamente aplicável à tutela do comércio jurídico local perante a "incapacidade" das sociedades constituídas noutro Estado. No quadro de um sistema conflitual eminentemente bilateral, também se deve atender às normas estrangeiras de protecção de interesses locais que reclamem aplicação, à semelhança do que se verifica com o n.º 3 do art. 28.º CC, por via de uma remissão condicionada ao Direito estrangeiro do lugar da celebração.

Pode pensar-se que a protecção de terceiros reclama ainda outras conexões especiais com o Direito do lugar da actividade, designadamente com respeito à responsabilidade das pessoas que agem por conta da sociedade para com terceiros, ao capital mínimo, à realização das entradas, à distribuição de bens aos sócios e aos administradores e à redução de capital. A sobreposição destas normas do Estado da actividade social ao Direito da constituição é por certo justificada quando se crie a aparência de uma sociedade de estatuto nacional[173]. Isto não se verifica, em princípio, quando a sociedade actua seja através de um centro organizado local, que se encontra devidamente registado, ou a partir de um estabelecimento situado no estrangeiro. Daí que se afigure, em princípio, suficiente a exigência do estabelecimento de uma representação, devidamente registada, para a realização de qualquer actividade em Portugal, e que se determine, a par das consequências já previstas para o incumprimento destas obrigações, a aplicação das normas portuguesas que visam a protecção de interesses de terceiros. Estas normas também seriam aplicáveis nas hipóteses marginais em que a sociedade, apesar de desenvolver a sua actividade através de um centro local, devidamente registado, ou de um estabelecimento situado no estrangeiro, se apresente como uma sociedade nacional.

Também neste caso se justificaria uma remissão condicionada ao Direito estrangeiro do lugar da actividade.

---

a partir de estabelecimentos situados no estrangeiro, fornecer bens e serviços destinados a pessoas que se encontram no território português, sem que tenha para o efeito que instituir qualquer representação em Portugal.

[173] Em sentido convergente ver doutrina suíça referida *supra* n. 99 e ZIMMER [309 e segs.].

Em último caso, a *reserva de ordem pública internacional* pode permitir afastar o resultado a que conduz o Direito da constituição, quando este se mostrar manifestamente incompatível com normas e princípios fundamentais do Estado português. É o que se pode verificar, por exemplo, quando o Direito da constituição permita à sociedade negar completamente a sócios portugueses, ou a sócios estrangeiros residentes ou sediados em Portugal, o direito à informação, ou considere válidas deliberações que conduzam a um resultado equivalente a um confisco.

É fundamentalmente por esta via que poderão se acautelados os *interesses de sócios minoritários* perante um Direito da constituição que seja particularmente permissivo[174]. Além de que é, na prática, muito difícil estabelecer uma conexão especial para a protecção destes interesses, todos aqueles que decidem participar numa sociedade devem contar com o disposto no Direito da constituição. Só em casos extremos, e desde que haja um laço forte entre os sócios em causa e o Estado do foro, se justifica o afastamento do resultado a que conduz o Direito da constituição e a eventual sobreposição de normas de protecção do Estado do foro.

Passe-se agora às *sociedades que se constituem sem a intervenção de órgãos públicos*[175]. Os interesses em jogo são os mesmos, e, por conseguinte, afigura-se preferível aquela solução que se aproxima mais da teoria da constituição, e que se encontra acolhida da Lei suíça (*supra* II.F). Assim, a sociedade deve ser regida pelo Direito por que, por forma externamente visível, se orientou a sua constituição. Na impossibilidade de determinar inequivocamente este Direito, ou se este não for externamente reconhecível, deve aplicar-se o Direito do Estado onde se situe a sede da administração.

A teoria da sede representa, neste caso, uma solução de recurso, perante a impossibilidade de resolver o problema mediante uma extensão da teoria da constituição.

---

[174] Ver ZIMMER [291 e segs. e 399 e segs.].

[175] Ou em que estes órgãos, intervindo apenas na formalização do contrato de sociedade, não aplicam necessariamente o Direito local.

V. O ESTATUTO PESSOAL DA SOCIEDADE PERANTE O DIREITO INTERNACIONAL PRIVADO PORTUGUÊS

A) Breve referência à divergência doutrinal na vigência dos arts. 109.° a 112.° C. Com.

A questão do estatuto pessoal das sociedades foi largamente controvertida na vigência dos arts. 109.° a 112.° C. Com.

Até aos anos cinquenta a doutrina manteve-se fiel à tradicional concepção latina, submetendo o estatuto pessoal das sociedades à lei da sua nacionalidade[176].

VEIGA BEIRÃO e MACHADO VILLELA entendiam que a nacionalidade se determinava pelo critério da sede social[177]. Diferentemente, JOSÉ TAVARES defendia que, perante o art. 110.° C. Com., só era possível estabelecer o princípio segundo o qual a sociedade tem necessariamente a nacionalidade do país em que tem a sua sede e exerce o seu comércio, mesmo que

---

[176] Cf. VEIGA BEIRÃO [54], MACHADO VILLELA [I 223 e segs.], CUNHA GONÇALVES [246], JOSÉ TAVARES [442 e segs.] e BARBOSA DE MAGALHÃES.

[177] Cf. VEIGA BEIRÃO [loc. cit.]; MACHADO VILLELA [I 223 e segs.] defendia que a sede era o único elemento que importava para definir a nacionalidade, com base não só nos arts. 109.° a 111.° C. Com., mas também no art. 54.° e em disposições de leis avulsas. Segundo o art. 54.° "As sociedades constituídas em país estrangeiro, que queiram estabelecer sucursal ou qualquer espécie de representação social no reino, apresentarão ao registo comercial, além dos documentos exigidos às nacionais, um certificado do respectivo agente consular português de se acharem constituídas e funcionando em harmonia com a lei do respectivo país." MACHADO VILLELA assinala que estas disposições atendem a três elementos país da constituição, sede social e exercício do principal comércio. Mas estes elementos não estão todos na mesma posição nem são independentes entre si. Do conjunto das disposições o autor retira "que o legislador considera uma sociedade legalmente constituída num país quando ela aí tenha a sua sede e se tenha organizado em harmonia com a lei desse país". Encontra o principal argumento neste sentido no art. 54.°: "a lei do respectivo país" tem de ser entendida como "a lei do país da sede", e o "respectivo agente consular português" não pode deixar de ser o agente consular no país da sede, pois é aí que a sociedade funciona, "não podendo claramente o cônsul português em Paris certificar que certa sociedade funciona legalmente em Madrid" [I 234]. Dos arts. 109.° e 111.° retira o autor que o principal centro de exploração não é um elemento fundamental para a determinação da nacionalidade da sociedade. Com efeito, enquanto a sede da sociedade estiver no estrangeiro ela não se acha sujeita à legislação portuguesa, ainda que exerça no país o comércio social, seja ou não por meio de suscursais (arts. 111.° e 109.°). A favor do critério da sede se pronunciou também CUNHA GONÇALVES [246 e seg.].

tenha noutro país o estabelecimento principal[178]. Fora do alcance deste princípio considera as sociedades nacionais do país onde se constituem, por força do art. 4.°/1 C. Com.[179]. BARBOSA DE MAGALHÃES ia mais longe, elegendo em critério geral o lugar da constituição; admitia, porém, que as sociedades constituídas no estrangeiro, que têm sede (da administração) em Portugal e aqui exercem o seu principal comércio sejam consideradas para todos os efeitos como nacionais e fiquem, assim, submetidas à legislação portuguesa[180].

A doutrina posterior veio autonomizar a questão do estatuto pessoal da nacionalidade e pôr-se de acordo quanto à sujeição à lei portuguesa das sociedades que têm a sede da administração em Portugal. Mas esta doutrina já se divide relativamente às outras sociedades, em linhas semelhantes às que se verificavam com os autores anteriores, embora com argumentos diferentes.

Para FERRER CORREIA, havia uma lacuna sobre a lei reguladora do estatuto das sociedades com sede em Portugal mas que aqui não exerçam o principal comércio e sobre qual a lei estrangeira reguladora do estatuto das sociedades não sujeitas à lei portuguesa. Esta lacuna deveria ser preenchida segundo a doutrina considerada melhor em tese geral, que era, em sua opinião, a da sede principal da administração[181].

Diferentemente, ISABEL DE MAGALHÃES COLLAÇO entendia que a norma de conflitos unilateral do art. 110.° C. Com. se não podia bilateralizar, havendo que definir autonomamente o elemento de conexão para definir o estatuto pessoal das pessoas colectivas que não tenham sede efectiva em Portugal[182]. O art. 48.° do Reg. Reg. Com. então em vigor permitia sustentar que a lei pessoal dos entes colectivos com sede no estrangeiro era a que regera a sua constituição, em conformidade com a teoria da incor-

---

[178] 461 e segs. Segundo a sua interpretação, "principal comércio" não seria principal estabelecimento mas exercício da actividade que constitui o seu principal objecto.

[179] A solução é criticada pelo autor, que defende, *de iure condendo*, a necessidade de distinguir entre as sociedades de pessoas e as sociedades de capitais. As sociedades de pessoas deveriam ter a nacionalidade da maioria dos sócios de responsabilidade ilimitada e, na falta desta maioria, a do país onde a sociedade realmente fixe o seu domicílio. As sociedades por acções deveriam ter a nacionalidade do país em que tenham sido constituídas e onde tenham a sede efectiva.

[180] 150 e segs. e 155.

[181] 1963: 611 e segs. Ver também TABORDA FERREIRA [43].

[182] Ver 1963: 49 e segs. e 1971: 28 e segs.

poração[183]. Portanto, da conjugação do C. Com. com o anterior Reg. Reg. Com. resultava um sistema misto de sede e de constituição. A teoria da sede valia para as sociedades com sede da administração em Portugal. A teoria da incorporação para as restantes.

Semelhante em resultado, mas com base em argumentos algo diversos, era a posição assumida por RAÚL VENTURA[184]. Os arts. 109.º e 111.º apontavam para o reconhecimento das sociedades que se tenham constituído legalmente segundo o Direito de qualquer país e, aparentemente, para a competência da lei do lugar da constituição para reger as sociedades que não estejam sujeitas à lei portuguesa[185]. Seguindo o caminho já trilhado por JOSÉ TAVARES, o autor entendia que às sociedades que não estão abrangidas pelo art. 110.º C. Com. se aplicaria o art. 4.º/1 C. Com: a lei aplicável ao contrato de sociedade, que é ao mesmo tempo a lei pessoal da sociedade, seria a lei do lugar onde é celebrado. Em sua opinião isto ajustava-se ao reconhecimento das sociedades que se tenham constituído segundo a lei do lugar da constituição, nos termos dos arts. 109.º e 111.º C. Com. e do art. 48.º C. Reg. Com.

Sem prejuízo da análise criteriosa dos preceitos do Código Comercial feita por este último autor, creio que era de preferir a posição sustentada por ISABEL DE MAGALHÃES COLLAÇO. Com efeito, perante o regime espe-

---

[183] Este preceito não permitia a interpretação feita por MACHADO VILLELA com respeito ao art. 54.º C. Com., porque exigia "um certificado, passado pelo competente agente consular português, comprovativo de que se acham constituídas e funcionam de harmonia com a lei do país em que se constituíram." Deste preceito retirava-se a indicação de que é competente para reger a sociedade constituída no estrangeiro, que não tem sede em Portugal, a lei do país da constituição. A determinação do país da constituição suscita dificuldades quando os factos constitutivos ocorrem em diferentes países. A autora defendia que estas dificuldades fossem ultrapassadas mediante ao apelo à teoria chamada da incorporação. Assim, seria competente a lei que atribui personalidade jurídica à sociedade. "A interpretação proposta ajusta-se bem à letra do art. 48.º e tem ainda a vantagem de aproximar o nosso direito positivo da solução que, para além de vigorar no direito anglo--saxónico, corresponde a uma corrente de doutrina que tende hoje a ganhar audiência no continente europeu." [1963: 59].

[184] 476 e segs. e 487 e segs.

[185] Repare-se que enquanto os arts. 109.º e 111.º se referem a "sociedades *legalmente* constituídas em país estrangeiro", o art. 110.º reporta-se às "sociedades que se queiram constituir em país estrangeiro, mas que devam ter sede no reino e nele exercer o principal comércio". Isto pode sugerir que neste último caso a legalidade da constituição há-de resultar da observância da lei portuguesa. E sugere também que é suficiente, para o reconhecimento da sociedade, que se tenha constituído segundo o Direito de um qualquer país.

cial estabelecido pelos arts. 109.° e segs. C. Com., deveria entender-se que o art. 4.°/1 C. Com. não era aplicável às sociedades.

B) O Direito vigente. Arts. 33.°/1 CC e 3.°/1 C. Soc. Com.

O Código Civil de 1966 veio determinar, no seu art. 33.°/1 CC, que a pessoa colectiva tem como lei pessoal a lei do Estado onde se encontra situada a sede principal e efectiva da administração. Este preceito consagra plenamente a teoria da sede, embora atenuada pela possibilidade de manutenção da personalidade jurídica em caso de transferência internacional da sede (*supra* II.D).

Todavia, com respeito às sociedades comerciais, subsistiu a questão de saber se o art. 33.°/1 teria revogado a norma de conflitos unilateral contida no art. 110.° C. Com. e a norma que se inferia do art. 48.° do Reg. Reg. Com. A Escola de Coimbra entendeu que o estatuto pessoal de todas as sociedades passou a ser regulado pelo art. 33.° CC, ao passo que para a Escola de Lisboa continuaram a valer as soluções anteriormente defendidas[186].

Esta questão deve ter-se por ultrapassada à face do art. 3.° C. Soc. Com., que aplica às sociedades comerciais as regras gerais do art. 33.° CC[187]. Portanto, o Direito da sede da administração releva hoje, em princípio, para a definição do estatuto pessoal de todas as pessoas colectivas estaduais de Direito privado[188].

---

[186] Cf. ISABEL DE MAGALHÃES COLLAÇO [1971: 61 e seg.], PEREIRA DE ALMEIDA [118 e segs.] e PAIS DE VASCONCELOS [47 e seg.]. Mas cp. RAÚL VENTURA [487 e segs.] e ISABEL VAZ [169].

[187] Nem as disposições sobre registo fornecem hoje apoio jurídico-positivo à tese contrária. A obrigação de registo das representações permanentes de sociedades "estrangeiras" resulta desde logo do n.° 1 do art. 4.° C. Soc. Com. Este preceito não se reporta às "sociedades legalmente constituídas em país estrangeiro", como fazia o art. 111.° C. Com., mas à "sociedade que não tenha a sede efectiva em Portugal". O Regulamento aprovado pelo Dec. n.° 42 645 foi revogado pelo DL n.° 403/86, de 3/12, que aprovou o novo C. Reg. Com. Nem este diploma, nem o Regulamento aprovado pela Port. n.° 883/89, de 13/10, contêm preceito semelhante ao do 48.° do Regulamento anterior. O art. 40.° do C. Reg. Com., na sua versão primitiva, ainda evocava o art. 111.° C. Com., ao reportar-se às "sociedades constituídas no estrangeiro". Mas com a redacção introduzida pelo DL n.° 31/93, de 12/2, este preceito passou a referir-se às "sociedades com sede principal e efectiva no estrangeiro".

[188] Cp. as reservas formuladas por PAIS DE VASCONCELOS [51 e seg.], com base na ideia segundo a qual, perante o C. Soc. Com., a sede da administração deveria coincidir com a sede estatutária.

O legislador, porém, não se ficou por aqui, acrescentando uma segunda parte ao n.º 1 do art. 3.º que impede a sociedade que tenha em Portugal a sede estatutária de opor a terceiros a lei estrangeira da sede da administração. Conforme revelou a análise anteriormente empreendida (II.E), esta solução vem a traduzir-se numa combinação da teoria da sede com a teoria da constituição.

Atendendo à presunção de que a sociedade tem a sede da administração no Estado da sede estatutária (*supra* II.D) e à relevância concedida à sede estatutária, pode dizer-se que a sociedade está, em princípio, submetida ao Direito do Estado onde se constituiu e fixou a sede estatutária. Quando, porém, se demonstre que a sede da administração não coincide com a sede estatutária, o Direito da sede da administração é aplicável às relações internas. Nas relações externas, o Direito português da sede estatutária só é afastado caso se demonstre, adicionalmente, que os terceiros em causa devem contar com a competência do Direito da sede da administração. Quanto às sociedades com sede estatutária no estrangeiro, a resposta à questão de saber se o Direito da sede estatutária é afastado sempre que se demonstre que a sociedade tem a sede da administração noutro Estado, ou só quando, por acréscimo, os terceiros em causa devem contar com a competência do Direito da sede da administração, depende da posição que se tome relativamente à bilateralização da segunda parte do art. 3.º/1.

Esta questão divide a doutrina. MOURA RAMOS e MARQUES DOS SANTOS entendem que não[189], ao passo que FERRER CORREIA parece admitir a bilateralização[190]. Em minha opinião, se o fundamento da solução é a tutela da confiança de terceiros – e não, quiçá, uma protecção de interesses nacionais perante interesses estrangeiros – não há obstáculo à bilateralização.

Por via desta bilateralização, o Direito da sede da administração só é aplicável às relações externas nos casos em que, tendo sido demonstrado que a sede da administração está situada fora do Estado da sede estatutária, os terceiros em causa devam contar com a competência do Direito da sede da administração. Será este o caso, por exemplo, quando a sociedade tem sede da administração num Estado que adopta a teoria da sede, e um terceiro, estabelecido no mesmo Estado, contrata com a sociedade sabendo que esta é aí administrada.

---

[189] MOURA RAMOS [1987a: 31] e MARQUES DOS SANTOS [1987: 128 e 252].
[190] Cf. 1987/1988 n.º 3762, n. final, p. 270.

Acrescente-se que não tenho notícia de nenhuma decisão judicial portuguesa que tenha aplicado o Direito da sede da administração em detrimento do Direito da sede estatutária[191].

As soluções que antecedem devem ser complementadas pela aplicação analógica do art. 11.° da Convenção de Roma sobre a Lei Aplicável às Obrigações Contratuais e do art. 28.° CC, no que toca à invocação da "incapacidade" fundada no Direito aplicável à sociedade, nos termos que ficaram expostos (*supra* II.H). Há ainda que atender à competência do Direito do lugar onde a sociedade desenvolve a sua actividade, designadamente com respeito ao estabelecimento de uma representação local e ao cumprimento das exigências de registo (*supra* II.H)[192].

C) Articulação da sede da administração com a sede estatutária

Importa esclarecer algumas dúvidas que pode suscitar a articulação da sede da administração com a sede estatutária, quer em ligação com uma transferência internacional de sede, quer independentemente dela.

Relativamente às sociedades que se constituem, como pessoas colectivas, com a intervenção de órgãos públicos, a teoria da sede é, como atrás sublinhámos, uma mera qualificação da teoria da constituição, por força da qual a sociedade colectiva deve ter a sede da administração no país em que constituiu (*supra* II.C). Como, normalmente, a sede estatutária se situa no país da constituição, isto significa que, relativamente a estas sociedades, a teoria da sede postula que, em princípio, há coincidência entre o lugar da sede estatutária e o lugar da sede da administração. O que permite presumir que a sociedade tem a sede da administração no Estado da sede estatutária. Mas não será de ir mais além, entendendo que a coincidência entre sede estatutária e sede da administração é necessária[193]?

---

[191] As supracit. decisões RPt, de 12/7/94 e STJ, de 3/10/95 (n. 142), não se ocupam da determinação da sede da administração da sociedade. O RPt limita-se a verificar que a sociedade "se constituiu e sempre se regeu pela lei portuguesa", formulação que evoca a teoria da constituição. O STJ não aplica a lei portuguesa enquanto lei da sede efectiva da administração, mas, aparentemente, enquanto lei da sede estatutária, nos termos do art. 3.°/1/2.ª parte C. Soc. Com.

[192] Quanto ao registo e depósito de acções há ainda que ter em conta as normas de conflitos unilaterais contidas nos arts. 1.°, 2.° e 32.° do DL n.° 408/82, de 29/9.

[193] Para PAIS DE VASCONCELOS [50 e segs.] a sede principal e efectiva é também necessariamente a sede estatutária.

Decorre expressamente do art. 3.º/1/2.ª parte que *a sociedade com sede principal e efectiva da sua administração no estrangeiro pode ter sede estatutária em Portugal*. Não se tratará, porém, de uma irregularidade que, justamente, o art. 3.º/1/2.ª parte vem sancionar?

Quando se siga o entendimento atrás exposto a resposta é negativa. A competência do Direito português a título de sede estatutária não é a sanção de uma situação irregular, porque o Direito competente para reger a sociedade é, em princípio, o Direito da sede estatutária.

Mas mesmo que não se siga este entendimento, é possível retirar argumentos no mesmo sentido do regime aplicável à transferência da sede da administração para o estrangeiro.

Já sabemos que o art. 3.º/5 C. Soc. Com. admite a transferência, desde que a lei da nova sede nisso convenha (*supra* II.D). O art. 3.º/6 exige uma deliberação de transferência da sede efectiva da administração, que obedeça aos requisitos para as alterações do contrato de sociedade. O art. 3.º/6 não exige que a transferência da sede da administração para o estrangeiro seja acompanhada da transferência da sede estatutária (que constituiria uma alteração do contrato de sociedade). Nem se vê razão para fazer tal exigência, que limitaria a autonomia privada sem que os interesses de terceiros e a protecção do comércio jurídico em geral o justificassem. A sede estatutária continua a desempenhar o seu papel de ponto privilegiado de referência para terceiros. Nas relações com terceiros que não tenham razão para contar com a competência do Direito estrangeiro da sede da administração a sociedade continua sujeita ao Direito português. Por conseguinte, este regime admite que mantenha sede estatutária em Portugal a sociedade que transfira a sede da administração para o estrangeiro.

A lei nada dispõe sobre o caso de uma sociedade que, tendo sido constituída em Portugal e tendo aqui sede estatutária, fixe desde o início a sede da administração no estrangeiro. A valoração feita em relação à transferência da sede da administração para o estrangeiro também se justifica relativamente a este caso. Embora não haja, em rigor, uma sucessão de estatutos pessoais, a fixação da sede da administração no estrangeiro desencadeia a aplicação de um Direito diferente daquele que regeu a constituição da sociedade (*supra* III.A), o que torna necessário acautelar a posição de sócios minoritários[194]. Daí decorre que a sociedade pode estabele-

---

[194] Este entendimento converge, em resultado, com o defendido, *de lege ferenda*, por BEITZKE [1972: 118] e WIEDEMANN [787]. Defendem estes autores que a sociedade seja

cer desde o início a sede da administração no estrangeiro, mas com aplicação analógica do disposto no art. 3.°/5 e /6[195]. Assim, é necessário que o Direito da sede da administração admita, sem prejuízo da conservação da personalidade colectiva, que a sociedade mantenha a sede estatutária em Portugal; o estabelecimento da primeira sede da administração no estrangeiro depende de deliberação por maioria qualificada; e, os sócios que não tenham votado a favor da deliberação têm a faculdade de exoneração[196].

Inversamente, *a sociedade com sede principal e efectiva da sua administração em Portugal pode ter sede estatutária no estrangeiro.*

Esta possibilidade é expressamente admitida pelo art. 25.°/2 C. Reg. Com. E no mesmo sentido aponta o regime aplicável à transferência da sede da administração. A sociedade com sede estatutária e da administração no estrangeiro pode transferir a sede da administração para Portugal, se a lei da sede anterior nisso convier (art. 3.°/2 C. Soc. Com.). A obrigação de conformar com a lei portuguesa o respectivo contrato de sociedade não implica a fixação de uma sede estatutária em Portugal. Nada na lei o exige. Quando os arts. 9.°/1/e e 12.° C. Soc. Com. se referem à sede da sociedade, trata-se exclusivamente da sede estatutária[197]. Com efeito, a sede da sociedade é, conforme dispõe o art. 159.° CC, a sede estatutária[198]. Este preceito contrapõe claramente a sede estatutária à sede da administração. Acresce que os art. 9.°/1/e e 12.° C. Soc. Com. se referem à sede indicada no contrato de sociedade que é, por definição, a sede estatutária. O legislador do Código das Sociedades Comerciais, quando se quis referir à sede da administração, utilizou as expressões "sede principal e efectiva da sua administração" e "sede efectiva" (cf. arts. 3.°/1,/2 e /5 e 4.°).

A lei também não exige que o contrato de sociedade indique a sede efectiva da administração. Só no caso de transferência da sede efectiva

---

submetida inicialmente ao Direito da constituição e que, no caso de estabelecer a sede da administração noutro Estado, lhe seja concedida um certo prazo para se adaptar ao Direito deste Estado. Não haveria uma transformação automática, mas a reorganização seria imposta pela ameaça de não reconhecimento.

[195] RAÚL VENTURA [502] pronunciou-se em sentido semelhante, perante o art. 33.°/3 CC, mas na suposição que a sociedade se encontra, até ao estabelecimento de uma sede efectiva, submetida à lei da sede estatutária.

[196] Ver também art. 240.°/1/a C. Soc. Com.

[197] O mesmo se diga dos arts. 3.°/o e 27.° C. Reg. Com.

[198] Ver também RAÚL VENTURA [466].

O Direito aplicável às sociedades... 91

para Portugal se tem de declarar a transferência da sede em escritura pública (cf. art. 3.º/3 C. Soc. Com.). Mas mesmo neste caso a indicação da sede da administração é encarada como uma "declaração" separada do contrato de sociedade.

Se a sociedade pode transferir a sede da administração para Portugal, mantendo a sede estatutária no estrangeiro, não se vê razão para não poder estabelecer desde o início a sede da sua administração no nosso país. Esta hipótese é abrangida pela previsão do n.º 2 do art. 25.º C. Reg. Com. Este preceito atribui competência para o registo das sociedades "de tipo correspondente a qualquer dos abrangidos por este Código com sede estatutária no estrangeiro, mas que tenham em Portugal a sede principal e efectiva da sua administração". A redacção deste preceito indica claramente que se têm em vista sociedades constituídas segundo um Direito estrangeiro. O legislador pressupõe que a sociedade se constituiu segundo o Direito da sede estatutária e começou a funcionar, estabelecendo a sede da administração em Portugal ou transferindo-a para o nosso país.

Mas também neste caso devem ser aplicadas analogicamente as disposições que regulam a transferência da sede da administração para Portugal. O estabelecimento da sede da administração em Portugal deve ser permitido, sem prejuízo para a personalidade jurídica da sociedade, pelo Direito da constituição, e têm de ser respeitadas, com as devidas adaptações, as exigências estabelecidas pelos n.os 3 e 4 do art. 3.º[199].

Questão diferente é a de saber se poderá *constituir-se em Portugal uma sociedade com sede estatutária no estrangeiro*. A lei não o impede expressamente. E pode argumentar-se que se a teoria da sede postula que a sociedade constituída em Portugal deve estabelecer a sede da administração no respectivo território, já não postula que a sede estatutária seja em Portugal. Uma vez que se admite que uma sociedade constituída no estrangeiro mantenha a sua sede estatutária no estrangeiro apesar de estabelecer ou transferir a sede da administração para Portugal, porque não se há-de admitir que a sede seja inicialmente fixada no estrangeiro?

Esta argumentação não atende ao sentido da relevância da sede estatutária em matéria de sociedades comerciais e à combinação da teoria da sede com a teoria da constituição que daí resulta. A relevância concedida à sede estatutária assenta no pressuposto da normal coincidência entre

---

[199] Assim, na escritura prevista no n.º 3, não se declara a transferência da sede, mas o estabelecimento da sede da administração em Portugal.

Direito da constituição e Direito da sede estatutária. Nas relações "privadas" internacionais a sede estatutária desempenha uma função indicativa do Direito segundo o qual a sociedade se constituiu. A admitir-se a fixação da sede estatutária fora do Estado da constituição, e a bilateralização do art. 3.º/1/2.ª parte C. Soc. Com., chegar-se-ia ao resultado indesejável de aplicar à sociedade, nas relações com terceiros, um Direito que não é nem o da constituição nem o da sede da administração.

A inadmissibilidade da constituição em Portugal de uma sociedade com sede estatutária no estrangeiro também me parece decorrer do já referido art. 25.º C. Reg. Com. De acordo com a interpretação feita anteriormente, a conservatória só é competente para o registo de uma sociedade que fixe a sede estatutária em Portugal ou que, tendo-se constituído segundo o Direito estrangeiro, estabeleça a sede da administração em Portugal ou a transfira para o nosso país. Na falta de uma sociedade constituída segundo o Direito estrangeiro e que tenha estabelecido a sede da administração em Portugal, não pode ser registado o contrato de sociedade que fixe a sede estatutária no estrangeiro.

Pode pois concluir-se que não é admissível a constituição em Portugal de uma sociedade comercial com sede estatutária no estrangeiro.

Resta examinar o problema da *transferência da sede estatutária*. RAÚL VENTURA defendeu que a norma contida no art. 33.º/3 CC abrange a transferência da sede estatutária e a transferência da sede efectiva[200]. Mas qual a razão para entender que o n.º 3 se reporta a um conceito de sede mais amplo que o utilizado no n.º 1 do mesmo artigo?

A presumir-se que a sociedade tem a sede da administração no Estado da sede estatutária, deve presumir-se igualmente que a transferência da sede estatutária é acompanhada da transferência da sede da administração[201]. Mas isto não significa que a transferência de uma das sedes implique necessariamente a transferência da outra. Pelo contrário, como acabámos de assinalar, resulta das disposições aplicáveis às sociedades comerciais que é possível a transferência da sede da administração sem alteração da sede estatutária. Ora, admitindo-se a transferência isolada da sede da administração, não se vê razão que obste à transferência isolada da sede estatutária.

---

[200] 494 e segs.

[201] O contrário já não é verdadeiro: a transferência da sede da administração não permite presumir a transferência da sede estatutária.

O Direito aplicável às sociedades... 93

Reconhecida a possibilidade de uma transferência isolada da sede estatutária, não se vê razão, *perante o art. 33.° CC*, para subordinar a manutenção da personalidade jurídica à concordância do Direito da nova sede estatutária, uma vez que este Direito não é aplicável.

A situação é ainda mais clara com respeito às sociedades que são constituídas sem intervenção de órgãos públicos, pois neste caso a teoria da sede não postula uma coincidência entre sede da administração e sede estatutária.

Sou assim levado a concluir que o art. 33.°/3 CC é exclusivamente aplicável à transferência da sede da administração. Não creio que haja uma lacuna relativamente à transferência da sede estatutária. Segundo o plano do legislador a transferência internacional da sede estatutária é, como qualquer caso de mudança de sede estatutária, uma vicissitude regulada pelo Direito da sede da administração.

Mas no que toca às sociedades comerciais é ainda necessário ter em conta o regime especial contido no Código das Sociedades Comerciais.

As disposições sobre transferência da sede contidas no art. 3.° deste diploma reportam-se exclusivamente à sede da administração. Por certo não era isto que se verificava com o anteprojecto. Parece claro que as disposições sobre transferência da sede que dele constavam tinham em vista a sede estatutária. Isto correspondia à consagração do critério da sede estatutária. Mas o legislador veio a optar por uma solução diferente e adaptou as disposições sobre transferência da sede à teoria da sede (da administração). Só que aqui a omissão de regras sobre a transferência internacional da sede estatutária não se ajusta inteiramente ao plano do legislador, porque o legislador combinou o critério da sede da administração com o da sede estatutária. A indagação atrás realizada permitiu mesmo concluir que o Direito aplicável à sociedade é, em princípio, o da sede estatutária. O Direito da sede da administração só releva quando se demonstre que esta não coincide com a sede estatutária. E só é aplicável, nas relações externas, quando os terceiros em causa devam contar com a sua competência. Portanto, a transferência internacional da sede estatutária também põe em jogo os interesses de terceiros e de sócios minoritários. Há, por conseguinte, uma lacuna, cuja integração suscita consideráveis dificuldades[202].

---

[202] Não há aqui analogia com o problema da constituição em Portugal de uma sociedade com sede estatutária no estrangeiro, como a que se verifica relativamente à sede da

Para a resolução destas dificuldades, creio que se deve partir da presunção de que a transferência da sede estatutária é acompanhada da transferência da sede da administração. Esta presunção pode até certo ponto explicar o silêncio do legislador em relação à transferência internacional da sede estatutária. Visto que se presume que a transferência da sede estatutária é acompanhada da transferência da sede da administração, devem, em princípio, ser observadas as disposições que regulam a transferência da sede da administração. Por acréscimo, deve entender-se, por aplicação analógica dos arts. 33.°/3 CC e 3.°/2 e /5 C. Soc. Com., que a alteração do contrato de sociedade implicada pela transferência da sede estatutária tem de ser válida tanto à face do Direito da sede anterior como perante o Direito da nova sede[203].

Pode, no entanto, ser demonstrado que a transferência da sede estatutária não é acompanhada da transferência da sede da administração. Aqui importa distinguir duas situações diferentes.

Se a sociedade deseja transferir a sede estatutária para o Estado onde desde o início fixou a sede da administração ou para o qual transferiu anteriormente a sede da administração, respeitando as exigências atrás referidas, basta que altere o contrato de sociedade em conformidade com o Direito da sede anterior e da nova sede.

Nos restantes casos, a sociedade transfere a sede estatutária para um Estado, mantendo a sede da administração no Estado onde anteriormente se situava a sede estatutária ou num terceiro Estado.

Esta transferência isolada da sede estatutária suscita algumas reservas, que, *de lege ferenda*, poderiam justificar a exigência de um laço efectivo com o Estado da nova sede.

De lege lata, porquanto a transferência isolada da sede estatutária desencadeia uma mudança de lei aplicável que põe em jogo os interesses de terceiros e de sócios minoritários, parece de entender que as exigências feitas em relação à transferência da sede da administração devem ser respeitadas, com as devidas adaptações.

Assim, no caso de transferência isolada da sede estatutária de Portugal para o estrangeiro, será de entender, por aplicação analógica do art.

---

administração, porque enquanto o estabelecimento da sede da administração é posterior à constituição da sociedade, a sede estatutária é fixada no contrato de sociedade.

[203] Do art. 12.° C. Soc. Com. resulta, *a fortiori*, que o contrato de sociedade não pode autorizar a administração a deslocar a sede estatutária para o estrangeiro.

3.º/6 C. Soc. Com., que a deliberação de alteração não pode ser tomada por menos de 75% dos votos correspondentes ao capital social, sem prejuízo das disposições legais ou contratuais que sejam mais exigentes. Será de entender ainda que os sócios que não tenham votado a favor da deliberação gozam da faculdade de se exonerar[204]. No caso de a sede da administração se situar num terceiro Estado, parece que a alteração do contrato de sociedade implicada pela mudança de sede estatutária também deve ser válida segundo o Direito deste Estado.

D) Âmbito de aplicação do Direito Internacional Privado especial das sociedades comerciais

Resta examinar o problema do âmbito de aplicação do Direito Internacional Privado especial das sociedades comerciais.

O Direito de Conflitos especial das sociedades comerciais será aplicável às relações "privadas" internacionais que, pelo conteúdo e função que lhe é atribuído pelo Direito ou Direitos potencialmente aplicáveis, sejam reconduzíveis ao relevante conceito de sociedade comercial (art. 15.º CC).

A interpretação dos conceitos utilizados para delimitar a previsão das normas de conflitos, embora seja ancorada no Direito material do foro, deve ser uma interpretação autónoma, por forma a atender às finalidades específicas prosseguidas pelo Direito de Conflitos. Daqui decorre que na determinação do conteúdo do conceito de sociedade comercial utilizado pelas normas de conflitos portuguesas se há-de partir de notas retiradas do Direito material português; mas este conteúdo não coincide necessariamente com o conceito homólogo de Direito material interno.

Podemos começar por desdobrar o conceito de sociedade comercial em duas notas conceptuais que correspondem a conceitos autónomos: sociedade e comercialidade.

Já atrás nos referimos ao conceito de sociedade. Adoptámos, como ponto de partida, um conceito mais amplo do que o consagrado pelo art. 980.º CC, segundo o qual é sociedade o contrato por que duas ou mais pessoas se obrigam a colaborar na prossecução de um fim económico comum.

---

[204] Observe-se ainda que a mudança de sede estatutária está sujeita a registo (art. 3.º/o C. Reg. Com.), que é obrigatório (art. 15.º/1 C. Reg. Com.).

Este conceito não exige que haja um exercício em comum da actividade económica nem que a colaboração tenha por fim a produção de lucros susceptíveis de distribuição; também não exclui a actividade de mera fruição. Este conceito tem a virtude de abranger um conjunto de contratos que, não constituindo sociedades perante o Direito material português, colocam problemas de regulação conflitual semelhantes e, por isso, estão submetidos às mesmas soluções conflituais, no que toca à atribuição de um estatuto institucional e ao Direito aplicável ao contrato (*supra* II.F e III.B).

Mas será este o conceito relevante para o Direito de Conflitos especial das sociedades comerciais?

Não há elementos seguros sobre a intenção real do legislador na formulação deste Direito de Conflitos especial. Mas o estudo atrás realizado fornece pelo menos uma indicação importante. A relevância concedida à sede estatutária só se compreende verdadeiramente em relação às sociedades que se constituem, como pessoas colectivas, com intervenção de órgãos públicos (*supra* II.E e V.B). E, na verdade, todas as sociedades comerciais reguladas pela lei portuguesa se constituem, como pessoas colectivas, com a intervenção de órgãos públicos. O que permite pensar que se encontra aqui uma nota do conceito de sociedade relevante para as normas de conflitos.

Já não se vê razão para excluir a aplicação deste regime a relações de cooperação económica em que não haja um exercício em comum da actividade económica, em que esta actividade seja de mera fruição ou que não tenham por fim a produção de lucros susceptíveis de retribuição. Por conseguinte, entendo que ele será aplicável, por exemplo, a um agrupamento complementar de empresa constituído segundo o Direito português ou a um *groupement d'intérêt economique* constituído segundo o Direito francês.

No que toca à comercialidade, o Direito material português considera comerciais as sociedades que tenham por objecto a prática de actos do comércio e adoptem um dos tipos conformados pela lei portuguesa (art. 1.°/2 C. Soc. Com.). Não oferecerá grande dúvida que a adopção de um dos tipos conformados pela lei portuguesa é uma nota de que o conceito relevante para as normas de conflitos prescinde. Com efeito, esta exigência é feita no pressuposto que a sociedade está submetida à lei portuguesa e levaria a excluir todas as sociedades que, tendo sido constituídas segundo um Direito estrangeiro, não sejam reconduzíveis a um dos tipos conformados pela lei portuguesa[205]. E, no entanto, estas sociedades po-

---

[205] Em sentido convergente, MARQUES DOS SANTOS [1987: 254].

dem desenvolver uma actividade que, perante o Direito português, seria considerada comercial, ter adquirido personalidade jurídica segundo o Direito potencialmente aplicável, e ter uma estrutura organizativa que não fica aquém da estabelecida pela lei portuguesa para as sociedades comerciais por ela reguladas. O que justifica plenamente a aplicação do Direito de Conflitos especial das sociedades comerciais.

Será de exigir que o objecto da sociedade seja comercial segundo os critérios estabelecidos para o Direito material português? Ao Direito de Conflitos português não é estranho um conceito muito amplo de comércio. Com efeito, o conceito de comércio internacional utilizado no art. 32.° da Lei da arbitragem voluntária (Lei n.° 31/86, de 29/8, deve ser entendido no sentido de abranger todas as relações económicas privadas internacionais[206]. Mas parece-me que é ir longe de mais considerar como "sociedade comercial" toda aquela que desenvolve uma qualquer actividade económica. Este Direito de Conflitos especial está inserido no Código das Sociedades Comerciais. O sentido literal possível, em função do contexto significativo, só parece abranger as sociedades que desenvolvem uma actividade que, directamente, ou por meio da analogia, seria de qualificar de comercial caso o Direito português material fosse o aplicável.

O que não exclui, porém, uma *extensão analógica* do Direito de Conflitos especial das sociedades comerciais a outras sociedades que, segundo o critério do Direito material português, não têm objecto comercial. Com efeito, o regime especial estabelecido no art. 3.° C. Soc. Com. apresenta-se como ajustado a todas as sociedades que sendo constituídas, como pessoas colectivas, com a intervenção de órgãos públicos, realizam uma actividade económica[207].

Enfim, é de acrescentar que o conceito de sociedade comercial relevante para as normas de conflitos do art. 3.° também deve valer para as normas de Direito material especial contidas neste artigo, bem como no art. 4.°.

Relativamente a este último artigo, creio que se justifica a sua aplicação analógica às sociedades de estatuto pessoal estrangeiro que exerçam actividade por mais de um ano em Portugal, quando não se verifique a

---

[206] Cf. a Exposição de motivos da proposta de Lei n.° 34/IV [*Diário AR* II Série, n.° 83, de 2/7/86].

[207] Nem todos os sistemas estrangeiros colocam o exercício de uma actividade económica como nota essencial do conceito de sociedade.

comercialidade e (ou) a constituição, como pessoas colectivas, mediante a intervenção de órgãos públicos, pressupostas para a sua aplicação directa[208]. Com efeito, os interesses de terceiros carecem de tutela perante quaisquer sociedades que exerçam actividade em Portugal.

BIBLIOGRAFIA

ALMEIDA, PEREIRA DE
1981 – *La société a responsabilité limitée en droit portugais et sa réforme*, s.l.
ASCENSÃO, José de OLIVEIRA
1993 – *Direito Comercial*, vol. IV – *Sociedades Comerciais*, Lisboa.
BALLARINO, Tito
1993 – "La Convenzione di Roma del 1980 sulle obbligazioni contrattuali e le società commerciali", *Rivista del notariato* 47: 1-14.
1994 – "La società per azioni nella disciplina internazionalprivatisca", *in Trattato delle società per azioni*, org. por G. COLOMBO e G. PORTALE, vol. IX/1, 1-212.
1996 – *Diritto internazionale privato*, 2.ª ed., Milão.
BATIFFOL, Henri
1938 – *Les conflits de lois en matière de contrats*, Paris.
BATIFFOL, Henri e Paul LAGARDE
1983/1993 – *Droit international privé*, vol. I – 8.ª ed., vol. II – 7.ª ed., Paris.
BEHRENS, Peter
1986 – "Identitätswahrende Sitzverlegung einer Kapitalgesellschaft von Luxemburg in die Bundesrepublik Deutschland", *RIW* 32: 590-594.
1989 – "Die grenzüberschreitende Sitzverlegung von Gesellschaften in der EWG", *IPRax* 354-361.
1997 – "Internationales Gesellschaftsrecht und Fremdenrecht", *in Gesellschaft mit beschränkter Haftung im internationalen und europäischen Recht*, 1-53, org. por Peter BEHRENS, 2.ª ed., Berlim e Nova Iorque, 1997.
BEIRÃO, Francisco VEIGA
1912 – *Direito commercial portuguez*, Coimbra.
BEITZKE, Günther
1938 – *Juristische Personen im Internationalprivatrecht und Fremdenrecht*.
1972 – "Kollisionsrecht von Gesellschaften und juristischen Personen", *in Vorschläge und Gutachten zur Reform des deutschen und internationalen Personen- und Sachenrechts*, 94-136, Tubinga.
BOGGIANO, Antonio
1985 – *Sociedades y Grupos Multinacionales*, Buenos Aires.

---

[208] O que naturalmente exigirá adaptações em alguns dos preceitos do C. Reg. Com. com que se conjuga.

BROGGINI, Gerardo

1990 – "Regole societaria del nuovo diritto internazionale privato suizzero", *in FS Mario PEDRAZZINI*, 263-285, Berna.

1992 – "Sulle società nel diritto internazionale privato", *Riv. Dir. Int.* 75: 30-40.

BUXBAUM, Richard

1987 – "The Origins of the American 'Internal Affairs' Rule in the Corporate Conflict of Laws", *in FS Gerhahd KEGEL II*, 75-93, Estugarda et. al.

CARAVACA, Alfonso CALVO

1995 – "Personas Jurídicas", *in* Julio GONZALEZ CAMPOS et al. (org.), *Derecho Internacional Privado. Parte Especial*, 84-97, 6.ª ed., Madrid.

CHESHIRE, G., P. NORTH e J. FAWCETT

1992 – *Cheshire and North's Private International Law*, 12.ª ed. Londres.

COLLAÇO, ISABEL DE MAGALHÃES

1963 – *Direito Internacional Privado*, vol. III (Lições proferidas ao 5.º ano jurídico de 1958-1959, actualizadas por Lucas Filipe da Cruz), Lisboa.

1968 – *Direito Internacional Privado. O regime da devolução no Código Civil de 1966* (Lições proferidas ao 5.º ano jurídico de 1967-1968), Lisboa.

1971 – *Direito Internacional Privado*, parte II – "Sistema de normas de conflitos portuguesas", t. I – "Direito das pessoas. § 2.º Pessoas Colectivas" (Lições proferidas ao 5.º ano jurídico de 1970-1971. Apontamentos de alunos), Lisboa.

CORREIA, A. FERRER

1963 – *Lições de Direito Internacional Privado*, Coimbra.

1973 – *Lições de Direito Internacional Privado*, Coimbra.

1975 – *Lições de Direito Internacional Privado. Aditamentos. Nacionalidade. Lei reguladora do estatuto pessoal*, Coimbra.

1987/1988 – "O Direito Internacional Privado Português e o princípio da Igualdade", *RLJ* (1987/1988) n.os 3755 e segs.

COSTA, Manuel FERNANDES

1984 – "Da nacionalidade das sociedades comerciais", *BFDC Supl.* 27: 1-223.

DE MOTT, Deborah

1985 – "Perspectives on Choice of Law for Corporate Internal Affairs", *Law and Contemporary Problems*, 48 n.° 3: 161-198.

Dicey and Morris on the Conflict of Laws

1993 – 12.ª ed. por Lawrence COLLINS (ed. geral), Trevor HARTLEY, J. MCCLEAN, C. MORSE e J. MORRIS, Londres.

DOLINGER, Jacob

1996 – *Direito Internacional Privado (Parte Geral)*, 4.ª ed., Rio de Janeiro.

DROBNIG, Ulrich

1967 – "Kritische Bemerkungen zum Vorentwurf eines EWG-Übereikommens über die Anerkennung von Gesellschaften", *RabelsZ.* 129: 93-120.

DUTOIT, Bernard

1997 – *Commentaire de la loi fédérale du 18 décembre 1997*, 2.ª ed., Basileia e Francoforte-sobre-o-Meno.

EBENROTH, Carsten

Ver Münchener Kommentar zum Bürgerlichen Gesetzbuch.

EBENROTH, Carsten e Achim SURA

1979 – "Das Problem der Anerkennung im internationalen Gesellschaftsrecht", *RabelsZ* 43: 315-345.

EIDENMÜLLER, Horst e Gebhard REHM

1997 – "Gesellschafts- und zivilrechtliche Folgeprobleme der Sitztheorie", *ZGR*: 89--114.

FERREIRA, Vasco TABORDA

1957 – *Sistema do Direito Internacional Privado segundo a Lei e a Jurisprudência*, Lisboa.

FIKENTSCHER, Wolfgang

1957 – "Probleme des internationalen Gesellschaftsrechts", *Monatsschrift für Deutsches Recht*: 71-75.

GAUDEMET-TALLON, Hélène

1981 – "Le nouveau droit international privé européen des contrats (Commentaire de la convention C.E.E. n.° 80/934 sur la loi applicable aux obligations contractuelles, ouverte à la signature à Rome le 19 juin 1980", *Rev. trim. dr. eur.* 17: 215--285.

GHANDCHI, Jasmin

1991 – *Der Geltungsbereich des Art. 159 IPRG. Haftung für ausländische Gesellschaften*, Zurique.

GIULIANO, Mario e Paul LAGARDE

1980 – "Rapport concernant la convention sur la loi applicable aux obligations contractuelles", *JOCE* C 282, 31/10.

GIULIANO, Mario, Paul LAGARDE e Th. VAN YSSELT

1972 – "Rapport concernant l'avant-projet de convention sur la loi applicable aux obligations contractuelles et non-contractuelles", *in* LANDO – HOFFMANN – SIEHR LANDO (orgs.) – *European Private International Law of Obligations*, 241-314, Tubinga.

GOLDMAN, Berthold, Antoine LYON-CAEN e Louis VOGEL

1994 – *Droit commercial européen*, 5.ª ed., Paris.

GOLDSMITH III, Jack

1989 – "Interest Analysis Applied to Corporations: the Unprincipled Use of Choice of Law Method", *Yale Law Journal* 98: 597-616.

GONÇALVES, Luiz da CUNHA

1914 – *Comentário ao Código Comercial Português*, vol. I, Lisboa.

GRASMANN, Günther

1970 – *System des internationalen Gesellschaftsrechts. Aussen- und Innenstatut der Gesellschaften im internationalen Privatrecht*, Berlin.

GROBFELD, Bernhard

1967 – "Die Anerkennung der Rectsfähigkeit juristischer Personen", *RabelsZ.* 31: 1-50.

1986 – *Internationales Unternehmensrecht. Das Organisationsrecht transnationaler Unternhemen*, Heidelberga.

1993 – "Internationales Gesellschaftsrecht" *im J. von Staudingers Kommentar zum Bürgerlichen Gesetzbuch*, redigido por Jan KROPHOLLER, 13.ª ed., Berlim.

GROßFELD, Bernhard e Thomas KÖNIG
1991 – "Identitätswahrende Sitzverlegung in der Europäischen Gemeinschaft", *IPRax* 11: 380-382.
1992 – "Das Internationale Gesellschaftsrecht in der Europäischen Gemeinschaft", *RIW* 38: 433-440.

HEINI Anton
1984 – "Zu einem Urteil des Schweizerischen Bundesgerichtes über das Personalstatut ausländischer juristischer Personen (Ungültigkeit einer liechtensteinischen Stiftung)", *IPRax* 4: 166-168.
1992 – "Zum neuesten Urteil des Schweizerischen Bundesgerichtes über das Personalstatut ausländischer juristischer Personen", *IPRax* 12: 405-406.

HENN, Harry e John ALEXANDER
1983 – *Laws of corporations and other business enterprises*, 3.ª. ed., St. Paul., Minn.

KAYE, Peter
1992 – *The New Private International Law of Contract of the European Community*, Aldershot et al.

KEGEL, Gerhard
1995 – *Internationales Privatrecht – ein Studienbuch*, 7.ª ed., Munique.

KOPPENSTEINER, Hans-Georg
1971 – *Internationale Unternehmen im deutschen Gesellschaftsrecht*, Francoforte-sobre-o-Meno.

KÖTZ, Hein
1965 – "Zur Anerkennung der Rechtsfähigkeit nach liechtensteinischem Recht gegründeter juristischer Personen", *GmbH – Rundschau* 56: 69-70.

KOZYRIS, P.
1985 – "Corporate Wars and Choice of Law", *Duke L. J.*: 1-99.
1995 – "Conflict-of-Laws Aspects of the New American Business Entity: The Limited Liability Company", *Am. J. Comp. L.* 43: 417-425.

KOZYRIS, P. e Syméon SYMEONIDES
1990 – "Choice of Law in the American Courts in 1989: An Overview", *Am. J. Comp. L.* 38: 601-651.

KROPHOLLER, Jan
1997 – *Internationales Privatrecht*, 3.ª ed., Tubinga.

LAGARDE, Paul
1991 – "Le nouveau droit international privé des contrats après l'entrée en vigueur de la Convention de Rome du 19 juin 1980", *R. crit.* 80: 287-340.

LEFLAR, Robert, Luther MCDOUGAL III e Robert FELIX
1986 – *American Conflicts Law*, 4.ª. ed., Charlottesville, Virginia.

LATTY, Elvin
1955 – "Pseudo-foreign Corporations", *The Yale Law Journal* 65: 137-173.

LOUSSOUARN, Yvon
1959 – "La condition des personnes morales en droit international privé", *RCADI* 96: 447-552.

LOUSSOUARN, Yvon e Michel TROCHU
1997 – "Conflits de lois en matière de sociétés", *Juris-Classeur de droit international*, vol. IX, Paris.

LÜDERITZ, Alexander
 ver *Soergel Kommentar*
LUTTER, Marcus
 1991 – *Europäisches Unternehmensrecht. Grundlagen, Stand und Entwicklung nebst Texten und Materialien zur Rechtsangleichung*, 3.ª ed., Berlim e Nova Iorque.
MACHADO, J. BAPTISTA
 1982 – *Lições de Direito Internacional Privado* (apontamentos das aulas teóricas do ano lectivo de 1971-1972 na Faculdade de Direito de Coimbra), 2.ª ed., Coimbra.
MAGALHÃES, J. BARBOSA DE
 1932 – "La nationalité des societès de commerce d'après la législation portugaise", *Gazeta da Relação de Lisboa* 46: 145-158.
MANN, Frederick
 1952 – "Zum Problem der Staatsangehörigkeit der juristischen Person", *Beiträge zum Internationalen Privatrecht* (1976), 55-69.
MAYER, Pierre
 1994 – *Droit international privé*, 5.ª ed., Paris.
MAYSON, Stephen, Derek FRENCH e Christopher RYAN
 1988 – *Company Law*, Londres.
MONACO, Riccardo
 1991 – "Problèmes du droit international privé des sociétés", *in Droit international et droit communautaire. Actes du colloque. Paris 5 et 6 avril 1990* (Fundação Calouste Gulbenkian, Centro Cultural Português), 175-185, Paris.
Münchener Kommentar zum Bürgerlichen Gesetzbuch
 1990 – 2.ª ed., vol. VII – *EGBGB – IPR*, "Nach Art. 10" por Carsten EBENROTH.
NEUHAUS, Paul
 1976 – *Die Grundbegriffe des internationalen Privatrechts*, 2.ª ed., Tubinga.
NIBOYET, J.-P.
 1938 – *Traité de droit international privé français*, vol. II, Paris.
NOBEL, Peter
 1987 – "Zum Internationalen Gesellschaftsrecht im IPR-Gesetz", *in FS Rudolf Moser*, 179-191.
PINHEIRO, Luís de LIMA
 1998 – *Contrato de Empreendimento Comum (Joint Venture) em Direito Internacional Privado*, Lisboa.
RABEL, Ernst e Ulrich DROBNIG
 1960 – *The Conflict of Laws. A Comparative Study*, vol. II, 2.ª. ed. por Ulrich DROBNIG, Ann Arbor.
RAMOS, Rui MOURA
 1987a – *Aspectos recentes do Direito Internacional Privado português* (Sep. Est. AFONSO RODRIGUES QUEIRÓ – BFDC 1986, Coimbra.
 1987b – "O artigo 4.° do Código das Sociedades Comerciais revisitado", *RDE* 13: 343-359.
 1991 – *Da Lei Aplicável ao Contrato de Trabalho Internacional*, Coimbra.
REESE, Willis
 1982 – "American Choice of Law", *Am. J. Comp. L.* 30: 135-146.

REESE, Willis, Maurice ROSENBERG e Peter HAY
1990 – *Cases and Materials on Conflict of Laws*, 9.ª ed., Westbury, Nova Iorque.

REYMOND, PHILIPPE
1989 – "Les personnes morales et sociétés dans le nouveau droit international privé suisse", *in Le nouveau droit international privé suisse* (CEDIDAC n.° 9), 143-207, Lausana.

RIGAUX, François
1989 – "Les situations juridiques individuelles dans un système de relativité générale", *RCADI* 213: 7-407.

RIGAUX, François e Marc FALLON
1993 – *Droit international privé*, vol. II, 2.ª ed., Bruxelas.

ROOIJ, René van e Maurice POLAK
1987/1995 – *Private International Law in the Netherlands*, A Haia, Londres e Boston.

SANDROCK, Otto
1978 – "Multinational Corporations and International Civil Law", *in International-rechtliche Probleme multinationaler Korporationen* (Berichte der Deutschen Gesellschaft für Völkerrecht, 18), 169-254.
1979 – "Die Konkretisierung der Überlagerungstheorie in einigen zentralen Einzelfragen. Ein Beitrag zum internationalen Einzelfragen", *in FS Günther BEITZKE*, 669-696, Berlin e Nova Iorque.

SANTA MARIA, Alberto
1970 – *Le società nel diritto internazionale privato*, Milão.
1990 – "Società (dir. internaz.)", *in Enc. dir.*, vol. XLII.
1995 – " Riforma del sistema italiano di diritto internazionale privato. Capo III. Persone giuridiche. Articolo 25", *RDIPP* 31: 907-1279.
1997 – "Spunti di riflessione sulla nuova norma di diritto internazionale privato in materia di società e altri enti", *in Studi Gerardo Broggini*, 473-483.

SANTOS, António MARQUES DOS
1985 – *Algumas reflexões sobre a nacionalidade das sociedades em Direito Internacional Privado e em Direito Internacional Público*, Coimbra.
1987 – *Direito Internacional Privado. Sumários,* 2.ª ed., Lisboa.

SCOLES, Eugene e Peter HAY
1992 – *Conflict of Laws*, 2.ª ed., St. Paul, Minn.

Soergel Kommentar zum Bürgerlichen Gesetzbuch
1996 – vol. X – *Einführungsgesetz*, redacção científica por Gerhard KEGEL, colaboração de Gerhard KEGEL e Alexander LÜDERITZ, 12.ª ed., Estugarda.

TAVARES, JOSÉ
1924 – *Sociedades e Empresas Comerciais*, 2.ª ed., Coimbra.

VALLADÃO, Haroldo
1980 – *Direito Internacional Privado*, vol. I, 5.ª ed., Rio de Janeiro.

VAN HECKE, George
1965a – "Les sociétés anonymes en droit international privé. Rapport provisoire, *in Ann. Inst. dr. int.* 51: 226-243.
1965b – "Les sociétés anonymes en droit international privé. Rapport défintif", *in Ann. Inst. dr. int.* 51: 312-318.

VASCONCELOS, Pedro PAIS DE

1989 – "Estatuto pessoal das sociedades comerciais", *in Estruturas jurídicas da empresa*, 37-55, Lisboa.

VAZ, ISABEL

1988 – "Da vigência das normas de conflitos contidas no Código Comercial após a entrada em vigor do Código Civil de 1966", *in As Operações Comerciais*, org. por OLIVEIRA ASCENSÃO, 125-182.

VENTURA, Raúl

1977 – "A sede da sociedade, no direito interno e no direito internacional privado português", *Scientia Iuridica* 26 (1977) 345-361 e 462-509.

VENTURINI, Giancarlo

1956 – *Diritto Internazionale Privato – Diritti Reali ed Obbligazioni*, Pádua.

VILLELA, Álvaro MACHADO

1921/1922 – *Tratado Elementar de Direito Internacional Privado*, Coimbra.

VISCHER, Frank

1960 – "Bemerkungen zur Aktiengesellschaft im Internationalen Privatrecht", *in Schw. Yb. Int. Recht* 17: 49-74.

1977 – "Die Wandlung des Gesellschaftsrechts zu einem Unternehmensrecht und die Konsequenzen für das Internationale Privatrecht", *in FS Frederick MANN*, 639-653.

1993 – "10. Kapitel: Gesellschaftsrecht", *in IPRG Kommentar*, Zurique.

VISCHER, Frank e A. VON PLANTA

1982 – *Internationales Privatrecht*, 2.ª ed., Basileia.

VITTA, Edoardo

1972/1975 – *Diritto internazionale privato*, vol. I – 1972, vol. II – 1973, vol. III – 1975, Turim.

WIEDEMANN, Herbert

1980 – *Gesellschaftsrecht*, vol. I – *Grundlagen*, Munique.

ZIMMER, Daniel

1995 – *Internationales Gesellschaftsrect. Das Kollisionsrecht der Gesellschaften und sein Verhältnis zum Internationalen Kapitalmarktreht und zum Internationalen Unternehmensrecht*, Heidelberga.

CONTRATOS DE ESTADO[*]

INTRODUÇÃO

Entende-se geralmente por contrato de Estado um contrato celebrado entre um Estado ou ente público autónomo e um nacional de outro Estado.

Na minha dissertação sobre o "Contrato de Empreendimento Comum (*joint venture*) em Direito Internacional Privado" tive ocasião de examinar alguns pontos que, directa ou indirectamente, dizem respeito à temática dos contratos de Estado.

Nesta dissertação tratava-se de estudar o regime internacional privatístico de uma modalidade contratual (contrato de empreendimento comum) que tanto pode ser celebrada entre particulares, como entre um sujeito público e um particular ou mesmo entre sujeitos públicos.

O primeiro ponto que examinei foi o da delimitação dos contratos regulados pelo Direito Internacional Privado pelo que toca ao seu carácter "privado". Esta indagação depressa revelou que o conceito de "contrato privado" relevante para a delimitação do âmbito de aplicação do Direito Internacional Privado português é autónomo relativamente ao conceito de "contrato privado" de Direito material interno. Certos contratos internacionais que são conformados primariamente por Direito público podem ser, para este efeito, "contratos privados". Adiante procurarei esclarecer melhor esta afirmação.

Por agora importa observar que o problema da determinação do Direito aplicável ao contrato também se pode colocar relativamente a contratos internacionais celebrados por sujeitos públicos. E isto mesmo que este contrato se encontre submetido a um regime de Direito público na ordem jurídica do Estado ou ente público autónomo contratante. Seria

---

[*] Texto da comunicação feita no Curso de Pós-Graduação sobre contratos internacionais da Faculdade de Direito de Lisboa, em 16 de Dezembro de 2002.

106   *Estudos de Direito Internacional Privado*

errado supor que o contrato, por este facto, se encontra necessariamente submetido à ordem jurídica deste Estado. Como veremos, existe pelo menos em certos casos a possibilidade de o contrato ser regulado pelo Direito de outro Estado, pelo Direito Internacional Público ou por Direito autónomo do comércio internacional.

A minha intervenção centrar-se-á precisamente sobre a questão de saber quando é que um contrato celebrado por um sujeito público coloca um problema de determinação do Direito aplicável e, sendo o caso, como se procede a esta determinação.

Mas o exame destas questões implica a abordagem de outros problemas suscitados pelos contratos de Estado, designadamente problemas relativos à jurisdição e à arbitragem.

Devo no entanto fazer duas advertências.

Em primeiro lugar, sou um internacionalprivatista e não um administrativista. Procurarei retirar algo de útil da indagação que fiz na perspectiva do Direito Internacional Privado, mas não pretendo ser conclusivo em questões que têm a ver com a aplicação no espaço do Direito público. Estas questões dizem essencialmente respeito aos juspublicistas e a uma área jurídica que se tem designado por Direito Público Internacional. É uma área muito pouco estudada entre nós, salvo em algumas áreas específicas, como é o caso do Direito Fiscal Internacional e do Direito Penal Internacional.

A última palavra sobre as questões de aplicação no espaço do Direito público deve ser dada por um estudo aprofundado de Direito Público Internacional que não me proponho realizar.

A segunda advertência diz respeito às características do terreno que vamos pisar: é um terreno que não só está na transição entre diferentes ramos do Direito, como também se apresenta bastante movediço. Há pontos essenciais que são controversos ou se encontram mal esclarecidos. Por conseguinte, por vezes, mais do que apresentar respostas definitivas, procurarei equacionar correctamente os problemas e fornecer algumas pistas para a sua solução.

Para o tratamento deste tema é importante a definição da ordem jurídica que se toma por referência.

Há, pelo menos, duas ordens jurídicas em presença. A ordem jurídica do sujeito público interveniente no contrato e a ordem jurídica do Estado a que a outra parte está ligada.

A questão de saber se o contrato coloca um problema de determinação do Direito aplicável tem que ser examinada, separadamente, perante cada uma destas ordens jurídicas.

Além disso, como veremos, há contratos, celebrados entre Estados ou entes públicos autónomos e nacionais de outros Estados, que relevam na ordem jurídica internacional. Neste caso a ordem jurídica de referência é a ordem jurídica internacional.

No que se refere à ordem jurídica estadual, tomarei por base o Direito português. Razão por que importa considerar estas duas situações: quando o contrato é celebrado por um sujeito público português com uma sociedade sedeada no estrangeiro e quando o contrato é celebrado por uma sociedade sedeada em Portugal com um sujeito público estrangeiro.

Enfim, centrarei a presente indagação nos casos em que o contrato *é celebrado entre um Estado ou um seu ente público autónomo e uma sociedade com sede da administração noutro Estado, e está submetido a um regime de Direito público (ou algo de equivalente) na ordem jurídica do Estado envolvido.*

I. QUANDO É QUE UM CONTRATO CELEBRADO PELO ESTADO OU POR UM ENTE PÚBLICO AUTÓNOMO COLOCA UM PROBLEMA DE DETERMINAÇÃO DO DIREITO APLICÁVEL?

Durante muito tempo o pensamento sobre estes problemas foi influenciado pelo dogma da *absoluta* territorialidade do Direito público.

O Direito público seria territorial pelo que toca aos seus órgãos de aplicação: os órgãos de aplicação de um Estado só aplicariam o Direito público interno.

O Direito público também seria territorial no que concerne às situações com elementos de estraneidade abrangidas: o Direito público só se aplicaria às situações ligadas ao território do Estado de onde emana por um laço de carácter espacial.

Perante este dogma não se colocavam problemas de aplicação no espaço do Direito público.

Com este dogma relacionava-se uma *concepção absoluta da imunidade de jurisdição.* Um Estado não poderia ser accionado nos tribunais de outro Estado, salvo em casos verdadeiramente excepcionais.

Um Estado também não poderia actuar em tribunais de outro Estado pretensões fundadas no Direito público.

De onde resultava que os litígios emergentes de um contrato celebrado por um Estado ao abrigo do seu Direito público só podiam ser apreciados pelos tribunais deste Estado. E estes tribunais aplicavam necessariamente o Direito público interno.

Por conseguinte, estes contratos, ainda que celebrados com um estrangeiro ou residente no estrangeiro não colocavam um problema de determinação do Direito aplicável.

Mas além dos limites ao territorialismo que, porventura, sempre existiram e foram sendo progressivamente alargados, encontra-se hoje definitivamente superado este dogma.

Em Direito Internacional Privado admite-se hoje que, em princípio, não há impedimento à aplicação do Direito público, vigente na ordem jurídica estrangeira designada pela norma de conflitos, que seja aplicável à situação transnacional[1].

Também se registou uma evolução no que toca ao entendimento da imunidade de jurisdição e da admissibilidade de pretensões de Estados estrangeiros.

A *imunidade jurisdicional* baseia-se no costume internacional e, por conseguinte, os órgãos legislativos e judiciais estaduais têm de o estabelecer e interpretar para a solução dos casos concretos.

Na realização desta tarefa as diferentes jurisdições nacionais têm alcançado resultados profundamente divergentes.

A tendência dominante, que se manifesta nas legislações e jurisprudências estaduais, vai no sentido de uma concepção restritiva da imunidade, que a limita aos actos soberanos, praticados *iure imperii*[2]. Perante

---

[1] Cf. Resolução do *Instituto de Direito Internacional* sobre a aplicação do Direito público estrangeiro (Wiesbaden, 1975) e respectivos trabalhos preparatórios publicados no *Ann. Inst. dr. int.* [56 (1975) 157 e segs.], designadamente os relatórios apresentados por PIERRE LALIVE e as observações feitas por BATIFFOL, BINDSCHEDLER, CASTBERG, FRANCESCAKIS, GOLDMAN, GRAVESON, KAHN-FREUND, MIAJA DE LA MUELA, SEIDL-HOHENVELDERN e WENGLER. Em geral, sobre este tema, ver ISABEL DE MAGALHÃES COLLAÇO – *Direito Internacional Privado* (Liçoes proferidas ao 5.° ano jurídico de 1958-1959), Lisboa, vol. I, 1958, 54 e segs.; Ole LANDO – "The Conflict of Laws of Contracts. General Principles", *RCADI* 189 (1984) 223-447, 403 e segs.; MOURA RAMOS – *Da Lei Aplicável ao Contrato de Trabalho Internacional*, Coimbra, 1991, 307 e seg. n. 471; MARQUES DOS SANTOS – *As Normas de Aplicação Imediata no Direito Internacional Privado. Esboço de Uma Teoria Geral*, 2 vols., Coimbra, 1991, 784 e segs.; FERRER CORREIA – *A Venda Internacional de Objectos de Arte*, Coimbra, 1994, 31; e, LIMA PINHEIRO – *A Venda com Reserva da Propriedade em Direito Internacional Privado*, Lisboa et. al., 1991, 113 e (n. 1) 298 e seg.

[2] Cf. Ian BROWNLIE – *Principles of Public International Law*, 4.ª ed., Oxford, 1990, 327 e seg., com extensas referências legislativas e jurisprudenciais [n. 24] e NGUYEN QUOC

esta concepção os Estados não gozam de imunidade por actos de natureza comercial ou privada, praticados *iure gestionis*. Se um Estado celebra um contrato internacional de natureza privada, nada impede que contra ele sejam propostas acções, relativas a este contrato, nos tribunais de outro Estado.

Muitos sistemas nacionais continuam, porém, ancorados a uma concepção absoluta.

A jurisprudência portuguesa manteve-se durante muito tempo agarrada a uma concepção absoluta de imunidade, invocando as dificuldes e incertezas suscitadas pelo Direito Internacional na delimitação entre actos *iure imperii* e actos *iure gestionis*[3]. Esta argumentação é equívoca: se não é hoje razoavelmente defensável que a concessão de imunidade com respeito a pretensões que relevem do Direito privado ou comum corresponda a uma obrigação internacional, as dificuldades e incertezas suscitadas pelo Direito Internacional podem quando muito justificar que, em caso de dúvida, se conceda a imunidade (*in dubio pro immunitate*).

A solução retida por esta jurisprudência vem afinal a traduzir-se na atribuição de uma imunidade que não decorre do Direito Internacional Público, sem que, todavia, se apresente um fundamento autónomo para tal solução.

– DAILLIER – PELLET – *Droit international public*, 3.ª ed., Paris, 1987, 405 e segs. Entre nós, o conceito restritivo é acolhido por José BARBOSA DE MAGALHÃES – *Estudos sobre o novo Código de Processo Civil*, vol. II – *Da competência internacional*, Coimbra, 1947, 220; CASTRO MENDES – *Direito Processual Civil*, 3 vols.,Lisboa, 1987, vol. II, 37 e segs., embora considerando que a medida da imunidade de jurisdição dos Estados estrangeiros é um problema em aberto; MARQUES DOS SANTOS (n. 2) 809; e, LIMA PINHEIRO (n. 1) 325.

[3] Com base na doutrina exposta designadamente por MACHADO VILLELA – *Tratado elementar (teórico e prático) de Direito Internacional Privado*, 2 vols., Coimbra, 1921/ /1922, vol. II, 143 e seg., a jurisprudência portuguesa apenas tem excluído a imunidade dos Estados nas acções imobiliárias ou sucessórias (além da renúncia) cf. acs. STJ 9/6/22 [*Gaz. RLx* 38: 86], 14/12/23 [*Gaz. RLx* 38: 91] e 27/2/62 [*BMJ* 114: 447] e, mais recentemente, acs. RPt 5/1/81 [*CJ* (1981-I) 183], RLx 6/7/83 [*CJ* (1983-IV) 193], 9/11/88 [*CJ* (1988-V) 153] e 12/7/89 [*CJ* (1989-IV) 178]. A imunidade de jurisdição foi recusada *a um agente diplomático* com respeito a um contrato de serviço doméstico celebrado no âmbito da sua vida privada pelo ac. STJ 30/1/91 [*BMJ* 403: 267]. Observe-se que, por outro lado, a jurisprudência portuguesa tem entendido que os contratos de trabalho celebrados no âmbito das representações diplomáticas do Estado português estão sujeitos às regras gerais em matéria de competência internacional e de conflitos de leis – cf. acs. RLx 19/6/91 [*CJ* (1991- -III) 220] e 3/6/92 [*CJ* (1992-III) 271], REv. 16/2/93 [*CJ* (1993-I) 293], RLx 10/3/93 [*CJ* (1993-II) 155], STJ 21/4/93 [*Sub Judice* (Abril 1993) 87] e 12/1/94 [*CJ/STJ* (1994-I) 274.

110 Estudos de Direito Internacional Privado

A doutrina portuguesa favorece hoje uma restrição da imunidade segundo as tendências que se têm verificado noutros quadrantes[4]. Em duas decisões recentes do STJ também se regista uma inflexão neste sentido[5]. Mesmo quando se trate de actos *iure imperii*, um Estado pode renunciar à imunidade, expressa ou tacitamente.

Um Estado renuncia à imunidade, designadamente, quando celebre um pacto de jurisdição a favor dos tribunais de outro Estado ou uma convenção de arbitragem. E, em princípio, renuncia tacitamente à imunidade de jurisdição quando convencione a aplicação ao contrato de um Direito diferente do seu.

Assim, pelo menos neste caso o Direito Internacional Público permite que sejam propostas no estrangeiro acções contra o Estado português relativas a um contrato de Direito público por ele celebrado. Inversamente, o Direito Internacional Público permite que sejam propostas em Portugal acções contra um Estado estrangeiro relativas a um contrato que na sua ordem jurídica está submetido a Direito público (ou algo de equivalente).

Mas, na falta de renúncia, um contrato celebrado por um Estado na sua qualidade de ente público estará sempre abrangido pela imunidade de jurisdição?

Parece que não.

A delimitação entre actuação *iure imperii* e *iure gestionis* com respeito aos contratos celebrados pelo Estado e outros entes públicos é justamente um dos pontos que mais dificuldades suscita[6].

E uma vez que o *critério* para qualificar as actividades que relevam do *ius imperii* e do *ius gestionis* é o que, dentro dos parâmetros definidos pelo Direito Internacional, for considerado relevante perante a ordem jurídica estadual de referência, não há coincidência necessária entre os actos que um Estado, enquanto parte contratante, considera relevarem do seu *ius*

---

[4] Cf. *supra* n. 2 e SÉRVULO CORREIA – "Portugals Stellung zur Frage der Startenimmunität", *Archiv des Völkerrechts* 34 (1996) 120-138.

[5] Acs. STJ 11/5/84 [*BMJ* 337: 305] e 4/2/97 [*CJ/STJ*: 87 e *BMJ* 464: 473].

[6] Cp. Georges VAN HECKE – "Nochmals: Der ausländische Staat als Kläger", *IPRax* 12 (1992) 206, para quem se encontra claramente estabelecido que a actividade económica do Estado se encontra fora da esfera de imunidade, e Annie TOUBIANA – "Contrat administratif", in *Rép. dr. int.*, vol. I., 1968 n.os 5 e 6, entendendo que o Estado, enquanto parte de um contrato administrativo, goza de imunidade de jurisdição. Sobre as dificuldades na distinção entre *acta iure imperii* e *iure gestionis*, ver *Ann. Inst. dr. int.* [45-II (1954) 200 e segs. e 289 e segs.; 62-I (1987) 13 e segs.; 62-II e 241 e segs.].

Contratos de Estado 111

imperii e aqueles que, perante a ordem jurídica de outro Estado, gozam de imunidade de jurisdição.

Um razoável consenso, dentro da concepção restritiva da imunidade, verifica-se apenas em torno ao seguinte raciocínio básico: existe um conjunto de actos típicos que são regulados pelo Direito privado ou comum e concomitantemente podem ser praticados por particulares[7]; por conseguinte, estes actos são em geral reconhecidos, com base na experiência jurídica, como "operações comerciais" ou outros actos de "Direito privado"[8].

Os sujeitos públicos não gozam de imunidade perante as pretensões que resultem de actos que apresentam as mesmas notas típicas essenciais, mesmo que se trate de actos que a respectiva ordem jurídica submete a Direito público.

Assim, um contrato, que apesar de submetido pelo Direito do Estado contratante a Direito público, corresponda a um tipo contratual regulado pelo Direito privado ou comum, será considerado como um acto *iure gestionis*. É o que normalmente se verifica com os contratos em que o particular é colocado numa posição paritária relativamente à Administração[9].

---

[7] A Convenção Europeia sobre a Imunidade dos Estados (Basileia, 1972), está internacionalmente em vigor desde 11/6/76, mas não foi ainda ratificada por Portugal. Nos termos do art. 7.°, o Estado não goza de imunidade quando se dedica, no território do Estado do foro, a uma actividade industrial, comercial ou financeira "do mesmo modo que uma pessoa privada". O campo de aplicação da Convenção é demasiado restrito, porque se exige uma ligação "institucional" com o território do Estado do foro (uma delegação, agência ou estabelecimento), de onde se deduz a insuficiência de operações comerciais ocasionais. Em 1985, constituiu-se o "Tribunal europeu em matéria de imunidade de Estados", previsto num protocolo adicional, com a missão de interpretar autenticamente a Convenção – ver Aldo FRIGNANI – *Il contratto internazionale*, in *Trattato di diritto commerciale*, org. por GALGANO, vol. XII, Pádua, 1990, 61 e segs.

[8] Cf. BROWNLIE – "Contemporary problems concerning the jurisdictional immunity of States. Definitive Report", *Ann. Inst. dr. int.* 62-I (1987) 45-97, 72 e segs.; Id. (n. 3) 332 e segs., bem como referências legislativas e jurisprudenciais aí indicadas e Haimo SCHACK – *Internationales Zivilverfahrensrecht*, 2.ª ed., Munique, 1996, 59.

[9] Cf. o art. 6.°/1 da supracit. Convenção Europeia e o art. 2.°/1 e 2.°/2/b da Resolução do *Instituto de Direito Internacional* sobre os aspectos recentes da imunidade de jurisdição e execução dos Estados (Basileia, 1991). Esta Resolução vai mais longe, e considera como critérios indicativos de exclusão da imunidade, entre outros casos, a imunidade com respeito aos litígios resultantes de "relações a que a lei foro não atribui um 'carácter de Direito privado', mas que assentam, porém, sobre elementos de boa fé e confiança (segurança jurídica) sob o regime do Direito local" (d), a gestão do património de uma sociedade

Resta saber se todos os contratos que envolvem a subordinação do particular serão abrangidos, na falta de renúncia, pela imunidade de jurisdição.

Sem dúvida que do ponto de vista das competências do Estado na esfera interna o estabelecimento de um relação de subordinação exprime uma actuação *iure imperii*. Mas com respeito a contratos internacionais há outros aspectos a ter em conta com vista a apurar se o sujeito público actua ou não "soberanamente". Assim, e no que concerne à imunidade de jurisdição, importa igualmente atender à confiança que as partes tenham depositado na susceptibilidade de recorrer aos tribunais locais[10]. Podem ainda cobrar relevância outras circunstâncias, que exteriorizem por parte do Estado a vontade de colocar o particular com ele contratante numa posição de igualdade e, designadamente, de o subtrair às suas competências na esfera interna ou de as limitar com respeito à relação em causa.

---

em curso de dissolução ou de liquidação (f), o poder de controlo do Estado do foro no quadro de convenções de arbitragem celebradas entre um Estado estrangeiro e uma pessoa singular ou colectiva (g). O critério referido na al. d) destina-se a abranger relações que, embora assumam carácter público perante o Direito material interno, têm carácter paritário e são estabelecidas contando com o recurso à jurisdição local; na al. g), tem-se em vista o controlo de arbitragens que se realizem no território de um Estado por parte dos seus tribunais, ainda que se trate de uma arbitragem entre um Estado e um nacional de outro Estado – cf. BROWNLIE (n. 9) 67, 76 e 82 e seg., seguindo a posição crítica que MANN tomou relativamente à decisão arbitral no caso *Saudi Arabia* v. *Arabian American Oil Company* (1958).

Perante a Convenção, são excluídos da imunidade os organismos ou empresas públicas, salvo se agirem no âmbito de um poder soberano (art. 24.°). Segundo a Resolução do *Instituto de Direito Internacional*, a circunstância de um ente estadual ou de uma subdivisão política de um Estado dispor de personalidade jurídica própria segundo a lei deste Estado não exclui por si a imunidade pelo que toca às suas actividades (art. 3.°/2), embora, no caso das empresas públicas, não seja frequente que gozem de imunidade por não actuarem "soberanamente" no desenvolvimento das suas actividades – sobre as dificuldades e divergências que a este respeito se suscitam ver BROWNLIE (n. 9) 85 e segs.] e F. A. MANN – "State Corporations in International Relations", *in Further Studies in International Law* (1990), 199-216, 1987, 202 e segs. Mais categoricamente, Ignaz SEIDL-HOHENVELDERN – *International Economic Law*, Dordrecht, Boston e Londres, 1989, 112 e SCHACK (n. 9) 61 e segs., consideram supérflua, em matéria de imunidade, a distinção entre o Estado e as empresas públicas autónomas. Cp., a favor de um diferenciação, Wolfgang PETER – *Arbitration and Renegotiation of International Investment Agreements*, Dordrecht, Boston e Lancaster, 1986, 28.

[10] Ver art. 2.°/2/h da Resolução do *Instituto de Direito Internacional* sobre os aspectos recentes da imunidade de jurisdição e execução dos Estados.

Em suma, pode partir-se do princípio que:

– um Estado não goza de imunidade de jurisdição com respeito aos contratos que correspondam a tipos contratuais geralmente regulados pelo Direito privado ou comum;
– um Estado pode gozar de imunidade de jurisdição com respeito a outros contratos regidos pelo seu Direito público, mas há que ter em conta o conjunto das circunstâncias do caso, designadamente as cláusulas do contrato e o conteúdo concreto do pedido.

Tome-se agora o exemplo do contrato de empreitada de obras públicas. Este contrato é regulado no Direito português pelo DL n.° 59/99, de 2/3, modificado pela L n.° 163/99, de 14/9 e pelo DL n.° 159/2000, de 27/7. Deste regime decorre que a Administração goza de poderes de autoridade: designadamente de modificação unilateral do conteúdo das prestações, de direcção da execução e de fiscalização. O art. 94.°/2/e/vi estabelece que não são admitidas, no concurso para a adjudicação da empreitada, as propostas que não contenham a declaração de renúncia a foro especial e submissão à lei portuguesa, prevista nos modelos anexos.

O contrato de empreitada é um tipo contratual regulado pelo Direito comum. Mas o regime da empreitada de obras públicas exorbita claramente do Direito comum.

Como conciliar estes dois aspectos?

Na falta de outras indicações, creio que se deveria distinguir entre pretensões que se relacionam com o exercício de poderes de autoridade e as pretensões de conteúdo e fundamento semelhante às que sem hesitação qualificaríamos de jurídico-privadas.

O Estado português gozaria de imunidade de jurisdição quanto às primeiras mas não quanto às segundas.

Mas a declaração exigida aos concorrentes estrangeiros de "renúncia a foro especial" e de submissão à lei portuguesa fornece uma indicação suplementar sobre a inserção do contrato na ordem jurídica portuguesa. Daí que me pareça de entender que o Estado português goza de imunidade de jurisdição quanto a quaisquer acções relativas a este contrato, quando essa declaração seja feita.

Ressalve-se a possibilidade de ser celebrada uma convenção de arbitragem, possibilidade que será examinada ulteriormente.

Por outro lado, isto não significa que um Estado estrangeiro goze necessariamente de imunidade de jurisdição perante os tribunais portugueses com respeito a um contrato de empreitada que tenha celebrado com uma sociedade sedeada em Portugal.

Há grandes divergências entre os sistemas nacionais quanto à conformação dos contratos celebrados pela Administração, havendo sistemas em que estes contratos estão, em princípio submetidos ao Direito comum[11]. É necessário examinar o regime aplicável ao contrato na ordem jurídica do Estado contratante, as cláusulas do contrato e o disposto sobre a jurisdição e o Direito aplicável.

A imunidade de jurisdição é apenas um dos aspectos do problema. Importa igualmente atender à *admissibilidade de pretensões formuladas por Estados estrangeiros com fundamento no seu Direito público.*

Também aqui se regista uma vincada diferença de opiniões.

Na impossibilidade de expor aqui as teses em confronto limitar-me-ei a enunciar a posição que considero preferível.

Em minha opinião, a ordem jurídica de um Estado é inteiramente livre de decidir se tutela ou não juridicamente a pretensão de um Estado estrangeiro fundada no seu Direito público[12].

Naturalmente que a ordem jurídica de um Estado não admitirá um pedido que, pelos efeitos que queira ver fixados nesta ordem jurídica, ponha em causa a sua soberania; ou quando estes efeitos sejam simplesmente adversos aos interesses a cargo do Estado local, designadamente quando o pedido se fundamente em normas que visam proteger interesses públicos do Estado estrangeiro ou defender interesses privados dos seus súbditos, perante interesses estrangeiros.

Mas frequentemente as pretensões que um Estado estrangeiro tenta actuar judicialmente nos tribunais locais parecem relativamente inofensivas para os interesses a cargo do Estado local. É o que se verifica, por exemplo, com as pretensões fundadas em contratos celebrados pelo Estado

---

[11] Ver LIMA PINHEIRO (n. 1) 292.

[12] Neste sentido, Paul NEUHAUS – "Internationales Zivilprozessrecht und internationales Privatrecht", *RabelsZ.* 20 (1955) 201-269, 212; Rainer FRANK – "Öffentliche Ansprüche fremder Staaten vor inländischen Gerichten", *RabelsZ* 34 (1970) 56-75, 63 e seg.; PIERRE LALIVE – L'application du droit public étranger. Rapport préliminaire", *Ann. Inst. dr. int.* 56 (1975) 157-183, 180 e "L'application du droit public étranger. Rapport définitif", *Ann. Inst. dr. int.* 56 (1975) 219-259, 248 e segs.; Hans BAADE – *Operation of Foreign Public Law, in IECL*, Vol. III, cap. 12, n.º 71; SCHACK (n. 9) 201.

Contratos de Estado 115

estrangeiro com sociedades sedeadas no território do Estado local, quando estas pretensões também pudessem ser actuadas por um particular.

Os limites à actuação nos tribunais de um Estado de certas pretensões formuladas por Estados estrangeiros hão-de decorrer de estas pretensões dizerem respeito a situações ou aspectos de situações que não são, em princípio, objecto de regulação nas ordens jurídicas de outros Estados[13].

O Direito Internacional coloca alguns limites, por difusos e incertos que sejam, à regulação das situações em que estão implicados entes públicos no âmbito de outras ordens jurídicas[14].

Para a determinação destes limites deve estabelecer-se um paralelo com o exposto relativamente à imunidade de jurisdição. Chega-se assim a um critério comum quer para a propositura de acções contra Estados estrangeiros quer para a propositura de acções por Estados estrangeiros.

Claro é que as ordens jurídicas nacionais tanto podem alargar as imunidades de jurisdição concedidas pelo Direito Internacional, como, por motivos especiais, designadamente de solidariedade ou cooperação judi-

---

[13] Ver LIMA PINHEIRO (n. 1) 320, 323 e 332 e segs.

[14] Nas diferentes jurisprudências nacionais, tem-se registado um crescente número de decisões relevantes para a apreciação deste ponto. Ver visão panorâmica apresentada por FRANK VISCHER – "Der ausländischer Staat als Kläger", *IPRax* 11 (1991) 209-215, 209 e seg. Segundo BATIFFOL – LAGARDE – *Droit international privé*, vol. I, 8.ª ed., 1993, 40 e segs., a *Cass.* fr. tem invocado directamente regras de Direito Internacional Público geral, para fundamentar soluções de Direito Internacional Privado, não só com respeito a acções propostas contra Estados estrangeiros, mas também por Estados estrangeiros. Assim, entendeu haver violação do princípio da soberania dos Estados na decisão de uma *Cour d'appel* que se reconheceu competente para conhecer de uma acção de anulação de um processo de execução realizado no estrangeiro (12/5/31 [*Recueil Sirey* 1932: 137]) e fundamentou na mesma base o efeito estritamente territorial das nacionalizações (20/2/79 [*R. crit.* 68 (1979) 803 an. BATIFFOL]). Mais recentemente, a *Cass.* invocou "princípios" ou "regras de Direito Internacional regendo as relações entre Estados" para negar aos tribunais franceses o poder de decidir sobre pretensões de um Estado estrangeiro fundadas sobre o seu Direito público (2/5/90 caso *Rép. de Guatemala* [*R. crit.* (1991) 378 an. AUDIT]) ou dirigidas contra um ex-chefe de Estado (29/5/90 caso Duv*alier* [*R. crit.* (1991) 386 n. BISCHOFF]). Esta última decisão veio anular a decisão da *Cour d'appel d'Aix-en-Provence* (25/4/88) [*Clunet* 105 (1988) 779 e segs.] que considerara ter a pretensão natureza privada e serem as regras de competência *ratione materiae* destinadas a situações internas razão por que não poderiam ser aplicadas sem mais a situações internacionais. A *Cass.* entendeu, porém, que os litígios relativos a relações entre Estados e os seus dirigentes são públicos e não podem ser apreciados pelos tribunais civis, qualquer que seja a natureza dos delitos cometidos.

ciária entre os Estados, admitir pretensões de Estados estrangeiros que sejam relativas a situações excluídas do seu âmbito de regulação[15]. Mas esta possibilidade não requer mais atenção neste contexto, uma vez que o legislador português nada dispôs sobre estas matérias.

Em suma, é admissível que um sujeito público estrangeiro seja autor ou réu em acções propostas em tribunais portugueses por litígios relativos a contrato celebrado com uma sociedade sedeada em Portugal[16]. Os tribunais portugueses não estão vinculados a aplicar a ordem jurídica do sujeito público estrangeiro, mesmo que o contrato esteja, nessa ordem jurídica, submetido a Direito público. Por conseguinte, coloca-se perante os tribunais portugueses, neste caso, um problema de determinação do Direito aplicável ao contrato.

Resta ainda examinar a hipótese de o Estado celebrar uma *convenção de arbitragem* com o particular.

Esta hipótese é admitida na maioria dos principais sistemas jurídicos.

No que toca ao Direito português, o ETAF, aprovado pelo DL n.º 129/84, de 27/4, seguindo a jurisprudência e a doutrina mais influentes, veio determinar no seu art. 2.º/2 que são "admitidos tribunais arbitrais no domínio do contencioso dos contratos administrativos e da responsabilidade civil por prejuízos decorrentes de actos de gestão pública". Também o CPA dispõe, no seu art. 188.º, ser "válida a cláusula pela qual se disponha que devem ser decididas por árbitros as questões que venham a suscitar-se entre as partes num contrato administrativo."

A Lei n.º 13/2002, de 19/2, que aprovou o novo ETAF, não contém preceito semelhante ao do anterior art. 2.º/2[17]. Mas o Código de Processo

---

[15] A Resolução do *Instituto de Direito Internacional* sobre as pretensões fundadas por uma autoridade estrangeira ou por um organismo público estrangeiro em disposições do seu Direito público (Oslo, 1977) prevê a admissibilidade de pretensões cujo objecto seja ligado ao exercício de poder público, quando do ponto de vista do Estado do foro, e tendo em conta o direito do réu a um tratamento equitativo nas suas relações com a autoridade ou organismo que formula a pretensão, tal for justificado pelo objecto particular do pedido, as exigências da solidariedade internacional ou a convergência de interesses dos Estados (art. 1.º/b).

[16] Claro que é necessário que os tribunais portugueses sejam internacionalmente competentes para o caso – ver LIMA PINHEIRO – *Direito Internacional Privado,* vol. III – *Competência Internacional e Reconhecimento de Decisões Estrangeiras,* Almedina, Coimbra, 2002, 17 e segs.

[17] O novo ETAF limita-se a aludir à arbitragem no âmbito do contencioso administrativo, a propósito da competência do Presidente do Tribunal Central Administrativo para

dos Tribunais Administrativos, aprovado pela Lei n.º 15/2002, de 22/2, vem alargar o âmbito da arbitrabilidade em matéria administrativa, que passa a abranger as questões (art. 180.º/1):

– "respeitantes a contratos, incluindo a apreciação de actos administrativos relativos à respectiva execução",

– "de responsabilidade civil extracontratual, incluindo a efectivação do direito de regresso" e

– "relativas a actos administrativos que possam ser revogados sem fundamento na sua invalidade, nos termos da lei substantiva"[18].

A arbitragem voluntária que se realize no território português é regulada pela Lei n.º 31/86, de 29/8, geralmente designada como Lei da Arbitragem Voluntária (art. 37.º). Isto sem prejuízo das adaptações que haja que introduzir neste regime no que se refere a arbitragens relativas ao contencioso administrativo (art. 181.º/1 do Código de Processo dos Tribunais Administrativos)[19].

Será que a permissão de arbitragem no domínio do contencioso administrativo se limita à arbitragem submetida ao regime português da arbitragem voluntária ou abrange a arbitragem a realizar no estrangeiro?

A lei não distingue e eu também não encontro razão para distinguir. Entendo, por isso, que é permitida, neste domínio, a estipulação de arbitragem a realizar no estrangeiro[20].

Quando o Estado ou um ente público autónomo português celebre uma convenção de arbitragem relativa a um contrato celebrado com uma sociedade sedeada no estrangeiro coloca-se, em princípio, um problema de determinação do Direito aplicável.

Com efeito, mesmo que a arbitragem se realize em Portugal, o tribunal arbitral não está, como o tribunal administrativo, vinculado à aplicação do Direito administrativo português.

---

a nomeação de árbitros (art. 36.º/1/c) e da competência da Secção de Contencioso Administrativo do Tribunal Central Administrativo para conhecer dos recursos das decisões proferidas por tribunal arbitral (art. 37.º/b).

[18] Todavia, não "pode ser objecto de compromisso arbitral a responsabilidade civil por prejuízos decorrentes de actos praticados no exercício da função política e legislativa ou da função jurisdicional" (art. 185.º).

[19] Ver arts. 181.º/2 e 186.º do Código de Processo dos Tribunais Administrativos e, antes da sua entrada em vigor, SÉRVULO CORREIA – "A arbitragem voluntária no domínio dos contratos administrativos", in Est. CASTRO MENDES, 227-263, Lisboa, s.d., 254 e segs.

[20] No mesmo sentido SÉRVULO CORREIA (n. 19) 258 e segs.

A determinação do Direito aplicável só não é necessária se as partes estipularem um julgamento segundo a equidade.

Pode observar-se que, em matéria de empreitada de obras públicas o art. 258.º/2 do DL n.º 59/99 estabelece "que os árbitros julgarão sempre segundo a equidade". Esta imposição de um julgamento segundo equidade é bastante estranha.

Retomando o fio da exposição, quando um Estado ou um ente público autónomo estrangeiro se comprometa numa arbitragem a realizar em Portugal, também se coloca, em princípio, um problema de determinação do Direito aplicável.

É ainda de assinalar que, neste segundo caso, por força de um princípio de Direito da Transnacional Arbitragem, o Estado ou ente público estrangeiro não pode contestar a validade da convenção de arbitragem ou a arbitrabilidade do litígio com base no seu Direito interno[21].

---

[21] Segundo o art. 5.º da. Resolução do *Instituto de Direito Internacional* sobre a arbitragem entre Estados, empresas públicas ou entes estaduais e empresas estrangeiras (Santiago de Compostela, 1989), um Estado, empresa ou entidade pública não pode invocar a incapacidade de celebrar uma convenção de arbitragem para recusar a sua participação na arbitragem em que consentiu – ver, sobre este preceito, VON MEHREN – JIMÉNEZ DE ARÉCHAGA "Arbitration between States and Foreign Enterprises. Draft Report", *Ann. Int. dr. int.* 63/I (1989) 100-140, 132 e seg. Aparentemente por o Direito Internacional geral não oferecer critérios para a decisão destas questões, que se revistam do desejável grau de firmeza e previsibilidade, têm sido desenvolvidas soluções especiais ao nível das ordens jurídicas estaduais e do Direito convencional. O art. 2.º/1 da Convenção de Genebra obre Arbitragem Comercial Internacional (1961) estabelece que as "pessoas colectivas de Direito público" têm a faculdade de celebrar validamente convenções de arbitragem. A jurisprudência francesa desenvolveu progressivamente uma regra segundo a qual, na arbitragem comercial internacional, são susceptíveis de arbitragem litígios em que sejam partes pessoas colectivas públicas francesas – cf. acs. *Cass.* proferidos em 2/5/66, no caso *Galakis*, [*R. crit.* (1967) 553 an. GOLDMAN; *Clunet* 93 (1966) 648 an. LEVEL e ver ainda a análise feita por MARQUES DOS SANTOS (n. 2) 632 e segs. e Yves GAUDEMET – "L'arbitrage: aspects de droit public. État de la question", *R. arb.* (1992) 241-257, 244 e 254]; 20/12/93, no caso *Comité populaire de la municipalité de Khoms* v. *Sté Dalico Contractors* [*Clunet* 121 (1994) 690 com an. LOQUIN; an. H. GAUDEMET-TALLON *R. arb.* (1994) 124], confirmando ac. *Cour d'appel de Paris* 26/3/91 [*R. arb* (1991) 456, an. H. GAUDEMET-TALLON]. A regra da autonomia e o regime de validade da cláusula compromissória (pelo menos no que toca à válida inclusão de cláusulas contratuais gerais por cláusula remissiva) são considerados *Direito material especial da arbitragem internacional*. O n.º 2 do art. 177.º da Lei federal suíça de Direito Internacional Privado determina que se o Estado, uma empresa dominada ou uma organização controlada pelo Estado, forem parte na convenção de arbitragem, não podem invocar o seu próprio Direito para contestar a arbitrabilidade de um lití-

Ao abrigo da Convenção para Resolução de Diferendos Relativos a Investimentos entre Estados e Nacionais de outros Estados, assinada em Washington, em 1965 (doravante designada Convenção CIRDI) e de numerosos tratados bilaterais relativos a investimentos internacionais é ainda possível que os litígios emergentes de contratos relativos ao investimento sejam submetidos a arbitragens fundadas no Direito Internacional Público.

Também nestas arbitragens é, em princípio, necessário determinar o Direito aplicável ao fundo da causa.

Esta hipótese será ulteriormente examinada a propósito da internacionalização dos contratos de Estado.

II. A DETERMINAÇÃO DO DIREITO APLICÁVEL AOS CONTRATOS DE ESTADO PERANTE A ORDEM JURÍDICA PORTUGUESA

A partir do momento em seja necessário determinar o Direito aplicável a um contrato de Estado coloca-se a questão de saber a que Direito de Conflitos recorrer.

Perante a ordem jurídica portuguesa esta questão não oferece dificuldade apreciável. Nem o legislador nem, na sua omissão, a jurisprudência, sentiram a necessidade de formular soluções especiais para os contratos internacionais com elementos públicos. Por conseguinte, é, em princípio, aplicável o mesmo Direito de Conflitos que regula os contratos internacionais puramente privados.

Qual seja este Direito de Conflitos já depende de haver ou não uma convenção de arbitragem válida.

Na falta de convenção de arbitragem, deve aplicar-se o Direito de Conflitos contido na Convenção de Roma sobre a Lei Aplicável às Obrigações Contratuais[22].

---

gio ou a sua capacidade de ser parte numa arbitragem. Observe-se ainda que a grande maioria das sentenças proferidas por tribunais arbitrais que não foram instituídos por convenção internacional nem estiveram submetidos a uma regime contido numa convenção internacional pode ser entendida no sentido do desenvolvimento, pela jurisprudência arbitral, das suas própria regras de decisão para estas questões. Este procedimento é assumido expressamente pelos árbitros, ao fundamentar tais soluções nos "princípios da arbitragem internacional" e no "Direito da arbitragem internacional".

[22] Cf. François RIGAUX – "Examen de quelques questions laissées ouvertes par la convention de Rome sur la loi applicable aux obligations contractuelles", *Cahiers de Droit*

120 — Estudos de Direito Internacional Privado

Nos termos do art. 3.º desta Convenção as partes têm a liberdade de designar o Direito aplicável ao contrato. Num contrato entre um Estado estrangeiro e uma sociedade sedeada em Portugal, para ser executado nesse Estado, as partes são inteiramente livres de convencionar tanto a aplicação

Européen 24 (1988) 306-321, 314 e 319 e segs., que parte do princípio que os contratos de Estado são abrangidos pela Convenção; *Dicey and Morris on the Conflict of Laws*, 12.ª ed. por Lawrence COLLINS (ed. geral), Trevor HARTLEY, J. McCLEAN, C. MORSE e J. MORRIS, Londres, 1993 [1197 e seg.]; em sentido contrário, PETER KAYE – *The New Private International Law of Contract of the European Community*, Aldershot et al., 1992, 111. Num plano mais geral, ver Giuseppe SPERDUTI – "Droit international privé et droit public étranger", *Clunet* 104 (1977) 5-15, 8 e seg. No relatório GIULIANO sobre o anteprojecto de Convenção (1972) afirmava-se a aplicabilidade das regras uniformes aos contratos celebrados entre um Estado e um particular, desde que se tratasse de contratos inseridos na esfera do Direito privado [n.º 1 *in fine*]. Desta passagem pareceria do mesmo passo inferir-se a exclusão dos contratos públicos. Neste sentido, e criticamente, Kurt LIPSTEIN – "Comments on Arts. 1 to 21 of the Draft Convention", *in European Private International Law of Obligations*, org. por LANDO – VON HOFFMANN – SIEHR, 1975, 155-164, n.º 7. Tal afirmação não veio a constar, porém, do relatório GIULIANO – LAGARDE sobre a Convenção. No entanto, este relatório não deixa de invocar [16], em abono do princípio da autonomia da vontade, a decisão do TPJI no caso dos empréstimos sérvios e as decisões arbitrais nos casos *Saudi Arabia* v. *Arabian American Oil Company (Aramco)* (1958) [*ILR* 27: 117 e extractos *in Riv. Dir. Int.* 46 (1963) 230], relativo a um contrato de concessão de prospecção e exploração de petróleo, que, no entender do tribunal arbitral, fora celebrado no exercício de um poder soberano e teria um carácter misto público e privado – cf. LIPSTEIN – "International Arbitration Between Individuals and Governments and the Conflict of Laws", *in Contemporary Problems of International Law. Essays in Honour of Georg* SCHWARZENBERGER, org. por BIN CHENG e E. BROWN, 177-195, Londres, 1988, 183; *Sapphire International Petroleums Ltd.* v. *National Iranian Oil Company* (*ad hoc*, 1963) [*ILR* 35: 136], relativo ao incumprimento de um "contrato de concessão", que, na verdade, era um contrato misto de concessão e empreendimento comum; e, *Texaco Overseas Petroleum Company et. al.* v. *The Government of Libyan Arab Republic* [*ILM* (1979) 3 e *Clunet* 104 (1977) 350, an. JEAN-FLAVIER LALIVE op. cit. 319], com respeito a um contrato de concessão de exploração de petróleo, em que o árbitro R.-J. DUPUY afastou a qualificação de contrato administrativo à face do Direito líbio, por entender que o Estado ou autoridade administrativa lidou com a outra parte numa base de igualdade, que não se tratou de uma operação ou exploração de serviço público e que a distinção entre contratos civis e administrativos, sendo desconhecida de muitos sistemas, não pode ser considerada como correspondendo a uma "princípio geral de Direito". Da invocação destes casos poderá inferir-se que, na opinião dos autores do relatório, cairão dentro do âmbito de aplicação da Convenção pelo menos os contratos celebrados entre particulares e sujeitos públicos que tenham natureza paritária e em que resulte do estipulado pelas partes que o contrato não está inteiramente submetido ao Direito do sujeito público contratante. Já não parece de exigir que se trate de um contrato essencialmente submetido ao Direito privado.

Contratos de Estado

do Direito português, como do Direito do Estado contratante, como do Direito de um terceiro Estado.

Na falta de designação pelas partes do Direito aplicável, determina o n.º 1 do art. 4.º da Convenção de Roma que o contrato é regulado pela lei do país com o qual apresente uma conexão mais estreita. Nos termos do n.º 2 do art. 4.º da Convenção de Roma, "presume-se" que o contrato apresenta uma conexão mais estreita com o país da residência habitual ou da sede da administração central do devedor da *prestação característica*. Se o contrato for celebrado no exercício da actividade económica ou profissional do devedor da prestação característica releva o país onde se situa o seu estabelecimento principal ou, se nos termos do contrato, a prestação deva ser fornecida por outro estabelecimento, o da situação deste estabelecimento.

A prestação característica é aquela que permite individualizar o contrato. Nos contratos que concernem à troca de bens e serviços por dinheiro a prestação característica é a que consiste na entrega da coisa, na cessão do uso da coisa ou na prestação do serviço. Quer isto dizer, por exemplo, que o devedor da prestação característica é, no contrato de venda, o vendedor, no contrato de locação o locador e no contrato de prestação de serviços o prestador de serviços.

Isto leva a que num contrato de empreitada celebrado entre uma sociedade estabelecida em Portugal e um sujeito público estrangeiro se presuma que o contrato apresenta uma conexão mais estreita com Portugal.

Mas o significado do critério geral de conexão mais estreita resulta não só do disposto no n.º 1 do art. 4.º mas também do estabelecido no n.º 5 do mesmo artigo (2.ª parte). Este último preceito permite afastar as "presunções" de conexão mais estreita previstas nos n.os 2 a 4 "sempre que resulte do conjunto das circunstâncias que o contrato apresenta uma conexão mais estreita com outro país".

A Convenção de Roma não estabelece qualquer regime especial para os contratos internacionais entre sujeitos públicos e particulares.

Em tese geral, um sector representativo da doutrina tem defendido uma "presunção" favorável à competência do Direito do Estado parte no contrato (ou do Estado a que pertence o ente público autónomo parte no contrato)[23].

---

[23] Cf. Georg SCHWARZENBERGER – *International Law*, vol. I, Londres, 1957, 147; Gerhard KEGEL – *Internationales Privatrecht – ein Studienbuch*, 7.ª ed., Munique, 1995,

122 Estudos de Direito Internacional Privado

Esta tendência doutrinal encontrou aparentemente eco na Convenção CIRDI. Como adiante veremos melhor, esta convenção submete os contratos de investimento, na falta de acordo das partes sobre as regras jurídicas aplicáveis, à lei do Estado contratante, bem como aos princípios de Direito Internacional aplicáveis (art. 42.º/1).

No entanto, uma vez que esta convenção tem em vista investimentos realizados no território do Estado parte no contrato (ou do Estado a que pertence o ente público autónomo parte no contrato), a solução aí consa-

---

490 [mantendo a posição expressa na edição anterior]; aparentemente no sentido de se tratar de uma presunção que só funciona com respeito a contratos de Direito público, DIZEY – MORRIS – COLLINS [11.ª ed. (1987) 1187 e seg., sendo o ponto omitido na última edição]; no mesmo sentido, RIGAUX (n. 25) 314; BATIFFOL – LAGARDE – *Droit international privé*, vol. II, 7.ª ed., Paris, 1983, 298, considerando "pouco prático que as operações de Direito público sejam regidas por uma lei estrangeira"; AUDIT (n. 26) 641, afirmando a presunção com respeito aos contratos que o Estado celebra na sua qualidade própria, mas admitindo uma diferenciação, entre os contratos em que o particular se coloca sob a égide do regime de Direito público do Estado contraente – designadamente os contratos administrativos cuja celebração é precedida de procedimentos específicos, tais como, por exemplo, o concurso público – e que estarão indubitavelmente submetidos ao Direito deste Estado, e aqueloutros, como é geralmente o caso dos contratos de investimento ou desenvolvimento económico, em que a recusa do particular a submeter-se exclusivamente à lei do Estado contratante se exprime mediante cláusulas que remetem para um Direito diferente, cláusulas de estabilização ou intangibilidade e cláusulas atribuindo competência exclusiva a outras jurisdições; ver ainda o § 3.º do art. 24.º do Anteprojecto de 1951, da autoria de FERRER CORREIA, que consagrava, na falta de designação pelas partes, a aplicação das "leis territoriais do Estado ou ente público contratante", aos "contratos celebrados com o Estado ou entes públicos congéneres, para a realização de um serviço público". Cp. TOUBIANA (n. 7) [n.º 9], favorecendo a formulação de uma regra bilateral segundo a qual os contratos administrativos seriam regidos pela lei do Estado ou da pessoa colectiva pública contratante; A. F. MANIRUZZAMAN – "International Commercial Arbitration: The Conflict of Laws Issues in Determining the Applicable Substantive Law in the Context of Investment Agreements", *NILR* 40: 201-237, 213 e segs.; VISCHER – *Internationales Vertragsrecht. Die Kollisionsrechtlichen Regeln der Anknüpfung bei internationalen Verträgen*, Berna, 1962, 64 e segs.; VISCHER – VON PLANTA – *Internationales Privatrecht*, 2.ª ed., Basileia, 1982, 176; e, *Kommentar zum Bundesgesetz über das Internationale Privatrecht (lPRG) vom 1. Januar 1989*, org. por Anton HEINI, Max KELLER, Kurt SIEHR, Frank VISCHER e Paul VOLKEN, – KELLER – KREN KOSTKIEWICZ, Art. 116-117 [n.os 39 e 45], defendendo que o contrato conformado essencialmente por regime injuntivo de Direito público de um Estado, que esteja em posição de efectivar este regime, se considera como "objectivamente localizado" nesta ordem jurídica com exclusão da escolha pelas partes do Direito aplicável.

grada pode explicar-se pela localização da execução principal do contrato no território deste Estado[24].

Esta posição não é compatível com o Direito de Conflitos contido na Convenção de Roma. O que pode discutir-se, à face do art. 4.° da Convenção de Roma, é se a circunstância de uma das partes ser um Estado ou outro sujeito público estadual constitui um elemento relevante para a determinação da conexão mais estreita.

Parece de acolher a opinião segundo a qual não é de atribuir à qualidade de sujeito público de uma das partes um valor especial na determinação da lei objectivamente competente[25].

---

[24] Cf. PIERRE LALIVE – "L'Etat en tant que partie a des contrats de concession ou d'investissement conclus avec des sociétés privées étrangères", in *UNIDROIT – New Directions in International Trade*, vol. I, 317-373, 343.

[25] Cf. PIERRE LALIVE (n. 28) 343 e seg. e "Sur une notion de 'Contrat international'", in *Multum non Multa, FS Kurt LIPSTEIN*, 135-155, 1980, 151 e segs.; VAN HECKE – "Contracts between States and Foreign Private Law Persons", in *EPIL*, vol. VII, n.° 1, afirmando que a opinião dominante é contrária à existência de uma presunção a favor do Direito do sujeito público; e, Bernd VON HOFFMANN in FISCHER – VON HOFFMANN – *Staatsunternehmen im Völkerrecht und im Internationalen Privatrecht*, Heidelberga, 1984, 57. No mesmo sentido pode já ser invocada a supracit. decisão TPJI de 12/7/29, no caso dos empréstimos sérvios. Especificamente em relação aos contratos de empreendimento comum, François KNOEPFLER e Olivier MERKT – "Les accords de joint venture et les limites du droit international privé", in *Conflits et harmonisation, Mélanges Alfred von OVERBECK*, 747-768, Friburgo, 1990, 756 e seg. Uma posição intermédia, que admite certa preferência pelo Direito do Estado contratante quanto aos contratos de Direito público, é defendida por *Münchener Kommentar zum Bürgerlichen Gesetzbuch*, vol. VII – *EGBGB – IPR*, 3.ª ed., Munique, 1998, – SONNENBERGER [Art. 27 n.os 8, 20 e segs, Art. 28 n.° 85, com mais referências doutrinais e jurisprudenciais] e Christoph REITHMANN e Dieter MARTINY et. al. – *Internationales Vertragsrecht*, 5.ª ed., Colónia, 1996, – MARTINY [n.° 136].

A Resolução do *Instituto de Direito Internacional* sobre a lei do contrato nos contratos entre um Estado e uma pessoa privada estrangeira (Atenas, 1979), não estabelece qualquer distinção em função do carácter administrativo ou do regime aplicável à face do Direito do sujeito público, nem consagra a presunção de conexão mais estreita com este Direito. Sobre esta resolução ver VAN HECKE – "Les accords entre un Etat et une personne privée étrangère. Rapport provisoire", *Ann. Inst. dr. int.* 57-I (1977) 192-202, *maxime* 196 e seg. e 200 e segs., e "Les accords entre un Etat et une personne privée étrangère. Rapport définitif", *Ann. Inst. dr. int.* 57-I (1977) 246-252, e, cp. posição parcialmente divergente de BATIFFOL e SEIDL-HOHENVELDERN in *Ann. Inst. dr. int.* 57-I (1977) 209 e segs. e 231 e segs., respectivamente, e, a favor do entendimento que prevaleceu na Comissão, PIERRE LALIVE [op. cit. 225 e seg.].

Isto não significa que se ignore tal qualidade e se abstraia das circunstâncias, com ela relacionadas, que possam traduzir-se na existência de laços relevantes entre o contrato e o Direito do Estado envolvido. Naturalmente que entre o sujeito público estadual e o Direito do mesmo Estado existe um laço pessoal que é tomado em consideração, no mesmo pé que os laços pessoais que ligam o sujeito particular ao Estado da sua sede ou estabelecimento.

Além disso, se as partes utilizam um formulário predisposto pelo sujeito público ou pelas autoridades do respectivo Estado, que se baseia no Direito deste Estado, se tal não for suficiente para inferir uma designação tácita, constituirá pelo menos um indício que aponta para a existência de uma conexão mais estreita com este Estado[26]. Mas será sempre necessário atender ao conjunto das circunstâncias.

Na prática, estes contratos apresentam frequentemente uma conexão mais estreita com o Estado envolvido, por se tratar, simultaneamente, do Estado de uma das partes e daquele em cujo território se situa o lugar da execução principal do contrato.

Havendo convenção de arbitragem, a determinação do Direito aplicável ao contrato rege-se principalmente por regras e princípios próprios do Direito da Arbitragem Comercial Internacional.

O princípio da autonomia privada é entendido, no quadro deste Direito, como permitindo que as partes remetam seja para um Direito estadual, seja para o Direito Internacional Público, seja para o Direito autónomo do comércio internacional (*lex mercatoria*) ou para "princípios gerais"[27].

Na omissão das partes, não há regras claramente estabelecidas sobre a determinação do Direito aplicável.

Segundo uma tendência que se tem manifestado na jurisprudência arbitral e encontra eco nas legislações francesa, holandesa e portuguesa, o litígio deve ser decidido em conformidade com as regras de Direito que o árbitro considere apropriadas (art. 1496.° NCPC fr. e art. 1054.° do CPC holandês) ou por aplicação do Direito mais apropriado ao litígio (art. 33.°/2 da Lei portuguesa da arbitragem voluntária)[28].

---

[26] Cf. PIERRE LALIVE [loc. cit. n. anterior *in fine*].

[27] Ver LIMA PINHEIRO (n. 1) 411, 606 e segs., 628 e segs. e 725 e seg. com referências doutrinais e jurisprudenciais.

[28] Ver Henri BATIFFOL – "La loi appropriée au contrat", *in Etudes Berthold GOLDMAN*, 1-13; Emmanuel GAILLARD – "Droit international privé français – Arbitrage com-

Perante este critério geral de remissão a escolha deve atender aos laços que a relação controvertida estabeleça com os diferentes países, mas também pode ter em conta considerações jurídico-materiais, mediante uma avaliação objectiva do conteúdo dos Direitos em presença. Esta avaliação objectiva é feita em função da existência de regras jurídicas aplicáveis ao caso, do grau de desenvolvimento deste regime jurídico e da sua aptidão face às necessidades actuais do tráfico[29], bem como às consequências da sua aplicação sobre a validade do negócio[30]. Há ainda que ter em conta a cultura jurídica que mais tenha influenciado o contrato litigioso.

Em qualquer caso, os árbitros devem sempre atender aos *princípios gerais de Direito* e outros princípios fundamentais que sejam veiculados pela *ordem pública realmente internacional*, bem como tomar em conta os *usos do comércio*.

Na arbitragem realizada em Portugal os árbitros também têm de ter em conta as directrizes sobre a determinação do Direito aplicável contidas no Direito português. Tratando-se de arbitragem internacional no sentido do art. 32.° da Lei da Arbitragem Voluntária (arbitragem "que põe em jogo interesses de comércio internacional"), estas directrizes constam do art. 33.° da mesma Lei.

O n.° 1 do art. 33.° permite uma ampla liberdade na designação do Direito aplicável. Em todo o caso, tende a ser interpretado num sentido mais restritivo que o Direito da Arbitragem Internacional quanto à referência à *lex mercatoria*.

Perante este preceito, admite-se que as partes remetam para regras e princípios jurídicos da *lex mercatoria* que *efectivamente vigoram*. Mas uma escolha da *lex mercatoria* que em mais não se traduza, perante a natureza da relação controvertida e as características do sector do comércio internacional em causa, que no recurso a princípios gerais de Direito, a "princípios comuns" aos sistemas nacionais ou a modelos de regulação, já não pode valer como designação de um Direito[31].

---

mercial international – Sentence arbitrale – Droit applicable au fond du litige", *in J.-cl. dr. int.*, 1991, n.° 133.

[29] Cp. as considerações críticas de MOURA RAMOS (n. 2) 578 e segs.

[30] Neste último sentido, ver decisões proferidas nos casos CCI n.os 4145 (1984) e 4996 (1985) [*Clunet* (1985) 985 e (1986) 1131, respectivamente, ambas com obs. de DERAINS].

[31] Cf. ISABEL DE MAGALHÃES COLLAÇO (n. 1 [1991]) 63 e seg. Em todo o caso, uma exclusiva designação da *lex mercatoria*, quando esta não disponha de Direito objectivo aplicá-

126   *Estudos de Direito Internacional Privado*

Na falta de escolha pelas partes, o n.º 2 do art. 33.º, como já se assinalou, manda aplicar o Direito mais apropriado ao litígio, filiando-se na tendência mais significativa ao nível da jurisprudência arbitral e das legislações nacionais.

III. A INTERNACIONALIZAÇÃO DOS CONTRATOS DE ESTADO

Até agora o tema foi examinado na perspectiva das ordens jurídicas estaduais e, em particular, na perspectiva da ordem jurídica portuguesa.

Sucede, porém, que existe uma importante tendência para a internacionalização de certos contratos de Estado. Por internacionalização entende-se aqui seja a aplicabilidade do Direito Internacional Público a título de lei reguladora do contrato seja, com mais rigor, a relevância do contrato perante a ordem jurídica internacional. Trata-se, portanto, de uma *internacionalpublicização*.

Esta tendência também foi examinada na minha dissertação sobre o Contrato de Empreendimento Comum em Direito Internacional Privado.

Esta tendência foi impulsionada por três factores.

Primeiro, no período que mediou entre as duas Guerras Mundiais, bem como no decurso da II Guerra Mundial e nos anos que imediatamente se lhe seguiram, foram celebrados importantes contratos entre Estados beligerantes e particulares estrangeiros, designadamente contratos de financiamento, que em alguns casos foram acompanhados de contactos intergovernamentais e, até, de tratados bilaterais.

Segundo, no rescaldo da II Guerra Mundial e dos crimes cometidos contra a humanidade pelas potências agressoras, o reconhecimento de que os "indivíduos" podem ser, ainda que por forma limitada ou excepcional, sujeitos de Direito Internacional, e o reforço da protecção internacional dos direitos fundamentais.

É neste quadro que Jessup e Mann, designadamente, avançam algumas das ideias fundamentais que se encontram presentes nas concepções actuais nesta matéria[32].

---

vel à decisão do caso poderá, em princípio, ser convertida numa autorização, dada aos árbitros, para julgarem segundo a equidade (prevista nos arts. 22.º e 33.º/1 *in fine* do mesmo diploma).

[32] Philip Jessup – *A Modern Law of the Nations*, Nova Iorque, 1949, 109 e segs. e 124 e segs. e *Transnational Law*, New Haven, 1956, 72 e segs., em especial, 102 e seg.; Mann – "The Law Governing State Contracts", *Brit. YBIL* 21 (1944) 11-33.

O terceiro factor, que surge nas décadas seguintes, é o surgimento de elevado número de novos Estados, o comprometimento de muitos países em desenvolvimento em ambiciosos planos de industrialização e uma vaga de nacionalizações dos interesses estrangeiros nesses países. Grande parte das decisões arbitrais relevantes nesta matéria resulta precisamente das nacionalizações ocorridas nos países em desenvolvimento a partir dos anos cinquenta.

É já num contexto marcado por estes eventos, e por certas decisões arbitrais com eles relacionadas, que autores como VERDROSS, PROSPER WEIL e BÖCKSTIEGEL apresentam as suas concepções na matéria[33].

Não sendo possível examinar aqui as diferentes concepções que surgiram na jurisprudência arbitral e na doutrina, limitar-me-ei a expor o meu entendimento nesta matéria.

Parece hoje indiscutível que certos contratos são regulados directa e imediatamente pelo Direito Internacional Público.

Refiro-me àqueles casos em que um acto de Direito Internacional institui uma jurisdição internacional, normalmente arbitral, para conhecer dos litígios emergentes do contrato.

O exemplo mais saliente é o dos contratos relativos a investimentos internacionais celebrados entre um Estado, ou outra pessoa colectiva pública, e um nacional de outro Estado, em que as partes consentem que os litígios deles emergentes sejam resolvidos por arbitragem organizada pelo Centro Internacional para a Resolução de Diferendos Relativos a Investimentos (CIRDI).

Este centro foi instituído pela já referida Convenção CIRDI.

São partes nesta convenção um elevadíssimo número de Estados, entre os quais se conta Portugal.

A competência do CIRDI é delimitada em atenção ao carácter da relação subjacente ao litígio, que tem de dizer directamente respeito a um investimento. Para o efeito releva um conceito amplo de investimento internacional[34]. Tanto se pode tratar de relações que o sujeito público estabelece no âmbito da gestão privada como no da gestão pública.

---

[33] *Infra* n. 39 e 40.

[34] Ver Aron BROCHES – "The Convention on the Settlement of Disputes between States and nationals of Other States", *RCADI* 156 (1972) 331-410, 362 e seg., assinalando que se prescindiu de uma definição de "investimento" por ser essencial o consentimento das partes; Georges DELAUME – "State Contracts and Transnational Arbitration", *Am. J. Int. L.* 75 (1981) 748-819; e, Moshe HIRSCH – *The Arbitration Mechanism of the International Centre for the Settlement of Investment Disputes*, Dordrecht et al., 1992, 22 e 58 e segs. Cp.

Por vezes verifica-se ainda que o regime do contrato é em parte definido por um tratado internacional.

Diversos autores defenderam que esta categoria de contratos poderia ser alargada a casos em que não concorre um acto geralmente reconhecido como sendo de Direito Internacional. Mencione-se designadamente a doutrina da ordem jurídica de base (VERDROSS, PROSPER WEIL[35]) e a dos contratos quási-internacionalpúblicos (BÖCKSTIEGEL, PETER FISCHER, SEIDL-HOHENVELDERN[36] e, entre nós, ANDRÉ GONÇALVES PEREIRA – FAUSTO DE QUADROS[37]).

Este alargamento parece-me de admitir mas só com respeito a contratos de Estado em que se verifiquem dois pressupostos[38]:

– não se encontrem exclusivamente submetidos ao Direito e à jurisdição dos tribunais do Estado contratante;

Paul REUTER – "Réflexion sur la compétence du centre créé par la convention pour le règlement des différends relatifs aux investissements entre Etats et ressortissants d'autres Etats", *in Investissements étrangers et arbitrage entre Etats et personnes privées*, 9-24, 1969, 18 e seg. O conceito de investimento estrangeiro aqui relevante inclui, além das operações tradicionalmente consideradas como tal, contratos de realização de complexos industriais envolvendo importantes transferências de tecnologia, "contratos de gestão" e contratos de licença de direitos de propriedade industrial.

[35] Alfred VERDROSS – "Die Sicherung von ausländischen Privatrechten aus Abkommen zur wirtschaftlichen Entwicklung mit Schiedsklauseln", *Zeitschrift für ausländisches öffentliches Recht und Völkerrecht* 18 (1957/1958) 635-651 e "Gibt es Verträge die weder dem innerstaatlichen Recht nor dem Völkerrecht unterliegen?", *ZRvgl.* 6 (1965) 129-134; PROSPER WEIL – "Problèmes relatives aux contrats passés entre un Etat et un particulier", *RCADI* 128 (1969) 95-240, "Les clauses de stabilisation ou d'intangibilité insérées dans les accords de développement économique", *in Mélanges Charles ROUSSEAU*, 301-328, Paris, 1974, "Droit international et contrats d'Etat", *in Le droit international: unité et diversité, Mélanges Paul REUTER*, 549-582, Paris, 1981 e "Principes généraux du droit et contrats d'État", *in Études Berthold GOLDMAN*, 387-414, Paris, 1982.

[36] Karl-Heinz BÖCKSTIEGEL – *Der Staat als Vertragspartner ausländischer Privatunternehmen*, Francoforte-sobre-o-Meno, 1971: 178 e segs., 184 e segs., 233 e segs. e 303 e segs.; PETER FISCHER – *Die internationale Konzession*, Viena e Nova Iorque, 1974: 345 e segs. e 438 e segs. e – "Bemerkungen zur Lehre von Alfred Verdross über den 'quasi-völkerrechtlichen' Vertrag im Lichte der neuersten Entwicklung – Zugleich ein Beitrag zur Theorie über die vertraglichen Rechtsbeziehungen zwischen Staaten und transnationalen Unternehmen", *in FS Alfred VERDROSS*, 379-401, Berlim, 1980, 384 e segs.; SEIDL-HOHENVELDERN (n. 10) 48 e seg.

[37] *Manual de Direito Internacional Público*, 3.ª ed., Coimbra, 1993, 176 e segs.

[38] Ver LIMA PINHEIRO (n. 1) 554 e segs.

Contratos de Estado   129

– sejam, pelos procedimentos observados por parte do contraente público e pela posição dos órgãos públicos que intervêm na sua celebração ou nela consentem, materialmente comparáveis aos observados com respeito à vinculação internacional do Estado por tratados internacionais[39].

---

[39] Já se assinalou que certos contratos celebrados por Estado estrangeiros com particulares foram, à semelhança dos tratados solenes, ratificados. No entanto, a par dos tratados solenes existem os acordos em forma simplificada, que não dependem de ratificação. Em princípio os acordos em forma simplificada vinculam internacionalmente os Estados que o celebram com a assinatura pelo representante do Estado (arts. 11.° e segs. da Convenção sobre o Direito dos Tratados, Viena, 1969). O exemplo não foi seguido pelo legislador constitucional português, que subordinou a vinculação internacional do Estado português à aprovação, em princípio, pelo Governo (arts. 8.°/2 e 190.°/1/c CRP). Segundo ANDRÉ GONÇALVES PEREIRA – FAUSTO DE QUADROS (n. 41) 220 e segs., os acordos em forma simplificada podem hoje incidir sobre matérias de competência reservada da Assembleia da República, devendo neste caso serem aprovados por este órgão (actualmente art. 161.°/i/2.ª parte CRP). Os mesmo autores entendem que, perante o art. 12.°/1 da supracit. Convenção, se Portugal não ressalvar expressamente no acordo que só se vinculará com a aprovação pelo órgão nacional competente, ficará vinculado no plano internacional pela sua mera assinatura. Diferentemente, JORGE MIRANDA – *Direito Internacional Público – I* (Apontamentos das lições), Lisboa, 1995, 117, considera que não podem ser objecto de acordos em forma simplificada as matérias abrangidas pela 2.ª parte do art. 164.°/j (actual art. 161.°/i/1.ª parte), bem como quaisquer outras a que corresponda, a nível interno, acto legislativo ou de governo. O mesmo autor considera que a assinatura não obriga internacionalmente o Estado parte, salvo nas "convenções ultra-simplificadas" [op. cit. 125].

Ver ainda n.° 3 do art. 25.° da Convenção CIRDI. Denis BETTEMS *Les contrats entre États et personnes privées étrangères*, Lausana, 1989, 131, assinala que é cada vez mais frequente que os contratos de Estado sejam celebrados por empresas públicas ou organismos autónomos, o que reduziria muito os casos em que se pode considerar que o contrato foi celebrado por uma autoridade competente para celebrar acordos internacionais. Sem se subestimar este facto, não é menos certo que a celebração de contratos de grande importância é frequentemente acompanhada pelos órgãos de tutela e sujeita a consentimento governamental – cf. PIERRE LALIVE (n. 29 [1980]) 143. A existência de um número significativo de contratos que preenchem as notas do "contrato quási-internacionalpúblico" é assinalada por PETER FISCHER (n. 40 [1980]) 387. Mas é bem possível que a internacionalização operada por tratados internacionais tenda a ganhar crescente importância – basta pensar no elevadíssimo número de Estados que estão vinculados à Convenção CIRDI, e nos múltiplos tratados bilaterais em matéria de investimento internacional, e que os casos agora em exame venham a tornar-se marginais ou excepcionais. Cp. FRIGNANI (n. 8) 63 e segs.

Uma das consequências desta visão das coisas será a subtracção destes contratos quási-internacionalpúblicos às normas de conflitos atrás referidas e a aplicação de regras e princípios de Direito Internacional de Conflitos, i.e., de Direito de Conflitos de fonte internacional aplicável às situações que relevam na ordem jurídica internacional.

A Convenção CIRDI é uma convenção quási-universal e, por conseguinte, as soluções conflituais aí contidas, que indicarei em seguida, podem constituir a base para o desenvolvimento do Direito Internacional Público geral neste domínio.

Este Direito Internacional de Conflitos é aplicável pelos órgãos estaduais a partir do momento em que seja recebido na esfera interna, o que na *ordem jurídica portuguesa* se verifica automaticamente.

Embora os tribunais da arbitragem transnacional não se encontrem na posição de jurisdição internacional quanto à aplicação directa e imediata do Direito Internacional, inclino-me a pensar que estes tribunais também devem respeitar a pretensão de aplicabilidade por parte do Direito Internacional.

Outra das consequências desta concepção reside no seguinte: a partir do momento em que o contrato de Estado seja elevado a "quási-tratado", os efeitos desencadeados pelo contrato perante o Direito aplicável a título de *lex contractus*, seja ele o Direito Internacional, um Direito estadual ou um conjunto de proposições jurídicas que não forme uma ordem jurídica, hão-de também ser internacionalmente relevantes[40].

Assim, por exemplo, a inexecução culposa do contrato por parte do Estado contratante pode gerar responsabilidade internacional perante o Estado da nacionalidade do contraente particular.

Portugal também é parte em diversos tratados bilaterais em matéria de investimento internacional que, sob certas condições, submetem os litígios emergentes dos contratos celebrados entre o investidor e um dos Estados contratantes a arbitragem CIRDI, mas também a tribunais *ad hoc*, estabelecidos, designadamente, de acordo com o *Regulamento de Arbitragem da Comissão das Nações Unidas para o Direito Comercial Internacional* (CNUDCI). Frequentemente, estes tratados contêm disposições sobre a determinação do Direito aplicável na decisão do litígio.

---

[40] Ver LIMA PINHEIRO (n. 1) 551 e segs. e 575.

Passo agora a examinar sumariamente as soluções contidas no art. 42.º da Convenção CIRDI.

O n.º 1 do art. 42.º da Convenção CIRDI determina, em primeiro lugar, que o "tribunal julgará o diferendo em conformidade com as regras de direito acordadas entre as partes".

A menção das "regras de Direito" deve ser entendida não só no sentido de admitir a designação de Direito supraestadual ou extra-estadual, mas também a admissibilidade da escolha de um conjunto individualizado de regras e a referência a um Direito estadual com conteúdo temporalmente determinado.

Quanto às estipulações por que as partes estabelecem a primazia dos preceitos negociais relativamente ao Direito por elas subsidiariamente designado ou supletivamente aplicável, deve sublinhar-se, em primeiro lugar, que tal não pode significar que a resolução do litígio seja subtraída a qualquer Direito objectivo. Das estipulações contidas em contratos quási-internacionalpúblicos que atribuam primazia aos preceitos negociais, em relação ao Direito do Estado contratante, poderá inferir-se, em conjugação com a convenção de arbitragem que atribui competência a uma jurisdição internacional, e na falta de indicações em contrário contidas no restante clausulado, uma designação tácita do Direito Internacional[41].

Na falta de acordo sobre as regras jurídicas aplicáveis, "o tribunal deverá aplicar a lei do Estado Contratante parte no diferendo (incluindo as regras referentes aos conflitos de leis), bem como os princípios de direito internacional aplicáveis".

A referência aos "princípios de direito internacional" é susceptível de abranger quaisquer fontes de Direito Internacional Público[42].

No que toca à definição da posição recíproca do Direito do Estado contratante e dos princípios de Direito Internacional tem vindo a impor-se o entendimento segundo o qual o tribunal deve, primeiro, averiguar a solução perante o Direito do Estado contratante e, em seguida, indagar da sua compatibilidade com o Direito Internacional. Este último Direito preva-

---

[41] A este respeito tem interesse mencionar as decisões do Tribunal de Diferendos Irão/EUA, nos casos *Amoco* caso n.º 56 (1987 e 1990) [87/07/14, *Iran-U.S. Claims Trib. Rep.* 15 (1987) 189, 90/06/15, *ILR* 83: 502] e *Mobil Oil* (1987) [*Iran-U.S. Claims Trib. Rep.* 16 (1987) 3].

[42] Cf. art. 40.º do *Report of the Executive Directors on the Convention on the Settlement of Investment Disputes* [*ILM* 4 (1965) 524].

lece em caso de conflito[43]. Por acréscimo, a jurisprudência recorre ao Direito Internacional para suprir as lacunas do Direito do Estado contratante[44].

Nesta ordem de ideias, poderá então dizer-se que ao Direito Internacional é atribuída uma competência *condicionante* e *complementar*.

---

[43] Cf. a decisão de anulação no caso *Klöckner Industrie-Anlagen GmbH et. al.* v. *République Unie du Cameroun*, CIRDI [83/10/21 *Clunet* 111 (1984) 409 e e 85/05/03 *Clunet 114* (1987) 137], que atribuiu ao Direito Internacional uma função correctiva nos casos em que o Direito estadual não seja conciliável com os princípios de Direito Internacional; BROCHES (n. 38) 390; JULIEN LEW – *Applicable Law in International Commercial Arbitration*, Nova Iorque, 1978, 349; Giorgio SACERDOTI – "La convenzione di Washington del 1965: bilancio di un ventenio dell'ICSID", *RDIPP* 23 (1987) 13-40, 26; GIARDINA – "The International Center for Settlement of Investment Disputes between States and Nationals of other States (ICSID)", *in Essays on International Commercial Arbitration*, org. por Petar SARCEVIC, 214-222, Londres et al., 1989, 214 e 217]; DELAUME (n. 45) § 15.24 e "L' affaire du Plateau des Pyramides et le CIRDI. Considérations sur le droit applicable", *R. arb.*: 39-67, 53 e seg.; MANIRUZZAMAN (n. 27) 233 e segs.; HIRSCH (n. 38) 140 e seg.

[44] Cf., designadamente, a decisão de anulação no caso *Amco Asia Corporation et. al.* v. *The Republic of Indonesia* (CIRDI, 1986) [*ILR* 89: 368], fundamentada, designadamente, em que o Direito Internacional só poderia ser aplicado para preencher as lacunas do Direito nacional aplicável e para assegurar o primado das normas de Direito Internacional em caso de conflito com as normas nacionais (assinale-se que no laudo arbitral proferido em 1990 o tribunal arbitral expressou as suas dúvidas sobre a pertinência da distinção entre papel complementar e papel correctivo do Direito Internacional). Cf. também decisão *SPP* (1992) (n. 46) [n.os 81 e segs.] no sentido da aplicação directa dos relevantes princípios e regras de Direito internacional em caso de lacunas do Direito do Estado contratante.

APONTAMENTO SOBRE AS NORMAS DE APLICAÇÃO NECESSÁRIA PERANTE O DIREITO INTERNACIONAL PRIVADO PORTUGUÊS E O ART. 21.º DO CÓDIGO CIVIL DE MACAU*

> SUMÁRIO: Introdução. I. As normas de aplicação necessária vigentes na ordem jurídica interna. A) Conceito de norma de aplicação necessária. B) Determinação das normas de aplicação necessária. C) O art. 21.º do Código Civil de Macau. II. A relevância de normas imperativas estrangeiras. A) Identificação do problema. B) Principais teses sobre a relevância das normas imperativas estrangeiras. C) Posição adoptada de iure condendo. D) Posição adoptada de iure constituto. E) Relevância de normas imperativas de terceiros Estados no quadro do Direito material da lex causae.

INTRODUÇÃO

O tema das normas de aplicação necessária tem merecido grande atenção por parte dos internacionalprivatistas portugueses, como dão conta as dissertações de doutoramento recentemente apresentadas[1]. O tema

---

* O presente texto corresponde, com pequenas alterações, à comunicação apresentada nas Jornadas de Direito Civil e Comercial: o Código Civil e o Código Comercial de Macau, que se realizaram em Macau em Setembro de 1999, e foi publicado na *ROA* 60 (2000) 23-48.

[1] Anteriormente ver ISABEL DE MAGALHÃES COLLAÇO – *Da Compra e Venda em Direito Internacional Privado, Aspectos Fundamentais*, vol. I (Diss. Doutoramento), Lisboa, 1954, 315 e segs.; Id. – *Prefácio* a Manuel CORTES ROSA – *Da questão incidental em Direito Internacional Privado*, Lisboa, 1960, XXII; FERRER CORREIA – "Nuevos rumbos para el derecho internacional privado", *in Estudos vários de direito* (1982), 223-254, Coimbra, 1976, 240 e segs.; Id. – "Considerações sobre o método do Direito Internacional Privado", *in Estudos Vários de Direito*, 309-398, 1982, 395 e segs.; e, mais recentemente, Id. – *A Venda Internacional de Objectos de Arte*, Coimbra, 1994, 49 e segs.; MOURA

constitui o objecto da dissertação do Professor MARQUES DOS SANTOS[2] e é versado nas dissertações dos Professores MOURA RAMOS[3] e HELENA BRITO[4]. Também na minha dissertação sobre o *Contrato de Empreendimento Comum (Joint Venture) em Direito Internacional Privado* tive ocasião de apresentar, por forma sucinta, posições nesta matéria[5].

Esta atenção é justificada. O peso das normas de aplicação necessária na regulação das situações "privadas" internacionais é discutido, como é discutido se existe aqui uma alternativa ao processo conflitual. Mas mesmo quem entende, como é o meu caso, que as normas de aplicação necessária são, pelo menos na ordem jurídica portuguesa, excepcionais, e que ainda constituem um processo conflitual de regulação, não nega a importância teórica e o interesse prático do tema.

Do ponto de vista teórico, é um tema que põe em jogo a conciliação de tendências unilateralistas com os sistemas conflituais de base bilateralista e que, a meu ver, constitui um terreno de eleição para a aplicação da metodologia jurídica no quadro do Direito Internacional Privado.

No plano prático, é decisivo saber se e sob que condições um órgão de aplicação do Direito pode e deve respeitar a pretensão de aplicabilidade de normas que não integram a ordem jurídica competente segundo o sistema de Direito de Conflitos.

O Código Civil de Macau contém uma disposição inovadora nesta matéria, que consta do art. 21.º. Daí que me tenha parecido particularmente oportuno ocupar-me deste tema nas *Jornadas de Direito Civil e Comercial: o Código Civil e o Código Comercial de Macau*, organizadas pela Faculdade de Direito da Universidade de Macau.

RAMOS – *Direito Internacional Privado e Constituição – Introdução a uma análise das sua relações*, Coimbra, 1980, 114 e segs.; Id. – *Aspectos recentes do Direito Internacional Privado português* (sep. *BFDC – Est. Afonso* QUEIRÓ) Coimbra, 1987, 16 e seg.

[2] *As Normas de Aplicação Imediata no Direito Internacional Privado. Esboço de Uma Teoria Geral*, 2 vols., Coimbra, 1991.

[3] *Da Lei Aplicável ao Contrato de Trabalho Internacional*, Coimbra, 1991.

[4] *A Representação nos Contratos Internacionais*, Coimbra, 1999.

[5] Lisboa, 1998.

I. AS NORMAS DE APLICAÇÃO NECESSÁRIA VIGENTES NA ORDEM JURÍDICA INTERNA

A) Conceito de norma de aplicação necessária

Tradicionalmente as situações "privadas" internacionais são reguladas pelo *sistema de Direito de Conflitos*.

Em ordens jurídicas como a portuguesa o sistema de Direito de Conflitos é formado essencialmente por um conjunto de normas de conflitos bilaterais e de normas sobre a interpretação e aplicação *destas* normas de conflitos. No Direito português estas normas são, em geral, de fonte legal e constam principalmente do Código Civil e de convenções internacionais de unificação do Direito de Conflitos.

Portanto, a aplicação de uma norma material a uma situação privada internacional depende, em princípio, da sua integração na ordem jurídica competente segundo o sistema de Direito de Conflitos.

Mas existem outros modos de regulação das situações "privadas" internacionais.

Desde logo, há normas de Direito material especial, i.e., normas materiais criadas especificamente para situações internacionais, cuja aplicação, por resultar de normas de conflitos especiais, é independente do sistema de Direito de Conflitos.

A moderna doutrina internacionalprivatística tem chamado a atenção para a existência de *normas de Direito comum* cuja aplicação a situações "privadas" internacionais também não depende do sistema de Direito de Conflitos. Fala-se a este respeito de normas autolimitadas e de normas de aplicação imediata ou necessária.

É *autolimitada* aquela norma material cuja esfera de aplicação no espaço não corresponde à que resultaria da actuação do sistema de Direito de Conflitos[6].

Isto pode resultar, em primeiro lugar, de esta norma material ser acompanhada de uma norma de conflitos especial (explícita ou implícita). Tal norma de conflitos é unilateral e *ad hoc* porque se reporta exclusivamente a uma norma material determinada da ordem jurídica do foro[7].

---

[6] Sobre as diferentes acepções da expressão "norma autolimitada" ver Lima Pinheiro (n. 5) 771 com mais referências.

[7] Sobre estas normas unilaterais *ad hoc* ver bibliografia cit. por Lima Pinheiro (n. 5)

136   *Estudos de Direito Internacional Privado*

A autolimitação também pode ser o produto de uma valoração casuística, feita pelo intérprete face ao conjunto das circunstâncias do caso[8].

Se a norma autolimitada reclama uma esfera de aplicação mais vasta do que aquela que decorreria do Direito de Conflitos geral trata-se de uma norma de aplicação imediata ou necessária[9].

Para FRANCESCAKIS seriam normas de aplicação imediata as normas "cuja observação é necessária para a salvaguarda da organização política, social ou económica do país"[10].

Com efeito, a actual importância das normas de aplicação necessária está intimamente relacionada com o fenómeno da ordenação e intervenção estadual por via normativa nas relações privadas.

Mas nem sempre as normas de aplicação necessária são expressão do intervencionismo estadual. Não parece possível caracterizá-las pelo seu conteúdo e fim[11]. Se, por indicação expressa do legislador, uma norma se sobrepõe à ordem jurídica chamada pelo Direito de Conflitos geral, esta norma é de aplicação necessária, independentemente de quaisquer outras considerações.

Por exemplo, o DL n.º 275/93, de 5/8, com a redacção dada pelo DL n.º 180/99, de 22/5, determina que "Todos os contratos relativos a direitos reais de habitação periódica e a direitos de habitação turística em empreen-

---

774 n. 119 e, ainda, NEUHAUS – *Die Grundbegriffe des internationalen Privatrechts*, 2.ª ed., Tubinga, 1976, 105 e segs., seguido por KROPHOLLER – *Internationales Privatrecht*, 3.ª ed., Tubinga, 1997, 94 e seg.

[8] Ver WENGLER – *Internationales Privatrecht*, 2 vols., Berlim e Nova Iorque, 1981, 89 e seg., n. 93 p. 781 e aditamento p. 1292 e LIMA PINHEIRO (n. 5) 774.

[9] No mesmo sentido, MARQUES DOS SANTOS (n. 2) 697.

[10] "Conflits de lois (principes généraux)", *in Rép. dr. int.*, t. I, Paris, 1968, n.º 137. Para um critério material de qualificação das normas de aplicação necessária apontam igualmente WENGLER (n. 8) 88 e seg., MARQUES DOS SANTOS (n. 2) 927 e segs., 934, 940 e seg. e 1033, cp. 959 e MOURA RAMOS (n. 3) 667 e segs., cp. 671 e seg.

[11] Neste sentido LOUSSOUARN – "Cours général de droit international privé", *RCADI* 139 (1973) 271-385, 328 e seg.; SCHWANDER – *Lois d'application immédiate, Sonderanknüpfung, IPR-Sachnormen und andere Ausnahmen von der gewöhnlichen Anknüpfung im internationalen Privatrecht*, Zurique, 1975, 283; EGON LORENZ – "Die Rechtswahlfreiheit im internationalen Schuldvertragsrecht", *RIW* 33 (1987) 569-584, 578 e seg.; VISCHER – "Zwingendes Recht und Eingriffsgesetze nach dem schweizerischen IPR-Gesetz", *RabelsZ* 53 (1989) 438-461, 446; SCHURIG – "Zwingendes Recht, 'Eingriffsnormen' und neues IPR", *RabelsZ* 54 (1990) 218-250, 226 e segs.; MAYER – *Droit international privé*, 5.ª ed., Paris, 1994, 90.

dimentos turísticos sitos em Portugal, por períodos de tempo limitados em cada ano, ficam sujeitos às disposições do presente diploma, qualquer que seja o lugar e a forma da sua celebração" (art. 60.°/7).

Segundo a interpretação mais correcta[12], isto significa que as disposições materiais do diploma devem ser aplicadas qualquer que seja a lei reguladora do contrato, quando o imóvel estiver situado em Portugal. Estas disposições são, por conseguinte, normas de aplicação necessária.

Todavia, contrariamente ao que se verifica com o Direito material especial, são diminutos os casos em que o legislador estabelece uma norma de conflitos *ad hoc* para normas ou leis individualizadas de Direito comum. Daí que muitos autores coloquem o acento no estabelecimento da "autolimitação" por via interpretativa, principalmente com recurso a um critério teleológico que atenda ao fim político-jurídico prosseguido pela norma material.

Esta "autolimitação" por via interpretativa suscita, porém, questões muito delicadas.

Parece muito duvidoso que a interpretação de uma norma possa ser conclusiva quanto à sua esfera de aplicação no espaço. O conteúdo e o fim da norma podem fornecer indicações importantes para o efeito, mas não parece que a interpretação da norma material possa por si conduzir a uma solução conflitual[13].

A formulação de uma norma de conflitos *ad hoc* ou uma valoração casuística sobre a aplicabilidade da norma no espaço passam necessa-

---

[12] Conforme com o art. 9.° da Dir. 94/47/CE que o DL n.° 180/99 veio transpor.

[13] Ver RABEL – DROBNIG – *The Conflict of Laws. A Comparative Study*, vol. I, 2.ª ed., 1958, 102 e seg.; WENGLER – "The General Principles of Private International Law", *RCADI* 104 (1961) 271-469, 358 e seg. e n. 10; Gerhard KEGEL – "The Crisis of Conflict of Laws", *RCADI* 112 (1964) 91-267, 198 e segs.; Id. – "Die selbstgerechte Sachnorm", *in Gedächtnischrift für Albert EHRENZWEIG*, org. por Erik JAYME e Gerhard KEGEL, 51-86, Karlsruhe e Heidelberga, 1976, 78, assinalando que extrair uma norma de conflitos de uma norma material é dificilmente possível, pois que a norma de conflitos é político-juridica-mente um *aliud*; SCHURIG – *Kollisionsnorm und Sachrecht. Zu Struktur, Standort und Methode des internationalen Privatrechts*, Berlim, 1981, 57. Não excluindo em absoluto essa possibilidade, mas entendendo que só se verifica em casos excepcionais, CAVERS – "Contemporary Conflicts Law in American Perspective", *RCADI* 131 (1970) 75-308, 122 e segs.; PIERRE LALIVE – "Tendences et méthodes en droit international privé", *RCADI* 155 (1977) 1-425, 120 e segs.; FERRER CORREIA – *Direito Internacional Privado. Alguns problemas*, Coimbra, 1981, 38 e segs. e 60 e segs., *maxime* n. 31; MARQUES DOS SANTOS (n. 2) 381 e segs. e 655.

138   *Estudos de Direito Internacional Privado*

riamente por um raciocínio conflitual, por uma avaliação dos laços que a situação estabelece com os diversos Estados em presença, que é exterior ao processo interpretativo da norma material a que diz respeito.

Por exemplo, algumas decisões dos tribunais portugueses têm entendido que as normas sobre despedimentos contidas na lei portuguesa são aplicáveis mesmo que o contrato de trabalho seja regido por uma lei estrangeira. Isto decorre da consideração do fim de protecção destas normas e da sua relação com os direitos fundamentais consagrados na Constituição. Mas não se encontra esclarecido qual o elemento ou elementos de conexão de que depende a aplicação destas normas. Enquanto uma decisão afirma que elas são sempre aplicáveis quando se trate de trabalhadores portugueses, outras decisões, relativas a trabalhadores portugueses de consulados portugueses, não seguem o mesmo entendimento.

É necessário um raciocínio conflitual, que valore o significado dos diferentes elementos de conexão.

No exemplo dado, parece que a execução do contrato de trabalho em Portugal é uma ligação suficiente para desencadear a aplicação destas normas. Perante a Convenção de Roma sobre a Lei Aplicável às Obrigações Contratuais isto já decorre da norma de conflitos geral (art. 6.°). Mas MOURA RAMOS defende que essas normas também são aplicáveis quando residentes habitualmente em Portugal sejam contratados através de estabelecimentos situados em Portugal para prestarem trabalho no estrangeiro[14]. Neste caso essas normas actuarão como normas de aplicação necessária ao abrigo do art. 7.°/2 da convenção. Tenho por certo que essas normas já não serão aplicáveis necessariamente se trabalhadores portugueses ou residentes habitualmente em Portugal forem contratados por estabelecimentos situados no estrangeiro para prestarem trabalho no estrangeiro.

As normas de aplicação necessária não constituem pois uma alternativa ao processo conflitual ou de regulação indirecta[15], mas uma manifes-

---

[14] Cf. (n. 2) 790 e "Contratos internacionais e protecção da parte mais fraca no sistema jurídico português", *in Contratos: Actualidade e Evolução*, Porto, 1997, 331-357, 352. Sobre o ponto ver ainda LIMA PINHEIRO – *Direito Internacional Privado – Parte Especial (Direito de Conflitos)*, Coimbra, 1999, 188 e seg.

[15] Cp., no sentido de serem uma alternativa ao "método conflitual", FRANCESCAKIS (n. 10) n.os 23 e segs, 64 e segs., 89 e segs. e 124; BATIFFOL – "L'avenir du droit international privé", *in Choix d'articles*, 315-331, 1973, 320 e seg.; Id. – "Actualité des intérêts du droit international privé", *in FS Konrad ZWEIGERT*, 23-35, 1981, 24 e seg.; Id. – "De l'usage

Apontamento sobre as normas de aplicação necessária perante o DIP português 139

tação de um *certo tipo de unilateralismo*[16], que *coloca o problema do Direito aplicável em função de normas individualizadas*[17]. Este modo de colocar o problema aproxima-se daquelas correntes de pensamento, fortemente representadas entre os internacionalprivatistas estadounidenses, que favorecem uma consideração do fim prosseguido com normas e regimes jurídicos individualizados[18].

Se a aplicação da norma material do foro depende de uma norma de conflitos *ad hoc* ou de uma valoração conflitual casuística, esta norma nunca é, por certo, imediatamente aplicável[19]. Trata-se de um processo de regulação indirecta. A diferença relativamente à regulação por via do sis-

---

des principes en droit international privé", *in Est. António* FERRER CORREIA, 103-119, Coimbra, 1986, 116 (mas cp. Id. L'avenir... 327 e "L' état du droit international privé en France et dans l'europe continentale de l'ouest", *Choix d'articles*, 11-31,1973, 24); MARQUES DOS SANTOS (n. 2) 37, 816 e segs., 840 e seg. e 963. Ver a crítica de PICONE – *Ordinamento competente e diritto internazionale privato*, Milão, 1986, 11 e segs.

[16] Ver também GOTHOT – "Le renouveau de la tendance unilatéraliste en droit international privé", *R. crit.* 60 (1971) 1-243 e 415-450, 211 e segs.; VITTA – "Diritto internazionale privato", *in Dig priv. civ.*, vol. VI, 1990, n.º 24; MARQUES DOS SANTOS (n. 2) 1040, 1048 e seg. e 1061; VISCHER – "General Course on Private International Law", *RCADI* 232 (1992) 9-256, 42 e seg.; BATIFFOL – LAGARDE – *Droit international privé*, vol. I – 8.ª ed., Paris, 1993, 425 e segs.; e, PICONE – "Caratteri ed evoluzione del metodo tradizionale dei conflitti di leggi", *RDI* 81(1998) 5-68, 57 e seg.

[17] Como escrevi em *A Jurisprudência dos Interesses e o Direito Internacional Privado* (relatório de mestrado policopiado), Lisboa, 1986, 65, "Não estará aqui de todo ausente um 'raciocínio de DIP', mas é um raciocínio de todo subordinado a uma especial vinculação do fim de uma norma a uma dada realidade espacial e que, como tal, parte da norma material e não da relação jurídica."

[18] Ver CAVERS – "A critique of the choice-of-law problem", *Harv. L. R.* 47 (1933) 173-208; Id. – "Contemporary Conflicts Law in American Perspective", *RCADI* 131 (1970) 75-308, 122 e segs. e 137 e segs.; CURRIE – *Selected Essays on the Conflict of Laws*, Durham, 177 e segs., 186 e seg. e 383; e, EHRENZWEIG – *Private International Law*, vol I, Leyden e Nova Iorque, 1967, 59 e 64. Sobre este relacionamento, ver LIMA PINHEIRO (n. 17) 62 e segs.; MARQUES DOS SANTOS (n. 2) 332; e, segs. e 570 e segs. e GUEDJ – "The Theory of the Lois de Police, A Functional Trend in Continental Private International Law – A Comparative Analysis With Modern American Theories", *Am. J. Comp. L.* (1991) 661-697.

[19] Cf. TOUBIANA – *Le domaine de la loi du contrat en droit international privé (contrats internationaux et dirigisme étatique)*, Paris, 1972, 230 e segs.; DEBY-GÉRARD – *Le rôle de la règle de conflit dans le règlement des rapports internationaux*, Paris, 1973, 37 e segs. e 48 e segs.; NEUHAUS (n. 7) 105 e segs., seguido por KROPHOLLER (n. 7) 94 e seg.; PIERRE LALIVE (n. 11) 106; e, SCHURIG (n. 9) 233 e segs.

tema de Direito de Conflitos é técnica: resulta da substituição deste sistema por normas de conflitos *ad hoc* ou por uma valoração conflitual casuística.

Por esta razão prefiro a expressão "norma de aplicação necessária" a "norma de aplicação imediata".

B) Determinação das normas de aplicação necessária

A questão fundamental que se coloca nesta matéria é a de saber quando é que o intérprete deve entender que determinada norma ou lei é de aplicação necessária.

Se houver indicação expressa do legislador o problema é de fácil resolução. A norma de conflitos especial prevalece sobre o Direito de Conflitos geral.

Na falta de solução expressa cabe ao intérprete demonstrar que se verifica um dos seguintes pressupostos:

– a vigência de uma norma de conflitos especial implícita;

– a necessidade de criação de uma solução conflitual especial à luz da teoria das lacunas da lei;

– a vigência de uma cláusula geral que permita colocar o problema da aplicabilidade da norma material em função das circunstâncias do caso concreto.

Como já se assinalou, são diminutos os casos em que o legislador português estabeleceu expressamente uma norma de conflitos especial para normas de Direito material comum.

A demonstração da vigência de uma norma de conflitos especial implícita ou da necessidade da criação, pelo intérprete, de uma solução especial, está sujeita a directrizes metodológicas estritas.

A norma de conflitos implícita deve inferir-se das proposições legais ou de práticas acompanhadas de uma convicção de vinculatividade.

Na falta de norma de conflitos implícita, a criação de uma solução conflitual pelo intérprete pressupõe a revelação de uma lacuna que deva ser integrada dessa forma. Na maioria dos casos, pelo menos, só pode tratar-se de uma lacuna oculta, porque a situação se encontra em princípio abrangida por uma norma do sistema de Direito de Conflitos. Por conseguinte, a revelação da lacuna pressupõe uma interpretação restritiva ou uma redução teleológica da norma de conflitos geral.

E é uma questão em aberto até que ponto no Direito Internacional Privado português vigora uma cláusula geral que permita ao intérprete uma valoração conflitual casuística. Perante a omissão do legislador e a tibiez da jurisprudência não vejo fundamento para a vigência desta cláusula geral.

De onde decorre que, na falta de norma de conflitos especial ou de revelação de uma lacuna que deva ser integrada mediante a criação de uma solução conflitual especial, o intérprete não pode atribuir a uma norma material o carácter de norma de aplicação necessária. Esta norma só pode relevar através da cláusula de ordem pública internacional, como *limite à aplicação do Direito estrangeiro*. Mas para isso é necessário que se trate de uma norma fundamental da ordem jurídica portuguesa e que o resultado concreto a que conduza o Direito estrangeiro competente seja manifestamente incompatível com esta norma.

Daí que *as normas de aplicação necessária sejam excepcionais*. Não se encontra aqui, portanto, uma alternativa global ao sistema de Direito de Conflitos, mas um limite ao funcionamento deste sistema que só se verifica em casos excepcionais.

Em matéria de contratos obrigacionais, vigora na ordem jurídica portuguesa o art. 7.°/2 da Convenção de Roma sobre a Lei Aplicável às Obrigações Contratuais, que permite a sobreposição das normas de aplicação necessária do foro à lei designada pelas normas de conflitos da convenção.

Também o art. 16.° da Convenção da Haia sobre a Lei Aplicável aos Contratos de Mediação e à Representação permite a aplicação de normas de aplicação necessária do Estado com o qual a situação apresente uma conexão efectiva (tanto pode ser o Estado do foro como um terceiro Estado).

Estes preceitos nada dispõem sobre a determinação das normas de aplicação necessária e, por conseguinte, não vêm alterar a posição assumida a este respeito em tese geral[20].

---

[20] Ver também LIMA PINHEIRO (n. 5) 776 e, relativamente à Convenção da Haia, KARSTEN – "Explanatory Report", *in Conférence de la Haye de droit international privé. Actes et documents de la treizième session*, vol. IV, 1979, n.° 94.

C) O art. 21.° do Código Civil de Macau

O Código Civil de Macau contém uma disposição inovadora sobre as normas de aplicação necessária vigentes na ordem interna. Sob a epígrafe "Normas de aplicação imediata" o art. 21.° determina que "As normas da lei de Macau que pelo seu objecto e fim específicos devam ser imperativamente aplicadas prevalecem sobre os preceitos da lei exterior designada nos termos da secção seguinte."

A "Nota de Abertura" e a "Breve Nota Justificativa" do Código informam que a Professora ISABEL DE MAGALHÃES COLLAÇO colaborou decisivamente na preparação das normas de Direito Internacional Privado, o que permite supor que a redacção do art. 21.° se deve a esta insigne internacional privatista.

Não cabendo fazer aqui uma exegese aprofundada desta disposição, assinalar-se-á que ela evoca, por um lado, o art. 7.°/2 da supracitada Convenção de Roma, que se refere às "regras do país do foro que regulem imperativamente o caso concreto, independentemente da lei aplicável ao contrato".

Em ambos os preceitos aflora uma ideia de *imperatividade internacional*: trata-se de normas que além de materialmente imperativas, também reclamam aplicação a situações internacionais independentemente da lei aplicável segundo o Direito de Conflitos geral[21]. O art. 7.°/2 da convenção é, a este respeito, mais explícito. O art. 21.° do código limita-se a referir as "normas que pelo seu objecto e fim específicos devam ser imperativamente aplicadas". Esta "aplicação imperativa" já contém em si a ideia de aplicação independente do sistema de Direito de Conflitos.

O art. 21.° do código também tem um alcance diferente do art. 7.°/2 da Convenção de Roma. Esta última disposição limita-se a permitir a sobreposição das normas de aplicação necessária do foro à lei designada pelas normas de conflitos da convenção. Como já se assinalou ela nada dispõe sobre a determinação das normas de aplicação necessária. Já o art. 21.° do código admite que a imperatividade internacional da norma seja inferida do seu objecto e fins.

Por este lado, a disposição evoca o art. 17.° da Lei de Reforma do Sistema Italiano de Direito Internacional Privado, de 1995. Segundo este

---

[21] Ver Max KELLER – Kurt SIEHR – *Allgemeine Lehren des internationalen Privatrechts*, Zurique, 1986, 244 e seg.

Apontamento sobre as normas de aplicação necessária perante o DIP português 143

artigo, "É ressalvada a prevalência sobre as disposições que se seguem das normas italianas que, em consideração do seu objecto e do seu fim, devam ser aplicadas não obstante o chamamento da lei estrangeira"[22].

De disposições desta natureza resulta, segundo me parece, que o intérprete ficará colocado numa posição diferente daquela que foi atrás definida perante o Direito Internacional Privado português. O intérprete é autorizado a aplicar uma norma material a uma situação internacional sempre que, *partindo* da sua interpretação e perante o conjunto das circunstâncias do caso concreto, conclua que a norma "reclama aplicação". Apesar do acento colocado no objecto e fins da norma, creio, pelas razões atrás expostas, que é sempre necessário um raciocínio conflitual[23]. Assim, uma disposição desta natureza vem a traduzir-se numa modalidade de cláusula geral que permite uma valoração conflitual casuística.

Isto não deve significar a aplicação sistemática de regras imperativas do foro como normas de aplicação necessária. A sobreposição de normas materiais do foro ao Direito estrangeiro competente segundo o sistema de Direito de Conflitos contraria os fins prosseguidos por este sistema. Uma norma só deve ser qualificada, por esta via, como de aplicação necessária, quando haja razões suficientemente ponderosas para justificarem um sacrifício dos fins prosseguidos pelo sistema de Direito de Conflitos. É também necessário que a "pretensão de aplicabilidade" no caso resulte claramente da interpretação da norma, designadamente à luz da intenção legislativa, e de valorações conflituais compatíveis com o sistema de Direito de Conflitos[24].

Como assinala, perante o Direito italiano, TREVES, o critério de identificação das normas de aplicação necessária deve ser restritivo, por forma que a esta normas continuem a constituir uma excepção[25].

---

[22] "È fatta salva la prevalenza sulle dispozioni che seguono delle norme italiane che, in considerazione del loro oggetto e del loro scopo, debbono essere applicate nonostante il richiamo alla legge straniera." Ver também o art. 18.º da Lei suíça de Direito Internacional Privado e o art. 3076.º do Código Civil do Quebeque (com a redacção dada em 1991).

[23] Cp. Tullio TREVES – "Articolo 17", *in Riforma del sistema italiano di diritto intermazionale privato: legge 31 maggio 1995 n. 218 – Commentario, RDIPP* 31 (1995) 986-990.

[24] Ver também as considerações tecidas por VAN HECKE – "International Contracts and Domestic Legislative Policies", *in FS F. A. MANN, Internationales Recht und Wirtschaftsordnung. International Law and Economic Order*, Munique, 1977, 183-191, 186 e VISCHER – "Art. 18" in *IPRG Kommentar*, Zurique, 1993, n.º 3.

[25] Op. cit. (n. 23) 989.

II. A RELEVÂNCIA DE NORMAS IMPERATIVAS ESTRANGEIRAS

A) Identificação do problema

A discussão sobre as normas de aplicação necessária veio suscitar a questão de saber se e em que termos deverá ser dada relevância a normas materiais de ordenamentos estrangeiros que não são os chamados pelo sistema de Direito de Conflitos a regular a situação.

As normas imperativas estrangeiras só podem ser aplicadas na ordem jurídica local por força do título de aplicação que uma proposição vigente nesta ordem jurídica lhes conceda.

A esta luz, cabe distinguir entre normas imperativas da *lex causae* – a lei designada pelo sistema de Direito de Conflitos – e normas imperativas de terceiros ordenamentos.

Poderá pensar-se que as normas imperativas da *lex causae* são aplicáveis no quadro do título de aplicação conferido a essa lei pelas normas de conflitos gerais. Mas há quem defenda que a aplicabilidade de certas categorias de normas imperativas, designadamente as chamadas "normas de intervenção", põe em jogo "interesses conflituais específicos", diferentes dos que são tutelados pelas normas de conflitos gerais, devendo por isso depender exclusivamente de normas de conflitos especiais[26].

Com efeito, as normas de conflitos especiais limitam o domínio de aplicação das normas de conflitos gerais[27]. Isto terá por consequência a inaplicabilidade das normas imperativas da *lex causae* que sejam reconduzíveis à categoria normativa prevista na norma de conflitos especial.

---

[26] Ver KEGEL (n. 13 [1976]) 82 e seg. e "Die Rolle des öffentlichen Rechts im internationalen Privatrecht", *in FS Ignaz* SEIDL-HOHENVELDERN, *Völkerrecht. Recht der Internationalen Organisationen. Weltwirtschaftsrecht*, 243-278, Colónia et al., 246 e 250 e segs.; SCHURIG (n. 11) 217 e 226 e segs.; SCHNYDER – *Wirtschaftskollisionsrecht. Sonderanknüfung und extraterritoriale Anwendung wirtschaftsrechtlicher Normen unter besonderer Berücksichtigung von Marktrecht*, Zurique, 1990, 244 e segs.; e, BASEDOW – Recensão a KREUZER (*Zum einflußfremdstaatlicher Eingriffsnormen auf private Rechtsgeschäfte*, Heidelberga, 1986), *JZ* (1986) 1053-1054, 1054 e "Conflicts of Economic Regulation", *Am. J. Comp. L.* 42 (1994) 423-447, 435 e segs. Ver ainda LIMA PINHEIRO (n. 5) 781 e seg. com mais referências.

[27] O mesmo se verificando com as soluções conflituais *ad hoc* que, na falta de norma de conflitos especial, sejam criadas pelo intérprete.

Por exemplo, caso se entenda que, pelo que toca aos seus efeitos sobre a validade de um contrato, são aplicáveis as normas de defesa da concorrência do Estado em que ocorram as práticas restritivas da concorrência ou em que se produzam os seus efeitos[28], não serão chamadas as normas de defesa da concorrência do Direito regulador do contrato, quando não seja o do mesmo Estado.

Só não será assim se for configurada uma conexão cumulativa, por forma a que tais normas imperativas sejam aplicáveis quer quando integram a *lex causae* quer quando vigoram na ordem jurídica do Estado que apresenta a conexão especial com a situação.

Adiante veremos até que ponto devem ser consagradas soluções deste tipo.

Quanto às normas imperativas de terceiros ordenamentos, coloca-se a questão de saber se a ordem jurídica local lhes confere um título de aplicação mediante proposições jurídicas especiais ou se, de outro modo, permite a sua tomada em consideração.

Um exemplo importante de regra sobre a relevância de normas imperativas de terceiros ordenamentos é o n.º 1 do art. 7.º da Convenção de Roma sobre a Lei Aplicável às Obrigações Contratuais[29]:

> "Ao aplicar-se, por força da presente Convenção, a lei de um determinado país, pode ser dada prevalência às disposições imperativas da lei de outro país com o qual a situação apresente uma conexão estreita se, e na medida em que, de acordo com o direito deste último país, essas disposições forem aplicáveis, qualquer que seja a lei reguladora do contrato. Para se decidir se deve ser dada prevalência a estas disposições imperativas, ter-se-á em conta a sua natureza e o seu objecto, bem como as consequências que resultariam da sua aplicação ou da sua não aplicação."

Assinale-se que esta norma só confere relevância às normas imperativas de terceiro Estado que sejam de aplicação necessária (visto que só se refere às disposições que sejam aplicáveis qualquer que seja a lei reguladora do contrato). Se as normas imperativas do terceiro Estado forem apli-

---

[28] Designadamente por via de uma bilateralização, limitada aos efeitos do Direito da Concorrência sobre situações "privadas", do n.º 2 do art. 1.º do DL n.º 371/93, de 29/10.

[29] Sobre este preceito ver Marques dos Santos (n. 2) 1020 e segs. e Lima Pinheiro (n. 5) 778 e seg. e bibliografia aí referida.

cáveis a título de Direito regulador do contrato o art. 7.°/1 não lhes confere relevância. Isto exprime a tendência para encarar o problema da relevância de normas imperativas de terceiros Estados como uma das vertentes do tema das normas de aplicação necessária.

Esta atitude não se me afigura justificada: por que razão se há-de tratar diferentemente as normas imperativas de terceiros Estados, que apresentam uma ligação significativa com a situação, conforme na ordem jurídica estrangeira sejam ou não encaradas como normas de aplicação necessária? A distinção conduzirá, designadamente, a que normas imperativas de conteúdo e finalidade semelhantes e que são consideradas aplicáveis no caso pelo Direito Internacional Privado do sistema de onde promanam sejam tratadas de modo diferente, conforme a sua aplicação dependa ou não, segundo o mesmo Direito Internacional Privado, de integrarem o estatuto obrigacional[30]. O que não se afigura aceitável.

Por conseguinte, o problema diz respeito à relevância de quaisquer normas imperativas estrangeiras, que não estejam integradas na ordem jurídica competente segundo o Direito de Conflitos geral[31].

Acrescente-se que n.° 1 do art. 7.° da Convenção de Roma não vigora na ordem jurídica portuguesa, porque Portugal fez a reserva prevista na al. a) do n.° 1 do art. 22.° da Convenção.

B) Principais teses sobre a relevância das normas imperativas estrangeiras

Com respeito à relevância de normas imperativas de terceiros ordenamentos em matéria de obrigações contratuais fazem-se representar na doutrina duas teses fundamentais: a *teoria do estatuto obrigacional* e a *teoria da conexão especial*.

Segundo o entendimento tradicional, que corresponde à teoria do estatuto obrigacional, as normas imperativas estrangeiras só serão apli-

---

[30] Ver ainda LIMA PINHEIRO (n. 5) 780 e seg.

[31] Poderá pensar-se que é esta a perspectiva adoptada no art. 19.° da Lei suíça de Direito Internacional Privado e no art. 3079.° do Código Civil do Quebeque (com a redacção dada em 1991) – cf., pelo que toca ao Direito suíço, FRANK VISCHER – "Art. 19" in *IPRG Kommentar*, Zurique, 1993, n.° 12. Mas a versão italiana do art. 19.° da Lei suíça refere-se expressamente a "normas estrangeiras de aplicação necessária".

cadas quando integrem a *lex causae*[32]. Normas de terceiros ordenamentos só poderão relevar enquanto pressupostos de facto de normas da *lex causae*, em termos que adiante se esclarecerão.

A dita teoria da conexão especial não corresponde a uma concepção unitária.

Na formulação que lhe foi dada pelo primeiro WENGLER, traduz-se numa cláusula geral segundo a qual serão aplicadas, além das normas jurídicas que pertençam ao estatuto obrigacional, as de qualquer outra ordem jurídica, dispostas a aplicar-se, desde que exista uma relação suficientemente estreita entre a ordem jurídica em causa e o contrato e tendo como limite a sua conformidade com a ordem pública do foro[33].

Esta cláusula geral utiliza um conceito designativo indeterminado – a relação estreita – e contém uma remissão condicionada à vontade de aplicação das normas em causa.

Encontram-se variantes desta concepção em NEUMAYER, TOUBIANA e outros autores[34].

---

[32] Por todos ver ISABEL DE MAGALHÃES COLLAÇO, num primeiro momento do seu pensamento (n. 1) 319 e segs.; SCHNITZER – *Handbuch des internationalen Privatrechts*, 4.ª ed., vol. II, Basileia, 1958, 787(com respeito à legislação sobre divisas); MANN – "Conflict of Laws and Public Law", *RCADI* 132 (1971) 107-196, 157 e segs.; BATIFFOL – An. a *Cass.* 17/10/72, *R. crit.* 62 (1973) 521-524, 522 e seg.

No domínio das obrigações voluntárias, tem-se em primeira linha em vista a *lex contractus* conquanto, em rigor, a *lex causae* possa também ser a designada por uma das normas conflitos, contidas no sistema, que concernem a questões parciais (mormente capacidade, forma, valor negocial do comportamento e modo de cumprimento).

[33] 1941: 181 e segs., 185 e segs. e 197 e segs. Num segundo momento [(n. 8) 92 e segs. e 110], WENGLER veio sugerir a formulação de uma cláusula geral de ordem pública internacional (positiva) "em sentido próprio", por força da qual é permitida a aplicação de normas imperativas de terceiros Estados dispostas a aplicar-se quando, na perspectiva do Estado do foro, servem um interesse da comunidade jurídica internacional, considerada no seu conjunto, com respeito à conformação jurídica das relações internacionais e quando existe uma disposição semelhante no Estado do foro, que reclama um domínio de aplicação excepcional, mesmo que não se possa dizer que com isso seja promovido indirectamente um interesse nacional do Estado do foro. Neste segundo caso, trata-se, em certo sentido, de uma ideia de reciprocidade: um Estado que edita normas com um domínio de aplicação excepcional reconhece aos Estados estrangeiros uma correspondente competência. Esta solução seria ainda de seguir quando no Estado do foro não há disposição equivalente mas o juiz verifica que o Estado do foro teria adoptado regulação correspondente, se a necessidade de uma tal regulação tivesse aí sido sentida.

[34] NEUMAYER – "Autonomie de la volonté et dispositions impératives en droit international privé des obligations", *R. crit.*(1957) 579-604 e (1958) 53-78, 1958; TOUBIANA

São também variantes desta concepção as soluções consagradas no n.º 1 do art. 7.º da Convenção de Roma e no art. 16.º da Convenção da Haia sobre a Lei Aplicável aos Contratos de Mediação e à Representação. Ao nível dos sistemas nacionais posso referir o art. 19.º da Lei suíça de Direito Internacional Privado e o art. 3079.º do Código Civil do Quebeque (com a redacção dada em 1991).

Entre nós é defendida uma concepção próxima por MARQUES DOS SANTOS, que partindo da ideia básica de reconhecimento no Estado do foro da vontade de aplicação das normas de aplicação imediata estrangeiras propõe a adopção de uma "regra de reconhecimento" "que dê um título e legitime a relevância, no Estado do foro, de tais regras, de acordo com as condições e dentro dos limites fixados por este último Estado"[35].

Como limites ao "reconhecimento" coloca MARQUES DOS SANTOS a exclusão de pretensões de aplicação exorbitante e das normas que colidam com interesses do Estado do foro ou com interesses afins aos de este Estado[36].

Que dizer destas teses?

(n. 19) 256; LANDO – "The Conflict of Laws of Contracts. General Principles", *RCADI* 189 (1984) 223-447, 404 e segs.; DROBNIG – "Die Beachtung von ausländischen Eingriffsgesetzen – eine Interessenanalyse", *in FS Karl NEUMAYER*, 159-179, 1985, 159 e 178 e seg., ver também "Das Profil des Wirtschaftskollisionsrechts", *RabelsZ* 52 (1988) 1-7: 5 e 7; CHRISTIAN VON BAR – *Internationales Privatrecht*, vol. I, Munique, 1987, 235; MAYER (n. 11) 92 e seg.; MARTINY "Art. 34" *in Münchener Kommentar zum Bürgerlichen Gesetzbuch*, vol. X, 3.ª ed., Munique, 1998, n.º 48 (mas cp. SONNENBERGER " Einl. IPR" *in* op. cit., n.os 59 e 61 e segs.); BATIFFOL – LAGARDE (n. 16) 429 e seg. Cp. KEGEL – *Internationales Privatrecht – ein Studienbuch*, 7.ª ed., Munique, 1995, 119 e 850; ver ainda ROZAS – LORENZO – *Curso de Derecho Internacional Privado*, 2.ª ed., Madrid, 1993, 537 e segs. e a crítica de BASEDOW – "Wirtschaftskollisionsrecht – Theoretischer Versuch über die ordnungspolitischen Normen des Forumstaates", *RabelsZ* 52 (1988) 8-38, 25 e seg.

[35] (N. 2) 1046; mais adiante, o autor fala, a este respeito, em "atribuir eficácia" às regras de aplicação imediata estrangeiras [op. cit. 1047], classificando como "regras de reconhecimento" as que constam dos arts. 7.º/1 da Convenção de Roma e 19.º da Lei suíça de Direito Internacional Privado.

[36] N. 2 1052. Os interesses comuns não seriam pois uma condição de aplicação, mas um limite à aplicação. Estes interesses comuns poderiam ser referidos apenas a alguns Estados com os quais Portugal tenha particulares afinidades, nos domínios político, económico, social e cultural [op. cit. 1056]. À época, o autor entendia que esta construção poderia "ser aplicada" na ordem jurídica portuguesa, invocando a "próxima adesão" à Convenção de Roma, o art. 65.º/2 CC como regra "que assegura o reconhecimento em Portugal de certas normas de aplicação imediata estrangeiras mediante a elaboração de uma conexão especial" e o art. 31.º/2 e /3 da Lei 13/85, de 6/7 (Lei do Património Cultural Português).

Quanto à teoria do estatuto obrigacional parece que, levada às suas últimas consequências, impediria qualquer desenvolvimento e aperfeiçoamento do sistema pela jurisprudência e pela ciência jurídica. Estaria vedado o desenvolvimento de normas de conflitos especiais ou de cláusulas gerais, com carácter bilateral, mesmo no caso de, na ordem jurídica do foro, o legislador haver consagrado normas unilaterais *ad hoc* ou uma cláusula geral com respeito à aplicabilidade de certas normas materiais do foro.

Por exemplo, ficaria liminarmente excluída a possibilidade de bilateralizar uma norma unilateral segundo a qual certas normas protectoras do titular de um direito real de habitação periódica ou de um direito de habitação turística se aplicam sempre que o imóvel esteja situado em Portugal, por forma a aplicar normas de conteúdo e função semelhante existentes na lei da situação do imóvel, quando o imóvel estiver situado no estrangeiro.

Ora, esta atitude é contrária à tendência actual para reconhecer o papel criativo da jurisprudência e da ciência jurídica e dificilmente se vê a razão por que ao intérprete há-de ser negada, em relação às normas unilaterais *ad hoc*, aquela possibilidade de bilateralização que, em princípio, lhe é reconhecida com respeito a outras normas unilaterais[37].

Quanto à teoria da conexão especial, é de sublinhar que as cláusulas gerais sobre a relevância de normas imperativas de terceiros Estados deixam uma larga margem de apreciação ao intérprete, que tem por correlativo a incerteza sobre o regime jurídico aplicável e a imprevisibilidade de soluções[38].

Uma maior certeza e previsibilidade de resultados só podem ser alcançadas mediante uma determinação das conexões relevantes e das exigências que devem ser postas ao conteúdo e fim das normas imperativas estrangeiras. O que aponta para o desenvolvimento de normas de conflitos especiais.

Para o efeito poderá apostar-se mais na bilateralização das soluções consagradas para as normas autolimitadas de Direito interno ou na criação de normas de conflitos bilaterais independentemente de um processo de bilateralização.

---

[37] Ver ainda LIMA PINHEIRO (n. 5) 783.
[38] Cf. ISABEL DE MAGALHÃES COLLAÇO (n. 1) 328 e seg.

C) Posição adoptada *de iure condendo*

De iure condendo, dou preferência à criação de *normas de remissão condicionada* a certas categorias de normas imperativas vigentes em Estados que apresentam determinada conexão com a situação[39].

A remissão será condicionada à "disposição a aplicar-se" das normas em causa, quer se trate de normas de aplicação necessária ou de outras normas imperativas que "reclamam aplicação" por força do respectivo sistema de Direito de Conflitos.

Na elaboração destas normas entrarão em linha de conta não só as finalidades de política legislativa de normas e regimes materiais individualizados, mas também o conjunto de princípios e ideias orientadoras do Direito Internacional Privado, designadamente os princípios relativos à conformação global do sistema e a tutela dos interesses típicos das partes.

Frequentemente estas normas deverão estabelecer a aplicação cumulativa das normas imperativas do Estado que apresenta a conexão especial com a situação com as normas imperativas da *lex causae*.

Assim, por exemplo, no que toca aos contratos, defendo uma remissão condicionada ao Direito do lugar em que o contrato deve ser executado[40]. Esta remissão condicionada justifica-se com respeito quer às normas imperativas relativas à sua execução[41] quer às regras que estabeleçam requisitos de validade do conteúdo e do fim do contrato[42].E não

---

[39] Em sentido convergente ver SCHURIG (n. 11) 229 e segs. e 238 e segs.

[40] Sobre a jurisprudência inglesa em matéria de invalidade do contrato cujo objecto ou fim é contrário a disposições da lei do lugar da execução, que aponta até certo ponto neste sentido, ver LIMA PINHEIRO (n. 5) 787 e seg.

[41] A decisão proferida pelo STJ em 7/6/83 [*BMJ* 328: 447], relativamente a um contrato de trabalho, parece apontar neste sentido. Com efeito, pode ler-se nesta decisão: "A remissão [feita no contrato] para a lei e usos locais quanto a exigências de carácter sanitário, horários de trabalho, descanso, actividades políticas ou religiosas, segredo profissional em obras de carácter militar ou de segurança (...) é perfeitamente compatível com a aplicação genérica da lei portuguesa [a título de *lex contractus*], dado versar sobre pontos específicos inerentes a trabalho prestado no território daquele país, ou mesmo se impor por razões de soberania". Sobre a aplicabilidade das normas de Direito público vigentes no lugar da execução do trabalho ver LIMA PINHEIRO (n. 14) 191 e bibliografia aí indicada.

[42] Ver também ZWEIGERT – "Nichterfüllung auf Grund ausländischer Leistungsverbote", *RabelsZ* 14 (1942) 283-307, 295; Id. – "Droit international privé e droit publique", *R. crit.* 54 (1965) 645-666, 649; TOUBIANA (n. 19) 297 e segs.; e, SPERDUTI – "Droit international privé et droit public étranger", *Clunet* 104 (1977) 5-15, 13 e seg. Indicações neste

deve excluir a aplicação das regras do Direito regulador do contrato que digam respeito a estas matérias.

A aplicação à validade e à execução do contrato das normas contidas na lei do lugar onde o contrato é executado permite resolver grande parte dos problemas suscitados pelas normas imperativas "dispostas a aplicar--se" de terceiros Estados.

Por certo, não será possível aplicar, por via destas normas de conexão especiais, as normas imperativas de todos os Estados que apresentam laços significativos com a situação. Mas é também duvidoso que este resultado seja desejável, pelo cúmulo de normas imperativas de diferentes Estados a que conduz, com a consequente limitação da autonomia dos sujeitos das relações privadas internacionais. Acresce que este resultado só é atingível por meio de uma cláusula geral, com os inconvenientes atrás referidos.

D) Posição adoptada *de iure constituto*

Não vigora na ordem jurídica portuguesa qualquer regra geral sobre a relevância de normas imperativas de terceiros ordenamentos. O mesmo se verifica perante o Código Civil de Macau.

Todavia o Direito Internacional Privado português contém algumas regras relevantes em domínios específicos.

A mais importante é a que consta do art. 16.º da Convenção da Haia sobre a Lei Aplicável aos Contratos de Mediação e à Representação: "Na aplicação da presente Convenção poderá atribuir-se efeito às disposições imperativas de qualquer Estado com o qual a situação apresente uma cone-xão efectiva, se e na medida em que, segundo o direito desse Estado, tais disposições forem aplicáveis, qualquer que seja a lei designada pelas suas regras de conflito"[43].

---

sentido encontram-se já em TAVARES DE MEDEIROS – *Da Reciprocidade Internacional no Cumprimento das Obrigações Civis*, Lisboa, 1892, 29 e seg. e 57.

No que toca à validade do contrato, serão relevantes os requisitos estabelecidos pela lei do lugar da execução ao tempo da celebração do contrato. As normas proibitivas ou limitativas que sejam adoptadas pela lei do lugar da execução posteriormente à conclusão do negócio deverão apenas ser tidas em conta como pressupostos de facto das normas da *lex contractus* relativas à exoneração do devedor.

[43] Sobre este preceito ver VON OVERBECK – "La contribution de la conférence de La Haye au développement du droit international privé", *RCADI* 233 (1992) 9-98, 50 e segs.

Também o disposto no n.º 2 do art. 31.º da Lei n.º 13/85, de 6/7, sobre o património cultural português, pode ser encarado como consagração legislativa de uma conexão especial estabelecida com o país da proveniência dos bens culturais.

É a seguinte a redacção do preceito:

> "São nulas e de nenhum efeito as transacções realizadas em território português sobre bens culturais móveis provenientes de países estrangeiros quando efectuadas em infracção da respectiva legislação interna reguladora da sua alienação ou exportação".

Há ainda certas normas de remissão condicionada que permitem ter em conta a "vontade de aplicação" de normas estrangeiras – arts. 36.º/1 *in fine* (forma da declaração), 45.º/3 (responsabilidade extracontratual), 47.º (capacidade para constituir direitos reais sobre coisas imóveis ou dispor deles) e 65.º/2 (forma das disposições por morte), todos do Código Civil, e art. 9.º/6 da Convenção de Roma (forma do contrato)[44].

Fora destes domínios específicos, a criação, pelo intérprete, de normas de conflitos especiais, que atribuam um título de aplicação a normas imperativas de terceiros Estados, pressupõe a revelação de uma lacuna oculta mediante *interpretação restritiva* ou *redução teleológica* das normas de conflitos gerais em causa[45]. E deve obedecer aos critérios estabelecidos, na ordem jurídica portuguesa, para a sua integração.

Se o próprio legislador introduziu limites às normas de conflitos gerais com respeito a normas autolimitadas do foro, designadamente por meio de normas unilaterais *ad hoc*, encontra-se muito facilitada a revelação de uma lacuna oculta com respeito à aplicabilidade de normas imperativas semelhantes contidas em ordenamentos estrangeiros[46].

Na falta de demonstração em contrário, é de supor que as normas unilaterais ligadas às normas autolimitadas do foro consagram, como resul-

---

[44] Sobre estas disposições ver LIMA PINHEIRO (n. 14) 66, 146 e seg., 149, 153 e seg.e 229 e seg., com mais referências. No Código Civil de Macau ver arts. 35.º/1 *in fine*, 44.º/3, 46.º e 62.º/2.

[45] Ver LIMA PINHEIRO (n. 5) 790 e, sobre o sentido da reserva posta à aplicação do n.º 1 do art. 7.º da Convenção de Roma, 783 e seg., com mais referências.

[46] Relativamente aos sistemas que consagrem uma cláusula geral facultando uma valoração conflitual casuística de normas individualizadas da ordem jurídica do foro ver LIMA PINHEIRO (n. 5) 792 e seg.

Apontamento sobre as normas de aplicação necessária perante o DIP português 153

tado de uma valoração conflitual, soluções que se revelam adequadas para todas as normas que apresentam conteúdo e função equivalentes, quer sejam normas do foro ou normas estrangeiras. Por isso estas normas unilaterais *ad hoc* são, em princípio, bilateralizáveis[47].

Observe-se que em matéria de contratos cambiais existe mesmo uma norma bilateral de fonte internacional, que consta da al. b) do art. VIII do Acordo Relativo ao Fundo Monetário Internacional. Esta norma estabelece uma conexão especial com a regulamentação cambial do Estado cuja moeda está em causa[48].

Abre-se ainda a possibilidade de uma aplicação analógica de normas de conflitos especiais consagradas pelo legislador para regras imperativas estrangeiras relativas a certas questões.

Também se pode colocar a questão de saber se essas soluções particulares não constituem a manifestação de um princípio mais geral.

Em todo o caso, uma generalização, por via analógica, da cláusula geral que consta do art. 16.° da supracitada Convenção da Haia parece-me indefensável. O legislador português, ao formular uma reserva ao art. 7.°/1 da Convenção de Roma, mostrou-se claramente desfavorável à generalização de uma solução deste tipo.

E não vejo que de soluções muito específicas, como a consagrada no n.° 2 do art. 31.° da Lei n.° 13/85, se possa retirar qualquer princípio geral sobre a relevância de outras normas de terceiros Estados.

---

[47] Em sentido favorável à bilateralização, NEUMAYER (n. 34) 38; ZWEIGERT (n. 42 [1965]) 656 e segs.; TOUBIANA (n. 19) 230 e segs., 241 e segs. e 258 e segs.; DEBY-GÉRARD (n. 19) 48 e segs.; NEUHAUS (n. 7) 40 e seg. e 106, seguido por KROPHOLLER (n. 7) 95; KEGEL (n. 13 [1976]) 75; MARTINEK – *Das internationale Kartellprivatrecht. Ein Beitrag zur Kollisionsrechtliches Sonderanknüpfung im internationalen Wirtschaftsrecht*, Heidelberga, 1987, 45 e segs. e 94 e segs. Sobre o ponto ver ainda WENGLER (n. 8) 92 e FERRER CORREIA (n. 1 [1982]) 390. Cp. FRANCESCAKIS – "Quelques précisions sur les 'lois d'application immédiate' et leurs rapports avec les règles de conflits de lois", *R. crit.* 55 (1966) 1-18, 9 e segs., MARQUES DOS SANTOS (n. 2) 822, 941 e 1002 e seg. e BATIFFOL – LAGARDE (n. 16) 429.

Sobre os limites à bilateralização de normas unilaterais ver LIMA PINHEIRO (n. 5) 307 e seg. e 790 e seg.

[48] Segundo este preceito, os "contratos cambiais que envolvam a moeda de qualquer membro e que sejam contrários à regulamentação cambial que esse membro mantenha ou introduza, em conformidade com o presente Acordo, não serão executórios nos territórios de nenhum membro."

E) Relevância de normas imperativas de terceiros Estados no quadro do Direito material da *lex causae*

Nos casos em que a ordem jurídica local não atribui um título de aplicação a normas imperativas de terceiros Estados, estas normas podem ainda ter relevância no quadro do Direito material da *lex causae*.

Antes de terminar, importa fazer uma brevíssima referência a esta *tomada em consideração* das normas imperativas de terceiros Estados no quadro do Direito material da *lex causae*[49].

Esta tomada em consideração verifica-se indubitavelmente nos casos em que a norma é considerada como um pressuposto de facto da aplicação de uma norma material da *lex causae*[50].

A hipótese de escola é a da relevância da norma proibitiva do país de execução do contrato como facto gerador de impossibilidade de cumprimento. Parece de exigir, para o efeito, que a vigência da norma constitua um impedimento efectivo à execução da prestação, quer pela impossibilidade material de a realizar (mormente sem colaboração das autoridades públicas), quer pelo risco efectivo de uma sanção em caso de inobservância da proibição[51].

---

[49] Sobre o significado da expressão "tomar em consideração" ver LIMA PINHEIRO (n. 5) 794 e seg.

[50] Ver MANN – "Proper Law and Illegality in Private International Law", *Brit. YBIL* 18 (1937) 97-113, 110 e seg.; WENGLER – "Die Anknüpfung des zwingenden Schuldrechts im internationalen Privatrecht. Eine rechtsvergleichende Studie", *ZvglRW* 45 (1941) 168--212, 202 e segs. e (n. 13) 388 e segs.; ISABEL DE MAGALHÃES COLLAÇO (n. 1[1954]) 319 e segs.; EHRENZWEIG (n. 18) 83 e seg.]; EHRENZWEIG – JAYME – *Private International Law*, vol. III, Leyden e Nova Iorque, 1977, 9 e seg.; MOURA RAMOS (n. 3) 699 e segs.; MARQUES DOS SANTOS (n. 2) 985 e segs.; ZIMMER – "Ausländisches Wirtschaftsrecht vor deutschen Zivilgerichten: Zur Unterscheidung zwischen einer normativen Berücksichtigung fremder zwingender Normen und einer bloßen Beachtung ihrer tatsächlichen Folgen", *IPRax* 13 (1993) 65-69, 67 e segs.

[51] Ver WENGLER (n. 8), não excluindo que a impossibilidade, em lugar de conduzir à exoneração do devedor, possa resultar numa adaptação da obrigação de prestação, quando for concebível a sua execução noutro lugar. A superveniência de leis imperativas, que não cause uma impossibilidade de cumprimento, pode relevar como alteração da base do negócio – ver SCHURIG (n. 11) 240 e segs. e VISCHER (n. 16) 176 e segs. Observe-se ainda que a consciente violação de uma lei estrangeira pode fundamentar uma pretensão de indemnização por prejuízos causados mediante uma actuação contrária aos bons costumes nos termos do art. 826.° BGB – cf. MARTINY – "Internationales

Além desta hipótese, coloca-se o problema das consequências que advêm, para a validade de um negócio jurídico, da contrariedade do seu objecto ou fim a normas imperativas de terceiros ordenamentos.

Quando o Direito português for chamado a reger o negócio jurídico, a violação de uma norma imperativa estrangeira só poderia constituir fundamento de nulidade por contrariedade à lei do objecto ou do fim do negócio, perante os arts. 280.° e 281.° do Código Civil, se a norma imperativa fosse aplicada.

A jurisprudência de diversos países e, designadamente, a alemã, tem evitado este resultado, entendendo que a invalidade do negócio cujo objecto seja contrário a normas imperativas de terceiros Estados decorre da *contrariedade aos bons costumes*. Com efeito, os tribunais alemães têm reiteradamente considerado imoral o contrato que as partes celebram em violação de normas imperativas de terceiros Estados, quando estas normas correspondem também a um interesse público alemão ou servem interesses geralmente atendidos por todos os povos[52].

Para um sistema que consagre uma conexão especial com a lei do país onde o contrato deve ser executado, designadamente com respeito aos requisitos de validade do objecto e do fim do contrato, raramente o problema se colocará. Mas enquanto esta solução não for consagrada pelo Direito positivo a contrariedade aos bons costumes do objecto ou do fim do contrato constitui por assim dizer a "válvula de segurança" do sistema[53].

Assinale-se, por último, que o órgão de aplicação dispõe de uma certa margem de apreciação, quando determina se a violação de uma norma

---

Vertragsrecht zwischen Rechtsgefälle und Vereinheitlichung", *ZeuP* (1995) 67-88, 87 e seg. e jurisprudência aí referida.

Quanto aos problemas específicos suscitados pela invocação, como impedimento à execução de contratos celebrados com entes públicos, de modificações legislativas no país onde o contrato deve ser executado, ver VON HOFFMANN *in* FISCHER – VON HOFFMANN – *Staatsunternehmen im Völkerrecht und im Internationalen Privatrecht*, Heidelberga, 1984, 43 e 60 e segs. e BÖCKSTIEGEL – "Hardship, Force Majeure and Special Risks Clauses in International Contracts", *in* HORN (org.), *Adaptation and Renegotiation of Contracts in International Trade and Finance*, 159-169, Deventer et al., 1985, 167 e seg.

[52] Ver, por exemplo, a decisão proferida pelo BGH, em 22/6/72 [*BGHZ* 59: 82], no caso das máscaras de bronze e a jurisprudência do RG com respeito aos contratos envolvendo contrabando cit. por CHRISTIAN VON BAR (n. 34) 234 n. 218. Ver também DROBNIG (n. 34) 161 e seg.

[53] Ver desenvolvimento em LIMA PINHEIRO (n. 5) 795 e seg.

156   *Estudos de Direito Internacional Privado*

imperativa estrangeira constitui, na perspectiva do Direito material da *lex causae*, uma conduta ofensiva dos bons costumes.

RESUMO

I. As normas de aplicação necessária são uma das modalidades de normas autolimitadas. É autolimitada aquela norma material cuja esfera de aplicação no espaço não corresponde à que resultaria da actuação do sistema de Direito de Conflitos. Isto pode resultar de esta norma material ser acompanhada de uma norma de conflitos especial (explícita ou implícita) ou de uma valoração casuística, feita pelo intérprete face ao conjunto das circunstâncias do caso. Se a norma autolimitada reclama uma esfera de aplicação mais vasta do que aquela que decorreria do Direito de Conflitos geral trata-se de uma norma de aplicação imediata ou necessária.

A formulação de uma norma de conflitos *ad hoc* ou uma valoração casuística sobre a aplicabilidade da norma no espaço passam necessariamente por um raciocínio conflitual, por uma avaliação dos laços que a situação estabelece com os diversos Estados em presença, que é exterior ao processo interpretativo da norma material a que diz respeito. As normas de aplicação necessária não constituem pois uma alternativa ao processo conflitual ou de regulação indirecta, mas uma manifestação de um certo tipo de unilateralismo, que coloca o problema do Direito aplicável em função de normas individualizadas.

Perante o Direito Internacional Privado português o intérprete só pode atribuir a uma norma material o carácter de norma de aplicação necessária em duas hipóteses: quando a norma material for acompanhada de uma norma de conflitos especial e quando for revelada uma lacuna do Direito de Conflitos que deva ser integrada mediante a criação de uma solução conflitual especial.

Já perante o art. 21.º do Código Civil de Macau o intérprete é autorizado a aplicar uma norma material a uma situação internacional sempre que, partindo da sua interpretação e perante o conjunto das circunstâncias do caso concreto, conclua que a norma "reclama aplicação".

II. As normas imperativas estrangeiras só podem ser aplicadas na ordem jurídica local por força do título de aplicação que uma proposição vigente nesta ordem jurídica lhes conceda.

As normas imperativas da *lex causae* são aplicáveis no quadro do título de aplicação conferido a essa lei pelas normas de conflitos gerais. Mas este título de aplicação pode ser limitado pelas normas de conflitos especiais que se reportem a determinadas categorias de normas imperativas.

Quando às normas imperativas de terceiros Estados merece preferência, *de iure condendo*, a criação de *normas de remissão condicionada* a certas categorias de normas imperativas vigentes em Estados que apresentam determinada conexão com a situação.

De iure constituto, não vigora na ordem jurídica portuguesa qualquer regra geral sobre a relevância de normas imperativas de terceiros ordenamentos. O mesmo se verifica perante o Código Civil de Macau. Todavia o Direito Internacional Privado português contém algumas regras relevantes em domínios específicos. Fora destes domínios específicos, a criação, pelo intérprete, de normas de conflitos especiais, que atribuam um título de aplicação a normas imperativas de terceiros Estados, pressupõe a revelação de uma lacuna oculta mediante interpretação restritiva ou redução teleológica das normas de conflitos gerais em causa. As normas unilaterais *ad hoc* ligadas às normas autolimitadas do foro são, em princípio, bilateralizáveis.

DIREITO APLICÁVEL AOS CONTRATOS COM CONSUMIDORES*

INTRODUÇÃO

I. O contrato celebrado por um consumidor pode estar exclusivamente inserido na esfera social do Estado português. Trata-se, então, de um contrato interno que está submetido directamente ao Direito material português.

São cada vez mais frequentes, porém, os contratos com consumidores que transcendem a esfera social de um Estado, designadamente em razão da residência habitual, sede ou estabelecimento das partes. Por exemplo, a venda de uma colecção de discos compactos realizada através da Internet, em que o vendedor é uma sociedade estabelecida em Otava e o comprador tem residência habitual em Lisboa.

Estes contratos transnacionais colocam um problema de determinação do Direito aplicável. Assim, no exemplo dado, suscita-se a questão de saber se o contrato está submetido ao Direito canadiano, ao Direito português ou a outro Direito. Devido às divergências entre os sistemas nacionais, da competência deste ou daquele Direito nacional podem decorrer soluções muito diferentes quanto à validade do contrato, à sua interpretação e integração ou a litígios relativos à sua execução.

II. Regista-se uma divergência entre as ordens jurídicas quanto aos conceitos de consumidor e de contrato com consumidor. Mesmo dentro da mesma ordem jurídica o conteúdo destes conceitos pode variar de diploma

---

* O presente texto corresponde à comunicação apresentada no âmbito do I Curso de Pós-Graduação em Direito do Consumo, organizado pela Faculdade de Direito de Lisboa, em 9 de Janeiro de 2001, e foi publicado na *ROA* 61 (2001) 155-170 e nos *Estudos do Instituto de Direito do Consumo*, vol. I, 93-106, Coimbra, 2002.

para diploma. Aqui toma-se por base conceitos autónomos de consumidor e de contrato com consumidor. Entende-se por consumidor aquele que adquire um bem ou um serviço para uma finalidade que não caia no âmbito de uma actividade económica independente. Nesta ordem de ideias, é contrato com consumidor aquele em que só uma das partes (o fornecedor de um bem ou de um serviço) actua no âmbito de uma actividade económica independente.

Creio que este conceito permite abranger os casos em que se desenvolveram soluções especiais de Direito Internacional Privado destinadas à protecção do consumidor vigentes na ordem jurídica portuguesa. Cabe à exposição que se segue confirmar ou infirmar este ponto de partida.

III. O desenvolvimento de regimes materiais que visam a protecção do consumidor, como parte contratual mais fraca, foi acompanhada da formulação de regras especiais de Direito Internacional Privado que prosseguem o mesmo fim[1].

Não pretenderei aqui examinar todas as regras especiais de Direito Internacional Privado destinadas à protecção dos consumidores, mas tão-somente aquelas que tendem a abranger generalidade dos contratos com consumidores[2]. Pelo que toca à ordem jurídica portuguesa estas regras especiais encontram-se na Convenção de Roma sobre a Lei Aplicável às Obrigações Contratuais (I) e no diploma das cláusulas contratuais gerais (II).

---

[1] Ver MOURA RAMOS – *Da Lei Aplicável ao Contrato de Trabalho Internacional*, Coimbra, 1991, 663 e seg., n. 617 e 746 e segs. e "Contratos internacionais e protecção da parte mais fraca no sistema jurídico português", in *Contratos: Actualidade e Evolução*, Porto, 1997, 331-357, 338 e segs., com desenvolvidas referências legislativas e bibliográficas.

[2] Relativamente a regras especiais que têm por objecto determinadas categorias de contratos com consumidores ver LIMA PINHEIRO – *Direito Internacional Privado. Parte Especial (Direito de Conflitos)*, Almedina, Coimbra, 1999, 211 e ainda o art. 20.º do DL n.º 359/91, de 21/9, com respeito aos contratos de crédito ao consumo.

Direito aplicável aos contratos com consumidores 161

I. CONVENÇÃO DE ROMA SOBRE A LEI APLICÁVEL ÀS OBRIGAÇÕES CONTRATUAIS

A) Razão de ordem

A Convenção de Roma sobre a Lei Aplicável às Obrigações Contratuais é a principal fonte do Direito de Conflitos regulador dos contratos obrigacionais. Antes de examinar as regras especiais aplicáveis aos contratos com consumidores (C), convirá referir as normas de conflitos gerais, que são aplicáveis a estes contratos quando não sejam afastadas por essas regras especiais (B). Importa ainda indagar das relações que se estabelecem entre essas regras especiais e as cláusulas gerais sobre a relevância de normas de aplicação necessária que constam do art. 7.º da convenção (D).

B) Regras de conflitos gerais

A Convenção de Roma consagra o princípio da autonomia da vontade na determinação do Direito aplicável às obrigações contratuais no n.º 1 do art. 3.º.

Este princípio fundamenta-se, em primeiro lugar, na *autodeterminação das partes*[3]. Para a justificação da eficácia jurídica da convenção sobre o Direito aplicável, concorrem ainda razões de *certeza, previsibilidade* e *facilidade* para as partes na determinação da disciplina material do caso, ligadas à *protecção da confiança recíproca*. Enfim, é de partir do princípio que a conexão operada mediante a designação feita pelas partes exprime, numa concreta relação da vida, uma *solução adequada aos seus interesses*.

Esta fundamentação pressupõe que as partes estão colocadas numa posição de igualdade. Em certas modalidades contratuais, em que uma das partes se encontra normalmente numa posição negocial mais fraca, pode

---

[3] Ver ISABEL DE MAGALHÃES COLLAÇO – *Da Compra e Venda em Direito Internacional Privado, Aspectos Fundamentais*, vol. I (Diss. Doutoramento), Lisboa, 1954, 108, que se refere a um momento de liberdade, e, em geral, sobre a fundamentação do princípio da autonomia da vontade na designação do Direito aplicável, LIMA PINHEIRO – *Contrato de Empreendimento Comum (Joint Venture) em Direito Internacional Privado*, Cosmos, Lisboa, 1998, 456 e segs., com mais referências.

162 Estudos de Direito Internacional Privado

justificar-se uma limitação ao princípio da autonomia da vontade. É, como veremos, aquilo que se verifica com certos contratos celebrados com consumidores.

A escolha das partes tem de recair necessariamente numa ordem jurídica estadual[4]. De resto, a Convenção de Roma não estabelece quaisquer limites quanto às ordens jurídicas estaduais que podem ser designadas[5]. Nos termos da 2.ª parte do n.° 1 do art. 3.° da Convenção de Roma o consentimento das partes na designação do Direito aplicável pode ser manifestado expressa ou tacitamente. Quanto à designação tácita este preceito exige que a escolha resulte "de modo inequívoco das disposições do contrato ou das circunstâncias da causa"[6].

A exigência de que a escolha resulte "de modo inequívoco" qualifica a demonstração de uma vontade tácita. Não basta, aparentemente, uma mera verosimilhança, nem sequer uma elevada probabilidade. Para haver designação tácita, perante a Convenção de Roma, tem de haver certeza sobre a vontade das partes[7].

Na falta de designação pelas partes do Direito aplicável, determina o n.° 1 do art. 4.° da Convenção de Roma que o contrato é regulado pela lei do país com o qual apresente uma conexão mais estreita. Consagra-se assim um *critério geral de conexão*, que carece de ser concretizado pelo órgão de aplicação do Direito mediante uma avaliação do conjunto das circunstâncias do caso concreto e com ponderação de todos os pontos de vista juridicamente relevantes[8].

O critério geral da conexão mais estreita permite *atender a laços de qualquer natureza*.

Em primeira linha relevam os laços de natureza objectiva e espacial, principalmente elementos de conexão tais como o lugar da residência, da sede ou do estabelecimento das partes, e o lugar onde se situa a coisa corpórea que seja objecto mediato do contrato – que são empregues nas "presunções" contidas nos n.os 2 a 4 do art. 4.° – e ainda o lugar da execução do contrato e a nacionalidade das partes. Também parece defensável que

---

[4] Ver LIMA PINHEIRO (n. 2) 172 e segs.

[5] Ver LIMA PINHEIRO (n. 2) 169 e seg.

[6] Ver LIMA PINHEIRO (n. 2) 177 e seg.

[7] Cf. Mario GIULIANO e Paul LAGARDE – "Rapport concernant la convention sur la loi applicable aux obligations contractuelles", *JOCE* C 282, 31/10/80, 16 e seg. Ver, sobre este ponto, LIMA PINHEIRO (n. 3) 825 e segs.

[8] Em geral, ver LIMA PINHEIRO (n. 2) 181 e segs.

Direito aplicável aos contratos com consumidores 163

os laços que traduzem uma ligação efectiva à esfera económico-social de um país tenham maior peso na determinação da conexão mais estreita que as ligações mais visíveis e palpáveis.

Mas a cláusula geral de conexão mais estreita também permitirá ter em conta laços objectivos de outra natureza tais como, por exemplo, o idioma do contrato, a referência a disposições de uma determinada ordem jurídica ou o emprego de termos e expressões característicos desta ordem jurídica (que contudo não permitam inferir uma designação tácita) e o nexo funcional que o contrato estabeleça com outro contrato regido por certo Direito. Subsidiariamente, poderão ainda ser tomados em consideração elementos subjectivos, como as representações e as expectativas justificadas das partes.

O significado da cláusula geral de conexão mais estreita resulta não só do disposto no n.º 1 do art. 4.º mas também do estabelecido no n.º 5 do mesmo artigo (2.ª parte). Este último preceito permite afastar as "presunções" de conexão mais estreita previstas nos n.os 2 a 4 "sempre que resulte do conjunto das circunstâncias que o contrato apresenta uma conexão mais estreita com outro país". De onde resulta que as "presunções" fixadas nos n.os 2 a 4 só relevam quando a avaliação feita pelo órgão de aplicação não conclua ser outro o país que apresenta uma conexão mais estreita com o contrato.

C) Regras de conflitos especiais sobre certos contratos com consumidores

Os arts. 5.º e 9.º/5 da Convenção de Roma contêm regras especiais sobre certos contratos "celebrados por consumidores" que visam a protecção do consumidor.

Entende-se por "contratos celebrados por consumidores" aqueles que tenham por objecto o fornecimento de bens móveis corpóreos ou de serviços a uma pessoa para uma finalidade que possa considerar-se estranha à sua actividade profissional, bem como os contratos destinados ao financiamento desse fornecimento. Esta definição corresponde à empregue no art. 13.º da Convenção de Bruxelas Relativa à Competência Judiciária e Execução de Decisões em Matéria Civil e Comercial, e deve ser interpretada do mesmo modo, à luz da finalidade de protecção da parte mais fraca[9].

---

[9] Cf. GIULIANO – LAGARDE (n. 7) 23.

Têm por objecto o fornecimento de bens corpóreos os contratos onerosos de alienação de coisas corpóreas, designadamente a venda, a locação-venda e a locação financeira. O conceito de fornecimento de serviços deve ser entendido em sentido amplo[10], abrangendo a actividade não subordinada de qualquer natureza, incluindo a actividade realizada no interesse de outrem.

O consumidor é protegido como parte economicamente mais fraca e negocialmente menos experiente. O legislador internacional entendeu que esta necessidade de protecção não se verifica quando os bens ou serviços se destinam ao exercício de uma actividade independente (incluindo uma actividade liberal)[11]. É neste sentido que o art. 5.º se refere a "actividade profissional". Já o trabalhador por conta doutrem é protegido, como consumidor, quando adquira um bem destinado à sua actividade profissional (por exemplo, um livro profissional)[12].

Só os indivíduos podem ser considerados consumidores[13]. Isto decorre do elemento de conexão utilizado pelas regras de conflitos especiais do art. 5.º (residência habitual) e da sua finalidade.

É controverso se o art. 5.º pressupõe ainda que o fornecimento de coisas ou de serviços ou a concessão de crédito sejam realizados no quadro de uma actividade profissional. Entendo que sim[14], pois só neste caso se verifica tipicamente aquela desigualdade económica entre as partes que justifica a protecção da parte mais fraca. No entanto, o art. 5.º também deve ser aplicado quando um fornecedor ou financiador que desenvolve uma actividade profissional actua fora do quadro da sua actividade e o consumidor não está nem deveria estar ao corrente deste facto[15].

---

[10] Cf. *MünchKomm./*MARTINY [Art. 29 n.º 10] e LAGARDE – "Le nouveau droit international privé des contrats après l'entrée en vigueur de la Convention de Rome du 19 juin 1980", *R. crit.* 80 (1991) 287-340, 314.

[11] Cf. LAGARDE (n. 10) 314.

[12] Cf. *MünchKomm./*MARTINY [Art. 29 n.º 5].

[13] Cf. LAGARDE (n. 10) 315. Cp. Guido BISCONTINI – "Convenzione sulla legge applicabile alle obbligazioni contrattuali (Roma, 19 Giugno 1980)", org. por Cesare BIANCA e Andrea GIARDINA, "Art. 5", *in Le nuove leggi civili commentate*, 901-1116, 1995, n.º 3.

[14] No mesmo sentido apontam GIULIANO – LAGARDE (n. 7) 23. Cp. LAGARDE (n. 10) 315 e *MünchKomm./*MARTINY [Art. 29 n.º 7].

[15] Neste sentido *Dicey and Morris on the Conflict of Laws*, 13.ª ed. por Lawrence COLLINS (ed. geral), Adrian BRIGGS, Jonathan HILL, J. MCCLEAN e C. MORSE, Londres, 2000, 1287.

Direito aplicável aos contratos com consumidores 165

O n.º 2 do art. 5.º estabelece um limite ao princípio da autonomia da vontade na designação do Direito aplicável ao contrato. Com efeito, este preceito determina que a escolha pelas partes da lei aplicável não pode ter como consequência privar o consumidor da protecção que lhe garantem as disposições imperativas da lei do país em que tenha a sua residência habitual.

Esta disposição veicula uma ideia de alternatividade: aplicar-se-ão as disposições imperativas da lei da residência habitual que sejam mais favoráveis ao consumidor que as regras da lei escolhida[16]. Também se pode dizer que a lei da residência habitual fornece o padrão mínimo de protecção.

Na falta de escolha pelas partes da lei aplicável, o n.º 3 do art. 5.º consagra um desvio à cláusula geral de conexão mais estreita. Esta cláusula geral conduz frequentemente à aplicação da lei do país em que o fornecedor de bens ou serviços tem o seu estabelecimento, em virtude da "presunção" estabelecida pelo n.º 2 do art. 4.º. Por força do n.º 3 do art. 5.º o contrato será regulado pela lei do país em que o consumidor tenha a sua residência habitual.

Estas regras especiais só se aplicam desde que se verifiquem certas conexões com o Estado da residência habitual[17].

Primeiro, ter a celebração do contrato sido precedida, no país da residência habitual do consumidor, de uma proposta que lhe foi especialmente dirigida ou de anúncio publicitário. Para que exista uma proposta no sentido deste preceito, é suficiente, por exemplo, que o fornecedor tenha enviado um catálogo ao consumidor ou o tenha convidado a visitar o seu estabelecimento[18]. O anúncio publicitário deve ser dirigido ao país da residência habitual, mas não tem de ser especificamente dirigido a este país. Por isso, considera-se como sendo dirigido ao país da residência habitual

---

[16] Ver GIULIANO – LAGARDE (n. 7) 25 quanto à disposição homóloga contida no art. 6.º/1; LAGARDE (n. 10) 314; Erik JAYME – "Les contrats conclus par les consommateurs et la Convention de Rome sur la loi applicable aux obligations contractuelles", *in Droi international et droit communautaire*, Paris, 1991, 77-85, 82; MOURA RAMOS (n. 1 [1991]) 754; Antoine KASSIS – *Le nouveau droit européen des contrats internationaux*, Paris, 1993, 337; e, *Dicey and Morris* (n. 15) 1290.

[17] Para uma análise desenvolvida e crítica ver EUGÉNIA GALVÃO TELES – *A protecção do consumidor nos contratos internacionais* (diss. mestrado policopiada), 1997, 368 e segs. e 396 e segs.

[18] Cf. *MünchKomm./*MARTINY [Art. 29 n.º 19].

166   *Estudos de Direito Internacional Privado*

qualquer anúncio feito num meio de comunicação que seja susceptível de alcançar todos os países (como, por exemplo, a transmissão televisiva por satélite e a Internet)[19].

Exige-se ainda que o consumidor tenha executado no país da residência habitual todos os actos necessários à celebração do contrato[20]. Por actos necessários entende-se aqui, por exemplo, a assinatura dos documentos que tenham sido apresentados ao consumidor ou o envio da sua encomenda ao fornecedor. No caso de contratos celebrados através da Internet deve entender-se que o consumidor realizou os actos necessários no país da residência habitual quando para o efeito acedeu à página do fornecedor neste país[21].

Segundo, ter a outra parte ou o respectivo representante recebido o pedido do consumidor no país da residência habitual deste.

Terceiro, consistir o contrato numa venda de mercadorias e o consumidor se ter deslocado do país da residência habitual para outro país e aí ter feito o seu pedido, desde que a viagem tenha sido organizada pelo vendedor com o objectivo de incitar o consumidor a celebrar a compra.

Estas regras especiais não são aplicáveis ao contrato de transporte nem ao contrato de prestação de serviços, quando os serviços devidos ao consumidor devam ser prestados exclusivamente num país diferente daquele em que o consumidor tiver a sua residência habitual (art. 5.º/4). Mas já o serão a um contrato que estabeleça, por um preço global, prestações combinadas de transporte e de alojamento (contrato de viagem) (art. 5.º/5)[22].

É ainda de referir o n.º 5 do art. 9.º da Convenção de Roma, que contém uma norma sobre a forma dos contratos celebrados por consumidores. A forma destes contratos é, em princípio[23], regulada pela lei do país em que o consumidor tem a sua residência habitual.

---

[19] Cf. *MünchKomm.*/MARTINY [Art. 29 n.º 20]. Em sentido convergente, *Dicey and Morris* (n. 15) 1288 e seg. O fornecedor que utiliza a Internet pode limitar o fornecimento a consumidores residentes habitualmente em determinado país ou países. Neste caso, deve entender-se que o consumidor não pode invocar uma residência habitual diferente daquela que indicou ao fornecedor.

[20] Ver também o art. 20.º do DL n.º 359/91, de 21/9, sobre os contratos de crédito ao consumo.

[21] Cf. *Dicey and Morris* (n. 15) 1289.

[22] Cf. GIULIANO – LAGARDE (n. 7) 25.

[23] Ver *Dicey and Morris* (n. 15) 1292 e seg.

O modo como o art. 5.° se encontra concebido merece crítica, por não assegurar qualquer protecção ao consumidor em certos contratos por si celebrados.

Por um lado, o conceito de contrato celebrado por consumidor é demasiado restrito, excluindo a protecção do consumidor na cessão do uso de bens e no fornecimento de bens incorpóreos. Assim, por exemplo, um consumidor que celebra um contrato de licença de programa de computador não beneficia directamente da protecção do art. 5.°. A aplicação analógica das regras especiais do art. 5.° a casos em que se verifica a mesma necessidade de protecção não está, porém, excluída[24].

Por outro lado, a delimitação operada pelo n.° 2 do art. 5.° priva o consumidor de protecção em casos em que ela se justificaria plenamente. Por exemplo, se um consumidor residente habitualmente em Espanha aproveitar férias em Portugal para aqui realizar algumas compras não se verifica nenhuma das hipóteses referidas no art. 5.°/2 e, portanto, o consumidor pode ser privado da protecção que é concedida tanto pelas normas espanholas como pelas normas portuguesas[25].

D) Art. 7.° da Convenção de Roma

A Convenção de Roma admite, nos termos do art. 7.°, a aplicação de normas imperativas contidas numa ordem jurídica que não é chamada pelas regras de conflitos contidas na convenção, mas só quando se trate de normas que reclamem aplicação qualquer que seja a lei reguladora do contrato (normas de aplicação necessária)[26].

O art. 7.° é aplicável aos contratos com consumidores quer sejam ou não abrangidos pelo art. 5.°.

Segundo uma tese, o art. 5.°, ao limitar os casos em que o consumidor se pode prevalecer das regras imperativas protectoras do Estado da sua

---

[24] Ver *MünchKomm.*/MARTINY [Art. 29 n.° 8].

[25] Ver T. HARTLEY – "Consumer Protection Provisions in the EEC Convention", *in Contract Conflicts*, org. por P. NORTH, Amesterdão, Nova Iorque e Oxford, 1982, 111-133, 130 e LAGARDE (n. 10) 317.

[26] Sobre este preceito ver MARQUES DOS SANTOS – *As Normas de Aplicação Imediata no Direito Internacional Privado. Esboço de Uma Teoria Geral*, 2 vols., Coimbra, 1991, 965 e segs. e 1020 e segs. e LIMA PINHEIRO (n. 3) 772 e segs. e 778 e seg. e bibliografia aí referida.

residência habitual, exclui a sua aplicação, fora desses casos, com base no art. 7.º/2, quando o Estado da residência habitual do consumidor for o Estado do foro[27].

Esta tese não merece acolhimento[28]. A finalidade prosseguida com o art. 5.º é a de reforçar a protecção do consumidor para além daquilo que resultaria das regras gerais da convenção, incluindo as do art. 7.º, razão por que não se pode inferir do art. 5.º nenhum limite à aplicação do art. 7.º.

Nem há nenhuma incoerência em aplicar normas imperativas protectoras da residência habitual, fora das hipóteses previstas no n.º 2 do art. 5.º, no quadro do n.º 2 do art. 7.º, porque estes preceitos têm sentidos diferentes. O art. 5.º impõe a aplicação das normas imperativas da lei da residência habitual quando estas forem mais protectoras que as normas da lei escolhida ou na falta de escolha da lei aplicável pelas partes. O n.º 2 do art. 7.º não impõe a aplicação de quaisquer normas: limita-se a permitir a sobreposição das normas de aplicação necessária do Estado do foro, quer seja ou não o da residência habitual do consumidor. O título de aplicação destas normas não é uma norma da convenção mas uma proposição especial de outra fonte vigente no Direito Internacional Privado do Estado do foro.

Por conseguinte, ao abrigo do art. 7.º os consumidores podem beneficiar da protecção de *certas* normas imperativas contidas numa ordem jurídica que não é a chamada a reger o contrato, quer seja ou não a da sua residência habitual e independentemente de o contrato ser abrangido pelo art. 5.º

Isto não significa, porém, que o art. 5.º seja inútil ou desnecessário. Desde logo, por duas razões. Primeiro, o art. 7.º não permite a aplicação de todas as normas imperativas, mas só daquelas que forem de aplicação necessária. Segundo, o órgão de aplicação só está estritamente vinculado a aplicar as normas de aplicação necessária do Estado do foro, a que se refere o n.º 2 do art. 7.º. No que toca a normas de aplicação necessária estrangeiras, o n.º 1 do art. 7.º limita-se a estabelecer que o órgão de apli-

---

[27] Ver LAGARDE (n. 10) 316 n. 76, Jan KROPHOLLER – *Internationales Privatrecht*, 3.ª ed., Tubinga, 1997, 431 e decisões aí referidas.

[28] Cf. Erik JAYME e Christian KOHLER – "Europäisches Kollisionsrecht 1995 Der Dialog der Quellen", *IPRax* 15 (1995) 343-354, 353; KASSIS (n. 14) 340 e seg.; Tito BALLARINO – *Diritto internazionale privato*, 3.ª ed., com a colaboração de Andrea BONOMI, Pádua, 1999, 703; e, *Dicey and Morris* (n. 15) 1294.

Direito aplicável aos contratos com consumidores   169

cação *pode* aplicar as normas de aplicação necessária contidas na lei de um país que apresenta uma conexão estreita com a situação e a indicar os elementos de ponderação que devem ser tidos em conta para decidir sobre esta aplicação.

Acresce que o n.º 1 do art. 7.º não vigora na ordem jurídica portuguesa, por Portugal ter feito a reserva prevista no art. 22.º/1/a da convenção. A relevância de normas imperativas de terceiros ordenamentos permanece, assim, uma questão em aberto, que suscita grandes divergências na doutrina internacionalprivatista portuguesa[29].

II. REGIME DAS CLÁUSULAS CONTRATUAIS GERAIS

No que se refere à proibição de certas cláusulas contratuais gerais nos contratos celebrados com consumidores finais, há que ter conta o disposto no art. 23.º do DL n.º 446/85, de 25/10, com a redacção dada pelo DL n.º 249/99, de 7/7.

O n.º 1 deste artigo determina a aplicabilidade das normas contidas nos arts. 20.º e segs. daquele diploma, independentemente da lei que as partes hajam escolhido para reger o contrato, sempre que o mesmo apresente uma conexão estreita com o território português.

Nos termos do n.º 2, "No caso de o contrato apresentar uma conexão estreita com o território de outro Estado membro da Comunidade Europeia aplicam-se as disposições correspondentes desse país na medida em que este determine a sua aplicação."

Este diploma não define consumidor final. Da conjugação do art. 23.º com o art. 20.º parece resultar que as regras de conflitos especiais contidas no art. 23.º são aplicáveis a todas as relações que não sejam estabelecidas entre empresários ou profissionais liberais intervindo nessa qualidade e no âmbito da sua actividade específica.

Segundo o preâmbulo do DL n.º 249/99, o objectivo básico deste diploma foi o de adaptar o DL n.º 446/85 ao disposto na Dir. 93/13/CEE, relativa às cláusulas abusivas nos contratos celebrados com os consumidores.

---

[29] Cp., designadamente, MARQUES DOS SANTOS (n. 26) 1031 e segs. e LIMA PINHEIRO – *Direito Internacional Privado*, Vol. I – *Introdução e Direito de Conflitos – Parte Geral*, Almedina, Coimbra, 2001, 212 e segs. e referências aí contidas.

Por "contratos celebrados com os consumidores" entende esta directiva os contratos celebrados entre profissionais e pessoas singulares que actuam com fins que não pertencem ao âmbito da sua actividade profissional (arts. 1.º/1 e 2.º/b).

Com a nova redacção dada ao art. 23.º do DL n.º 446/85 o legislador nacional procurou transpor o disposto n.º 2 do art. 6.º da directiva:

> "Os Estados-membros tomarão as medidas necessárias para que o consumidor não seja privado da protecção concedida pela presente directiva pelo facto de ter sido escolhido o direito de um país terceiro como direito aplicável ao contrato, desde que o contrato apresente uma relação estreita com o território dos Estados-membros."

Uma primeira leitura desta disposição poderia sugerir que as normas de actuação da directiva, contidas no Direito do foro, deveriam constituir normas de aplicação necessária aos contratos que apresentam uma conexão estreita com o território do Estado do foro. Estas normas sobrepor-se-iam à lei designada pelo sistema de Direito de Conflitos, quando assegurassem ao consumidor uma protecção mais elevada que as normas desta lei[30]. Esta sobreposição seria permitida pelo art. 7.º/2 da Convenção de Roma[31]. Quando o contrato estivesse em conexão estreita com o território de um Estado-Membro que não é o do foro o art. 7.º/1 desta convenção fundamentaria a sobreposição das normas de actuação da directiva contidas na lei deste Estado. Naqueles Estados-Membros em que o art. 7.º/1 não vigora, como é o caso de Portugal, poderia chegar-se ao mesmo resultado mediante uma remissão condicionada a estas normas.

Parece ter sido este o entendimento seguido pelo legislador do DL n.º 249/99.

Não creio, porém, que seja este o entendimento mais correcto. Contrariamente à formulação proposta pela Comissão, o legislador comunitário só se refere à necessidade de impedir que o consumidor seja privado da protecção concedida pela directiva mediante uma escolha do Direito aplicável. As normas de actuação da directiva que se limitem a assegurar o mínimo de protecção estabelecido pelo seu art. 6.º/2 não são de aplicação

---

[30] Neste sentido, Luigi FUMAGALLI – "Le clausole abusive nei contratti con i consumatori tra diritto comunitario e diritto internazionale privato", *RDIPP* 30 (1994) 15-32.

[31] Em sentido convergente, ALMENO DE SÁ – *Cláusulas Contratuais Gerais e Directiva Sobre Cláusulas Abusivas*, Coimbra, 1999, 93.

Direito aplicável aos contratos com consumidores 171

necessária no sentido do art. 7.°/2 da convenção, uma vez que não se sobrepõem à lei objectivamente conectada por uma das normas de conflitos da convenção[32].

Segundo tudo indica, o legislador comunitário pressupõe que, na falta de escolha, o consumidor goza da protecção concedida pelas normas de actuação da directiva, porque o contrato é regido pela lei de um Estado--Membro[33]. A leitura dos considerandos, em especial do 6.° considerando, confirma esta ideia. E só isto explica que o legislador comunitário não tenha acautelado a aplicação das normas de actuação da directiva quando a lei objectivamente competente não é a de um Estado-Membro.

Portanto, o art. 6.°/2 da directiva só se aplica aos contratos que, na falta de escolha, seriam regidos pelo Direito de um Estado-Membro. Uma vez que a norma de conflitos sobre contratos celebrados por consumidores (art. 5.° da Convenção de Roma), já assegura, em certos casos, a protecção das normas imperativas da lei do país da residência habitual do consumidor, o art. 6.°/2 da directiva ganha sentido útil quando o consumidor não goza da protecção conferida pelo art. 5.°/2 da convenção, por não se verificarem os pressupostos de aplicação definidos nos seus n.os 1, 2, 4 e 5, e o Direito de um Estado-Membro é competente por força do art. 4.° da convenção[34].

Em estudo anterior propus uma interpretação conforme à directiva do art. 23.° do DL n.° 446/85, com a redacção dada pelo DL n.° 220/95, de 31/8[35]. Também este preceito se reportava apenas à possibilidade de o consumidor ser privado, mediante a escolha pelas partes do Direito aplicável, da protecção que lhe é concedida pela lei objectivamente competente[36]. Assi-

---

[32] São da mesma opinião Luigi BARTOLI – "Questioni di diritto internazionale privato relative alla directiva sulle clausole abusive nei contratti stipulati da consumatori", *Riv. dir. int.* 78 (1995) 324-344, 338 e segs. e MOURA RAMOS – "Remarques sur les développements récents du droit international privé portugais en matière de protection des consommateurs", *in E Pluribus Unum. Liber Amicorum Georges A. L. Droz*, A Haia, Boston e Londres, 1996, 235-251, 247 e segs. Cp. JAYME – KOHLER – "L'interaction des règles de conflit contenues dans le droit dérivé de la Communauté européenne et des conventions de Bruxelles et de Roma", *R. crit.* 84 (1995) 1-40, 20 e segs. e EUGÉNIA GALVÃO TELES (n. 17) 232 e segs.

[33] No mesmo sentido, BARTOLI [loc. cit.].

[34] Cf. JAYME – KOHLER (n. 17) 20 e seg.

[35] (N. 2) 206 e seg.

[36] No mesmo sentido, aparentemente, MOURA RAMOS (n. 30) 248 e segs. e ALMEIDA COSTA – *Síntese do Regime Jurídico das Cláusulas Contratuais Gerais*, 2.ª ed., Lisboa, 1999, 26.

nalei que se tratava de uma transposição muito imperfeita do disposto no art. 6.°/2 da directiva. Para transpor este preceito o legislador português deveria ter determinado que mediante a escolha da lei aplicável as partes não podem afastar a protecção garantida ao consumidor pela lei de um Estado-Membro que, na falta de escolha, seria objectivamente competente.

Segundo esta interpretação, nos contratos que na falta de escolha seriam regidos pela lei portuguesa, a protecção concedida pelas normas contidas nos arts. 20.° e segs. do DL n.° 446/85 não poderia ser afastada mediante a escolha da lei de um terceiro Estado. Esta norma unilateral deveria ser bilateralizada, por forma a também se assegurar a protecção do consumidor pelas normas de outro Estado-Membro, quando a sua lei fosse, na falta de escolha, objectivamente competente.

A compatibilidade destas soluções com a Convenção de Roma não resultaria do seu art. 7.°, mas dos seus arts. 5.° e 20.° (este último salvaguarda as disposições especiais sobre conflitos de leis em matéria de obrigações contratuais que venham a ser estabelecidas nas legislações nacionais harmonizadas em execução de actos comunitários).

Não creio, porém, que esta posição possa ser mantida perante a redacção dada ao art. 23.° do DL n.° 446/85 pelo DL n.° 249/99.

A intenção do legislador deste diploma, ainda que baseada numa interpretação incorrecta do art. 6.°/2 da directiva, vai claramente no sentido de atribuir às normas contidas nos arts. 20.° e segs. do DL n.° 446/85 o carácter de normas de aplicação necessária[37].

A favor desta opção pode argumentar-se que a aplicação das normas que proíbem certas cláusulas contratuais gerais nos contratos celebrados com consumidores finais se justifica sempre que estes apresentem uma conexão estreita com o território de um Estado-Membro, mesmo que esta conexão não fundamente a competência do Direito deste Estado nos termos dos arts. 5.°/2 ou 4.° da Convenção de Roma.

Em todo o caso, creio que, por um lado, não deveria bastar uma qualquer conexão estreita entre o contrato e o território de um Estado-Membro e, por outro, não se deveria excluir a relevância de normas equivalentes contidas no Direito de terceiros Estados (i.e., de Estados estrangeiros que não sejam membros da União Europeia).

---

[37] Esta possibilidade é admitida pelo art. 8.° da directiva – cf. BARTOLI (n. 32) 344.

THE "DENATIONALIZATION"
OF TRANSNATIONAL RELATIONSHIPS

Regulation of transnational relationships by Public International Law,
*European Community Law and Transnational Law**

INTRODUCTION

Private International Law regulates relationships that are in contact with a plurality of sovereign States through a conflictual process. One may call these relationships, that pose a problem of determination of applicable law, transnational relationships[1].

In the traditional approach, transnational relationships are always regulated in the sphere of a national legal order. A legal order has, among others, a normative dimension and an institutional dimension. From a normative point of view, transnational relationships are regulated in a national legal order when the rules and principles directly and immediately applicable are those that are in force in this legal order. From an institutional point of view, transnational relationships are regulated in a national legal order when the jurisdictions that apply the law to these relationships belong to the respective State.

As a result of this traditional approach, the sole plane of regulation taken into consideration is the one that corresponds to the national legal order. Public International Law, European Community Law or Transnational Law only matter, to the regulation of transnational relationships, in the framework of a reception or of a reference made by a given national legal order.

---

* Publicado *in Aufbruch nach Europa. 75 Jahre Max-Planck-Institut für Privatrecht*, 429-446, Tubinga, 2001 (com alterações não autorizadas).

[1] These relationships are normally shaped by Private Law but they are not necessarily private relationships – see LIMA PINHEIRO – *Direito Internacional Privado*, vol. I – *Introdução e Direito de Conflitos – Parte Geral*, Almedina, Lisboa, 2001, 18 ff.

As far as the legal regulation of transnational relationships implies their insertion in national legal order, one may say that the transnational relationships are "nationalized".

The present study has the purpose of demonstrating that this approach does not fit in with the present legal reality. Transnational relationships are also regulated independently of the mediation of a national legal order on the planes of Public International Law, European Community Law and Transnational Law.

After a brief note on the regulation by National Law (I), I will concentrate on the regulation by Public International Law and European Community Law (II) and by Transnational Law (III). I will finish with final remarks on the "denationalization" of transnational relationships (IV).

I. REGULATION BY NATIONAL LAW

A) **In general**

It is understood that regulation by national law is one that operates in the sphere of national legal order, in the above defined terms.

From a normative point of view it is required that the rules and principles directly and immediately applicable are in force in this national legal order. These rules and principles are normally part of Private International Law. Rules and principles of substantive law are only directly applicable to transnational relationships if this application doesn't depend on the mediation of a conflicts rule or of a conflictual evaluation in the particular case. In the main legal systems this is truly exceptional[2].

To the extent that together with Private International Law of domestic source Private International Law of supranacional or paranational source is in force in a national legal order, this regulation can be made both by domestic rules and by supranational and paranational rules. This is what occurs, in relation to the Public International Law and to the European Community Law, in the legal orders that adopt a system of automatic reception. It is still a regulation operated in the sphere of a national legal order and, in this sense, a regulation by the national law.

---

[2] See LIMA PINHEIRO (f. 1) 47 ff.

B) Regulation by the Conflicts Law system

The modern legal orders are generally provided with a Conflicts Law system. This system is formed essentially by a set of bilateral conflicts rules and of rules on the interpretation and application of these bilateral rules.

Traditionally, all transnational relationships were regulated in the national legal order by the Conflicts Law system.

This *technique of regulation*, sometimes identified with the "conflictual method", has been criticized by some "modern" approaches, particularly in the USA[3]. Without looking at the controversy generated by these approaches, neither to the impact they may have had in the United States courts, I shall just remark that in the main legal systems alternatives to the regulation by the Conflicts Law system have arisen. Notwithstanding, the Conflicts Law system is still performing the main role in the regulation of transnational relationships by national law.

C) Alternatives to the regulation by the Conflicts Law system

I shall restrict myself to listing the alternatives to the regulation by the Conflicts Law system, which perform a significant role in the main legal systems[4].

A first alternative consists of the creation by a State of *special substantive law* applicable exclusively to transnational relationships. The recent tendency of evolution does not favor the elaboration of bodies of special substantive law of domestic source. We have rather seen the creation of some rules that limit or complement the operation of the Conflicts Law system and that, in some cases, are a tool of the economic intervention of the State in "private" international relationships.

This special substantive law will be an alternative to the regulation by the Conflicts Law system if it is applicable to any relationship containing a foreign element, independently of a connection with the forum State, or if it is applicable through the operation of special conflicts rules.

---

[3] See LIMA PINHEIRO – *Um Direito Internacional Privado para o século XXI. Relatório sobre o programa, os conteúdos e os métodos de ensino do Direito Internacional Privado*, Lisboa, 2000, 30 ff., with more references.

[4] For a detailed analysis of these alternatives see LIMA PINHEIRO (f. 1) 49 ff.

A direct application of special substantive law of domestic source is truly exceptional and it is only justified in cases in which the Conflicts Law does not provide, on its own, a suitable solution.

Normally, the application of special substantive law of domestic source depends on special conflicts rules.

The *international unification of substantive law* creates other alternatives to the regulation by the Conflicts Law system. The unified or uniform law represents an alternative when its application is independent of the Conflicts Law system. This occurs, as a rule, with the unified law (special substantive law of supranational source) since its application depends on special conflicts rules that define its material scope of application.

In third place, we have the *"selflimited" rules of common substantive law*. "Selflimited" is said to be the substantive rule with a spatial scope of application that does not correspond to the scope that would spring from the operation of the Conflicts Law system[5]. This can result from this substantive rule being coupled with a special conflicts norm or from an evaluation made in view of all the circumstances of the case[6].

The "selflimited" rules are exceptional, at least in systems which do not contain a general clause allowing for the establishing of a "selflimitation" of the substantive rules based upon an evaluation in the particular case.

The argument about the "selflimited" rules also gave rise to the question of the effect of "selflimited" rules of foreign orders that aren't those chosen by the Conflicts Law system to govern the issue. In my opinion, this question shall be posed in more general terms: the effect of foreign mandatory rules that are not part of the order applicable in accordance with the Conflicts Law system, whether they are "selflimited" or not[7].

The formulation of special rules giving effect to these mandatory rules represents a further alternative to the regulation by the Conflicts Law system.

Lastly, we have the *recognition of relationships defined by a foreign judgment*, under certain conditions. This recognition shall be viewed as

---

[5] About the different meanings of the expression "selflimited rule" see LIMA PINHEIRO – *Contrato de Empreendimento Comum (Joint Venture) em Direito Internacional Privado*, 1998, Lisboa, 771, with more references.

[6] See WENGLER – *Internationales Privatrecht*, 2 vols., Berlim e Nova Iorque, 1981, 89 f., n. 93 p. 781 and supplement p. 1292 and LIMA PINHEIRO (f. 5) 774.

[7] See LIMA PINHEIRO (f. 5) 779 ff. and (f. 1) 212 ff.

technique of transnational relationships' regulation that shows two main differences in relation to the technique represented by the Conflicts Law system[8]. First of all, this technique of regulation only operates when a "private" judgment has been rendered in a foreign country. Secondly, in place of the general conflicts rules, *rules of recognition*, which are part of a special category of reference rules, come into operation.

The rules of recognition only refer to the foreign law and subject its application to the production of an effect or of effects of a given category. The rules of recognition of foreign judgments command the application of the law of the state of rendition to the effects of the judgment[9].

II. REGULATION BY THE PUBLIC INTERNATIONAL LAW AND BY THE EUROPEAN COMMUNITY LAW

A) Regulation by the Public International Law

The regulation by the Public International Law operates in the sphere of the international legal order. The relationship is regulated in the sphere of the international legal order when it is directly and immediately governed by Public International Law and the disputes arising therefrom are decided by courts based upon the Public International Law.

Traditionally, the transnational relationships have been relationships that, in spite of their "internationality", are primarily relevant in the institutional and normative spheres of the States. The subjects of these relationships are not subjects of International Law and, therefore, they can't be addressees of its rules.

However, beyond these relationships, others are arising that at the same time pose a problem of choice of law and are relevant in the sphere of the international legal order.

Bearing in mind the evolutionary character of the international legal order, it seems there are no material limits to the regulation by this body

---

[8] I rely here on the strict concept of recognition of foreign judgments, which doesn't embrace the recognition dependent on Conflicts Law system – see, about these two modes of recognition, LIMA PINHEIRO (f. 3) 20.

[9] Leaving aside the executive effect and certain limits that the forum legal order may establish regarding the *res judicata* effect.

of law of transnational relationships, nor is there a rigid delimitation of relationships regulated in the national sphere and relationships regulated in the international legal order.

It is undeniable that transnational relationships are relevant in the international legal order when the private persons that are subjects of these relationships have access to international courts. The direct access to international institutions is precisely one of the main features to bear in mind when asserting the international subjectivity of private persons[10].

According to the traditional view, access to international courts is reserved to the States[11]. Thus, Art. 34/1 of the Statute of the International Court of Justice provides that only the States may be parties in cases before the court. However, this traditional view has been losing ground, both before the general Public International Law[12], and the conventional and "derived" Public International Law. Presently[13], apart from the international criminal liability which is out of the scope of Private International Law, private persons may, *inter alia*, be parties in the quasi-international arbitration and in some courts of international organizations and have access to certain international courts in the field of fundamental rights.

Quasi-international arbitration is an arbitration organized by International Law but dealing with disputes arising from relationships established with private persons[14]. Private persons have direct access to these courts,

---

[10] Cf. C. AMERASINGHE – *State Responsibility for Injuries to Aliens*, Oxford, 1967, 105 ff.; JORGE MIRANDA – *Direito Internacional Público – I*, Lisboa, 1995, 246 ff. and 300 f.; Ignaz SEIDL-HOHENVELDERN – *International Economic Law*, 3.ª ed., A Haia et al., 1999, 10. The distinction between the rules of International Law that protect the interests of the individual or impose duties to him in a mediate or indirect manner and in an immediate and direct manner is clearly drawn in ISABEL MAGALHÃES COLLAÇO – *Direito Internacional Privado*, Lisboa, vol. I – 1958, 268 ff. For the view that the individual is subject of International Law when an international rule confers rights and duties on him directly even if it is not accompanied by an own power of international claim see GONÇALVES PEREIRA – FAUSTO DE QUADROS – *Manual de Direito Internacional Público*, 3.ª ed., Coimbra, 1993, 381.

[11] Cf. Ian BROWNLIE – *Principles of Public International Law*, 5.ª ed., Oxford, 1998, 585 and NGUYEN QUOC – DAILLIER – PELLET – *Droit international public*, 3.ª ed., Paris, 1987, 633.

[12] In what concerns the international criminal liability of the individuals.

[13] For earlier developments see BROWNLIE (f. 11) 587 ff.

[14] See PIERRE LALIVE – "Problèmes relatifs à l'arbitrage international commercial", *RCADI* 120 (1967) 569-714, 658 f.; SEIDL-HOHENVELDERN – *Völkerrecht*, 9.ª ed., Colónia, 1987, 373; SCHLOSSER – *Das Recht der internationalen privaten Schiedsgerichtsbarkeit*, 2.ª ed., Tubinga, 1989, 2 f.

which may rule, as a main issue, on the rights and duties of private persons, and which do not apply necessarily, on the merits, International Law.

The main case of arbitration institutionalized by an act of International Law having these features, is the arbitration organized by the International Centre for the Settlement of Investment Disputes (ICSID). This arbitration is governed by the Washington Convention on the Settlement of Investment Disputes between States and Nationals of other States, of 1965.

The arbitration courts governed by this Convention have jurisdiction to decide any "legal dispute arising directly out of an investment, between a Contracting State (or any constituent subdivision or agency of a Contracting State designated to the Centre by that State) and a national of another Contracting State, which the parties to the dispute consent in writing to submit to the Centre" (Art. 25/1).

Paragraph 1 of Art. 42 provides that "the Tribunal shall decide a dispute in accordance with such rules of law as may be agreed by the parties. In the absence of such agreement, the Tribunal shall apply the law of the Contracting State party to the dispute (including its rules on the conflict of laws) and such rules of international law as may be applicable".

The parties are free, under Art. 42, to avoid the application of any national legal order and to refer to the Public International Law. But they may also refer exclusively to a national law.

In light of these quasi-international arbitrations, it seems certain that the Public International Law has a vocation to regulate some transnational relationships and that on the private persons subjects of these relationships a limited international legal personality is conferred.

I shall turn now to the relationships with international organizations. In some cases the international courts established by the constitutive acts of international organizations, or by acts of their organs based on the constitutive acts, to settle disputes arising from internal relationships, also have jurisdiction regarding the disputes arising from the relationships established with private persons[15]. This is the case, for example, of the Interna-

---

[15] See Nicolas VALTICOS – "Les contrats conclus par les organisations internationales avec des personnes privées. Rapport provisoire", *Ann. Inst. Dr. Int.* 57-I (1977) 1-106, 64 ff. and 84 ff.; Id. – "Les contrats conclus par les organisations internationales avec des personnes privées. Rapport définitif", *Ann. Inst. Dr. Int.* 57-I (1977) 132-170, 146 ff.; Christian DOMINICÉ – "L'immunité de juridiction et d'exécution des organisations internationales", *RCADI* 187 (1984) 145-238, 199 e 218 f.; Panayotis GLAVINIS – *Les litiges rela-*

tional Institute for the Unification of the Private Law (UNIDROIT) and of the International Labour Organization (ILO).

Also in this case, therefore, access of private persons to courts is granted based on the Public International Law and a problem of choice of law may be posed[16]. In the more common cases, however, the disputes arising from the relationships established by the international organizations with private persons are subject to international commercial arbitration[17].

Access of private persons to international courts occurs further in another context: breach by Contracting States of Conventions in the field of fundamental rights.

This is the case of the Convention for the Protection of Human Rights and Fundamental Freedoms (1950), also known as European Convention on Human Rights, as amended by Protocol no. 11 (1994). This Convention establishes the European Court of Human Rights, which allows the access of private persons.

Before this Convention private persons, groups of individuals or non-governmental organizations are entitled to present applications directly to the European Court of Human Rights, claiming to be the victim of a violation by one of the Contracting States of the rights set forth in the Convention or the protocols thereto (Art. 34).

Some of the rights protected by the Convention are of private nature[18], and therefore we have here a case of relevance of private relationships in the international legal order.

---

tifs aux contrats passés entre organisations internationales et personnes privées, Paris, 1990, 159 ff.; Ignaz SEIDL – HOHENVELDERN and Gerhard LOIBL – *Das Recht der Internationalen Organisationen einschließlich der Supranationalen Gemeinschaften*, 5.ª ed., Colónia et al., 1992, 180; and, C. AMERASINGHE – *Principles of the Institutional Law of International Organisations*, Cambridge, 1996, 465. Contrary to the opinion followed by GLAVINIS, I believe that the circumstance that the court jurisdiction depends, as a rule, on a convention between the parties is not enough to give the court an arbitral character, since the judges of this court do not act as private persons.

[16] See the Resolution of the Institute of International Law on the Contracts Concluded by International Organizations with Private Persons (Oslo Session, 1977); VALTICOS (f. 15) 6 ff., 99 ff. and 151 ff.; and GLAVINIS (f. 15) 185 ff.

[17] New cases of direct and immediate regulation of transnational relationships by Public International Law have been created by the United Nations Convention on the Law of the Sea (1982) – see LIMA PINHEIRO (f. 1) 75 f., with more references.

[18] See LIMA PINHEIRO (f. 1) 266 f.

Notwithstanding, there are two important differences with regards to the categories of relationships above examined. In the first place, in the field of fundamental rights the relationships internationally relevant may be either merely domestic or transnational. Secondly, the main issue – liability of the State for violation of the rights protected by the Convention – is subject to International Law, without posing a problem of choice of law.

Thus, this is not strictly a case of regulation of transnational relationships by the Public International Law. However, it has some significance to the regulation of the transnational relationships. In principle, the Convention regulates only an aspect of a situation that, seen as a whole, can be transnational. This means that some aspects of transnational relationships, which concern given fundamental rights, may be regulated directly and immediately by Public International Law.

It is very controversial if beyond the cases of establishing an international court to settle disputes with private persons there are other transnational relationships that are regulated directly and immediately by Public International Law[19].

B) Regulation by the European Community Law

Admitting that the European Community Law is an autonomous legal order – the European community legal order – the problem arises of the relevance of transnational relationships before this legal order, in parallel with the relevance before the international legal order.

The European Community Law shows a wider vocation than the present Public International Law to regulate directly and immediately the transnational relationships[20]. As a matter of fact, in accordance with the understanding followed by the Court of Justice of the European Communities (CEC), and which obtains certain favor in the Portuguese legal literature, the self-executing European Community Law has effect to private persons independently of the domestic law of the Member States. In accordance with this understanding, the European Community Law may have

---

[19] See LIMA PINHEIRO (f. 5) 508 and 547 ff. and *Direito Internacional Privado. Parte Especial (Direito de Conflitos)*, Coimbra, 1999, 41 and 217 ff. See further *supra* f. 10.

[20] Cf. G. BADIALI – "Le droit international privé des Communautés européennes", *RCADI* 191 (1985) 91-182, 19.

direct and immediate effect to the private persons and, therefore, certain relationships between private persons (as well as between private persons and public bodies) may be directly shaped and regulated by the European Community Law[21].

For example, the European Economic Interest Grouping is an associative form of cooperation in the carrying out of business that is primarily governed by Reg. (CEE) no. 2137/85 of the Council, of 25/7. The applicable law is primarily the European Community Law[22].

Notwithstanding, it shall be recognized that the relevance of relationships between private persons in the institutional sphere of the European community is limited: the courts with jurisdiction to settle the disputes arising from the relationships between private persons are normally national or arbitral. These courts are not hierarchically subordinated to the CEC.

The mechanism of the prejudicial renvoi, though it allows, and in given cases imposes, that the national court refer to the CEC certain issues concerning the validity of rules of derived law and the interpretation of the European Community Law, still represents a form of cooperation between national and European community courts. Indeed, the CEC does not have the power to annul the decision of the national court and the breach by the State of its duties regarding the shaping of domestic law or the breach by the national court of its duties only leads to the general process provided for in Art. 226 ff. (Ex-Art. 169 ff.) of the Rome Treaty, in which the State is liable for those breaches of the European Community Law.

The national courts would act as community organs only if their legal framework was defined by the European Community Law[23] and, conse-

---

[21] See decisions CEC in the cases *Van Gend an Loos*, 5/2/63 (proc. no.26/62), *Franz Grad*, 6/10/70 (proc. no. 9/70) and *Simmenthall*, 9/3/78 (proc. no. 106/77); GONÇALVES PEREIRA – FAUSTO DE QUADROS (f. 10) 113 e segs.; FAUSTO DE QUADROS – *Direito das Comunidades Europeias e Direito Internacional Público. Contributo para o estudo da natureza jurídica do Direito Comunitário Europeu*, Coimbra, 1984, 413 ff.; MOURA RAMOS – "Reenvio prejudicial e relacionamento entre ordens jurídicas na construção comunitária", *in Das Comunidades à União Europeia. Estudos de Direito Comunitário*, 212-237, 1994, 220 ff.; and MOTA DE CAMPOS – *Direito Comunitário*, 7th ed., vol. II, Lisboa, 1994, 244.

[22] See LIMA PINHEIRO (f. 5) 591 ff.

[23] For this view see Robert KOVAR – "As relações entre o direito comunitário e os direitos nacionais", *in Trinta anos de Direito Comunitário*, org. Comissão CE, 115-157,

quently, if the application of the European Community Law was based upon the European Community Law itself and not upon the reception rules of the national Constitution[24]. Although this opinion is sustained by the jurisprudence of the CEC and by an important number of authors, the best understanding, which prevails among Portuguese authors, asserts the supremacy of the national Constitution over the European Community Law[25]. Consequently, the application of the European Community Law by the national courts relies on rules of national legal order (especially the constitutional reception norms).

To sum up, the present situation is characterized by a certain compromise or transition between the framework that corresponds to the relation of the classic derived International Law with the domestic law of the States it binds and the one that results from the integration of the legal orders of these States in a complex legal order.

In given cases, however, the CEC has jurisdiction to decide disputes arising from transnational relationships.

Indeed, the CEC has jurisdiction:

– to settle disputes relating to compensation for damage caused by the institutions or the agents of the Community (Art. 235 Ex-Art. 178 of the Rome Treaty);

– to settle disputes pursuant to an "arbitration clause" contained in a contract concluded by or on behalf of the Community (Art. 238 Ex-Art. 181 of the Rome Treaty).

Bruxelas e Luxemburgo, 1981, 154 ff. and A. STRUYCKEN – "Les conséquences de l'intégration européenne sur le développement du droit international privé", *RCADI* 232 (1992) 257-383, 324 ff.

[24] See FAUSTO DE QUADROS (f. 21) 336 ff., 410 ff. e 413 ff., GONÇALVES PEREIRA – FAUSTO DE QUADROS (f. 10) 113 ff. and MOURA RAMOS (f. 21).

[25] Cf. JORGE MIRANDA – *Direito Internacional Público – I*, Lisboa, 1995, 192 ff.; Id. – *Manual de Direito Constitucional*, tomo III – *Estrutura Constitucional do Estado*, 4.ª ed., 1998, 206 f.; GOMES CANOTILHO – *Direito Constitucional e Teoria da Constituição*, 3.ª ed., Coimbra, 1999, 768 and 128 f. SOUSA FRANCO – D'OLIVEIRA MARTINS – *A Constituição Económica Portuguesa. Ensaio Interpretativo*, Coimbra, 1993, 324 f., remark that though the CEC tend to reinforce the primacy of the European Community Law, asserting its supremacy over the national constitutional rules themselves, neither the national jurisprudence, nor even less the national literature, have always followed that opinion; only through acts of political will and not through a jurisdictional dynamic one may operate a transfer of the "real sovereignty" to the Community.

In these cases, a community court has jurisdiction to decide, as a main point, certain transnational issues and private persons have access to this court.

To reach the solution of the case, the Rome Treaty points in two different directions. In what concerns non-contractual liability, Art. 288/2 (Ex-Art. 215/2) refers to the general principles common to the laws of the Member States. Regarding the contractual liability, Art. 288/1 (Ex-Art. 215/1) provides that it shall be governed by the law applicable to the contract in question.

Therefore, in these cases, there is full relevance of transnational relationships in the European community legal order: these transnational relationships are regulated directly and immediately by European Community Law and the disputes arising therefrom are settled by a community court.

III. REGULATION BY TRANSNATIONAL LAW

A) In general

By Transnational Law I mean those rules and principles applicable to relations of the international trade that are formed independently of the action of national organs, the new *lex mercatoria*.

As a matter of course these rules and principles may be relevant in the national legal order. As is the case with Public International Law, Transnational Law may be object of reception in the national legal order. It is also conceivable that conflicts rules in force in a national legal order refer the regulation of given issues to the Transnational Law.

At this moment I want to focus on the direct and immediate regulation of transnational relationships by the Transnational Law, i.e., independently from the mediation of a national legal order.

B) Theses in favor of Transnational Law

For a first thesis, that is due mainly to SCHMITTHOFF, *lex mercatoria* is essentially seen as special substantive law of international trade with a certain degree of international uniformity[26].

---

[26] *Commercial Law in a Changing Economic Climate*, 2th ed., London, 1981, 18 ff. See also HORN – "Uniformity and Diversity in the Law of International Commercial Con-

For Schmitthoff, as well as for René David and Horn, a wide private autonomy in the contractual field and in the arbitral settlement of disputes arising from contractual relationships are the foundations upon which such Transnational Law may be built[27].

According to Schmitthoff's conception, *lex mercatoria* is not an International or Supranational Law because it owes its autonomy to the leave and licence of the States. The author even sustains that, ultimately, it is founded on national law but is developed in an area that, in principle, does not interest the national sovereigns.

This *lex mercatoria* performs an interpretative and integrative function of the contract and, possibly, the role of a subsidiary source of the national legal order.

The conception that sees an autonomous legal order of international trade or, at least, a legal order in formation in the *lex mercatoria*, is the most controversial. Its main promoter is Goldman.

For the thesis under scrutiny[28], the *lex mercatoria* is the legal order of the *societas mercatorum*: a "set of general principles and custom rules spontaneously referred or elaborated in the context of international trade, without reference to a given national legal system" that express the legal conceptions shared by the community of the subjects of international trade[29].

---

tracts", *in The Transnational Law of International Commercial Transactions*, vol. II, 3-18, Deventer, 1982, 12 ff. About the predecessors of these theses see Lima Pinheiro (f. 5) 607 f. 1; add Ernst Rabel – *Das Recht des Warenkaufs*, vol. I, Berlin and Leipzig, 1936, 36.

[27] Cf. Schmitthoff – "Das neue Recht des Welthandels", *RabelsZ*. 28 (1964) 47--77, 68 ff., (f. 26) 21 ff. and "Nature and Evolution of the Transnational Law of Commercial Transactions", *in The Transnational Law of International Commercial Transactions*, vol. II, 19-31, Deventer, 1982; René David – "Le droit du commerce international: une nouvelle tache pour les legislateurs nationaux ou une nouvelle 'lex mercatoria'", *in UNIDROIT – New Directions in International Trade Law*, vol. I, 5-20, 1977, 19 f.; and, Horn (f. 26) 12.

[28] Cf. Goldman – "Frontières du droit et 'lex mercatoria'", *Archives de philosophie du droit* 9 (1964) 177-192, 178 ff. and "Nouvelles réflexions sur la *Lex Mercatoria*", *in Études* Pierre Lalive, 241-255, 1993, 248 ff. See further authors referred by Lima Pinheiro (f. 5) 609 f. 20 and Berger – *Formalisierte oder «schleichende» Kodifizierung des transnationalen Wirtschaftsrecht*, Berlim e Nova Iorque, 1996, 96 ff., with a review by Basedow [*RabelsZ*. 62 (1998) 555-558] and Stein – *Lex Mercatoria. Realität und Theorie*, Francoforte-sobre-o-Meno, 1995, 239 ff.

[29] Cf. Goldman – "The Applicable Law: General Principles of Law – Lex Mercatoria", *in* Julian Lew (org.), *Contemporary Problems in International Arbitration*, 113-

The courts of the voluntary arbitration would perform, on the one hand, the function of settling the disputes arising from the relationships of international trade in accordance with transnational rules and principles and, on the other hand, the function of contributing to the revelation and development of these rules and principles. They would be the proper courts of the autonomous order of international trade[30].

More recent contributions tend to stress the pretorian origin of *lex mercatoria*. The rules and "principles" that are attributed to it result mainly from the revealing and "concretization", by the international commercial arbitration, of general principles of law and of "common principles" of the national systems involved.

C) **Position adopted**

The criticism of the criticism addressed by the "traditional doctrine" to the theses in favor of the Transnational Law has been made in other places[31]. Here what matters is taking a position on these theses and, simultaneously, on the regulation of transnational relationships by the Transnational Law.

The conception of SCHMITTHOFF does not justify the autonomy of the Transnational Law in relation to the national legal orders. Therefore, the acceptance of the conclusions he reached, on the role of *lex mercatoria*, fundamentally depends on the relevance that a given national legal order concedes to it.

-125, Dordrecht, 1987, 116; PHILIPPE KAHN – *La vente commerciale internationale*, Paris, 1961, 17 ff. and 263 and "'Lex mercatoria' et pratique des contrats internationaux: l'expérience française", *in Le contrat économique international. Stabilité et évolution*, 171-211, Bruxelas e Paris, 1975, 173 ff.; and, BERMAN – DASSER – "The 'New' Law Merchant and the 'Old': Sources, Content, and Legitimacy", *in Lex Mercatoria and Arbitration: a Discussion of the New Merchant Law*, 21-36, 1990, 21. See further the analysis made by MOURA RAMOS – *Da Lei Aplicável ao Contrato de Trabalho Internacional*, Coimbra, 1991, 499 ff., MARQUES DOS SANTOS – *As Normas de Aplicação Imediata no Direito Internacional Privado. Esboço de Uma Teoria Geral*, 2 vols., Coimbra, 656 ff. and ISABEL VAZ – *Direito Internacional Público e Lex Mercatoria na disciplina dos contratos internacionais*, Lisboa, 1990, 179 ff., with more references.

[30] See authors referred by LIMA PINHEIRO (f. 5) 611 f. 25 and further STEIN (f. 28) 242.

[31] See LIMA PINHEIRO (f. 5) 642 ff. and (f. 1) 93 ff.

Turning now to the thesis of GOLDMAN, I believe that a first prerequisite of the forming of an autonomous legal order of international trade is the existence of a transnational space suitable to the effect, i.e., a sphere of action where the subjects of international commercial relationships and the arbitrators enjoy the adequate autonomy in relation to national legal orders.

Presently, there is in fact a sphere of action in which the parties and the arbitrators enjoy wide autonomy. This sphere of action is limited by the exercise of national and supranational jurisdictions[32] and by fundamental rules and principles of the international legal order, of the European community legal order, and common to the laws of the interested States. However, the exercise of the national and supranational jurisdictions has been characterized by the permission of private autonomy (contractual, associative, conflictual) and of voluntary arbitration, by the tolerance of formation and observance of the Transnational Law and by the recognition and/or enforcement of arbitral awards although based upon *lex mercatoria*.

Consequently, the present features of the transnational space do not hinder the formation of a "private" law of international commercial contracts, based upon specific processes of normative creation that develop within its boundaries, and autonomous in relation to the national orders[33].

Notwithstanding, from my point of view, the existence shall be denied, in this space, of a *societas mercatorum* and of the respective legal order.

As a result of the heterogeneity of the subjects of international trade, different conditions existing in its various sectors, lack of central organizational poles and present degree of development of the rules of *lex mercatoria*, the *societas mercatorum* still is not institutionalized upon an autonomous legal order[34].

---

[32] See further VIRALLY – "Un tiers-droit? Réflexions théoriques", *in Études Berthold GOLDMAN*, 373-385, 1982, 384 f.; RIGAUX – *Droit public et droit privé dans les relations internationales*, Paris, 1977, 398 ff. and "Les situations juridiques individuelles dans un système de relativité générale", *RCADI* 213 (1989) 7-407, 46 ff. and 68 ff.; and ROZAS – LORENZO – *Curso de Derecho Internacional Privado*, 3.ª ed., Madrid, 1996, 184 ff.

[33] See also BONELL – "Lex mercatoria", *in Dig. priv. comm.*, vol. IX, 1993, no. 4. Cp. LAGARDE – "Approche critique de la lex mercatoria", *in Études Berthold GOLDMAN*, 125-150, 1982, 140 e 145 ff.

[34] In a converging direction see PROSPER WEIL – "Problèmes relatives aux contrats passés entre un État et un particulier", *RCADI* 128 (1969) 95-240, 184; LAGARDE (f. 33)

With the negation of the existence of an autonomous legal order of international trade, I don't exclude the possibility of the existence of autonomous orders in given sectors of the international trade.

Some sectors of international trade present a high degree of homogeneity and cohesion and have branch organizations that take up the codification and compilation of trade usages and customs and that carry out the creation of regulation models. Sometimes, these organizations have their own institutionalized arbitration centers. Furthermore, there are cases in which the branch associations perform a specific function of regulating the activities of its members. For example, IATA in the field of aerial transportation.

In any case, I shall stress that the formation in a consuetudinary way or in the framework of branch associations of legal rules applicable to international trade does not depend on the existence of an autonomous legal order.

As pointed out by ISABEL DE MAGALHÃES COLLAÇO[35], the existence of legal rules of *lex mercatoria* does not requires their insertion in a legal order[36]. These rules are autonomously in force to the extent that they are recognized as binding standards of conduct by the subjects of international trade and that they are applied in the international commercial arbitration, independently from their reception by a national legal order.

The arbitral jurisprudence demonstrates that some consuetudinary rules and principles concerning some arbitration issues are in force, namely with regards to the validity of the arbitration agreement, to the free-

---

133 ff.; KASSIS – *Théorie générale des usages du commerce*, Paris 1984, 391 ff.; CHRISTIAN VON BAR – *Internationales Privatrecht*, vol. I, Munique, 1987, 79 f.; and Filip DE LY – *International Business Law and Lex Mercatoria*, Amesterdão et al., 1992, 286 ff.

[35] "L'arbitrage international dans la récente loi portugaise sur l'arbitrage volontaire", *in Droit international et droit communautaire*, 55-66, 1991, 63.

[36] The existence of Transnational Law, independently from its insertion in legal order, is implicitly accepted, among others, by Karl-Heinz BÖCKSTIEGEL – *Der Staat als Vertragspartner ausländischer Privatunternehmen*, Francoforte-sobre-o-Meno, 1971, 136 ff. *maxime* 144 and KROPHOLLER – *Internationales Privatrecht*, 3.ª ed., Tubinga, 1997, 84 f., who refer to a "legal mass" [*Rechtsmasse*]; see further Friedrich JUENGER – "American Conflicts Scholarship and the New Law Merchant", *Vanderbilt Journal of Transnational Law* 28 (1995) 487-501. Also STEIN (f. 28) 239 f. states that the theoretical assertion that *lex mercatoria* is not a legal order is irrelevant for the reality of its application. However, one shall not confuse the application of solutions based upon general principles or models of regulation with the existence of rules of *lex mercatoria*.

dom of selection by the parties of the law applicable to the merits and to the relevance of trade usages. These rules and principles are part of Law of International Commercial Arbitration.

Furthermore, from the rule of Law of International Commercial Arbitration regarding the relevance of trade usages it emerges that the arbitration court shall always take into account the provisions of the contract and the relevant trade usages[37]. By operation of this rule, the usages of international trade are applicable on the merits independently either of its reception by a national legal order or of a reference made by a conflicts norm of this legal order.

Thus, one may conclude that transnational relationships are also regulated on the plane of Transnational Law. This occurs with the relationships of the international trade in which the parties concluded an arbitration agreement, as it is very frequently the case, since the international commercial arbitration is the normal mode of resolution of disputes arising from these relationships[38].

IV. FINAL REMARKS

Transnational relationships are regulated not only on the plane of national law but also on supranational planes (of Public International Law and European Community Law) and on a paranational plane (of Transnational Law). The evolution that has occurred in the last decades has been going in the direction of a growing importance of these supranational and paranational planes of regulation. One may speak, in this respect, of a tendency to the "denationalization" of transnational relationships.

This "denationalization" of transnational relationships does not mean that the applicable *substantive* law is non-national. "Denationalization", though implying the possibility of application of substantive non-national

---

[37] Cf. paragraph 1 of Art. 7 (*in fine*) of Geneva Convention on the International Commercial Arbitration (1961), paragraph 3 of Art. 33 of the Arbitration Rules of UNCITRAL, paragraph 4 of Art. 28 of Model-Law of UNCITRAL and paragraph 2 of Art. 17 of ICC Arbitration Rules (1998). See further paragraph 2 of Art. 1496 French NCPC; paragraph 2 of Art. 834 Italian CPC (in the 1994 version); and, in what concerns the *Iran/USA Claims Tribunal*, Art. 5 of the *Claims Settlement Declaration*.

[38] With regards to the operation of the *lex mercatoria* in the international commercial arbitration see LIMA PINHEIRO (f. 1) 99 ff.

law, is compatible with the application of substantive national law. What is characteristic of this "denationalization" is the circumstance of the transnational relationship having legal relevance in a supranational legal order (international or of the European community) or in a paranational normative stratum (Transnational Law). This relevance is clearly displayed by the application of International Conflicts Law by supranational organs (international and of the European community) to transnational relationships and of Law of the International Trade Arbitration by transnational organs (arbitral courts).

Is this a desirable evolution? In the affirmative case, what are the limits for this "denationalization"?

In general terms, one may say that the intervention of non-national organs, that apply primarily non-national law, furthers the international uniformity in the regulation of transnational relationships. As a matter of fact, the intervention of national organs, that apply the Private International Law of the respective State, brings about the risk of disharmony of solutions among the different interested States. It is true that the same goal may be reached through an international unification of Private International Law, but this is a slower and more difficult process.

One may add that the wider openness of the non-national organs to non-national law enables them to find conflictual and substantive solutions more suitable to the specificity of transnational relationships. Certainly, not all non-national organs have the power to apply non-national law. However, in what concerns the quasi-international courts and the international commercial arbitration, this seems to be a sound argument. The possibility of deciding disputes between States, autonomous public bodies or international organizations, on the one hand, and private persons, on the other, in accordance with the Public International Law avoids the delicate issue of the choice of a national law and offers suitable solutions to the regulation problems that are posed. The possibility of choice of *lex mercatoria* and the autonomous relevance of trade usages in the international commercial arbitration allow for the settlement of controversies a according to customs, usages and models of regulation adapted to the trade needs and which the parties shall or, at least, are able to take into account.

It is conceivable that the national organs could have a wider openness to non-national law. However, the lesser sensitivity to the needs of international trade, the inferior knowledge of its specificity and, in any case, the exclusive submission to the directives issued by the respective State (which is only one of the interested States), place the national organs at a disadvantage in relation to the non-national organs.

But one may ask if the "denationalization" doesn't ignore the public interests and the State policies that can come into play in the regulation of the transnational relationships.

The public interests and policies that may come into play in the quasi-international relationships are mainly those of the State directly or indirectly involved in the relationship. These interests and policies can be safeguarded through the choice of the law of this State or of the combined application of the law of this State and of the Public International Law. If, differently, the State involved consented in the exclusive application of the Public International Law, it has to be satisfied with the relevance that this law gives to those interests and policies.

The full relevance of transnational relationships in the European community legal order only occurs with regards to non-contractual liability of the institutions and agents of the Community or to contracts concluded by the Community or on its behalf. In what concerns the non-contractual liability, certain public interests and policies of the involved States may be taken into account in the context of the general principles common to the Member States. Regarding the contracts concluded by the Community, the application of the law of a State gives relevance to the interests and policies promoted by this State. Furthermore, it opens the possibility of applying mandatory rules of other States that "claim to be applicable", which may afford a wider satisfaction to that concern.

Consequently, the problem is posed mainly in respect to regulation by Transnational Law. It shall be stressed that the direct and immediate regulation by the Transnational Law does not entirely remove the concerned relationships from the sphere of national legal order. On the one hand, there are issues which, not being arbitrable, can only be settled by national courts. On the other hand, the arbitrators shall take into account the directives issued by the States that have a specially significant connection with the arbitration or where the enforcement of the award may foreseeably be required.

The regulation operated in the legal order of a State only ensures that the interests and policies of this State are honored. The regulation operated on a transnational plane, if it doesn't ensure that the interests and policies of a given State are fully honored, allows for the taking into account of directives issued by the different States interested regarding the settlement of the case and, namely, of claims of application of mandatory norms that promote public goals.

An attitude favorable to a certain "denationalization" is therefore justified. Already RABEL, in the first edition of his *The Conflict of Laws*[39], has expressed himself in favor of the establishment of international courts with jurisdiction in private matters, adding that "any substantial development of such judicial relief will have to be accompanied by a radical turn of choice of law rules from provincial to world-wide thinking".

Not less complex is the question about the limits of this "denationalization". I shall limit myself to a first approach to this theme.

Up to now the "denationalization" has occurred mainly in the domain of international commercial contracts, "investment contracts" and contracts with international organizations.

Keeping in mind the tendency to make the arbitrability coincide with the "disponibility" of (complete control over) the rights at stake, one shall expect that the transnationalization that occurs with the relationships subject to international commercial arbitration may embrace non-contractual relationships that are "disponible". It is a prerequisite that the subjects of these relationships declare, through an arbitration agreement, their consent to this transnationalization. The transnationalization doesn't embrace the "indisponible" relationships nor the "disponible" relationships in which the parties don't conclude an arbitration agreement.

The publicinternationalization of certain relationships has been linked to the participation of a public national subject or of an international organization coupled with the access of the private subjects to courts organized by treaty or by another act generally recognized as being of International Law.

The publicinternationalization independent of an act generally recognized as being of International Law is more controversial. Its admissibility depends, in all cases, on the participation of a State or of an international organization, since only from its intervention may result the attribution of a limited international legal personality to a private person.

A treaty or other act of International Law may lead to a publicinternationalization of relationships between private persons. This can be justified by an intimate connection between the object of the treaty and the relationship.

---

[39] 1945, vol. I, 97 f.

In what concerns relationships between private persons and international organizations, the submission of disputes to the internal court of the organization always depend on the consent of the private persons involved. Normally, this consent will only be given when the statute of the internal court of the international organization ensures its impartiality.

The europeization of transnational relationships, *maxime* of intracommunity relationships, appears as a natural consequence of the European integration. The submission of disputes arising from transnational relationships to European community courts only occurs, however, with regards to relationships in which the Community, its institutions or agents are involved. As to contractual relationships, the jurisdiction of the European community courts further depends on the consent of the parties.

It is conceivable that the unification of the Private International Law in Europe be accompanied by the institution of European community courts with jurisdiction to settle disputes arising from intracommunity transnational relationships. Besides this possibility, a significant advance of the europeization of transnational relationships is to be expected only in connection with a process of federalization, either through the hierarchical subordination of the national courts to the CEC or through the attribution of jurisdiction to settle disputes arising from these relationships to federal courts.

A LEI APLICÁVEL AOS DIREITOS
DE PROPRIEDADE INTELECTUAL[*]

INTRODUÇÃO

Foi-me proposto tratar do tema "Lei aplicável" neste Curso de pós--graduação em Direito da Sociedade da Informação. Devo começar por assinalar que são várias as perspectivas em que o tema pode ser encarado e diferente o alcance que lhe pode ser atribuído.

Uma das perspectivas possíveis é a da problemática de determinação do Direito aplicável colocada pelos modernos meios de comunicação, em especial a *Internet*. Isto envolve, designadamente, os problemas relativos aos contratos celebrados na *Internet*, à protecção dos direitos de propriedade intelectual na *Internet* e à responsabilidade extracontratual por actos praticados através da *Internet*. Esta problemática começou recentemente a ser estudada e está muito em voga noutros países. Trata-se, porém, de um conjunto de matérias demasiado vasto e que pressupõe a existência de um quadro de soluções gerais bem definido, o que não se verifica, perante o Direito português, com respeito à lei aplicável aos direitos de propriedade intelectual.

Nesta exposição, vou adoptar uma perspectiva mais limitada, tratando apenas da lei aplicável aos direitos de propriedade intelectual. E vou fazer uma abordagem geral do tema, que se torna necessária uma vez que se trata de matéria pouco estudada entre nós e em que ainda subsistem dúvidas relativamente a pontos fundamentais. Esta abordagem centra--se nos principais instrumentos internacionais e na legislação interna, não

---

[*] Texto da conferência proferida no Curso de Pós-Graduação em Direito da Sociedade da Informação organizado pela Faculdade de Direito de Lisboa e pela Associação Portuguesa de Direito Intelectual, em Janeiro de 2000, publicado na *RFDUL* 42 – n.º 1 (2001) 63-75.

tendo a pretensão de abarcar os aspectos e modelações que podem resultar de outras fontes.

Procurarei responder a algumas questões específicas relacionadas com os modernos meios de comunicação, mas não vou fazer uma exposição centrada nestas questões.

Espero contribuir deste modo para cimentar os alicerces sobre os quais futuras indagações poderão ir mais longe no exame dos problemas específicos colocados ao Direito Internacional Privado pela sociedade da informação.

A) Aspectos gerais

O Direito da propriedade intelectual é uma das áreas em que a unificação do Direito material mais progrediu. Além disso, há uma grande proximidade entre as diferentes legislações quanto à caracterização dos tipos de propriedade intelectual, o que normalmente evita problemas de qualificação. Mas, em certos, casos podem surgir problemas desta natureza: por exemplo, a questão de saber se um programa de computador é protegido como obra literária ou como invenção ou é objecto de protecção autónoma.

A grande maioria dos litígios relativos aos direitos de propriedade intelectual é apreciada pelos tribunais do país de protecção, razão porque geralmente são decididos por aplicação da *lex fori*. Daí que em situações internacionais nem sempre se tome consciência de que a aplicação do Direito material do foro tem de resultar da actuação de uma norma de conflitos.

Segundo um entendimento, nesta matéria não haveria lugar ao funcionamento das normas de conflitos, seja por se tratar de direitos de monopólio que só vigoram na ordem jurídica que os concede seja por o Direito da Propriedade Intelectual ser de aplicação territorial[1].

Não creio, porém, que a natureza dos direitos em causa impeça o funcionamento do Direito de Conflitos.

O conceito de territorialidade presta-se a equívocos.

---

[1] Esta corrente encontra eco entre nós, em OLIVEIRA ASCENSÃO – *Direito Comercial*, vol. II – *Direito Industrial*, Lisboa, 1988, 27 e segs.; *Direito de Autor e Direitos Conexos*, Coimbra, 1992, 32 e segs., bem como, aparentemente, em MOURA RAMOS 1991a: 268 e segs. n. 394. Quanto à doutrina estrangeira ver, além das referências contidas nesta última obra, LUZZATTO.

A *lei aplicável aos direitos de propriedade intelectual* 197

Naturalmente que o Direito da Propriedade Intelectual é territorial quanto às situações por ele reguladas, uma vez que a sua aplicabilidade depende de um elemento de conexão que aponta para um determinado lugar no espaço. Mas neste sentido também os direitos reais são territoriais.

O que os direitos de propriedade intelectual têm de específico é que, na falta de norma internacional em contrário, só produzem directamente efeitos no território do Estado cuja lei os atribui (o Estado de protecção)[2]. Mas isto não implica que os direitos de propriedade intelectual estejam subtraídos ao Direito de Conflitos.

Os direitos de propriedade intelectual só estariam subtraídos ao Direito de Conflitos se o Direito da Propriedade Intelectual fosse territorial quanto aos órgãos de aplicação, i.e. se os órgãos de aplicação aplicassem nesta matéria sempre o Direito do foro e só o Direito do foro. Este entendimento, que foi historicamente importante[3], ainda exerce a sua influência em alguns sistemas[4]. Mas a concepção hoje dominante distingue entre o Estado de protecção e o Estado do foro. O Estado de protecção é aquele em cujo território é pretendida a protecção[5], i.e., aquele onde é praticado um acto de utilização ou um acto lesivo do direito. O Estado de protecção só coincidiria necessariamente com o Estado do foro se os tribunais de cada Estado se considerassem incompetentes para as acções relativas à protecção dos direitos de propriedade intelectual no território de outros Estados[6]. Como veremos no desenvolvimento não é isto que se verifica no Direito português.

---

[2] Cf. ULMER [1985: 263 e seg.], VISCHER [363], KROPHOLLER [139] e LIMA PINHEIRO [254 e seg.].

[3] Cf. ULMER [1978: 10 e 15].

[4] Perante o Direito australiano os tribunais australianos não são competentes para acções relativas à violação de direitos de propriedade intelectual ocorrida no estrangeiro – ver P. NYGH – *Conflict of Laws in Australia*, 6.ª ed., Sydney et al., 1995, 119. Também à face do Direito inglês se entendia que não era "justiciável" em Inglaterra uma pretensão fundada na violação no estrangeiro de um direito de propriedade intelectual conferido por um Direito estrangeiro – ver DIZEY – MORRIS – COLLINS [1516 e seg.] e FAWCETT – TORREMANS [609 e seg.]. No entanto, a solução oposta decorre hoje do art. 11.º do *Private International Law (Miscellaneous Provisions) Act 1995* – cf. FAWCETT – TORREMANS [623 e seg.].

[5] Cf. ULMER [1978: 11].

[6] No mesmo sentido *MünchKomm.*/KREUZER [n.º 8]. Ver também ULMER [1985: 260 e seg.].

198 Estudos de Direito Internacional Privado

A maioria das legislações recentes de Direito Internacional Privado consagra normas de conflitos nesta matéria, que por forma geral apontam para a competência do Direito do Estado de protecção. A Lei austríaca manda aplicar aos direitos sobre bens imateriais a lei do Estado em que tiver lugar um acto de utilização ou um acto lesivo desses direitos (art. 34.°/1); a Lei suíça submete os direitos de propriedade intelectual ao Direito do Estado no qual a protecção da propriedade intelectual é requerida (art. 110.°/1)[7]; e, a Lei italiana manda regular os direitos sobre bens imateriais pela lei do Estado de utilização (art. 54.°)[8].

B) Direitos de autor

Dentro do âmbito espacial e material de aplicação da Convenção de Berna Relativa à Protecção das Obras Literárias e Artísticas (1886, com várias revisões) os direitos do autor são regulados pelo regime aí contido. A convenção aplica-se aos direitos relativos a obras que tenham como país de origem um dos Estados contratantes. A convenção contém normas de conflitos, normas de Direito dos estrangeiros e Direito material (regras mínimas de protecção, que não podem ser afastadas pelas legislações nacionais).

Nos termos do art. 5.°/2 desta convenção, "a extensão da protecção, bem como os meios de recurso garantidos ao autor para salvaguardar os seus direitos regulam-se exclusivamente pela legislação do país onde a protecção é reclamada". Segundo a opinião dominante encontra-se aqui consagrada uma norma de conflitos que remete para o Direito do Estado de protecção[9].

O Estado de protecção é, como já se assinalou, aquele em cujo território a protecção é pretendida, designadamente aquele em que a obra é utilizada. Assim, por exemplo, se uma obra literária de um autor português

---

[7] Ver também a recomendação da *II. Kommission des Deutschen Rates, in Vorscläge und Gutachten zur Reform des deutschen internationalen Sachen und Immaterialgüterrechts*, Tubinga, 1991, 155.

[8] Ver apreciação favorável da solução por JAYME [1995: 255].

[9] Cf. ALOIS TROLLER [1977: 1126 e segs.]; ULMER [1985: 258]; MünchKomm./ /KREUZER [n.° 3]; LOCHER [19 e 96 e seg.]; FAWCETT-TORREMANS [467]; e, LIMA PINHEIRO [256].

é publicada no Brasil, sem consentimento do autor, é aplicável o Direito brasileiro, porque foi no Brasil que se verificou o acto lesivo do direito.

A competência do Direito do Estado de protecção justifica-se, porque a concessão de um direito de monopólio traduz-se numa limitação ao interesse da colectividade local na liberdade de exploração da obra, a favor do interesse particular do autor[10].

Qual é o Estado de protecção em caso de radiodifusão? Na Alemanha defrontam-se duas teses. Segundo o entendimento dominante o Estado de protecção é aquele de onde a transmissão é feita[11]. Para uma tese minoritária são aplicáveis todas as leis dos países em que o sinal é recebido[12].

O ponto também é discutido relativamente às transmissões por satélite. A este respeito a tese dominante entende que tanto o Estado de emissão como os Estados de recepção são Estados de protecção, porque as transmissões por satélite põem em jogo a protecção do autor de um programa transmitido perante a utilização não autorizada da obra por terceiros em todos estes Estados[13]. Mas o mesmo argumento pode ser invocado com respeito à radiodifusão.

Em minha opinião, só é Estado de protecção aquele em que ocorre uma conduta que segundo o Direito local constitui um acto de utilização ou lesão de um direito de autor. Não creio que perante a lei portuguesa a simples recepção de uma transmissão possa constituir um acto de utilização ou de lesão de um direito de autor atribuído por esta lei.

Outra questão é a de saber se *de iure condendo* não se justificaria uma solução diferente, designadamente para evitar o risco da deslocação de centros de radiodifusão e de transmissão por satélite para países com um baixo padrão de protecção do direito de autor.

A colocação da obra em rede informática à disposição do público suscita ainda questões mais complexas.

Naturalmente que no Estado onde a obra é colocada na rede se suscita um problema de protecção do direito de autor. Trata-se antes do mais de saber se segundo do Direito deste Estado a colocação na rede é uma forma de utilização reservada ao autor e que, portanto, só pode ser feita pelo autor ou com sua autorização.

---

[10] Cf. BAPTISTA MACHADO [1982: 384 e seg.].

[11] Cf. ULMER [1978: 14] e *MünchKomm.*/KREUZER [n.os 112b, c e d].

[12] Ver DREIER [303].

[13] *MünchKomm.*/KREUZER [n.º 112a].

E nos Estados em que se situam os servidores em que a obra é armazenada e em que os utilizadores têm acesso à rede informática?

É designadamente questionado se não deve considerar-se a obra como publicada em todos os Estados em que os utilizadores têm acesso à rede informática[14]. Em caso afirmativo todos estes Estados deveriam ser considerados Estados de protecção[15]. Não creio, porém, que este entendimento seja compatível com o Direito português (cf. art. 6.º Código de Direito de Autor e Direitos Conexos).

Certo é que será Estado de protecção todo aquele em que forem praticados actos de utilização ou lesão do direito, por exemplo aquele em que um utilizador da *Internet* faça o *download* e comercialize cópias da obra[16].

Pertence ao Direito do Estado onde a protecção é pretendida determinar se concede ou não esta protecção. Isto depende não só das suas normas materiais mas também do seu Direito de Conflitos. Por conseguinte, a referência ao Direito do Estado de protecção deve ser entendida como uma referência global, que abrange o Direito de Conflitos deste Estado[17].

Os direitos morais de autor também estão submetidos ao Direito do Estado de protecção. Isto é confirmado pelo disposto no art. 6.º-bis/3 da Convenção de Berna que remete, a este respeito, para a legislação do país onde a protecção é reclamada. Trata-se, em todo o caso, de uma matéria sensível, em que poderá intervir a reserva de ordem pública internacional do Estado do foro[18].

O art. 5.º/2 da convenção determina que o gozo e exercício de direitos concedidos pelo Direito do Estado de protecção são independentes da

---

[14] Ver GINSBURG [4 e segs.].

[15] Cp. GINSBURG [48].

[16] BARIATTI [552 e seg.] aventa a possibilidade de a difusão ser considerada em certos Estados como violação de um direito de autor, mesmo se a colocação é legítima segundo a lei do Estado onde é efectuada. Não creio ser o caso do Direito português.

[17] No mesmo sentido, VISCHER [378 e seg.], *MünchKomm.*/KREUZER [n.º 10] e LIMA PINHEIRO [256]. Cp. FAWCETT – TORRESMANS [469], LUCAS – LUCAS [894 e seg.] e GINSBURG [36 e seg.]. VISCHER, porém, parece entender, como Direito do Estado de protecção, aquele que é invocado pelo autor da acção. Na mesma ordem de ideias, e atendendo a que a maior parte dos sistemas delimita o âmbito de aplicação no espaço do seu Direito da Propriedade Intelectual com recurso a normas unilaterais, SIEHR encontra nesta busca do Direito que reclama aplicação uma manifestação de unilateralismo [18 n. 55].

[18] Ver FAWCETT – TORREMANS [502 e seg.].

A lei aplicável aos direitos de propriedade intelectual   201

existência de protecção no país de origem da obra[19]. No entanto, a convenção contém uma norma de conflitos que manda atender à lei do país de origem quanto à duração da protecção: a duração da protecção é regulada pela lei do país onde a protecção é reclamada mas não pode exceder a fixada no país de origem da obra (art. 7.°/8).

O país de origem é, para as obras publicadas, o do lugar da primeira publicação e para as obras não publicadas, abstraindo das regras especiais relativas às obras cinematográficas, às obras de arquitectura e às obras de artes gráficas e plásticas integradas num imóvel, o da nacionalidade do autor (art. 5.°/4).

Encontra-se ainda na convenção uma outra norma de conflitos, quanto ao direito de sequência: este direito deve ser concedido simultaneamente pelo Direito do Estado de protecção e pelo Direito nacional do autor (art. 14.°-ter/2).

Enfim, a Convenção contém normas de Direito dos Estrangeiros que consagram o princípio do tratamento nacional. O n.° 1 do art. 5.° determina que os autores de obras que tenham origem num Estado contratante gozam nos outros Estados contratantes dos direitos que as leis respectivas concedam aos autores nacionais (bem como dos direitos especialmente concedidos pela convenção). E o n.° 3 estabelece que o autor que não é nacional do país de origem da obra terá neste país os mesmos direitos que os autores nacionais (já não podendo reclamar aí os direitos especialmente garantidos pela convenção)[20].

Estas normas de Direito dos Estrangeiros pressupõem que a questão se coloca no Estado de protecção. Elas significam que no Estado de pro-

---

[19] Segundo o entendimento dominante, a condição de protecção pelo Direito do país de origem foi abandonada com a revisão de Berlim, em 1908. ULMER [1978: 12] sublinha que a convenção só remete para o Direito do país de origem quanto à duração da protecção. *MünchKomm.*/KREUZER [n.° 113] assinala que a tutela concedida pelo Estado de protecção é independente de uma eventual protecção pelo país de origem. Cp. OLIVEIRA ASCENSÃO [1992: 46 e seg.] entendendo que só pode reclamar protecção num país da União a obra protegida no país de origem. A mesma posição foi assumida pela *Cour d'appel de Rennes* na sua decisão de 17/1/96 [*R. crit.* 88 (1999) 76]. Ver an. crítica de Jean-Sylvestre BERGÉ [op. cit. 82-88, 86].

[20] Ver ainda o art. 6.°/1 que contém uma cláusula de reciprocidade, permitindo aos Estados da União a restrição da protecção das obras de autores que não sejam nacionais de Estados da União nem aí tenham residência habitual, quando o Estado da sua nacionalidade não proteja de uma maneira sufiente as obras dos autores que sejam nacionais dos Estados da União.

202   *Estudos de Direito Internacional Privado*

tecção as obras de autores estrangeiros que sejam protegidas pela convenção devem ser tratadas como obras de autores nacionais (e, não, porventura, que no Estado do foro, que não seja o Estado de protecção, se aplique um princípio de tratamento nacional).

O mesmo princípio foi consagrado pelo Acordo sobre os Aspectos dos Direitos de Propriedade Intelectual relacionados com o Comércio, anexo ao Acordo que Instituiu a Organização Mundial do Comércio (Acordo TRIPS/ADPIC). O art. 3.º/1 estabelece a regra de tratamento nacional no Estado de protecção[21].

Fora do âmbito de aplicação dos instrumentos internacionais há que ter em conta o disposto no art. 48.º CC e no Código de Direito de Autor e Direitos Conexos.

O n.º 1 do art. 48.º determina que "os direitos de autor são regulados pela lei do lugar da primeira publicação da obra e, não estando esta publicada, pela lei pessoal do autor, sem prejuízo do disposto em legislação especial".

Esta norma só vigora na medida em que a legislação especial não disponha em contrário. Ora, das disposições contidas nos arts. 63.º e segs. do Código de Direito de Autor e Direitos Conexos retiram-se soluções que são incompatíveis com o disposto no art. 48.º/1 que, nesta medida, se não se encontra privado de campo de aplicação[22], pelo menos tem um campo de aplicação muito limitado[23].

O regime internacionalprivatístico que se infere destes preceitos é semelhante ao da Convenção de Berna.

O art. 63.º deste código, ao atribuir competência exclusiva à "ordem jurídica portuguesa" para determinar a protecção atribuída a uma obra deve em minha opinião ser interpretado como norma de conflitos unilateral[24], segundo a qual a lei portuguesa é aplicável à protecção de uma obra em território português. Esta norma é bilateralizável, submetendo a protecção a atribuir a uma obra à lei do Estado onde a protecção é pretendida[25].

---

[21] Cf. FAWCETT – TORREMANS [481].

[22] Em sentido convergente, mas com fundamento diferente, OLIVEIRA ASCENSÃO [1992: 42 e seg.].

[23] O art. 17.º/4 do DL n.º 252/94, de 20/10 (protecção jurídica de programas de computador) estabelece que "É considerado autor quem assim for qualificado pela lei do país de origem respectivo; em caso de colisão de qualificações aplica-se a lei que se aproxime mais da lei portuguesa".

[24] Cf. LIMA PINHEIRO [257].

[25] Convergente, em resultado, BAPTISTA MACHADO [1982: 385].

No entanto, o art. 37.° contém um desvio a esta regra, segundo o qual as "obras que tiverem como país de origem um país estrangeiro não pertencente à União Europeia e cujo autor não seja nacional de um país da União gozam da duração da protecção prevista na lei do país de origem, se não exceder a fixada na lei portuguesa"[26].

A obra publicada tem como país de origem o país da primeira publicação (art. 65.°/1). Relativamente às obras não publicadas, considera-se país de origem o da nacionalidade do autor (art. 66.°/1), a menos que se trate de obras de arquitectura e de artes gráficas ou plásticas incorporadas num imóvel, caso em que será o país onde foram edificadas ou incorporadas numa construção.

A norma de conflitos contida no art. 63.° é complementada pela cláusula de reciprocidade estabelecida no art. 64.°. As "obras de autores estrangeiros ou que tiverem como país de origem um país estrangeiro beneficiam da protecção conferida pela lei portuguesa, sob reserva de reciprocidade, salvo convenção internacional em contrário a que o Estado português esteja vinculado."

Se este preceito se aplicar exclusivamente às obras de autores estrangeiros, mesmo que tenham Portugal como país de origem[27], tratar-se-á de uma norma de Direito dos Estrangeiros, por força da qual as obras de autores estrangeiros só são tuteladas se, em iguais circunstâncias, as obras dos autores portugueses forem tuteladas no país de que aqueles são nacionais.

Caso se siga uma interpretação literal do preceito, as obras de autores estrangeiros ou que tiverem como país de origem um país estrangeiro só são tuteladas pela lei portuguesa se, em iguais circunstâncias, as obras de autores portugueses ou que tiverem Portugal como país de origem forem tuteladas no país de que são nacionais aqueles autores ou de origem daquelas obras.

Esta cláusula de reciprocidade deve ser conjugada com a norma de conflitos que confere competência ao Direito do Estado de protecção. Por conseguinte, ela é aplicável pelas autoridades portuguesas e pelos tribunais portugueses quando Portugal for o Estado de protecção.

---

[26] O que, segundo parece, pressupõe que a protecção destas obras depende da protecção no país de origem.

[27] Em sentido próximo, OLIVEIRA ASCENSÃO entende que o nacional é sempre protegido, mesmo que a sua obra tenha como país de origem um país estrangeiro [1992: 34].

Com as excepções atrás referidas, a constituição, transmissão, extinção, conteúdo e meios de tutela do direito de autor estão submetidos ao Direito do Estado de protecção. Isto inclui a questão da titularidade do direito de autor[28].

Vejamos agora se os tribunais portugueses são competentes para acções relativas à protecção de direitos de autor no território de outros Estados.

Nesta matéria não vigoram normas especiais de competência internacional dos tribunais portugueses. Por conseguinte, é aplicável o regime da Convenção de Bruxelas Relativa à Competência Judiciária e à Execução de Sentenças em Matéria Civil e Comercial e, fora do domínio de aplicação da convenção, o regime interno (arts. 65.° e 99.° CPC).

Com base em critérios de competência como o domicílio do réu ou a convenção das partes os tribunais portugueses podem ter de apreciar uma questão, mesmo a título principal, relativa à protecção do direito de autor no território doutro Estado.

Além disso, a titularidade ou o conteúdo do direito de autor pode suscitar-se a título prejudicial, por exemplo, numa acção de responsabilidade extracontratual por violação do direito de autor no território de um Estado estrangeiro.

Por outro lado, quando Portugal for o Estado de protecção, os tribunais portugueses também podem ter de aplicar o Direito do Estado de origem ou o Direito da nacionalidade do autor, nos termos atrás expostos.

Por conseguinte, não há territorialismo quanto aos órgãos de aplicação do Direito, sendo necessário recorrer ao Direito de Conflitos para determinar a lei aplicável ao direito de autor.

C) Propriedade industrial

Neste domínio vigoram numerosas convenções internacionais de Direito material unificado. A regra de conflitos geral, explícita ou implícita nas convenções internacionais e na legislação interna da pro-

---

[28] Cp., a favor do Direito do país de origem, BATIFFOL – LAGARDE [II 202], supracit. decisão da *Cour d'appel de Rennes* e jurisprudência francesa referida por estes autores [n.° 530 ns. 3 e 7]. Ver ainda GINSBURG [23 e segs.]

A *lei aplicável aos direitos de propriedade intelectual* 205

priedade intelectual é a da aplicação do Direito do Estado onde a protecção é pretendida[29].

Pelas razões expostas relativamente ao direito de autor, também neste caso a referência ao Direito do Estado de protecção deve ser entendida como uma referência global.

O art. 2.º da Convenção de Paris para a Protecção de Propriedade Industrial (1883, com várias revisões), consagra o princípio do tratamento nacional dos estrangeiros que sejam nacionais de outros Estados contratantes, sem prejuízo dos direitos especialmente previstos na convenção. O art. 3.º alarga este princípio aos nacionais de terceiros Estados que estejam domiciliados ou possuam estabelecimentos industriais ou comerciais no território de um Estado contratante.

Também neste caso o princípio do tratamento nacional pressupõe que a questão se coloca no Estado de protecção: cada Estado contratante aplica o seu próprio Direito à protecção, no seu território, da propriedade industrial.

Do princípio da territorialidade decorre que no território de cada Estado são protegidos os direitos de propriedade industrial atribuídos pela sua lei, e que os direitos atribuídos em diferentes Estados são independentes entre si.

Mas há especialidades, designadamente em matéria de patentes e de marcas.

Embora as patentes obtidas em cada um dos Estados contratantes sejam independentes entre si (art. 4.º bis), a apresentação de um pedido de patente num Estado contratante confere, dentro de certo prazo, um direito de prioridade para apresentação do pedido nos outros Estados contratantes (art. 4.º/A/1).

O Acordo de Madrid Relativo ao Registo Internacional de Marcas de Fábrica ou de Comércio (1891, com várias revisões) estabelece um sistema de registo internacional, que confere protecção à marca em todos os Estados contratantes. Mas a validade da aquisição e o conteúdo do Direito continuam a ser regulados pelo Direito do Estado de protecção.

Foi atrás assinalado que a regra de tratamento nacional no Estado de protecção também foi consagrada pelo Acordo TRIPS/ADPIC (art. 3.º/1).

---

[29] Cf. ULMER [1985: 258], VISCHER [363], KAMEN TROLLER [n.º 10], FAWCETT – TORREMANS [478] e LIMA PINHEIRO [259].

O Código da Propriedade Industrial não contém uma norma de conflitos explícita, limitando-se a determinar a sua aplicabilidade tanto a nacionais como a estrangeiros e a estabelecer normas de Direito dos Estrangeiros (art. 3.°/1, /2 e /3). Mas também a sua aplicação a situações internacionais tem de pressupor uma norma de conflitos.

O art. 48.°/2 CC, que manda aplicar a lei do país da criação, é compatível com o Código da Propriedade Industrial, contanto que por "país da criação" se entenda "o Estado de protecção" nos termos anteriormente expostos[30].

O âmbito de aplicação do Direito do Estado de protecção compreende a constituição, transmissão, extinção, conteúdo e meios de tutela dos direitos de propriedade industrial.

Atente-se agora no regime da competência internacional nesta matéria. Por força do art. 16.°/4 da Convenção de Bruxelas Relativa à Competência Judiciária e à Execução de Sentenças em Matéria Civil e Comercial, em "matéria de inscrição ou de validade de patentes, marcas, desenhos e modelos, e outros direitos análogos sujeitos a depósito ou a registo", são exclusivamente competentes "os tribunais do Estado contratante em cujo território o depósito ou registo tenha sido requerido, efectuado ou considerado efectuado nos termos de uma convenção internacional"[31].

A última parte deste preceito tem em vista o sistema instituído pelo Acordo de Madrid Relativo ao Registo Internacional de Marcas de Fábrica ou de Comércio, atrás referido, e o Acordo da Haia Relativo ao Depósito Internacional de Desenhos e Modelos Industriais (1925, revisto em 1934). Portugal não é parte deste segundo Acordo. Segundo este sistema, o re-

---

[30] Cf. LIMA PINHEIRO [260].

[31] Fica ressalvada, ao abrigo do art. 57.°/1 da convenção, a aplicabilidade de regras especiais de competência internacional contidas em convenções em matéria de patentes, designadamente o art. 108.° da Convenção sobre a Patente Europeia. Por força do art. 5.°-D do Protocolo Anexo à Convenção de Bruxelas são exclusivamente competentes, em matéria de inscrição ou de validade de uma patente europeia, os tribunais do Estado para que foi emitida a patente.

Fica igualmente ressalvada, ao abrigo do art. 57.°/3 da convenção, a aplicabilidade das regras especiais de competência internacional contidas no Reg. CE n.° 40/94, do Conselho, de 20/12/93, sobre a marca comunitária (designadamente arts. 92.° a 94.°). Sobre estas regras ver Christian KOHLER – "Kollisionsrechtliche Anmerkungen zur Verordnung über die Gemeinschaftsmarke", *FS* Ulrich Everling, org. por Marcus LUTTER e Jürgen SCHWARZE, Baden-Baden, 1995, 651-667, 656 e segs.

A lei aplicável aos direitos de propriedade intelectual

gisto ou depósito feito na secretaria internacional, por intermédio da Administração do país de origem, produz os mesmos efeitos nos outros Estados contratantes que o registo ou depósito directo das marcas, desenhos e modelos nestes Estados.

Esta competência exclusiva afasta a competência dos tribunais de outros Estados contratantes (cf. o art. 19.°).

O fundamento desta competência exclusiva está na conexão de certas acções com o processo de concessão do direito e com a organização do registo.

O TCE adoptou um entendimento restritivo relativamente às acções abrangidas por este preceito[32]. Segundo este entendimento, dizem respeito à *inscrição* os litígios sobre a regularidade da inscrição e à *validade* os litígios sobre a validade do direito ou a própria existência do depósito ou do registo.

A competência exclusiva já não abrange um litígio sobre a titularidade do direito à protecção da propriedade industrial[33]. Assim, o TCE decidiu que o art. 16.°/4 não se aplica ao "...diferendo entre um trabalhador, autor de uma invenção para a qual foi pedida ou obtida uma patente, e a sua entidade patronal, quando o litígio respeita aos seus direitos respectivos sobre esta patente decorrentes da sua relação de trabalho"[34].

As regras gerais de competência contidas na convenção são aplicáveis às acções em matéria civil e comercial, relativas a direitos de propriedade industrial, que não sejam abrangidas por esta competência exclusiva[35], nem por regras especiais contidas em convenções ou em actos comunitários[36]. Fora do âmbito de aplicação da convenção regem as normas gerais sobre competência internacional de fonte interna.

---

[32] Ver *Duijnstee* v. *Goderbauer*, proc. n.° 288/82 [*Rec.* 1983-10: 3663].

[33] Cf. Jan KROPHOLLER – *Europäisches Zivilprozeßrecht. Kommentar zu EuGVÜ und Lugano-Übereinkommen*, 5.ª ed., 1996, n.os 44 e 46; TEIXEIRA DE SOUSA – MOURA VICENTE – *Comentário à Convenção de Bruxelas de 27 de Setembro de 1968 Relativa à Competência Judiciária e à Execução de Decisões em Matéria Civil e Comercial e Textos Complementares*, Lisboa, 1994, 116; e, FAWCETT – TORREMANS, 19 e seg.

[34] Supracit. caso *Duijnstee* v. *Goderbauer*.

[35] Cf. JENARD [loc. cit.].

[36] Nos termos do art. 57.° da convenção. Quanto ao direito à concessão da patente europeia regem os arts. 1.° a 6.° do Protocolo sobre o Reconhecimento anexo à Convenção sobre a Patente Europeia.

Com base nestas regras gerais, os tribunais portugueses podem ser competentes para acções em matéria de titularidade do direito à protecção da propriedade industrial num Estado estrangeiro. Também podem ser competentes para acções de responsabilidade extracontratual por violação de um direito de propriedade industrial ocorrida num território estrangeiro. Os tribunais portugueses podem ainda ser competentes para as acções relativas ao cumprimento de um contrato de licença de direito de propriedade industrial protegido num Estado estrangeiro.

Isto torna inevitável a determinação da lei aplicável aos direitos de propriedade industrial por meio do Direito de Conflitos.

Acresce que por força de normas de conflitos especiais que mandam aplicar a certas questões uma lei diferente da do Estado de protecção, os próprios tribunais do Estado de protecção podem ter de aplicar Direito estrangeiro.

Entre as normas de conflitos especiais em matéria de propriedade industrial são de salientar as seguintes.

O art. 6.° quinquies da Convenção de Paris estabelece que a marca registada no Estado contratante de origem será admitida para registo e como tal protegida nos outros Estados contratantes a menos que se verifique um dos fundamentos de recusa do registo aí tipificados. Estes fundamentos de recusa dizem respeito à lesão de direitos adquiridos por terceiros no Estado em que a protecção é requerida, à falta de carácter distintivo da marca e à contrariedade à moral e ordem púbica.

Já é o Direito do Estado de protecção que regula a validade da aquisição e o conteúdo do direito.

Nos termos do art. 6.°/3 do Acordo de Madrid, a protecção resultante do registo internacional deixará de poder ser invocada quando cinco anos após a data do registo internacional a marca nacional, previamente registada no país de origem, já não gozar de protecção legal neste país.

Por último, o n.° 1 do art. 60.° da Convenção de Munique sobre a Patente Europeia (1973) determina que se o inventor for um empregado, o direito à patente europeia é definido segundo o Direito do Estado em cujo território o empregado exerce a sua actividade principal; se o Estado em cujo território se exerce a actividade principal não puder ser determinado, o Direito aplicável é o do Estado em cujo território se encontra o estabelecimento do patrão a que o empregado está ligado.

D) Contratos tendo por objecto direitos de propriedade intelectual

Os contratos tendo por objecto a transmissão de direitos de propriedade intelectual ou a cessão da sua exploração (contrato de licença) estão submetidos às normas de conflitos gerais contidas na Convenção de Roma sobre a Lei Aplicável às Obrigações Contratuais[37]. Mas o efeito translativo do direito e outros efeitos relativos à propriedade intelectual são controlados pela lei reguladora do direito de propriedade intelectual[38].

As partes podem escolher a lei aplicável ao contrato (art. 3.°/1/§ 1.°). Esta escolha pode ser expressa ou tácita, mas, neste segundo caso, deve resultar de modo inequívoco das disposições do contrato ou das circunstâncias da causa (art. 3.°/1/§ 2.°).

Na falta de designação pelas partes do Direito aplicável, o contrato é regulado pela lei do país com o qual apresente uma conexão mais estreita (art. 4.°/1 e /5). O contrato terá frequentemente uma conexão mais estreita com o país de protecção da propriedade intelectual.

A convenção "presume" que o contrato apresenta uma conexão mais estreita com o país onde a parte que está obrigada a fornecer a prestação característica do contrato tem, no momento da celebração do contrato, a sua residência habitual, administração central ou, se o contrato for celebrado no exercício da sua actividade económica ou profissional, o estabelecimento (art. 4.°/2).

A "presunção" a favor da lei do devedor da prestação característica tem um alcance especialmente limitado em relação aos contratos de licença. Nestes contratos o devedor da prestação característica é o licenciador. O recurso à lei do país onde se situa a residência, administração central ou estabelecimento do licenciador só se justifica quando é concedida uma licença para exploração em vários países e o direito de propriedade intelectual é efectivamente explorado em diferentes países.

A formação e validade dos elementos do negócio são regulados pela *lex contractus*, mesmo que digam respeito aos seus efeitos sobre a propriedade intelectual[39]. Mas os requisitos de validade substancial ou formal

---

[37] Cf. DIZEY – MORRIS – COLLINS [979], FAWCETT – TORREMANS [546 e seg.], LIMA PINHEIRO [261] e, face aos arts. 41.° e 42.° CC, BAPTISTA MACHADO [1982: 392].

[38] Cf. DIZEY – MORRIS – COLLINS [979 e seg.] e LIMA PINHEIRO [261]. Ver, com mais desenvolvimento, ULMER [1978: 46 e segs. e 86 e segs.].

[39] Cp. KAMEN TROLLER [n.° 25].

210   *Estudos de Direito Internacional Privado*

que sejam estabelecidos pelo Estado de protecção deverão ser considerados como requisitos de eficácia do contrato sobre a propriedade intelectual[40].

BIBLIOGRAFIA

ASCENSÃO, José de OLIVEIRA
  1988 – *Direito Comercial*, vol. II – *Direito Industrial*, Lisboa, 1988, 27 e segs.
  1992 – *Direito de Autor e Direitos Conexos*, Coimbra, 1992.
BAR, Christian v.
  1988 – "Kollisionsrecht, Fremdenrecht und Sachrecht für internationale Sachverhalte im Internationalen Urheberrecht", *UFITA* 108: 27-49.
BARIATTI, Stefania
  1997 – "Internet: aspects relatifs aux conflits de lois", *RDIPP* 33: 545-556.
BATIFFOL, Henri e Paul LAGARDE
  1983/1993 – *Droit international privé*, vol. I – 8.ª ed., vol. II – 7.ª ed., Paris.
Dicey and Morris on the Conflict of Laws
  1993 – 12.ª ed. por Lawrence COLLINS (ed. geral), Trevor HARTLEY, J. MCCLEAN, C. MORSE e J. MORRIS, Londres.
DREIER, Th.
  1997 – "Private international law aspects. Germany", *in Copyright in Cyberspace*, org. por Marcel DELLEBEKE, Amesterdão, 300-306.
FAWCETT, James e Paul TORREMANS
  1998 – *Intellectual Property and Private International Law*, Oxford.
GINSBURG, Jane
  1998 – "Private International Law Aspects of the Protection of Works and Objects of Related Rights Transmitted through Digital Networks", *WIPO-GCPIC/2*.
IPRG Kommentar
  1993 – *Kommentar zum Bundesgesetz über das Internationale Privatrecht (lPRG) vom 1. Januar 1989*, org. por Anton HEINI, Max KELLER, Kurt SIEHR, Frank VISCHER e Paul VOLKEN, – VOLKEN.
KREUZER, Karl
  1991 – "II.Immaterialgüterrechte", *in Vorschläge und Gutachten zur Reform des deutschen internationalen Sachen und Immaterialgüterrechts*, 148-155, Tubinga.
KROPHOLLER, Jan
  1997 – *Internationales Privatrecht*, 3.ª ed., Tubinga.
LOCHER, Felix
  1993 – *Das Internationale Privat- und Zivilprozessrecht der Immaterialgüterrechte aus urheberrechtlicher Sicht*, Zurique.
LUCAS, A. e H.-J. LUCAS
  1994 – *Traité de la propriété littéraire & artistique*, Paris.

---

[40] Cf. LIMA PINHEIRO [261].

A lei aplicável aos direitos de propriedade intelectual

MACHADO, J. BAPTISTA

1982 – *Lições de Direito Internacional Privado*, (apontamentos das aulas teóricas do ano lectivo de 1971-1972 na Faculdade de Direito de Coimbra), 2.ª ed., Coimbra.

Münchener Kommentar zum Bürgerlichen Gesetzbuch

1998 – vol. X, redactor Hans SONNENBERGER, 3.ª ed, Munique.

RAMOS, Rui MOURA

1991 – *Da Lei Aplicável ao Contrato de Trabalho Internacional*, Coimbra.

PINHEIRO, Luís de LIMA

1999 – *Direito Internacional Privado. Parte Especial (Direito de Conflitos)*, Coimbra.

Riforma del sistema italiano di diritto internazionale privato

1995 – *legge 31 maggio 1995 n. 218 – Commentario, RDIPP* 31: 905-1279.

SIEHR, Kurt

1988 – "Das Urheberrecht in neueren IPR-Kodifikationen", *UFITA* 108: 9-25.

TROLLER, ALOIS

1977 – "Neu belebte Diskussion über das Internationale Privatrecht im Bereich des Immaterialgüterrechts", *in Problemi attuali del diritto industriale*, Milão, 1125--1136.

1983 – *Immaterialgüterrecht*, vol. I, 3.ª ed., Basileia e Francoforte-sobre-o-Meno.

TROLLER, KAMEN

1994 – *Industrial and Intellectual Property, in IECL*, vol. III/cap. 22.

ULMER, Eugen

1978 – *Intellectual Property Rights and the Conflict of Laws*, Deventer.

1985 – "Fremdenrecht und internationales Privatrecht im gewerblichen Rechtsschutz und Urheberrecht", *in Internationales Privatrecht. Internationales Wirtschaftsrecht*, org. por Wolfgang HOLL e Ulrich KLINKE, Colónia, 257-268.

VISCHER, Frank

1988 – "Das IPR des Immaterialgüterrechtes (unter besonderer Berücksichtigung des Patentrechtes)", *in Kernprobleme des Patentrechts*, Berna, 1988.

DIREITO APLICÁVEL À RESPONSABILIDADE EXTRACONTRATUAL NA INTERNET*

INTRODUÇÃO

A *Internet* é um meio de comunicação que permite a circulação de informação à escala planetária. Os actos praticados num Estado – designadamente o carregamento de conteúdos ou programas na rede – podem violar direitos ou interesses protegidos noutros Estados e, com isso, causar prejuízos nestes ou noutros Estados.

Vejamos dois exemplos. Um súbdito do Reino Unido, residente em Londres, propõe uma acção de indemnização em tribunais portugueses, alegando que uma notícia colocada numa página da *Internet* por um português, residente em Portugal, que acedeu à rede através de um computador situado na respectiva residência, é difamatória. Um autor português, residente em Portugal, exige uma indemnização de uma sociedade com sede no Brasil que sem a sua autorização colocou uma obra da sua autoria num *Website* utilizando um computador situado na respectiva sede.

Nestes casos a responsabilidade extracontratual por actos praticados na *Internet* coloca problemas de determinação do Direito aplicável que devem ser resolvidos pelo Direito Internacional Privado.

Trata-se em primeiro lugar de saber se a responsabilidade extracontratual é regulada pelo Direito do Estado em que actuou o agente, ou pelo Direito do Estado em que foi lesado o bem jurídico ou ainda pelo Direito do Estado onde se produziram os prejuízos. A circunstância de se tratar de actos praticados na *Internet* coloca problemas específicos de localização

---

* Texto de conferência proferida no 4.º Curso de Pós-Graduação sobre Direito da Sociedade da Informação, organizado pela Faculdade de Direito de Lisboa e pela Associação Portuguesa de Direito Intelectual, em Abril de 2001, publicado na *RFDUL* 42 – n.º 2 (2001) 825-834.

dos factos e dos resultados e suscita a questão de saber se as regras de conflitos gerais são adequadas à responsabilidade extracontratual que surge neste contexto.

Vou começar por examinar estas regras gerais (I), tratando em seguida da questão prévia da existência ou titularidade do direito violado (II) e finalizando com os problemas específicos colocados pela determinação do Direito aplicável à responsabilidade extracontratual no contexto da *Internet* (III).

I. DIREITO DE CONFLITOS GERAL EM MATÉRIA DE RESPONSABILIDADE EXTRACONTRATUAL

A norma de conflitos geral em matéria de responsabilidade extracontratual consta do art. 45.º do Código Civil.

O n.º 1 art. 45.º submete a responsabilidade extracontratual fundada quer em acto lícito quer no risco ou em qualquer conduta lícita "à lei do Estado onde decorreu a principal actividade causadora do prejuízo; em caso de responsabilidade por omissão, é aplicável a lei do lugar onde o responsável deveria ter agido".

No entanto, por força do n.º 2 aplica-se a lei do Estado onde se produziu o efeito lesivo quando esta considerar responsável o agente, mas não o considerar como tal a lei do país onde decorreu a sua actividade, desde que o agente devesse prever a produção de um dano, naquele país, como consequência do seu acto ou omissão.

A interpretação do conceito de responsabilidade extracontratual deve partir do disposto nos arts. 483.º e segs. CC. As principais notas do conceito em Direito material interno são a violação ilícita de um direito de outrem ou de qualquer norma jurídica destinada a proteger interesses alheios e a produção de um dano imputável a essa violação. Em certos Direitos estrangeiros surge uma responsabilidade com função puramente sancionadora, de que não é pressuposto a produção de um dano reparável.

No quadro de uma interpretação autónoma, haverá que examinar à luz das finalidades prosseguidas pela norma de conflitos se o conceito poderá abranger tipos de responsabilidade de Direito estrangeiro que não correspondam inteiramente ao conceito de responsabilidade do Direito material interno. Parece que as conexões estabelecidas no art. 45.º também se mostram adequadas para aquelas formas de responsabilidade que

Direito aplicável à responsabilidade extracontratual na internet 215

desempenhem uma função puramente sancionadora e que, por conseguinte, será possível reconduzi-las ao conceito de responsabilidade extracontratual empregue pela norma de conflitos.

Prevendo a possibilidade de a actividade causadora de prejuízo se verificar em vários países, o art. 45.° remete para a lei do Estado onde decorreu a principal actividade.

O efeito lesivo pode produzir-se num Estado diferente daquele em que decorre a actividade causadora do efeito. Por exemplo, um erro cometido por um controlador aéreo no aeroporto de um país pode conduzir a uma colisão de aviões no espaço aéreo de outro Estado; um produto defeituoso adquirido num país por uma pessoa que aí se encontra de passagem pode causar uma lesão corporal ao adquirente no país da sua residência.

A norma de conflitos contida nos n.os 1 e 2 do art. 45.° representa uma conjugação do critério do lugar do delito, que é o tradicional nesta matéria, com o critério do lugar dos efeitos. Esta conjugação é feita segundo uma ideia de alternatividade, de aplicação da lei mais favorável ao lesado. Mas não é uma pura conexão alternativa. Em princípio aplica-se a lei do Estado onde decorreu a principal actividade causadora do prejuízo. Só se esta não considerar o agente responsável é que caberá examinar se a lei do Estado onde se produziu o efeito lesivo dá solução diferente.

O lugar onde se produz o efeito lesivo é aquele em que é lesado o bem jurídico protegido e não aquele em que se produz o dano[1]. Por exemplo, se um português morre atropelado em Espanha, a lesão do bem juridicamente tutelado produz-se em Espanha, embora os danos patrimoniais e morais sofridos pelos familiares residentes em Portugal se verifiquem em Portugal.

O bem jurídico, como realidade jurídica que é, não tem uma localização física. A localização é operada pelo resultado prático da conduta lesiva. Atende-se, assim, por exemplo, ao lugar em que é ofendida a integridade física ou ao lugar em que é ofendido o bom nome ou reputação, mesmo que o agente tenha actuado num país diferente.

Se, na aplicação do n.° 2 do art. 45.°, se deparar com a produção do efeito lesivo numa pluralidade de países, a lei de cada um destes países

---

[1] Cf. BAPTISTA MACHADO – *Lições de Direito Internacional Privado*, (apontamentos das aulas teóricas do ano lectivo de 1971-1972 na Faculdade de Direito de Coimbra), 2.ª ed., Coimbra, 1982, 272 e Tito BALLARINO – *Diritto internazionale privato*, 3.ª ed., Pádua, 1999, 721.

será aplicável relativamente aos danos resultantes da lesão que se verificou no seu território[2]. Cabe à lei de cada um dos países de lesão fundamentar a pretensão de indemnização pelos prejuízos resultantes da lesão do bem jurídico aí ocorrida.

O n.º 3 do art. 45.º vem estabelecer um desvio à regra estabelecida nos números anteriores quando agente e lesado tiverem a mesma nacionalidade, ou na falta dela, a mesma residência habitual, e se encontrarem ocasionalmente em país estrangeiro. Este desvio não tem relevância no contexto da *Internet*.

De iure condendo parece-me que se justificaria um outro desvio por aplicação da ideia do respeito dos conjuntos normativos interdependentes, em conformidade com o disposto no art. 133.º/3 da Lei suíça e com a doutrina defendida por alguns autores alemães[3]. Segundo este desvio, se entre o agente e o lesado preexiste uma relação jurídica, será a lei aplicável a esta relação que, em princípio, regerá a responsabilidade extracontratual.

Mais em geral, relativamente à responsabilidade extracontratual, bem como a outras obrigações não voluntárias, como a gestão de negócios e o enriquecimento sem causa, tem-se manifestado uma tendência para admitir um certo espaço de actuação à autonomia conflitual. Assim, designadamente, o art. 42.º da Lei de Introdução do Código Civil Alemão, com a redacção dada em 1999, admite a escolha do Direito aplicável às obrigações não voluntárias.

Uma vez que se trata de relações disponíveis, entendo que deveria ser amplamente admitida a escolha pelas partes do Direito aplicável às obrigações não voluntárias. Não vejo razão suficiente para limitar esta escolha quanto às ordens jurídicas estaduais que podem ser objecto de designação[4]. Mas a escolha tem de ser posterior à ocorrência dos factos constitutivos e não pode prejudicar os direitos de terceiros[5].

---

[2] Cf. Baptista Machado (n. 1) 272 e seg. e *Soergel*/Lüderitz [Art. 38 n.º 96], sem prejuízo da consideração dos prejuízos incorridos noutro país. Cp. *MünchKomm.*/Kreuzer [Art. 38 n.º 216].

[3] Ver Kropholler – *Internationales Privatrecht*, 3.ª ed., Tubinga, 1997, 465 e segs. e Jayme – "Identité culturelle et intégration: le droit international privé postmoderne", *RCADI* 251 (1995) 9-268, 133. Ver ainda as considerações convergentes de Ferrer Correia – *Direito Internacional Privado. Alguns problemas*, Coimbra, 1981, 105 e segs. e as obras indicadas por Moura Ramos – *Da Lei Aplicável ao Contrato de Trabalho Internacional*, Coimbra, 1991, 378 n. 19.

[4] Cp. o art. 132.º da Lei federal suíça, que admite a possibilidade de escolha do

O âmbito da lei reguladora da responsabilidade civil compreende os pressupostos e as consequências da obrigação de indemnizar. A imputabilidade também está submetida a esta lei.

II. QUESTÃO PRÉVIA DA EXISTÊNCIA OU TITULARIDADE DO DIREITO

Se o bem juridicamente tutelado for um direito subjectivo, a questão da pretensão fundada em responsabilidade extracontratual, que se coloca a título principal, suscita a questão prévia da existência ou titularidade do direito.

Esta questão prévia tem de ser resolvida mediante uma conexão autónoma, i.e., por aplicação do Direito de Conflitos do Estado do foro.

Assim, caso se invoque a violação de um direito real, a questão da titularidade e conteúdo deste direito será submetida à lei reguladora do direito real determinada nos termos do art. 46.º CC.

Na *Internet* assumem especial importância as violações de direitos de personalidade e de direitos de propriedade intelectual.

Um certo número de direitos de personalidade são hoje objecto de protecção internacional que resulta não só de convenções internacionais em matéria de direitos fundamentais, mas também, ainda que mais limitadamente, do próprio Direito Internacional Público geral[6]. Ao nível das ordens jurídicas estaduais, a par da tendência para o reconhecimento geral de um certo núcleo fundamental de direitos de personalidade, há significativas diferenças quanto à extensão e protecção destes direitos.

A norma de conflitos geral sobre os direitos de personalidade consta do art. 27.º/1 CC. Esta disposição estabelece que "Aos direitos de personalidade, no que respeita à sua existência e tutela e às restrições impostas ao seu exercício, é também aplicável a lei pessoal." Daqui decorre que a atribuição dos direitos, o seu conteúdo e as restrições impostas ao seu exercício são regidos pela lei pessoal. Quanto à atribuição dos direitos,

---

Direito do foro para regular a responsabilidade extracontratual, e VISCHER – "General Course on Private International Law", *RCADI* 232 (1992) 9-256, 126 e segs.

[5] Neste sentido dispõe o art. 42.º da referida lei alemã.

[6] Ver LIMA PINHEIRO – *Direito Internacional Privado. Parte Especial (Direito de Conflitos)*, Coimbra, 1999, 40 e seg.

determina-se segundo a lei pessoal se existe um direito geral de personalidade e quais os direitos especiais de personalidade tutelados.

No que toca aos direitos de propriedade intelectual, a regra de conflitos que se infere das convenções internacionais aplicáveis e da legislação nacional determina a aplicação do Direito de Estado de protecção[7]. O Estado de protecção é aquele em cujo território é pretendida a protecção, i.e., aquele onde é praticado um acto de utilização ou um acto lesivo do direito.

Relativamente ao direito de autor têm surgido dificuldades quanto à determinação do Estado de protecção no contexto da *Internet*.

Naturalmente que no Estado onde a obra é colocada na rede se suscita um problema de protecção do direito de autor. Trata-se antes do mais de saber se segundo do Direito deste Estado a colocação na rede é uma forma de utilização reservada ao autor e que, portanto, só pode ser feita pelo autor ou com sua autorização.

E nos Estados em que se situam os servidores em que a obra é armazenada e em que os utilizadores têm acesso à rede informática?

É designadamente questionado se não deve considerar-se a obra como publicada em todos os Estados em que os utilizadores têm acesso à rede informática[8]. Em caso afirmativo todos estes Estados deveriam ser considerados Estados de protecção[9]. Não creio, porém, que este entendimento seja compatível com o Direito português (cf. art. 6.° Código de Direito de Autor e Direitos Conexos).

Certo é que será Estado de protecção todo aquele em que forem praticados actos de utilização ou lesão do direito, por exemplo aquele em que um utilizador da *Internet* faça o *download* e comercialize cópias da obra[10].

---

[7] Ver LIMA PINHEIRO (n. 6) 255 e segs.

[8] Ver GINSBURG – "Private International Law Aspects of the Protection of Works and Objects of Related Rights Transmitted through Digital Networks", *WIPO-GCPIC/2*, 1998, 4 e segs.

[9] Cp. GINSBURG (n. 8) 48.

[10] BARIATTI – "Internet: aspects relatifs aux conflits de lois", *RDIPP* 33 (1997) 545-556, 552 e seg., aventa a possibilidade de a difusão ser considerada em certos Estados como violação de um direito de autor, mesmo se a colocação é legítima segundo a lei do Estado onde é efectuada. Não creio ser o caso do Direito português.

III. PROBLEMAS ESPECÍFICOS NA DETERMINAÇÃO DO DIREITO APLICÁVEL À RESPONSABILIDADE EXTRACONTRATUAL POR ACTOS PRATICADOS NA INTERNET

Na determinação do Direito aplicável à responsabilidade extracontratual por actos praticados na *Internet* temos de partir das regras de conflitos gerais.

Outra questão é a saber se estas regras facultam soluções adequadas aos problemas específicos colocados pela *Internet*.

Em princípio, as valorações que subjazem às regras de conflitos gerais justificam-se também em relação aos actos praticados na *Internet*. Estes actos não são praticados num "ciberespaço" completamente alheio ao território dos Estados. As pessoas que agem na *Internet* têm normalmente uma localização física no território de um Estado. As consequências dos seus actos, é certo, podem produzir-se em quase todos os Estados. Em última análise, porém, os resultados práticos da sua actuação também são localizáveis fisicamente.

Acresce que muitos dos problemas colocados pela *Internet* não são inteiramente novos, tendo já surgido anteriormente com outros meios de comunicação de alcance mundial, como a radiodifusão e a transmissão por satélite.

Isto não exclui, como veremos, que se possam justificar alguns ajustamentos ou complementos das regras gerais.

Na aplicação da regra de conflitos do art. 45.º CC as dificuldades residem na determinação do lugar onde decorre a actividade causadora do prejuízo e do lugar onde se produz o efeito lesivo. Recordar-se-á que o art. 45.º manda atender ao lugar onde decorre a *principal* actividade causadora do prejuízo.

Perante outros sistemas a determinação do lugar do delito tem sido muito controversa no caso de violações de direitos de personalidade cometidos através de meios de comunicação social. Discute-se designadamente se o lugar onde é distribuída uma revista ou onde é recebida uma emissão são lugares do delito.

Creio que só deve ser considerado como lugar do delito aquele em que ocorre uma conduta ilícita[11]. A competência da lei do lugar do delito

---

[11] Cf. KEGEL – SCHURIG – *Internationales Privatrecht – ein Studienbuch*, 8.ª ed., Munique, 2000, 631.

fundamenta-se em vasta medida em considerações de certeza jurídica e de previsibilidade. As pessoas devem poder orientar a sua conduta pela lei do Estado em que se encontram, ainda que tenham de respeitar os direitos estabelecidos por outras leis competentes segundo o Direito de Conflitos.

Por isso, lugar do delito é nos delitos de imprensa o lugar da publicação e nos delitos de radiodifusão o lugar da emissão[12].

A especificidade dos delitos cometidos através de meios de comunicação social consiste antes na potencial produção de efeitos lesivos em diferentes países. A este respeito levanta-se a questão de saber se o bom nome e reputação é lesado em todos os países em que a notícia seja divulgada, só naqueles em que o lesado é conhecido ou mesmo só no país da residência habitual do lesado.

Entendo que o resultado prático lesivo do direito ao bom nome e reputação se produz nos países em que a notícia seja divulgada e em que o lesado seja conhecido. É pois nestes países que se deve considerar produzido o efeito lesivo.

Mas segundo o art. 45.°/2 a lei do lugar do efeito lesivo só se aplica quando o agente deva prever a produção de um dano, naquele país, como consequência do seu acto ou omissão. Deve por isso ser afastada a lei dos países onde não era previsível para o agente a distribuição da publicação ou a recepção da emissão[13]. Em suma, só são relevantes as leis dos países em que a notícia seja normalmente divulgada e em que o lesado seja conhecido.

Quanto à *Internet*, qual é o lugar da actividade causadora do prejuízo?

O agente actua no lugar onde acede à rede. Por isso é este o lugar da actividade causadora de prejuízo[14].

---

[12] Cf. Kropholler (n. 3) 473. Cp. *Soergel*/Lüderitz [Art. 38 n.° 6] que atende a todos os lugares em que actuam os colaboradores e membros da empresa (redacção, impressão, local de emissão).

[13] Ver também *Soergel*/Lüderitz [Art. 38 n.° 22] e *MünchKomm.*/Kreuzer [Art. 38 n.° 54].

[14] Cf. Peter Mankowski – "Das Internet im Internationalen Vertrags- und Deliktsrecht", *RabelsZ.* 63 (1999) 203-294, 257. Cp. James Fawcett e Paul Torremans – *Intellectual Property and Private International Law*, Oxford, 1998, 678, entendendo que a ofensa ao bom nome e reputação é perpetrada em todos os Estados em que a informação é recebida, e *Dicey & Morris on the Conflict of Laws*, 13.ª ed., Londres, 2000, 1568, afirmando que a localização de uma declaração difamatória na *Internet* é algo irrealista e que

Isto inclui, designadamente, o carregamento na rede de determinado conteúdo ou programa, o envio de uma mensagem de correio electrónico ou a intromissão em computadores de outras pessoas ou em redes não públicas [*Hacking*].

No que toca à responsabilidade extracontratual do fornecedor de acesso o lugar da actividade é aquele em que se situa o servidor[15].

A determinação do lugar de acesso do agente à rede pode suscitar grandes dificuldades. Este lugar pode não ser detectável ou só o ser com custos proibitivos[16]. Este problema pode ser minorado, no plano do Direito material, pela imposição de um dever de informação por parte do fornecedor de acesso à rede. Mas parece possível dar-lhe uma solução específica no plano do Direito de Conflitos, interpretando o art. 45.º no sentido de o Direito do lugar do efeito lesivo ser aplicável quando não for possível determinar o lugar da actividade.

Além disso, no caso de delitos cometidos através de radiodifusão, transmissão por satélite e rede informática, o risco de manipulação do elemento de conexão lugar da actividade é especialmente elevado. O operador pode facilmente deslocar o lugar da sua actuação para um Estado especialmente permissivo. A possibilidade de aplicar o Direito do lugar do efeito lesivo quando o Direito do lugar da actividade não considerar o agente responsável não anula este risco, porque o Direito do lugar da actividade pode submeter o agente a um regime de responsabilidade menos severo que o Direito do lugar do efeito lesivo.

Este risco agravado de fraude à lei poderia ser prevenido mediante uma disposição especial segundo a qual em caso de delito cometido por estes meios o lesado pode optar entre a aplicação do Direito do lugar da actividade e a aplicação do Direito da residência habitual ou sede da administração do agente.

Em sentido próximo, o art. 139.º/1 da Lei suíça de Direito Internacional Privado confere ao lesado, com respeito às pretensões fundadas em violação de direitos de personalidade através de meios públicos de comunicação, uma escolha entre o Direito do Estado da residência habitual do lesado, contanto que o agente pudesse contar com a produção do resultado

---

pode ser mais apropriado considerar como lugar do delito o país em que, à luz de todas as circunstâncias do caso, ocorreram os factos substanciais que deram origem à pretensão.

15 Cf. MANKOWSKI (n. 14) 286.

16 Ver propostas de solução deste problema em MANKOWSKI (n. 14) 258 e segs.

neste Estado, o Direito do Estado do estabelecimento ou residência habitual do agente e o Direito do Estado onde se produz o resultado da violação, contanto que o agente pudesse contar com a produção do resultado neste Estado.

Já se defendeu que o efeito lesivo se produz em todos os lugares em que um utilizador acede à rede[17]. Será assim?

O lugar onde se produz o efeito lesivo é, como se assinalou, aquele onde o bem jurídico é lesado. Portanto, em rigor, há que averiguar onde é que ocorre a lesão de um bem jurídico em virtude da colocação na rede de conteúdos ou programas.

No caso de violação de direitos de personalidade através da colocação de um conteúdo na rede parece seguro que o efeito lesivo se pode produzir em todos os lugares em que os utilizadores podem aceder à rede. Mas também aqui se deve entender que a lesão do direito ao bom nome e reputação se produz apenas nos Estados em que o lesado é conhecido.

No caso de danos causados a dados ou programas por meio da intromissão através da rede em computadores de outras pessoas ou do envio de mensagens com vírus o efeito lesivo produz-se no lugar onde estão situados os computadores em que estão armazenados esses dados ou programas.

Quanto aos danos causados em dados ou programas mediante a intromissão em redes não públicas ou a introdução de vírus informáticos nestas redes suscitam-se mais dificuldades na localização do efeito lesivo. Uma vez que os computadores ligados à rede podem estar situados em diferentes países, há que recorrer ao lugar onde são administradas as redes em que estão armazenados os referidos dados ou programas.

A hipótese de bloqueamento de um *Website* através de um afluxo artificial de tráfego [*denial-of-service attack*] suscita especiais hesitações quanto à localização do efeito lesivo. O resultado prático deste bloqueamento é a impossibilidade de a pessoa que mantém o *Website* realizar os fins visados com a sua produção (prestação de serviços, venda de bens, etc.). O Estado em que se situa o servidor em que o *Website* está armazenado pode não ter qualquer ligação com o lesado. Parece preferível atender à residência habitual ou sede da administração da pessoa que mantém esse *Website*.

---

[17] Cf. MANKOWSKI (n. 14) 269, com algumas excepções.

Direito aplicável à responsabilidade extracontratual na internet 223

Para terminar importa fazer uma referência à Directiva comunitária sobre o Comércio Electrónico.

É problemático o significado desta directiva para a determinação do Direito aplicável à responsabilidade extracontratual.

O n.º 4 do art. 1.º determina que a "presente directiva não estabelece normas adicionais de Direito Internacional Privado".

No entanto, o art. 3.º/1 parece conter uma norma de conflitos: "Cada Estado-Membro assegurará que os serviços da sociedade da informação prestados por um prestador estabelecido no seu território cumpram as disposições nacionais aplicáveis nesse Estado-Membro que se integrem no domínio coordenado". A formulação ampla utilizada para definir o "domínio coordenado" inclui a "responsabilidade do prestador de serviços".

O certo é que não se encontra na directiva um regime aplicável à responsabilidade extracontratual mas tão-somente algumas regras fragmentárias sobre a responsabilidade dos prestadores intermediários de serviços.

As disposições da directiva têm de ser compreendidas à luz do entendimento seguido pela jurisprudência comunitária sobre a liberdade de prestação de serviços e dos condicionamentos que porventura coloque ao Direito de Conflitos geral. O princípio orientador é o de que a livre de circulação de serviços não implica a competência do Direito do Estado de origem para reger a responsabilidade extracontratual.

Assim, o art. 3.º/1 deve ser entendido restritivamente, por forma a que cada Estado-Membro determine a aplicação das suas normas que transpõem a directiva às prestações de serviços por prestadores estabelecidos no seu território. Do ponto de vista do Direito de Conflitos isto configura uma conexão especial *ad hoc* para estas normas, que deve ser bilateralizada, de modo a permitir a aplicação das normas que transponham a directiva noutro Estado-Membro, com respeito à prestação de serviços por prestadores estabelecidos no seu território.

Quer isto dizer que a lei aplicável à responsabilidade extracontratual continuará a ser determinada pelo art. 45.º CC, mas que as normas que transponham a directiva na ordem jurídica de um Estado-Membro, sobre a responsabilidade dos prestadores intermediários de serviços estabelecidos no seu território, se sobreporão à lei competente.

A TRIANGULARIDADE
DO DIREITO INTERNACIONAL PRIVADO

**Ensaio sobre a articulação entre o Direito de Conflitos,
o Direito da Competência Internacional e o Direito de Reconhecimento**[*]

> SUMÁRIO: INTRODUÇÃO. I. RELAÇÕES ENTRE O DIREITO APLICÁVEL E A COMPETÊNCIA INTERNACIONAL. A) Em geral. B) Dependência do Direito aplicável relativamente à competência internacional. C) Dependência da competência internacional relativamente ao Direito aplicável. D) Conclusões. II. RELAÇÕES ENTRE O DIREITO APLICÁVEL E O RECONHECIMENTO DE DECISÕES JUDICIAIS ESTRANGEIRAS. A) Em geral. B) Reconhecimento dependente do Direito aplicável. C) Reconhecimento autónomo com controlo do Direito aplicável. D) Conclusões. III. RELAÇÕES ENTRE A COMPETÊNCIA INTERNACIONAL E O RECONHECIMENTO DE DECISÕES JUDICIAIS ESTRANGEIRAS. A) Em geral. B) Relevância do regime da competência internacional directa para o controlo da competência do tribunal de origem. C) Relevância da competência internacional dos tribunais do Estado de reconhecimento para a definição do sistema de reconhecimento. D) Competência internacional fundada em insusceptibilidade de reconhecimento. E) Conclusões. IV. CONSIDERAÇÕES FINAIS. BIBLIOGRAFIA

INTRODUÇÃO

I. O Direito Internacional Privado tem por objecto *situações transnacionais*, i.e., situações que por terem contactos relevantes com mais de um Estado soberano colocam um *problema de determinação do Direito aplicável* que deve ser resolvido por este ramo do Direito[1].

---

[*] *In Estudos em Homenagem à Prof. Doutora Isabel de Magalhães Collaço*, vol. I, 311-378, Coimbra, 2002.

[1] Sobre o conceito de situação transnacional ver LIMA PINHEIRO [2001a: 18 e segs.].

Mas as situações transnacionais não colocam apenas um problema de determinação do Direito aplicável. Perante a eclosão de um litígio relativamente a uma situação transnacional torna-se necessário, na falta de convenção de arbitragem, determinar os tribunais estaduais competentes para o dirimir. Surge, assim, o *problema da competência internacional*.

Um terceiro problema coloca-se quando o litígio é decidido por um tribunal estrangeiro e se pretende que a decisão produza efeitos na ordem jurídica local. Trata-se de saber se a decisão estrangeira pode produzir efeitos na ordem jurídica local e, em caso afirmativo, sob que condições. É o *problema do reconhecimento da decisão estrangeira*.

A resposta a cada um destes problemas encontra-se num complexo normativo específico.

Ao *Direito de Conflitos Internacional Privado* pertence determinar o Direito aplicável à situação transnacional. O Direito de Conflitos opera por meio de um processo de regulação indirecta: regula as situações transnacionais mediante a remissão para o Direito aplicável.

Isto não quer dizer que as normas de conflitos sejam meras regras de decisão, que só têm por destinatários os órgãos de aplicação do Direito. Uma das traves mestras do ensino da Professora ISABEL DE MAGALHÃES COLLAÇO reside justamente na *função reguladora da norma de conflitos*. A norma de conflitos é uma norma de conduta, embora de regulação indirecta: cumpre a sua função reguladora através da remissão para o Direito que vai regular directamente a situação[2].

Com efeito, os sujeitos das situações transnacionais necessitam de determinar o Direito aplicável para poderem orientar por ele as suas condutas. Por exemplo, o problema do Direito aplicável a um contrato não surge só no momento em que eclode um litígio que dá origem a uma acção judicial. As partes necessitam de ter em conta o Direito aplicável quando negoceiam o contrato e durante a sua execução, para saberem, designadamente, qual a forma a que o contrato deve obedecer, se certas cláusulas são válidas, quais os direitos e obrigações que a lei associa à celebração de um contrato daquele tipo e como se resolvem problemas de interpretação e integração do contrato.

Esta concepção da norma de conflitos como norma de regulação indirecta constitui uma ideia rectora do presente estudo. Daí decorrem exi-

---

[2] Cf. ISABEL DE MAGALHÃES COLLAÇO [1958: 257 e 1967: 6 e segs.]. Ver referências doutrinais no mesmo sentido em LIMA PINHEIRO [2001a: 33 n. 33].

A *triangularidade do Direito Internacional Privado* 227

gências de certeza e previsibilidade na determinação do Direito aplicável e a necessidade de tutela da confiança depositada no Direito de Conflitos e na competência da lei por ele designada. Estes valores são frequentemente decisivos na articulação do Direito de Conflitos com o Direito da Competência Internacional e com o Direito de Reconhecimento.

O *Direito de Reconhecimento Internacional Privado* é o complexo normativo formado pelas normas e princípios que regulam a relevância das decisões externas sobre situações transnacionais na ordem jurídica interna.

O Direito de Reconhecimento integra, a par do Direito de Conflitos, o Direito Internacional Privado enquanto ramo do Direito[3].

O reconhecimento de efeitos de decisões externas é uma técnica de regulação das situações transnacionais. É uma das técnicas do processo conflitual ou indirecto. Com efeito as normas que determinam o reconhecimento desses efeitos e estabelecem as suas condições não disciplinam materialmente a situação[4]. A definição da situação jurídico-material resulta da remissão para a ordem jurídica de origem (a que atribui competência à autoridade que tomou a decisão). São os efeitos jurídicos desencadeados pela decisão segundo o Direito do Estado de origem da decisão que se produzem na ordem jurídica do Estado de reconhecimento.

O Direito de Reconhecimento de efeitos também é Direito de Conflitos, embora seja um Direito de Conflitos com certa especificidade e autonomia.

Incumbe ao *Direito da Competência Internacional* atribuir ao conjunto dos tribunais de um Estado o complexo de poderes para o exercício da função jurisdicional em situações transnacionais.

As normas de competência internacional de fonte interna só definem a esfera de competência dos tribunais do foro. Neste sentido são normas unilaterais. Mas não se trata de normas de conflitos unilaterais, porque as normas de competência não são normas de conflitos mas normas materiais[5].

---

[3] Ver LIMA PINHEIRO [2000: 24 e segs.].

[4] Cp. FERRER CORREIA [1982: 372], afirmando que se trata de normas de Direito Internacional Privado material.

[5] Cf. ISABEL DE MAGALHÃES COLLAÇO [1958: 58 e seg.]: as normas que "delimitam a jurisdição ou competência de autoridades portuguesas em casos internacionais, não são, por sua própria natureza, comparáveis às normas de conflitos: são antes normas materiais, que definem os poderes de actuação desses órgãos"; aparentemente no mesmo sentido

228 *Estudos de Direito Internacional Privado*

Já as normas de competência internacional de fonte internacional são multilaterais, visto que determinam a atribuição de competência às jurisdições dos diferentes Estados contratantes[6].

O Direito da Competência Internacional não integra o Direito Internacional Privado enquanto ramo do Direito[7]. Mas tal não significa que o Direito da Competência Internacional não deva ser articulado sistematicamente com o Direito de Conflitos e o Direito de Reconhecimento e que não deva ser estudado em conjunto com estes complexos normativos.

II. O presente estudo tem por objecto a articulação entre o Direito de Conflitos, o Direito da Competência Internacional e o Direito de Reconhecimento. Cabe assim examinar os nexos que cada um destes complexos normativos estabelece com os restantes. O que corresponde às três partes do estudo: relações entre o Direito aplicável e a competência internacional (I), relações entre o Direito aplicável e o reconhecimento de decisões judiciais estrangeiras (II) e relações entre a competência internacional e o reconhecimento de decisões judiciais estrangeiras (III). Encerro com algumas considerações finais.

A articulação entre estes complexos normativos suscita algumas questões evidentes.

No que toca às relações entre o Direito aplicável e a competência internacional pode ser questionado se da competência dos tribunais de um Estado deve decorrer a aplicabilidade do seu Direito material ou se, inversamente, a aplicabilidade do Direito material de um Estado deve constituir fundamento da competência internacional dos seus tribunais.

Quanto às relações entre o Direito aplicável e o reconhecimento de decisões judiciais estrangeiras, suscitam-se também diversas interrogações: deve o reconhecimento de uma decisão estrangeira depender da eficácia da decisão perante o Direito competente segundo o nosso Direito de Conflitos? Caso contrário, deve ser reconhecida uma decisão que não aplicou a lei competente segundo o nosso Direito de Conflitos?

Não menos problemáticas são as relações entre a competência internacional e o reconhecimento de decisões judiciais estrangeiras. Neste con-

---

TABORDA FERREIRA [147]; ver também BATIFFOL/LAGARDE [II 441]. Cp. MAYER [1979: 15] e FERRER CORREIA [2000: 66 e seg. e 70].

[6] Isto não significa que sejam normas distributivas, uma vez que as normas internacionais também estabelecem frequentemente competências concorrentes.

[7] Ver LIMA PINHEIRO [2000: 22 e seg.].

texto coloca-se, em especial, a questão do controlo da competência internacional do tribunal de origem da decisão. Mas também merece reflexão até que ponto a competência internacional dos tribunais do Estado de reconhecimento justifica um condicionamento do reconhecimento da decisão proferida por outros tribunais.

As questões que acabo de enunciar não esgotam de forma alguma o universo do relacionamento entres estes complexos normativos. São questões que dizem respeito a *nexos operativos* entre estes complexos normativos. Mas há naturalmente outros nexos funcionais e ainda outras relações que se podem estabelecer no plano da ciência jurídica.

É de sublinhar, no plano da ciência jurídica, um certo paralelismo dos problemas de interpretação e aplicação das normas de conflitos, das normas de competência internacional e das normas de reconhecimento, bem como das suas soluções.

O presente estudo, porém, não se pretende exaustivo, tanto mais que o tema é vasto e especialmente complexo. Vou limitar-me à indagação dos principais *nexos funcionais* entre estes três complexos normativos.

Penso que este tema é adequado à Homenagem dirigida a uma insigne internacionalprivatista, que deu um contributo tão importante para o enriquecimento da ciência do Direito Internacional Privado e, em especial, da teoria geral deste ramo do Direito.

I. RELAÇÕES ENTRE O DIREITO APLICÁVEL E A COMPETÊNCIA INTERNACIONAL

A) Em geral

Há uma estreita relação funcional entre o Direito de Conflitos e o Direito da Competência Internacional: perante a ocorrência ou eventualidade de um litígio emergente de uma situação transnacional trata-se em primeiro lugar de saber qual a jurisdição nacional competente; da competência da jurisdição do Estado A ou da jurisdição do Estado B vai depender a aplicação do Direito de Conflitos do Estado A ou do Estado B[8].

---

[8] Ver FERRER CORREIA [1973: 80 e seg.]; BATIFFOL [1973a: 316 e seg.; Id. 1973b: 15 e seg.]; CHRISTIAN VON BAR [1987: 354 e segs. e 359]; e, VISCHER [1992: 199 e segs.].

230   *Estudos de Direito Internacional Privado*

De onde resulta que o Direito de Conflitos português só é aplicado por força própria na decisão de um caso quando os tribunais e autoridades administrativas portugueses são internacionalmente competentes[9]. Nesta medida pode dizer-se que *a competência internacional é um pressuposto de aplicabilidade do Direito de Conflitos pelos órgãos públicos.*

Perante alguns sistemas entende-se mesmo que o legislador limita a esfera de aplicação do seu Direito de Conflitos aos casos em que são internacionalmente competentes os respectivos órgãos de aplicação do Direito. É o que se verifica face à Lei federal suíça de Direito Internacional Privado e à Lei italiana de Direito Internacional Privado de 1995[10]. Na doutrina há quem generalize esta concepção e a considere logicamente necessária para todos os sistemas: o Direito Internacional Privado de um Estado só vigoraria nos limites colocados pelas regras de competência internacional dos seus órgãos. É o caso de RIGAUX[11].

Não é, porém, exacto que a competência internacional seja um pressuposto geral de aplicabilidade do Direito de Conflitos. O Direito de Conflitos português não é só aplicado pelos órgãos públicos. Além da aplicação pelos órgãos arbitrais, o Direito de Conflitos tem de ser aplicado por qualquer pessoa que queira determinar a disciplina jurídica de uma situação transnacional[12]. E esta aplicação é independente da existência de um litígio.

---

[9] Claro é que o Direito de Conflitos português também é aplicado por órgãos de aplicação estrangeiros quando o Direito de Conflitos estrangeiro fizer uma referência global à ordem jurídica portuguesa.

[10] Quanto à Lei suíça pode ler-se na *Message concernant une loi fédérale sur le droit international privé*, que acompanhou o projecto, que "a aplicação do Direito Internacional Privado suíço depende sempre (...) do facto de uma autoridade suíça ser competente" [22] e que "O presente projecto se limita em todo o caso a reger a aplicação do Direito pelas autoridades suíças. As regras de conflitos retidas são limitadas aos casos nos quais a Suíça tem um interesse legítimo na existência duma regulação." [44]. A Lei italiana faz preceder o Direito de Conflitos pelas disposições sobre a "jurisdição italiana", designadamente a competência internacional dos tribunais italianos. Segundo a *Relazione allegata allo schema di articolato* [RDIPP 25 (1989) 947-985] tal significa o reconhecimento de que as normas definidoras da jurisdição italiana revestem lógica e praticamente natureza preliminar com relação ao Direito de Conflitos [948].

[11] RIGAUX [1987: 55 e 1988: 124 e seg.]. No mesmo sentido parece apontar CHRISTIAN VON BAR [1987: 354 e segs. e 359] quando afirma que o Direito da Competência Internacional estabelece um Direito de Conflitos do Direito de Conflitos.

[12] Sobre o conceito de aplicação da regra jurídica ver ISABEL DE MAGALHÃES COLLAÇO [1964: 10 e seg.].

A triangularidade do Direito Internacional Privado

Os sujeitos jurídicos, para saberem qual o Direito que rege a sua actuação, têm de aplicar o Direito de Conflitos. Dada a diversidade das soluções consagradas pelos Direitos de Conflitos de cada ordem jurídica, os sujeitos jurídicos podem ter de consultar os Direitos de Conflitos de vários Estados em contacto com a situação. Por razões práticas, é concebível que esta consulta seja limitada aos Direitos de Conflitos do Estado ou Estados cujos órgãos de aplicação do Direito tenham competência para apreciar a situação em causa. Mas os elementos de conexão em que se funda a competência internacional dos órgãos de um Estado podem ser alterados depois da ocorrência dos factos relevantes, por forma que a previsão sobre as jurisdições nacionais que serão competentes no caso da futura propositura de uma acção é falível. Razão por que a indagação dos sujeitos jurídicos, para ser inteiramente segura, não pode limitar-se aos Direitos de Conflitos dos Estados cujos órgãos de aplicação tenham nesse momento competência para apreciar a situação em causa. Todos os Direitos de Conflitos dos Estados que têm um contacto significativo com a situação devem ser tomados em consideração[13]. Por isso, *a competência internacional não é um pressuposto de aplicabilidade do Direito de Conflitos pelos sujeitos jurídicos.*

Além disso, a tese segundo a qual a esfera de aplicação do Direito Internacional Privado de um Estado coincide com a esfera de competência internacional dos seus órgãos é inexacta por outra razão: os tribunais de um Estado podem ser internacionalmente competentes para decidir questões que estão fora do âmbito de aplicação do seu Direito Internacional Privado. É o que se verifica, em minha opinião, quando o tribunal, na decisão de questões prejudiciais, tem de apreciar situações que não apresentam qualquer contacto significativo com o Estado do foro.

O Direito da Competência Internacional estabelece relações de outra natureza com o Direito de Conflitos, quando haja uma concorrência necessária da jurisdição estadual competente com o Direito estadual aplicável. Esta concorrência pode resultar de uma dependência do Direito aplicável

---

[13] Como o elemento de conexão em que se funda a competência internacional se pode vir a estabelecer com um Estado que não tem um contacto significativo com a situação no momento da ocorrência dos factos, poderá argumentar-se que a indagação dos sujeitos jurídicos só seria inteiramente segura se fossem consultados todos os Direitos de Conflitos do mundo. Creio, porém, que há limites à aplicação no espaço do Direito de Conflitos de cada Estado – cf. LIMA PINHEIRO [2001a: 318 e segs.].

232   *Estudos de Direito Internacional Privado*

relativamente à competência internacional ou de uma dependência da competência internacional relativamente ao Direito aplicável.

B) Dependência do Direito aplicável relativamente à competência internacional

No caso de *dependência do Direito aplicável relativamente à competência internacional*, o tribunal ou autoridade administrativa que for internacionalmente competente aplicará sempre a *lex fori*. É isto que se verifica, nos sistemas do *Common Law*[14], com a maioria das questões relativas a processos de divórcio e separação[15], tutela de menores[16], adopção[17] e obrigações alimentares para com cônjuges e filhos[18].

O fundamento destas soluções é controverso[19]. Quanto ao seu exacto significado, poderá pensar-se que nestas matérias se aplica directamente o Direito material comum da ordem jurídica do foro. Tratar-se-ia de um processo directo de regulação. Introduzir-se-ia assim um limite ao âmbito material de aplicação do Direito de Conflitos relativamente a certas situações transnacionais. Noutra óptica, ver-se-á aqui uma norma de conflitos unilateral implícita que se infere do preceito sobre competência internacional.

---

[14] Ver ainda MOURA RAMOS [1991: 180 e segs.], MARQUES DOS SANTOS [1991: 267] e PICONE [2000: 145 e segs.]. Sobre a unidade entre competência internacional e Direito aplicável na história do Direito Internacional Privado ver GONZÁLEZ CAMPOS [248 e segs.] e PICONE [1986: 4 e segs.].

[15] Cf., relativamente ao Direito inglês, *Dicey & Morris* [724] e NORTH/FAWCETT [774 e segs.], estes últimos formulando reservas perante a manutenção desta regra apesar de ter sido alargada a competência internacional dos tribunais ingleses; relativamente ao Direito dos EUA, SCOLES/HAY/BORCHERS/SYMEONIDES [609 e segs.].

[16] Cf., relativamente ao Direito inglês, *Dicey & Morris* [820] e NORTH/FAWCETT [867]; aparentemente a solução é a mesma no Direito dos EUA – ver SCOLES/HAY/BORCHERS/SYMEONIDES [658 e segs.].

[17] Cf., relativamente ao Direito inglês, *Dicey & Morris* [889 e seg.] (mas cp. NORTH/FAWCETT [904 e seg.]); relativamente ao Direito dos EUA, SCOLES/HAY/BORCHERS/SYMEONIDES [675 e segs. e 679 e segs.].

[18] Cf., relativamente ao Direito inglês, *Dicey & Morris* [787]. A competência da lei do foro nesta matéria já é limitada no Direito dos EUA – ver SCOLES/HAY/BORCHERS/SYMEONIDES [646 e segs.]. Para manifestações doutrinais da mesma tendência, noutros sistemas, relativamente às decisões constitutivas e à jurisdição voluntária, ver ASCENSÃO SILVA [269 e segs.].

[19] Ver PICONE [2000: 149 e segs.].

A triangularidade do Direito Internacional Privado 233

Não se tratará aqui de averiguar qual é o entendimento mais correcto perante sistemas estrangeiros que acolham esta via de solução. Por forma geral, creio que esta via de solução só deve ser seguida quando a competência do Direito material do foro possa ser encarada como o resultado da actuação de uma norma de conflitos. Vejamos porquê.

Este recurso ao Direito do foro deve pressupor um nexo de adequação entre a esfera de competência internacional reconhecida aos tribunais ou autoridades de um Estado e a esfera de aplicação do respectivo Direito material. No estabelecimento da esfera de competência internacional dos órgãos de um Estado terá de se atender à esfera de aplicação no espaço que, segundo uma valoração conflitual, deve ser atribuída ao Direito material deste Estado. Por outras palavras, os órgãos de um Estado só serão internacionalmente competentes quando exista uma conexão com este Estado suficiente para desencadear a aplicação do seu Direito material[20]. Por conseguinte, pode dizer-se que a proposição jurídica sobre competência internacional que veicula esta valoração exprime, implicitamente, uma regra de conflitos[21].

Isto pode ser relevante para a admissibilidade do dito *"retorno oculto"*[22]. A questão do "retorno oculto" coloca-se quando a norma de conflitos do foro remete para uma ordem jurídica estrangeira, numa matéria em que esta ordem jurídica considera que os seus tribunais, se forem internacionalmente competentes, aplicarão necessariamente o Direito material do foro; se os tribunais de esta ordem jurídica não se considerarem competentes e o elemento de conexão de que dependeria essa competência aponta para o Estado do foro, deve aplicar-se a lei designada pela nossa norma de conflitos, apesar de não se considerar competente, ou deve "aceitar-se o retorno" e aplicar-se a lei do foro?

Pode dizer-se que, neste caso, corresponde ao *sentido* do Direito de Conflitos da ordem jurídica designada pela nossa norma de conflitos apli-

---

[20] Cf. EHRENZWEIG [1967: 108] e CHECA MARTINEZ [533].

[21] No sentido de que a dependência do Direito aplicável relativamente à competência internacional tem implicada uma norma de conflitos unilateral se pronuncia também GONZÁLEZ CAMPOS [332].

[22] Ver NEUHAUS [1976: 282 e segs.], seguido por KROPHOLLER [2001: 174 e segs.]; KEGEL/SCHURIG [356 e segs.]; MARQUES DOS SANTOS [1991: 266 e segs.] com desenvolvidas referências doutrinais; FERRER CORREIA [2000: 297 e seg.] e ASCENSÃO SILVA [548 e segs.].

car o Direito material do foro[23]. De certo modo, isto significa que se descobre uma norma de conflitos unilateral "oculta" na norma de competência internacional da ordem jurídica designada pela nossa norma de conflitos e que se bilateraliza esta norma de conflitos unilateral.

O Direito de Conflitos português, porém, só aceita o retorno de competência quando a ordem jurídica estrangeira designada pela nossa norma de conflitos remete para o Direito material português (art. 18.°/1 CC)[24]. A *ratio* do art. 18.°/1 é a de admitir o retorno quando tal seja necessário para conseguir a harmonia de soluções com a ordem jurídica estrangeira designada pela nossa norma de conflitos[25]. Por certo que não se exige, para a aceitação do retorno, que tal seja condição necessária e suficiente para o reconhecimento da decisão portuguesa na ordem jurídica estrangeira designada pela nossa norma de conflitos[26]. Mas já se exige que a aceitação do retorno sirva a uniformidade de valoração da situação da vida na ordem jurídica estrangeira e na ordem jurídica portuguesa.

Se a ordem jurídica estrangeira designada pela nossa norma de conflitos se "desinteressa" completamente pela situação, abstendo-se de tomar posição sobre a regulação jurídica da situação, não pode promover-se uma harmonia de soluções com esta ordem jurídica. Não há uma remissão para o Direito material português que preencha a previsão do art. 18.°/1 CC. Nem há fundamento para a uma aplicação analógica da norma aí contida[27].

O problema já se coloca a outra luz se na ordem jurídica estrangeira designada pela nossa norma de conflitos for aceite, pela opinião dominante, que está implícita na norma de competência internacional uma norma de conflitos unilateral e que esta norma de conflitos é bilateralizável, ou se os seus órgãos de aplicação do Direito actuarem de uma forma que seja, em resultado, equivalente. Isto é sobretudo concebível em ligação com a decisão de questões prévias e com o reconhecimento de decisões "estrangeiras".

Com efeito, nestas matérias, os órgãos de um Estado podem ter de decidir, a título prejudicial, questões que não teriam competência inter-

---

[23] Cf. NEUHAUS [1976: 283], seguido por KROPHOLLER [2001: 174].

[24] Cf. LIMA PINHEIRO [2001a: 375 e segs.].

[25] Ver, sobre o princípio da harmonia jurídica internacional, LIMA PINHEIRO [2001a: 238 e seg.] e referências aí contidas.

[26] Cf. FERRER CORREIA [2000: 298].

[27] Cp. FERRER CORREIA [2000: 298].

A triangularidade do Direito Internacional Privado

nacional para decidir a título principal. Coloca-se então um problema de determinação do Direito aplicável, que pode ser resolvido mediante uma bilateralização da regra de conflitos unilateral implícita.

Também pode haver ocasião para uma bilateralização da regra de conflitos unilateral implícita quando o reconhecimento de uma decisão "estrangeira" depender do Direito de Conflitos (designadamente o reconhecimento do efeito da decisão enquanto facto jurídico) ou envolver um controlo de mérito.

Se, na resolução destes casos, a opinião dominante seguir a bilateralização da norma de conflitos unilateral implícita, deve entender-se que vigora nessa ordem jurídica uma norma de conflitos bilateral. Se esta norma remeter incondicionalmente para o Direito material português, o retorno deve, em princípio, ser aceite.

A aplicação da *lex propria in foro proprio* traduz-se sem dúvida numa facilitação da administração da justiça com relação a situações transnacionais. Os órgãos de administração da justiça de um Estado aplicariam sempre o Direito material deste Estado.

Mas esta via de solução pressupõe uma convergência entre as finalidades prosseguidas pelo Direito de Conflitos e pelo Direito da Competência Internacional.

Há razões que levam a que os Estados atribuam uma esfera de competência internacional aos seus tribunais diferente da esfera de aplicação do seu Direito material[28].

Um Estado pode ter "interesse" em que certas situações sejam apreciadas pelos seus tribunais mesmo que não exista uma conexão suficientemente forte para determinar a aplicação do seu Direito material. Isto verifica-se designadamente em dois grupos de casos. Primeiro, os casos em que a ligação ao Estado do foro, embora insuficiente para determinar a aplicação do Direito material do foro, chega para justificar a intervenção da ordem pública internacional. Segundo, aqueles em que a incompetência dos tribunais do foro conduziria, apesar de não ser competente o Direito material do foro, a uma denegação de justiça.

---

28 Cf. NEUHAUS [1955: 254 e seg.]; KEGEL [1964: 235 e seg.]; HELDRICH [63]; KEGEL/SCHURIG [487 e seg.]; FERRER CORREIA [1983: 35 e segs. e 65 e segs. e 2000: 452]; MOURA RAMOS [1991: 167 e segs., *maxime* 190 e seg.]; e PFEIFFER [109 e segs.]. Cp. VISCHER [1992: 231] entendendo que o paralelismo entre o *forum* e o *ius* pode ser alcançado em muitas questões.

236   *Estudos de Direito Internacional Privado*

O regime da competência internacional também tem de atender a outras considerações específicas, como a proximidade do tribunal relativamente às partes e às provas e a eficácia prática da decisão, que são diferentes das considerações que orientam a formulação das normas de conflitos de leis.

É pois frequente que as finalidades prosseguidas pelo Direito da Competência Internacional justifiquem competências concorrentes de várias jurisdições estaduais. Ao passo que, à luz das finalidades prosseguidas pelo Direito de Conflitos, uma situação deve ser submetida à mesma lei, qualquer que seja o Estado em que venha a ser apreciada[29].

Em suma, da diversidade das finalidades prosseguidas pelo Direito de Conflitos e pelo Direito da Competência Internacional resulta que, na maior parte das matérias, não é conveniente que a esfera de competência dos tribunais de um Estado coincida com o âmbito de aplicação do seu Direito material.

Em algumas matérias, porém, esta coincidência é possível. É o que se verifica, no Direito de fonte interna, em matéria de falência e recuperação de empresas. O tribunal português, quando for internacionalmente competente, aplica sempre à falência e à recuperação de empresas não só o Direito processual português mas também o Direito substantivo português[30]. O que pressupõe a competência do Direito português para reger os aspectos substantivos da falência e da recuperação de empresas quando o devedor tem sede ou domicílio em Portugal. Encontra-se aqui uma norma de conflitos unilateral implícita, até certo ponto bilateralizável[31].

O mesmo caminho foi de algum modo seguido por algumas Convenções da Haia. É o que se verifica, em matéria de protecção de menores, à face da Convenção da Haia Relativa à Competência das Autoridades e à Lei Aplicável em Matéria de Protecção de Menores (1961), que se encontra em vigor na ordem jurídica portuguesa, e da Convenção da Haia sobre a Competência, a Lei Aplicável, o Reconhecimento, a Execução e a Cooperação em Matéria de Responsabilidade Parental e de Medidas de Pro-

---

[29] Cf. BATIFFOL [1962: 311].

[30] Admitindo que a competência internacional nesta matéria só se pode fundar no art. 65.°/1/b CPC, conjugado com o art. 13.° do Código dos Processos Especiais de Recuperação da Empresa e de Falência, com a redacção dada pelo Decreto-Lei n.° 315/98, de 20/10.

[31] Ver LIMA PINHEIRO [1999: 250 e segs.].

A triangularidade do Direito Internacional Privado   237

tecção de Menores (1996) que não foi ainda ratificada por Portugal. O mesmo se diga da Convenção da Haia sobre a Administração Internacional de Heranças (1973) que se encontra em vigor na ordem jurídica portuguesa. Estas convenções começam por regular a competência internacional dos tribunais e autoridades administrativas e, em seguida, determinam que estes órgãos aplicam, em princípio, o Direito do foro.

Esta opção é justificada, porque nestas convenções internacionais os Estados contratantes acordam em regras de competência internacional restritivas, que são conjugadas com mecanismos de cooperação entre os tribunais e autoridades administrativas de cada um deles.

C) Dependência da competência internacional relativamente ao Direito aplicável

A dependência da competência internacional relativamente ao Direito aplicável, ou *forum legis*, desempenhou no passado um papel importante em diversos sistemas.

Entre nós, MACHADO VILLELA defendeu que a "competência da jurisdição depende especificamente da competência da lei quando uma regra de conflitos de leis atribui competência a uma determinada lei, e a aplicação desta supõe a intervenção de uma autoridade ou tribunal." Assim, por exemplo, se a lei do lugar da celebração do acto, que regula a forma do acto, exigir a intervenção de um notário ou outro oficial público, competir-lhe-ia igualmente determinar o oficial público que é competente[32]. No desenvolvimento, porém, o autor parece limitar o alcance da afirmação inicial, ao entender que a competência internacional só depende da competência da lei quando a dependência for inerente à competência da lei (como sucederia com a regra *locus regit actum*), for estabelecida por preceito expresso ou resultar das regras de competência que estas consagram a indissociabilidade da competência da lei e da competência da jurisdição.

Esta posição não encontra eco na doutrina actual, nas referências que faz às relações entre competência internacional e Direito aplicável[33].

---

[32] 1921: 600.

[33] Ver designadamente ISABEL DE MAGALHÃES COLLAÇO [1958: 61], afirmando que a competência internacional dos tribunais portugueses é "uma questão essencialmente processual, que ao menos em princípio se formula com independência, perante o problema de

Na Alemanha, a dependência da competência internacional relativamente ao Direito aplicável foi no passado defendida em matéria sucessória e de certos processos de jurisdição voluntária[34]. Esta posição era fundamentada na íntima conexão que nestas matérias se estabelecia entre Direito material e Direito processual. Hoje este entendimento apenas é seguido pela jurisprudência em matéria de sucessão[35] e, mesmo aqui, conta com a oposição da doutrina dominante[36]. Esta doutrina faz valer que os tribunais alemães devem colocar-se ao serviço da aplicação do Direito estrangeiro, esforçando-se por adaptar o Direito processual alemão ao Direito sucessório estrangeiro[37].

O mesmo se deve entender, em minha opinião, à face do Direito Internacional Privado português. A competência dos tribunais portugueses é, em princípio, dissociável da aplicação do Direito material português. Com isto não se exclui que possam surgir dificuldades na conjugação do Direito processual do foro com o Direito material estrangeiro[38]. Por certo que os tribunais portugueses não podem realizar actividades, exigidas pelo Direito material estrangeiro, que sejam de todo incompatíveis com o Direito processual português. Mas já não se trata, então, de um limite à competência internacional dos tribunais portugueses[39].

A atribuição da competência internacional aos tribunais portugueses deve ser orientada por finalidades próprias, diferentes das que presidem à determinação do Direito aplicável.

Cabe no entanto perguntar se, apesar disso, não se justificaria uma maior articulação entre a competência internacional e o Direito aplicável.

---

direito material levantado pela resolução da questão privada internacional"; FERRER CORREIA [1983: 66 e 2000: 450 e seg.]; FERNANDES COSTA [150 e segs. n. 2]; MOURA RAMOS [1991: 185 e segs.]; MARQUES DOS SANTOS [1991: 307 n. 130 e 320 e seg. n. 1065]; e, mais recentemente, ASCENSÃO SILVA [263 e segs.].

[34] Cf. NEUHAUS [1976: 428]. Para tendências convergentes verificadas noutros sistemas ver ASCENSÃO SILVA [274 e segs.].

[35] Cf. SCHACK [199].

[36] Cf. NEUHAUS [1976: 428], KEGEL/SCHURIG [871], SCHACK [199] e KROPHOLLER [2001: 570].

[37] Ver HELDRICH [268 e segs.]. Ver ainda, relativamente ao Direito francês, BATIFFOL/LAGARDE [II 120 e 153 e segs.].

[38] Sobre o tipo de dificuldades que podem surgir e os critérios para a sua resolução ver KEGEL/SCHURIG [795 e 872] e SCHACK [199 e seg.].

[39] Cf. KEGEL/SCHURIG [872].

A *triangularidade do Direito Internacional Privado*   239

Creio que sim. Na linha do defendido por NEUHAUS[40], seguido por KRO-PHOLLER[41], entendo que os tribunais de um Estado deveriam ser internacionalmente competentes sempre que é aplicável o seu Direito material. Este entendimento encontrou consagração no art. 9.° da Lei italiana de Direito Internacional Privado, em matéria de jurisdição voluntária, e nos arts. 41.° e 42.° da nova Lei venezuelana de Direito Internacional Privado, no que toca às "universalidades de bens", ao estado das pessoas e às relações familiares[42].

Isto não significa que a competência internacional dependa sempre do Direito aplicável. Porquanto o Direito da Competência Internacional prossegue as suas próprias finalidades, a esfera de competência internacional dos tribunais de um Estado será frequentemente mais ampla que a esfera de aplicação no espaço do seu Direito.

Além disso, a técnica preferível para assegurar que os tribunais de um Estado sejam internacionalmente competentes sempre que o seu Direito seja aplicável não é estabelecer uma competência dependente, mas antes formular regras de competência internacional que utilizem os mesmos elementos de conexão que as normas de conflitos de leis. Esta técnica torna a determinação da competência internacional mais fácil e mais facilmente reconhecível por órgãos de aplicação de outros países em caso de reconhecimento da sentença[43].

É difícil de entender que o laço existente com um Estado seja suficiente para desencadear a aplicação do seu Direito material mas não para fundamentar a competência dos seus tribunais. E se os tribunais de um Estado não são competentes nos casos em que é aplicável o seu Direito material, pode suceder que os tribunais estrangeiros competentes não apliquem este Direito material, o que significa que o Direito competente segundo o sistema conflitual desse Estado não é aplicável por quaisquer órgãos públicos. Isto não é coerente e, em alguns casos, pode mesmo configurar uma denegação de justiça.

---

[40] 1976: 428. Sobre esta concepção ver, com mais desenvolvimento, PFEIFFER [118 e segs.].

[41] 2001: 570.

[42] Ver também o art. 3153.°/1 do Código Civil do Quebeque, segundo o qual a escolha do Direito do Quebeque para reger a sucessão funda a competência internacional das autoridades locais.

[43] No mesmo sentido KROPHOLLER [2001: 570].

Poderá este entendimento ser defendido perante o Direito positivo português?

No que toca aos às Convenções de Bruxelas e de Lugano e Relativas à Competência Judiciária e à Execução de Decisões em Matéria Civil e Comercial e aos Regulamentos comunitários n.º 44/2001, em matéria civil e comercial, e n.º 1347/2000, em matéria matrimonial a resposta é negativa[44].

Já à face do regime interno da competência internacional o ponto exige maior reflexão. Com efeito, nos termos do art. 65.º/1/d CPC a competência internacional dos tribunais portugueses pode fundar-se no *critério da necessidade*: não poder o direito invocado tornar-se efectivo senão por meio de acção proposta em tribunais portugueses, ou não ser exigível ao autor a sua propositura no estrangeiro, desde que entre o objecto do litígio e a ordem jurídica nacional haja algum elemento ponderoso de conexão, pessoal ou real.

Com este critério visa-se, em primeira linha, evitar a denegação de justiça, por um conflito negativo de competências privar de tutela judiciária um direito subjectivo.

Será este critério aplicável quando a razão por que o direito invocado não pode tornar-se efectivo não é a falta de uma jurisdição estrangeira competente mas a solução material que será dada ao caso nesta jurisdição?

Uma primeira posição, defendida por ALBERTO DOS REIS, BARBOSA DE MAGALHÃES, VARELA/BEZERRA/SAMPAIO E NORA e uma parte da jurisprudência, é a de que a impossibilidade (ou grande dificuldade) de tornar efectivo o direito invocado diz apenas respeito à disponibilidade de uma jurisdição estrangeira e não à questão de fundo[45].

Outra é a posição adoptada por parte da jurisprudência, e defendida por ANSELMO DE CASTRO, FERRER CORREIA e TEIXEIRA DE SOUSA[46]. Esta posição admite que se fundamente a competência internacional dos tribunais portugueses na decisão do fundo segundo o Direito Internacional Privado português, em especial, para FERRER CORREIA/FERREIRA PINTO, quando o autor for português[47]. Pressupõe-se que a norma de competência interna-

---

[44] Cf. KROPHOLLER [2001: 570].

[45] 1960: 142, 404 e seg. e 205 e seg., respectivamente.

[46] Cf. ANSELMO DE CASTRO [1982: 32 n. 1], FERRER CORREIA [1993: 55 e 2000: 447] e TEIXEIRA DE SOUSA [1993: 54] e, respectivamente.

[47] Cf. FERRER CORREIA/FERREIRA PINTO [38] e FERRER CORREIA [1993: 55] invocando, neste sentido, a protecção especial concedida aos portugueses pelo então art. 1096.º/g CPC, e hoje estabelecida pelo art. 1100.º/2 CPC.

cional suscita a questão prévia da existência do direito invocado, e que esta questão prévia é resolvida por actuação do Direito de Conflitos português.

Como fundamento desta posição, lê-se apenas em FERRER CORREIA/ /FERREIRA PINTO que a posição contrária leva a desprover de toda a consistência prática um direito que se deve ter por existente à face do sistema jurídico português e, assim, a uma denegação de justiça[48].

Este argumento merece-me reservas. O cerne do problema reside na relação entre a esfera competência internacional dos tribunais portugueses e o âmbito de aplicação no espaço do Direito de Conflitos português. Sem dúvida que o Direito de Conflitos português tem vocação para regular as situações que apresentam uma conexão ponderosa com o Estado português. A posição defendida por estes autores leva a um significativo alargamento da esfera de competência internacional dos tribunais portugueses, que pode contribuir para uma melhor correspondência com a esfera de aplicação no espaço reclamada pelo Direito Internacional Privado português. No entanto, uma restrição da competência internacional de cada jurisdição estadual é plenamente justificada por outros princípios relevantes nesta matéria: o princípio da proximidade e, principalmente, o princípio da distribuição harmoniosa de competências. Tal alargamento da competência internacional dos tribunais de um Estado levaria à multiplicação de competências concorrentes e favoreceria aquele que invoca uma posição jurídica activa perante o sujeito passivo por meio do *forum shopping*.

E não é aceitável que haja denegação de justiça sempre que, em virtude de uma restrição do âmbito de competência internacional dos tribunais portugueses relativamente à esfera de aplicação no espaço do Direito de Conflitos português, um direito atribuído pelo Direito de Conflitos português seja privado de tutela judiciária.

Se assim fosse, também o reconhecimento da sentença estrangeira que nega a existência de um direito atribuído pela lei competente segundo o Direito de Conflitos português constituiria uma denegação de justiça. Ora, o regime interno de reconhecimento de sentenças estrangeiras, enquanto sistema fundamentalmente formal, admite que a sentença estrangeira produza os seus efeitos na ordem jurídica portuguesa, mesmo que tenha sido aplicada uma lei que não é a competente segundo o nosso Direito de Conflitos. Só não é assim quando o reconhecimento viole a ordem pública internacional (art. 1096.º/e CPC) ou quando a sentença tenha sido

---

[48] 37 e seg.

proferida contra português, o Direito material português seja aplicável segundo o nosso sistema conflitual e o resultado da acção lhe tivesse sido mais favorável caso o tribunal estrangeiro tivesse aplicado o Direito material português. Nesta hipótese o art. 1100.°/2 CPC estabelece um fundamento de impugnação do pedido. Admito que este preceito, para se conformar com o princípio constitucional da equiparação, deva ser objecto de uma extensão analógica, por forma a conceder a mesma protecção aos estrangeiros e apátridas residentes em Portugal (*infra* II.C).

Nestes casos, não há necessariamente uma denegação de justiça, mas um limite à aplicação do Direito de Conflitos português, visto que se admite que a situação jurídica seja definida por tribunais estrangeiros que aplicam o seu próprio Direito de Conflitos.

Não excluo, porém, que a falta de tutela judiciária de um direito concedido pela lei competente segundo o Direito de Conflitos português possa constituir uma denegação de justiça. Creio que isto sucederá quando haja uma forte conexão pessoal entre o titular do direito e o Estado português, seja competente a lei portuguesa e não haja tribunais estrangeiros competentes que a apliquem. Com efeito, se for competente uma lei estrangeira não há um laço suficientemente importante com o Estado português para que este tenha necessariamente de assegurar a tutela judiciária dos direitos atribuídos por essa lei. Não basta sequer que seja competente a lei portuguesa. Só uma forte conexão pessoal com o Estado português, acompanhada da aplicabilidade do Direito nacional, impõe que em relações transnacionais este assegure a uma pessoa, em qualquer caso, a tutela dos seus tribunais. Nestas circunstâncias, a falta de tutela judiciária do direito concedido pela lei portuguesa representa uma denegação de justiça, porque a confiança depositada na competência da lei portuguesa é justificada por uma forte conexão pessoal com o Estado português.

Isto harmoniza-se com o regime aplicável ao reconhecimento de sentenças estrangeiras, uma vez que, de acordo com o exposto, uma pessoa só pode opor-se à confirmação da sentença estrangeira que negue um direito atribuído pela lei portuguesa, que seria aplicável perante o Direito de Conflitos português, quando haja uma forte conexão pessoal com o Estado português.

Por certo que, pelas razões anteriormente expostas, seria desejável que os tribunais portugueses fossem competentes sempre que seja aplicável o Direito material português. Mas o que justificaria esta solução, em todo o seu alcance, seriam razões de coerência, uma correcta articulação entre Direito aplicável e competência internacional, e não já a proibição de denegação de justiça.

Por estas razões, defendo uma terceira posição, de algum modo intermédia, relativamente à questão de saber se o critério da necessidade deve fundamentar a competência internacional dos tribunais portugueses quando não está em causa a competência de uma jurisdição estrangeira mas a solução material dada ao caso por esta jurisdição.

Consiste esta terceira posição, em primeiro lugar, na atribuição de competência internacional aos tribunais portugueses quando a solução dada ao caso pelo Direito Internacional Privado do Estado estrangeiro cujos tribunais se consideram competentes viole a ordem pública internacional portuguesa[49]. Claro é que a reserva de ordem pública internacional desempenharia neste caso uma função diferente da que normalmente lhe é atribuída: a de fundamento da competência internacional dos tribunais portugueses.

Creio que faz todo o sentido que o critério da necessidade seja concebido por forma a satisfazer as exigências da ordem pública internacional portuguesa. *De lege data*, poderá pensar-se que na avaliação do "elemento ponderoso de conexão" o órgão de aplicação goza de alguma margem de apreciação, sendo legítimo que se mostre menos exigente quando esteja em causa a ordem pública internacional. *De lege ferenda*, seria de ir mais longe, e prescindir, neste caso, de qualquer exigência de conexão com o Estado português que não seja a ligação normalmente pressuposta pela actuação da cláusula de ordem pública internacional.

Em segundo lugar, também parece defensável a atribuição de competência internacional aos tribunais portugueses quando, por outros motivos, a sentença proferida ou susceptível de ser proferida pela jurisdição estrangeira competente não seja susceptível de reconhecimento em Portugal e exista um elemento ponderoso de conexão, pessoal ou real, com o nosso país.

Isto pode resultar, nos termos expostos, de a sentença ter sido proferida contra português ou residente em Portugal e de não ter aplicado o Direito material português, competente segundo o Direito de Conflitos português. *Nesta medida*, o regime interno da competência internacional

---

[49] Ver também FRAGISTAS [173 e segs.]. Sobre a admissibilidade desta competência de necessidade dentro do âmbito de aplicação das Convenções de Bruxelas e de Lugano ver KROPHOLLER [1998 Vor Art. 2 n.° 20] e TEIXEIRA DE SOUSA [1997: 355].

permite de algum modo fundamentar a competência internacional dos tribunais portugueses na aplicabilidade do Direito português.

Decorre do anteriormente exposto que a aplicabilidade de um Direito estrangeiro não deve prejudicar, de per si, a competência internacional dos tribunais locais. No entanto, cabe perguntar se não se justificaria a exclusão da competência internacional dos tribunais locais *prima facie* competentes quando a ordem jurídica aplicável (*lex causae*) não a admita[50], ou, numa formulação mais precisa, quando a decisão que seria proferida pelos tribunais locais seja manifestamente insusceptível de reconhecimento nessa ordem jurídica[51].

Neste sentido pesa o princípio da harmonia internacional de soluções. Ao admitir-se que os tribunais locais profiram sentenças que não são reconhecíveis pela ordem jurídica competente segundo o nosso Direito de Conflitos, corre-se o risco de uma desarmonia de soluções com esta ordem jurídica. Daí podem resultar situações "coxas", que não são reconhecidas pela ordem jurídica competente segundo o nosso Direito de Conflitos[52].

Mas creio que importa distinguir conforme se trata de competência para decisões constitutivas e competência para decisões declarativas.

No que toca às decisões constitutivas, como o efeito constitutivo, modificativo ou extintivo depende da *lex causae* (*infra* II.B), deveria ser excluída a competência internacional dos tribunais portugueses quando a decisão for manifestamente insusceptível de reconhecimento na ordem jurídica competente[53]. Evitar-se-ia assim o proferimento no Estado do foro de decisões ineficazes, visto que não podem produzir o efeito constitutivo na ordem jurídica local (*infra* II.B).

---

[50] Cf. NEUHAUS [1976: 429]. Cp. SCHRÖDER [513 e segs.]. Ver, com mais desenvolvimento, PFEIFFER [143 e segs.].

[51] Cf. KROPHOLLER [2001: 571]. Esta ideia aflora, com relação à competência de autoridades administrativas, no art. 43.°/2 da Lei federal suíça de Direito Internacional Privado, que determina que os nubentes estrangeiros não domiciliados na Suíça podem ser autorizados a casar neste país desde que o casamento seja reconhecido no Estado do seu domicílio ou no Estado da sua nacionalidade. A ideia aflora também, na Alemanha, no art. 606a/1 n.° 4 ZPO, que determina que os tribunais alemães são competentes em matéria matrimonial quando um dos cônjuges tiver a sua residência habitual no país, salvo se manifestamente a decisão tomada não for reconhecida pelo Direito de qualquer dos Estados da nacionalidade dos cônjuges. Ver ainda ASCENSÃO SILVA [277 e segs.].

[52] Cf. PICONE [2000: 124].

[53] Em sentido convergente, ver WENGLER [1961: 446 e segs.] e DÖLLE [1962: 214 e 234]. Ver ainda PICONE [2000: 124 e seg.].

Já quanto às decisões declarativas, pesam outras considerações. Na maioria dos casos, os tribunais do Estado da *lex causae* aplicarão também o seu Direito material e darão a mesma solução ao caso, razão por que não há desarmonia de soluções. Nestas circunstâncias, é de questionar se é justificado um sacrifício das finalidades prosseguidas pela norma que atribui competência internacional aos tribunais locais.

Creio que a resposta a esta questão depende, por um lado, do grau de ligação objectiva entre a relação da vida controvertida, e designadamente os respectivos sujeitos, e o Estado da *lex causae*. Também releva, por outro lado, se os tribunais do Estado da *lex causae* se prefiguram como um possível foro de execução da sentença. Consoante o grau de ligação com o Estado da *lex causae* e a probabilidade do recurso aos tribunais deste Estado para a execução da sentença o risco de uma desarmonia com a ordem jurídica competente será ou não importante para as partes. Do grau de ligação com o Estado da *lex causae* depende também se a negação de competência dos tribunais locais compromete o princípio da proximidade, segundo o qual deve ser assegurado às partes o fácil acesso à justiça. Mas a necessidade de ter em conta este grau de ligação levaria a uma elevada indeterminação da proposição jurídica aplicável, o que é contrário às exigências de certeza e previsibilidade que reclamam o estabelecimento da competência internacional com base em regras jurídicas claras e precisas.

Há ainda a considerar as dificuldades inerentes à averiguação, pelo tribunal local, da insusceptibilidade de reconhecimento da decisão na ordem jurídica competente e a incerteza daí resultante.

O que leva a concluir que não se deve condicionar a competência internacional dos tribunais portugueses para decisões declarativas à susceptibilidade de reconhecimento da sentença na ordem jurídica competente[54].

D) Conclusões

A análise que antecede permite afirmar que *entre o Direito de Conflitos e o Direito da Competência Internacional se estabelecem múltiplos e estreitos nexos funcionais.*

---

[54] Em sentido convergente, à face do Direito alemão, HELDRICH [241 e segs.].

Primeiro, a competência internacional é um pressuposto de aplicabilidade do Direito de Conflitos pelos órgãos públicos.

Segundo, em certas matérias bem delimitadas pode justificar-se uma dependência do Direito aplicável relativamente à competência internacional. Isto verifica-se, em certos casos, à face do Direito constituído.

Terceiro, é defensável que a aplicabilidade do Direito material de um Estado fundamente sempre a competência internacional dos seus tribunais. Esta ideia, porém, só encontra uma correspondência limitada no Direito positivo: ao abrigo do critério da necessidade é admissível a atribuição de competência internacional aos tribunais portugueses quando a solução dada ao caso pelo Direito Internacional Privado do Estado estrangeiro cujos tribunais se consideram competentes viole a ordem pública internacional portuguesa ou quando, por outros motivos, a sentença proferida ou susceptível de ser proferida pela jurisdição estrangeira competente não seja susceptível de reconhecimento em Portugal e exista um elemento ponderoso de conexão com o nosso país.

Mais em geral, pode dizer-se que o legislador e os órgãos de aplicação do Direito, quando criam ou desenvolvem o Direito da Competência Internacional numa determinada matéria, devem ter em conta as normas de conflitos aplicáveis e vice-versa. Isto não significa, sublinhe-se uma vez mais, que o *forum* deva coincidir sempre, ou sequer em regra, com o *ius*. As vantagens que resultam desta coincidência são apenas um dos elementos de apreciação que têm de entrar na valoração feita pelo legislador e pelos órgãos de aplicação do Direito.

II. RELAÇÕES ENTRE O DIREITO APLICÁVEL E O RECONHECIMENTO DE DECISÕES JUDICIAIS ESTRANGEIRAS

A) Em geral

As decisões judiciais estrangeiras podem relevar na ordem jurídica local de dois modos diferentes.

Um destes modos é dependente do *Direito de Conflitos*: na aplicação do Direito material designado pelo Direito de Conflitos pode dar-se relevância aos efeitos jurídicos produzidos pela decisão externa. Pode igualmente dizer-se que este reconhecimento depende do Direito aplicável (segundo o Direito de Conflitos).

Este modo de relevância é admitido quando, por exemplo, para que um estrangeiro divorciado no estrangeiro tenha capacidade para celebrar novo casamento em Portugal seja suficiente que o divórcio seja reconhecido pela lei competente.

Importa indagar da adequação deste reconhecimento dependente do Direito aplicável e do seu acolhimento pelo Direito positivo.

Outro modo de relevância das decisões judiciais estrangeiras é a recepção na ordem jurídica local dos efeitos produzidos pelo acto na ordem jurídica de origem, quer seja ou não a ordem jurídica designada pelo Direito de Conflitos, ou a atribuição à decisão externa do mesmo valor que uma decisão interna por via do *Direito de Reconhecimento*.

Por exemplo, o credor de uma sociedade sedeada em Portugal obteve, no estrangeiro, uma sentença que a condena no pagamento de uma indemnização. A sociedade devedora não cumpre a sentença nem tem bens que respondam pela dívida no país onde foi proferida. O credor pretende executar em Portugal a sentença. Através da acção de revisão de sentença estrangeira pode ser atribuída à sentença condenatória a mesma força executiva que tem uma sentença nacional.

Embora este reconhecimento seja, em princípio, autónomo relativamente ao Direito de Conflitos, coloca-se a questão de saber se a aplicação pelo tribunal de origem da lei competente segundo o Direito de Conflitos do Estado de reconhecimento constitui ou deveria constituir uma condição de reconhecimento (controlo de mérito).

A tendência, entre nós, é para cingir o reconhecimento de decisões externas ao modo de relevância autónomo perante o Direito de Conflitos. Isto corresponde ao âmbito do Direito de Reconhecimento como parte autónoma do Direito Internacional Privado. Mas esta tendência encerra um risco: o de perder de vista que tanto o Direito de Conflitos como o Direito de Reconhecimento servem a regulação das situações transnacionais e a realização dos fins do Direito Internacional Privado e que tem de haver uma adequada articulação intrassistemática entre eles[55]. Estes modos de relevância devem ser relacionados e articulados por forma coerente.

---

[55] Ver VISCHER [1992: 234 e segs.].

B) Reconhecimento dependente do Direito aplicável

O problema do reconhecimento das decisões judiciais estrangeiras coloca-se em relação aos efeitos da decisão, à atribuição de força executiva e a outros modos de relevância, tais como o valor probatório e a consideração como mero facto material[56].

A *atribuição de força executiva* depende – segundo a generalidade dos sistemas nacionais, bem como perante as Convenções de Bruxelas e de Lugano e os Regulamentos comunitários em matéria civil e comercial e em matéria matrimonial – da concessão de uma declaração de executoriedade por um tribunal do Estado de reconhecimento. Trata-se, pois, de um *reconhecimento autónomo* relativamente ao Direito de Conflitos[57].

O valor probatório e a consideração como mero facto material não dependem quer do Direito de Conflitos quer de um reconhecimento autónomo. São modos de relevância que, mesmo quando sejam objecto de norma especial (como sucede no art. 1094.º/2 CPC), já decorreriam da aplicação das normas comuns processuais ou substantivas.

Quanto aos efeitos da decisão, cabe distinguir entre o caso julgado, o efeito declarativo ou constitutivo e os efeitos acessórios ou reflexos.

É geralmente aceite que os *efeitos acessórios ou reflexos* dependem exclusivamente do Direito competente[58]. Por conseguinte, trata-se de um reconhecimento dependente do Direito aplicável.

Se for competente o Direito português, a produção dos efeitos acessórios ou reflexos de uma sentença estrangeira depende do seu reconhecimento autónomo. No entanto, à face do regime interno, poderá entender-se que é suficiente que esteja em condições de ser confirmada[59].

Quanto ao *efeito de caso julgado*, não é inconcebível que possa depender do Direito aplicável, i.e., que, em princípio, a sentença estrangeira produza na ordem local o mesmo efeito de caso julgado que produz na ordem jurídica competente. É aliás neste sentido que é entendido, pela doutrina dominante, o art. 65.º da Lei italiana de Direito Internacional Pri-

---

[56] Ver LIMA PINHEIRO [2001b: 567 e segs.].

[57] Outra questão é a de saber se o reconhecimento autónomo deve ou não depender de um controlo de mérito – *infra* C.

[58] Cf. FERRER CORREIA/FERREIRA PINTO [49], MARQUES DOS SANTOS [1997: 148], FERRER CORREIA [2000: 471 e seg.] e TEIXEIRA DE SOUSA [2000a: 57].

[59] Ver, relativamente ao Direito alemão, MARTINY [n.º 432].

vado, que determina o reconhecimento dos efeitos de actos jurisdicionais ou administrativos praticados pela autoridade do Estado cuja lei é designada pelo Direito Internacional Privado italiano ou que produzem efeitos no ordenamento deste Estado em matéria de capacidade das pessoas, existência de relações de família e direitos de personalidade[60].

A doutrina e a jurisprudência portuguesas têm entendido que o reconhecimento do efeito de caso julgado depende de revisão e confirmação[61] e, face ao disposto no art. 1094.º CPC, parece muito difícil a defesa de posição contrária *de iure condito*.

Também nos sistemas alemão e francês, bem como perante as Convenções de Bruxelas e de Lugano e os Regulamentos comunitários em matéria civil e comercial e em matéria matrimonial, o efeito de caso julgado é objecto de um reconhecimento autónomo relativamente ao Direito de Conflitos, embora automático.

Mas não será de traçar uma distinção conforme a decisão produz um efeito declarativo ou um efeito constitutivo? Voltarei a este ponto depois de examinar o reconhecimento do efeito constitutivo.

A questão do reconhecimento dependente do Direito aplicável tem-se colocado principalmente com respeito às *decisões constitutivas* (em sentido amplo). Trata-se das decisões que constituem, modificam ou extinguem situações jurídicas.

Por exemplo, no Canadá é proferido um divórcio entre canadianos. Mais tarde um deles quer celebrar casamento em Portugal, invocando a sua qualidade de divorciado. Será que para celebrar novo casamento em Portugal a sentença está sujeita a revisão e confirmação ou que é reconhecido o efeito produzido pela sentença perante a lei competente[62]?

---

[60] Cf. BARIATTI [1234 e seg.], LUZZATTO [97 e seg.], BALLARINO [167] e PICONE [1997: 915 e segs.].

[61] Ver ALBERTO DOS REIS [1956: 150], FERRER CORREIA [1982: 122 e 1983 n.º 8] e MARQUES DOS SANTOS [1997: 148]. Quando se suscita a questão de saber se uma decisão estrangeira vincula o tribunal local na resolução de uma questão prévia é o efeito positivo do caso julgado formado pela decisão estrangeira que está em causa.

[62] O efeito directo da sentença de divórcio é a dissolução do casamento; a capacidade matrimonial do divorciado é um efeito indirecto. Relativamente à capacidade para celebrar um novo casamento a dissolução do casamento por divórcio é uma questão prévia – ver também PICONE [1986: 157]. A determinação da lei competente depende da solução que se adopte sobre esta questão prévia. Em regra, a questão prévia deve ser objecto de uma conexão autónoma – ver LIMA PINHEIRO [2001a: 423 e segs.]. A ser assim a lei competente

Em Itália, como já se assinalou, admite-se o reconhecimento dos efeitos de actos jurisdicionais ou administrativos praticados pela autoridade do Estado cuja lei é designada pelo Direito Internacional Privado italiano ou que produzem efeitos no ordenamento deste Estado em matéria de capacidade das pessoas, existência de relações de família e direitos de personalidade (art. 65.º da Lei de Direito Internacional Privado)[63].

Já à face do Direito anterior, perante disposições semelhantes às que vigoram na ordem jurídica portuguesa, era geralmente aceite que se produziam na ordem jurídica italiana os efeitos desencadeados pelas decisões constitutivas estrangeiras segundo a lei competente[64]. Segundo a concepção dominante, estas decisões relevam como pressupostos das normas materiais estrangeiras a que o Direito de Conflitos atribui competência[65].

Tem-se entendido que esta doutrina continua a ser válida mesmo para as decisões que não são contempladas pelo art. 65.º da Lei italiana[66].

Na Alemanha, o reconhecimento dos efeitos produzidos pela sentença constitutiva segundo a medida definida pela lei competente foi defendido por NEUHAUS[67]. Este reconhecimento teria por único limite a reserva de ordem pública internacional; as condições de reconhecimento fixadas pelo Direito alemão só se aplicariam quando ele fosse a *lex cau-*

---

seria a lei aplicável ao divórcio. É, no entanto, duvidoso que esta regra possa ser seguida à face do Direito positivo português, uma vez que a capacidade matrimonial do estrangeiro que pretenda celebrar casamento em Portugal é verificada com base num certificado de capacidade matrimonial passado pela entidade competente do Estado da nacionalidade (art. 166.º C. Reg. Civ.). Ver também a Convenção de Munique Relativa à Emissão de um Certificado de Capacidade Matrimonial (1980, Convenção n.º 20 da CIEC). De onde resulta, aparentemente, que a questão prévia é objecto de uma conexão subordinada que se estabelece com a lei reguladora da capacidade matrimonial.

[63] Contanto que não sejam contrários à ordem pública e que sejam respeitados os direitos essenciais da defesa.

[64] Cf. VITTA [1979: 109 e segs.], LUZZATTO [96], PICONE [1997: 915 e seg.] e BALLARINO [165].

[65] Cf., relativamente aos actos de jurisdição voluntária e outros "actos estrangeiros de administração pública do Direito privado", MORELLI [353 e segs.] e a análise de PICONE [1986: 158 e segs.], com mais referências. Este autor encara este reconhecimento como uma "referência ao ordenamento competente", PICONE [1986: 98]. Ver, sobre a construção de PICONE, MOURA RAMOS [1991: 195 e segs.] e LIMA PINHEIRO [2001a: 325 e segs.].

[66] Cf. LUZZATTO [100] e PICONE [1997: 950 e segs.].

[67] Cf. 1976: 438 e seg. Já neste sentido, e mais amplamente, FRANKENSTEIN [347]. Ver também, com respeito às sentenças de divórcio, HAUSMANN [195 e segs.]. Cp. SCHRÖDER [520 e seg.].

A triangularidade do Direito Internacional Privado 251

sae. Também WENGLER teceu considerações que apontam em sentido convergente[68]. Fala-se, a este respeito, da "teoria da *lex causae*". Esta doutrina, porém, não vingou na reforma de 1986[69].

A Lei suíça de Direito Internacional Privado determina, em diversos preceitos, o reconhecimento de decisões estrangeiras proferidas ou reconhecidas no Estado cuja lei é competente (arts. 58.°/1/c, 96.°/1/a, 108.°/1 e 111.°/2). Noutros preceitos aflora a ideia de reconhecimento das decisões proferidas ou reconhecidas no Estado que apresenta uma certa conexão com a situação, embora não seja necessariamente a conexão relevante para a determinação do Direito competente (arts. 65.°/1 e 165.°/1). Tais preceitos abrangem diversos casos de sentenças constitutivas[70].

À face do regime interno, a doutrina e a jurisprudência dominantes em Portugal sujeitam o reconhecimento dos efeitos constitutivos, modificativos ou extintivos das sentenças ao processo de revisão[71]. Em sentido contrário se pronunciou ISABEL DE MAGALHÃES COLLAÇO[72] e vai a prática da administração portuguesa, designadamente em matéria de registo civil[73].

Entendia-se que o Código de Registo Civil anterior continha disposições que, indirectamente, permitiam fundamentar esta posição. O mesmo parece resultar actualmente da conjugação dos arts. 1.°/2 e 7.°/2 C. Reg. Civ. vigente.

---

[68] Cf. 1961: 446 e segs. – ver também 1981: 392 e segs.

[69] Cf. KROPHOLLER [2001: 636].

[70] Sobre estes preceitos ver PICONE [1997: 925 e seg. e 2000: 136 e seg.] com mais referências.

[71] Cf. FERRER CORREIA [1983 n.os 9-11, com indicações jurisprudenciais, e 2000: 470 e seg.] e MARQUES DOS SANTOS [1997: 148]. No mesmo sentido, aparentemente, MOURA RAMOS [1998: 39 e n. 90]. É de assinalar que a proposta de FERRER CORREIA/FERREIRA PINTO [60] que tornava expresso que o reconhecimento dos efeitos da decisão enquanto facto jurídico dispensa a revisão (art. 927.°/2), não foi acolhida pelo legislador. Observe-se ainda que, conforme é adiante assinalado, FERRER CORREIA limita os efeitos da sentença como facto jurídico aos efeitos "secundários ou laterais". Cp. TEIXEIRA DE SOUSA [2000a: 56 e segs.] no sentido do reconhecimento de decisões judiciais estrangeiras na resolução de questões prévias independentemente de um processo de revisão. O exemplo apresentado é o de uma sentença constitutiva (divórcio). A meu ver a circunstância de a decisão da questão incidental proferida pelo tribunal português não formar caso julgado material não releva para a determinação do regime aplicável ao reconhecimento da decisão estrangeira.

[72] 1963: 32 e segs.

[73] Cf. designadamente *Informações* da Direcção-Geral dos Registos e Notariados de prestadas nos processos 200 R.C. 35 (1981) e C.C. 46/97 DSJ (1998).

Por força dos n.ᵒˢ 1 e 2 do art. 7.º C. Reg. Civ. as sentenças estrangeiras que devam ser levadas ao registo civil português só podem sê-lo depois de revistas e confirmadas. Mas quais as sentenças que devem ser levadas ao registo civil?

A resposta é dada pelo art. 1.º C. Reg. Civ. que define os factos obrigatoriamente sujeitos a registo. Segundo o n.º 1 é obrigatório o registo do nascimento, filiação, adopção, casamento, convenções antenupciais, alterações do regime de bens, regulação do poder paternal, interdição e inabilitação definitivas, tutela de menores e interditos, administração de bens de menores, curadoria de inabilitados, curadoria provisória ou definitiva de ausentes, morte presumida, óbito e factos modificativos ou extintivos das situações assim constituídas.

No que toca aos estrangeiros decorre do n.º 2 do mesmo artigo que estes factos só estão sujeitos a registo obrigatório quando ocorram em território português. Portanto, os factos respeitantes a estrangeiros que ocorram no estrangeiro não estão sujeitos a registo obrigatório.

Enquanto os factos cujo registo é obrigatório só podem ser invocados depois de registados (art. 2.º C. Reg. Civ.), os factos que não estão sujeitos a registo produzem em Portugal os efeitos que lhes forem associados pela lei competente.

Enquanto actos jurídicos definidores do estado civil, também as sentenças estrangeiras constitutivas podem, nas mesmas circunstâncias, produzir efeitos na ordem jurídica portuguesa, independentemente de revisão e confirmação.

ISABEL DE MAGALHÃES COLLAÇO generalizou esta solução a todos os efeitos das sentenças estrangeiras enquanto acto jurídico. Para esta autora, o processo de revisão e confirmação só é, em regra, indispensável para a sentença produzir efeito de caso julgado e ter força executiva. Constituem excepção os casos previstos no art. 7.º C. Reg. Civ. em que também os efeitos constitutivos, modificativos e extintivos dependem de confirmação.

Contra este reconhecimento dos efeitos das sentenças constitutivas perante a lei competente, argumenta FERRER CORREIA[74], que tal desconhece a autonomia do reconhecimento de sentenças em relação aos conflitos de leis e que será contrário à natureza e aos fins do nosso instituto de reconhecimento de sentenças estrangeiras o reconhecimento de uma

---

[74] Cf. 1982: 125 e segs. e 1983 n.º 11.

sentença sem controlo da competência internacional do tribunal de origem e das outras condições de confirmação estabelecidas pelo Estado de reconhecimento.

Relativamente à primeira objecção, importa sublinhar que o Direito de Conflitos e o Direito de Reconhecimento não devem ser encarados como compartimentos estanques, como complexos normativos completamente independentes, mas antes como elementos integrantes de um mesmo sistema de Direito Internacional Privado, no seio do qual devem ser articulados por forma coerente.

Ora, a meu ver, não é coerente que se produzam na ordem jurídica interna efeitos constitutivos desencadeados pelo Direito do Estado de origem da sentença confirmada que são desconhecidos da lei competente segundo o Direito de Conflitos português para reger a situação em causa. Isto criaria, de resto, as maiores dificuldades na determinação do regime da situação, uma vez que obrigaria a conjugar a lei competente para reger a situação com um efeito constitutivo determinado pela lei do Estado de origem da decisão.

A segunda objecção já suscita maiores hesitações. Dever-se-á reconhecer, por meio da actuação da norma de conflitos, os efeitos de uma sentença que não está em condições de ser revista e confirmada em Portugal? Ou deverá antes entender-se que só se produzirá o efeito desencadeado pela ordem jurídica designada pelo Direito de Conflitos português quando a sentença estrangeira se encontrar revista e confirmada[75] ou, pelo menos, em condições de o ser?

Creio que nada há de contraditório na primeira posição. A sentença não constitui caso julgado (nem goza de força executiva, se porventura tiver um conteúdo idóneo à execução) na ordem jurídica portuguesa porque não é susceptível de confirmação. Mas nada obsta que, enquanto facto constitutivo, modificativo ou extintivo, produza o efeito que lhe é ligado pela lei competente[76]. O reconhecimento dos efeitos constitutivos atribuídos à sentença pela lei competente fundamenta-se no título de aplicação conferido a esta lei e na sobrelevância da harmonia de soluções com esta lei.

---

[75] Como defende, perante o Direito italiano, MORELLI [302].

[76] Cf. BALLARINO [165]. As sentenças constitutivas suscitam outros problemas de conjugação do Direito de Reconhecimento com o Direito de Conflitos – ver MARTINY [n.º 140 e seg.]. O reconhecimento de uma sentença modificativa ou extintiva de uma relação pressupõe que esta relação está constituída perante a ordem jurídica do Estado de reconhecimento.

FERRER CORREIA também admite que o reconhecimento de certos efeitos da sentença como facto jurídico não depende de revisão mas da sua verificação na esfera do ordenamento competente segundo o Direito Internacional Privado do foro. Só que limita os efeitos da sentença como facto jurídico aos efeitos "secundários ou laterais"[77].

Com respeito às sentenças constitutivas, FERRER CORREIA faz apelo à teoria da questão prévia, formulada em termos semelhantes às versões mais actuais da tese da conexão subordinada, à qual, porém, mantém fortes limitações[78]. Aparentemente, só naquelas hipóteses qualificadas em que o efeito constitutivo da sentença se suscita como questão prévia e em que seria de seguir a tese da conexão subordinada este efeito se poderia produzir independentemente de revisão[79].

É concebível que a tese da conexão subordinada seja entendida no sentido de se aplicar o Direito Internacional Privado da ordem jurídica reguladora da questão principal, no seu conjunto, e não só a sua norma de conflitos geral[80]. Isto inclui, designadamente, as normas sobre a devolução, o sistema de reconhecimento de decisões estrangeiras e as normas de conflitos especiais (nomeadamente as ligadas a normas "autolimitadas"). Este entendimento permitiria o reconhecimento do efeito constitutivo produzido na ordem jurídica aplicável à questão principal, que, sublinhe-se, é um efeito directo da sentença e não um efeito "secundário ou lateral".

Sucede, porém, que, em regra, a questão prévia deve ser objecto de uma conexão autónoma e, portanto, não é, em regra, possível por via da teoria da questão prévia reconhecer os efeitos constitutivos produzidos na ordem jurídica competente[81]. Além disso, não é inconcebível que o reconhecimento do efeito constitutivo se suscite a título principal e não inci-

---

[77] Cf. FERRER CORREIA [1982: 106 e 131 e segs. e 2000: 471, cp. 1982: 123 e 1983 n.º 10] e FERRER CORREIA/FERREIRA PINTO [49]. No mesmo sentido MARQUES DOS SANTOS [1997: 148].

[78] Cf. 1983 n. 43.

[79] Ver 1983 n.os 10 e segs. Só a esta luz se poderia justificar a solução dada ao caso apresentado pelo autor em obra posterior [2000: 472], uma vez que contrariamente ao aí afirmado o efeito de dissolução do casamento é um efeito directo (extintivo) da sentença de divórcio e não um efeito indirecto. Ver também TEIXEIRA DE SOUSA [2000a: 57].

[80] Ver também PICONE [2000: 217 e segs.]. É controverso se mesmo nestes casos a conexão subordinada tem como limite o caso julgado formado por uma decisão judicial proferida no Estado do foro ou por uma decisão judicial estrangeira reconhecida no Estado do foro – cp. WENGLER [1981: 389 e seg.].

[81] Ver LIMA PINHEIRO [2001a: 423 e segs.].

A triangularidade do Direito Internacional Privado 255

dental. Ora, também neste caso se deve reconhecer o efeito constitutivo produzido na ordem jurídica competente. Não há razão para restringir o reconhecimento do efeito constitutivo produzido na ordem jurídica competente aos casos em que a questão se suscite a título prejudicial.

A acuidade do reconhecimento dos efeitos constitutivos ligados à sentença pela lei competente é tanto maior quanto o reconhecimento autónomo dos efeitos de decisões judiciais depende, perante o regime interno, de um processo de revisão e confirmação[82]. A necessidade de um reconhecimento dos efeitos constitutivos produzidos na ordem jurídica competente não é tão sentida nos sistemas nacionais que admitem o reconhecimento automático dos efeitos constitutivos produzidos na ordem jurídica de origem da decisão, como se verifica com os sistemas francês e alemão, nem à face das Convenções de Bruxelas e de Lugano e dos Regulamentos comunitários em matéria civil e comercial e em matéria matrimonial.

Em todo o caso, a solução preferível é o reconhecimento "automático" dos efeitos constitutivos produzidos na ordem jurídica competente. É esta ordem jurídica, e não a ordem jurídica do Estado de origem da decisão, que segundo o Direito de Conflitos se encontra em melhor posição para regular a situação; e a harmonia com a ordem jurídica competente é mais importante que a harmonia com o Estado de origem da decisão.

Se for competente a lei portuguesa a sentença estrangeira só produz efeitos depois de revista e confirmada, caso seja aplicável o regime interno, ou se for reconhecida automaticamente, ao abrigo dos supracitados regimes supraestaduais de reconhecimento.

Questão particularmente delicada é a da admissibilidade do reconhecimento autónomo dos efeitos da sentença que não seja eficaz (nem potencialmente eficaz) perante a lei competente.

A questão tem sido muito debatida na doutrina italiana. A doutrina tradicional admitia que o reconhecimento do efeito constitutivo tanto podia resultar da sua produção segundo o Direito material competente como do "processo de delibação"[83]. Este entendimento, porém, foi objecto da contestação de alguns autores ainda na vigência do Direito antigo[84]. Perante a Lei de Direito Internacional Privado de 1995 é sobretudo discutido se o reconhecimento (por via do Direito de Conflitos) ao abrigo do

---

[82] Ver Lima Pinheiro [2001b: 580 e segs.].

[83] Cf. Vitta [1979: 112.].

[84] Ver Hausmann [239 e segs.].

art. 65.° é concorrente ou especial relativamente ao reconhecimento automático nos termos do art. 64.°[85].

Creio que a sobrelevância da harmonia de soluções com a ordem jurídica designada pelo nosso Direito de Conflitos justifica que só seja confirmada a sentença constitutiva que seja eficaz (ou potencialmente eficaz) perante a lei competente. Só neste caso a sentença deve formar caso julgado na ordem jurídica portuguesa[86]. Com efeito, as autoridades portuguesas não devem ficar vinculadas pelo efeito constitutivo que a sentença tenha segundo o Direito do Estado de origem e a parte interessada na produção do efeito constitutivo deve ter a liberdade de propor uma nova acção, seja em Portugal seja no estrangeiro, com vista a obter uma sentença eficaz à face da lei competente, sem ser confrontada com a excepção de caso julgado (no caso de propositura da acção em Portugal) ou com um fundamento de oposição à confirmação da sentença (no caso de propositura da acção no estrangeiro).

Nem se diga que isto colide com os princípios fundamentais do Direito da Competência Internacional[87]. O Direito da Competência Internacional diz exclusivamente respeito à competência internacional directa, que não está em jogo no reconhecimento de decisões estrangeiras. O reconhecimento das decisões estrangeiras tem finalidades próprias, que desde logo justificam uma certa autonomia das regras de competência internacional indirecta (que integram o Direito de Reconhecimento) relativamente às regras de competência internacional directa (*infra* III.B). No reconhecimento do efeito constitutivo a finalidade principal é a harmonia com a ordem jurídica competente. Esta finalidade justifica que, no caso de a decisão ser proveniente de um terceiro Estado, o controlo da competência internacional indirecta seja delegada na ordem jurídica competente.

PICONE dirigiu à doutrina italiana do reconhecimento do efeito constitutivo produzido na ordem jurídica competente uma série de críticas que importa examinar[88].

---

[85] No primeiro sentido ver LUZZATTO [101 e segs.], MOSCONI [161], BALLARINO [171 e segs.] e PICONE [1997: 930 e segs.]; em sentido contrário ver BARIATTI [1234 e segs.], SARAVALLE [1049 e segs.] e outros autores referidos em PICONE [1997 n. 52]. Ver ainda LUZZATTO [99 e segs.] e PICONE [2000: 133 e seg.].

[86] Cp. a "relatividade conflitual do caso julgado" defendida por HAUSMANN [183 e segs. e 206 e seg.].

[87] Neste sentido, porém, FERRER CORREIA [1983 n.° 11].

[88] 1986: 160 e segs.

A *triangularidade do Direito Internacional Privado* 257

Segundo o autor, não é claro em que base se pode limitar o âmbito de aplicação desta concepção só aos casos em que se trata de reconhecer no ordenamento do foro as situações jurídicas derivadas de um acto público estrangeiro e não ter em caso algum em conta os casos em que se trata de um acto público interno praticado segundo uma lei estrangeira e, que, portanto, constitui um pressuposto das normas desta lei.

Esta crítica não procede perante uma construção que, coerentemente, faça depender da *lex causae* quer o efeito constitutivo das decisões estrangeiras quer o efeito constitutivo das decisões internas[89]. É este o meu entendimento. O efeito constitutivo de uma decisão depende sempre da ordem jurídica competente.

Contra esta solução fazem valer alguns autores alemães, sobretudo com respeito às decisões internas que decretam o divórcio de estrangeiro, que os órgãos internos são vinculados por um efeito constitutivo autónomo relativamente à lei competente. A tese do efeito constitutivo autónomo foi defendida por KEGEL com fundamento na "autonomia do Direito Processual Internacional"[90] e por STURM com base no "efeito constitutivo absoluto" da decisão interna[91]. Mais recentemente, SCHURIG veio secundar esta posição apoiando-se simplesmente na força de caso julgado da decisão interna[92]. Em sentido contrário se pronuncia a jurisprudência dominante[93], bem como HAUSMANN e CHRISTIAN VON BAR[94].

A atribuição de um efeito constitutivo autónomo à decisão interna está em contradição com uma correcta articulação do Direito de Conflitos com o Direito Processual à luz das finalidades do Direito Internacional Privado.

Com efeito, tal significaria que o efeito constitutivo da decisão interna dependeria da ordem jurídica do foro e não da *lex causae*. O que contribuiria para a desarmonia de soluções com a *lex causae* e para o surgimento de difíceis problemas de conjugação da *lex causae*, aplicável ao conteúdo da situação, com um efeito constitutivo produzido por outra ordem jurídica; e levaria ao sacrifício da justiça da conexão, com a apli-

---

[89] Ver HAUSMANN [47 e segs.].

[90] 1960: 204.

[91] Cf. RAAPE/STURM [290 e seg.].

[92] Cf. *Soergel*/SCHURIG [Art. 13 n.º 61].

[93] Ver referências em *Soergel*/SCHURIG [Art. 13 n.º 61 n. 34].

[94] Cf.. HAUSMANN [183 e segs. e 206 e seg.], que invoca a "relatividade conflitual do caso julgado" e *Staudinger*/VON BAR [Art. 13 n.ᵒˢ 114 e segs.].

cação da lei do foro à constituição, modificação ou extinção da situação quando é a outra a lei competente segundo o nosso Direito de Conflitos.

Na maior parte dos casos as decisões internas aplicam a *lex causae* ou a lei aplicada pela *lex causae* e, por isso, são potencialmente eficazes à face da *lex causae*. Mesmo nestes casos, porém, o reconhecimento do efeito constitutivo pode depender da verificação de outras condições e, mesmo, de um processo prévio[95].

Esta posição implica que a decisão constitutiva interna que não seja eficaz (nem potencialmente eficaz) perante a competente lei estrangeira tem efeitos muito limitados. Esta decisão só muito limitadamente forma caso julgado, uma vez que não deve vincular os tribunais portugueses na decisão de questões relativas ao efeito constitutivo que se suscitem incidentalmente nem constituir fundamento de oposição à confirmação de sentença estrangeira proferida em acção com o mesmo objecto. Esta decisão também não pode titular o registo de factos constitutivos, modificativos ou extintivos sujeitos a registo[96].

Caso se adoptasse a solução, atrás proposta (*supra* I.C), de excluir a competência internacional dos tribunais portugueses quando a decisão for manifestamente insusceptível de reconhecimento na ordem jurídica competente, só muito excepcionalmente poderia surgir uma decisão ineficaz perante esta ordem jurídica.

Argumenta também PICONE que essa doutrina, ao aceitar que os mesmos actos públicos estrangeiros sejam objecto de um reconhecimento autónomo, independentemente do seu relevo perante as normas materiais da lei competente, encerra uma contradição, visto que neste caso a decisão é encarada como fonte normativa das situações jurídicas em causa e não como pressuposto de normas materiais[97].

---

[95] Como se verifica, perante o regime interno português de reconhecimento de decisões judiciais estrangeiras, quando for competente o Direito material português.

[96] Contrariamente ao afirmado por PICONE [1986: 155], as dificuldades técnico-jurídicas que suscita a subordinação do efeito constitutivo de uma decisão do foro ao reconhecimento por uma ordem jurídica estrangeira não são insuperáveis.

[97] Mais adiante [1986: 264], PICONE afirma que neste caso há um funcionamento alternativo da norma de referência ao ordenamento competente perante as técnicas de referência ao Direito aplicável, e reiterará que considera político-juridicamente incongruente utilizar simultaneamente dois métodos que seguem uma lógica completamente diferente quando se trata de proceder ao reconhecimento no foro de uma mesma classe ou categoria de situações jurídicas formalmente estrangeiras.

A triangularidade do Direito Internacional Privado 259

Na verdade, a decisão constitutiva não pode ser sempre encarada como um pressuposto de normas materiais da *lex causae*. O que importa é que o efeito constitutivo se produza na ordem jurídica competente. Este efeito pode produzir-se na ordem jurídica competente quer por actuação de uma norma material desta ordem, quer como resultado de uma decisão integradora de lacuna ou proferida segundo a equidade, quer ainda, especificamente no caso de decisões "estrangeiras", por via de um reconhecimento dependente do Direito de Conflitos ou autónomo. As razões para o reconhecimento do efeito constitutivo produzido na ordem jurídica competente procedem em qualquer destes casos.

O reconhecimento autónomo do efeito de caso julgado não significa necessariamente que a decisão seja tomada como "fonte normativa" nem entra em contradição com o reconhecimento do efeito constitutivo produzido na ordem jurídica competente. Por um lado, através do reconhecimento autónomo é, em princípio, reconhecido o efeito de caso julgado produzido segundo as normas processuais do Estado de origem da decisão[98]. Por outro, é perfeitamente concebível que enquanto o reconhecimento do efeito constitutivo dependa do Direito aplicável, a produção do efeito do efeito caso julgado na ordem jurídica local seja objecto de um reconhecimento autónomo[99].

Por último, alega o referido autor que é duvidoso que a extensão desta teoria aos actos de órgãos de terceiros Estados reconhecidos no ordenamento da *lex causae* que façam aplicação de normas diversas da *lex causae* seja tecnicamente compatível com os pressupostos de base desta concepção. Dificilmente poderiam ser considerados como pressupostos das normas materiais da *lex causae* actos de órgãos de terceiros Estados que tenham feito aplicação de normas materiais diferentes.

Não se justifica que nos detenhamos neste argumento, uma vez que os princípios de solução atrás defendidos não assentam necessariamente na relevância das decisões estrangeiras como pressupostos de normas materiais. Em todo o caso, sublinhar-se-á que é concebível que actos públicos de um terceiro Estado sejam considerados como pressupostos de normas materiais de uma ordem jurídica, que reclama aplicação à situação, apesar de aplicarem uma lei diferente. Poderá haver problemas de substi-

---

[98] Ver LIMA PINHEIRO [2001b: 568 e seg.].
[99] Ver, à face do Direito alemão, HAUSMANN [250 e seg.].

tuição[100], mas estes problemas são, em princípio, resolúveis. Do ponto de vista do Estado de reconhecimento basta que um efeito constitutivo seja, por qualquer forma, associado pela ordem jurídica competente ao acto público de terceiro Estado.

Os princípios de solução que acabo de expor sofrem limitações perante os regimes supraestaduais de reconhecimento de decisões estrangeiras. Os regimes supraestaduais vigentes na ordem jurídica portuguesa não consagram o reconhecimento do efeito constitutivo por via do Direito de Conflitos, mas também não o excluem em absoluto.

Perante os Regulamentos comunitários em matéria matrimonial e em matéria civil e comercial – como já se verificava à face das Convenções de Bruxelas e de Lugano – a situação não se encontra bem esclarecida. KROPHOLLER entende que o reconhecimento da sentença de um Estado--Membro está desligado do Direito de Conflitos[101]. Mas, em rigor, o que decorre destes regulamentos é que o reconhecimento do efeito de caso julgado não pode ficar dependente da eficácia ou potencial eficácia da decisão perante a lei competente. Na medida em que o caso julgado abranja o efeito constitutivo, este efeito também é reconhecido autonomamente[102].

O Regulamento em matéria matrimonial determina mesmo expressamente que o reconhecimento de uma decisão em matéria de divórcio, separação de pessoas e bens ou anulação do casamento não pode ser recusado em virtude de a lei do Estado-Membro requerido não permitir o divórcio, a separação de pessoas e bens ou a anulação com base nos mesmos factos. A expressão "lei do Estado-Membro" inclui tanto o Direito material como o Direito de Conflitos[103].

Também à face da Convenção da Haia sobre o Reconhecimento dos Divórcios e Separações de Pessoas (1970) o reconhecimento do efeito de caso julgado da sentença de divórcio não pode ficar dependente da eficácia ou potencial eficácia da decisão perante a lei competente. O art. 11.º

---

[100] Ver LIMA PINHEIRO [2001a: 440 e segs.].

[101] Cf. 2001: 636 e seg. KROPHOLLER já entende que os efeitos indirectos ["*Tatbestandwirkungen*"] não dependem do regime comunitário, tratando-se de uma questão de substituição suscitada pelas normas do Direito material competente [2001: 635]. Também GOTHOT/HOLLEAUX [140] e GAUDEMET-TALLON [235] afirmam que os "efeitos como facto" não dependem da convenção.

[102] No mesmo sentido, em resultado, GOTHOT/HOLLEAUX [141], GEIMER/SCHÜTZE [1029 e seg.] e KROPHOLLER [1998 vor Art. 26 n.º 15].

[103] Cf. ALEGRÍA BORRÁS [n.º 76].

A *triangularidade do Direito Internacional Privado* 261

estabelece expressamente que qualquer "Estado obrigado a reconhecer um divórcio ao abrigo da presente Convenção não pode impedir um novo casamento de qualquer dos cônjuges alegando que a lei de um outro Estado não reconhece esse divórcio"[104].

No entanto, nada obsta a que uma decisão que não satisfaz as condições de reconhecimento estabelecidas pelos regulamentos ou pela referida Convenção da Haia possa produzir o seu efeito constitutivo segundo a lei competente. Com efeito, os regulamentos não obstam à invocação do regime interno quando for mais favorável ao reconhecimento[105]; o mesmo se diga da Convenção da Haia (art. 17.°).

Voltando agora ao problema do reconhecimento do *efeito de caso julgado*, poderia argumentar-se que o reconhecimento dependente do Direito aplicável só faz pleno sentido relativamente aos efeitos substantivos (*maxime* ao efeito constitutivo). Trata-se de efeitos que, *em princípio*, são desencadeados por normas substantivas da lei competente que tomam por pressuposto uma decisão judicial. Isto não se verifica com o caso julgado que é um efeito processual desencadeado por normas processuais. Mas o argumento suscita reservas, porque o caso julgado abrange o efeito declarativo e/ou constitutivo, na medida em que impede que o mesmo ou outro tribunal, ou qualquer outra autoridade, possa definir em termos diferentes a situação jurídica.

O reconhecimento do efeito declarativo não tem autonomia prática relativamente ao caso julgado e à atribuição de força executiva. A parte interessada no reconhecimento da decisão declarativa pretende na maior parte dos casos a sua execução; nos restantes casos trata-se de invocar o efeito negativo ou positivo do caso julgado.

O efeito constitutivo pode ser reconhecido independentemente do efeito de caso julgado. Mas a inversa não é verdadeira: como ficou atrás assinalado, seria incoerente o reconhecimento de todos os efeitos do caso julgado sem que a decisão tenha eficácia constitutiva na ordem jurídica local. Se a decisão não tem eficácia constitutiva na ordem jurídica local os órgãos internos não podem ficar vinculados pelo efeito constitutivo que a sentença tenha segundo o Direito do Estado de origem e os interessados

---

104 Ver também BELLET/GOLDMAN [n.° 54].

105 Neste sentido, à face da Convenção de Bruxelas, SCHACK [317], KROPHOLLER [1998 Art. 25 n.° 8] e TEIXEIRA DE SOUSA/MOURA VICENTE [46 e seg.].

devem ter a possibilidade de propor uma nova acção nos tribunais locais ou de obter o reconhecimento de uma nova decisão proferida por tribunais estrangeiros.

Há, pois, um nexo entre o reconhecimento do efeito de caso julgado e o reconhecimento do efeito constitutivo, que justifica o não reconhecimento do efeito do caso julgado quando a decisão não for eficaz (nem potencialmente eficaz) na ordem jurídica competente.

A questão que se coloca, *de iure condendo*, é portanto a de saber se o reconhecimento do efeito de caso julgado de uma decisão que é eficaz (ou potencialmente eficaz) perante a ordem jurídica competente deve ser autónomo ou dependente do Direito aplicável.

A grande maioria dos sistemas formula um conjunto de condições para o reconhecimento dos efeitos produzidos pela decisão segundo o Direito do Estado de origem que são, pelo menos, aplicáveis ao efeito de caso julgado. Isto parece justificado: para que uma decisão estrangeira possa formar caso julgado na ordem jurídica local não basta que produza esse efeito na ordem jurídica de origem. É necessário examinar, designadamente, se o Estado de origem tem uma conexão adequada com a situação, se certos padrões mínimos de justiça processual foram observados, se não há uma contradição com outra decisão e se o reconhecimento não contraria a ordem pública internacional do Estado de reconhecimento.

Resta saber se, sem prejuízo da observância destas condições de reconhecimento, o reconhecimento deve ter por objecto o efeito de caso julgado produzido na ordem jurídica de origem da decisão (como decorre do Direito vigente na ordem jurídica portuguesa) ou o efeito de caso julgado produzido na ordem jurídica competente.

Se a decisão for proferida por um tribunal da ordem jurídica competente a questão não se coloca. A ordem jurídica de origem coincide com a ordem jurídica competente.

Se for competente a ordem jurídica do foro o reconhecimento deve ter por objecto o efeito de caso julgado produzido na ordem jurídica de origem, por forma a assegurar a harmonia de soluções com esta ordem e a evitar a atribuição à sentença estrangeira de efeitos com que não se podia contar no momento da propositura da acção ou durante o desenrolar do processo[106].

---

[106] Ver Lima Pinheiro [2001b: 568 e seg.].

A *triangularidade do Direito Internacional Privado* 263

Resta a hipótese de ser competente uma ordem jurídica estrangeira e de a decisão ser proferida pelo tribunal de um terceiro Estado. Na grande maioria dos casos, a decisão proferida pelo tribunal de um terceiro Estado que seja susceptível de produzir o efeito constitutivo na ordem jurídica competente também está, em princípio, em condições de produzir o efeito de caso julgado nesta ordem jurídica. Esta ordem jurídica, se seguir o entendimento que se afigura preferível, receberá o efeito de caso julgado que a decisão produz segundo a ordem jurídica do Estado de origem. Por isso, a ordem jurídica do Estado de reconhecimento, se reconhecer o efeito de caso julgado que a decisão eficaz (ou potencialmente eficaz) perante a ordem jurídica competente produz na ordem jurídica de origem, fica em harmonia com a ordem jurídica de origem e com a ordem jurídica competente.

Se a ordem jurídica do Estado de reconhecimento fizesse depender o reconhecimento do efeito de caso julgado da sua produção da ordem jurídica competente, poderia suceder que a decisão proferida pelo tribunal de terceiro Estado, apesar de susceptível de produzir este efeito nesta ordem jurídica, estivesse dependente de um procedimento prévio de reconhecimento. Por um lado, não faria muito sentido reconhecer um efeito de caso julgado que é meramente potencial. Por outro lado, seria inconveniente que, entretanto, a decisão não produzisse na ordem jurídica do Estado de reconhecimento o efeito de caso julgado que lhe é ligado pela ordem jurídica de origem.

Por estas razões, inclino-me a pensar que efeito de caso julgado deve ser objecto de um reconhecimento (relativamente) autónomo.

C) Reconhecimento autónomo com controlo do Direito aplicável

Noutro lugar, já tive ocasião de examinar pormenorizadamente as razões que fundamentam o reconhecimento de decisões judiciais estrangeiras[107]. Referi então que a favor do reconhecimento das sentenças estrangeiras é invocada a tutela da confiança depositada na definição da relação controvertida por via judicial, a continuidade e estabilidade de situações jurídicas consolidadas ou constituídas pela sentença e a harmonia internacional de soluções[108].

---

[107] 2001b: 570 e segs.
[108] Ver FERRER CORREIA [1982: 119, 1983 n.º 2 e 2000: 460 e seg.].

Mas assinalei igualmente que se a situação que foi objecto da decisão estrangeira é regulada pelo Direito de Conflitos do Estado de reconhecimento, *maxime* se os seus tribunais são competentes, a susceptibilidade de reconhecimento reduz a certeza e previsibilidade jurídicas na ordem jurídica local[109]. A confiança depositada na competência dos tribunais locais e na aplicabilidade do Direito de Conflitos local por parte de um sujeito jurídico é frustrada quando este sujeito se vê forçado a participar num processo que corre noutro Estado.

Enfim, a harmonia internacional só justifica o reconhecimento da decisão dos tribunais de um Estado quando a relação tem uma conexão mais significativa com este Estado do que com outros Estados estrangeiros. Se o Direito de Conflitos do Estado de reconhecimento remete para o Direito de outro Estado estrangeiro a harmonia com este Estado é mais importante do que a harmonia com o Estado de origem da decisão.

Por outro lado, o tribunal de origem pode ter aplicado na decisão do caso uma lei diferente da designada pela nossa norma de conflitos. Se estivermos dispostos a reconhecer decisões estrangeiras sem um controlo do Direito material aplicado estamos a admitir um limite à aplicação do nosso sistema de Direito de Conflitos.

Como assinalou WENGLER, o reconhecimento de decisões estrangeiras proferidas segundo uma lei diferente da que seria competente segundo o Direito de Conflitos do foro opera como uma referência global à ordem jurídica do Estado de origem da decisão[110]. A ordem jurídica do Estado de reconhecimento vai receber a situação jurídica definida pela ordem jurídica do Estado de reconhecimento, considerada no seu conjunto, com inclusão do seu Direito Internacional Privado.

O sistema de reconhecimento, ao operar a referência à ordem jurídica do Estado de origem da decisão, afasta o Direito de Conflitos geral[111].

Um sistema de reconhecimento formal (i.e., sem controlo do Direito material aplicado) está disposto a remeter globalmente para a ordem jurídica de qualquer dos Estados que considera internacionalmente competentes[112].

---

[109] Neste último sentido, VON MEHREN [33].

[110] 1981: 7.

[111] Ver também WENGLER [1981: 11].

[112] Em sentido próximo, WENGLER [1981: 395]. Isto pode eventualmente ser contrariado pela antecipação da outra parte mediante a proposição no Estado de reconhecimento de uma acção de simples apreciação negativa – cf. também WENGLER [1981: 113].

Esta remissão, porém, só se opera quando o tribunal de um destes Estados profere uma decisão ou, perante um sistema que conceda relevância à litispendência estrangeira, a partir do momento em que a litispendência seja invocável.

O Direito de Reconhecimento constitui assim um Direito de Conflitos especial[113].

A norma de reconhecimento pode ou não ser uma norma de conexão. As normas de reconhecimento de actos públicos estrangeiros serão normas de conexão se condicionarem o reconhecimento à existência de uma conexão entre o Estado de origem da decisão e a situação. Isto pode resultar da conjugação do regime de reconhecimento de actos públicos estrangeiros com regras de competência internacional unificadas ou, na sua falta, pelo controlo da competência do tribunal de origem (competência internacional indirecta)[114].

A exigência de uma conexão adequada entre o Estado de origem da decisão e a situação constitui o principal fundamento para o sistema de reconhecimento formal. O controlo da lei aplicada é substituído pelo controlo da competência do tribunal de origem[115].

Nesta base, o entendimento dominante favorece o sistema de reconhecimento formal, contanto que entre o Estado de origem e a relação em causa exista uma conexão adequada. O reconhecimento só envolve, em regra, no Direito unificado e na grande maioria dos regimes de fonte estadual, um controlo formal. A tendência de evolução tem ido no sentido do abandono dos casos de controlo de mérito[116]. É o que se verificou designadamente com a Convenção da Haia sobre o Reconhecimento e a Execução de Sentenças Estrangeiras em Matéria Civil e Comercial (1971), com as Convenções de Bruxelas e de Lugano, com os Regulamentos em matéria civil e comercial e em matéria matrimonial e com os Direitos alemão, italiano e suíço.

---

[113] Cf. LIMA PINHEIRO [2000: 26]. Ver considerações convergentes de WENGLER [1961: 443], seguido por BATIFFOL/LAGARDE [II 586] e por PICONE [2000: 59], que fala de "regra de conflitos oculta adicional" [*disguised additional allocation rule*]. Em sentido contrário, MAYER [1998: 255].

[114] Cf. LIMA PINHEIRO [2000: 26]. Ver considerações convergentes de PICONE [2000: 61].

[115] Cf. PICONE [2000: 61].

[116] Ver FERRER CORREIA [1982: 150 e segs. e 2000: 466] e VISCHER [1992: 234 e segs.].

266   *Estudos de Direito Internacional Privado*

No entanto, no Direito francês tanto o reconhecimento automático do efeito de caso julgado como o *exequatur* envolvem, em princípio, um controlo da lei aplicável, embora esta regra tenha sido atenuada[117]. Por via desta atenuação, considera-se suficiente uma equivalência entre a lei aplicada e a lei competente com respeito à solução do caso[118].

Também o Direito belga mantém um sistema de controlo de mérito para os litígios de Direito patrimonial (art. 570.°/2 *Code judiciaire*) quando o reconhecimento não for regido pelas Convenções de Bruxelas ou de Lugano ou pelo Regulamento em matéria civil e comercial[119].

Mas será que basta uma conexão adequada entre o Estado de origem e a situação para justificar um limite ao Direito de Conflitos geral do Estado de reconhecimento? Não haverá que atender também ao grau de ligação com o Estado de reconhecimento? Se existe uma ligação suficientemente forte com o Estado de reconhecimento para fundamentar a competência dos seus tribunais e, até, a aplicabilidade do seu Direito material, será justificado o afastamento do seu Direito de Conflitos geral?

É evidente que se a competência internacional indirecta for objecto de controlo por meio de normas de conexão determinadas, os interessados podem ter em conta não só o Direito de Conflitos geral, mas também o Direito de Conflitos especial contido no sistema de reconhecimento.

A questão que aqui se coloca, porém, é a adequação de um sistema que, nos termos atrás expostos, leva à aplicação de uma lei que não é a do Estado com a conexão mais significativa, só pelo facto de a situação ter sido definida por uma decisão judicial estrangeira.

Parece que o único fundamento para admitir uma aplicação da lei competente segundo o Direito de Conflitos do Estado de origem, mesmo que não seja a lei do Estado que apresenta a conexão mais significativa com a situação, é a tutela da confiança depositada pelas partes na existên-

---

[117] Cf., na jurisprudência, *Cass. civ.* 22/1/1951 [*R. crit.* 40 (1951) 167]; *Cass. civ.* 19/2/1952 [*R. crit.* 42 (1953) 806]; *Cass. civ.* 17/4/1953 [*R. crit.* 42 (1953) 412]; *Cass.* 17/6/1958 [*R. crit.* 47 (1958) 736; na doutrina, BATIFFOL/LAGARDE [II 585 e 630] e MAYER [1998: 252 e segs.], que se mostra favorável a uma maior limitação da regra.

[118] Outros aspectos desta atenuação são a interdição de controlar a interpretação da lei aplicada pelo tribunal estrangeiro, a aceitação da devolução e, em matéria de estatuto pessoal, a consideração, como nacionalidade relevante de um plurinacional, da nacionalidade estrangeira do Estado de origem da decisão, apesar de o interessado também ter a nacionalidade francesa.

[119] Cf. VANDER ELST/WESER/JENARD [474 e segs. e 478].

cia de situações baseadas na lei competente segundo o Direito de Conflitos do Estado de origem, em virtude da conexão existente entre a situação e este Estado[120].

É certo que se justifica em certos casos a tutela da confiança depositada pelas partes na existência de situações que se constituíram segundo a lei de um Estado, que apresenta um laço particularmente significativo com a situação, embora não seja a lei competente segundo o Direito de Conflitos do foro. Mas não deverá esta preocupação traduzir-se em normas apropriadas do sistema de Direito de Conflitos, que limitem as normas de conflitos gerais, e não num limite à aplicação do sistema de Direito de Conflitos pelo Direito de Reconhecimento, uma vez que a confiança das partes é digna de tutela independentemente de a situação ser definida por uma decisão judicial?

O Direito de Reconhecimento não se mostra idóneo para a tutela da confiança nestas situações, porque a decisão estrangeira tanto pode declarar ou constituir uma situação como declarar a não existência ou extinguir a mesma situação.

Um sistema de reconhecimento formal gera, deste ponto de vista, efeitos perversos, visto que permite que através do reconhecimento de uma decisão estrangeira de simples apreciação negativa ou de uma decisão que absolveu o réu do pedido seja negada na ordem jurídica do Estado de reconhecimento uma situação jurídica que se constituiu validamente perante o Direito que esta ordem jurídica considera competente.

Acresce que o reconhecimento de uma situação jurídica, que não se constituiu segundo o Direito competente, através de um sistema formal de reconhecimento, fica subordinado a um pressuposto aleatório: que a parte que se opõe a esse reconhecimento não proponha uma acção de simples apreciação negativa no Estado de reconhecimento antes da propositura da acção estrangeira. Quer isto dizer que o reconhecimento ou não reconhecimento da situação jurídica fica dependente da iniciativa processual dos interessados.

Daí que não posso deixar de concordar, no essencial, com as considerações críticas dirigidas por WENGLER ao sistema de reconhecimento

---

[120] A razão para a opção pelo Direito de Conflitos do Estado de origem em detrimento do Direito de Conflitos do Estado de reconhecimento residiria, então, na confiança objectivamente justificada numa situação duradoura que se constituiu segundo o Direito de Conflitos do Estado de origem.

formal[121]. Este sistema compromete a função reguladora do Direito de Conflitos do Estado de reconhecimento e sacrifica a confiança depositada, pelos sujeitos jurídicos, neste Direito de Conflitos.

Em minha opinião, só deve operar um reconhecimento formal de decisões estrangeiras quando os interessados, no momento em que se verificam os factos constitutivos, modificativos ou extintivos da situação, não devem contar com a aplicação do Direito de Conflitos português. Em princípio, os interessados devem contar com a aplicação do Direito de Conflitos português sempre que há um contacto significativo com o nosso país (*supra* I.A). Por razões de certeza jurídica, porém, deve entender-se que só releva, para este efeito, o contacto significativo que fundamenta a competência internacional dos tribunais portugueses. Por conseguinte, o sistema de reconhecimento formal só deve ser seguido quando os tribunais portugueses não são internacionalmente competentes nesse momento.

Wengler defende que também deve ser recusado o reconhecimento da decisão que se baseou numa lei que não é a competente segundo o Direito de Conflitos do Estado de reconhecimento, quando os seus tribunais não forem internacionalmente competentes, se este Direito de Conflitos estiver em sintonia com os Direitos de Conflitos da maioria dos Estados que são internacionalmente competentes[122]. Esta posição, porém, não leva em conta que, neste caso, é justificada a confiança depositada no Direito de Conflitos de um Estado, em contacto com a situação no momento relevante, mesmo que este Direito de Conflitos divirja dos Direitos de Conflitos da maioria dos Estados em contacto coma situação nesse momento. Consideração que justifica o reconhecimento formal.

A preocupação de tutelar a confiança depositada em situações constituídas perante uma ordem jurídica que apresenta uma forte conexão com a situação, apesar de não ser a ordem jurídica primariamente competente segundo o nosso Direito de Conflitos, deve ser tida em conta no quadro do sistema de Direito de Conflitos, à semelhança do que se verifica com o art. 31.°/2 CC. A partir do momento em que o Direito de Conflitos assegure, sob condições apropriadas, esta tutela, *é defensável um sistema de controlo de mérito das decisões estrangeiras quando os tribunais do foro forem internacionalmente competentes.* Só desta forma se assegura um equilíbrio entre a certeza e a previsibilidade jurídicas no Estado de reconhecimento,

---

[121] Ver 1981: 396 e segs.
[122] Cf. 1981: 397.

que reclamam a tutela da confiança investida no Direito de Conflitos local, e a protecção da confiança depositada no Direito de Conflitos de outros Estados, que também apresentam uma conexão adequada com as situações em causa.

Este controlo de mérito deve ser entendido em termos de equivalência de soluções materiais. É indiferente que tenha sido aplicada pela decisão estrangeira uma lei que não é a competente segundo o Direito de Conflitos do Estado de reconhecimento a partir do momento em que a solução seja equivalente à que se chegaria por aplicação da lei competente.

As considerações atrás formuladas são feitas numa perspectiva *de lege ferenda*. À face do Direito vigente na ordem jurídica portuguesa o reconhecimento é fundamentalmente formal.

O art. 29.° das Convenções de Bruxelas e de Lugano exclui o controlo de mérito, embora o art. 27.°/4 estabeleça um controlo de mérito limitado às questões prévias concernentes ao estado e capacidade de indivíduos, direitos patrimoniais resultantes de uma relação matrimonial, disposições de última vontade ou sucessão legal.

O Regulamento em matéria civil e comercial suprimiu este caso de controlo de mérito (ver art. 36.°). O Regulamento em matéria matrimonial também não admite o controlo de mérito da decisão (arts. 18.°, 19.° e 24.°/3).

KROPHOLLER defendeu, à face da Convenção de Bruxelas, que a violação de proposições fundamentais do Direito Internacional Privado pode em casos excepcionais conduzir a uma recusa de reconhecimento com base em contrariedade à ordem pública internacional (art. 27.°/1)[123]. Em sentido contrário se pronunciam outros autores e parece apontar o relatório de JENARD[124], segundo a qual "o reconhecimento não poderá ser recusado, por motivo de ordem pública, pelo facto de o juiz estrangeiro ter aplicado uma lei que não a determinada pela norma de conflitos do tribunal em que se invoca o reconhecimento". KROPHOLLER, porém, entende esta passagem no sentido de que nem todo o desvio relativamente ao Direito Internacional Privado do Estado de reconhecimento deve ser encarado como um caso de aplicação da ordem pública internacional. Não ficaria, porém, excluída a possibilidade de uma intervenção da ordem pública internacional, com este fundamento, em casos excepcionais.

---

[123] 1998 Art. 27 n.° 13.
[124] 161. Ver também GEIMER/SCHÜTZE [1060] e GAUDEMET-TALLON [247].

O regime interno de reconhecimento de decisões judiciais estrangeiras consagra um caso de controlo de mérito no art. 1100.º/2 CPC, que estabelece um fundamento adicional de impugnação do pedido de confirmação: "Se a sentença tiver sido proferida contra pessoa singular ou colectiva de nacionalidade portuguesa, a impugnação pode ainda fundar-se em que o resultado da acção lhe teria sido mais favorável se o tribunal estrangeiro tivesse aplicado o direito material português, quando por este devesse ser resolvida a questão segundo as normas de conflitos da lei portuguesa".

Trata-se de uma reformulação do requisito que antes da reforma de 1995/1996 constava, como condição de confirmação, do art. 1096.º/g CPC.

O art. 328.º/1 n.º 3 ZPO alemão continha uma disposição até certo ponto semelhante que excluía o reconhecimento de uma decisão em matéria de casamento, divórcio, filiação legítima e legitimação, quando a decisão tivesse sido proferida contra uma parte alemã, por o juiz estrangeiro ter aplicado um Direito que não era o competente segundo as normas de conflitos alemãs. Mas este caso de controlo de mérito foi abolido pela reforma de 1986.

Por "normas de conflitos", no sentido do art. 1100.º/2, devemos entender todas as normas de Direito Internacional Privado, com inclusão das normas sobre devolução e normas de conexão *ad hoc* ligadas ao Direito material especial e às normas "autolimitadas" de Direito comum.

Também devemos atender ao n.º 2 do art. 31.º CC, que, nas circunstâncias aí previstas, poderá afastar a competência da lei portuguesa quando esta desencadeie a invalidade de um negócio do estatuto pessoal[125]. Por acréscimo, parece de aplicar analogicamente este preceito às situações constituídas por sentença judicial entendendo, por exemplo, que não há fundamento de impugnação do pedido de confirmação de uma sentença estrangeira de divórcio de portugueses proferida no país da sua residência habitual por aplicação da lei deste país ainda que a lei portuguesa (competente segundo a norma de conflitos portuguesa) o não admitisse[126].

---

[125] Cf. FERRER CORREIA [1983 n.º 17].

[126] Cf. FERRER CORREIA [1983 n.º 17 e 2000: 469 e seg.], FERNANDES COSTA [168--178] e MOURA RAMOS [1998: 46 e seg.]. Na jurisprudência ver STJ 22/2/84 [*BMJ* 334: 437], 14/12/1988 [*BMJ* 382: 484], 14/11/91 [*BMJ* 411: 491], 21/11/1991 [*BMJ* 411: 509] e 16/12/99 [*CJ/STJ* (1999-III) 144], RCb 18/5/93 [*CJ* (1993-III) 34], 23/10/96 [*CJ* (1996--IV) 40] e 17/11/98 [*CJ* (1988-V) 18] e RLx 20/6/2000 [*CJ* (2000-III) 124].

A triangularidade do Direito Internacional Privado 271

A nova redacção e inserção deste requisito vem eliminar algumas dúvidas que antes se suscitaram.

Uma primeira questão era a de saber se este fundamento de oposição funcionava quando a revisão fosse requerida pela parte portuguesa vencida. Para uma parte da jurisprudência, bem como para FERRER CORREIA, FERNANDES COSTA, BAPTISTA MACHADO e ANTUNES VARELA[127], a al. g) do art. 1096.º limitava-se a assegurar aos portugueses a protecção das nossas leis e este interesse era disponível ou renunciável. Sucede, porém, que este preceito só protegia o cidadão português quando o Direito material português fosse competente segundo o Direito Internacional Privado português e tratava-se de uma condição de confirmação de conhecimento oficioso[128]. Portanto, o preceito também salvaguardava a competência da lei portuguesa e não era meramente o interesse particular do cidadão português que estava em causa.

A nova redacção elimina essa questão, uma vez que deixa de ser um requisito de conhecimento oficioso e que passa a ser um fundamento de impugnação que tem de ser invocado pelo português vencido[129]. Em todo o caso observe-se que o interesse particular do português só é protegido quando o Direito material português for aplicável. O raciocínio parece ser o seguinte: para que se justifique a protecção do português não basta o vínculo de nacionalidade que o une ao Estado português, é também necessário que se estabeleça com o Estado português aquele laço que é relevante para a individualização da ordem jurídica competente (e que pode ou não ser o referido vínculo de nacionalidade) à face do Direito de Conflitos português. A confiança na competência do Direito material português fundada no Direito de Conflitos português concorre para a fundamentação desta solução.

No divórcio por mútuo consentimento a decisão não é "proferida contra" nenhuma das partes e, por conseguinte, o n.º 2 do art. 1100.º nunca é aplicável[130].

---

[127] FERRER CORREIA [1973: 110 e segs., 1983 n.º 17 e 1991: 138], FERNANDES COSTA [1986: 163 e seg.], BAPTISTA MACHADO [1989 n.º 3] e ANTUNES VARELA [n.os 6 e 7].

[128] Cp. ANTUNES VARELA [n.º 7 *in fine*].

[129] A favor desta solução, ver FERRER CORREIA/FERREIRA PINTO [54 e seg.] e TEIXEIRA DE SOUSA [1995: 373]. Acresce que cessa a faculdade de o Ministério Público recorrer da decisão de confirmação anteriormente prevista no art. 1102.º/2 CPC.

[130] No mesmo sentido, perante o anterior 1096.º/g, ANTUNES VARELA [n.º 3].

Já continua a oferecer dúvida se o português vencido pode invocar este fundamento de oposição depois de ter manifestado a sua adesão à sentença através de factos concludentes. Por ex., o ex-cônjuge português, vencido em acção de divórcio litigioso, celebrou entretanto um segundo casamento. Parece que não[131].

Uma última questão é a de saber se a simples não aplicação do Direito material português fundamenta a impugnação do pedido. A nova redacção torna claro ser o "resultado da acção" que releva[132]. A sentença estrangeira deve ser confirmada, ainda que não tenha sido aplicado o Direito material português, quando a aplicação deste Direito não conduzisse a um resultado mais favorável ao português.

Pelo contrário, uma aplicação manifestamente errónea do Direito português pelo tribunal estrangeiro, em desfavor da parte portuguesa, deve ser equiparada à não aplicação do Direito português, constituindo, por conseguinte, fundamento de impugnação[133].

Este fundamento de impugnação do pedido implica um controlo de mérito em sentido forte. Para verificar este fundamento de impugnação o tribunal tem de examinar os factos e o Direito aplicável. Mas não procede a um novo julgamento. Por um lado, o tribunal não pode admitir novos meios de prova sobre a matéria de facto nem sequer rectificar as conclusões que o tribunal retirou das provas produzidas[134]. O controlo de mérito cinge-se à matéria de Direito. Por outro lado, o tribunal revisor não pode alterar a decisão: só pode conceder ou negar a confirmação[135].

O n.º 2 do art. 1100.º estabelece um tratamento diferenciado conforme a parte vencida é portuguesa ou estrangeira. Esta diferença de tratamento não me parece compatível com o disposto no art. 15.º CRP[136], uma vez que a limitação introduzida aos direitos dos estrangeiros não se reporta

---

[131] Cf. FERRER CORREIA/FERREIRA PINTO [55] e FERRER CORREIA [1991: 138].

[132] Ver também Acta n.º 90 da Comissão de Revisão, *in BMJ* 417: 72 e seg.

[133] Neste sentido, à face do anterior art. 1096.º/g, FERRER CORREIA [1973: 99] e, à face do Direito vigente, MARQUES DOS SANTOS [1997: 147].

[134] Cf. FERRER CORREIA [1983 n.º 17] e ANTUNES VARELA [n. 2 p. 95].

[135] Isto não impede ANTUNES VARELA [loc. cit.] de admitir uma confirmação parcial, por exemplo, quando a sentença de divórcio não ofenda disposições do Direito nacional quanto à dissolução da relação matrimonial, mas já ofender quanto aos efeitos patrimoniais.

[136] Cf. MARQUES DOS SANTOS [1997: 144]. Por seu turno, LEBRE DE FREITAS [1997: 40 n. 20], entende que há violação do art. 13.º/2 CRP.

A *triangularidade do Direito Internacional Privado* 273

a uma determinada categoria de direitos[137]. No entanto, a inconstitucionalidade do preceito pode ser evitada mediante uma extensão analógica da protecção aí concedida aos estrangeiros e apátridas residentes habitualmente em Portugal. O *ratio* do preceito abrange este caso, visto que há uma forte conexão pessoal com o Estado português que justifica a protecção da pessoa em causa, através do controlo de mérito, quando seja aplicável o Direito português.

Noutra óptica, dir-se-á que uma pessoa pode opor-se à privação dos direitos atribuídos pelo Direito material português, competente segundo o nosso sistema conflitual, através do reconhecimento dos efeitos de uma sentença estrangeira, quando essa pessoa tenha uma forte conexão pessoal com o Estado português.

D) Conclusões

O Direito de Reconhecimento estabelece íntimos nexos funcionais com o Direito de Conflitos.

O reconhecimento dos efeitos de decisões estrangeiras é, em larga medida, um reconhecimento dependente do Direito aplicável. É pacificamente aceite que os efeitos acessórios ou reflexos das decisões estrangeiras dependem exclusivamente do Direito competente. Deve também entender-se que os efeitos constitutivos dependem exclusivamente do Direito aplicável. Esta solução vigora, dentro de certos limites, à face do regime interno de reconhecimento de decisões judiciais estrangeiras. Já os regimes supraestaduais introduzem maiores limitações a esta solução que são, por forma geral, injustificadas.

A atribuição de força executiva é objecto de um reconhecimento autónomo. O mesmo se diga, em princípio, do reconhecimento do efeito de caso julgado. Mas esta autonomia deve ser relativa. *De lege ferenda* é defensável um controlo de mérito das decisões estrangeiras quando os tri-

---

[137] Cf. LIMA PINHEIRO [1999: 131]. A meu ver era mais facilmente defensável a constitucionalidade da anterior al. g) do art. 1096.º, contanto que se admita que este preceito protegia a competência da lei portuguesa. Com efeito, como já se sublinhou, a nacionalidade da parte vencida constitui um elemento de conexão com a ordem jurídica portuguesa relevante para justificar, se não o respeito genérico da Direito de Conflitos português, pelo menos o respeito da competência atribuída à lei portuguesa, que é outro indício não menos relevante da existência de uma forte conexão com o Estado português.

274   *Estudos de Direito Internacional Privado*

bunais do foro forem internacionalmente competentes. Este controlo de mérito teria em conta a solução a que se chegaria por aplicação da lei competente segundo o Direito de Conflitos do foro. O Direito positivo, porém, falha nesta articulação entre o Direito de Conflitos, o Direito de Reconhecimento e o Direito da Competência Internacional, ao consagrar um sistema de reconhecimento essencialmente formal, ou mesmo inteiramente formal, sem atender à competência internacional dos tribunais do Estado de reconhecimento.

III. RELAÇÕES ENTRE A COMPETÊNCIA INTERNACIONAL E O RECONHECIMENTO DE DECISÕES JUDICIAIS ESTRANGEIRAS

A) Em geral

As relações entre a competência internacional e o reconhecimento de decisões judiciais estrangeiras são geralmente encaradas sob o ângulo do controlo da competência do tribunal de origem, i.e., o tribunal estrangeiro que proferiu a decisão (competência internacional indirecta). Um exame mais atento revela, porém, que este ângulo é simultaneamente demasiado amplo e demasiado estreito.

Como ficou definido em Introdução, as relações entre a competência internacional e o reconhecimento de decisões estrangeiras são aqui entendidas no contexto da articulação entre o Direito da Competência Internacional e o Direito de Reconhecimento. Também foi atrás sublinhado que o Direito da Competência Internacional diz exclusivamente respeito à competência internacional directa, que não está em jogo no reconhecimento de decisões estrangeiras. As regras e princípios sobre a competência internacional indirecta integram o Direito de Reconhecimento e não o Direito da Competência Internacional.

Pode no entanto suceder que, para a determinação dos critérios de competência internacional indirecta, o Direito de Reconhecimento se refira ou de algum modo atenda às regras e princípios da competência internacional directa. Só nessa medida haverá um nexo entre o Direito da Competência Internacional e o Direito de Reconhecimento.

Por outro lado, as relações entre a competência internacional e o reconhecimento de decisões não se limitam à competência internacional

A *triangularidade do Direito Internacional Privado* 275

indirecta. Com efeito, decorre do anteriormente exposto que deveria ser atribuída relevância à competência internacional dos tribunais do Estado de reconhecimento na definição do sistema de reconhecimento autónomo de decisões judiciais estrangeiros. Por outro lado, a circunstância de a decisão proferida ou susceptível de ser proferida numa jurisdição estrangeira não ser reconhecível pela ordem jurídica portuguesa pode constituir um fundamento para a atribuição de competência internacional aos tribunais portugueses.

B) Relevância do regime da competência internacional directa para o controlo da competência do tribunal de origem

Em estudo anterior tive ocasião de examinar desenvolvidamente o significado do controlo da competência internacional do tribunal de origem, as diferentes teses em presença, a solução do Direito positivo e a solução preconizada *de lege ferenda*[138].

Esta indagação permitiu concluir que só se justifica o reconhecimento autónomo de uma decisão estrangeira quando existe uma conexão adequada entre o Estado de origem da decisão e a relação controvertida. Só neste caso há uma base objectiva para a confiança depositada pelos interessados na definição da situação jurídica sob a égide da ordem jurídica do Estado de origem e merece tutela a continuidade e a estabilidade desta situação. Acresce que se os tribunais do Estado de reconhecimento forem internacionalmente competentes, o reconhecimento de uma decisão estrangeira representa um limite ao exercício da jurisdição do Estado de reconhecimento, que só se deve ser admitido quando os tribunais de outro Estado se consideram competentes com base numa conexão com a relação controvertida que é, na perspectiva do Estado de reconhecimento, adequada.

Compreende-se assim que a exigência de uma conexão adequada entre o Estado de origem da decisão e a relação controvertida surja como a principal condição de reconhecimento das sentenças estrangeiras[139].

---

[138] Ver LIMA PINHEIRO [2001b: 572 e segs. e 595 e segs.].

[139] Cf. BARBOSA DE MAGALHÃES [304]; KEGEL/SCHURIG [908]; FERRER CORREIA [1976: 195, 1982: 121 e 2000: 461 e seg.]; WENGLER [1981: 394]; MARTINY [n.° 630]; NORTH/FAWCETT [407]; CHRISTIAN VON BAR [1987 I 339 e segs.]. Em sentido contrário, JAYME [1987: 141 e segs.].

Esta exigência é satisfeita quando no Estado de origem e no Estado de reconhecimento vigora o mesmo Direito unificado da Competência Internacional.

O que explica, até certo ponto, que à face das Convenções de Bruxelas e de Lugano (art. 28.°) e do Regulamento em matéria civil e comercial (art. 35.°) só constitua fundamento de recusa de reconhecimento a incompetência do tribunal de origem segundo as regras de competência internacional estabelecidas em matéria de seguros e contratos com consumidores, ou segundo as regras que estabelecem competências exclusivas.

Em regra, portanto, não há controlo da competência do tribunal de origem. Isto é justificado quando a decisão foi proferida em acção proposta contra um réu domiciliado num Estado contratante/Estado-Membro, pois neste caso o tribunal de origem estava sujeito às normas de competência unificadas. Já é inexplicável que não haja controlo da competência do tribunal de origem quando a acção foi proposta contra um réu não domiciliado num Estado contratante/Estado-Membro, pois neste caso o tribunal de origem estabelece a sua competência com base no seu Direito interno (art. 4.° das Convenções e do Regulamento) (a menos que se apliquem as normas convencionais de competência exclusiva)[140]. Neste caso deveria admitir-se que os Estados contratantes/Estados-Membros aplicassem as suas normas internas sobre competência internacional indirecta.

Considerações semelhantes se podem fazer com respeito ao Regulamento em matéria matrimonial. No reconhecimento de decisões estrangeiras não pode proceder-se ao controlo da competência do tribunal de origem (art. 17.°). Sucede, porém, que o Regulamento só define os critérios de competência internacional que são aplicáveis quando o cônjuge demandado tenha a sua residência habitual no território de um Estado-Membro, seja nacional de um Estado-Membro ou, no caso do Reino Unido e da Irlanda, tenha o seu "domicílio" no território de um destes dois Estados-Membros (art. 7.°). Caso nenhum tribunal de um Estado-Membro seja competente por força dos critérios definidos na convenção a competência internacional é regulada pelo Direito do Estado-Membro (art. 8.°/1). Neste caso é criticável a falta de controlo da competência do tribunal de origem.

À face do regime interno de reconhecimento de decisões judiciais estrangeiras a posição tradicional, que encontrava apoio na anterior redac-

---

[140] Ver VON MEHREN [99].

A *triangularidade do Direito Internacional Privado* 277

ção do art. 1096.°/c CPC, era a da bilateralização das regras que estabelecem a competência internacional dos tribunais portugueses[141].

Por exemplo, pelo critério da coincidência (art. 65.°/1/b CPC) os tribunais portugueses são internacionalmente competentes para uma acção de divórcio quando o autor tiver domicílio ou residência em Portugal. Seguindo-se a tese da bilateralização o tribunal do Estado X também será internacionalmente competente para a acção de divórcio quando o autor tiver o seu domicílio ou residência no Estado X.

Esta posição tem largo acolhimento noutros sistemas.

É o que se verifica com os Direitos alemão (art. 328.°/1 n.° 1 ZPO)[142], austríaco (art. 80.°/1 EO), italiano (art. 64.°/1/a da Lei de Direito Internacional Privado) e venezuelano (art. 53.°/4 da Lei de Direito Internacional Privado de 1998). Em Inglaterra, o critério do *Common Law* para definir a competência internacional indirecta também parece inspirado por uma ideia de bilateralização, embora as regras desenvolvidas neste domínio pela jurisprudência se desviem pontualmente dos critérios adoptados para a competência internacional directa[143]. Há um regime especial para o reconhecimento de divórcios, separações de pessoas e anulação de casamentos, estabelecido pelo *Family Law Act 1986* (*Part II*), que na linha da Convenção da Haia sobre o Reconhecimento de Divórcios e Separações de Pessoas enumera os critérios de competência do tribunal de origem[144].

A seguir-se a tese da bilateralização, o Direito de Reconhecimento vai basear-se inteiramente no Direito da Competência Internacional para a definição dos critérios da competência internacional indirecta. O reconhecimento autónomo de uma decisão estrangeira vai depender da observância, pelo tribunal de origem, do mesmo critério de competência internacional que vigora no Estado de reconhecimento.

---

[141] Cf. ALBERTO DOS REIS [1956: 166 e seg.]; BARBOSA DE MAGALHÃES [302 e segs.]; TABORDA FERREIRA [148 e 160]; primeiro FERRER CORREIA [1973: 106-108 e 1976: 202 e seg.]; primeira ISABEL DE MAGALHÃES COLLAÇO [1963: 59 n. 1]; BAPTISTA MACHADO [1965: 107 e segs.]; e, admitindo ajustamentos, ANA PERALTA [59 e segs.] e CURADO NEVES [136 e segs.].

[142] Dito "princípio da imagem reflectida" [*Spiegelbildprinzip*] – cf. KROPHOLLER [2001: 626 e seg.], KEGEL/SCHURIG [908] e SCHACK [324 e seg.].

[143] Cf. NORTH/FAWCETT [407 e segs.].

[144] Ver NORTH/FAWCETT [791 e segs.].

Contra esta posição tradicional foi defendida a tese da unilateralidade[145]. Segundo esta tese, os tribunais de outros países não podem estar sujeitos às normas de competência internacional estabelecidos pelo legislador português. Cabe a cada Estado definir, ainda que dentro de certos limites, qual a medida de competência internacional dos seus tribunais. Por conseguinte, seria segundo as normas em vigor no Estado de origem que se deveria apreciar a competência internacional do tribunal estrangeiro.

Em resultado, esta tese traduz-se numa renúncia ao controlo da competência internacional do tribunal de origem. Na verdade, nem sequer há um controlo da competência do tribunal de origem segundo as suas próprias regras de competência internacional, visto que a sentença proferida por tribunal incompetente ou desencadeia a nulidade da sentença e, então, não há uma decisão susceptível de reconhecimento, ou é válida e, neste caso, ninguém defende a negação do reconhecimento[146].

A tese da unilateralidade apresenta duas variantes: a unilateralidade simples e a unilateralidade atenuada. Para a teoria da unilateralidade simples só não será aceite a regra de competência estrangeira que contrarie a ordem pública internacional do Estado de reconhecimento. É a posição defendida, entre nós, por Machado Villela[147]. Segundo a teoria da unilateralidade atenuada ou dupla a competência dos tribunais do Estado de origem também é limitada pela competência exclusiva dos tribunais do Estado de reconhecimento[148].

---

[145] Ver Machado Villela [1952: 43 e segs.] aparentemente *de iure condendo*; Castro Mendes [165 e segs.]; Ferrer Correia, primeiro *de iure condendo* [1973: 75 e segs. e 1976: 203 e segs.] depois da L n.º 21/78 *de iure constituto* [1982: 171 e segs., 1983 n.º 17 e 2000: 478 e segs.]; Teixeira de Sousa [1993: 60 e 1997: 115 e seg.]; Marques dos Santos [1997: 124 e segs.]; Moura Ramos [1998: 43 e seg.]; esta doutrina encontrou acolhimento no ac. STJ 1/6/87 [sumário *Tribuna da Justiça* 34 (1987) 20].

[146] O ponto é reconhecido por Ferrer Correia [1976: 203, 1982: 172 e seg. e 176 e 2000: 479], Teixeira de Sousa [1993: 61] e Ana Peralta [53]. Teixeira de Sousa [2000b: 775] distingue a "teoria da reserva de competência" da teoria da unilateralidade adequada, por entender, na linha de Curado Neves [127 n. 63], que de acordo com esta segunda teoria o tribunal de reconhecimento tem de verificar se o tribunal de origem é competente segundo as suas próprias normas de competência.

[147] 1952: 43 e segs. Sobre a doutrina francesa favorável a esta tese ver Holleaux [10 e segs.].

[148] Ver Holleaux [19 e segs.] que critica esta tese, designadamente quanto à delimitação das competências exclusivas, mas que, em resultado, se aproxima dela [380 e segs. e 408].

A teoria da unilateralidade atenuada é defendida pela doutrina dominante entre nós[149] e veio a ser consagrada pelo legislador de 1995 na nova redacção dada ao art. 1096.°/c CPC, segundo a qual basta que a sentença "provenha de tribunal estrangeiro cuja competência não tenha sido provocada em fraude à lei e não verse sobre matéria da exclusiva competência dos tribunais portugueses".

Esta teoria inspira-se numa tendência que se faz representar na jurisprudência e doutrina francesas[150]. Todavia, como julgo ter demonstrado no meu estudo anterior[151], tem um alcance completamente diferente no Direito francês, porque contrariamente ao que sucede perante o Direito português, os tribunais franceses reclamam uma vasta competência internacional exclusiva e não prescindem de uma conexão suficiente.

Em suma, a solução adoptada pelo legislador português não encontra paralelo nos principais sistemas estrangeiros e é fortemente criticável, visto que o reconhecimento de uma sentença estrangeira na ordem interna só se justifica quando haja uma conexão adequada entre o Estado de origem da decisão e a relação controvertida.

A situação é agravada pela circunstância de o sistema de reconhecimento ser essencialmente formal (*supra* II.C). Um sistema de reconhecimento formal está disposto a remeter globalmente para a ordem jurídica de qualquer dos Estados que considera internacionalmente competentes. A conexão entre o Estado de origem e a situação exigida pelas normas de competência internacional indirecta é considerada suficiente para a aplicação do Direito deste Estado.

A esta luz, torna-se claro que há uma contradição valorativa insanável numa ordem jurídica como a portuguesa que não controla a competência internacional dos tribunais do Estado de origem. Esta ordem jurídica,

---

[149] Cf. CASTRO MENDES [165 e segs.], FERRER CORREIA [1982: 171 e segs., 1983 n.° 17 e 2000: 478 e segs.], TEIXEIRA DE SOUSA [1993: 60 e 1997: 115 e seg. e, com referência à "teoria da reserva de competência", 2000b: 776], MARQUES DOS SANTOS [1997: 124 e segs.] e MOURA RAMOS [1998: 43 e seg.]. SUZANA BRITO [119 e seg.] defendeu, à face do Direito vigente antes da reforma de 1995/1996, uma solução que conjuga a tese da unilateralidade atenuada com a preocupação de protecção do réu, por forma que o tribunal também não será competente se a confirmação for pedida pelo autor na acção estrangeira e o réu contestar a competência do tribunal estrangeiro com fundamento no exercício de uma competência exorbitante.

[150] Ver BATIFFOL/LAGARDE [II 562 e segs.].

[151] Ver LIMA PINHEIRO [2001b: 599 e segs.].

280   *Estudos de Direito Internacional Privado*

ao mesmo tempo que por meio do Direito de Conflitos determina a aplicação do Direito do Estado que apresenta a conexão mais significativa com a situação dispõe-se, através do sistema de reconhecimento, a remeter para a ordem jurídica de um Estado que não tem qualquer conexão com a mesma situação.

A tese da unilateralidade, em qualquer das suas variantes, dissocia inteiramente o Direito da Competência Internacional do Direito de Reconhecimento. Este isolamento do Direito de Reconhecimento em relação ao Direito da Competência Internacional encerra o risco de uma falta de articulação entre estes complexos normativos. E baseia-se em argumentos que considero de todo improcedentes.

Quando se bilateralizam as normas de competência internacional directa do Estado de reconhecimento não se trata de impor ao tribunal estrangeiro a observância destas regras, mas de subordinar o reconhecimento a uma condição estabelecida pelo Direito deste Estado[152]. As regras de competência internacional indirecta não se dirigem aos tribunais do Estado de origem, mas aos órgãos de aplicação do Direito do Estado de reconhecimento[153]. O que interessa não é se o tribunal estrangeiro tem ou não competência segundo a sua lei – questão que, como se sublinhou, nunca está verdadeiramente em causa no Estado de reconhecimento – mas sim se esta competência se funda num título que, segundo o juízo de valor do Estado de reconhecimento, justifica o reconhecimento da sentença[154].

Quer isto dizer que a competência internacional indirecta é sempre uma medida definida pelo foro de reconhecimento. O que não implica, necessariamente, que esta medida corresponda à bilateralização das normas de competência internacional directa. Mas a bilateralização das regras de competência internacional directa do Estado de reconhecimento é uma das vias para estabelecer esta condição, que não tem, em si, nada de iló-

---

[152] Ver também Martiny [n.º 632], Mayer [1998: 241 e seg.] e Curado Neves [101 e seg.].

[153] Cf. Curado Neves [94 e 101].

[154] Christian Von Bar [1987 I: 339 e segs.] sublinha que a dita "competência internacional indirecta" nada tem a ver com a questão de saber qual a jurisdição estadual que "pode" decidir mas exclusivamente de um pressuposto de reconhecimento. Trata-se de saber se a competência exercida pelo tribunal estrangeiro pode valer como "adequada" segundo o critério do foro de reconhecimento, principalmente com base na competência internacional directa dos seus tribunais, em atenção ao contacto existente com aquela jurisdição.

A *triangularidade do Direito Internacional Privado* 281

gico. É um problema de adequação aos fins visados pelo sistema de reconhecimento de sentenças estrangeiras e não de lógica.

A favor da bilateralização pode dizer-se que as regras de competência internacional directa exprimem o juízo de valor do Estado de reconhecimento sobre a conexão adequada que deve haver entre o Estado de origem e a relação controvertida e que a bilateralização estabelece uma paridade de tratamento entre os tribunais do foro e os tribunais estrangeiros[155].

No entanto, a bilateralização pode ser criticada na medida em que o regime da competência internacional directa estabelece por vezes competências demasiado vastas, se não exorbitantes, que se destinam a favorecer certos interesses locais por contraposição a interesses estrangeiros. O Estado que pretende beneficiar os seus nacionais ou residentes mediante uma competência demasiado vasta não está "interessado" em reconhecer decisões proferidas no exercício de competências igualmente vastas que visam proteger interesses estrangeiros contra os dos seus nacionais ou residentes[156]. A regra de competência não é bilateralizável porque não exprime um juízo de valor generalizável sobre a conexão adequada que deve existir entre a relação controvertida e o tribunal. Claro que esta deficiência seria eliminada caso se corrigisse o regime da competência internacional directa.

Mas há uma objecção de maior alcance: as finalidades do Direito da Competência Internacional não são inteiramente coincidentes com as finalidades do Direito de Reconhecimento. Enquanto no estabelecimento da competência internacional directa se tem de atender a um princípio de distribuição harmoniosa de competências e combater o *forum shopping*, com o controlo da competência internacional indirecta pretende-se apenas garantir que exista uma conexão adequada entre o Estado de origem e a relação controvertida, sendo de partir do princípio que para cada categoria de relações existe mais de uma conexão adequada. Por isso a competência internacional indirecta deve, em princípio, ser concebida em termos mais amplos do que a competência internacional directa[157].

Outras soluções têm sido avançadas no Direito convencional e em sistemas estrangeiros.

---

[155] Ver, em sentido convergente, FRAGISTAS [178 e seg.].
[156] Em sentido convergente, VON MEHREN [59].
[157] Cf. VISCHER [1992: 234 e segs.] e KROPHOLLER [2001: 628 e seg.].

Uma primeira solução alternativa é a fixação dos critérios em que se pode fundar a competência do tribunal de origem[158]. É o caminho seguido pelas Convenções da Haia sobre o Reconhecimento e a Execução das Decisões em Matéria de Prestação de Alimentos a Menores (1958), sobre o Reconhecimento de Divórcios e de Separações de Pessoas (1970) e sobre o Reconhecimento e a Execução de Sentenças Estrangeiras em Matéria Civil e Comercial (1971). O mesmo se verifica com a Convenção Interamericana sobre Competência na Esfera Internacional para Eficácia Extraterritorial das Sentenças Estrangeiras (La Paz, 1984).

A lei suíça de Direito Internacional Privado *conjuga* a bilateralização das regras de competência internacional directa com a fixação de critérios específicos para o controlo da competência do tribunal de origem (arts. 26.°, 50.°, 58.°, 65.°, 70.°, 73.°/2, 78.°, 84.°, 96.°, 108.°, 111.°, 149.°, 165.° e 166.°)[159].

Uma outra possibilidade é a consagração de uma cláusula geral que exija uma conexão suficiente entre a relação controvertida e o Estado de origem da decisão. Também nos EUA se entende que a competência do tribunal de origem deve satisfazer a cláusula constitucional do *due process*, o que exclui o reconhecimento de decisões quando há uma conexão insuficiente do réu com o Estado de origem[160].

A propósito da revisão do Código de Processo Civil foi proposto por FERRER CORREIA e FERREIRA PINTO que se incluísse, entre os fundamentos de impugnação, provir a sentença de tribunal cuja competência seja gravemente anómala ou exorbitante, o que seria designadamente o caso da competência fundada sobre a simples presença do réu no território ou sobre a existência de bens nesse país, salvas algumas excepções[161]. Na formulação de MOURA RAMOS, que relaciona esta solução com a teoria do *forum non conveniens*, o tribunal estrangeiro não será considerado com-

---

[158] Neste sentido, *de lege ferenda*, SUZANA BRITO [103 e segs.].

[159] Por forma mais limitada este caminho também é trilhado pelo Código Civil do Quebeque (arts. 3164.° e segs.).

[160] Cf. *Second Restatement, Conflict of Laws* art. 104.° *comment* a e SCOLES/HAY/BORCHERS/SYMEONIDES [1205 e seg.]. Por seu turno, VON MEHREN [57] defende a introdução de uma cláusula geral que permita ter em conta o interesse das partes e os fins de política legislativa dos Estados de origem e de reconhecimento.

[161] Ver também FERRER CORREIA [1991: 140 e seg.].

A triangularidade do Direito Internacional Privado 283

petente se a pretendida competência só se fundar num laço com a relação litigiosa cuja insuficiência é manifesta[162].

De *lege ferenda* defendo uma solução intermédia semelhante à consagrada na lei suíça: alargar a competência internacional indirecta para além da bilateralização das normas de competência internacional directa por meio de critérios específicos da competência internacional indirecta[163]. Esta solução converge com a posição defendida por ISABEL DE MAGALHÃES COLLAÇO, no seu ensino, face à anterior redacção da al. c) do art. 1096.º CPC.

Considero que esta solução é de preferir à adopção de uma cláusula geral de conexão suficiente. É certo que esta solução apresenta a vantagem de permitir uma avaliação no caso concreto do conjunto dos laços existentes entre a relação controvertida e o Estado de origem da decisão. A falta de um laço especialmente significativo pode no caso concreto ser compensada pela convergência de vários laços[164]. Decorre do anteriormente exposto, porém, que se deve exigir mais do que uma conexão suficiente: uma *conexão adequada*. Além disso, o recurso a uma cláusula geral compromete muito a certeza jurídica que justamente com o reconhecimento da sentença estrangeira se procurava assegurar[165].

A solução proposta assegura a *coerência valorativa* do Direito de Reconhecimento com o Direito da Competência Internacional: para estabelecer a conexão adequada entre o Estado de origem e a relação controvertida deve partir-se das regras de competência internacional directa; mas as finalidades próprias do Direito de Reconhecimento justificam uma certa autonomia das regras de competência internacional indirecta, que se exprime em critérios de competência específicos, que complementam os critérios extraídos das regras de competência internacional directa.

A competência da lei de um Estado estrangeiro segundo o Direito de Conflitos do Estado de reconhecimento deve sempre fundamentar a com-

---

[162] 1995: 319. Ver também Id. [1998: 43 e seg.]. Em sentido convergente, MOURA VICENTE [92].

[163] No mesmo sentido, KROPHOLLER [2001: 628 e seg.]. Em sentido convergente, BASEDOW [1994: 184 e 186] defende o desenvolvimento pelos tribunais alemães de regras específicas sobre a competência de reconhecimento, partindo da bilateralização, mas introduzindo-lhe ajustamentos, tendo em conta os critérios de competência e as ligações que o réu tem com o Estado de origem.

[164] Ver MAYER [1998: 243].

[165] Cf. SCHACK [324 e seg.] e KROPHOLLER [2001: 629].

petência internacional indirecta dos seus tribunais. Com efeito, se a conexão é suficientemente forte para determinar a aplicação do Direito deste Estado também o é para justificar o reconhecimento das decisões proferidas pelos seus tribunais. No mesmo sentido aponta uma ideia rectora do regime da competência internacional directa, segundo a qual os tribunais de um Estado devem ser internacionalmente competentes sempre que é aplicável o seu Direito material (*supra* I.C). Esta ideia só tem um acolhimento parcial no regime português da competência internacional directa, razão por que deveria constituir um critério específico da competência internacional indirecta.

Tenho defendido a consagração de uma cláusula geral de excepção, que atribua competência ao Direito do Estado que apresenta uma ligação manifestamente mais estreita com a situação, quando a norma de conflitos remeta para outro Direito[166]. Esta cláusula de excepção, conjugada com a solução que acabo de expor, permite que os tribunais do Estado que apresenta uma ligação manifestamente mais estreita com a situação sejam sempre considerados como internacionalmente competentes para efeitos de reconhecimento de decisões estrangeiras. Consegue-se assim atender aos casos em que uma combinação de laços que apontam para o Estado de origem da decisão pode justificar a competência dos seus tribunais apesar de faltar o laço especialmente significativo que, em princípio, fundamenta a competência internacional indirecta.

C) Relevância da competência internacional dos tribunais do Estado de reconhecimento para a definição do sistema de reconhecimento

Decorre do anteriormente exposto que a circunstância de os tribunais do Estado de reconhecimento serem internacionalmente competentes justifica, *de lege ferenda*, um controlo de mérito da decisão estrangeira (*supra* II.C).

Assinalou-se também que à face do Direito constituído o controlo de mérito é excepcional, sendo irrelevante a competência internacional dos tribunais do Estado de reconhecimento.

---

[166] 2001a: 303.

A *triangularidade do Direito Internacional Privado* 285

Como articular um sistema de controlo de mérito, quando os tribunais do Estado de reconhecimento forem internacionalmente competentes, com um controlo da competência do tribunal de origem?

Poderá pensar-se que o controlo de mérito torna desnecessário um controlo da competência internacional indirecta, com ressalva da competência exclusiva dos tribunais do Estado de reconhecimento. Mas a exigência de uma conexão adequada entre o tribunal de origem e a relação controvertida não se fundamenta apenas num limite à aplicação do Direito de Conflitos. Essa exigência também é justificada pelo limite ao exercício da função jurisdicional pelos tribunais do Estado de reconhecimento que decorre do reconhecimento da decisão estrangeira quando estes tribunais são internacionalmente competentes. Só essa conexão justifica que o réu, que pode ser um nacional ou residente no Estado de reconhecimento, tenha de se sujeitar a um tribunal estrangeiro.

A competência internacional indirecta também deveria ser controlada quando os tribunais do Estado de reconhecimento não são internacionalmente competentes. A exigência de uma conexão adequada entre o Estado de origem e a relação controvertida não se fundamenta agora num limite ao Direito de Conflitos deste Estado nem num limite ao exercício da jurisdição pelos seus tribunais. Neste caso estamos dispostos a um reconhecimento formal das decisões estrangeiras, mas devemos atender à conexão entre o Estado de origem e a relação controvertida por duas razões. Primeiro, porque os interessados só devem contar com a aplicação do Direito de Conflitos do Estado de origem quando existir uma conexão suficientemente forte entre este Estado e a situação. Segundo, porque o réu só deve ficar sujeito aos tribunais de um Estado estrangeiro quando na perspectiva do Estado de reconhecimento há uma conexão adequada com aquele Estado.

D) Competência internacional fundada em insusceptibilidade de reconhecimento

Pelas razões que foram expostas a propósito das relações entre o Direito aplicável e a competência internacional, parece defensável que os tribunais portugueses sejam competentes, com base no critério da necessidade, quando a sentença proferida ou susceptível de ser proferida pela jurisdição estrangeira competente não seja susceptível de reconhecimento

286   *Estudos de Direito Internacional Privado*

em Portugal e exista um elemento ponderoso de conexão, pessoal ou real, com o nosso país (*supra* I.C).

Nesta hipótese, o Direito de Reconhecimento fundamenta, indirectamente, a competência internacional dos tribunais portugueses.

E) Conclusões

O regime interno de reconhecimento de decisões judiciais estrangeiras não articula por forma coerente o Direito da Competência Internacional e o Direito de Reconhecimento, ao renunciar ao controlo da competência do tribunal de origem. A coerência entre o Direito de Reconhecimento e o Direito da Competência internacional exige que o reconhecimento de uma decisão judicial estrangeira seja subordinado à existência de uma conexão adequada e que na definição desta conexão sejam tomados em consideração os critérios de competência internacional directa. A renúncia ao controlo de competência do tribunal de origem também representa uma contradição valorativa insanável com o Direito de Conflitos, visto que se traduz numa referência global ao Direito do Estado de origem, mesmo que este Estado não tenha qualquer ligação significativa com a situação.

A renúncia ao controlo da competência do tribunal de origem por parte das Convenções de Bruxelas e de Lugano e dos Regulamentos comunitários em matéria civil e comercial e em matéria matrimonial só é justificável na medida em que a competência do tribunal de origem seja regida pelas regras unificadas.

A falta de articulação entre o Direito da Competência Internacional e o Direito de Reconhecimento também se manifesta na consagração de um sistema de reconhecimento essencialmente formal, ou mesmo inteiramente formal, sem ter em conta a competência internacional dos tribunais do Estado de reconhecimento, nos termos que ficaram expostos (*supra* II.C).

A articulação já é possível no que toca à fundamentação da competência internacional dos tribunais portugueses na insusceptibilidade de reconhecimento da decisão proferida ou susceptível de ser proferida pela jurisdição estrangeira competente.

IV. CONSIDERAÇÕES FINAIS

Enquanto disciplina jurídica, o Direito Internacional Privado pode ser representado por um triângulo. Os vértices do triângulo são ocupados por três complexos normativos: Direito de Conflitos, Direito da Competência Internacional e Direito de Reconhecimento. A cada um destes complexos normativos corresponde um ângulo de visão do objecto comum (as situações transnacionais), um problema jurídico específico colocado por estas situações. Os lados do triângulo representam os nexos funcionais que se estabelecem entre esses complexos normativos.

A consciência desta realidade triangular é fundamental para a coerência do sistema, para a adequação das soluções e para o ensino do Direito Internacional Privado.

A *coerência do sistema* reclama a articulação interna destes complexos normativos. No Direito positivo manifesta-se por vezes uma falta de articulação que chega a repercutir-se em graves contradições valorativas. A evolução recente do Direito positivo não se tem mostrado sensível a esta preocupação e tem mesmo agravado os desajustamentos e antinomias entre os complexos normativos em jogo. Isto é resultado, em vasta medida, de uma falta de visão de conjunto; da pouca atenção prestada aos nexos entre os complexos normativos em jogo; do empolamento do aspecto processual dos problemas da competência internacional e do reconhecimento de decisões estrangeiras, que leva à busca de soluções completamente desligadas do Direito de Conflitos; enfim, da tradição académica em certos países que isola o estudo do Direito de Conflitos relativamente ao Direito da Competência Internacional e, até, do Direito de Reconhecimento[167]. Urge inverter esta tendência, mediante a consciencialização da interdependência destes complexos normativos e da necessidade de as suas soluções serem integradas num sistema global e coerente.

A *integração das soluções num sistema global e coerente* traduzir-se-á em soluções mais adequadas à vida jurídica transnacional, reduzindo os factores de incerteza e imprevisibilidade, tutelando a confiança depositada no Direito de Conflitos e atenuando o desequilíbrio entre as partes criado pelo *forum shopping* e pelo aproveitamento abusivo do instituto de reconhecimento de decisões judiciais estrangeiras.

---

[167] Ver LIMA PINHEIRO [2000: 13 e segs. e 58 e segs.]. Ver também JAYME [1998: 297].

Esta integração deve encontrar expressão na inserção do Direito de Conflitos, do Direito da Competência Internacional e do Direito de Reconhecimento num mesmo diploma, à semelhança do que se verifica com a grande maioria das codificações recentes: Lei federal suíça sobre o Direito Internacional Privado, de 1989; Livro X do Código Civil do Quebeque, de 1991; Lei romena sobre a Regulamentação das Relações de Direito Internacional Privado, de 1992; Lei de Reforma do Sistema Italiano de Direito Internacional Privado, de 1995; Lei venezuelana de Direito Internacional Privado, de 1998; e, Código de Direito Internacional Privado tunisino, de 1998.

Enfim, a tendência internacional largamente dominante aponta no sentido da *inclusão no âmbito do curso* de Direito Internacional Privado não só do Direito de Conflitos, mas também do Direito da Competência Internacional e do Direito de Reconhecimento[168]. A triangularidade do ensino do Direito Internacional Privado serve a articulação interna destes complexos normativos e a integração das suas soluções num sistema global e coerente. Além disso, ela também é justificada, por um certo paralelismo dos problemas de interpretação e aplicação das normas de conflitos, das normas de competência internacional e das normas de reconhecimento, bem como das suas soluções.

BIBLIOGRAFIA

BALLARINO, Tito
    1999 – *Diritto internazionale privato*, 3.ª ed., Milão.
BAR, CHRISTIAN von
    1983 – "Internationales Eherecht (Art 13-17)", *in J. von Staudinges Kommentar zum BGB*, 12.ª ed., Berlim.
    1987 – *Internationales Privatrecht*, vol. I, Munique.
BARIATTI, Stefania
    1995 – "Articoli 64-68", *in Riforma del sistema italiano di diritto internazionale privato: legge 31 maggio 1995 n. 218 – Commentario, RDIPP* 31.
BASEDOW, Jürgen
    1994 – "Variationen über die spiegelbildliche Anwendung deutschen Zuständigkeitsrechts", *IPRax* 14: 183-186.

---

[168] Ver LIMA PINHEIRO [2000: 58 e segs.].

A triangularidade do Direito Internacional Privado

BATIFFOL, Henri

1962 – "Observations sur les liens de la compétence judiciaire et de la compétence législative", *in Choix d'articles*, 303-313.

1973a – "L'avenir du droit international privé", *in Choix d'articles*, 315-331.

1973b – "L' état du droit international privé en France et dans l'europe continentale de l'ouest", *in Choix d'articles*, 11-31.

BATIFFOL, Henri e Paul LAGARDE

1983/1993 – *Droit international privé*, vol. I – 8.ª ed., vol. II – 7.ª ed., Paris.

BELLET, Pierre e Berthold GOLDMAN

1970 – "Rapport explicatif", *in Actes et documents de la Onzième session, Conference de La Haye de droit international privé*, t. II, 210-224.

BORRÁS, ALEGRÍA

1998 – "Relatório explicativo da Convenção, elaborada com base no artigo K.3 do Tratado da União Europeia, relativa à competência, ao reconhecimento e à execução de decisões em matéria matrimonial", *JOCE* C 221/27, de 16/7/98.

BRITO, SUSANA

1988 – *Dos acordos sobre o tribunal competente em situações internacionais* (diss. policopiada), Lisboa.

CAMPOS, Julio GONZÁLEZ

1977 – "Les liens entre la compétence judiciaire et la compétence législative en droit international privé", *RCADI* 156 (1977) 227-375.

CASTRO, ANSELMO DE

1982 – *Direito Processual Civil Declaratório*, vol. II, Coimbra.

COLLAÇO, ISABEL DE MAGALHÃES

1958/1963 – *Direito Internacional Privado* (Lições proferidas ao 5.° ano jurídico de 1958-1959, Lisboa, vol. I – 1958, vol. II –1959, vol. III – 1963 (cit. Lições).

1963 – *Revisão de sentenças estrangeiras* (Lições proferidas no ano lectivo de 1962--1963. Apontamentos de alunos), Lisboa.

1964 – *Da qualificação em Direito Internacional Privado*, Lisboa.

1967 – *Direito Internacional Privado*, vol. II, parte I, título I – "Estrutura da norma de conflitos de leis"; título II – "A teoria da interpretação e aplicação da norma de conflitos" (Lições proferidas no ano lectivo de 1966-1967), Lisboa.

CORREIA, António FERRER

1973 – *Lições de Direito Internacional Privado*, Coimbra.

1976 – "Breves reflexões sobre a competência internacional indirecta", *in Estudos Vários de Direito*, Coimbra, 193-222.

1982 – "La reconnaissance et l'exécution des jugements étrangers en matière civile et commerciale (droit comparé)", *in Estudos Vários de Direito*, 105-191, Coimbra.

1983 – "O reconhecimento das sentenças estrangeiras no direito brasileiro e no direito português", *RLJ* 116 (1983) n.os 3707 a 3711.

1991 – "Quelques réflexions sur le système portugais concernant la reconnaissance et l'exécution des jugements étrangers en matière civile et commerciale", *Droit international et droit communautaire*, 135-141, Paris.

1993 – "Le système portugais sur la compétence internationale (directe)", *in Études PIERRE LALIVE*, 49-59.

2000 – *Lições de Direito Internacional Privado I*, Coimbra.

CORREIA, António FERRER e F. FERREIRA PINTO

1987 – "Breve apreciação das disposições do anteprojecto de código de processo civil que regulam a competência internacional dos tribunais portugueses e o reconhecimento de sentenças estrangeiras", *RDE* 13: 25-64.

COSTA, Manuel FERNANDES

1986 – "Direitos adquiridos e reconhecimento de sentenças estrangeiras (Da interpretação da al. g) do art. 1096.° do Código de Processo Civil)", *in Est. António FERRER CORREIA*, vol. I, 121-186, Coimbra.

Dicey and Morris on the Conflict of Laws

2000 – 13.ª ed. por Lawrence COLLINS (ed. geral), Adrian BRIGGS, Jonathan HILL, J. MCCLEAN e C. MORSE, Londres.

DÖLLE, Hans

1962 – "Über einige Kernprobleme des internationalen Rechts der freiwilligen Gerichtsbarkeit", *RabelsZ*. 27: 202-244.

EHRENZWEIG, Albert A.

1967 – *Private International Law*, vol I, Leyden e Nova Iorque.

ELST, Raymond VANDER e Martha WESER

1985 – *Droit international privé belge et droit conventionnel international*, vol. II – *Conflits de juridictions*, por Martha WESER e Paul JENARD, Bruxelas.

FERREIRA, Vasco TABORDA

1957 – *Sistema do Direito Internacional Privado segundo a lei e a jurisprudência*, Lisboa.

FRAGISTAS, N.

1961 – "La compétence internationale en droit privé", *RCADI* 104: 159-270.

FRANKENSTEIN, Ernst

1926 – *Internationales Privatrecht*, vol. I, Berlim-Grunewald.

FREITAS, José LEBRE DE

1997 – *A Acção Executiva à luz do Código Revisto*, 2.ª ed., Coimbra.

GAUDEMET-TALLON, Hélène

1996 – *Les conventions de Bruxelles et de Lugano. Compétence internationale, reconnaissance et exécution des jugements en Europe*, 2.ª ed., Paris.

GEIMER, Reinhold e Rolf SCHÜTZE

1983 – *Internationale Urteilsanerkennung*, vol. I., t. I, Munique.

GOTHOT, Pierre e Dominique HOLLEAUX,

1985 – *La Convention de Bruxelles du 27 Septembre 1968*, Paris.

HAUSMANN, Rainer

1980 – *Kollisionsrechtliche Schranken von Scheidungsurteilen*, Munique.

HELDRICH, Andreas

1969 – *Internationale Zuständigkeit und anwendbares Recht*, Berlim e Tubinga.

HOLLEAUX, Dominique

1970 – *Compétence du juge étranger et reconnaissance des jugements*, Paris.

JAYME, Erik

1987 – "Recognition of foreign judgements: international jurisdiction of foreign courts revisited", *in Studi Ago*, vol. IV, 139-148, Milão.

1998 – "Machado Villela 1871-1956 und das Internationale Privatrecht", *in FS Ulrich Drobnig*, 289-297.
JENARD, P.
1979 – "Relatório sobre a Convenção, de 27 de Setembro de 1968, relativa à competência judiciária e à execução de decisões em matéria civil e comercial", *JOCE* C 189, 28/7/90, 122-179.
KEGEL, Gerhard
1964 – "The Crisis of Conflict of Laws", *RCADI* 112: 91-267.
1970 – "Reform des deutschen internationalen Eherechts", *RabelsZ.* 25: 201-221.
KEGEL, Gerhard e Klaus SCHURIG
2000 – *Internationales Privatrecht – ein Studienbuch*, 8.ª ed., Munique.
KROPHOLLER, Jan
1998 – *Europäisches Zivilprozeßrecht. Kommentar zum EuGVÜ*, 6.ª ed., Heidelberga.
2001 – *Internationales Privatrecht*, 4.ª ed., Tubinga.
LUZZATTO, Riccardo
1997 – "Il riconoscimento di sentenze e provvedimenti stranieri nella riforma del diritto internazionale privato italiano", *in Comunicazioni e studi*, vol. XXI, 83-105, Milão.
MACHADO, João BAPTISTA
1965 – "La compétence internationale en droit portugais", *BFDC* 41: 97-115.
MAGALHÃES, BARBOSA DE
1947 – *Estudos sobre o novo Código de Processo Civil*, vol. II – *Da competência internacional*, Coimbra.
MARTINEZ, CHECA
1998 – "Fundamentos y limites del forum shopping: modelos europeo y angloamericano", *RDIPP* 34: 521-556.
MARTINY, Dieter
1984 – "Anerkennung ausländischer Entscheidungen nach autonomen Recht", *in Handbuch des Internationalen Zivilverfahrensrechts*, vol. III/1, Tubinga.
MAYER, Pierre
1979 – "Droit international privé et droit international public sous l'angle de la notion de compétence", *R. crit.*:1-29, 349-388 e 537-583.
1998 – *Droit international privé*, 6.ª ed., Paris.
MENDES, João de CASTRO
1965 – "Alguns problemas sobre revisão de sentença estrangeira", *RFDUL* 19: 133-169.
MORELLI, Gaetano
1954 – *Diritto processuale civile internazionale*, 2.ª ed., Pádua.
MOSCONI, Franco
1996 – *Diritto internazionale privato e processuale*, Turim.
NEUHAUS, Paul H.
1955 – "Internationales Zivilprozeßrecht und Internationales Privatrecht. Eine Skizze", *RabelsZ.* 20: 201-269.
1976 – *Die Grundbegriffe des internationalen Privatrechts*, 2.ª ed., Tubinga.
NORTH, Peter e J. FAWCETT
1999 – *Cheshire and North's Private International Law*, 13.ª ed., Londres.

PERALTA, ANA e João CURADO NEVES

1988 – *A Competência Internacional Indirecta em Direito Processual Civil*, Lisboa.

PFEIFFER, Thomas

1995 – *Internationale Zuständigkeit und prozessuale Gerechtigkeit*, Francorforte--sobre-o-Meno.

PICONE, Paolo

1986 – *Ordinamento competente e diritto internazionale privato*, Milão.

1997 – "Sentenze straniere e norme italiane di conflitto", *Riv. dir. int.* 80: 913-955.

2000 – *Les méthodes de coordination entre ordres juridiques en droit international privé* (Sep. de *RCADI* 276), A Haia, Boston e Londres.

PINHEIRO, Luís de LIMA

1999 – *Direito Internacional Privado. Parte Especial (Direito de Conflitos)*, Almedina, Coimbra, 1999, 250 e segs.

2000 – *Um Direito Internacional Privado para o Século XXI. Relatório sobre o Programa, os Conteúdos e os Métodos do Ensino do Direito Internacional Privado*, publicado em Suplemento à Revista da Faculdade de Direito da Universidade de Lisboa (2001).

2001a – *Direito Internacional Privado*, vol. I – *Introdução e Direito de Conflitos – Parte Geral*, Almedina, Coimbra.

2001b – "Regime interno de reconhecimento de decisões judiciais estrangeiras", *ROA* 61: 561-628.

RAAPE, Leo e Fritz STURM

1977 – *Internationales Privatrecht*, 6.ª ed., Munique.

RAMOS, Rui MOURA

1991 – *Da Lei Aplicável ao Contrato de Trabalho Internacional*, Coimbra.

1995 – "Les clauses d'exception en matière de conflits de lois et de conflits de juridictions – Portugal", *in Das Relações Privadas Internacionais. Estudos de Direito Internacional Privado*, Coimbra.

1998 – *A Reforma do Direito Processual Civil Internacional* (sep. RLJ), Coimbra.

REIS, ALBERTO DOS

1956 – *Processos Especiais*, vol. II, Coimbra, 1956.

1960 – *Comentário ao Código de Processo Civil*, Vol. I, 2.ª ed., Coimbra.

RIGAUX, François

1987 – *Droit international privé*, vol. I, 2.ª ed., Bruxelas.

1988 – "Droit économique et conflits de souverainetés", *RabelsZ.* 52: 104-155.

SANTOS, António MARQUES DOS

1991 – *As Normas de Aplicação Imediata no Direito Internacional Privado. Esboço de Uma Teoria Geral*, 2 vols., Coimbra.

1997 – "Revisão e confirmação de sentenças estrangeiras no novo Código de Processo Civil de 1997 (alterações ao regime anterior)", *in Aspectos do novo Processo Civil*, 105-155, Lisboa.

SCHACK, Haimo

1996 – *Internationales Zivilverfahrensrecht*, 2.ª ed., Munique.

SCHRÖDER, Jochen

1971 – *Internationale Zuständigkeit*, Opladen.

SCHURIG, Klaus
1996 – "Art. 13", *in Soergel Kommentar zum Bürgerlichen Gesetzbuch* vol. X, 12.ª ed., Estugarda, Berlim e Colónia. SCOLES, Eugene, Peter HAY, Patrick BORCHERS e Symeon SYMEONIDES
2000 – *Conflict of Laws*, 3.ª ed., St. Paul, Minn.

SILVA, Nuno ASCENSÃO
2000 – *A Constituição da Adopção de Menores nas Relações Privadas Internacionais. Alguns Aspectos*, Coimbra, 2000.

SOUSA, Miguel TEIXEIRA DE
1993 – *A Competência Declarativa dos Tribunais Comuns*, Lisboa.
1997 – "Die neue internationale Zuständigkeitregelung im portugiesischen Zivilprozeßgesetzbuch und die Brüsseler und Luganer Übereinkommen: Einige vergleichende Bemerkungen", *IPRax*: 352-360.
2000a – "Alguns aspectos do reconhecimento de decisões estrangeiras segundo o direito autónomo português", *in Das Recht der lusophonen Länder*, org. por Erik Jayme, 55-63, Baden-Baden.
2000b – "Sobre a competência indirecta no reconhecimento de sentenças estrangeiras. Anotação ao acórdão do Supremo Tribunal de Justiça de 21 de Maio de 1998", *ROA* 60: 757-783.

SOUSA, Miguel TEIXEIRA DE e Dário MOURA VICENTE
1994 – *Comentário à Convenção de Bruxelas de 27 de Setembro de 1968 Relativa à Competência Judiciária e à Execução de Decisões em Matéria Civil e Comercial e Textos Complementares*, Lisboa.

VARELA, ANTUNES
1993 – Anotação aos Acs. STJ 1/7/86 e 26/10/86, *RLJ* 126 n.os 3828 e 3829/3830.

VARELA, ANTUNES, MIGUEL BEZERRA e SAMPAIO E NORA
1985 – *Manual de Processo Civil*, 2.ª ed., Coimbra.

VICENTE, Dário MOURA
1997 – "A competência internacional no Código de Processo Civil revisto: aspectos gerais", *in Aspectos do Novo Processo Civil*, 71-92, Lisboa.

VILLELA, MACHADO
1921/1922 – *Tratado elementar (teórico e prático) de Direito Internacional Privado*, 2 vols., Coimbra.
1940/1942 – "Notas sobre a competência internacional no novo Código de Processo Civil", *RFDC* 17 (1940/1941) 274-346 e 18 (1942) 1-70.
1952 – "Observações sobre a execução das sentenças estrangeiras", *BMJ* 32: 31-66.

VISCHER, Frank
1992 – "General Course on Private International Law", *RCADI* 232: 9-256.

VITTA, Edoardo
1979 – "Cours general de droit international privé", *RCADI* 162: 9-243.

VON MEHREN, Arthur
1980 – "Recognition and Enforcement of Foreign Judgments – General Theory and the Role of Jurisdictional Requirements", *RCADI* 167: 9-112.

WENGLER, Wilhelm
1961 – "The General Principles of Private International Law", *RCADI* 104: 271-469.
1981 – *Internationales Privatrecht*, 2 vols., Berlim e Nova Iorque.

COMPETÊNCIA INTERNACIONAL EM MATÉRIA DE CONTRATOS COM CONSUMIDORES[*]

INTRODUÇÃO

I. Em Conferência proferida no I Curso de Pós-Graduação em Direito do Consumo, no ano passado, tive ocasião de me ocupar do problema do Direito aplicável aos contratos com consumidores[1].

Assinalei, nessa conferência, que o contrato celebrado por um consumidor pode estar exclusivamente inserido na esfera social do Estado português. Os litígios emergentes deste contrato são, em princípio, decididos por tribunais portugueses, sem que se coloque o problema da competência internacional.

Mas também sublinhei que são cada vez mais frequentes os contratos com consumidores que transcendem a esfera social de um Estado, designadamente em razão da residência habitual, sede ou estabelecimento das partes. Por exemplo, a venda de uma colecção de discos compactos realizada através da *Internet*, em que o vendedor é uma sociedade estabelecida em Otava e o comprador tem residência habitual em Lisboa.

Trata-se, então, de contratos transnacionais. Estes contratos colocam um problema de determinação do Direito aplicável. Uma outra questão, porém, se suscita quando eclode um litígio relativo a um contrato transnacional: em que jurisdição estadual deve a acção ser proposta.

A resposta a esta questão passa, em primeiro lugar, pelo Direito da Competência Internacional. São as normas de competência internacional

---

[*] O presente texto corresponde à comunicação apresentada no âmbito do II Curso de Pós-Graduação em Direito do Consumo, organizado pela Faculdade de Direito de Lisboa, em 16 de Janeiro de 2002, e foi publicado na *RFDUL* 43 – N.° 1 (2002) 41-54.

[1] O texto desta conferência encontra-se publicado sob o título "Direito aplicável aos contratos com consumidores" na *ROA* 61 (2001) 155-170.

296 *Estudos de Direito Internacional Privado*

que atribuem ao conjunto dos tribunais de um Estado o complexo de poderes para o exercício da função jurisdicional em situações transnacionais.

II. Conforme foi assinalado na Conferência anterior, regista-se uma divergência entre as ordens jurídicas quanto aos conceitos de consumidor e de contrato com consumidor. Mesmo dentro de uma ordem jurídica o conteúdo destes conceitos pode variar de diploma para diploma. Aqui toma-se por base conceitos autónomos de consumidor e de contrato com consumidor. Entende-se por consumidor aquele que adquire um bem ou um serviço para uma finalidade que não caia no âmbito de uma actividade económica independente. Nesta ordem de ideias, é contrato com consumidor aquele em que só uma das partes actua no âmbito de uma actividade económica independente.

Este conceito permite abranger os casos em que se desenvolveram soluções especiais vigentes na ordem jurídica portuguesa, quer de Direito de Conflitos quer de Direito da Competência Internacional, destinadas à protecção do consumidor.

III. Afirmei na Conferência anterior que o desenvolvimento de regimes materiais que visam a protecção do consumidor, como parte contratual mais fraca, foi acompanhada da formulação de regras especiais de Direito Internacional Privado que prosseguem o mesmo fim[2]. Isto vale igualmente para o Direito da Competência Internacional[3].

O regime especial de competência internacional em matéria de contratos com consumidores, que vigora na ordem jurídica portuguesa, consta da Convenção de Bruxelas Relativa à Competência Judiciária e à Execução de Decisões em Matéria Civil e Comercial (1968), da Convenção de Lugano Relativa à Competência Judiciária e à Execução de Decisões em Matéria Civil e Comercial (1988) e do Reg. (CE) n.° 44/2001, de 22//12/2000, Relativo à Competência Judiciária, ao Reconhecimento e à Execução de Decisões em Matéria Civil e Comercial, que substitui a Conven-

---

[2] Ver MOURA RAMOS – *Da Lei Aplicável ao Contrato de Trabalho Internacional*, Coimbra, 1991, 663 e seg., n. 617 e 746 e segs., e "Contratos internacionais e protecção da parte mais fraca no sistema jurídico português", *in Contratos: Actualidade e Evolução*, Porto, 1997, 331-357, 338 e segs., com desenvolvidas referências legislativas e bibliográficas.

[3] Ver MOURA RAMOS (n. 2 [1991]) 756 e segs.

ção de Bruxelas e entra em vigor em 1 de Março de 2002[4]. A partir desta data o Regulamento comunitário será a fonte supraestadual mais importante, e, por conseguinte, a presente Conferência incidirá essencialmente sobre o regime especial aí contido (I).

Este regime especial só é, em princípio, aplicável quando o réu tem domicílio num Estado-Membro (arts. 4.° e 15.°/1 do Regulamento). Razão por que o regime interno da competência internacional é, em princípio, aplicável nos restantes casos. Sucede, porém, que o regime interno da competência internacional não contém normas especiais sobre os contratos com consumidores. Limitar-me-ei pois a uma brevíssima referência a este regime (II).

I. REGIME COMUNITÁRIO

A Secção IV do Capítulo II do Regulamento comunitário contém um regime especial de competência em matéria de contratos celebrados por consumidores. Estas normas encontram precedente nos arts. 13.° e segs. das Convenções de Bruxelas e de Lugano.

O fim deste regime é a protecção do consumidor, enquanto parte contratual mais fraca, através da concessão de foros electivos e de uma limitação da validade dos pactos de jurisdição.

Entende-se por contrato celebrado por consumidor o "contrato celebrado por uma pessoa para finalidade que possa ser considerada estranha à sua actividade comercial ou profissional" (art. 15.°/1). Este conceito de consumidor deve ser interpretado autonomamente (em relação aos sistemas jurídicos dos Estados-Membros)[5], e, tanto quanto possível, uniformemente no regime comunitário da competência internacional e na Convenção de Roma sobre a Lei Aplicável às Obrigações Contratuais[6].

---

[4] Em conformidade com os arts. 1.° e 2.° do Protocolo relativo à posição da Dinamarca, anexo ao Tratado da União Europeia e ao Tratado que Institui a Comunidade Europeia, este Estado não é vinculado pelo Regulamento n.° 44/2001, nem está sujeito à sua aplicação.

[5] Cf. decisões do TCE 19/1/1993, no caso *Shearson* [*CTCE* (1993) 139], n.° 13 e 3/7/1997, no caso *Benincasa* [*CTCE* (1997) I – 3767], n.° 12.

[6] Cf. GIULIANO/LAGARDE – "Rapport concernant la convention sur la loi applicable aux obligations contractuelles", *JOCE* C 282, 31/10/80, 23.

O consumidor é protegido como parte economicamente mais fraca e negocialmente menos experiente. O legislador comunitário entendeu que esta necessidade de protecção não se verifica quando os bens ou serviços se destinam ao exercício de uma actividade independente (incluindo uma actividade liberal)[7]. É neste sentido que o art. 15.° se refere a "actividade profissional"[8]. Isto permite pensar que o trabalhador por conta doutrem será protegido, como consumidor, quando adquira um bem destinado à sua actividade profissional (por exemplo, um livro profissional)[9].

O que conta é a posição que a pessoa ocupa no quadro de um contrato concreto em ligação com a finalidade deste contrato e não a qualidade que, em abstracto, lhe pode ser atribuída[10]. Daí decorre que uma mesma pessoa pode ser considerada consumidor em relação a um contrato e empresário em relação a outro.

Nesta ordem de ideias, o TCE decidiu no caso *Benincasa* (1997) que não é consumidor aquele que celebra um contrato com a finalidade do exercício de actividade comercial ou profissional futura[11].

Segundo o entendimento do TCE, o regime especial dos contratos celebrados por consumidores só é aplicável quando o consumidor é pessoalmente autor ou réu numa acção. Com efeito, o tribunal entendeu, no caso *Shearson* (1993), que não pode prevalecer-se do regime especial aplicável aos contratos celebrados por consumidores o cessionário que propõe uma acção com base num crédito contratual adquirido no exercício de uma actividade comercial ou profissional a um cedente consumidor[12].

---

[7] Cf., em relação ao art. 5.° da Convenção de Roma, LAGARDE – "Le nouveau droit international privé des contrats après l'entrée en vigueur de la Convention de Rome du 19 juin 1980", *R. crit.* 80 (1991) 287-340, 314.

[8] Os acs. TCE 21/6/1978, no caso *Bertrand* [*CTCE* (1978) 487], e 19/1/1993, no caso *Shearson* (n. 5), referem-se a "consumidores finais com carácter privado". Segundo o ac. TCE 3/7/1997, no caso *Benincasa* (n. 5), n.° 17, a protecção do consumidor só se justifica para contratos celebrados para a satisfação da sua necessidade própria de consumo privado. No mesmo sentido KROPHOLLER – *Europäisches Zivilprozeßrecht. Kommentar zum EuGVÜ*, 6.ª ed., Heidelberga, 1998, Art. 13 n.° 9.

[9] Cf., em relação ao art. 29.° da EGBGB, *MünchKomm.*/MARTINY [Art. 29 n.° 5].

[10] Cf. ac. TCE 3/7/1997, no caso *Benincasa* (n. 5), n.° 16.

[11] (N. 5) n.os 17 e segs.

[12] (N. 5) n.os 19 e segs.

Já defendi, perante a Convenção de Roma, que só os indivíduos podem ser considerados consumidores[13]. Isto decorre do elemento de conexão utilizado pelas regras de conflitos especiais do art. 5.° (residência habitual) e da sua finalidade. Relativamente ao regime comunitário de competência internacional não se pode invocar o primeiro argumento, mas subsiste o segundo: só o consumidor individual se apresenta, em regra, como parte contratual mais fraca.

À face da Convenção de Roma é controverso se a aplicação do regime especial estabelecido para os contratos com consumidores pressupõe que a contraparte do consumidor actua no quadro de uma actividade económica independente. Entendo que sim[14], pois só neste caso se verifica tipicamente aquela desigualdade económica entre as partes que justifica a protecção da parte mais fraca[15]. O mesmo entendimento se impõe perante as Convenções de Bruxelas e de Lugano e o Regulamento comunitário.

No entanto, o regime especial dos contratos com consumidores também deve ser aplicado quando a contraparte que desenvolve uma actividade económica independente actua fora do quadro da sua actividade e o consumidor não está nem deveria estar ao corrente deste facto[16].

O regime especial dos contratos celebrados por consumidores só se aplica desde que se trate de contratos de determinado tipo ou que haja uma conexão com o Estado do domicílio do consumidor.

Assim, o regime especial dos contratos celebrados por consumidores aplica-se, em primeiro lugar, às vendas a prestações de bens móveis corpóreos ou às operações de crédito relacionadas com o financiamento da venda de tais bens (art. 15.°/1/a e b).

Nas legislações dos Estados-Membros encontram-se diferentes conceitos de venda a prestações, em ligação com as finalidades prosseguidas

---

[13] Cf. LAGARDE (n. 6) 315. Cp. Guido BISCONTINI – "Convenzione sulla legge applicabile alle obbligazioni contrattuali (Roma, 19 Giugno 1980)", org. por Cesare BIANCA e Andrea GIARDINA, "Art. 5", *in Le nuove leggi civili commentate*, 901-1116, 1995, n.° 3.

[14] No mesmo sentido apontam, em relação à Convenção de Roma, GIULIANO/ /LAGARDE (n. 5) 23. Cp. LAGARDE (n. 6) 315 e *MünchKomm./*MARTINY [Art. 29 n.° 7].

[15] Ver também TEIXEIRA DE SOUSA/MOURA VICENTE – *Comentário à Convenção de Bruxelas de 27 de Setembro de 1968 Relativa à Competência Judiciária e à Execução de Decisões em Matéria Civil e Comercial*, Lisboa, 1994, 108.

[16] Neste sentido, em relação à Convenção de Roma, *Dicey and Morris on the Conflict of Laws*, 13.ª ed. por Lawrence COLLINS (ed. geral), Adrian BRIGGS, Jonathan HILL, J. MCCLEAN e C. MORSE, Londres, 2000, 1287.

por cada uma delas. O conceito de venda a prestações utilizado no regime comunitário da competência internacional deve ser interpretado autonomamente por forma a promover uma uniformidade de interpretação nos diferentes Estados-Membros[17]. Esta interpretação uniforme deve assentar nos princípios comuns aos Direitos dos Estados-Membros e deve ter em vista a finalidade de protecção de uma determinada categoria de compradores. Nesta base, vem a entender-se por venda a prestações um contrato de venda em que o preço é pago fraccionadamente ou que está ligado a um contrato de financiamento[18]. Isto inclui, por exemplo, a locação-venda[19].

Para que haja uma venda a prestações é necessário que se trate de uma venda a crédito. Não é considerada venda a prestações aquela em que o preço deva ser integralmente pago antes da entrega da coisa, mesmo que o pagamento seja fraccionado[20].

A operação de financiamento da venda de bens móveis corpóreos está abrangida pelo art. 15.º/1/b mesmo que a venda seja a contado, designadamente quando o preço seja pago com a quantia mutuada[21]. O que abrange, por exemplo, a locação financeira[22].

O mesmo regime aplica-se a outros contratos celebrados por consumidores com uma pessoa que tenha actividade comercial ou profissional no Estado-Membro do domicílio do consumidor ou dirija essa actividade, por quaisquer meios, a esse Estado-Membro ou a vários Estados incluindo esse Estado-Membro, desde que o contrato seja abrangido por essa actividade (art. 15.º/1/c).

Neste ponto o Regulamento afasta-se das Convenções de Bruxelas e de Lugano, que se referem apenas aos contratos que tenham por objecto

---

[17] Cf. TCE 21/6/1978, no caso *Bertrand* (n. 8), n.os 12 e segs.

[18] Caso cit., n.º 20.

[19] Cf. PETER SCHLOSSER – "Relatório sobre a Convenção, de 9 de Outubro de 1978, relativa à Adesão do Reino da Dinamarca, da Irlanda e do Reino Unido da Grã-bretanha e da Irlanda do Norte à Convenção relativa à competência judiciária e à execução de decisões em matéria civil e comercial, bem como ao Protocolo Relativo à sua interpretação pelo Tribunal de Justiça", *JOCE* C 189, 28/7/90, 184-256, 1979, n.º 157.

[20] Cf. TCE 16/3/1999, caso *Hans-Her*MANN *Mietz* [*CTCE* (1999) I-2277, n.os 30 e segs.

[21] Cf. SCHLOSSER (n. 19) n.º 157.

[22] Cf. Hélène GAUDEMET-TALLON – *Les conventions de Bruxelles et de Lugano. Compétence internationale, reconnaissance et exécution des jugements en Europe*, 2.ª ed., Paris, 1996, 190.

Competência internacional em matéria de contratos com consumidores   301

a prestação de serviços ou fornecimento de bens móveis corpóreos se a celebração do contrato tiver sido precedida no Estado do domicílio do consumidor de uma proposta que lhe tenha sido dirigida ou de anúncio publicitário e o consumidor tiver praticado nesse Estado os actos necessários para a celebração do contrato (art. 13.°/1/3). Pressupostos de aplicação que são muito semelhantes ao estabelecidos no art. 5.°/2 da Convenção de Roma sobre a Lei Aplicável às Obrigações Contratuais, com respeito às normas de conflitos especiais aplicáveis aos contratos celebrados por consumidores[23].

Este preceito das Convenções de Bruxelas e de Lugano suscitou diversas questões, designadamente no contexto do comércio electrónico[24].

Para que exista uma proposta dirigida ao consumidor, no sentido das Convenções de Bruxelas e de Lugano, bem como da Convenção de Roma, basta que o consumidor seja convidado a apresentar uma proposta (convite a contratar)[25]. É suficiente, por exemplo, que o fornecedor tenha enviado um catálogo ao consumidor ou o tenha convidado a visitar o seu estabelecimento.

O anúncio publicitário deve ser dirigido ao país do domicílio do consumidor, mas não tem de ser especificamente dirigido a este país. Por isso, considera-se como sendo dirigido ao país do domicílio qualquer anúncio feito num meio de comunicação que seja susceptível de alcançar todos os países (como, por exemplo, a transmissão televisiva por satélite e a *Internet*)[26].

Exige-se ainda que o consumidor tenha executado no país da residência habitual todos os actos necessários à celebração do contrato. Por actos necessários entende-se aqui, por exemplo, a assinatura dos documentos que tenham sido apresentados ao consumidor ou o envio da sua enco-

---

[23] Ver LIMA PINHEIRO – *Direito Internacional Privado. Parte Especial (Direito de Conflitos)*, Almedina, Coimbra, 1999, 186.

[24] Ver PETER MANKOWSKI – "Das Internet im Internationalen Vertrags- und Deliktsrecht", *RabelsZ*. 63 (1999) 203-294, 232 e seg.

[25] Cf. KROPHOLLER (n. 8) Art. 13 n.° 22 e, em relação à Convenção de Roma, *MünchKomm./*MARTINY [Art. 29 n.° 19].

[26] Cf. Gabrielle KAUFMAN-KOHLER – "Internet: mondialisation de la communication – mondalisation de la résolution des litiges", *in Internet. Which Cour Decides? Which Law Applies?*, 89-142, A Haia, Boston e Londres, 1998, 135 e segs. e, em relação à Convenção de Roma, *MünchKomm./*MARTINY [Art. 29 n.° 20]. Em sentido convergente, *Dicey and Morris* (n. 16) 1288 e seg.

302 *Estudos de Direito Internacional Privado*

menda ao fornecedor. No caso de contratos celebrados através da *Internet* deve entender-se que o consumidor realizou os actos necessários no país da residência habitual quando para o efeito acedeu à página do fornecedor neste país[27].

O Regulamento vem estender o regime especial dos contratos celebrados por consumidores a contratos celebrados por consumidores que não têm por objecto a prestação de serviços ou fornecimento de bens móveis corpóreos. Por exemplo, um contrato de licença de programa de computador ou um contrato de *timesharing*[28].

Para além disso, deixa de ser necessário que o consumidor receba uma proposta ou que seja feita publicidade no Estado do seu domicílio. Basta que o contrato seja celebrado no exercício de uma actividade comercial ou profissional realizada no Estado-Membro do domicílio do consumidor ou de uma actividade dirigida a esse Estado-Membro ou a vários Estados incluindo esse Estado-Membro.

Cessa também a exigência de que o consumidor tenha praticado nesse Estado os actos necessários para a celebração do contrato. Portanto, o regime especial dos contratos com consumidores aplica-se mesmo que os actos necessários para a celebração do contrato tenham sido realizados pelo consumidor fora do Estado do seu domicílio[29].

Através da *Internet* os fornecedores de bens e serviços podem alcançar os consumidores de praticamente todos os países do mundo. Daí que, em certas condições, se possa justificar que estes fornecedores suportem o risco de serem demandados em qualquer um destes países. Este risco já existe à face das Convenções de Bruxelas e de Lugano, sem que tal tenha tido qualquer impacto substancial na oferta de produtos na rede. Para isto contribui também a circunstância de muito raramente os consumidores proporem acções com respeito a litígios emergentes de contratos à distância.

Resta saber em que condições é que, perante o Regulamento, a utilização da *Internet* constitui uma actividade dirigida ao Estado-Membro do domicílio do consumidor.

---

[27] Cf. *Dicey and Morris* (n. 16)1289.

[28] Cf. Comissão das Comunidades Europeias – *Proposal for a Council Regulation (EC) on jurisdiction and the recognition and enforcement of judgments in civil and commercial matters*, 1999, 16.

[29] *Ibidem.*

Competência internacional em matéria de contratos com consumidores   303

Segundo uma opinião[30], a previsão do art. 15.°/1/c só se preencheria quando a contraparte do consumidor opera normalmente no país do seu domicílio ou se lança à conquista de mercado neste país. Esta opinião não encontra qualquer fundamento no texto do Regulamento nem nos trabalhos preparatórios.

A proposta do Parlamento Europeu no sentido de consagrar "como critério de apreciação da existência de tal actividade qualquer tentativa do operador para limitar a sua actividade comercial às transacções com consumidores domiciliados em determinados Estados-Membros" não foi aceite[31].

É inequívoco que há actividade através da rede quando sejam enviadas aos consumidores mensagens publicitárias por correio electrónico, bem como quando o sítio do fornecedor permita celebrar o contrato em linha[32].

Já se suscitam mais dúvidas quando o sítio se limita a divulgar o produto ("sítio passivo").

Na exposição de motivos da proposta inicial da Comissão podia ler-se que o "simples facto de um consumidor ter tido conhecimento de um serviço ou possibilidade de aquisição de bens por meio de um sítio passivo acessível no país do seu domicílio não desencadeia a competência internacional protectora"[33].

No entanto, na exposição de motivos da proposta alterada, lê-se que "a própria existência deste contrato [um contrato de consumo] parece, em si própria, ser já uma indicação clara de que o fornecedor de bens ou serviços dirigiu a sua actividade comercial para o Estado do domicílio do consumidor"[34].

A *Declaração Conjunta do Conselho e da Comissão sobre os artigos 15.° e 73.°*, por seu turno, sublinha "que o simples facto de um sítio da Internet ser acessível não basta para tornar aplicável o artigo 15.°, é pre-

---

[30] CALVO CARAVACA/CARRASCOSA GONZÁLEZ – *Conflictos de Leyes y Conflictos de Jurisdicción en Internet*, Madrid, 2001, 88 e seg.

[31] Cf. Proposta alterada da Comissão [COM (2000) 689 final], 6.

[32] Cf. Proposta da Comissão [COM (1999) 348 final], 16.

[33] Cf. Proposta da Comissão [COM (1999) 348 final], 16.

[34] Cf. Proposta alterada da Comissão [COM (2000) 689 final], 6. Menos claro, porém, é o sentido da supressão do Considerando n.° 13 da proposta inicial, segundo o qual "o consumidor deve gozar da protecção que lhe é concedida quando celebra um contrato de consumo através de meios electrónicos a partir do seu domicílio."

ciso também que esse sítio Internet convide à celebração de contratos à distância e que tenha efectivamente sido celebrado um contrato à distância, por qualquer meio". Acrescenta ainda que "A este respeito, a língua ou a moeda utilizadas por um sítio Internet não constituem elementos pertinentes."

Este entendimento parece ser o mais razoável[35]. O regime especial de protecção do consumidor só se aplica, neste contexto, caso se verifiquem dois pressupostos. Primeiro, que o sítio do fornecedor na *Internet* permita celebrar o contrato em linha ou, no mínimo, convide à celebração do contrato à distância. Segundo, que tenha sido efectivamente celebrado o contrato à distância.

Em qualquer caso, o fornecedor que queira evitar o risco de ser demandado fora de certa área ou em certos países pode configurar o seu sítio da rede de modo a só celebrar contratos com consumidores que indiquem residência dentro da área em causa ou fora desses países. Neste caso, deve entender-se que o consumidor não pode invocar um domicílio diferente daquele que indicou ao fornecedor.

Enquanto as Convenções se referem apenas ao Estado do domicílio do consumidor, face ao Regulamento só releva o Estado-*Membro* do domicílio do consumidor. Assim, relativamente aos contratos visados pelo art. 13.°/1/3 das Convenções e pelo art. 15.°/1/c do Regulamento, se o Estado do domicílio do consumidor não for um Estado Contratante/Membro, e a acção for proposta contra a outra parte domiciliada num Estado Contratante/Membro, aplicam-se os arts. 14.° e 15.° das Convenções, mas não os arts. 16.° e 17.° do Regulamento.

Isto não parece ter consequências quanto aos critérios de competência legal, uma vez que a sua especialidade reside, tanto à face das Convenções como perante o Regulamento, na possibilidade de o consumidor propor a acção nos tribunais no Estado Contratante/Membro do seu domicílio. Em ambos os casos a atribuição de competência ao foro do domicílio

---

[35] Cp., porém, Georges Droz e Hélène Gaudemet-Tallon – "La transformation de la Convention de Bruxelles du 27 septembre 1968 en Règlement du Conseil concernant la compétence judiciaire, la reconnaissance et l'exécution des décisions en matière civile et commerciale", *R. crit.* 90 (2001) 601-652, 638 e seg., e Jean-Paul Beraudo – "Le Règlement (CE) du Conseil du 22 décembre 2000 concernant la compétence judiciaire, la reconnaissance et l'exécution des décisions en matière civile et commerciale", *Clunet* 128 (2001) 1033-1085, 1056.

Competência internacional em matéria de contratos com consumidores 305

para a acção proposta pelo consumidor só opera quando o consumidor tem domicílio num Estado Contratante/Membro.

Já relativamente à competência convencional parece que se verificam consequências divergentes. O art. 15.º das Convenções estabelece limites à admissibilidade dos pactos de jurisdição independentemente de o Estado do domicílio do consumidor ser um Estado Contratante, ao passo que o art. 17.º do Regulamento só se aplica, aos contratos visados no art. 15.º/1/c, quando o Estado do domicílio do consumidor for um Estado-Membro.

Se o pacto de jurisdição for válido à face do regime geral e admissível perante o regime especial estabelecido para os contratos celebrados por consumidores é irrelevante que o consumidor tenha ou não domicílio num Estado-Membro[36]. Se o pacto de jurisdição for válido à face do regime geral mas não for admissível perante o regime especial, tudo depende, à face do Regulamento, de o consumidor ter domicílio num Estado-Membro. Se não tiver domicílio num Estado-Membro o pacto de jurisdição é válido, visto que o regime especial é inaplicável. Se tiver domicílio num Estado-Membro o pacto é inválido.

São excluídos do âmbito de aplicação deste regime os contratos de transporte, como excepção dos contratos de fornecimento de uma combinação de viagem e alojamento por um preço global (contrato de viagem) (art. 15.º/3). Esta exclusão é atribuída ao facto de estes contratos estarem submetidos a regimes especiais de fonte convencional e de a sua sujeição ao regime especial de competência internacional dos contratos com consumidores "vir complicar a situação jurídica"[37]. Esta justificação não é de forma alguma convincente.

Também são excluídos os contratos de seguros, que se encontram regulados na Secção anterior. Com efeito as normas desta secção prevalecem, em caso de concurso, sobre as normas da Secção IV[38].

Estabelece-se um *regime diferenciado* conforme a acção é proposta pelo consumidor ou pela contraparte.

O consumidor pode intentar a acção quer perante os tribunais do Estado-Membro em que estiver domiciliada a outra parte (art. 16.º/1), quer perante os tribunais do Estado-Membro em que a outra parte tiver um esta-

---

[36] Pelo menos na medida em que a outra parte, nos termos do art. 17.º/1 das Convenções ou do art. 23.º do Regulamento, tenha domicílio num Estado Contratante/Membro.

[37] Cf. Schlosser (n. 19) n.º 160.

[38] Cf. Schlosser (n. 19) n.º 156, em relação à Convenção de Bruxelas.

belecimento, se o litígio for relativo à exploração deste estabelecimento (art. 5.°/5 *ex vi* art. 15.°/1)[39], quer ainda perante o tribunal do lugar onde o consumidor tiver domicílio (art. 16.°/1).

Se o consumidor domiciliado em Portugal quiser propor a acção em tribunais portugueses contra uma parte que não é domiciliada em Portugal, e o lugar do cumprimento não se situar em Portugal, suscita-se um problema na determinação do tribunal territorialmente competente. Neste caso há que recorrer ao critério geral subsidiário do art. 85.°/3 CPC.

Se a contraparte do consumidor, não tendo domicílio no território de um Estado-Membro, possuir um estabelecimento no território de um Estado-Membro, será considerada, quanto aos litígios relativos à exploração deste estabelecimento, como domiciliada neste Estado (art. 15.°/2).

O sentido deste preceito é o de alargar o domínio de aplicação do regime especial da secção IV, face ao disposto no art. 4.°, visto que este regime passa a ser aplicável às acções propostas pelo consumidor contra uma parte que não tem domicílio num Estado-Membro, quando esta parte tiver um estabelecimento num Estado-Membro e o litígio for relativo à exploração deste estabelecimento[40].

Os conceitos de "estabelecimento" e de "litígio relativo à exploração do estabelecimento" devem ser interpretados da mesma forma que no art. 5.°/5 do Regulamento.

A contraparte do consumidor só pode intentar a acção perante os tribunais do Estado-Membro em que estiver domiciliado o consumidor (art. 16.°/2).

Esta regra não impede a contraparte de formular um pedido reconvencional no foro do seu domicílio se o consumidor tiver instaurado a acção neste foro (art. 16.°/3).

O art. 16.° permite que o consumidor demande e seja demandado no Estado do seu domicílio, fazendo recair sobre a contraparte do consumidor as desvantagens resultantes da participação num processo fora do Estado do seu domicílio[41].

---

[39] A hipótese aqui visada é a de a outra parte ter domicílio num Estado-Membro, visto que a hipótese de a outra parte não ter domicílio num Estado-Membro está prevista no art. 15.°/2 – ver GAUDEMET-TALLON (n. 22) 178.

[40] Cf. GAUDEMET-TALLON (n. 22) 178 e 191.

[41] Ver também TEIXEIRA DE SOUSA/MOURA VICENTE (n. 15) 110.

Em caso de mudança de domicílio do consumidor depois de celebrado o contrato de venda a prestações de bens móveis corpóreos ou de operação de crédito relacionada com o financiamento de tais bens, o consumidor pode demandar e ser demandado nos tribunais do Estado-Membro do novo domicílio.

Já relativamente a outros contratos celebrados por consumidores (hipótese contemplada pelo art. 15.º/1/c), parece que a secção IV só se aplica quando o consumidor tem domicílio no Estado-Membro em que a outra parte realizou uma actividade comercial ou profissional, ou a que dirigiu essa actividade, abrangendo o contrato. Isto encontra justificação na ideia de que, neste caso, a possibilidade de o consumidor propor a acção nos tribunais do Estado do seu domicílio deve depender de uma conexão da actividade da outra parte com este Estado. A ser assim, se o consumidor transfere o seu domicílio para outro Estado depois da celebração do contrato o regime especial dos contratos celebrados por consumidores não se aplica[42].

Os pactos de jurisdição são sujeitos a importantes limitações nesta matéria.

Com efeito, os pactos de jurisdição só são admissíveis em três casos (art. 17.º).

Primeiro, quando sejam posteriores ao nascimento do litígio.

Segundo, quando alarguem o leque de competências aberto ao consumidor.

Terceiro, quando atribuam competência aos tribunais do Estado-Membro em que o consumidor e a sua contraparte têm, simultaneamente, domicílio ou residência habitual no momento da celebração do contrato, salvo se a lei deste Estado não permitir tal convenção.

Esta última hipótese atende aos interesses legítimos da contraparte do consumidor na certeza jurídica e na previsibilidade do foro competente. Com efeito, visa-se permitir que, através de um pacto de jurisdição, se eliminem as dificuldades e incertezas que podem resultar para a outra parte de uma mudança de domicílio do consumidor depois da celebração do contrato[43].

---

[42] Ver, em relação ao art. 13.º/1/3 da Convenção de Bruxelas, SCHLOSSER (n. 19) n.º 161. Em sentido contrário, GOTHOT/HOLLEAUX – *La Convention de Bruxelles du 27 Septembre 1968*, Paris, 1985, 82, KROPHOLLER (n. 8) Art. 14 n.º 2 e GAUDEMET-TALLON (n. 22) 192 n. 46.

[43] Cf. P. JENARD – "Relatório sobre a Convenção, de 27 de Setembro de 1968, relativa à competência judiciária e à execução de decisões em matéria civil e comercial", *JOCE*

308 Estudos de Direito Internacional Privado

A violação das regras de competência desta secção fundamenta o não reconhecimento da decisão noutros Estados-Membros (art. 35.°/1). Assim, se um tribunal estrangeiro se considerar competente para uma acção relativa a contrato celebrado por consumidor, contra o disposto na secção IV do Capítulo II do Regulamento, a decisão não produz efeitos enquanto acto jurisdicional e não pode ser declarada executória em Portugal (art. 41.°).

II. REGIME INTERNO

À face do regime interno a competência internacional em matéria de contratos com consumidores estabelece-se com base nos mesmos critérios que são aplicáveis aos restantes contratos.

O art. 65.° CPC estabelece quatro critérios atributivos de competência legal: *domicílio do réu, coincidência, causalidade* e *necessidade.*

Por força do critério da coincidência os tribunais portugueses são internacionalmente competentes quando a acção deva ser proposta em Portugal, segundo as regras de competência territorial estabelecidas na lei portuguesa. No que toca às acções relativas ao cumprimento das obrigações e responsabilidade contratual, o credor pode escolher o tribunal do lugar do cumprimento ou o tribunal do domicílio do réu (art. 74.°/1 CPC)[44].

O consumidor não goza de qualquer protecção específica à face do art. 65.° CPC. O consumidor pode beneficiar da competência muito ampla atribuída aos tribunais portugueses, quando seja o autor da acção. Mas não é garantido que o consumidor domiciliado em Portugal possa propor a acção em tribunais portugueses. Com base nos critérios da coincidência, causalidade ou necessidade a contraparte do consumidor pode propor a acção em tribunais portugueses mesmo que o consumidor não seja domiciliado em Portugal, e, ao abrigo do critério da causalidade, mesmo que não exista uma conexão importante com o Estado português, obrigando o consumidor que não tem qualquer ligação significativa com Portugal a litigar nos nossos tribunais.

C 189, 28/7/90, 122-179, 1979, 152. Cp. a crítica, a meu ver improcedente, de GAUDEMET-TALLON (n. 22) 192.

[44] No nosso Direito a regra geral é que a obrigação deve ser cumprida no domicílio do devedor (art. 772.°/1 CC); a obrigação de entrega de coisa móvel deve ser cumprida no lugar da situação da coisa (art. 773.°); a obrigação pecuniária deve ser cumprida no domicílio do credor (art. 774.°).

O art. 99.° CPC admite o *pacto de jurisdição*: as partes podem designar um tribunal estadual como exclusivamente competente ou como concorrentemente competente (n.° 2). Em caso de dúvida presume-se a competência concorrente (n.° 2 *in fine*)[45].

O regime interno não estabelece limites específicos de admissibilidade dos pactos de jurisdição em matéria de contratos com consumidores. No entanto, há um requisito de validade do pacto de jurisdição que pode assumir especial importância em matéria de contratos com consumidores: o interesse sério. O pacto deve ser justificado por um interesse sério de ambas as partes ou de uma só delas; neste segundo caso exige-se "que não envolva inconveniente grave" para a outra parte (art. 99.°/3/c CPC).

Observe-se que por força do DL n.° 446/85, de 25/10 (regime das cláusulas contratuais gerais), a convenção de competência que constitua cláusula contratual geral é nula quando, perante o "quadro negocial padronizado", "envolva graves inconvenientes para uma das partes, sem que os interesses da outra o justifiquem" (art. 19.°/g). A *ratio* subjacente a este preceito parece ser a salvaguarda do equilíbrio de interesses[46]. Este preceito é aplicável em situações transnacionais quando o contrato for regido pela lei portuguesa e ainda, nas relações com consumidores finais, sempre que o contrato apresente uma conexão estreita com o território português[47].

Terá o legislador querido generalizar este requisito a todos os pactos de jurisdição[48]? Se esta era a intenção não se exprimiu por forma adequada, uma vez que da redacção dada à al. c) do n.° 3 do art. 99.° CPC não resulta claro que o interesse de uma das partes possa justificar o inconveniente grave para a outra parte.

---

[45] A regra contida no art. 99.° CC só é aplicável nos casos que não sejam abrangidos pelo art. 17.° das Convenções de Bruxelas e de Lugano e pelo art. 23.° do Regulamento comunitário.

[46] Em sentido convergente, ALMEIDA COSTA/MENEZES CORDEIRO – *Cláusulas Contratuais Gerais*, Coimbra, 1986, art. 19.° n.° 8 e MOURA RAMOS – "Les clauses d'exception en matière de conflits de lois et de conflits de juridictions – Portugal", *in Das Relações Privadas Internacionais. Estudos de Direito Internacional Privado*, 295-323, 1995, 320.

[47] Cf. LIMA PINHEIRO (n. 1) 166 e segs.

[48] Neste sentido, aparentemente, MOURA RAMOS – *A Reforma do Direito Processual Civil Internacional* (Sep. RLJ), Coimbra, 1998, 24. O autor observa que a limitação à validade do pacto de jurisdição estabelecida pelo regime das cláusulas contratuais gerais é reclamada pelo objectivo de protecção da parte contratualmente mais fraca, preocupação que não está presente em todos os casos visados pelo art. 99.° CPC.

Como quer que seja, a protecção concedida ao consumidor pelo art. 19.º/g do regime das cláusulas contratuais gerais e pelo art. 99.º/3/c CPC relativamente aos pactos de jurisdição não é inteiramente satisfatória. A margem de apreciação deixada ao órgão de aplicação do Direito gera uma indesejável incerteza[49].

Em conclusão, as soluções consagradas nesta matéria nas Convenções de Bruxelas e de Lugano e no Regulamento comunitário revelam uma inegável superioridade relativamente às contidas no regime interno. É desejável a introdução no Direito interno da Competência Internacional de um regime especial dos contratos com consumidores que se conforme com as ideias rectoras do Regulamento comunitário.

---

[49] Cf. MOURA RAMOS (n. 2 [1997]) 356.

COMPETÊNCIA INTERNACIONAL EM MATÉRIA DE LITÍGIOS RELATIVOS À *INTERNET**

INTRODUÇÃO

I. Diz-se que um tribunal é internacionalmente competente quando pode exercer a função jurisdicional relativamente a uma situação de transnacional, i.e., uma situação que apresenta contactos juridicamente relevantes com mais de um Estado.

As relações que se estabelecem através da *Internet* são assiduamente relações transnacionais e, por isso, os litígios relativos à *Internet* suscitam com frequência o problema da competência internacional.

Assim, por exemplo, uma sociedade sedeada em Portugal que pretenda intentar acção de indemnização contra uma sociedade sedeada no Reino Unido, pelo prejuízo sofrido com defeitos de um programa de computador que adquiriu, em linha, a esta última sociedade, tem de averiguar primeiro qual é a jurisdição competente para o efeito.

Só não é assim se as partes estiverem ligadas por uma convenção de arbitragem, caso em que é competente um tribunal arbitral.

Estes problemas de competência internacional em matéria de litígios relativos à *Internet* surgem não só em matéria contratual, mas também noutros domínios, designadamente o da responsabilidade extracontratual.

II. O Direito da Competência Internacional aplicável aos litígios relativos à *Internet* tem fontes internacionais, comunitária e interna.

---

* Texto da comunicação proferida no Curso de Pós-Graduação sobre Direito da Sociedade da Informação, organizado pela Faculdade de Direito de Lisboa e pela Associação Portuguesa de Direito Intelectual, em 12 Junho de 2002, publicado nos *Estudos em Homenagem ao Prof. Doutor Inocêncio Galvão Telles*, vol. V, 695-712, Coimbra, 2003 e no *Direito da Sociedade da Informação*, vol. IV, 171-189, Coimbra, 2003.

312 *Estudos de Direito Internacional Privado*

As *fontes internacionais* são a Convenção de Bruxelas Relativa à Competência Judiciária e à Execução de Decisões em Matéria Civil e Comercial (1968)[1] e a Convenção de Lugano Relativa à Competência Judiciária e à Execução de Decisões em Matéria Civil e Comercial (1988)[2]. A *fonte comunitária* é o Reg. (CE) n.° 44/2001, de 22/12/2000, Relativo à Competência Judiciária, ao Reconhecimento e à Execução de Decisões em Matéria Civil e Comercial[3], que substitui a Convenção de Bruxelas, salvo nas relações com a Dinamarca. Entrou em vigor em 1/3/2002[4]. A principal *fonte interna* são os arts. 61.°, 65.°, 65.°-A e 99.° CPC.

A fonte mais importante é, sem dúvida, o Regulamento comunitário.

As regras de competência legal não exclusiva do Regulamento só são, em princípio, aplicáveis quando o réu tem domicílio num Estado--Membro. Com efeito, se o réu não tiver domicílio no território de um Estado-Membro o art. 4.°/1 manda regular a competência pela lei do Estado-Membro. O mesmo se verifica à face das Convenções de Bruxelas e de Lugano.

O regime interno é aplicável fora da esfera de aplicação das fontes supraestaduais ou quando estas para ele remetam.

Por conseguinte, relativamente às Convenções de Bruxelas e de Lugano e ao Regulamento, o regime interno é aplicável:

– nas matérias civis excluídas do âmbito material de aplicação das Convenções e do Regulamento, designadamente estado e capacidade das pessoas singulares, regimes matrimoniais, testamentos e

---

[1] A Convenção de San Sebastian Relativa à Adesão de Portugal e de Espanha à Convenção de Bruxelas Relativa à Competência Judiciária e à Execução de Decisões em Matéria Civil e Comercial (1989) foi aprovada para ratificação pela Resol. AR n.° 34/91, de 30/10; ratificada pelo Dec. PR n.° 52/91, da mesma data; depósito do instrumento de ratificação em 15/4/92 (Av. n.° 92/95, de 10/7). Entrou em vigor para Portugal em 1/7/92.

[2] Aprovada para ratificação pela Resol. AR n.° 33/91, 30/10; ratificada pelo Dec. PR n.° 51/91, da mesma data; depósito do instrumento de ratificação em 14/4/92 (rectificações n.° 7/92, de 8/6 e 11/92, de 14/11). Entrou em vigor para Portugal em 1/7/92.

[3] *JOCE* L 012/1, de 16/1/2001.

[4] A Convenção de Lugano foi celebrada entre os Estados-Membros da Comunidade Europeia e os Estados da EFTA e segue de perto o disposto na Convenção de Bruxelas. Aplica-se, em matéria de competência, quando o réu se encontre domiciliado no território de um Estado Contratante que não seja membro das Comunidades Europeias ou quando as disposições relativas a competências exclusivas e ao pacto de jurisdição atribuam competência aos tribunais de um Estado Contratante que não seja membro das Comunidades Europeias (art. 54.°-B/2/a).

Competência internacional em matéria de litígios relativos à Internet 313

sucessões; falências, concordatas e procedimentos análogos; segurança social e arbitragem.

– nas matérias incluídas no âmbito material de aplicação das Convenções e do Regulamento, mas que não sejam abrangidas por uma competência exclusiva legal ou convencional, quando o requerido não tiver domicílio no território de um Estado contratante/ /Estado-Membro (arts. 4.º/1, 16.º e 17.º das Convenções e arts. 4.º/1, 22.º e 23.º do Regulamento).

III. Dada a extensão do tema vou limitar-me nesta exposição ao Regulamento comunitário em matéria civil e comercial, sem prejuízo da comparação com as Convenções de Bruxelas e de Lugano nos pontos que o Regulamento delas se afaste.

Não procederei aqui a uma exposição geral sobre o regime de competência contido no Regulamento; tratarei apenas de incidir nos principais pontos que suscitam problemas específicos no contexto da *Internet*.

Principiarei pelo critério geral do domicílio do réu (I). Examinarei em seguida os critérios especiais de competência legal em matéria contratual e extracontratual (II). Seguir-se-á o exame das regras especiais em matéria de contratos com consumidores (III). Terminarei com os problemas relativos aos pactos de jurisdição (IV).

I. CRITÉRIO GERAL DE COMPETÊNCIA LEGAL: DOMICÍLIO DO RÉU

Em regra, é competente o tribunal do domicílio do réu.

Com efeito, o art. 2.º/1 do Regulamento determina que sem prejuízo do disposto neste Regulamento, as pessoas domiciliadas no território de um Estado-Membro devem ser demandadas, independentemente da sua nacionalidade, perante os tribunais desse Estado. E o art. 3.º/1 estabelece que as pessoas domiciliadas no território de um Estado-Membro só podem ser demandadas perante os tribunais de outro Estado-Membro quando se verifique um critério especial de competência previsto no Regulamento. Neste caso o autor pode escolher entre intentar a acção no tribunal do domicílio do réu ou no tribunal que tem competência especial[5].

---

5 Cf. também arts. 2.º/1 e 3.º/1 das Convenções de Bruxelas e de Lugano.

O domicílio do réu determina-se, no que toca às pessoas singulares, por aplicação do Direito do Estado-Membro do domicílio em causa (art. 59.º do Regulamento) e quanto às pessoas colectivas com base na sede social, administração central ou estabelecimento principal (art. 60.º do Regulamento).

O critério geral de competência do domicílio do réu não suscita, em si, problemas especiais no contexto da *Internet*. Mas a actuação através da *Internet* pode suscitar dificuldades na própria identificação do réu. Justifica-se pois a formulação de uma norma material que obrigue os fornecedores de acesso à *Internet* a informarem as pessoas que tenham contratado através da *Internet* ou tenham sofrido danos causados por uma actuação na *Internet* da identidade real e localização do seu cliente.

A Directiva sobre o Comércio Electrónico (Dir. 2000/31/CE) aponta nesta direcção ao obrigar os Estados-Membros a garantirem o acesso a estas informações com respeito aos prestadores de serviços (art. 5.º/1).

Há também a assinalar que nos contratos celebrados através da *Internet* que possam considerar-se contratos à distância entre consumidores e fornecedores, o fornecedor deve informar o consumidor da sua identidade e do endereço do seu estabelecimento (arts. 4.º/1/a e 5.º/1 e /3/b do DL n.º 143/2001, de 26/4, que transpõe a Dir. 97/7/CE relativa à protecção dos consumidores em matéria de contratos à distância).

Caso uma pessoa indique um domicílio fictício ou crie a aparência de um domicílio deve entender-se que a acção tanto pode ser proposta no país do domicílio real como no país do domicílio fictício[6].

II. CRITÉRIOS ESPECIAIS DE COMPETÊNCIA LEGAL EM MATÉRIA CONTRATUAL E EXTRACONTRATUAL

A) Matéria contratual

Também surgem dificuldades com os critérios especiais de competência que são concorrentes com o critério do domicílio do réu.

---

[6] Cf. Alfonso CALVO CARAVACA e Javier CARRASCOSA GONZÁLEZ – *Conflictos de leyes y conflictos de jurisdicción en Internet*, Madrid, 2001, 40.

Vou aqui examinar apenas os critérios especiais em matéria contratual e extracontratual, que são os que interessam fundamentalmente no contexto da *Internet*.

Em *matéria contratual* estabelece-se como critério especial de competência o lugar onde a obrigação em questão foi ou deva ser cumprida (art. 5.°/1/a)[7].

A obrigação relevante para o estabelecimento da competência é a que "serve de base à acção judicial"[8]. Tratando-se de uma pretensão de cumprimento de uma obrigação, serão competentes os tribunais do Estado onde a obrigação deve ser cumprida; tratando-se de uma pretensão indemnizatória por incumprimento da obrigação, serão competentes os tribunais do Estado onde a obrigação deveria ter sido cumprida.

Observe-se que a obrigação relevante é sempre a obrigação primariamente gerada pelo contrato e não a obrigação secundária que nasça do seu incumprimento ou cumprimento defeituoso[9].

O elemento de conexão aqui utilizado não se refere ao contrato no seu conjunto mas a cada uma das obrigações por ele geradas. Esta solução pode levar ao fraccionamento da competência entre diferentes tribunais com respeito ao mesmo contrato. Isto poderá suceder quando o contrato gerar obrigações que devem ser executadas em países diversos.

Em princípio, o lugar de cumprimento deve ser determinado segundo a lei designada pelo Direito de Conflitos do foro[10].

Como contratos celebrados e/ou executados através da Internet ocorrem principalmente as vendas de coisas corpóreas, os contratos de prestação de serviços e as licenças. Em todos estes contratos uma das prestações consiste num pagamento de uma quantia pecuniária.

Qual é o lugar de cumprimento da obrigação pecuniária? À face do Direito português é o lugar do domicílio do credor (art. 774.° CC). Admitindo que o pagamento por cartão de crédito ou outro meio utilizado na *Internet* não suscita dificuldades especiais quanto à determinação do lugar de cumprimento, justificar-se-á uma competência fundada neste lugar?

---

[7] Cf. também art. 5.°/1 das Convenções de Bruxelas e de Lugano. Relativamente às pessoas domiciliadas no Luxemburgo ver art. 63.° do Regulamento.

[8] Cf. TCE 6/10/1976, no caso *De Bloos* [*CTCE* (1976) 605], n.° 11.

[9] Cf. caso cit., n.os 13 e seg.

[10] Cf. TCE 6/10/1976, no caso *Tessili* [*CTCE* (1976) 585].

316   *Estudos de Direito Internacional Privado*

A competência fundada no lugar de cumprimento conduz nestes casos a sujeitar o réu a um processo que corre nos tribunais do Estado do autor, que pode não ter qualquer conexão significativa com o réu ou com o contrato. Isto suscitou críticas relativamente às Convenções de Bruxelas e de Lugano que contribuíram para uma modificação importante introduzida pelo Regulamento.

Consiste esta modificação na fixação supletiva do lugar de cumprimento da obrigação no caso da venda de bens (o lugar num Estado-Membro onde os bens foram ou devam ser entregues nos termos do contrato) e no caso da prestação de serviços (o lugar num Estado-Membro onde os serviços foram ou devam ser prestados nos termos do contrato) (art. 5.º/1/b).

Segundo a Exposição de Motivos que acompanha a proposta da Comissão, esta dita "definição autónoma" do lugar de cumprimento dispensa o recurso ao Direito de Conflitos do Estado do foro[11].

Não parece, porém, que assim seja. Bem vistas as coisas, não se trata de uma verdadeira definição autónoma de lugar de cumprimento, mas de estabelecer que só releva, na venda de bens, o lugar de cumprimento da obrigação de entrega e, na prestação de serviços, o lugar de cumprimento a obrigação do prestador de serviços.

Assim, é irrelevante o lugar de cumprimento da obrigação de pagamento do preço dos bens ou dos serviços, mesmo que o pedido se fundamente nesta obrigação[12]. A partir da entrada em vigor do Regulamento a questão do lugar de cumprimento da obrigação pecuniária apenas se coloca relativamente a contratos que não sejam de venda de bens nem prestação de serviços, ou aos contratos de venda de bens ou prestação de serviços em que o lugar de entrega ou prestação não se situe num Estado-Membro[13].

Quanto às obrigações de fornecimento de bens corpóreos ou de prestação de serviços fora da rede não se suscitam problemas específicos de determinação do lugar de cumprimento.

E quanto ao lugar de cumprimento quando os serviços devem ser prestados na rede ou quando se cede um direito de utilização de bens de propriedade intelectual através da rede? Por exemplo, um contrato de

---

[11] 6 e 14.

[12] Cf. Exposição de Motivos da proposta da Comissão, 14.

[13] Cf. CALVO CARAVACA/CARRASCOSA GONZÁLEZ (n. 6) 50.

Competência internacional em matéria de litígios relativos à Internet   317

acesso à rede, um contrato de fornecimento de serviços em linha, um contrato de licença de programa de computador descarregado em linha?

Em rigor, esta questão tem de ser respondida perante cada sistema jurídico nacional. Mas, nestes casos, o lugar de cumprimento é em vasta medida pré-determinado pela natureza da prestação[14], razão por que a questão se pode colocar em termos semelhantes perante diferentes regimes nacionais.

Uma vez que o contrato se destina ser executado em linha, cabe questionar se releva o lugar da situação do servidor em que estão armazenados os bens e serviços, que é, aparentemente, o lugar onde estes serviços ou bens são postos à disposição[15], ou lugar em que o adquirente acede à rede[16].

A seguir-se o primeiro entendimento, pode suceder que a localização do servidor seja desconhecida do adquirente e/ou do fornecedor e não tenha nenhuma conexão com o contrato.

Daí que KAUFMAN-KOHLER assuma uma posição crítica sobre o foro do lugar da execução, entendendo que o contexto da *Internet* apenas agrava as suas desvantagens[17].

CALVO CARAVACA e CARRASCOSA GONZÁLEZ defendem uma redução teleológica do art. 5.°/1 do Regulamento e propõem como "solução de substituição" a competência do foro do lugar da sede ou residência habitual do fornecedor[18].

Quando a acção for proposta pelo adquirente, esta solução é dispensável, porque coincide geralmente com o critério geral do domicílio do réu. Quando a acção for proposta pelo fornecedor, esta solução é inconveniente, porque sujeita o adquirente a um foro que pode não ter conexão significativa com ele nem com o contrato. Além disso, é uma solução dificilmente compatível com o sistema do Regulamento que é, em princípio, adverso ao foro do domicílio do autor.

---

[14] Sobre a relevância da natureza da prestação ver Inocêncio GALVÃO TELLES – *Direito das Obrigações*, 7.ª ed., Coimbra, 1997, 276.

[15] Cf. CALVO CARAVACA/CARRASCOSA GONZÁLEZ (n. 6) 52.

[16] Cf. Haimo SCHACK – "Internationale Urheber-, Marken- und Wettbewerbsrechtsverletzungen im Internet: internationales Zivilprozessrecht", *Multi Media und Recht* 3/2000: 135-140, 137.

[17] 131 e segs.

[18] 53 e seg.

318   *Estudos de Direito Internacional Privado*

Daí que, a fazer-se uma redução teleológica, esta deva conduzir simplesmente à exclusão da competência especial do art. 5.°/1, e não a uma "solução de substituição". Sendo assim, nestas relações contratuais a competência legal só pode fundar-se no critério geral do domicílio do réu.

B) Matéria extracontratual

Em *matéria extracontratual*, estabelece-se como critério especial de competência "o lugar onde ocorreu ou poderá ocorrer o facto danoso" (art. 5.°/3). As Convenções de Bruxelas e de Lugano referem-se apenas ao "lugar onde ocorreu o facto danoso". A formulação utilizada no Regulamento torna claro que este critério de competência se aplica não só nos casos em que ocorreu um facto danoso mas também naqueles em que este facto pode ocorrer. Esta segunda hipótese releva, designadamente, para efeitos de medidas preventivas[19], tais como acções de abstenção de condutas ilícitas.

O TCE tem procedido a uma interpretação autónoma da expressão "lugar onde ocorreu o facto danoso", entendendo que abrange tanto o lugar em que o dano se produz como o lugar em que ocorre o evento causal. Por isso, caso não haja coincidência entre estes lugares, o autor pode escolher entre a jurisdição de cada um deles. O TCE entendeu que ambas as jurisdições têm uma conexão estreita com o litígio, não se justificando a exclusão de qualquer delas[20].

Todavia, pelo menos no que toca às ofensas à honra através dos meios de comunicação social, o tribunal do lugar em que se produz o dano só é competente para o dano causado neste Estado, ao passo que no tribunal do lugar onde ocorre o evento causal pode ser pedida a indemnização global[21]. Na decisão do caso *Shevill*, o TCE afirmou que como lugar do

---

[19] Cf. Exposição de Motivos da proposta da Comissão, 14.

[20] Cf. acs. 30/11/1976, no caso *Bier* [*CTCE* (1976) 677], n.os 15 e segs. e 27/10/1998, no caso *Réunion européenne* [*CTCE* (1998) I-6511], n.° 27 e seg.

[21] Cf. TCE 7/3/1995, no caso *Shevill* [*CTCE* (1995) I-0415], n.os 25 e segs. Ver também Jan KROPHOLLER – *Europäisches Zivilprozeßrecht. Kommentar zum EuGVO und Lugano-Übereinkommen*, 7.ª ed., Heidelberga, 2002, Art. 5 n.os 72 e 75 e seg., que se pronuncia no sentido da extensão desta solução a outros "delitos de divulgação", como por exemplo as violações de direitos de autor e da concorrência. Em sentido contrário, com respeito aos direitos de propriedade intelectual, SCHACK (n. 16) 139. A solução também

Competência internacional em matéria de litígios relativos à Internet   319

evento causal se entende o lugar do estabelecimento do editor da publicação e como lugar do dano os lugares onde a publicação é divulgada desde que o lesado seja aí conhecido[22]. Ponderou-se que a jurisdição de cada Estado de divulgação é a territorialmente mais qualificada para apreciar a difamação cometida neste Estado e para determinar a extensão do prejuízo daí resultante[23].

Deve entender-se que a atribuição de competência ao tribunal do lugar onde poderá ocorrer o facto danoso também faculta uma escolha entre o lugar em que o dano se pode produzir e o lugar em que pode ocorrer o evento causal[24].

No que toca à responsabilidade por actos cometidos na rede, qual é o lugar onde é realizada a actividade causadora de prejuízo?

É o lugar onde actua o agente, o lugar onde a mensagem causadora de prejuízo é colocada na rede[25]. Por exemplo, o lugar a partir de onde uma página é carregada num servidor ou o lugar de expedição de uma mensagem de correio electrónico.

E qual é o lugar onde se produz o dano?

KAUFMAN-KOHLER entende que o dano se produz em todos os lugares em que se pode aceder à rede, o que quer dizer praticamente em todo o mundo[26]. Creio que isto não é exacto e que se tem distinguir conforme o direito lesado.

Por exemplo, quanto aos direitos de autor não parece que, do ponto de vista do Direito português, o simples acesso a uma obra colocada na

---

é criticada, com respeito aos direitos de personalidade, por Dagmar COESTER-WALTJEN – "Internationale Zuständigkeit bei Persönlichkeitsverletzungen", in *Wege zur Globalisierung des Rechts. FS Rolf A. Schütze*, 175-185, Munique, 1999, 182 e seg.

[22] Caso cit. n.° 29.

[23] Caso cit. n.° 31.

[24] Cf. Georges A.DROZ e Hélène GAUDEMET-TALLON – "La transformation de la Convention de Bruxelles du 27 septembre 1968 en Règlement du Conseil concernant la compétence judiciaire, la reconnaissance et l'exécution des décisions en matière civile et commerciale", *R. crit.* 90 (2001) 601-652, 637.

[25] Cf. Gabrielle KAUFMAN-KOHLER – "Internet: mondialisation de la communication – mondalisation de la résolution des litiges", *in Internet. Which Cour Decides? Which Law Applies?*, 89-142, A Haia, Boston e Londres, 1998, 111 e seg. e COESTER-WALTJEN (n. 21) 179. Segundo SCHACK (n. 16) 137, relativamente aos direitos de propriedade intelectual não há um lugar da conduta distinto do lugar onde se produz o dano. Só podem ser lugar da conduta um daqueles lugares em que pelo menos é realizado um acto parcial de utilização.

[26] (n. 25) 115.

320   *Estudos de Direito Internacional Privado*

rede possa constituir um acto de lesão do direito de autor. O dano produz-
-se no Estado em que, por forma não autorizada, é colocada na rede, ou
numa página da rede diferente daquela que foi autorizada, ou em que
a obra é imprimida e reproduzida.

Mais em geral pode dizer-se que só há lesão de um direito de propriedade intelectual quando um acto lesivo é praticado num país em que
o direito é protegido. Por exemplo, o emprego de um sinal numa página
da *Internet* constituirá uma violação de uma marca num país em que há
acesso à *Internet* se à face do Direito da Propriedade Industrial deste país
a marca for protegida e tal emprego constituir uma forma de utilização da
marca não autorizada.

No que toca à concorrência desleal, o dano só se produz nos países
em que a vítima desenvolve actividade[27].

Já no caso da lesão de certos direitos de personalidade parece mais
fácil de aceitar que o dano se pode produzir em todos os lugares em que
há acesso à rede[28]. Em todo o caso, pelo menos com respeito à ofensa ao
bom nome e reputação parece de exigir que a pessoa seja aí conhecida.

De lege ferenda estas soluções são discutidas. Alega-se que o critério
geral do domicílio do réu permite que as pessoas que actuam na *Internet*
desloquem o seu domicílio para países que não asseguram uma tutela judicial efectiva dos direitos protegidos pela responsabilidade extracontratual.
O critério do lugar onde ocorreu o facto danoso obriga à propositura de
acções em todos os países em que se produziram os danos quando o evento
causal também ocorreu num país de baixa protecção.

Daí que se tenha defendido o foro da residência habitual ou principal
estabelecimento do demandante[29].

Mas o risco de uma manipulação do domicílio existe sobretudo para
as pessoas colectivas. Ora o Regulamento permite a propositura da acção
quer no Estado da sede social, quer no Estado da administração central ou
do estabelecimento principal, ou que limita muito esse risco. Por outro
lado, atribuir competência aos tribunais do país onde o autor tem a sua

---

[27] Em sentido próximo, CALVO CARAVACA/CARRASCOSA GONZÁLEZ (n. 6) 112.

[28] Ver também COESTER-WALTJEN (n. 21) 184 e Erik JAYME – "Le droit international privé du nouveau millénaire: la protection de la personne humaine face à la globalisa-
tion", *RCADI* 282 (2000) 9-40, 27.

[29] Ver estudo do Conselho de Estado francês citado por Jane GINSBURG – "The Private International Law of Copyright in an Era of Technological Change", *RCADI* 273
(1998) 239-405, 310.

residência habitual ou estabelecimento principal pode significar que o réu ficaria sujeito a uma acção instaurada num país que lhe é completamente estranho e que não tem qualquer conexão significativa com o caso. Razão por que não me parece de acolher esta solução.

III. COMPETÊNCIA EM MATÉRIA DE CONTRATOS CELEBRADOS POR CONSUMIDORES

A Secção IV do Capítulo II do Regulamento contém um regime especial de competência em matéria de contratos celebrados por consumidores. Estas normas encontram precedente nos arts. 13.º e segs. das Convenções de Bruxelas e de Lugano.

O fim deste regime é a protecção do consumidor, enquanto parte contratual mais fraca, através da concessão de foros electivos e de uma limitação da validade dos pactos de jurisdição.

Frequentemente os contratos celebrados e/ou executados através da *Internet* serão contratos com consumidores no sentido do art. 15.º do Regulamento.

Entende-se por contrato celebrado por consumidor o "contrato celebrado por uma pessoa para finalidade que possa ser considerada estranha à sua actividade comercial ou profissional" (art. 15.º/1). Este conceito de consumidor deve ser interpretado autonomamente (em relação aos sistemas jurídicos dos Estados-Membros)[30], e, tanto quanto possível, uniformemente no regime comunitário da competência internacional e na Convenção de Roma sobre a Lei Aplicável às Obrigações Contratuais[31].

O regime especial dos contratos celebrados por consumidores só se aplica desde que se trate de contratos de determinado tipo ou que haja uma conexão com o Estado do domicílio do consumidor.

Assim, o regime especial dos contratos celebrados por consumidores aplica-se, em primeiro lugar, às vendas a prestações de bens móveis corpóreos ou às operações de crédito relacionadas com o financiamento da venda de tais bens (art. 15.º/1/a e b).

---

[30] Cf. decisões do TCE 19/1/1993, no caso *Shearson* [*CTCE* (1993) 139], n.º 13 e 3/7/1997, no caso *Benincasa* [*CTCE* (1997) I – 3767], n.º 12.

[31] Cf. Mario GIULIANO, e Paul LAGARDE – "Rapport concernant la convention sur la loi applicable aux obligations contractuelles", *JOCE* C 282, 31/10/1980, 23.

322   *Estudos de Direito Internacional Privado*

O mesmo regime aplica-se a outros contratos celebrados por consumidores com uma pessoa que tenha actividade comercial ou profissional no Estado-Membro do domicílio do consumidor ou dirija essa actividade, por quaisquer meios, a esse Estado-Membro ou a vários Estados incluindo esse Estado-Membro, e o contrato seja abrangido por essa actividade (art. 15.º/1/c).

Neste ponto o Regulamento afasta-se das Convenções de Bruxelas e de Lugano, que se referem apenas aos contratos que tenham por objecto a prestação de serviços ou fornecimento de bens móveis corpóreos se a celebração do contrato tiver sido precedida no Estado do domicílio do consumidor de uma proposta que lhe tenha sido dirigida ou de anúncio publicitário e o consumidor tiver praticado nesse Estado os actos necessários para a celebração do contrato (art. 13.º/1/3). Pressupostos de aplicação que são muito semelhantes ao estabelecidos no art. 5.º/2 da Convenção de Roma sobre a Lei Aplicável às Obrigações Contratuais, com respeito às normas de conflitos especiais aplicáveis aos contratos celebrados por consumidores[32].

Este preceito das Convenções de Bruxelas e de Lugano suscitou diversas questões, designadamente no contexto do comércio electrónico[33].

Desde logo, a questão de saber se certos bens fornecidos em linha são de considerar como bens corpóreos para efeito desta disposição. Por exemplo, ficheiros de texto, obras de música ou vídeo e programas de computador. Segundo uma opinião, com apoio numa interpretação comparativa com a Convenção de Viena sobre a Venda Internacional de Mercadorias, seria possível que, independentemente do suporte material, estes bens fossem considerados bens corpóreos[34].

Esta questão, porém, perde importância a partir do momento em que se admita a aplicação analógica das regras especiais de protecção do consumidor a casos em que se verifica a mesma necessidade de protecção[35].

---

[32] Ver Luís de Lima Pinheiro – *Direito Internacional Privado. Parte Especial (Direito de Conflitos)*, Almedina, Coimbra, 1999, 186.

[33] Ver Peter Mankowski – "Das Internet im Internationalen Vertrags- und Deliktsrecht", *RabelsZ.* 63 (1999) 203-294, 232 e seg.

[34] Cf., em relação à disposição da Lei de Introdução do Código Civil alemão que transpõe o art. 5.º da Convenção de Roma, Mankowski (n. 33) 232 e seg.; perante a Convenção de Bruxelas, Abbo Junker – "Internationales Vertragsrecht im Internet – Im Blickpunkt: Internationale Zuständigkeit und anwendbares Recht", *RIW/AWD* 45 (1999) 809-818, 811.

[35] Neste sentido, Luís de Lima Pinheiro – "Direito aplicável aos contratos com consumidores", *ROA* 61 (2001) 155-170, 163.

Competência internacional em matéria de litígios relativos à Internet   323

Para que exista uma proposta dirigida ao consumidor, no sentido das Convenções de Bruxelas e de Lugano, bem como da Convenção de Roma, basta que o consumidor seja convidado a apresentar uma proposta (convite a contratar)[36]. É suficiente, por exemplo, que o fornecedor tenha enviado um catálogo ao consumidor ou o tenha convidado a visitar o seu estabelecimento.

O anúncio publicitário deve ser dirigido ao país do domicílio do consumidor, mas não tem de ser especificamente dirigido a este país. Por isso, considera-se como sendo dirigido ao país do domicílio qualquer anúncio feito num meio de comunicação que seja susceptível de alcançar todos os países (como, por exemplo, a transmissão televisiva por satélite e a *Internet*)[37].

Exige-se ainda que o consumidor tenha executado no país da residência habitual todos os actos necessários à celebração do contrato. Por actos necessários entende-se aqui, por exemplo, a assinatura dos documentos que tenham sido apresentados ao consumidor ou o envio da sua encomenda ao fornecedor. No caso de contratos celebrados através da *Internet* deve entender-se que o consumidor realizou os actos necessários no país da residência habitual quando para o efeito acedeu à página do fornecedor neste país[38].

O Regulamento vem estender o regime especial dos contratos celebrados por consumidores a contratos celebrados por consumidores que não têm por objecto a prestação de serviços ou fornecimento de bens móveis corpóreos. Por exemplo, um contrato de licença de programa de computador ou um contrato de *timesharing*[39].

Para além disso, deixa de ser necessário que o consumidor receba uma proposta ou que seja feita publicidade no Estado do seu domicílio. Basta que o contrato seja celebrado no exercício de uma actividade comercial ou profissional realizada no Estado-Membro do domicílio do consu-

---

[36] Cf. Jan KROPHOLLER – *Europäisches Zivilprozeßrecht. Kommentar zum EuGVÜ*, 6.ª ed., Heidelberga, 1998, Art. 13 n.° 22 e, em relação à Convenção de Roma, *Münch-Komm.*/MARTINY [Art. 29 n.° 19].

[37] Cf. KAUFMAN-KOHLER (n. 25) 135 e segs. e, em relação à Convenção de Roma, *MünchKomm.*/MARTINY [Art. 29 n.° 20]. Em sentido convergente, *Dicey and Morris on the Conflict of Laws* – 13.ª ed. por Lawrence COLLINS (ed. geral), Adrian BRIGGS, Jonathan HILL, J. McCLEAN e C. MORSE, Londres, 2000, 1288 e seg. e JUNKER [811].

[38] Cf. *Dicey and Morris* (n. 37) 1289 e JUNKER [811].

[39] Cf. Proposta da Comissão [COM (1999) 348 final], 16.

midor ou de uma actividade dirigida a esse Estado-Membro ou a vários Estados incluindo esse Estado-Membro.

Cessa também a exigência de que o consumidor tenha praticado nesse Estado os actos necessários para a celebração do contrato. Portanto, o regime especial dos contratos com consumidores aplica-se mesmo que os actos necessários para a celebração do contrato tenham sido realizados pelo consumidor fora do Estado do seu domicílio[40].

Através da *Internet* os fornecedores de bens e serviços podem alcançar os consumidores de praticamente todos os países do mundo. Daí que, em certas condições, se possa justificar que estes fornecedores suportem o risco de serem demandados em qualquer um destes países. Este risco já existe à face das Convenções de Bruxelas e de Lugano, sem que tal tenha tido qualquer impacto substancial na oferta de produtos na rede. Para isto contribui também a circunstância de muito raramente os consumidores proporem acções com respeito a litígios emergentes de contratos à distância.

Resta saber em que condições é que, perante o Regulamento, a utilização da *Internet* constitui uma actividade dirigida ao Estado-Membro do domicílio do consumidor.

Segundo uma opinião[41], a previsão do art. 15.°/1/c só se preencheria quando a contraparte do consumidor opera normalmente no país do seu domicílio ou se lança à conquista de mercado neste país. Esta opinião não encontra qualquer fundamento no texto do Regulamento nem nos trabalhos preparatórios.

A proposta do Parlamento Europeu no sentido de consagrar "como critério de apreciação da existência de tal actividade qualquer tentativa do operador para limitar a sua actividade comercial às transacções com consumidores domiciliados em determinados Estados-Membros" não foi aceite[42].

É inequívoco que há actividade através da rede quando sejam enviadas aos consumidores mensagens publicitárias por correio electrónico, bem como quando o sítio do fornecedor permita celebrar o contrato em linha[43].

Já se suscitam mais dúvidas quando o sítio se limita a divulgar o produto ("sítio passivo").

---

[40] *Ibidem.*

[41] CALVO CARAVACA/CARRASCOSA GONZÁLEZ (n. 6) 88 e seg.

[42] Cf. Proposta alterada da Comissão [COM (2000) 689 final], 6.

[43] Cf. Proposta da Comissão [COM (1999) 348 final], 16.

Na exposição de motivos da proposta inicial da Comissão podia ler-se que o "simples facto de um consumidor ter tido conhecimento de um serviço ou possibilidade de aquisição de bens por meio de um sítio passivo acessível no país do seu domicílio não desencadeia a competência internacional protectora"[44].

No entanto, na exposição de motivos da proposta alterada, lê-se que "a própria existência deste contrato [um contrato de consumo] parece, em si própria, ser já uma indicação clara de que o fornecedor de bens ou serviços dirigiu a sua actividade comercial para o Estado do domicílio do consumidor"[45].

A *Declaração Conjunta do Conselho e da Comissão sobre os artigos 15.° e 73.°*, por seu turno, sublinha "que o simples facto de um sítio da Internet ser acessível não basta para tornar aplicável o artigo 15.°, é preciso também que esse sítio Internet convide à celebração de contratos à distância e que tenha efectivamente sido celebrado um contrato à distância, por qualquer meio". Acrescenta ainda que "A este respeito, a língua ou a moeda utilizadas por um sítio Internet não constituem elementos pertinentes."

Este entendimento parece ser o mais razoável[46]. O regime especial de protecção do consumidor só se aplica, neste contexto, caso se verifiquem dois pressupostos. Primeiro, que o sítio do fornecedor na *Internet* permita celebrar o contrato em linha ou, no mínimo, convide à celebração do contrato à distância. Segundo, que tenha sido efectivamente celebrado o contrato à distância.

Em qualquer caso, o fornecedor que queira evitar o risco de ser demandado fora de certa área ou em certos países pode configurar o seu sítio da rede de modo a só celebrar contratos com consumidores que indiquem residência dentro da área em causa ou fora desses países. Neste caso, deve entender-se que o consumidor não pode invocar um domicílio diferente daquele que indicou ao fornecedor.

---

[44] Cf. Proposta da Comissão [COM (1999) 348 final], 16.

[45] Cf. Proposta alterada da Comissão [COM (2000) 689 final], 6. Menos claro, porém, é o sentido da supressão do Considerando n.° 13 da proposta inicial, segundo o qual "o consumidor deve gozar da protecção que lhe é concedida quando celebra um contrato de consumo através de meios electrónicos a partir do seu domicílio."

[46] Cp., porém, Droz/Gaudemet-Tallon (n. 24) 638 e seg. e Jean-Paul Beraudo – "Le Règlement (CE) du Conseil du 22 décembre 2000 concernant la compétence judiciaire, la reconnaissance et l'exécution des décisions en matière civile et commerciale", *Clunet* 128 (2991) 1033-1085, 1056.

Este regime especial não prejudica o disposto no art. 4.° (art. 15.°/1 *in fine*). Por conseguinte, ele só se aplica quando o réu tiver domicílio no território de um Estado-Membro. Caso contrário, aplica-se o regime interno da competência internacional.

Estabelece-se um regime diferenciado conforme a acção é proposta pelo consumidor ou pela contraparte.

O consumidor pode intentar a acção quer perante os tribunais do Estado-Membro em que estiver domiciliada a outra parte (art. 16.°/1), quer perante os tribunais do Estado-Membro em que a outra parte tiver um estabelecimento, se o litígio for relativo à exploração deste estabelecimento (art. 5.°/5 *ex vi* art. 15.°/1)[47], quer ainda perante o tribunal do lugar onde o consumidor tiver domicílio (art. 16.°/1).

Se a contraparte do consumidor, não tendo domicílio no território de um Estado-Membro, possuir um estabelecimento no território de um Estado-Membro, será considerada, quanto aos litígios relativos à exploração deste estabelecimento, como domiciliada neste Estado (art. 15.°/2).

O sentido deste preceito é o de alargar o domínio de aplicação do regime especial da secção IV, face ao disposto no art. 4.°, visto que este regime passa a ser aplicável às acções propostas pelo consumidor contra uma parte que não tem domicílio num Estado-Membro, quando esta parte tiver um estabelecimento num Estado-Membro e o litígio for relativo à exploração deste estabelecimento[48].

A contraparte do consumidor só pode intentar a acção perante os tribunais do Estado-Membro em que estiver domiciliado o consumidor (art. 16.°/2).

Os pactos de jurisdição são sujeitos a importantes limitações nesta matéria.

Com efeito, os pactos de jurisdição só são admissíveis em três casos (art. 17.°).

Primeiro, quando sejam posteriores ao nascimento do litígio.

Segundo, quando alarguem o leque de competências aberto consumidor.

---

[47] A hipótese aqui visada é a de a outra parte ter domicílio num Estado-Membro, visto que a hipótese de a outra parte não ter domicílio num Estado-Membro está prevista no art. 15.°/2 – ver Hélène GAUDEMET-TALLON – *Les conventions de Bruxelles et de Lugano. Compétence internationale, reconnaissance et exécution des jugements en Europe*, 2.ª ed., Paris, 1996, 178.

[48] Cf. GAUDEMET-TALLON (n. 47) 178 e 191.

Competência internacional em matéria de litígios relativos à Internet   327

Terceiro, quando atribuam competência aos tribunais do Estado-
-Membro em que o consumidor e a sua contraparte têm, simultaneamente,
domicílio ou residência habitual no momento da celebração do contrato,
salvo se a lei deste Estado não permitir tal convenção.

IV. PACTOS DE JURISDIÇÃO

Também se suscitam dificuldades relativamente aos pactos de jurisdição celebrados através da *Internet.*

Nos termos do artigo 23.°/1 do Regulamento, se "as partes, das quais
pelo menos uma se encontre domiciliada no território de um Estado-Membro, tiverem convencionado que um tribunal ou os tribunais de um Estado-
-Membro têm competência para decidir quaisquer litígios que tenham
surgido ou que possam surgir de uma determinada relação jurídica, esse
tribunal ou esses tribunais terão competência. Essa competência será
exclusiva a menos que as partes convencionem em contrário."

O pacto de jurisdição é admitido em quaisquer das matérias abrangidas pelo Regulamento. Quando se trate de uma relação contratual o
pacto constituirá frequentemente uma cláusula do contrato. Mas também
poderá ser objecto de um negócio separado.

Perante o art. 23.° o pacto de jurisdição pressupõe um acordo de von-
tades, uma "convenção". Este conceito de convenção deve ser interpretado
autonomamente em relação ao Direito interno dos Estados-Membros[49].

O pacto atributivo de jurisdição deve ser celebrado (art. 23.°/1/
/3.ª parte):

a) Por escrito ou verbalmente com confirmação escrita; ou

b) Em conformidade com os usos que as partes estabeleceram
entre si; ou

c) No comércio internacional, em conformidade com os usos
que as partes conheçam ou devam conhecer e que, em tal comércio,
sejam amplamente conhecidos e regularmente observados pelas partes em contratos do mesmo tipo, no ramo comercial considerado.

---

[49] Cf. TCE 10/3/1992, no caso *Powell Duffryn* [*CTCE* (1992) I-01745], n.os 13 e seg.

Para se considerar o pacto de jurisdição celebrado por escrito não é necessário que conste de um documento assinado por ambas as partes. Basta que o acordo sobre a jurisdição escolhida resulte de dois documentos separados, por exemplo, uma troca de cartas ou faxes; ou que o texto do contrato faça referência a uma proposta que contém o pacto de jurisdição[50].

Quando as partes manifestam a sua vontade através da *Internet* há um acordo escrito?

O Regulamento responde afirmativamente: "Qualquer comunicação por via electrónica que permita um registo duradouro do pacto equivale à 'forma escrita'" (art. 23.º/2).

Com o esclarecimento deste ponto quis-se principalmente assegurar a validade das cláusulas de competência dos contratos celebrados por meios electrónicos[51].

Isto inclui não só a celebração por troca de mensagens de correio electrónico, mas também através de sítios interactivos, em que a aceitação de cláusulas gerais se faz mediante o clique num ícone[52].

Parece que o preceito deve ser interpretado no sentido de abranger apenas a comunicação por via electrónica de um texto escrito[53]. Dificilmente se vê como poderia uma transmissão electrónica da voz ou de imagens equivaler a "forma escrita".

À face das Convenções de Bruxelas e de Lugano, pode colocar-se a questão de saber se um pacto de jurisdição celebrado através da *Internet*, que não vale como acordo escrito, é celebrado em conformidade com uma prática reiterada das partes ou a usos do comércio internacional?

A prática tem de ser observada entre as partes durante tempo suficiente para que cada uma delas possa confiar na utilização de uma determinada forma[54].

Quanto à relevância dos usos a formulação do art. 23.º inspira-se no art. 9.º/2 da Convenção de Viena sobre os Contratos de Venda Internacional de Mercadorias (1980), o que deve ser tido em conta na sua interpretação.

---

[50] Cf. TCE 14/12/1976, no caso *Estasis Salotti* [*CTCE* (1976) 717], n.os 12 e seg.
[51] Cf. Exposição de Motivos da proposta da Comissão, 18.
[52] Cf. KROPHOLLER (n. 21) Art. 23 n.º 41.
[53] No mesmo sentido, BERAUDO (n. 46) 1064.
[54] Cf. KROPHOLLER (n. 21) Art. 23 n.º 50.

Os usos do comércio internacional são qualificados objectiva e subjectivamente.

Por um lado são os usos geralmente conhecidos e regularmente observados em contratos do mesmo tipo, no ramo do comércio internacional em causa. Existirá um uso no ramo comercial considerado, quando, designadamente, um certo comportamento é geral e regularmente seguido pelos operadores nesse ramo no momento da celebração de contratos de um certo tipo[55].

Por outro lado, trata-se apenas dos usos que as partes conhecem ou devem conhecer.

A *Internet* é um meio de comunicação relativamente recente, mas não é de excluir que já se tenham formado usos. Invoca-se, a este respeito, o carácter massivo das transacções realizadas através da rede, que podem conduzir a usos "de formação rápida"[56]. A este respeito é de salientar a prática de celebrar contratos através de um clique num ícone contido na página do fornecedor ou licenciador, pelo qual se manifesta a aceitação das cláusulas contratuais contidas na mesma página ou noutra página a ela ligada. Com base nesta prática poderá formar-se um uso relevante[57].

---

[55] Cf. TCE 20/2/1997, no caso *MSG* [*CTCE* (1997) I-00911], n.º 23. Ver também TCE 16/3/1999, no caso *Castelletti* [*CTCE* (1999) I-01597], n.º 25 e seg.

[56] Cf. KAUFMAN-KOHLER (n. 25) 126.

[57] Ver também Elsa DIAS OLIVEIRA – *A Protecção dos Consumidores nos Contratos Celebrados Através da Internet*, Coimbra, 2002, 331.

FEDERALISMO E DIREITO INTERNACIONAL PRIVADO

Algumas reflexões sobre a comunitarização
do Direito Internacional Privado[*]

INTRODUÇÃO

O tema "Federalismo e Direito Internacional Privado" é especialmente aliciante para os juristas portugueses, em virtude do processo de integração europeia. Este processo é acompanhado da atribuição de competência nesta matéria a órgãos comunitários, do crescente papel das fontes comunitárias do Direito Internacional Privado e da tendência, que se manifesta na jurisprudência do TCE, para entender que os Tratados instituintes das comunidades condicionam e limitam a actuação de algumas normas de Direito Internacional Privado.

A União Europeia não é, pelo menos ainda, um Estado federal[1]. O sistema comunitário assemelha-se mais a uma *confederação*, em que os Estados-Membros continuam a ser sujeitos de Direito Internacional revestidos de soberania, embora esta soberania esteja limitada pela delegação de alguns poderes nos órgãos comunitários ou pela renúncia ao seu exercício a favor destes órgãos[2].

---

[*] *Cadernos de Direito Privado* 2 (Junho 2003) 3-19.

[1] É mesmo controverso que a União Europeia tenha personalidade jurídica; já as Comunidades Europeias gozam de um personalidade jurídica distinta da dos Estados-Membros.

[2] Ver NGUYEN QUOC/DAILLIER/PELLET – *Droit international public*, 6.ª ed., Paris, 1999, 422; SEIDL-HOHENVELDERN/STEIN – *Völkerrecht*, 10.ª ed., Colónia et al., 2000, 3 e seg.; FAUSTO DE QUADROS – *Direito das Comunidades Europeias e Direito Internacional Público. Contributo para o estudo da natureza jurídica do Direito Comunitário Europeu*, Coimbra, 1984, 336 e segs.; ANDRÉ GONÇALVES PEREIRA/FAUSTO DE QUADROS – *Manual de Direito Internacional Público*, 3.ª ed., Coimbra, 1993, 128; JORGE MIRANDA – *Curso de Direito Internacional Público*, Cascais, 2002, 204 e seg.

Regista-se, sem dúvida, uma certa tendência para a *acentuação de elementos federalizantes*, e é nesse sentido que apontam os trabalhos em curso da Convenção sobre o Futuro da União Europeia, que está a preparar um projecto de Tratado Constitucional[3].

Tem-se verificado um alargamento das competências legislativas dos órgãos comunitários em matéria de Direito Internacional Privado e, mais em geral, numa *comunitarização do Direito Internacional Privado*. Resta saber se este processo de comunitarização é coerente, tendo em conta o presente estádio de integração europeia e a perspectiva de evolução no sentido de um Estado federal.

Neste contexto, a crítica da comunitarização do Direito Internacional Privado não encerra um juízo de desvalor relativamente à integração económica e política da Europa. Sou a favor desta integração, embora entenda que é necessário um debate público mais esclarecedor sobre o modelo confederativo ou federal que se pretende instituir. As presentes reflexões incidem sobre a coerência dessa comunitarização com a actual realidade europeia, o seu fundamento nos Tratados instituintes e a sua adequação a um modelo federal que respeite a diversidade cultural e o pluralismo jurídico.

Retomo aqui as considerações que teci em *Direito Internacional Privado,* Volume I – *Introdução e Direito de Conflitos – Parte Geral*[4] e, com respeito aos regimes comunitários de competência internacional e reconhecimento de decisões estrangeiras, em *Direito Internacional Privado,* Volume III – *Competência Internacional e Reconhecimento de Decisões Estrangeiras*[5].

Para o efeito vou examinar sucintamente as competências dos órgãos comunitários em matéria de Direito Internacional Privado (I), o significado das fontes comunitárias do Direito Internacional Privado (II) e os limites que possam decorrer dos Tratados instituintes para a actuação das normas nacionais de Direito Internacional Privado (III).

---

[3] A informação sobre esta Convenção está disponível em http://european-convention.eu.int. Ver também Paulo de PITTA E CUNHA – "A Convenção Europeia", *in A Integração Europeia no Dobrar do Século*, 115-120, Coimbra, 2003.

[4] Almedina, Coimbra, 2001, 162 e segs. e 269 e segs.

[5] Almedina, Coimbra, 2002, 178 e segs., 311 e segs. e 324 e seg.

I. COMPETÊNCIAS DOS ÓRGÃOS COMUNITÁRIOS EM MATÉRIA DE DIREITO INTERNACIONAL PRIVADO

A) Competência legislativa

Cabe distinguir entre competência legislativa e competência jurisdicional em matéria de Direito Internacional Privado.

A atribuição de *competência legislativa* aos órgãos comunitários em matéria de Direito Internacional Privado há-de ser justificada por uma política de unificação deste ramo do Direito à escala comunitária. Daí que me proponha iniciar o exame deste ponto por uma apreciação político--jurídica.

A unificação do Direito de Conflitos é, sem dúvida, desejável. Em princípio, esta unificação deveria ter âmbito universal[6]. Com efeito, os problemas e as finalidades de regulação das situações transnacionais são comuns tanto às situações intracomunitárias como às situações extra-comunitárias. No entanto, perante as dificuldades com que tem deparado a unificação do Direito Internacional Privado à escala mundial em determinados domínios, seria de admitir, neste domínios, uma unificação à escala comunitária.

Resta saber se esta unificação à escala comunitária deve ser feita através de intervenções legislativas dos órgãos da comunidade ou com base na vontade dos Estados-Membros.

Em minha opinião, a atribuição de competência legislativa genérica aos órgãos comunitários em matéria de Direito Internacional Privado não é justificada à luz das finalidades dos Tratados instituintes.

A União Europeia assenta no respeito da cultura, das tradições e da identidade nacional dos Estados-Membros (§ 5.° do Preâmbulo do Tratado da União Europeia e art. 6.°/3 do mesmo Tratado [ex-art. F]). O Direito é parte da cultura e participa da identidade nacional e, por isso, estes valores postulam o respeito da autonomia dos sistemas jurídicos dos Estados-Membros e do pluralismo jurídico no seio da comunidade.

O presente estádio da integração europeia, que ainda não deu corpo a um Estado federal, mas a uma associação de Estados soberanos, também

---

[6] Ver Hélène GAUDEMET-TALLON – "Quel droit international privé pour l'Union Européenne?" in *International Conflict of Laws for the Third Millenium. Essays in Honor of Friedrich K. Juenger*, 317-338, Ardsley, Nova Iorque, 2001, 332 e segs.

não se ajusta à atribuição aos órgãos comunitários de competências legislativas que cerceiem substancialmente a autonomia legislativa dos Estados-Membros, designadamente no domínio do Direito privado.

Mesmo naqueles domínios em que, excepcionalmente, se possa justificar uma atribuição de competência aos órgãos comunitários em matéria de Direito Internacional Privado, por força do princípio da subsidiariedade, consagrado pelo Tratados da União Europeia e da Comunidade Europeia (arts. 2.º /2 e 5.º/2, respectivamente), deveria adoptar-se uma atitude muito restritiva quanto à intervenção legislativa comunitária. Esta intervenção só se justificaria quando os objectivos visados com a unificação não pudessem ser suficientemente realizados pelos Estados-Membros e pudessem ser melhor alcançados ao nível comunitário. Nos casos em que esta intervenção se justificasse, deveria dar-se preferência à harmonização relativamente à uniformização, quando a primeira seja suficiente para o processo de integração[7].

Em regra, os objectivos visados com a unificação do Direito Internacional Privado podem ser realizados através de convenções internacionais celebradas pelos Estados-Membros e de outros instrumentos mais flexíveis, como as Leis-Modelo.

A circunstância de todos os Estados-Membros serem partes da Convenção de Bruxelas sobre Competência Judiciária e a Execução de Decisões em Matéria Civil e Comercial e da Convenção de Roma sobre a Lei Aplicável às Obrigações Contratuais demonstra que os objectivos visados com a unificação do Direito Internacional Privado podem ser suficientemente realizados pelos Estados-Membros e que, por conseguinte, não se justifica uma intervenção dos órgãos comunitários[8]. Por certo que a utilização de uma convenção internacional implica dificuldades práticas, designadamente quanto à adesão de novos Estados comunitários e à sua revisão. Mas não parece que estas dificuldades práticas, de per si, justifiquem a intervenção dos órgãos comunitários. De todo o modo, estas dificuldades práticas poderiam ser obviadas pelo recurso a um instrumento

---

[7] Em sentido contrário, ver Karl KREUZER – "Die Europäisierung des internationalen Privatrechts – Vorgaben des Gemeinschaftsrecht", *in Gemeinsames Privatrecht in der Europäischen Gemeinschaft*, 457-542, 2.ª ed., 1999, 502 e 520 e segs.

[8] Ver também Haimo SCHACK – "Die EG-Kommission auf dem Holzweg von Amsterdam", *ZEuP* 7 (1999) 805-808, 808 e – "Das neue Internationale Eheverfahrensrecht in Europa", *RabelsZ.* 65 (2001) 615-633, 619.

Federalismo e Direito Internacional Privado

mais flexível e respeitador da autonomia dos Estados-Membros, como a elaboração de Leis-Modelo que os Estados-Membros seriam livres de adoptar.

Por esta razão, a unificação de âmbito comunitário deveria ser feita numa base voluntária, com respeito da autonomia legislativa dos Estados--Membros[9].

Até à entrada em vigor do Tratado de Amesterdão, a ordem jurídica comunitária não se afastou muito desta visão das coisas. Entendia-se geralmente que só nas matérias em que a Comunidade tinha competência para a harmonização do Direito material podia o Direito Internacional Privado ser também harmonizado[10].

Este quadro, porém, foi radicalmente alterado pelo Tratado de Amesterdão. Este Tratado inseriu no Tratado da Comunidade Europeia um Título IV – "Vistos, asilo, imigração e outras políticas relativas à circulação de pessoas". Nos termos dos arts. 61.° /c) e 65.°, o Conselho adoptará medidas no domínio da cooperação judiciária em matéria civil, "na medida do necessário ao bom funcionamento do mercado interno"[11]. Estas medidas terão por objectivo, nomeadamente (art. 65.°):

"a) Melhorar e simplificar:
– o sistema de citação e de notificação transfronteiriça dos actos judiciais e extrajudiciais;

---

[9] Esta unificação à escala comunitária deveria acautelar a conjugação dos seus instrumentos com eventuais convenções internacionais de âmbito universal de que sejam partes Estados-Membros.

[10] Cf. Hans SONNENBERGER – "Europarecht und Internationales Privatrecht", *ZvglRWiss* 95 (1996) 3-47, 31. Cp. Marc FALLON – "Les conflits de lois et de juridictions dans un espace économique intégré. L'expérience de Communauté européenne", *RCADI* 253 (1995) 9-282, 154 e segs.

[11] Estas medidas serão adoptadas nos termos do art. 67.° (ex-art. 73.°-O), com o aditamento feito pelo Tratado de Nice, que determina que em derrogação do n.° 1 o Conselho adopta nos termos do art. 251.° as medidas previstas no art. 65.°, com exclusão dos aspectos referentes ao Direito da Família. Isto tem por consequência, além da expressa inclusão do Direito Internacional Privado da Família no âmbito de competência a Comunidade, um encurtamento do período transitório (previsto no art. 67.°/1) em que esta medidas são tomadas por unanimidade, com exclusão das relativas ao Direito da Família. Ver Jürgen BASEDOW – "European Conflict of Laws under the Treaty of Amsterdam", *in International Conflict of Laws for the Third Millenium. Essays in Honor of Friedrich K. Juenger*, 175-192, Ardsley, Nova Iorque, 2001, 180 e segs. e Harmut LINKE –"Die Europäisierung des Internationalen Privat-und Verfahrensrechts. Traum oder Trauma?", *in Einheit und Vielfalt des Rechts. FS Reinhold Geimer*, 529-554, Munique, 2002, 544 e segs.

336 *Estudos de Direito Internacional Privado*

– a cooperação em matéria de obtenção de meios de prova;
– o reconhecimento e a execução das decisões em matéria civil
e comercial, incluindo as decisões extrajudiciais;
"b) Promover a compatibilidade das normas aplicáveis nos Estados-Membros em matéria de conflitos de leis e de jurisdição".

É difícil de entender qual a relação entre a atribuição de competência aos órgãos comunitários em matéria de Direito Internacional Privado e as "políticas relativas à circulação de pessoas". Como as normas de Direito Internacional Privado não têm, em princípio, nenhuma incidência sobre a liberdade de circulação de pessoas, não se pode encontrar aí um fundamento para a atribuição dessa competência. Mas também não se vê como pode a referência à circulação de pessoas constituir um limite para essa atribuição ou para o exercício da competência atribuída[12].

Já a fórmula utilizada na al. b) do art. 65.° – "promover a compatibilidade" – tem subjacente um clara intencionalidade limitativa. A formulação proposta no *Addendum* da Presidência holandesa que esteve na base do art. 65.° – "aproximar as regras em matéria de conflitos de leis e de competência" – foi abandonada por se entender que ia demasiado longe na atribuição de competência ao Conselho[13]. Daí que, segundo a melhor interpretação, este preceito não confira ao Conselho competência para unificar o Direito de Conflitos e o Direito da Competência Internacional[14]. É mesmo duvidoso que o Conselho tenha uma competência genérica para a harmonização destas matérias; a fórmula utilizada pode sugerir que o Conselho só tem competência para a adopção de medidas que visem a resolução de problemas suscitados pelas divergências dos sistemas nacionais que sejam susceptíveis de prejudicar o bom funcionamento do mercado comum[15].

---

[12] Cp., porém, JAYME/KOHLER – "Europäisches Kollisionsrecht 1997 – Vergemeinschaftung durch 'Säulenwechsel'?", *IPRax* 17 (1997) 385, 386 e Christian KOHLER – "Interrogations sur les sources du droit international privé européen après le traité d'Amesterdam", *R. crit.* 88 (1999) 1-30, 15 e segs.

[13] Cf. KOHLER (n. 12) 20.

[14] Cf. KOHLER (n. 12) 20, GAUDEMET-TALLON (n. 6) 326 e ALEGRÍA BORRÁS – "Derecho Internacional Privado y Tratado de Amsterdam", *Rev. Esp. Der. Int.* 51 (1999) 383-426, 400 e 424.

[15] Cf. KOHLER (n. 12) 20 e seg.

Federalismo e Direito Internacional Privado

Apesar disso, estes preceitos têm sido entendidos pelos órgãos comunitários, bem como por uma parte da doutrina[16], no sentido da atribuição à Comunidade Europeia de competência legislativa genérica em matéria de Direito Internacional Privado. O Conselho poderia unificar ou harmonizar o Direito de Conflitos e os regimes da competência internacional e do reconhecimento de sentenças estrangeiras através de regulamentos ou directivas[17].

Por certo que esta competência legislativa só deve ser exercida "na medida do necessário ao bom funcionamento do mercado interno" (art. 65.°). A meu ver a unificação em matéria de Direito Internacional Privado não é, em princípio, necessária para o bom funcionamento do mercado interno.

Há diversos países em que vigoram diferentes sistemas locais com os seus próprios Direitos de Conflitos e regimes de competência e de reconhecimento de decisões e em que, como parece óbvio, as divergências entre estes regimes não prejudicaram o "bom funcionamento do mercado interno".

O exemplo mais saliente é o dos EUA. Na ordem jurídica dos EUA, os Estados federados têm competência legislativa em matéria de *choice of law* e *jurisdiction* dos tribunais estaduais e de reconhecimento de decisões "estrangeiras" pelos tribunais estaduais. No essencial, esta autonomia só é limitada pelo Direito federal ao nível dos princípios constitucionais, através da *Full Faith and Credit Clause,* da *Due Process Clause*, da *Privileges and Immunities Clause* e da *Equal Protection Clause*[18].

As vantagens de uma harmonização dos sistemas locais nestes domínios não conduziram a qualquer alienação das competências dos Estados federados, mas a "leis uniformes" [*Uniform Acts*] que são *propostas* aos Estados federados, para que as adoptem se assim entenderem[19].

No que se refere às relações familiares e sucessórias é óbvio que as normas de conflitos e os regimes da competência internacional e do reco-

---

[16] Cf. MOURA RAMOS – "Previsão normativa e modelação judicial nas convenções comunitárias relativas ao Direito Internacional Privado", *in O Direito Comunitário e a Construção Europeia*, 93-124, Coimbra, s. d., 102, ver também n. 31, KREUZER (n. 7) 530 e BASEDOW (n. 10) 190 e seg. Cp. autores referidos *supra* n. 14 e MOURA RAMOS – "The New EC Rules on jurisdiction and the recognition and enforcement of judgments", *in Law and Justice in a Multistate World. Essays in Honor of Arthur T.* VON MEHREN, 199-218, Ardsley, Nova Iorque, 2002, 201 e referências aí contidas à n. 17.

[17] Cf. KREUZER (n. 7) 531 e seg. e BASEDOW (n. 11) 190 e seg.

[18] Cf. SCOLES/HAY/BORCHERS/SYMEONIDES – *Conflict of Laws*, 3.ª ed., St. Paul, Minn., 2000, 145 e segs. e 282 e segs.

[19] Cf. E. FARNSWORTH – *An Introduction to the Legal System of the United States*, 3.ª ed., Nova Iorque, 1996, 70.

338 *Estudos de Direito Internacional Privado*

nhecimento de decisões estrangeiras não têm qualquer incidência directa ou indirecta no funcionamento do mercado interno[20].

No que toca às relações do tráfico corrente de bens e serviços, a unificação do Direito Internacional Privado à escala comunitária pode constituir um contributo modesto para a criação de um ambiente mais favorável à actividade económica intracomunitária, mas não é uma condição necessária para o bom funcionamento do mercado comum. Há outros factores que seriam bem mais importantes para a facilitação da actividade económica intracomunitária – designadamente a existência de uma língua comum – e que ninguém pretende que sejam "necessários ao bom funcionamento do mercado comum".

No entanto, sob pena de se negar todo o efeito útil aos arts. 61.º/c) e 65.º do Tratado da Comunidade Europeia, parece de reconhecer que subjacente à redacção destes preceitos está uma avaliação diferente das "necessidades do bom funcionamento do mercado interno"[21]. Seria pois de admitir que a intervenção comunitária pudesse ser justificada em certas áreas específicas e bem delimitadas do Direito Internacional Privado em que fosse detectável alguma incidência, ainda que indirecta, no funcionamento do mercado interno.

A unificação de vastos sectores do Direito Internacional Privado deveria ficar assim reservada à acção intergovernamental, o que explica que, contrariamente ao proposto pela Comissão e pelo *Addendum* holandês, tenha sido mantido o quarto travessão do art. 293.º (ex-art. 220.º) do Tratado da Comunidade Europeia que determina que os "Estados-Membros entabularão entre si, sempre que necessário, negociações destinadas a garantir, em benefício dos seus nacionais" "a simplificação das formalidades a que se encontram subordinados o reconhecimento e a execução recíprocos tanto das decisões judiciais como das decisões arbitrais"[22].

Também aqui, porém, os órgãos comunitários fizeram uma "interpretação" que, na prática, prescinde de qualquer nexo efectivo com o funcionamento do mercado interno. Com efeito, o Conselho tem entendido que

---

[20] Ver, em sentido convergente, SCHACK (n. 8 [1999]) 807 (n. 8 [2001]) 618; GAUDEMET-TALLON (n. 6) 335 e (n. 26) 180; LINKE (n. 11) 545 e seg.

[21] Ver, designadamente, BASEDOW (n. 11) 187 e seg.

[22] Cf. KOHLER (n. 12) 22 e seg. Cp. BASEDOW (n. 11) 186 e seg., entendendo que a subsistência do quarto travessão do art. 293.º do Tratado pode explicar-se pela circunstância de abranger matérias que, por não serem de Direito privado, estão excluídas do âmbito de aplicação dos arts. 61.º/c) e 65.º.

Federalismo e Direito Internacional Privado

o bom funcionamento do mercado interno exige a uniformização de quase todo o Direito Internacional Privado. Assim, já adoptou três regulamentos neste domínio[23], a saber:

– o Reg. (CE) n.º 1346/2000, de 29/5, relativo aos processos de insolvência[24];
– o Reg. (CE) n.º 1347/2000, de 29/5, relativo à competência, ao reconhecimento e à execução de decisões em matéria matrimonial e de regulação do poder paternal em relação a filhos comuns do casal[25]; e
– Reg. (CE) n.º 44/2001, de 22/12/2000, relativo à competência judiciária, ao reconhecimento e à execução de decisões em matéria civil e comercial[26].

Além disso, o Plano de acção do Conselho e da Comissão sobre a melhor forma de aplicar as disposições do Tratado de Amesterdão relativas à criação de um espaço de liberdade, de segurança e de justiça (1998), contempla a uniformização em matéria de Direito aplicável às obrigações não-contratuais e, se necessário, o início da revisão de certas disposições da Convenção de Roma sobre a Lei Aplicável às Obrigações Contratuais, num prazo de dois anos a contar da entrada em vigor do Tratado (1/5/99). O mesmo Plano prevê que no prazo de cinco anos a contar da entrada em vigor do Tratado se examine a possibilidade de actos comunitários sobre o Direito aplicável ao divórcio e sobre a competência internacional, Direito aplicável, reconhecimento e execução de sentenças em matéria de regime matrimonial de bens e de sucessão por morte.

Por acréscimo, o TCE tem entendido que a Comunidade Europeia tem competência externa relativamente às matérias em que exerceu as suas com-

---

[23] Ao abrigo das mesmas disposições do Tratado foram também publicados os Regs. (CE) n.º 1348/2000, do Conselho, de 29/5/2000, relativo à citação e à notificação dos actos judiciais e extrajudiciais em matéria civil e comercial nos Estados-Membros, *JOCE* L 160/37, de 30/6/2000, e n.º 1206/2001, do Conselho, de 28/5/2001, relativo à cooperação entre os tribunais dos Estados-Membros no domínio da obtenção de provas em matéria civil ou comercial, *JOCE* L 174/1, de 27/6/2001. Ver ainda Decisão da Comissão de 25/ /9/2001 que estabelece um manual de entidades requeridas e um glossário de actos que podem ser objecto de citação ou de notificação ao abrigo do Reg. (CE) n.º 1348/2000 do Conselho, *JOCE* L 298/1, de 15/11/2001.

[24] *JOCE* L 160/1, de 30/6/2000.

[25] *JOCE* L 160/19, de 30/6/2000.

[26] *JOCE* L 012/1, de 16/1/2001.

340   *Estudos de Direito Internacional Privado*

petências internas[27]. No âmbito do Direito económico, o TCE entende que esta competência é exclusiva, no sentido em que só a Comunidade pode celebrar com Estados terceiros convenções internacionais que afectem as normas comunitárias. É controverso se, e em que termos, esta solução é extensível às competências exercidas em matéria de Direito Internacional Privado[28].

Nas matérias do Direito Internacional Privado em que a Comunidade Europeia não tiver ainda exercido uma competência reguladora, os Estados--Membros são livres de legislar ou celebrar com terceiros Estados convenções internacionais. Neste sentido, o Tratado da Comunidade Europeia não atribui à Comunidade Europeia uma competência exclusiva em matéria de Direito Internacional Privado. No entanto, uma vez exercida, esta competência exclui ou, pelo menos, limita a competência dos Estados-Membros[29].

Resulta do anteriormente exposto que, em minha opinião, esta atribuição de competência genérica aos órgãos comunitários em matéria de Direito Internacional Privado não é justificada à luz dos objectivos visados pelos Tratados instituintes, está em contradição com o disposto no Tratado da União Europeia sobre o respeito da cultura, das tradições e da identidade nacional dos Estados-Membros e não se ajusta ao actual estádio de integração europeia.

No exercício desta competência tem-se verificado uma violação do disposto no art. 65.° do Tratado da Comunidade Europeia e do princípio da subsidiariedade, designadamente quanto à uniformização dos regimes da competência internacional e do reconhecimento de decisões estran-

---

[27] Ver ac. 31/3/1971, no caso *Accord européen sur les transports routiers* [CTCE (1971) 69] e Maria LUÍSA DUARTE – *A Teoria dos Poderes Implícitos e a Delimitação de Competência entre a União Europeia e os Estados-Membros*, Lisboa, 1997, 424 e segs. e 575 e segs.

[28] Os órgãos comunitários tendem para uma extensão incondicional; no mesmo sentido, JAYME/KOHLER – "Europäisches Kollisionsrecht 2000: Interlokales Privatrecht oder universelles Gemeinschaftsrecht?", *IPRax* (2000) 454-465, 454 e seg.; cp. ALEGRÍA BORRÁS (n. 14) 408 e seg., defendendo a necessidade de examinar em cada caso os limites derivados do âmbito do Título IV do Tratado da Comunidade Europeia, os termos do instrumento extracomunitário e, em último caso, a existência de uma "boa cláusula de desconexão" (i.e., uma disposição convencional que salvaguarde a aplicação das normas comunitárias nas relações entre os Estados-Membros). Ver ainda Id. – "La incidencia de la comunitarización del Derecho Internacional Privado en la elaboración de convenios internacionales", *in Estudos em Homenagem à Prof. Doutora Isabel* DE MAGALHÃES COLLAÇO, vol. I, 45-77, Coimbra, 2002.

[29] Divergindo do afirmado por JAYME/KOHLER (n. 28) 455, entendo que não se trata, no entanto, de uma verdadeira competência concorrente.

geiras. Os órgãos comunitários não demonstraram que o bom funcionamento do mercado interno exige esta uniformização e que os objectivos visados com a unificação destes regimes não podem ser suficientemente realizados pelos Estados-Membros[30].

Quais são, então, as verdadeiras razões para as intervenções dos órgãos comunitários em matéria de Direito Internacional Privado?

Creio que há um motivo mais genérico e estratégico e um motivo de ordem prática.

O motivo de ordem prática prende-se com as dificuldades inerentes à utilização de convenções internacionais, ilustradas pelas sucessivas convenções de adesão à Convenção de Bruxelas e à Convenção de Roma que acompanharam os processos de alargamento das Comunidades Europeias. Este motivo não explica, porém, a razão por que a Comunidade Europeia em lugar de recorrer a instrumentos mais flexíveis, optou por uma unificação por via de regulamentos comunitários.

O motivo estratégico, que também parece estar subjacente aos projectos de unificação geral do Direito privado na Europa, consiste na utilização do Direito como um instrumento para a integração política europeia, procurando superar, através do activismo dos titulares dos órgãos comunitários e de alguns autores, os défices de vontade política que se têm verificado nos Estados-Membros. Através da unificação de vastos sectores do Direito pretende-se não só reafirmar a subordinação dos sistemas jurídicos dos Estados-Membros relativamente à ordem jurídica comunitária mas também reduzir ao mínimo a sua autonomia[31], segundo um modelo que corresponde a um Estado europeu com elevado grau de centralização.

Esta instrumentalização do Direito é criticável, visto que ignora a autonomia do Direito enquanto subsistema social, não respeita a autonomia legislativa e a identidade cultural dos Estados-Membros e não corresponde a um projecto político claro e definido, baseado na vontade política esclarecida e democraticamente expressa dos cidadãos comunitários sobre o modelo de Europa que desejam.

---

[30] Ver, em sentido convergente, SCHACK (n. 8 [1999]) 807 e seg.; Id. – *Internationales Zivilverfahrensrecht*, 3.ª ed., Munique, 2002, 48 e seg.; GAUDEMET-TALLON (n. 6) 328 e seg. e – "De l'utilité d'une unification du droit international privé de la famille dans l'union européenne?", *in Estudos em Homenagem à Prof. Doutora Isabel* DE MAGALHÃES COLLAÇO, vol. I, 159-185, Coimbra, 2002, 179 e segs.; LINKE (n. 11) 545 e seg.

[31] Num sentido que obviamente transcende a "primazia do Direito Comunitário".

B) Competência jurisdicional

Em regra, são competentes em matéria de Direito Internacional Privado os tribunais dos Estados-Membros. O Tribunal das Comunidades Europeias (TCE) destina-se sobretudo a assegurar o respeito do Direito Comunitário na interpretação e aplicação dos tratados.

O TCE é competente, designadamente, para o controlo da legalidade dos actos comunitários – competência essencialmente administrativa; para a acção destinada a verificar a violação dos Tratados pelos Estados-Membros; para decidir a título prejudicial sobre a interpretação dos tratados, a validade e interpretação dos actos das instituições comunitárias; e, para conhecer dos litígios entre as Comunidades e os seus agentes, dentro dos limites e condições estabelecidas no estatuto ou decorrentes do regime que a estes é aplicável.

O Tribunal de Primeira Instância (TPI) exerce, como primeira instância, uma parte da competência atribuída ao TCE, designadamente com respeito aos litígios entre as Comunidades e os seus agentes e aos recursos interpostos por particulares com fundamento em ilegalidade de actos comunitários.

Não obstante, no exercício destas competências os tribunais comunitários podem ter de apreciar situações que relevam da ordem jurídica estadual no âmbito de questões prejudiciais suscitadas pela aplicação do Direito Comunitário. É o que se verifica, nos litígios entre as Comunidades e os seus agentes, com as questões prévias relativas ao estado das pessoas e a relações de família suscitadas pelas normas de Direito Comunitário que atribuem certos direitos e vantagens aos referidos agentes[32]. Veremos, porém, que os tribunais comunitários têm evitado o recurso a normas de conflitos para a resolução destas questões.

Além disso, o TCE também tem outras competências, e entre estas encontram-se casos em que o TCE pode ter de apreciar situações transnacionais a título principal.

Primeiro, o TCE tem competência para interpretar convenções concluídas com base no art. 293.º (ex-art. 220.º) do Tratado da Comunidade Europeia, bem como as concluídas com base no art. K.3 do Tratado da União Europeia na redacção anterior ao Tratado de Amesterdão.

---

[32] Cf. G. BADIALI – "Le droit international privé des Communautés européennes", *RCADI* 191 (1985) 91-182, 124 e segs. e 132 e segs. e FALLON (n. 10) 100 e segs. e 105 e segs.

Saliente-se o Protocolo relativo à interpretação pelo TCE da Convenção de Bruxelas Relativa à Competência Judiciária e à Execução de Decisões em Matéria Civil e Comercial (1971, modificado em 1978, 1982, 1989 e 1996.

No exercício desta competência o TCE tem apreciado questões transnacionais, designadamente no que se refere à validade de pactos de jurisdição.

Segundo, o TCE tem, em princípio, competência para interpretar os regulamentos comunitários, mesmo em matéria de Direito privado (art. 234.° ex-art. 177.° do Tratado da Comunidade Europeia). É o que se verifica com os regulamentos comunitários de Direito Internacional Privado, nos termos do art. 68.° (ex-art. 73.°-P) do Tratado da Comunidade Europeia.

Terceiro, o TCE tem competência para interpretar a Convenção de Roma sobre a Lei Aplicável às Obrigações Contratuais ao abrigo do Primeiro Protocolo relativo à interpretação pelo TCE da Convenção sobre a Lei Aplicável às Obrigações Contratuais (1988 e do Segundo Protocolo que atribui ao TCE determinadas competências em matéria de interpretação da mesma Convenção (1988. Não tenho notícia da entrada em vigor destes Protocolos.

Quarto, o TCE é competente para conhecer dos litígios relativos a responsabilidade extracontratual da Comunidade Europeia por danos causados pelas suas instituições ou pelos seus agentes (art. 235.° ex-art. 178.° do Tratado da Comunidade Europeia). Em princípio, o TPI também é competente, em primeira instância, nesta matéria (art. 225.° ex-art. 168.°-A do Tratado da Comunidade Europeia na redacção dada pelo Tratado de Nice).

Enfim, nos termos do art. 238.° (ex-art. 181.°) do Tratado da Comunidade Europeia o TCE é ainda competente para decidir com fundamento em "cláusula compromissória" constante de um contrato de Direito público ou de Direito privado, celebrado pela Comunidade ou por sua conta[33]. Também neste caso o TPI é, em princípio, competente em primeira instância (art. 225.° ex-art. 168.°-A do Tratado da Comunidade Europeia na redacção dada pelo Tratado de Nice).

---

[33] Sobre este preceito, ver considerações formuladas por RAÚL VENTURA – "Convenção de arbitragem", *ROA* 46 (1986) 289-413, 314 e seg.

II. O SIGNIFICADO DAS FONTES COMUNITÁRIAS DO DIREITO INTERNACIONAL PRIVADO

A) Direito Internacional Privado de fonte comunitária que opera ao nível da ordem jurídica comunitária

O Direito Internacional Privado de fonte comunitária pode operar ao nível da ordem jurídica comunitária ou das ordens jurídicas dos Estados-Membros.

É indiscutível que opera *ao nível da ordem jurídica comunitária* nos casos em que se trata de Direito Internacional Privado aplicável pelas jurisdições comunitárias.

É o que se verifica com o Direito de Conflitos contido no Tratado da Comunidade Europeia.

Em primeiro lugar, foi assinalado que as jurisdições comunitárias são competentes para conhecer dos litígios relativos à responsabilidade extracontratual da Comunidade Europeia por danos causados pelas suas instituições ou pelos seus agentes. Nesta matéria, o art. 288.°/2 (ex-art. 215.°/2) do Tratado da Comunidade Europeia remete para os princípios gerais comuns aos Direitos dos Estados-Membros.

No que toca à competência do TCE fundada em "cláusula compromissória" constante de um contrato de Direito privado ou de Direito público celebrado pela Comunidade ou por sua conta, o Tratado da Comunidade Europeia limita-se a determinar que a responsabilidade contratual da Comunidade é regulada pela lei aplicável ao contrato em causa (art. 288.°/1 ex-art. 215.°/1).

A jurisprudência do TCE nesta matéria, relativamente escassa, confirma que, em primeiro lugar, o tribunal atende ao Direito escolhido expressa ou tacitamente pelas partes. Na falta de designação pelas partes, parece que o tribunal, entre a determinação do Direito nacional aplicável e o recurso aos princípios jurídico-materiais comuns aos Estados em contacto com a situação, tem dado preferência, nesta matéria, à primeira via, e aplicado o Direito do Estado com o qual situação apresenta uma conexão mais estreita[34]. É de supor que, com a entrada em vigor da Conven-

---

[34] Ver D. LASOK e P. A. STONE – *Conflict of Laws in the European Community*, Oxon, 1987, 36 e segs.

ção de Roma sobre a Lei Aplicável às Obrigações Contratuais, o TCE *atenda* ao Direito de Conflitos *unificado* aí contido, pelo menos com respeito aos contratos de Direito privado[35].

Com respeito às questões prévias relativas ao estado das pessoas e a relações de família que se colocam nos litígios entre as Comunidades e os seus agentes, os tribunais comunitários têm evitado a formulação de regras de conflitos para a determinação do Direito estadual aplicável[36]. O sentido da jurisprudência comunitária não é inequívoco. Segundo uns os tribunais comunitários atendem aos Direitos de Conflitos dos Estados-Membros cujos tribunais seriam competentes para conhecer a questão (se ela se suscitasse a título principal)[37]. Segundo outros esta jurisprudência baseia-se nos elementos comuns aos Direitos de Conflitos dos Estados-Membros envolvidos[38].

---

[35] Cf. G. BADIALI (n. 32) 91 e segs., FALLON (n. 10) 116 e Antonio SAGGIO – "Diritto internazionale privato e diritto uniforme nel sistema comunitario", *Riv. diritto europeo* (1996) 215-233, 221. O TCE também é competente para decidir os litígios entre a Comunidade e os seus agentes, dentro dos limites e condições estabelecidas no estatuto ou decorrentes do regime que a estes é aplicável (art. 236.° ex-art. 179.°). O art. 288.°/4 (ex-art. 215.°) regula a responsabilidade pessoal dos seus agentes pelas disposições do respectivo estatuto ou do regime que lhes é aplicável. Trata-se de uma matéria jurídico-administrativa que não parece colocar um problema de determinação do Direito aplicável que deva ser resolvido pelo Direito Internacional Privado.

[36] Ver RIGAUX – "Droit international privé et droit communautaire", *in Mélanges Yvon LOUSSOUARN*, 341-354, 1992, 347 e segs. e MOURA RAMOS – "O Tribunal de Justiça das Comunidades Europeias e a Teoria Geral do Direito Internacional Privado. Desenvolvimentos Recentes", *in Estudos em Homenagem à Prof. Doutora Isabel* DE MAGALHÃES COLLAÇO, vol. I, 431-467, Coimbra, 2002, 445 e segs. Em sentido desfavorável a esta formulação ver alegações do Procurador-Geral Jean-Pierre WARNER no caso *Mme P.* v. *Comissão*, TCE 5/2/81, proc. n.° 40/79 [*Rec.* 1981: 361, 382 e seg.], mas com argumentos pouco convincentes. RIGAUX considera que se trataria de um esforço desmesurado a elaboração de um sistema geral de normas de conflitos face à raridade dos casos em que é necessário. O autor favorece o recurso às regras de conflitos do tribunal do Estado-Membro que seria competente para conhecer a questão (se ela se suscitasse a título principal, segundo creio), invocando neste sentido os regulamentos de execução do Estatuto dos funcionários emitidos pela Comissão.

[37] Cf. RIGAUX [loc. cit.] e FALLON (n. 10) 108 e segs.

[38] Cf. SAGGIO (n. 35) 219 e MOURA RAMOS (n. 16 [s. d.]) 94 (mas cp. [n. 36] 446 e segs.].

346   *Estudos de Direito Internacional Privado*

B) Direito Internacional Privado de fonte comunitária que opera ao nível da ordem jurídica dos Estados-Membros

O significado do Direito Comunitário derivado como fonte do Direito Internacional Privado vigente na ordem jurídica interna foi limitado antes do Tratado de Amesterdão[39].

A maior parte destas normas comunitárias de Direito Internacional Privado estão contidas em directivas. Trata-se pois de medidas de harmonização dos sistemas de Direito Internacional Privado dos Estados-Membros. A jurisprudência comunitária reconhece um efeito directo às directivas não transpostas no prazo devido, mas limita-o à eficácia vertical: na falta de medidas de execução pelos Estados estes actos apenas podem ser opostos pelos particulares aos Estados que os não cumpram; já não podem ser invocados nas relações interparticulares[40].

Decorre do anteriormente exposto que, a partir da entrada em vigor do Tratado de Amesterdão, o Direito Comunitário derivado passou a ser uma das fontes mais importantes do Direito Internacional Privado vigente na ordem interna dos Estados-Membros. Os Regulamentos já adoptados pelo Conselho neste domínio foram anteriormente referidos (I)[41]. A concretizarem-se os planos dos órgãos comunitários, o Direito Comunitário derivado tenderá a constituir a mais importante das fontes do Direito Internacional Privado vigente na ordem interna dos Estados-Membros.

---

[39] Ver LIMA PINHEIRO (n. 4) 164 e seg. e (n. 5) 49. Em geral, ver PETER NORTH – "Is European Harmonisation of Private International Law a Myth or a Reality? A British Perspective", *in Essays in Private International Law* (1993), 1-21, Oxford, 1990; Karl KREUZER – "*Lex communis europæe de collisione legum*: utopie ou nécessité", *in España y la codificación del Derecho internacional privado*, 225-246, Madrid, 1991, 233 e segs.; RIGAUX (n. 36); e, JAYME/KOHLER – "Das Internationale Privat- und Verfahrensrecht der EG nach Maastricht", *IPRax* 12 (1992) 346-356, "Europäisches Kollisionsrecht 1994: Quellenpluralismus und offene Kontraste", *IPRax* 14 (1994) 405-415, "Europäisches Kollisionsrecht 1995 – Der Dialog der Quellen", *IPRax* 15 (1995) 343-354, "Europäisches Kollisionsrecht 1996 – Anpassung und Transformation der nationalen Rechte", *IPRax* 16 (1996) 377, (n. 11) 385 e "Europäisches Kollisionsrecht 1999 – Die Abendstunde der Staatsverträge", *IPRax* 19 (1999) 401-413.

[40] Cf. JAYME – "Identité culturelle et intégration: le droit international privé postmoderne", *RCADI* 251 (1995) 9-268, 84 e SONNENBERGER (n. 10) 34 e segs.

[41] Há ainda a mencionar, como medida de harmonização do Direito de Conflitos tomada depois da entrada em vigor do Tratado de Amesterdão, a Dir. 2002/65/CE do Parlamento Europeu e do Conselho, de 23/9/2002, relativa à comercialização à distância de serviços financeiros prestados a consumidores e que altera as Dirs. 90/619/CEE do Conselho, 97/7/CE e 98/27/CE [*JOCE* L 271/16, de 9/10/2002].

Federalismo e Direito Internacional Privado 347

III. DOS LIMITES QUE POSSAM DECORRER DOS TRATADOS INS-TITUINTES PARA A ACTUAÇÃO DAS NORMAS NACIONAIS DE DIREITO INTERNACIONAL PRIVADO

A) Aspectos gerais

Constitui questão muito controversa a da incidência das normas e princípios que consagram as liberdades de circulação de pessoas, mercadorias e serviços e o direito de estabelecimento sobre os Direitos de Conflitos nacionais.

Uns defendem que do Tratado da Comunidade Europeia decorrem certas soluções conflituais e limites à aplicação de normas de Direito privado que condicionam o Direito de Conflitos dos Estados-Membros[42]. Outros entendem que este Tratado não contém "normas de conflitos ocultas" e que o problema da compatibilidade de normas internas de Direito de Conflitos com o Direito Comunitário originário só se coloca excepcionalmente, com relação a certas normas discriminatórias[43].

Esta segunda posição merece a minha preferência.

Por certo que pode haver uma tensão entre as normas comunitárias que consagram as liberdades fundamentais e algumas normas internas de Direito Internacional Privado.

Por conseguinte, a tensão entre as normas e princípios comunitários relativos às liberdades fundamentais e o Direito de Conflitos dos Estados--Membros é *normalmente* resolúvel mediante a autonomização das questões de Direito privado suscitadas pela aplicação dessas normas comunitárias e a sua sujeição ao Direito Internacional Privado dos Estados--Membros.

---

[42] Ver Jürgen BASEDOW – "Der kollisionsrechtliche Gehalt der Produktsfreiheiten im europäischen Binnenmarkt: favor offerendis", *RabelsZ*. 59 (1995) 1-54 e RADICATI DI BROZOLO – "Libre circulation dans la CE et règles de conflit", *in L'européanisation du droit international privé*, org. por Paul LAGARDE e Bernd VON HOFFMANN, 87-103, Colónia, 1996; mais moderadamente, FALLON (n. 10) 127 e segs., 140 e segs. e 178; Wulf-Henning ROTH – "Die Grundfreiheiten und das Internationale Privatrecht – das Beispiel Produkthaftung", *in Gedächtnisschrift für Alexander Lüderitz*, 635-657, Munique, 2000 e "Der Einfluss der Grundfreiheiten auf das internationale Privat- und Verfahrensrecht", *in Systemwechsel im europäischen Kollisionsrecht*, 47-63, Munique, 2002; KROPHOLLER – *Internationales Privatrecht*, 4.ª ed., Tubinga, 2001, 73 e seg.

[43] Ver BADIALI (n. 32) 107 e SONNENBERGER (n. 10) 13 e segs.

348 *Estudos de Direito Internacional Privado*

Entendimento algo diverso, porém, tem sido seguido pelo TCE. Examinarei em seguida algumas decisões relativas ao direito de estabelecimento e à liberdade de prestação de serviços que vieram colocar limites ou condicionamentos à actuação do Direito de Conflitos em matéria de "sociedades" e de relações laborais.

B) Direito de estabelecimento e Direito de Conflitos das "sociedades" comunitárias

Tem sido discutido se o direito de estabelecimento atribuído pelo Direito Comunitário implica que cada Estado-Membro deve aplicar às "sociedades" comunitárias (na acepção ampla do art. 48.º ex-art. 58.º do Tratado da Comunidade Europeia) o Direito da sua constituição. A doutrina dominante responde negativamente[44]. Também o TCE, no caso *Daily Mail* (1988)[45], decidiu que até à conclusão de uma convenção de reconhecimento entre os Estados-Membros ou outra regulação comunitária desta matéria o Direito Comunitário não coloca condicionamentos aos Direitos de Conflitos nacionais na determinação do estatuto pessoal das sociedades.

Mais recentemente, no caso *Centros* (1999), o TCE decidiu que, por força das disposições sobre direito de estabelecimento, um Estado-Membro não pode recusar o registo de uma dita "sucursal" de uma sociedade constituída em conformidade com a legislação de outro Estado-Membro, no qual tem a sede estatutária, mesmo quando segundo o Direito Internacional Privado daquele Estado-Membro seriam aplicáveis as suas normas sobre a constituição de uma sociedade, uma vez que se tratava de uma sociedade interna que, em fraude à lei, fora constituída no estrangeiro (uma sociedade pseudo-estrangeira)[46].

Segundo a melhor interpretação desta decisão, que a compatibiliza com a proferida no caso *Daily Mail*, ela fundamenta-se numa interpretação autónoma do conceito de "sucursal" utilizado pelo art. 43.º/1 (ex-art. 52.º) do Tratado da Comunidade Europeia, e não comporta uma tomada

---

[44] Ver referências em LIMA PINHEIRO – "O Direito aplicável às sociedades. Contributo para o Direito Internacional Privado das sociedades", *ROA* 58 (1998) 673-777, n. 210 e, a favor da posição contrária, n. 211.

[45] Cf. ac. 27/9/88 [*CTCE* (1988-8) 5483].

[46] TCE 9/3/99 [*CTCE* (1999-3) I – 1459].

de posição sobre o estatuto pessoal das "sociedades" comunitárias[47]. A interpretação das normas sobre direito de estabelecimento seguida pelo tribunal é discutível. Para além disso, porém, o registo da dita "sucursal" suscitava questões prévias de Direito privado que deveriam ser resolvidas segundo o Direito Internacional Privado do Estado-Membro em causa. A decisão é, a este respeito, errada. Ao impor incondicionalmente o registo da "sucursal" o TCE fez prevalecer as normas relativas ao direito de estabelecimento sobre o Direito Internacional Privado dos Estados-Membros[48].

A mesma orientação geral foi seguida mais recentemente no caso *Überseering* (2002)[49]. Nesta decisão o TCE afirmou que o exercício da liberdade de estabelecimento pressupõe necessariamente o reconhecimento da personalidade jurídica da sociedade constituída em conformidade com o Direito de outro Estado-Membro, onde tem a sua sede estatutária, em qualquer Estado-Membro em que pretenda estabelecer-se[50]. Por conseguinte, no caso de a sociedade transferir a sede da sua administração para um Estado diferente daquele em que se constituiu e estabeleceu a sede estatutária, a recusa de reconhecimento da sua personalidade jurídica constitui, no entender do tribunal, uma restrição à liberdade de estabelecimento que é, em princípio, inadmissível[51].

Esta decisão, se também não afasta a regra da sede da administração na definição do estatuto pessoal das "sociedades" comunitárias[52], estabelece um claro limite à actuação desta regra, visto que obriga ao reconhecimento da personalidade jurídica adquirida pelas "sociedades" constituídas fora do Estado da sede da sua administração, segundo o Direito do Estado constituição (i.e., com base na teoria da constituição)[53].

---

[47] Cf. Werner EBKE – "Centros – Some Realities and Some Mysteries", *Am. J. Comp. L.* 48 (2000) 623-660, 632 e segs.

[48] Cp., porém, MOURA RAMOS (n. 36) 455 e segs. com mais referências.

[49] 5/11/2002 disponível em http://europa.eu.int.

[50] N.º 59.

[51] N.º 82.

[52] Cp. LIMA PINHEIRO (n. 44) 770 e seg., com mais referências, no sentido de as normas sobre direito de estabelecimento implicarem a submissão do estatuto das "sociedades" comunitárias" à lei do Estado-Membro de constituição. Decorre do exposto no texto que já não sigo este entendimento.

[53] Relativamente às teorias sobre a determinação do estatuto pessoal das sociedades ver LIMA PINHEIRO (n. 44) 678 e segs. e *Direito Internacional Privado*. Vol. II – *Direito de Conflitos. Parte Especial*, 2.ª ed., Almedina, Coimbra, 2002, 79 e segs.

Este entendimento é de reprovar. A personalidade jurídica é uma questão prévia de Direito privado suscitada pelas normas relativas à liberdade de estabelecimento que deveria ser apreciada exclusivamente segundo a lei designada pelo Direito de Conflitos do Estado em que se pretendia exercer esta liberdade.

Nestes casos, as questões prévias de Direito privado suscitadas pela aplicação das normas relativas à liberdade de estabelecimento relevam da ordem jurídica dos Estados-Membros e, por conseguinte, devem ser solucionadas com base no Direito Internacional Privado dos Estados-Membros e não segundo critérios autónomos pretensamente deduzidos dessas normas comunitárias.

Entretanto, aguarda-se o pronunciamento do TCE sobre outras questões suscitadas pelos tribunais nacionais relativamente às implicações desta jurisprudência para o Direito de Conflitos das sociedades.

C) Liberdade de prestação de serviços e normas laborais susceptíveis de aplicação necessária

Passo agora a referir algumas decisões proferidas em matéria de relações laborais à luz das normas relativas à liberdade de prestação de serviços.

Principiarei pelos casos *Arblade* (1999)[54] e *Mazzoleni* (2001)[55], relativos à aplicação de normas belgas, essencialmente de Direito do Trabalho, a trabalhadores destacados para o seu território. Nestas decisões o TCE entendeu que as normas nacionais inseridas na categoria de "leis de polícia e de segurança" (normas susceptíveis de aplicação necessária) aplicáveis aos serviços prestados no território do Estado que as edita por pessoas estabelecidas noutros Estados-Membros constituem limites à liberdade de prestação de serviços que só podem ser justificados por razões imperativas de interesse geral e que se apliquem a qualquer pessoa ou empresa que exerça uma actividade no território do Estado-Membro de acolhimento na medida em que esse interesse não esteja salvaguardado pelas regras a que o prestador está sujeito no Estado-Membro em que está estabelecido. O tribunal afirmou ainda que a aplicação destas normas, como de quaisquer outras regulamentações nacionais, de um Estado-

---

[54] 23/11/1999 [*CTCE* (1999) I-08453].

[55] 15/3/2001 [*CTCE* (2001) I-02189].

Federalismo e Direito Internacional Privado

-Membro aos prestadores estabelecidos noutros Estados-Membros, deve ser adequada para garantir a realização do objectivo que as mesmas prosseguem e não ultrapassar o necessário para atingir esse objectivo.

Nesta base, no caso *Mazzoleni*, o TCE decidiu que "os artigos 59.° e 60.° do Tratado não se opõem a que um Estado-Membro obrigue uma empresa estabelecida noutro Estado-Membro que efectue uma prestação de serviços no território do primeiro Estado-Membro a pagar aos seus trabalhadores a remuneração mínima estabelecida pelas normas nacionais desse Estado. A aplicação de tais regras pode, contudo, revelar-se desproporcionada quando se trate de assalariados de uma empresa estabelecida numa região fronteiriça que sejam conduzidos a efectuar, a tempo parcial e durante breves períodos, uma parte do respectivo trabalho no território de um ou até mesmo vários Estados-Membros que não o de estabelecimento da empresa. Incumbe, em consequência, às autoridades competentes do Estado-Membro de acolhimento determinar se e em que medida a aplicação de uma regulamentação nacional que imponha um salário mínimo a tal empresa é necessária e proporcionada para garantir a protecção dos trabalhadores em causa"[56].

A mesma orientação foi seguida pelo mesmo tribunal no caso *Portugaia* (2002), em que se afirma que "Incumbe, por isso, às autoridades nacionais ou, se for caso disso, aos órgãos jurisdicionais do Estado-Membro de acolhimento, antes de aplicarem a regulamentação relativa ao salário mínimo aos prestadores de serviços estabelecidos noutro Estado-Membro, verificar se esta prossegue efectivamente e pelos meios apropriados um objectivo de interesse geral"[57].

Estas decisões não são proferidas à luz da Directiva Relativa ao Destacamento de Trabalhadores[58], por à data da ocorrência dos factos ainda não ter expirado o prazo para a sua transposição e, segundo parece, ainda não terem sido transpostas para a ordem jurídica interna dos Estados em que trabalho foi executado. Em minha opinião o entendimento seguido pelo TCE entra em contradição com o disposto nesta Directiva, que estabelece que os Estados comunitários devem assegurar, aos trabalhadores

---

[56] N.° 41.

[57] N.° 24, 24/1/2002 [*CTCE* (2002) I-00787]. Sobre esta decisão ver MOURA VICENTE – "Destacamento internacional de trabalhadores", *in Direito Internacional Privado. Ensaios*, vol. I, 85-106, Coimbra, 2002, 96 e seg.

[58] Dir. 96/71/CE do Parlamento Europeu e do Conselho, de 16/12 [*JOCE* L 18/1, de 21/1/97].

352   *Estudos de Direito Internacional Privado*

destacados para o seu território por uma empresa estabelecida noutro Estado comunitário, a *protecção mínima* concedida pelo seu Direito em certas matérias (arts. 1.°/1 e 3.°)[59].

As decisões que acabo de examinar também manifestam uma certa tendência para fazer prevalecer as normas sobre a liberdade de prestação de serviços sobre o Direito Internacional Privado dos Estados-Membros. Nestes casos não se trata do Direito de Conflitos geral, mas de normas susceptíveis de aplicação necessária do Estado em que os serviços são prestados[60].

Esta jurisprudência, quando interpretada no sentido do estabelecimento de limites genéricos à actuação de normas de conflitos que desencadeiem a aplicação do Direito privado do Estado destinatário da prestação de serviços por empresas estabelecidas noutros Estados-Membros, fundamenta-se a meu ver num entendimento equivocado das relações entre o Direito Comunitário e o Direito Internacional Privado.

O equívoco assenta numa confusão entre regimes de Direito público sobre o acesso e exercício de actividades económicas e regimes de Direito privado aplicáveis às relações estabelecidas no exercício dessas actividades. O acesso e exercício de uma actividade está submetido aos regimes de Direito público do Estado em que o prestador de serviços está estabelecido, uma vez que se trata de normas que são, em regra, de aplicação territorial. Por isso se compreende que, num mercado comum, só limitadamente possam ser aplicadas normas sobre acesso e exercício de actividades do Estado destinatário da prestação aos serviços prestados por pessoas estabelecidas noutros Estados-Membros (dito princípio do país de origem). Já a aplicação de regimes de Direito privado depende das normas de Direito Internacional Privado (que não seguem o princípio do país de origem), razão por que não se pode partir do princípio que a prestação de serviços está submetida ao regime estabelecido pelo Estado-Membro de origem. De onde resulta que as soluções desenvolvidas pela jurisprudência comunitária sobre a aplicação de regimes de Direito público sobre o acesso e exercício de actividades não são, em princípio, transponíveis para a aplicação de normas de Direito privado do Estado destinatário da prestação.

---

[59] Ver, sobre esta Directiva, LIMA PINHEIRO (n. 53) 203 e seg. Cp. MOURA VICENTE (n. 57) 97.

[60] Ver MOURA RAMOS (n. 36) 463 e segs.

Por certo que podem ocorrer casos de aplicação cumulativa de normas imperativas de Direito privado do Estado de origem e do Estado destinatário da prestação de serviços. Isto cria alguma desvantagem para os prestadores de serviços transfronteiriços. Mas esta desvantagem não resulta, por si, da aplicação de normas do Estado destinatário da prestação de serviços. É antes uma desvantagem inerente ao carácter transnacional desta relação, que apresenta um contacto significativo com dois Estados que dispõem de sistemas jurídicos autónomos e que são internacionalmente competentes para a regular. Qualquer relação que tenha laços significativos com mais de um Estado está potencialmente sujeita à aplicação cumulativa de normas de diferentes Estados. A aplicação de normas jurídico-privadas do Estado-Membro destinatário da prestação pode ser tão ou mais justificada, à luz das finalidades próprias do Direito de Conflitos, que a aplicação das normas correspondentes do Estado de origem. Estas finalidades não devem ser sacrificadas sempre que tenham alguma incidência, por mais ténue e casual que seja, na posição do prestador de serviços.

A jurisprudência referida admite, apesar de tudo, uma outra interpretação. As normas do Estado de acolhimento dos trabalhadores cuja aplicação estava em causa encontram-se numa zona cinzenta entre o Direito privado e o Direito público e são, normalmente, de aplicação territorial. É legítimo pensar que o TCE, partindo do princípio que o prestador de serviços estava submetido a normas correspondentes no Estado de origem, entendeu que a aplicação cumulativa das normas do Estado de acolhimento deveria ser encarada como uma restrição à liberdade de prestação serviços. É um entendimento, que embora me pareça discutível à luz do Tratado da Comunidade Europeia e incompatível com a Directiva Relativa ao Destacamento de Trabalhadores, não é extensível à generalidade das normas de Direito privado.

Em suma, deve entender-se que as restrições à liberdade de prestação de serviços proibidas pelo Tratado da Comunidade Europeia são, em princípio, as que dizem respeito às normas sobre acesso e exercício de actividades económicas editadas pelo Estado-Membro destinatário da prestação. Da aplicação de normas de Direito privado às relações estabelecidas no exercício destas actividades não decorre, em princípio, qualquer restrição no sentido do art. 49.° (ex-art. 59.°) do mesmo Tratado. A aplicação destes regimes de Direito privado só deve ser considerada como um limite à liberdade de prestação de serviços quando estes regimes forem discriminatórios.

354   *Estudos de Direito Internacional Privado*

Em sentido convergente pode referir-se o pronunciamento do legislador comunitário no 23.° Considerando da Directiva sobre Comércio Electrónico[61], segundo o qual "O disposto na legislação aplicável por força das normas de conflitos do Direito Internacional Privado não restringe a liberdade de prestar serviços da sociedade da informação nos termos constantes da presente Directiva".

D) Direito Internacional Privado e princípio da não discriminação

Já se aceita que a proibição de discriminação em razão da nacionalidade, no âmbito de aplicação do Tratado da Comunidade Europeia, consagrada no art. 12.° (ex-art. 6.°), seja incompatível com normas de Direito Internacional Privado que estabeleçam um tratamento menos favorável de nacionais de outros Estados-Membros[62]. Este tratamento menos favorável pode resultar da utilização, como critério diferenciador, seja da nacionalidade, seja de outro critério que conduza ao mesmo resultado discriminatório (discriminação oculta).

A utilização do elemento de conexão nacionalidade, designadamente em matéria de estatuto pessoal, não encerra, porém, qualquer discriminação[63]. A equiparação entre nacionais e estrangeiros está assegurada, no plano do Direito de Conflitos, quando o mesmo elemento de conexão for utilizado em todos os casos.

---

[61] Dir. 2000/31/CE do Parlamento Europeu e do Conselho, de 8/6/2000 [*JOCE* L 178/1, de 17/7/2000]. Este diploma não é, porém, inteiramente coerente – ver LIMA PINHEIRO – "Direito aplicável à responsabilidade extracontratual na *Internet*", *RFDUL* 42 (2001) 825-834, 833 e seg. Cp. MOURA VICENTE – "Comércio electrónico e responsabilidade empresarial", *in Direito Internacional Privado. Ensaios*, vol. I, 193-239, Coimbra, 2002, 217 e segs.

[62] Ver KROPHOLLER (n. 42) 72 e seg.

[63] No seu ac. 10/6/1999, no caso *Johannes* [*CTCE* (1999) I-03475], o TCE decidiu que a proibição de discriminação em razão da nacionalidade, consagrada no art. 12.° (ex-art. 6.°) do Tratado da Comunidade Europeia, se limita ao âmbito de aplicação deste Tratado e que nem as normas nacionais de Direito Internacional Privado que determinam o direito substantivo nacional aplicável aos efeitos do divórcio entre cônjuges nem os preceitos nacionais de Direito Civil que regulam em termos de Direito substantivo esses efeitos se incluem no âmbito de aplicação do Tratado; de onde resulta que o art. 12.° do Tratado não obsta a que o Direito de um Estado-Membro atenda à nacionalidade dos cônjuges como factor de conexão que permite determinar o Direito substantivo nacional aplicável aos efeitos de um divórcio.

IV. CONSIDERAÇÕES FINAIS

Numa associação de Estados soberanos é de esperar que a competência em matéria de criação e aplicação do Direito Internacional Privado pertença aos órgãos dos Estados-Membros[64]. Isto sem prejuízo de, no exercício desta competência, os Estados-Membros realizarem uma *unificação ou harmonização voluntária*.

Acresce que a atribuição de competência legislativa genérica aos órgãos comunitários em matéria de Direito Internacional Privado não é justificada à luz dos objectivos visados pelos Tratados instituintes e está em contradição com o disposto no Tratado da União Europeia sobre o respeito da cultura, das tradições e da identidade nacional dos Estados--Membros e com a intencionalidade subjacente aos arts. 61.º/c) e 65.º do Tratado da Comunidade Europeia na redacção dada pelo Tratado de Amesterdão.

No exercício desta competência tem-se verificado uma *violação do disposto no art. 65.º do Tratado da Comunidade Europeia e do princípio da subsidiariedade*, designadamente quanto à uniformização dos regimes da competência internacional e do reconhecimento de decisões estrangeiras. Os órgãos comunitários não demonstraram que o bom funcionamento do mercado interno exige esta uniformização e que os objectivos visados com a unificação destes regimes não podem ser suficientemente realizados pelos Estados-Membros.

A competência dos tribunais comunitários em matéria de Direito Internacional Privado é muito limitada. No entanto, na decisão de questões suscitadas pela aplicação das normas comunitárias sobre o direito de estabelecimento e a liberdade de prestação de serviços o TCE tem manifestado uma tendência para inferir dessas normas limites e condicionamentos à actuação do Direito de Conflitos dos Estados-Membros. Esta tendência fundamenta-se num entendimento equivocado das relações entre o Direito Comunitário e o Direito Internacional Privado e, em certos casos, é incompatível com a própria legislação comunitária.

A acelerada comunitarização do Direito Internacional Privado não é, por estas razões, coerente nem justificada. Ela insere-se numa ambiciosa política de unificação do Direito privado que não só está desajustada do actual estádio da integração europeia como também é desnecessária

---

[64] Ver GAUDEMET-TALLON (n. 6) 330 e segs.

356   *Estudos de Direito Internacional Privado*

para o aprofundamento desta integração e, designadamente, para a construção de um Estado federal.

Um Estado federal é compatível com uma pluralidade de sistemas jurídico-privados e não implica uma unificação do Direito Internacional Privado ou sequer, das normas de conflitos aplicáveis às situações que estão em contacto com mais de um Estado federado (e que integram o Direito Interlocal). Necessário é apenas que as normas de Direito Internacional Privado (bem como as de Direito Interlocal) sejam compatíveis com a Constituição federal, designadamente quanto ao respeito dos direitos fundamentais e à exigência de que a competência dos tribunais do Estado do foro ou a aplicação do seu Direito material se baseiem num laço suficientemente significativo com a situação.

Apesar de a comunitarização do Direito Internacional Privado se operar, em vasta medida, sem base jurídico-positiva ou mesmo em violação do Direito positivo, tudo indica que os órgãos comunitários persistirão na mesma orientação política. Por isso, a única possibilidade de inverter este processo seria inserir nos Tratados instituintes ou no futuro Tratado Constitucional disposições que estabelecessem restrições inequívocas às competências dos órgãos comunitários em matéria de Direito Internacional Privado e que salvaguardassem os Direitos de Conflitos dos Estados--Membros relativamente à aplicação das normas comunitárias que consagram as liberdades fundamentais.

Para o efeito, creio que se deveria estabelecer a *regra da competência legislativa exclusiva* dos Estados-Membros em matéria de Direito Internacional Privado. Esta regra admitiria excepções nas matérias em que os órgãos comunitários tivessem competência para a harmonização legislativa. No âmbito do Direito privado os órgãos comunitários só deveriam ter competência para a harmonização legislativa em matérias bem delimitadas, enumeradas taxativamente, e o exercício desta competência deveria ser sujeito aos requisitos apropriados que decorrem do princípio da subsidiariedade e da compatibilidade com os instrumentos de unificação adoptados numa base intergovernamental.

Por acréscimo, deveria introduzir-se uma *regra interpretativa* segundo a qual das normas comunitárias que consagram as liberdades fundamentais não decorrem limites para a actuação das normas de Direito Internacional Privado vigentes na ordem jurídica dos Estados-Membros, com ressalva do princípio da não discriminação.

O DIREITO DE CONFLITOS E AS LIBERDADES COMUNITÁRIAS DE ESTABELECIMENTO E DE PRESTAÇÃO DE SERVIÇOS[*]

INTRODUÇÃO

O tema das relações entre o Direito Internacional Privado e o Direito Comunitário era caro ao Professor António Marques dos Santos. Era o tema que o Professor António Marques dos Santos tinha escolhido para objecto da Lição a proferir nas provas de Agregação, bem como o do mestrado de Direito Internacional Privado que, à data do seu súbito e inesperado falecimento, regíamos conjuntamente. Parece-me pois particularmente apropriado incluir, numa obra em memória deste Colega e Amigo, um estudo inserido nesta temática e que desenvolve a comunicação que proferi no Seminário sobre a Comunitarização do Direito Internacional Privado, realizado na Faculdade de Direito de Lisboa, em Maio de 2004.

O tema das relações entre o Direito Internacional Privado e o Direito Comunitário é multifacetado[1].

---

[*] *In Estudos em Memória do Professor Doutor António Marques dos Santos*, vol. I, 273-303, Almedina, Coimbra, 2005.

[1] Em geral, sobre este tema, ver G. BADIALI – "Le droit international privé des Communautés européennes", *RCADI* 191 (1985) 9-182; MOURA RAMOS – Recensão a ORTIZ-ARCE DE LA FUENTE – Derecho Internacional privado Español y Derecho Comunitario Europeu, *RDE* 16-19 (1990/1993) 881-898; Id. – "Un diritto internazionale privato della Comunità Europea: origine, sviluppo, alcuni principi fondamentali", *in Studi in onore di Francesco Capotorti*, 1999, 273-305; Id. – "O Tribunal de Justiça das Comunidades Europeias e a Teoria Geral do Direito Internacional Privado. Desenvolvimentos Recentes", *in Estudos em Homenagem à Prof. Doutora Isabel* DE MAGALHÃES COLLAÇO, vol. I, 431-467, Coimbra, 2002; A. STRUYCKEN – "Les conséquences de l'intégration européenne sur le développement du droit international privé", *RCADI* 232 (1992) 257-383; RIGAUX – "Droit international privé et droit communautaire", *in Mélanges Yvon Loussouarn*, 341-354, 1992; Eckart BRÖDERMANN e Holger IVERSEN – *Europäisches Gemeinschaftsrecht und*

358 — Estudos de Direito Internacional Privado

O Direito Internacional Privado tem fontes comunitárias, e o crescente papel destas fontes é justamente o traço mais marcante da comunitarização deste ramo do Direito[2]. O Direito Comunitário releva como limite à aplicação do Direito estrangeiro, quer por via reserva da ordem pública internacional quer enquanto limite autónomo[3]. O Direito Comuni-

---

Internationales Privatrecht, Tubinga, 1994; Marc FALLON – "Les conflits de lois et de juridictions dans un espace économique intégré. L'expérience de Communauté européenne", *RCADI* 253 (1995) 9-282; Bernd VON HOFFMANN – "The Relevance of European Community Law", *in European Private International Law*, org. por Bernd VON HOFFMANN, 19-37, Nijmegen, 1998; Hans SONNENBERGER – "Europarecht und Internationales Privatrecht", *ZvglRWiss* 95 (1996) 3-47; Jürgen BASEDOW – "Europäisches Internationales Privatrecht", *NJW* 30 (1996) 1921-1929; Id. – "European Conflict of Laws under the Treaty of Amsterdam", *in International Conflict of Laws for the Third Millenium. Essays in Honor of Friedrich K. Juenger*, 175-192, Ardsley, Nova Iorque, 2001; Karl KREUZER – "Die Europäisierung des internationalen Privatrechts – Vorgaben des Gemeinschaftsrechts", *in Gemeinsames Privatrecht in der Europäischen Gemeinschaft*, 2.ª ed., Baden-Baden, 1999, 457-542, 473 e segs.; Christian KOHLER – "Interrogations sur les sources du droit international privé européen après le traitè d'Amesterdam", *R. crit.* 88 (1999) 1-30; Ulrich DROBNIG – "European Private International Law after the Treaty of Amsterdam: Perspectives for the Next Decade", *Kings College Law J.* 11 (2000) 191-201; Hélène GAUDEMET-TALLON – "Quel droit international privé pour l'Union européenne?", *in International Conflict of Laws for the Third Millenium. Essays in Honor of Friedrich K. Juenger*, 317-338, Ardsley, Nova Iorque, 2001; Id. – "De l'utilité d'une unification du droit international privé de la famille dans l'union européenne?", *in Estudos em Homenagem à Prof. Doutora Isabel* DE MAGALHÃES COLLAÇO, vol. I, 159-185, Coimbra, 2002; Erik JAYME – "Europa: Auf dem Weg zu einem interlokalen Kollisionsrecht", *in Vergemeinschftung des Europäischen Kollisionsrecht*, org. por Heinz-PETER Mansel, 31-40, 2001; JAYME/KOHLER – "Europäisches Kollisionsrecht 2001: Anerkennungsprinzip statt IPR", *IPRax* 21 (2001) 501-514; Id. – "Europäisches Kollisionsrecht 2002: Zur Wiederkehr des Internationalen Privatrechts", *IPRax* 22 (2002) 461-471; ALEGRÍA BORRÁS – "Derecho Internacional Privado y Tratado de Amsterdam", *Rev. Esp. Der. Int.* 51 (1999) 383-426; LIMA PINHEIRO – *Direito Internacional Privado. Volume I – Introdução e Direito de Conflitos/Parte geral*, Almedina, Coimbra, 2001, 269 e segs., e "Federalismo e Direito Internacional Privado – algumas reflexões sobre a comunitarização do Direito Internacional Privado", *Cadernos de Direito Privado* 2 (Junho 2003) 3-19; Klaus SCHURIG – "Unilateralistische Tendenzen im europäischen Gesellschaftsrecht, oder: Umgehung als Regelunsprinzip", *in Liber Amicorum Gerhard Kegel*, 199-221, Munique, 2002; Harmut LINKE – "Die Europäisierung des Internationalen Privat-und Verfahrensrechts. Traum oder Trauma?", *in Einheit und Vielfalt des Rechts. FS Reinhold Geimer*, 529-554, Munique, 2002.

[2] Ver LIMA PINHEIRO (n. 1 [2001]) 162 e segs., *Direito Internacional Privado. Vol. III – Competência Internacional e Reconhecimento de Decisões Estrangeiras*, Almedina, Coimbra, 2002, 48 e seg. e 262 e seg., e (n. 1 [2003]).

[3] Ver LIMA PINHEIRO (n. 1 [2001]) 476.

O Direito de Conflitos e as liberdades comunitárias de estabelecimento   359

tário auto-executório tem vocação para regular directamente as situações transnacionais que caiam dentro da sua esfera de aplicação no espaço[4]. O Direito Comunitário incide ainda em matéria de situação jurídica dos estrangeiros[5] e de resolução dos concursos de nacionalidades[6].

Há um outro aspecto das relações entre Direito Internacional Privado e Direito Comunitário que suscita questões especialmente complexas e controvertidas. Trata-se da relevância dos Tratado da Comunidade Europeia e, em particular, das normas e princípios que consagram as liberdades de circulação de pessoas, mercadorias, estabelecimento e serviços, para a resolução dos problemas de determinação do Direito aplicável a situações "privadas" internacionais (ou, como prefiro dizer, a situações transnacionais).

A tensão entre tendências centralistas, favoráveis à mais ampla unificação do Direito privado, através de actos comunitários, e à redução ao mínimo da autonomia dos sistemas jurídicos dos Estados-Membros, e tendências autonomistas, que defendem o pluralismo jurídico e a descentralização de competências em matéria de Direito privado também se projecta neste contexto. É assim que se assiste ao confronto entre um entendimento maximalista das normas e princípios que consagram as liberdades comunitárias, que comprime o Direito de Conflitos Internacional Privado e menospreza as suas finalidades, uma atitude mais tradicionalista, que nega qualquer incidência das liberdades comunitárias sobre o Direito de Conflitos, e uma posição que busca um compromisso entre esses regimes comunitários e as soluções do Direito de Conflitos que seja razoável e ajustado ao presente estádio da integração europeia.

Como defensor da integração europeia mas crítico do modelo centralizador para que tem apontado, designadamente, o processo de comunitarização do Direito Internacional Privado[7], inclino-me decididamente para esta terceira posição. A esta luz, suscita preocupação a recente viragem do Tribunal de Justiça das Comunidades (TCE) no sentido de um entendimento maximalista das normas e princípios que consagram as liberdades comunitárias relativamente a questões de Direito Internacional Privado.

---

[4] Ver LIMA PINHEIRO (n. 1 [2001]) 79 e segs.

[5] Ver LIMA PINHEIRO – *Direito Internacional Privado*. Vol. II – *Direito de Conflitos/Parte Especial*, 2.ª ed., Almedina, Coimbra, 2002, 138 e seg.

[6] Ver LIMA PINHEIRO (n. 1 [2001]) 339 e seg.

[7] Ver LIMA PINHEIRO (n. 1 [2003]).

360   *Estudos de Direito Internacional Privado*

Eis o ensejo para retomar e aprofundar algumas reflexões anteriores sobre a incidência do direito comunitário de estabelecimento sobre o Direito de Conflitos das sociedades e da liberdade comunitária de prestação de serviços sobre o Direito Internacional Privado do trabalho[8]. Completará o estudo um exame sumário da relevância da Directiva sobre o Comércio Electrónico para o Direito de Conflitos dos contratos e da responsabilidade extracontratual.

I. ASPECTOS GERAIS

Constitui questão muito controversa a da incidência do regime das liberdades de circulação de mercadorias, de estabelecimento e de prestação de serviços sobre as normas de conflitos de Direito Internacional Privado.

Uns defendem que do Tratado da Comunidade Europeia decorrem certas soluções conflituais[9], ou pelo menos limites genéricos à aplicação de normas de Direito privado que condicionam a actuação do Direito de Conflitos dos Estados-Membros[10]. Outros entendem que este Tratado não contém "normas de conflitos ocultas" e que o problema da compatibilidade de normas de conflitos internas com o Direito Comunitário originário só se coloca excepcionalmente com relação a certas normas discriminatórias[11].

Este segundo entendimento parece-me mais conforme com o Direito positivo e mais ajustado ao actual estádio da integração europeia. Creio que não se podem inferir soluções conflituais das normas comunitárias que consagram as liberdades fundamentais e que as normas de Direito privado

---

[8] Ver LIMA PINHEIRO (n. 1 [2001]) 269 e seg.), (n. 5) 102 e seg. e (n. 1 [2003]).

[9] Ver Jürgen BASEDOW – "Der kollisionsrechtliche Gehalt der Produktsfreheiten im europäischen Binnenmarkt: favor offerendis", *RabelsZ.* 59 (1995) 1-54 e RADICATI DI BROZOLO – "Libre circulation dans la CE et règles de conflit", *in L'européanisation du droit international privé*, org. por Paul LAGARDE e Bernd VON HOFFMANN, 87-103, Colónia, 1996.

[10] Ver FALLON (n. 1) 127 e segs., 140 e segs. e 178; Wulf-Henning ROTH – "Die Grundfreiheiten und das Internationale Privatrecht – das Beispiel Produkthaftung", *in Gedächtnisschrift für Alexander Lüderitz*, 635-657, Munique, 2000 e "Der Einfluss der Grundfreiheiten auf das internationale Privat- und Verfahrensrecht", *in Systemwechsel im europäischen Kollisionsrecht*, 47-63, Munique, 2002; KROPHOLLER – *Internationales Privatrecht*, 4.ª ed., Tubinga, 2001, 73 e seg.

[11] Ver BADIALI (n. 1) 107 e SONNENBERGER (n. 1) 13 e segs.

O *Direito de Conflitos e as liberdades comunitárias de estabelecimento*   361

não constituem, em regra, restrições a essas liberdades[12]. Não excluo que no interesse do comércio intercomunitário se devam colocar limites à actuação do Direito de Conflitos que, embora mínimos, vão além da proibição de discriminação. Mas parece-me que o Tratado da Comunidade Europeia não fundamenta estes limites e que eles de algum modo supõem um aprofundamento da integração política.

A tensão entre as normas comunitárias que consagram as liberdades fundamentais e o Direito de Conflitos dos Estados-Membros manifesta-se em diversos domínios. Mas esta tensão é *normalmente* resolúvel por uma de duas vias.

Nuns casos, mediante a autonomização das questões de Direito privado suscitadas pela aplicação dessas normas comunitárias e a sua sujeição ao Direito Internacional Privado dos Estados-Membros.

Noutros, mediante a tolerância dos efeitos secundários e indirectos da aplicação de certas normas de Direito privado sobre o comércio intercomunitário porquanto essa aplicação é justificada pelos fins prosseguidos por estas normas bem como pelas finalidades do Direito de Conflitos.

Parece-me indiscutível que a proibição de discriminação em razão da nacionalidade, no âmbito de aplicação do Tratado da Comunidade Europeia, consagrada no seu art. 12.º, é incompatível com normas de Direito Internacional Privado que estabeleçam um tratamento menos favorável de nacionais de outros Estados-Membros[13]. Este tratamento menos favorável pode resultar da utilização, como critério diferenciador, seja da nacionalidade, seja de outro critério que conduza ao mesmo resultado discriminatório (discriminação indirecta ou oculta).

Duas observações, porém, se impõem.

Em primeiro lugar, o art. 12.º só proíbe a discriminação no "âmbito de aplicação do Tratado". Para este efeito, o âmbito de aplicação do Tratado é entendido em sentido amplo, abrangendo as normas nacionais que tenham uma incidência directa ou indirecta sobre as liberdades comunitárias[14]. Em todo o caso, parece claro que as normas de conflitos em matéria pessoal estão fora do âmbito de aplicação desta proibição.

---

[12] Ver também Michael WILDERSPIN e Xavier LEWIS – "Les relations entre le droit communautaire et les règles de conflits de lois des États membres", *R. crit.* 91 (2002) 1-37 e 289-313, 13 e segs.

[13] Ver FALLON (n. 1) 126 e segs. e KROPHOLLER (n. 10) 72 e seg.

[14] Ver WILDERSPIN/LEWIS (n. 12) 6 e segs.

Por outro lado, a utilização do elemento de conexão nacionalidade, designadamente em matéria de estatuto pessoal, não encerra qualquer discriminação[15]. A equiparação entre nacionais e estrangeiros está assegurada, no plano do Direito de Conflitos, quando o mesmo elemento de conexão for utilizado em todos os casos. Além de que, como acabei de assinalar, a matéria do estatuto pessoal encontra-se em princípio fora do âmbito de aplicação do Tratado.

Indo mais longe, porém, algumas decisões recentes do TCE procuraram deduzir das liberdades comunitárias limites à actuação de normas não-discriminatórias do Direito de Conflitos dos Estados-Membros. Neste estudo proponho-me examinar algumas decisões relativas ao direito de estabelecimento e à liberdade de prestação de serviços que vieram colocar limites ou condicionamentos à actuação do Direito de Conflitos em matéria de "*sociedades*" e de *relações laborais*[16].

II. DIREITO DE ESTABELECIMENTO E DIREITO DE CONFLITOS DAS "SOCIEDADES" COMUNITÁRIAS

Nos termos do art. 43.º/1 do Tratado da Comunidade Europeia "são proibidas as restrições à liberdade de estabelecimento dos nacionais de um Estado-Membro no território de outro Estado-Membro. Esta proibição abrangerá igualmente as restrições à constituição de agências, sucursais ou

---

[15] No seu ac. 10/6/1999, no caso *Johannes* [*CTCE* (1999) I-03475], o TCE decidiu que a proibição de discriminação em razão da nacionalidade, consagrada no art. 12.º (ex-art. 6.º) do Tratado da Comunidade Europeia, se limita ao âmbito de aplicação deste Tratado e que nem as normas nacionais de Direito Internacional Privado que determinam o direito substantivo nacional aplicável aos efeitos do divórcio entre cônjuges nem os preceitos nacionais de Direito Civil que regulam em termos de Direito substantivo esses efeitos se incluem no âmbito de aplicação do Tratado; de onde resulta que o art. 12.º do Tratado não obsta a que o Direito de um Estado-Membro atenda à nacionalidade dos cônjuges como factor de conexão que permite determinar o Direito substantivo nacional aplicável aos efeitos de um divórcio.

[16] Não me pronunciarei sobre a possibilidade de normas de Direito processual não-discriminatórias constituirem restrições às liberdades comunitárias, uma vez que, em minha opinião, a divisão entre Direito público e Direito privado não se aplica às normas processuais, e que estas normas processuais são territoriais quanto aos órgãos de aplicação (i.e., os órgãos de aplicação de um Estado aplicam sempre o Direito processual do foro), ao contrário do que se verifica com o Direito substantivo privado.

filiais pelos nacionais de um Estado-Membro estabelecidos no território de outro Estado-Membro."

Para este efeito, o art. 48.°/1 do mesmo Tratado equipara às pessoas singulares nacionais dos Estados-Membros as "sociedades" (em sentido amplo) "constituídas em conformidade com a legislação de um Estado--Membro e que tenham a sua sede social, administração central ou estabelecimento principal na Comunidade".

Estes preceitos constituem concretizações, no domínio do direito de estabelecimento, do princípio da não-discriminação em razão da nacionalidade (art. 12.°/1)[17].

O direito de estabelecimento abrange o *estabelecimento principal* (mediante o acesso a uma actividade profissional independente, a criação de uma "empresa" nova ou a transferência do estabelecimento principal de uma empresa preexistente) e o *estabelecimento secundário* (mediante a criação de uma filial, de uma sucursal ou de uma agência por pessoa que tem o seu estabelecimento principal noutro Estado-Membro).

Embora sem aparente base no Tratado, a jurisprudência do TCE alargou progressivamente o conceito de "restrições" às liberdades de estabelecimento e de prestação de serviços, por forma a incluir normas não--discriminatórias, por vezes em circunstâncias muito discutíveis que pouco têm a ver com a abolição de entraves ao funcionamento do mercado único[18].

Tem sido discutido se o direito de estabelecimento atribuído pelo Direito Comunitário implica que cada Estado-Membro deve aplicar às "sociedades" comunitárias (na acepção ampla do art. 48.° do Tratado da Comunidade Europeia) o Direito segundo o qual se constituíram[19].

A doutrina dominante responde negativamente. Dos arts. 43.° e segs. do Tratado da Comunidade Europeia não decorre qualquer consequência quanto ao estatuto pessoal das sociedades, porquanto, segundo o art. 293.°, a regulação desta matéria é reservada a uma convenção internacional[20].

---

[17] Cf. Gérard DRUESNE – *Droit de l'Union européenne et politiques communautaires*, 6.ª ed., Paris, 2001, 123 e 154 e segs., e Paul CRAIG e Gráinne DE BÚRCA – *EU Law. Text, Cases and Materials*, 3.ª ed., Oxford, 2003, 772.

[18] Ver CRAIG/DE BÚRCA (n. 17) 765 e segs. e 783 e segs.

[19] Ver referências em LIMA PINHEIRO – "O Direito aplicável às sociedades. Contributo para o Direito Internacional Privado das sociedades", *ROA* 58 (1998) 673-777, 769 e segs.

[20] Cf. Herbert WIEDEMANN – *Gesellschaftsrecht*, vol. I – *Grundlagen*, Munique, 1980, 793 e seg.; EBENROTH/AUER – "Die Vereinbarkeit der Sitztheorie mit europäischem

Também o TCE, no caso *Daily Mail* (1988)[21], decidiu que até à conclusão de uma convenção de reconhecimento entre os Estados-Membros ou outra regulação comunitária desta matéria o Direito Comunitário não coloca condicionamentos aos Direitos de Conflitos nacionais na determinação do estatuto pessoal das sociedades

A posição contrária tem defensores de peso[22]. Esta posição faz valer que para reconhecer a existência de uma sociedade comunitária um Estado-Membro tem necessariamente de aplicar a lei do Estado-Membro segundo a qual a sociedade se constituiu. O reconhecimento de uma sociedade comunitária que se constituiu segundo a lei de um Estado-Membro não pode ser negado com base na sua invalidade perante a lei da sede da administração, pelo menos no que toca ao direito de estabelecimento. E se é assim para este efeito também o deve ser para outros, porque perturbaria a harmonia interna tratar a sociedade como válida para este efeito e como inválida para outros efeitos.

Portanto, os Estados-Membros têm de submeter o estatuto das "sociedades" comunitárias à lei do Estado-Membro segundo a qual se constituíram. Quer isto dizer que a teoria da constituição é aplicável às sociedades "comunitárias" mesmo nos Estados que submetem as sociedades à lei do Estado em que se situa a sede da administração (teoria da sede), como se verifica, até certo ponto, em Portugal (art. 33.°/1 do Código Civil, mas

---

Recht", *GmbH-Rdsch.* (1994) 16-27; BADIALI (n. 1) 107; *Staudinger*/GROßFELD [n.° 115]; GROßFELD/KÖNIG – "Das Internationale Gesellschaftsrecht in der Europäischen Gemeinschaft", *RIW* 38 (1992) 433-440; CALVO CARAVACA – "Personas Jurídicas", *in* Julio GONZALEZ CAMPOS et al. (org.), *Derecho Internacional Privado. Parte Especial,* 84-97, 85; SONNENBERGER (n. 1) 10 e 20; BALLARINO – *Diritto Internazionale Privato,* 3.ª ed., Milão, 1999, 358.

21 Cf. ac. 27/9/88 [*CTCE* (1988-8) 5483].

22 Cf. PETER BEHRENS – "Niederlassungsfreiheit und Internationales Gesellschaftsrecht", *RabelsZ.* 52 (1988) 498-529, 501 e "Die grenzüberschreitende Sitzverlegung von Gesellschaften in der EWG", *IPRax* (1989) 354-361; DROBNIG – "Gemeinschaftsrecht und internationales Gesellschaftsrecht. 'Daily Mail' und die Folgen", *in Europäisches Gemeinschaftsrecht und Internationales Privatrecht,* 185-206, Colónia, 1990, 193 e segs.; RIGAUX – "Droit international privé et droit communautaire", *in Mélanges Yvon Loussouarn,* 1992, 341-354, 346 e segs. DROBNIG entende que, dado o nexo entre reconhecimento e estatuto da sociedade, a norma de reconhecimento contém a norma de conflitos [194]. Ver ainda decisão TCE no caso *Ubbink Isolatie BV* vs. *Dak – en Wandtechniek BV* (1988) [*CTCE* (1988) 4665].

com certa relevância da sede estatutária em matéria de sociedades comerciais, nos termos do art. 3.º/1 do Código das Sociedades Comerciais).

Embora num primeiro momento me tenha inclinado neste sentido, reflexões ulteriores levaram-me a rever a minha posição.

A personalidade jurídica é uma questão prévia de Direito privado suscitada pelas normas relativas à liberdade de estabelecimento que deve ser apreciada exclusivamente segundo a lei designada pelo Direito de Conflitos do Estado em que se pretenda exercer esta liberdade. Contrariamente ao que poderia sugerir uma primeira leitura, o art. 48.º do Tratado não determina o reconhecimento da personalidade jurídica das sociedades constituídas em conformidade com o Direito de um Estado-Membro[23]. Esta questão é remetida pelo Tratado para a cooperação intergovernamental e, designadamente, para uma convenção internacional (art. 293.º). O art. 48.º limita-se a definir a conexão entre a "sociedade" e a Comunidade pressuposta pela atribuição do direito de estabelecimento (à semelhança do que se verifica com o art. 43.º do Tratado, relativamente às pessoas singulares, que atende para o efeito à nacionalidade). Do art. 48.º não resulta a consagração da teoria da constituição em matéria de personalidade jurídica da sociedade, assim como do art. 43.º não decorre qualquer regra sobre a determinação do estatuto pessoal dos indivíduos.

Com a decisão proferida no caso *Centros* (1999)[24], porém, o TCE iniciou uma viragem em sentido diferente. Neste caso, TCE foi confrontado com a situação de uma sociedade formada por dinamarqueses para desenvolver actividade na Dinamarca que se constituiu no Reino Unido por forma a subtrair-se à exigência de capital mínimo formulada pelo Direito dinamarquês para a constituição daquele tipo de sociedade. Depois de se constituir no Reino Unido a sociedade requereu o registo de uma sucursal na Dinamarca. As autoridades dinamarquesas recusaram o registo, alegando que, tratando-se de uma sociedade interna, deveriam ser observadas as normas sobre a constituição de uma sociedade na Dinamarca.

O TCE decidiu que, por força das disposições sobre direito de estabelecimento, um Estado-Membro não pode recusar o registo de uma dita

---

[23] Como pretendem FALLON (n. 1) 99 e DRUESNE (n. 17) 187 e seg., que parece interpretar a norma de equiparação contida no art. 48.º/1 do Tratado da Comunidade Europeia como um "sistema de reconhecimento implícito" da existência da personalidade jurídica da sociedade.

[24] TCE 9/3/99 [*CTCE* (1999-3) I – 1459].

"sucursal" de uma sociedade constituída em conformidade com a legislação de outro Estado-Membro, no qual tem a sede estatutária, mesmo quando segundo o Direito Internacional Privado do primeiro Estado-Membro fossem aplicáveis as suas normas sobre a constituição de uma sociedade, uma vez que se tratava de uma sociedade interna que, em fraude à lei, fora constituída no estrangeiro (uma *sociedade pseudo-estrangeira*).

A aplicação das normas dinamarquesas sobre constituição de uma sociedade foi encarada pelo TCE como uma "restrição" à liberdade de estabelecimento que só poderia ser justificada por "razões de ordem pública".

Segundo a melhor interpretação desta decisão, que a compatibiliza com a proferida no caso *Daily Mail*, ela fundamenta-se numa interpretação autónoma do conceito de "sucursal" utilizado pelo art. 43.°/1.° do Tratado da Comunidade Europeia, e não comporta uma tomada de posição sobre o estatuto pessoal das "sociedades" comunitárias[25]. De acordo com esta interpretação, o estabelecimento num Estado-Membro de uma sociedade que se constituiu em conformidade com a legislação de outro Estado-Membro e que tem sede social na Comunidade pode ser considerado uma "sucursal" mesmo que a sociedade não desenvolva qualquer actividade no Estado em que se constituiu.

A interpretação das normas sobre direito de estabelecimento seguida pelo tribunal é discutível, uma vez que a situação parece estar abrangida pela excepção de abuso do direito de estabelecimento[26].

Regista-se também um alargamento do conceito de "restrição" a normas jurídico-privadas que não são discriminatórias nem dizem respeito ao acesso e exercício de actividades económicas. A incidência que estas normas podem ter sobre a liberdade de estabelecimento é meramente indirecta: elas não restringem o acesso à actividade económica num Estado-Membro, apenas tornam o exercício dessa actividade mais oneroso.

Admito que, apesar disso, a aplicação a sociedades regidas pela lei de um Estado-Membro de certas normas jurídico-privadas de outro Estado-Membro em que exerça actividade ou tenha a sede da administração possa dificultar o comércio intercomunitário.

---

[25] Cf. Werner EBKE – "Centros – Some Realities and Some Mysteries", *Am. J. Comp. L.* 48 (2000) 623-660, 632 e segs.

[26] Cf. CRAIG/DE BÚRCA (n. 17) 798.

Mas não será esta uma dificuldade inerente ao actual estádio de desenvolvimento do Direito Comunitário que, como já se assinalou, reserva a matéria da lei aplicável às sociedades para a cooperação intergovernamental? Perante o Tratado da Comunidade Europeia e à luz da decisão *Daily Mail* é duvidoso que se possa partir do princípio que as sociedades comunitárias estão submetidas ao Direito do Estado-Membro em que se constituíram, por forma a limitar a aplicação de normas de outros Estados--Membros em matéria de estatuto pessoal.

Seja como for, no caso *Centros*, as normas jurídico-privadas em causa não tinham qualquer incidência sobre o comércio intercomunitário, visto que apenas estava em causa a sua aplicação a uma sociedade interna, constituída por dinamarqueses para desenvolver a sua actividade na Dinamarca, pelo que, à luz dos objectivos do Tratado da Comunidade Europeia, não havia qualquer razão para excluir ou limitar a sua aplicação.

Por outro lado, o registo da pseudo-sucursal suscitava questões prévias de Direito privado que deveriam ser resolvidas segundo o Direito Internacional Privado do Estado-Membro em causa. A decisão também é, a este respeito, errada. Ao impor incondicionalmente o registo da pseudo--sucursal o TCE fez prevalecer um entendimento maximalista das normas relativas ao direito de estabelecimento sobre o Direito Internacional Privado do Estado-Membro em causa[27].

A mesma orientação geral foi seguida posteriormente no caso *Überseering* (2002)[28]. Nesta decisão o TCE afirmou que o exercício da liberdade de estabelecimento pressupõe necessariamente o reconhecimento da personalidade jurídica da sociedade constituída em conformidade com o Direito de outro Estado-Membro, onde tem a sua sede estatutária, em qualquer Estado-Membro em que pretenda estabelecer-se[29]. Por conseguinte, no caso de a sociedade transferir a sede da sua administração para um Estado diferente daquele em que se constituiu e estabeleceu a sede estatutária, a recusa de reconhecimento da sua personalidade jurídica constitui, no entender do tribunal, uma restrição à liberdade de estabelecimento que é, em princípio, inadmissível[30].

---

[27] Cp., porém, MOURA RAMOS (n. 1 [2002]) 455 e segs. com mais referências.

[28] 5/11/2002, disponível em http://europa.eu.int.

[29] N.° 59.

[30] N.° 82.

Esta decisão, se também não preclude a regra da sede da administração na definição do estatuto pessoal das "sociedades" comunitárias, estabelece um claro limite à actuação desta regra, visto que obriga ao reconhecimento da personalidade jurídica adquirida pelas "sociedades" constituídas fora do Estado da sede da sua administração, segundo o Direito do Estado da constituição (i.e., com base na teoria da constituição)[31].

Este entendimento é de reprovar.

Nestes casos, as questões prévias de Direito privado suscitadas pela aplicação das normas relativas à liberdade de estabelecimento relevam da ordem jurídica dos Estados-Membros e, por conseguinte, deveriam ser solucionadas com base no Direito Internacional Privado dos Estados-Membros e não segundo critérios autónomos pretensamente deduzidos dessas normas comunitárias[32].

As duas decisões que acabo de referir suscitaram nos tribunais nacionais muitas questões sobre as implicações desta jurisprudência para o Direito de Conflitos das sociedades que foram submetidas ao pronunciamento do TCE.

Numa decisão recente (2003), no caso *Inspire Art*[33], o TCE levou ainda mais longe o seu entendimento maximalista das normas sobre direito de estabelecimento. À semelhança do caso *Centros* tratava-se de uma sociedade interna (holandesa) que fora constituída no Reino Unido para evitar a aplicação das normas holandesas mais restritivas sobre a constituição de uma sociedade.

A questão litigiosa dizia respeito à exigência, feita pela Câmara de Comércio e de Indústria de Amesterdão, de fazer inserir, como averbamento à sua inscrição no registo comercial holandês, a menção "sociedade formalmente estrangeira" e de utilizar esta indicação na vida comercial. Este averbamento teria como consequência a aplicação à sociedade de diversas obrigações relativas à matrícula da sociedade no registo comercial, à indicação dessa qualidade nos documentos que dela emanem, ao capital mínimo e à elaboração, realização e publicação dos documentos anuais.

---

[31] Relativamente às teorias sobre a determinação do estatuto pessoal das sociedades ver LIMA PINHEIRO (n. 19) 678 e segs. e (n. 5) 79 e segs.

[32] Isto parece ser concedido, em tese geral, por FALLON (n. 1) 100 e seg. e 103 e segs., relativamente aos conceitos jurídicos de Direito privado utilizados pelo Direito Comunitário.

[33] 30/9/2003, disponível em http://europa.eu.int.

O TCE decidiu, em primeiro lugar, que o artigo 2.° da Décima Primeira Directiva em Matéria de Direito das Sociedades se opõe a uma legislação nacional que impõe obrigações de publicidade não previstas na referida directiva à sucursal de uma sociedade constituída em conformidade com a legislação de outro Estado-Membro. Não me pronunciarei sobre este ponto, observando apenas que o entendimento adoptado tem certo apoio na letra do referido preceito e na intencionalidade legislativa que se infere dos Considerandos.

O TCE entendeu ainda que os artigos 43.° e 48.° do Tratado da Comunidade Europeia se opõem a uma legislação nacional que sujeita o exercício da liberdade de estabelecimento a título secundário nesse Estado, por uma sociedade constituída em conformidade com a legislação de outro Estado-Membro, a determinadas condições previstas no Direito interno para a constituição de sociedades, relativas ao capital mínimo e à responsabilidade dos administradores. As razões pelas quais a sociedade foi constituída no primeiro Estado-Membro, bem como a circunstância de ela exercer as suas actividades exclusiva ou quase exclusivamente no Estado-Membro de estabelecimento, não a privam do direito de invocar a liberdade de estabelecimento garantida pelo Tratado da Comunidade Europeia, a menos que se demonstre, caso a caso, a existência de um abuso.

Esta parte da decisão já suscita dúvidas e críticas.

Do ponto de vista do Direito Comunitário, a decisão reincide numa interpretação discutível das normas sobre direito de estabelecimento seguida pelo tribunal, uma vez que, como já se assinalou anteriormente, a situação parece estar abrangida pela excepção de abuso do direito de estabelecimento.

O TCE reafirma igualmente o alargamento do conceito de "restrição" a normas não discriminatórias de Direito privado que, a estar em causa a liberdade de estabelecimento, apenas teriam uma incidência indirecta sobre essa liberdade (na medida em que oneram a criação de uma pseudo-sucursal) e que não têm qualquer incidência sobre o comércio intercomunitário, porquanto se trata da pseudo-sucursal de uma sociedade interna.

Acrescente-se ainda que, nesta decisão, o TCE, à semelhança do que já se verificara nas decisões relativas à liberdade de prestação de serviços que serão adiante examinadas (III), aprecia a justificação do "entrave" alegadamente criado pelas normas jurídico-privadas segundo um *critério de ponderação* que foi desenvolvido para normas de Direito público da economia relativas ao acesso e exercício de actividades económicas: "devem aplicar-se de modo não discriminatório, justificar-se por razões imperativas de interesse geral, ser adequadas para garantir a realização do objectivo que prosseguem e não ultrapassar o que é necessário para atingir esse objectivo".

Ora, mesmo que as normas de Direito privado em causa pudessem ser qualificadas como "restrições" à liberdade de estabelecimento – o que me parece duvidoso –, o critério de ponderação desenvolvido para normas de Direito público da economia não pode ser transposto mecanicamente para o domínio do Direito privado. Remeto, a este respeito, para as considerações feitas mais adiante, relativamente à liberdade de prestação de serviços.

Como última nota sobre esta decisão, é de assinalar que a sua fundamentação está impregnada pela teoria da constituição. Omite-se a incompatibilidade da solução retida com os sistemas de Direito Internacional Privado que consagram a teoria da sede ou soluções intermédias. Isto pode explicar-se pela circunstância de ambos os Estados-Membros envolvidos consagrarem a teoria da constituição. Todavia, ao excluir a aplicação de normas do Estado com que a sociedade apresentava todas as restantes conexões, a decisão vem a traduzir-se num novo limite à regulação das sociedades por outra lei que não a do Estado da constituição. Isto significa, designadamente, que um Estado-Membro que adopte a teoria da sede não pode aplicar a sociedades que se constituam segundo o Direito de outro Estado-Membro normas da lei da sede da administração relativas ao capital mínimo e à responsabilidade dos administradores por não cumprimento dessa exigência.

Este somar de limites à actuação de regras sobre a determinação do estatuto pessoal da sociedades comunitárias que se desviem da teoria da constituição, se não significa ainda a consagração geral desta teoria, vem colocar em dúvida a coerência dos sistemas que se baseiam na teoria da sede.

Sublinhe-se ainda que esta jurisprudência é inspirada pela versão mais radical da teoria da constituição, ignorando a atenuação que resulta da doutrina das *sociedades pseudo-estrangeiras*[34].

De iure condendo, entendo que a solução simultaneamente mais conveniente à luz dos valores e princípios do Direito Internacional Privado

---

[34] Ver LIMA PINHEIRO (n. 19) 708 e segs.

O Direito de Conflitos e as liberdades comunitárias de estabelecimento 371

e mais favorável ao comércio intercomunitário seria a consagração, pelos Estados-Membros, de uma *teoria atenuada da constituição*. À luz desta concepção, as sociedades devem ser regidas pela ordem jurídica segundo a qual se constituíram, mas com exclusão das sociedades pseudo-estrangeiras e com aplicação de certas normas do Direito do Estado onde a pessoa colectiva desenvolve a sua actividade com vista a tutelar a confiança de terceiros[35].

III. LIBERDADE DE PRESTAÇÃO DE SERVIÇOS E NORMAS LABORAIS SUSCEPTÍVEIS DE APLICAÇÃO NECESSÁRIA

O art. 49.°/1 do Tratado da Comunidade Europeia proíbe as restrições à livre prestação de serviços num Estado-Membro por pessoas estabelecidas noutro Estado-Membro e que tenham nacionalidade de um Estado-Membro. Por força do art. 55.° as "sociedades" comunitárias são equiparadas aos nacionais de um Estado-Membro, nos termos aplicáveis ao direito de estabelecimento (art. 48.°).

Enquanto o direito de estabelecimento tem por objecto o acesso e exercício de uma actividade económica com carácter permanente, a liberdade de prestação de serviços reporta-se ao exercício temporário de uma actividade económica num país em que o prestador não está estabelecido[36].

Também neste caso se trata de uma concretização do princípio da não-discriminação em razão da nacionalidade no âmbito de aplicação do Tratado (art. 12.°/1)[37].

O art. 50.°/3 do Tratado estabelece a regra de igualdade de tratamento: "o prestador de serviços pode, para a execução da prestação, exercer, a título temporário, a sua actividade no Estado onde a prestação é realizada, nas mesmas condições que esse Estado impõe aos seus próprios nacionais".

Esta regra opõe-se à discriminação do prestador de serviços seja em razão da nacionalidade seja pela circunstância de estar estabelecido num Estado-Membro que não é aquele em que a prestação deve ser realizada[38].

---

[35] Ver LIMA PINHEIRO (n. 5) 79 e segs.
[36] Ver CRAIG/DE BÚRCA (n. 17) 800 e segs.
[37] Cf. DRUESNE (n. 17) 123 e 157 e segs.
[38] Cf. DRUESNE (n. 17) 158 e seg.

É interdita não só a discriminação directa, mas também a discriminação indirecta, fundada em critérios aparentemente neutros que conduzem de facto ao resultado de colocar em desvantagem o prestador de serviços estabelecido noutro Estado-Membro[39].

À semelhança do que ficou assinalado com respeito ao direito de estabelecimento, a jurisprudência do TCE alargou progressivamente o conceito de "restrição à livre prestação de serviços", por forma a colocar limites à aplicabilidade das leis que limitam ou condicionam a prestação de serviços no Estado em que é realizada, mesmo quando não têm carácter directa ou indirectamente discriminatório[40]. O conceito de "restrição à livre prestação de serviços" é alargado a qualquer medida que "seja susceptível de impedir, entravar ou tornar menos atractivas as actividades do prestador estabelecido noutro Estado-Membro, onde preste legalmente serviços análogos"[41].

Em todo o caso, parece que não são abrangidas as medidas que tiverem um efeito mínimo ou mesmo insuficiente sobre o funcionamento do mercado único[42]. Também neste domínio é duvidosa a base jurídico-positiva da jurisprudência do TCE.

Esta jurisprudência, que foi desenvolvida relativamente à aplicação de normas de Direito Económico sobre o acesso e exercício de actividades económicas, estabeleceu um *critério de ponderação*.

Segundo este critério de ponderação, as normas "restritivas" do Estado destinatário da prestação de serviços só podem ser aplicadas se forem justificadas por considerações de interesse geral que não sejam incompatíveis com os objectivos da Comunidade, que procedam igualmente em relação aos prestadores estabelecidos noutros Estados-Membros, não tiverem carácter discriminatório e respeitarem o princípio da proporcionalidade (i.e., que a restrição introduzida pela lei seja justificada pelo fim prosseguido).

Além disso, entende-se que estas leis não poderão ser aplicadas se as razões de interesse geral que as justificam já forem salvaguardadas pela legislação aplicável no Estado em que o prestador de serviços está estabelecido[43].

---

[39] Cf. DRUESNE (n. 17) 159.

[40] Ver CRAIG/DE BÚRCA (n. 17) 819 e segs.

[41] Cf. TCE 23/11/1999, no caso *Arblade* [*CTCE* (1999) I-08453], n.º 33.

[42] Ver WILDERSPIN/LEWIS (n. 12) 19 e seg.

[43] Ver DRUESNE (n. 17) 161 e segs. e CRAIG/DE BÚRCA (n. 17) 716 e segs. e jurisprudência aí referida.

Esta jurisprudência postula, portanto, um *princípio do país de origem*, segundo o qual a prestação intercomunitária de serviços está submetida, em princípio, à lei do Estado de origem; as normas do país de destino da prestação que limitem a prestação de serviços por prestadores estabelecidos noutros Estados-Membros são consideradas "restrições" à liberdade de prestação de serviços e, como tal, só são aplicáveis se forem justificadas pelo referido critério de ponderação.

A meu ver, é duvidosa a base jurídico-positiva deste entendimento, que já revela a tendência para transpor soluções desenvolvidas num contexto (o da liberdade de circulação de mercadorias) para um contexto bastante diferente (o da liberdade de prestação de serviços)[44]. Acresce que o princípio do país de origem tem de ser justificado à luz da valoração dos interesses em jogo e não como suposta decorrência lógica das liberdades comunitárias. Todavia, não vou discutir aqui a aplicação do princípio do país de origem a leis de Direito Público da Economia, designadamente aquelas que limitam ou condicionam o acesso e exercício de actividades económicas.

Manifesto é, a meu ver, que quer o princípio do país de origem quer o critério de ponderação a que ficam sujeitas as leis do país de destino da prestação pressupõem que se trata do regime de acesso e exercício das actividades económicas e não são transponíveis mecanicamente para o domínio do Direito privado aplicável às relações estabelecidas no exercício dessas actividades.

O acesso e exercício de uma actividade está submetido aos regimes de Direito público do Estado em que o prestador de serviços está estabelecido, uma vez que se trata de normas de Direito público da economia que são, em regra, de "aplicação territorial" (i.e., que se aplicam ao acesso e exercício da actividade no Estado que as edita). Por isso se compreende que, num mercado único, só limitadamente possam ser aplicadas normas sobre acesso e exercício de actividades do Estado destinatário da prestação aos serviços prestados por pessoas estabelecidas noutros Estados-Membros.

Já a aplicação de regimes de Direito privado depende das normas de Direito Internacional Privado que não seguem o princípio do país de origem, visto que este princípio é inadequado à realização dos valores tutelados por este ramo do Direito. Em matéria de contratos obrigacionais as

---

[44] Ver ainda WILDERSPIN/LEWIS (n. 12) 20 e segs.

374 Estudos de Direito Internacional Privado

partes podem escolher a lei aplicável (art. 3.° da Convenção de Roma sobre a Lei Aplicável às Obrigações Contratuais) e, na falta de escolha, remete-se para a lei do país que apresenta a conexão mais estreita com o contrato (art. 4.° da mesma Convenção); em muitos casos há coincidência entre a lei da conexão mais estreita e a lei do país de origem do prestador de serviços mas, quando isto não se verifique, deve aplicar-se a lei da conexão mais estreita e não a lei do país de origem. No que toca à responsabilidade extracontratual, a tendência é para atribuir o principal papel à lei do Estado em que se produz o efeito lesivo, embora o Direito de Conflitos português atenda principalmente à lei do Estado onde decorreu a actividade causadora do prejuízo (art. 45.° do Código Civil); estas soluções estão nos antípodas do princípio da país de origem.

Por esta razão não se pode partir do princípio que a prestação de serviços está submetida ao regime estabelecido pelo Estado-Membro de origem.

Os termos em que está formulado o critério de ponderação também revelam a sua génese publicística. A exigência de que as leis limitativas ou condicionantes sejam "justificadas por considerações de interesse geral" compreende-se relativamente a leis de Direito público, mas ajusta-se mal a leis de Direito privado que, na grande maioria dos casos, tutelam interesses particulares[45].

De onde resulta que as soluções desenvolvidas pela jurisprudência comunitária com respeito à aplicação de regimes de Direito público sobre o acesso e exercício de actividades não são, em princípio, transponíveis para a aplicação de normas de Direito privado do Estado destinatário da prestação[46].

Por certo que podem ocorrer casos de aplicação cumulativa de normas imperativas de Direito privado do Estado de origem e do Estado destinatário da prestação de serviços. Isto cria alguma desvantagem para os prestadores de serviços transfronteiriços. Mas esta desvantagem não resulta, por si, da aplicação de normas do Estado destinatário da prestação de serviços. É antes uma desvantagem inerente ao carácter transnacional desta relação, que apresenta um contacto significativo com dois Estados

---

[45] Embora o TCE admita que possam constituir "objectivos de interesse geral" certos fins de protecção de interesses particulares, como assinala FALLON [(n. 1) 131 e seg.

[46] Ver também, em resultado, WILDERSPIN/LEWIS (n. 12) 33. Cp., no sentido de submeter as normas de Direito Internacional Privado ao mesmo critério de avaliação que é utilizado para o exame de outras "restrições", FALLON (n. 1) 119 e segs.

O Direito de Conflitos e as liberdades comunitárias de estabelecimento 375

que dispõem de sistemas jurídicos autónomos e que são internacionalmente competentes para a regular.

Qualquer relação que tenha laços significativos com mais de um Estado está potencialmente sujeita à aplicação cumulativa de normas de diferentes Estados. A aplicação de normas jurídico-privadas do Estado--Membro destinatário da prestação pode ser tão ou mais justificada, à luz das finalidades próprias do Direito de Conflitos, que a aplicação das normas correspondentes do Estado de origem[47]. Estas finalidades não devem ser sacrificadas sempre que tenham alguma incidência, por mais ténue e indirecta que seja, na posição do prestador de serviços.

A orientação seguida, numa primeira fase, pelo TCE, conforma-se com este entendimento. Nos casos *Seco* (1982) e *Rush* (1990)[48], este tribunal, confrontado com restrições à livre prestação de serviços colocadas por normas de Direito público da economia em caso de destacamento temporário de trabalhadores, afirmou em *obiter dictum* que o Direito Comunitário não se opõe a que os Estados-Membros apliquem a sua legislação laboral ou as convenções colectivas de trabalho a todas as pessoas que prestem trabalho subordinado, mesmo que com carácter temporário, no seu território, qualquer que seja o país de estabelecimento da entidade patronal. No caso *Seco* refere-se expressamente que o Estado de acolhimento pode aplicar a sua legislação sobre salário mínimo.

Recentemente, porém, o TCE deu *sinais* de uma mudança de orientação no sentido de qualificar como restrições à livre prestação de serviços as normas laborais do Estado de acolhimento que sejam aplicáveis em caso de destacamento temporário de trabalhadores.

Começarei por referir as decisões proferidas nos casos *Arblade* (1999)[49] e *Mazzoleni* (2001)[50], relativos à aplicação de normas belgas, essencialmente de Direito do Trabalho, a trabalhadores destacados para o seu território.

Nestas decisões o TCE entendeu que as normas nacionais inseridas na categoria de "leis de polícia e de segurança" (normas susceptíveis de aplicação necessária) aplicáveis aos serviços prestados no território do Estado que as edita por pessoas estabelecidas noutros Estados-Membros

---

[47] Ver também WILDERSPIN/LEWIS (n. 12) 37.
[48] 3/2/1982 e 27/3/1990, respectivamente, disponíveis em http://europa.eu.int.
[49] 23/11/1999 [*CTCE* (1999) I-08453].
[50] 15/3/2001 [*CTCE* (2001) I-02189].

constituem limites à liberdade de prestação de serviços que só podem ser justificados nos termos do critério atrás referido.

Nesta base, no caso *Mazzoleni*, o TCE decidiu que "os artigos 59.° e 60.° do Tratado não se opõem a que um Estado-Membro obrigue uma empresa estabelecida noutro Estado-Membro que efectue uma prestação de serviços no território do primeiro Estado-Membro a pagar aos seus trabalhadores a remuneração mínima estabelecida pelas normas nacionais desse Estado. A aplicação de tais regras pode, contudo, revelar-se desproporcionada quando se trate de assalariados de uma empresa estabelecida numa região fronteiriça que sejam conduzidos a efectuar, a tempo parcial e durante breves períodos, uma parte do respectivo trabalho no território de um ou até mesmo vários Estados-Membros que não o de estabelecimento da empresa. Incumbe, em consequência, às autoridades competentes do Estado-Membro de acolhimento determinar se e em que medida a aplicação de uma regulamentação nacional que imponha um salário mínimo a tal empresa é necessária e proporcionada para garantir a protecção dos trabalhadores em causa"[51].

A mesma orientação foi seguida pelo tribunal no caso *Portugaia* (2002), em que se afirma que "Incumbe, por isso, às autoridades nacionais ou, se for caso disso, aos órgãos jurisdicionais do Estado-Membro de acolhimento, antes de aplicarem a regulamentação relativa ao salário mínimo aos prestadores de serviços estabelecidos noutro Estado-Membro, verificar se esta prossegue efectivamente e pelos meios apropriados um objectivo de interesse geral"[52].

Estas decisões não são proferidas à luz da Directiva Relativa ao Destacamento de Trabalhadores[53], por à data da ocorrência dos factos ainda não ter expirado o prazo para a sua transposição e, segundo parece, ainda não terem sido transpostas para a ordem jurídica interna dos Estados em que trabalho foi executado. Em minha opinião o entendimento seguido pelo TCE entra em contradição com o disposto nesta Directiva, que estabelece que os Estados comunitários devem assegurar, aos trabalhadores

---

[51] N.° 41.

[52] N.° 24, 24/1/2002 [*CTCE* (2002) I-00787]. Sobre esta decisão ver MOURA VICENTE – "Destacamento internacional de trabalhadores", *in Direito Internacional Privado. Ensaios*, vol. I, 85-106, Coimbra, 2002, 96 e seg.

[53] Dir. 96/71/CE do Parlamento Europeu e do Conselho, de 16/12 [*JOCE* L 18/1, de 21/1/97].

O Direito de Conflitos e as liberdades comunitárias de estabelecimento 377

destacados para o seu território por uma empresa estabelecida noutro Estado comunitário, a *protecção mínima* concedida pelo seu Direito em certas matérias (arts. 1.°/1 e 3.°)[54].

Na mesma linha, há ainda a referir a decisão proferida pelo TCE no caso *Finalarte* (2001)[55]. Neste caso estava em causa a aplicação, por força da lei alemã relativa ao destacamento de trabalhadores, de disposições das convenções colectivas da indústria da construção civil relativas ao direito a férias remuneradas a relações de trabalho existentes entre empresas cuja sede social se situa fora da Alemanha e trabalhadores destacados para obras na Alemanha.

O tribunal qualificou estas disposições como restrições à livre prestação de serviços e apreciou a sua justificação à luz do critério geral anteriormente referido. Neste quadro, o tribunal entendeu que a protecção dos trabalhadores é um fim de interesse geral relevante, e que, por conseguinte, os artigos 59.° e 60.° do Tratado não se opõem a que um Estado-Membro imponha a uma empresa estabelecida noutro Estado-Membro, que efectua uma prestação de serviços no território do primeiro Estado-Membro, uma regulamentação nacional que garante aos trabalhadores destacados para o efeito pela empresa o direito a férias remuneradas, desde que, por um lado, os trabalhadores não beneficiem de uma protecção essencialmente equiparável nos termos da legislação do Estado-Membro de estabelecimento da sua entidade patronal, de modo a que a aplicação da regulamentação nacional do primeiro Estado-Membro lhes proporcione uma vantagem real que contribua significativamente para a sua protecção social e, por outro, que a aplicação dessa regulamentação do primeiro Estado-Membro seja proporcionada ao objectivo de interesse geral prosseguido[56].

---

[54] Ver, sobre esta Directiva, LIMA PINHEIRO (n. 5) 203 e seg. Cp. MOURA VICENTE (n. 52) 97.

[55] 25/10/2001 [*CTCE* (2001) I-07831].

[56] O tribunal decidiu ainda que os arts. 59.° e 60.° do Tratado se opõem à aplicação do regime de um Estado-Membro em matéria de férias pagas a todas as empresas estabelecidas noutros Estados-Membros que prestem serviços no sector da construção civil no território do primeiro Estado-Membro, se nem todas as empresas estabelecidas no primeiro Estado-Membro que apenas exercem uma parte da sua actividade neste sector estão sujeitas ao referido regime no que respeita aos seus trabalhadores ocupados no mesmo sector.

378   *Estudos de Direito Internacional Privado*

Observe-se que neste caso se trata igualmente de normas laborais "autolimitadas" que reclamam aplicação às relações de trabalho prestado na Alemanha mesmo que o contrato de trabalho seja regido por uma lei estrangeira.

As decisões que acabo de examinar também manifestam uma certa tendência para fazer prevalecer as normas sobre a liberdade de prestação de serviços sobre o Direito Internacional Privado dos Estados-Membros. Nestes casos não se trata do Direito de Conflitos geral, mas de normas "autolimitadas" do Estado em que os serviços são prestados[57].

Esta jurisprudência não põe directamente em causa as regras gerais de Direito Internacional Privado (incluindo as regras sobre a relevância das normas de aplicação necessária), colocando o problema das restrições às liberdades comunitárias no estádio da aplicação das normas materiais. De todo o modo, sendo a aplicação destas normas materiais a relações transnacionais o efeito da actuação de regras de Direito Internacional Privado, esta jurisprudência pode ser interpretada no sentido do estabelecimento de limites genéricos à actuação de normas de conflitos que desencadeiem a aplicação do Direito privado do Estado destinatário da prestação de serviços. Tal orientação fundamenta-se a meu ver num entendimento equivocado das relações entre o Direito Comunitário e o Direito Internacional Privado.

O equívoco assenta numa confusão entre regimes sobre o acesso e exercício de actividades económicas, que são essencialmente de Direito público e têm incidência directa sobre a liberdade de prestação de serviços, e regimes de Direito privado aplicáveis às relações estabelecidas no exercício dessas actividades.

Os contratos de trabalho não estão necessariamente submetidos à lei do Estado de estabelecimento do empregador. O Direito aplicável resulta do art. 6.° da Convenção de Roma sobre a Lei Aplicável às Obrigações Contratuais que atende à lei escolhida pelas partes e à lei do país em que o trabalho é habitualmente prestado, que pode não ser o país de estabelecimento do empregador[58]. E esta Convenção permite a sobreposição à lei competente de normas de aplicação necessária do Estado do foro (art. 7.°/2)[59].

---

[57] Ver Moura Ramos (n.1 [2002]) 463 e segs. Sobre os conceitos de "norma autolimitada" e "norma de aplicação necessária" ver Lima Pinheiro (n. 1 [2001]) 193 e segs.

[58] Ver Lima Pinheiro (n. 5) 202 e segs.

[59] O art. 7.°/1, que permite a sobreposição de normas de aplicação necessária de terceiros Estados, não vigora na ordem jurídica portuguesa, porquanto Portugal fez a reserva prevista no art. 22.°/1/a da Convenção.

O *Direito de Conflitos e as liberdades comunitárias de estabelecimento*   379

As normas não-discriminatórias de Direito privado aplicáveis às relações estabelecidas com trabalhadores ou à própria prestação de serviços não constituem, em princípio, restrições no sentido do art. 49.º do mesmo Tratado. Estas normas, ou não têm qualquer incidência sobre o funcionamento do mercado único, ou têm uma incidência demasiado indirecta (maior onerosidade de uma determinada operação económica) que geralmente não tem um efeito significativo sobre o comércio intercomunitário[60]. O seu reduzido efeito sobre o comércio intercomunitário é compensado pelas finalidades prosseguidas pelo legislador nacional[61], bem como pela realização da justiça do Direito de Conflitos, que *justifica* a sua aplicação.

A jurisprudência referida admite, apesar de tudo, uma outra interpretação. As normas do Estado de acolhimento dos trabalhadores cuja aplicação estava em causa encontram-se numa zona cinzenta entre o Direito privado e o Direito público e são, normalmente, de aplicação territorial (i.e., aplicáveis a todas as relações de trabalho prestado no território do Estado que as edita). É legítimo pensar que o TCE, partindo do princípio que o prestador de serviços estava submetido a normas correspondentes no Estado de origem, entendeu que a aplicação cumulativa das normas do Estado de acolhimento deveria ser encarada como uma restrição à liberdade de prestação serviços. É um entendimento, que embora me pareça discutível à luz do Tratado da Comunidade Europeia e incompatível, no caso das decisões *Arblade*, *Mazzoleni* e *Portugaia*, com a Directiva Relativa ao Destacamento de Trabalhadores, não é extensível à generalidade das normas de Direito privado.

Em suma, deve entender-se que as restrições à liberdade de prestação de serviços proibidas pelo Tratado da Comunidade Europeia são, em princípio, as que dizem respeito às normas sobre acesso e exercício de actividades económicas editadas pelo Estado-Membro destinatário da prestação.

Creio que no actual estádio da integração europeia, a aplicação dos regimes de Direito privado do Estado destinatário da prestação de serviços só deve ser considerada como uma restrição à liberdade de prestação de serviços quando estes regimes forem discriminatórios.

Constituem excepção as normas de Direito privado que estejam funcionalmente subordinadas ao regime de acesso e exercício de actividades económicas, designadamente as que estabeleçam uma sanção jurídico-pri-

---

[60] Ver considerações convergentes de WILDERSPIN/LEWIS (n. 12) 30 e segs.
[61] Ver também WILDERSPIN/LEWIS [32 e segs.].

vada para a violação de normas de Direito público da economia[62]. Admito que a aplicação destas normas esteja sujeita ao mesmo crivo que as normas de Direito público da economia.

Não excluo que, com o aprofundamento da integração económica e política da Europa, este problema possa ser examinado a uma luz algo diferente.

De iure condendo, parece-me concebível que, caso a integração europeia conduza a um Estado federal, se justifiquem outros limites à aplicabilidade das próprias normas de Direito privado do Estado destinatário da prestação de serviços que possam onerar certas operações económicas. Creio, porém, que para o efeito haverá que desenvolver um critério de ponderação diferente e menos restritivo que o desenvolvido pelo TCE para a legislação de Direito Económico.

Este critério deveria sopesar as finalidades prosseguidas pelas normas de Direito Internacional Privado que atribuam competência a leis do Estado destinatário da prestação de serviços, bem como as finalidades prosseguidas por estas leis, por um lado, e, no outro prato da balança, as dificuldades que essas leis criam para o prestador de serviços e o efeito prejudicial daí eventualmente resultante para o comércio intercomunitário.

IV. DIREITO DE CONFLITOS E DIRECTIVA SOBRE O COMÉRCIO ELECTRÓNICO

No que toca à liberdade de prestação de serviços no domínio do comércio electrónico importa ainda averiguar da incidência conflitual da Directiva sobre o Comércio Electrónico[63].

O n.º 4 do art. 1.º desta Directiva determina que a "presente directiva não estabelece normas adicionais de Direito Internacional Privado".

No entanto, o art. 3.º/1 estabelece que: "Cada Estado-Membro assegurará que os serviços da sociedade da informação prestados por um prestador estabelecido no seu território cumpram as disposições nacionais aplicáveis nesse Estado-Membro que se integrem no domínio coordenado".

---

[62] Ver a referência feita por FALLON (n. 1) 74.

[63] Dir. 2000/31/CE, do Parlamento e do Conselho, de 8/6/2000 [*JOCE* L 178 de 17/7/2000, p. 1].

O *Direito de Conflitos e as liberdades comunitárias de estabelecimento*   381

Também o considerando 22.° afirma que os serviços "devem estar sujeitos, em princípio, à legislação do Estado-Membro em que o prestador se encontra estabelecido". Daí afirmar-se que a Directiva consagra o "princípio do país de origem".

Não haveria contradição entre os arts. 3.° e 1.°/4 se o domínio coordenado se limitasse ao Direito Económico, designadamente ao regime de acesso e exercício da actividade. Com efeito, a aplicação das normas de Direito Económico não depende das normas de Direito Internacional Privado. O "princípio do país de origem" valeria apenas para a aplicação das normas de Direito público da economia com incidência sobre a liberdade de prestação de serviços.

A Directiva, porém, não segue este critério por forma coerente.

Primeiro, ao definir o "domínio coordenado", a Directiva utiliza uma formulação excessivamente ampla, uma vez que inclui "as exigências que o prestador de serviços tem de observar" "incluindo as aplicáveis (…) aos contratos, ou as respeitantes à responsabilidade do prestador de serviços".

Segundo, o alcance dos n.os 1 e 2 do art. 3.° é restringido pelo seu n.° 3, que afasta a sua aplicação a um conjunto de domínios referidos em anexo, incluindo os direitos de propriedade intelectual, a "liberdade de as partes escolherem a legislação aplicável ao seu contrato", as "obrigações contratuais relativas a contratos celebrados pelos consumidores" e a "validade formal dos contratos que criem ou transfiram direitos sobre bens imóveis, sempre que esses contratos estejam sujeitos a requisitos de forma obrigatórios por força da lei do Estado-Membro onde se situa o imóvel".

Esta enumeração é incoerente por várias razões.

Desde logo, a liberdade de escolha do Direito aplicável ao contrato não é um "domínio", mas uma regra de conflitos. Se a Directiva não contém normas de Direito Internacional Privado não afasta as regras de conflitos em matéria de contratos obrigacionais e, por conseguinte, a referência a esta norma de conflitos é despicienda. Se, pelo contrário, a Directiva pretendesse estabelecer uma norma de conflitos (o "princípio do país de origem") em matéria de obrigações contratuais, salvo as relativas aos contratos celebrados pelos consumidores, esta referência não se entenderia.

A referência às obrigações contratuais relativas a contratos celebrados pelos consumidores, sugerindo uma diferença de tratamento relativamente às restantes obrigações contratuais, entra em contradição com o disposto no art. 1/.°4, uma vez que a lei aplicável à generalidade dos contratos é determinada por normas de Direito Internacional Privado.

382 *Estudos de Direito Internacional Privado*

Não menos incoerente é a referência à "validade formal dos contratos que criem ou transfiram direitos sobre reais sobre bens imóveis". A lei aplicável à validade formal dos contratos é determinada por normas de Direito Internacional Privado, quer tenham ou não por objecto bens imóveis[64]. Seria aliás impensável que a validade formal de um contrato celebrado por um prestador de serviços estivesse submetida à lei do Estado em que ele se encontra estabelecido, independentemente da lei aplicável à substância do contrato e da lei do lugar da celebração. Por conseguinte, o art. 3.º/1 não é aplicável à validade formal de quaisquer contratos, o que torna a referência inútil.

Enfim, não é excluída a responsabilidade civil do prestador de serviços, o que entra em contradição com o art. 1.º/4, uma vez que a lei aplicável à responsabilidade civil é designada por normas de Direito Internacional Privado[65].

Na verdade, a Directiva é contraditória, revelando-se mais uma vez a falta de clareza na delimitação entre os regime das liberdades comunitárias e o Direito de Conflitos Internacional Privado e, mais em geral, um certo alheamento de noções e princípios básicos de Direito Internacional Privado.

A explicação para estas contradições reside, segundo a informação que tenho, na circunstância de o art. 1.º/4 ter sido introduzido no último momento das negociações que antecederam a adopção da Directiva pelo Conselho, como condição fundamental para a sua aprovação, sem que tenha havido tempo para corrigir o anexo. Com a introdução do art. 1.º/4 o legislador comunitário quis afastar qualquer derrogação do Direito de Conflitos geral (e, designadamente, das normas da Convenção de Roma sobre a Lei Aplicável às Obrigações Contratuais e de futuros regulamentos comunitários) pelo princípio do país de origem.

A esta luz, parece claro que estas contradições devem ser resolvidas com primazia do art. 1.º/4, que este preceito é basilar para a interpretação e para a transposição da Directiva e que as exclusões equívocas que constam do anexo não devem ser transpostas.

A regra geral consagrada no n.º 1 do art. 4.º vai ao encontro do entendimento atrás defendido sobre a relação entre a liberdade comunitária de

---

[64] Ver art. 9.º da Convenção de Roma sobre a Lei Aplicável às Obrigações Contratuais.

[65] Ver art. 45.º do Código Civil.

prestação de serviços e o Direito de Conflitos Internacional Privado (III), segundo o qual a liberdade de prestação de serviços não condiciona, em princípio, o Direito de Conflitos Internacional Privado.

Como ficou assinalado, a livre de circulação de serviços não implica a competência do Direito do Estado de origem para reger o contrato ou a responsabilidade extracontratual[66]. O princípio do país de origem vale quando muito para as normas de Direito público da economia com incidência sobre a liberdade de prestação de serviços[67].

Isto é, porém, qualificado por três ordens de considerações.

Em primeiro lugar, não se exclui que o art. 3.º da Directiva seja interpretado no sentido de afastar a aplicação das normas de Direito material da lei competente na medida em que estas regras constituam "restrições"

---

[66] Ver LIMA PINHEIRO – "Direito aplicável à responsabilidade extracontratual na *Internet*", *RFDUL* 42 (2001) 825-834, 833 e seg., Michael WILDERSPIN e Xavier LEWIS – "Les relations entre le droit communautaire et les règles de conflits de lois des États membres", *R. crit.* 91 (2002) 1-37 e 289-313, 302 e segs., e MARQUES DOS SANTOS – "Direito aplicável aos contratos celebrados através da Internet e tribunal competente", *Estudos de Direito Internacional Privado e de Direito Público*, 159-225, Coimbra, 2004, 211 e segs. Ver ainda doutrina referida por M. FALLON e J. MEEUSEN – "Le commerce électronique, la directive 2000/31/CE et le droit international privé", *R. crit.* 91 (2002) 435-490, 480 n. 99.

[67] Cf. CALVO CARAVACA/CARRASCOSA GONZÁLEZ – *Conflictos de leyes y conflictos de jurisdicción en Internet*, Madrid, 2001, 34 e seg., LIMA PINHEIRO [loc. cit.] e KROPHOLLER (n. 10) 450 e seg. Cp., no sentido da aplicação do princípio do país de origem às matérias de Direito privado abrangidas pelo "domínio coordenado", Emmanuel CRABIT – "La directive sur le commerce électronique. Le projet 'Mediterranée'", *R. Droit de l'Union Européenne* (4/2000) 749-833 (administrador principal na Direcção-Geral do Mercado Interior da Comissão Europeia, que vem defender uma interpretação da Directiva que corresponde ao projecto elaborado por esta Drecção-Geral que foi recusado pelo legislador comunitário através da inclusão do art. 1.º/4 na versão final); doutrina referida por FALLON/MEEUSEN (n. 66) 481 n. 100; MOURA VICENTE – "Comércio electrónico e responsabilidade empresarial", *in Direito Internacional Privado. Ensaios*, vol. I, 193-239, Coimbra, 2002, 218 e segs. FALLON/MEEUSEN defendem uma solução intermédia [484 e segs.]: no Estado de origem o princípio do país de origem determina, na falta de escolha pelas partes, a lei aplicável aos aspectos do contrato que entram no domínio coordenado; no Estado de acolhimento aplicam-se as regras de conflitos gerais, limitando-se a Directiva a vedar a aplicação das regras de Direito material que constituam uma restrição à circulação de serviços. Também PETER MANKOWSKI – "Herkunftslandprinzip und deutsches Umsetzungsgesetz zur e-commerce-Richtlinie", *IPRax* 22 (2002) 257-266, que exclui o Direito de Conflitos dos contratos obrigacionais do âmbito de aplicação do princípio do país de origem. De resto a Directiva não parece impedir em absoluto a aplicação de normas de Direito económico do país em que o serviço é prestado (cf. arts. 1.º/3 e 3.º/4).

384   *Estudos de Direito Internacional Privado*

injustificadas à liberdade de prestação de serviços[68]. A favor desta interpretação pode ser invocado o 23.° Considerando da Directiva sobre Comércio Electrónico segundo o qual, nas versões francesa, inglesa e alemã, "O disposto na legislação aplicável por força das normas de conflitos do Direito Internacional Privado não deve restringir a liberdade de prestar serviços da sociedade da informação nos termos constantes da presente Directiva"[69]. Mas isto só pode suceder muito excepcionalmente, visto que a aplicação de normas de Direito privado não conduz, em princípio, a uma restrição da liberdade de prestação de serviços (*supra* III).

Segundo, pode ser questionado se o art. 3.°/1 não fundamenta uma conexão especial relativamente às regras jurídico-privadas contidas na Directiva, por forma a que cada Estado-Membro deva determinar a aplicação das suas normas de transposição da directiva às prestações de serviços por prestadores estabelecidos no seu território[70]. A meu ver não é possível dar uma resposta genérica a esta questão.

Relativamente ao regime aplicável aos contratos celebrados através da *Internet*, a Directiva só contém algumas regras fragmentárias sobre a admissibilidade de contratos celebrados por meios electrónicos, deveres de informação e ordens de encomenda. A conexão "lei do país de estabelecimento do prestador de serviços" não é adequada a estas regras.

Também não se encontra na Directiva um regime aplicável à responsabilidade extracontratual mas tão-somente algumas regras fragmentárias sobre a responsabilidade dos prestadores intermediários de serviços. É concebível que as normas que transponham a Directiva na ordem jurídica de um Estado-Membro, sobre a responsabilidade dos prestadores intermediários de serviços estabelecidos no seu território, se sobreponham à lei competente[71].

Enfim, a Directiva contém algumas disposições específicas sobre as normas de protecção dos consumidores[72].

---

[68] Como sugerem WILDERSPIN/LEWIS [loc. cit.] e MARQUES DOS SANTOS [loc. cit.], invocando, a este respeito, o "princípio do reconhecimento mútuo".

[69] Na versão portuguesa lê-se que o "disposto na legislação aplicável por força das normas de conflitos do Direito Internacional Privado *não restringe* a liberdade de prestar serviços" (s.n.), mas trata-se claramente de uma lapso de tradução.

[70] Ver também FALLON/MEEUSEN (n. 66) 489 e seg.

[71] Neste sentido, LIMA PINHEIRO (n. 66) 834.

[72] Ver também DIAS PEREIRA – "A protecção do consumidor no quadro da Directiva sobre o Comércio Electrónico", *Estudos de Direito do Consumo*, n.° 2, 2000, 102 e segs.

O Direito de Conflitos e as liberdades comunitárias de estabelecimento   385

O n.º 3 do art. 1.º determina que a Directiva não prejudica o nível de protecção dos interesses dos consumidores, "tal como consta dos actos comunitários e da legislação nacional de aplicação destes, na medida em que não restrinjam a liberdade de prestação de serviços da sociedade da informação". Como já se assinalou, o n.º 3 do art. 3.º determina a não aplicação dos n.ºs 1 e 2 "às obrigações contratuais relativas aos contratos celebrados pelos consumidores". Esta exclusão, embora de duvidosa utilidade perante o disposto no art. 1.º/4, torna claro que a Directiva não prejudica a aplicação de normas jurídico-privadas de protecção dos consumidores, independentemente de se tratar ou não de normas de aplicação de actos comunitários.

O legislador comunitário volta a referir-se a "medidas de defesa dos consumidores" no n.º 4 do art. 3.º, admitindo que um Estado-Membro adopte medidas que em derrogação do n.º 2 restrinjam a livre circulação de serviços, desde que tendo solicitado ao Estado-Membro do país em que o prestador de serviços está estabelecido a sua adopção, este não tenha tomado medidas adequadas, e após notificação a este Estado-Membro e à Comissão. As medidas em causa têm de ser proporcionais ao objectivo de defesa dos consumidores (art. 3.º/4/a/iii). Como o n.º 2 não se aplica às normas jurídico-privadas de protecção dos consumidores, o n.º 4 só pode ter em vista Direito público de protecção do consumidor. Esta disposição mostra que o princípio do país de origem se aplica ao Direito público de protecção do consumidor que tenha incidência na livre prestação de serviços, mas com importantes limitações.

O DL n.º 7/2004, de 7/1, que visa transpor a Directiva, não esclarece estes problemas de Direito Internacional Privado e, no que toca ao regime dos contratos e à responsabilidade extracontratual, só contém algumas regras fragmentárias[73].

O art. 4.º/1 submete "integralmente" "à lei portuguesa relativa à actividade que exercem" os prestadores de serviços da sociedade da informação estabelecidos em Portugal "mesmo no que concerne a serviços da sociedade da informação prestados noutro país comunitário". O art. 5.º/1 determina que aos prestadores de serviços da sociedade da informação não estabelecidos em Portugal mas estabelecidos noutro Estado-Membro é aplicável "exclusivamente no que respeita a actividades em linha, a lei

---

[73] Para um panorama das leis de transposição de outros Estados-Membros ver FALLON/MEEUSEN (n. 66) 481 e seg.

do lugar do estabelecimento" ao "exercício, nomeadamente no que respeita à qualidade e conteúdo dos serviços, à publicidade e aos contratos."

Subsiste dúvida sobre se esta regra do país de origem vale apenas para as normas sobre acesso e exercício da actividade e, eventualmente, para normas de Direito privado contidas no diploma, ou pretende introduzir um desvio às regras gerais sobre o Direito aplicável aos contratos e à responsabilidade extracontratual.

Por diversas razões, creio que se deve seguir o entendimento primeiramente referido.

Visto que o diploma visa transpor a Directiva, questões duvidosas devem ser resolvidas por uma interpretação conforme a Directiva. Por conseguinte, o entendimento defendido perante a Directiva vale também para este diploma, bem como a crítica formulada com respeito à inadequação da conexão "lei do país do estabelecimento do prestador de serviços" com respeito à aplicação das normas sobre contratação electrónica. Esta é, a meu ver, a consideração fundamental. Mas há outras razões pelas quais parece claro que as regras sobre aplicação no espaço contidas no diploma se limitam ao Direito Económico e, eventualmente, a normas jurídico-privadas nele contidas.

O art. 5.º/3 determina que "os serviços de origem extra-comunitária estão sujeitos à aplicação geral da lei portuguesa, ficando também sujeitos a este diploma em tudo o que não for justificado pela especificidade das relações intra-comunitárias". As excepções do art. 6.º não se aplicam a este preceito. Segundo uma interpretação literal este preceito submeteria à lei portuguesa todos os serviços de origem extra-comunitária do mundo, independentemente do lugar da prestação ou da localização do beneficiário. Mas parece evidente que o preceito não pode ser entendido neste sentido.

Por um lado, o preceito só pode ser aplicado a prestações de serviços que têm uma conexão com Portugal, possivelmente aos serviços prestados em Portugal ou prestados em linha a pessoas que acedem à rede em Portugal.

Por outro lado, uma interpretação que visse aqui uma regra de conflitos sobre o Direito aplicável ao contrato conduziria ao seguinte resultado absurdo: os contratos intra-comunitários estariam submetidos ao Direito escolhido pelas partes ou, na omissão das partes, ao Direito do país de origem; os contratos extra-comunitários estariam imperativamente sujeitos ao Direito do país de destino. Além disso, a sujeição dos contratos extra-comunitários ao Direito privado do país de destino representaria uma contradição normativa com o Direito de Conflitos geral, que submete

O Direito de Conflitos e as liberdades comunitárias de estabelecimento   387

os contratos à lei escolhida pelas partes e, na falta de escolha, manda aplicar a lei do país com que o contrato apresenta conexão mais estreita, presumindo que há uma conexão mais estreita com o país em que prestador de serviços está estabelecido (arts. 3.° e 4.° da Convenção de Roma sobre a Lei Aplicável às Obrigações Contratuais). Esta regra é aplicável, por exemplo, ao fornecedor de serviço telefónico por satélite, que está em posição inteiramente análoga à do fornecedor de acesso à *Internet*.

A única interpretação que se afigura razoável é a de que o âmbito de aplicação da "lei portuguesa" referida no art. 5.°/3 (bem como no art. 4.°/1) é o regime de acesso e exercício de actividades económicas; por força da sua segunda parte, parece defensável que o art. 5.°/3 determina ainda a aplicação das normas jurídico-privadas contidas no diploma, que não sejam justificadas pela especificidade das relações intra-comunitárias, como normas de aplicação necessária.

O art. 6.°/e exclui do âmbito de aplicação desses preceitos a "matéria disciplinada por legislação escolhida pelas partes no uso da autonomia privada". Que sentido útil se pode atribuir a esta exclusão? Os arts. 4.°/1 e 5.°/1 não introduzem desvios às regras de conflitos gerais em matéria de contratos obrigacionais e, por isso, "a matéria disciplinada por legislação escolhida pelas partes" está por natureza excluída do seu âmbito de aplicação. Por outro lado, seria contrário à finalidade da Directiva e do diploma de transposição que através de uma escolha da lei de um país terceiro fosse possível afastar a aplicação das normas imperativas de protecção do beneficiário da prestação de serviços que resultam da transposição da Directiva. Por isso, a esta exclusão só pode ser atribuído um sentido útil: a reafirmação de que a Directiva, bem como o diploma que a transpõe, não estabelece qualquer desvio às regras de conflitos gerais sobre a determinação do Direito aplicável aos contratos.

Por último, é de observar que uma interpretação do DL n.° 7/2004 no sentido de consagrar o princípio do país de origem em matéria de lei aplicável aos contratos obrigacionais seria incompatível com a Convenção de Roma sobre a Lei Aplicável às Obrigações Contratuais. O disposto na Convenção prevaleceria sobre as normas internas enquanto fonte hierarquicamente superior. O art. 20.° da Convenção de Roma, que concede primazia às disposições estabelecidas nas legislações nacionais harmonizadas em execução de actos comunitários, não seria aplicável visto que se trataria de normas internas que vão além do estabelecido pela Directiva[74].

---

[74] Ver também WILDERSPIN/LEWIS (n. 12) 310 e seg.

CIRCULAÇÃO DE DECISÕES JUDICIAIS E INTEGRAÇÃO SUPRANACIONAL E INTERNACIONAL[*]

O tema que me é proposto tratar é o da relação entre "circulação de decisões judiciais" e "integração supranacional".

Como introdução ao tema parece-me útil esclarecer estes conceitos.

"Circulação de decisões judiciais" é uma expressão que está em voga nos instrumentos e documentos da União Europeia.

Assim, os Considerandos de alguns Regulamentos comunitários em matéria de competência internacional e reconhecimento de sentenças estrangeiras invocam "a livre circulação das decisões em matéria civil e comercial" como objectivo da acção comunitária neste domínio[1].

A ideia de "livre circulação das decisões" só pode constituir uma metáfora, visto que as decisões não são realidades materiais que sejam susceptíveis de atravessar fronteiras. Os documentos que incorporam as decisões podem "circular", ser enviados do país de origem da decisão para outro país. As decisões jurisdicionais são actos jurídicos que se inscrevem noutro plano da realidade, especificamente jurídico. A decisão é tomada no Estado de origem, produz em primeira linha efeitos na sua ordem jurídica e pode produzir efeitos noutras ordens jurídicas se estas a reconhecerem[2].

Por exemplo, uma sociedade argentina obtém em tribunais argentinos uma decisão condenatória de uma sociedade brasileira. A sociedade brasi-

---

[*] Texto da comunicação proferida no Seminário Internacional "A tutela judicial no sistema multinível", organizado pelo Conselho Federal de Justiça, na cidade de Brasília, em Setembro de 2004.

[1] 2.º Considerando do Regulamento n.º 1347/2000, em matéria matrimonial, e 6.º Considerando do Regulamento n.º 44/2001, em matéria civil e comercial.

[2] Ver LIMA PINHEIRO – *Direito Internacional Privado*, vol. III – *Competência Internacional e Reconhecimento de Decisões Estrangeiras*, Almedina, Coimbra, 2002, 181.

leira não cumpre voluntariamente a decisão nem tem bens situados na Argentina que possam ser executados. Coloca-se a questão de saber se a decisão argentina pode ser executada no Brasil (força executiva de uma decisão judicial estrangeira). Pode igualmente ser questionado se a sociedade brasileira pode propôr em tribunais brasileiros uma nova acção contra a parte argentina relativamente à mesma causa (reconhecimento do efeito de caso julgado).

Mas isto nada tem que ver com "circulação" através das fronteiras. Esta metáfora não é neutra nem é, em minha modesta opinião, feliz.

Não é neutra porque pretende estabelecer um paralelo com as liberdades comunitárias. O Direito Comunitário estabelece as liberdades de circulação de pessoas, mercadorias, serviços e capitais, que são fundamentais para a existência de um mercado único. Com a expressão "livre circulação de decisões" pretende-se inculcar a ideia de que o reconhecimento automático das decisões proferidas noutros Estados-Membros é necessário ao bom funcionamento do mercado único.

E é uma metáfora pouco feliz, visto que no Direito de Reconhecimento está em causa a eficácia na ordem jurídica de um Estado da decisão proferida por órgão de outro Estado, problema que não tem a mínima relação com a liberdade de circulação de pessoas, mercadorias, serviços e capitais.

Por conseguinte, eu creio que a tradicional expressão "reconhecimento de decisões estrangeiras" é mais adequada para designar o problema da eficácia de decisões judiciais estrangeiras na ordem jurídica local.

O nosso tema reporta-se, por outro lado, à "integração supranacional".

Creio que, em primeira linha, se têm em vista processos de integração regional como os que se verificam com a União Europeia e o Mercosul.

Claro que nada obsta que no futuro se possa verificar uma integração supraestadual à escala mundial.

São possíveis diferentes graus de integração, que podem ter carácter meramente económico ou alcançar uma dimensão política.

Como graus de integração meramente económica temos designadamente a união aduaneira e o estabelecimento de um mercado único.

A integração política (ou supranacional) pode dar corpo a associações de Estados (designadamente confederações e uniões reais) ou mesmo a Estados federais.

"Circulação de decisões judiciais e integração supranacional e internacional" 391

A União Europeia é uma associação de Estados que não constitui, pelo menos ainda, um Estado federal[3]. O sistema comunitário assemelha-se mais a uma confederação, em que os Estados-Membros continuam a ser sujeitos de Direito Internacional revestidos de soberania, embora esta soberania esteja limitada pela delegação de alguns poderes nos órgãos comunitários ou pela renúncia ao seu exercício a favor destes órgãos[4].

Por seu turno, segundo os autores brasileiros que consultei, o Mercosul está ainda no estádio da mera união aduaneira imperfeita[5].

Até que ponto a integração supraestadual tem ou deve ter consequências no plano do reconhecimento das decisões judiciais proferidas noutros Estados-Membros?

Penso que a resposta a esta questão tem de atender ao grau de integração supraestadual dos Estados envolvidos.

No quadro de uma comunidade de Estados meramente económica, um certo liberalismo no reconhecimento de decisões judiciais provenientes de outros Estados comunitários pode contribuir para criar um ambiente mais favorável ao comércio intra-comunitário.

Mas pode ser questionado se não se justifica o mesmo liberalismo no reconhecimento de decisões provenientes de terceiros Estados (i.e., Estados não comunitários).

Em minha opinião a resposta é afirmativa.

As razões que fundamentam o reconhecimento de sentenças estrangeiras procedem quer em relação às sentenças proferidas noutros Estados comunitários quer em relação às sentenças de tribunais de terceiros Estados.

Desde logo, a tutela da confiança depositada na definição da relação controvertida por via judicial, a continuidade e estabilidade de situações

---

[3] É mesmo controverso que a União Europeia tenha personalidade jurídica; já as Comunidades Europeias gozam de uma personalidade jurídica distinta da dos Estados-Membros

[4] Ver Nguyen Quoc/Daillier/Pellet – *Droit international public*, 6.ª ed., Paris, 1999, 422; Seidl-Hohenveldern/Stein – *Völkerrecht*, 10.ª ed., Colónia et al., 2000, 3 e seg.; Fausto de Quadros – *Direito das Comunidades Europeias e Direito Internacional Público. Contributo para o estudo da natureza jurídica do Direito Comunitário Europeu*, Coimbra, 1984, 336 e segs.; André Gonçalves Pereira/Fausto de Quadros – *Manual de Direito Internacional Público*, 3.ª ed., Coimbra, 1993, 128; Jorge Miranda – *Curso de Direito Internacional Público*, 2.ª ed., Cascais, 2004, 204 e seg.

[5] Cf. Nadia de Araujo – *Direito Internacional Privado. Teoria e Prática Brasileira*, 2.ª ed., Rio de Janeiro, 2004, 84.

jurídicas consolidadas ou constituídas pela sentença e a harmonia internacional de soluções[6].

Em segundo lugar, o reforço da eficácia prática das decisões jurisdicionais, evitando que a execução possa ser impedida pela localização dos bens do devedor fora do país em que foi proferida a sentença de condenação[7].

Enfim, a economia de meios que se obtém ao evitar a repetição, num Estado, da causa já decidida noutro Estado.

Assim, entendo que a ordem jurídica de um Estado deve atribuir efeitos às decisões judiciais estrangeiras, desde que se verifiquem certas condições essenciais.

Mais: sou mesmo partidário, em tese geral, de um sistema de reconhecimento automático do efeito de caso julgado que a sentença estrangeira produza na ordem jurídica de origem, i.e., sem necessidade de qualquer procedimento prévio no Estado de reconhecimento, designadamente confirmação ou homologação judicial.

Quer isto dizer que, no exemplo, atrás referido, a sociedade argentina deveria poder invocar a excepção de caso julgado perante a propositura no Brasil, pela sociedade brasileira, de uma acção relativa à mesma causa que tinha sido decidida pelos tribunais argentinos, independentemente de a decisão argentina ter sido confirmada ou homologada no Brasil. Isto desde que a decisão argentina satisfizesse as condições de reconhecimento.

Não é esta a solução do Direito brasileiro, que tem sido interpretado no sentido de subordinar o reconhecimento do efeito de caso julgado à homologação da decisão judicial estrangeira pelo Supremo Tribunal Federal (art. 102.° da Constituição e art. 483.° CPC).

Também o efeito constitutivo que seja associado à sentença estrangeira pela lei competente segundo o Direito de Conflitos do Estado de reconhecimento deve ser reconhecido independentemente de um processo prévio no Estado de reconhecimento[8].

Já a atribuição de força executiva à decisão judicial estrangeira deve depender de uma declaração de executoriedade proferida por um tribunal do Estado de reconhecimento, com base num processo sumário em que se controle a verificação das condições de reconhecimento.

---

[6] Em sentido convergente, FERRER CORREIA [1982: 119, 1983 n.° 2 e 2000: 460 e seg.].

[7] *Ibidem.*

[8] Ver LIMA PINHEIRO (n. 2) 250.

E quais devem ser as condições de reconhecimento?

O tempo de que disponho não me permite aprofundar aqui este ponto[9].

Deixarei apenas três notas.

Primeiro, a principal condição de reconhecimento deve ser a existência de uma conexão adequada entre o Estado de origem e a situação definida pela sentença estrangeira (a chamada "competência internacional indirecta").

Segundo, o reconhecimento deve limitar-se, em princípio, a um controlo das condições extrínsecas da sentença estrangeira, independentemente da solução dada ao caso pelo tribunal de origem (controlo formal). No entanto, se os tribunais do foro forem internacionalmente competentes para decidir o caso ou se, à luz do Direito de Conflitos do Estado do foro, for aplicável à situação a lei do foro e a parte vencida estiver fortemente ligada a este Estado, entendo que deve ser feito um controlo de mérito. Nestes casos, a sentença estrangeira só deve ser reconhecida se tiver dado ao caso uma solução equivalente à que chegaria um tribunal do Estado de reconhecimento com base no Direito de Conflitos do foro[10].

Por último, o reconhecimento deve estar sujeito a garantias mínimas de justiça substantiva e processual. Daí que a conformidade com a ordem pública internacional e o respeito de certos princípios fundamentais em matéria de processo devam constituir também condições de reconhecimento.

Com este modo de ver as coisas não nego que uma integração supraestadual, ainda que meramente económica, possa ter relevância no campo da unificação internacional do Direito de Reconhecimento.

Tenho agora em mente o estabelecimento de regras comuns em matéria de reconhecimento de decisões estrangeiras.

O ideal seria uma unificação à escala mundial de todo o Direito Internacional Privado, incluindo Direito de Conflitos, Direito da Competência Internacional e Direito de Reconhecimento.

---

[9] Ver, para o desenvolvimento deste ponto, LIMA PINHEIRO (n. 2) 252 e segs.

[10] Ver LIMA PINHEIRO – "A triangularidade do Direito Internacional Privado – Ensaio sobre a articulação entre o Direito de Conflitos, o Direito da Competência Internacional e o Direito de Reconhecimento", *in Estudos em Homenagem à Professora Doura Isabel* DE MAGALHÃES COLLAÇO, vol. I, 311-378, Almedina, Coimbra, 349 e segs.

É importante sublinhar que a unificação do Direito de Reconhecimento deve ser articulada com a unificação do Direito de Conflitos e do Direito da Competência Internacional.

A partir do momento em que o tribunal de origem esteja sujeito às mesmas regras sobre a determinação do Direito aplicável que vigoram no Estado de reconhecimento é defensável que todas as sentenças estrangeiras sejam reconhecidas sem controlo de mérito. O tribunal de origem aplicará a mesma lei que seria aplicada por um tribunal de Estado de reconhecimento se fosse chamado a decidir o caso, sendo por isso de esperar que a solução dada ao caso pelo tribunal de origem seja semelhante àquela que seria proferida por um tribunal do Estado de reconhecimento.

Por outro lado, se o tribunal de origem estiver submetido às mesmas regras de competência internacional que vigoram no Estado de reconhecimento, pode dispensar-se um controlo da competência do tribunal de origem.

O certo é que a unificação do Direito Internacional Privado à escala mundial se tem revelado muito difícil, em especial no domínio da competência internacional e do reconhecimento de sentenças estrangeiras.

Ora, a nível regional e, em especial, entre países unidos por um projecto de integração, esta unificação pode ser mais fácil.

Não se estranha, por isso, que o art. 293.º (ex-art. 220.º) do Tratado da Comunidade Europeia tenha desde o início previsto que os Estados comunitários estabelecessem negociações com vista a simplificar as "formalidades" a que se encontrava subordinado o reconhecimento de sentenças.

Esta previsão concretizou-se na Convenção de Bruxelas sobre a Competência Judiciária e a Execução de Decisões em Matéria Civil e Comercial (1968), que foi objecto de ratificação ou adesão por parte de todos os Estados que eram membros da União Europeia antes do último alargamento.

Também no continente americano se assistiu a um movimento de unificação do Direito Internacional Privado. A América Latina foi pioneira nos esforços unificadores, que se iniciaram no séc. XIX[11].

Na actualidade esses esforços são desenvolvidos principalmente pelas Conferências Interamericanas Especializadas sobre o Direito Internacional Privado convocadas pela Organização dos Estados Americanos.

---

[11] Ver Jacob DOLINGER – *Direito Internacional Privado. Parte Geral*, 7.ª ed., Rio de Janeiro, 2003, 75 e segs.

"Circulação de decisões judiciais e integração supranacional e internacional" 395

Nestas Conferências já foram adoptadas convenções em matéria de reconhecimento de decisões estrangeiras.

Há ainda a assinalar, no âmbito do Mercosul, um conjunto de Protocolos que abrangem matéria de reconhecimento de decisões estrangeiras.

Cabe agora perguntar pelas consequências em matéria de reconhecimento de decisões estrangeiras que são de esperar de uma integração supraestadual ao nível de confederação ou, até, de um Estado federal?

Eu creio que a situação só deve ser qualitativamente diferente quando a integração política conduz à constituição de um Estado federal. Neste caso as ordens jurídicas dos Estados-Membros são integradas na ordem jurídica complexa do Estado federal e são subordinadas à Constituição federal. Nalguns Estados federais o sistema jurídico é mesmo unitário, não coexistindo no seu seio sistemas jurídicos diferentes. É o que se verifica com o Brasil.

Neste último caso nem sequer se coloca um problema de reconhecimento de decisões nas relações entre os Estados federados.

Já nos Estados federais em que coexistem vários sistemas jurídicos a eficácia das decisões proferidas outro Estado federado pode colocar um problema de reconhecimento. É o que se passa nos EUA.

Só que na resolução do problema de reconhecimento da decisão proveniente de outro Estado federado o tribunal de reconhecimento está condicionado pela Constituição federal.

Assim, nos EUA, o art. IV § 1 da Constituição federal determina que cada Estado deve dar *"Full Faith and Credit...to the... Judicial Proceedings of every other State"*.

O *Judiciary Act* de 1790 veio concretizar esta disposição: *"the same full faith and credit as... [the judicial proceedings] have by law or usage in the courts of such State...from which they are taken"*.

Daqui infere-se que a decisão de um Estado da União tem noutro Estado da União o efeito de caso julgado [*preclusion*] que lhe é atribuído pela lei do Estado de origem[12].

---

[12] Neste sentido dispõe o comentário *g* do art. 95.° do *Second Restatement, Conflict of Laws*. É adquirido que se trata de um reconhecimento automático (ver PETER HAY – *Law of the United States*, Munique et al., 2002, 82 e segs.), mas suscita alguma controvérsia a aplicação do Direito do Estado de origem ao efeito do caso julgado (ver SCOLES/HAY/BORCHERS/SYMEONIDES – *Conflict of Laws*, 3.ª ed., St. Paul, Minnesota, 2000, 1144 e seg.).

Já atribuição de força executiva depende de um procedimento prévio de reconhecimento[13].

O Direito federal estabelece o reconhecimento, através de um processo sumário de "registo", de decisões de tribunais federais que condenem no pagamento de dinheiro ou na entrega de um imóvel. Alguns Estados estabeleceram processos sumários de reconhecimento para as decisões de outros Estados da União[14].

A *Full Faith and Credit Clause* é entendida no sentido de obrigar os Estados da União a adoptarem um sistema que permita o reconhecimento das decisões válidas, proferidas por tribunais competentes e que não tenham sido obtidas através de "fraude". A violação da ordem pública do Estado de reconhecimento não pode constituir, em princípio, fundamento de recusa de reconhecimento (tal só será admissível em "circunstâncias extraordinárias ou não usuais").

Já numa integração política que não atinja o estádio federal é de esperar que os sistemas jurídicos dos Estados-Membros conservem a sua plena autonomia, sem prejuízo da coordenação destes sistemas com o Direito Comunitário. As sentenças proferidas pelos tribunais de um Estado--Membro continuam a ser sentenças estrangeiras para os outros Estados--Membros.

Daí que o problema do reconhecimento de sentenças dos outros Estados-Membros não se coloque em termos muito diferentes dos assinalados a respeito de uma integração meramente económica.

Dir-se-á que os Estados envolvidos num projecto de integração política consideram ter uma certa comunhão de valores, que não deixará de se reflectir nas concepções jurídicas fundamentais. Isto pode porventura justificar uma maior confiança na administração da justiça feita noutro Estado-Membro e, com isso, uma certa flexibilização do sistema de reconhecimento.

Em todo o caso, é importante sublinhar, em ligação com o anteriormente exposto, que a flexibilização do sistema de reconhecimento tem de ser articulada com a unificação do Direito de Conflitos e do Direito da Competência Internacional.

Dificilmente se concebe que o Estado-Membro de reconhecimento renuncie genericamente ao controlo do mérito da decisão estrangeira e da

---

[13] Cf. SCOLES/HAY/BORCHERS/SYMEONIDES (n. 8) 1149 e segs.
[14] Ver também HAY (n. 12) 87.

"*Circulação de decisões judiciais e integração supranacional e internacional*" 397

competência internacional do tribunal de origem se não vigorarem regras comuns de conflitos de leis e de competência internacional.

Por isso, entendo que a flexibilização do sistema de reconhecimento nas relações intracomunitárias deve ser precedida ou acompanhar a unificação à escala comunitária do Direito de Conflitos e do Direito da Competência Internacional.

Vejamos o que se passa no âmbito da União Europeia.

Podemos distinguir duas fases que têm como marco a entrada em vigor do Tratado de Amesterdão (em 1999).

Até à entrada em vigor do Tratado de Amesterdão, entendia-se geralmente que só nas matérias em que a Comunidade tinha competência para a harmonização do Direito material podia o Direito de Conflitos ser também harmonizado[15].

O principal acto de unificação do Direito de Conflitos à escala comunitária não foi um acto comunitário mas uma convenção internacional celebrada pelos Estados-Membros: a Convenção de Roma sobre a Lei Aplicável às Obrigações Contratuais (1980).

Também a unificação do Direito da Competência Internacional e do Direito de Reconhecimento foi objecto da já referida Convenção de Bruxelas.

Este quadro, porém, foi radicalmente alterado pelo Tratado de Amesterdão. Este Tratado inseriu no Tratado da Comunidade Europeia um Título IV – "Vistos, asilo, imigração e outras políticas relativas à circulação de pessoas". Nos termos dos arts. 61.° /c) e 65.° do Tratado da Comunidade Europeia, com a redacção dada pelo Tratado de Amesterdão[16], o Conselho adoptará medidas no domínio da cooperação judiciária em matéria civil, "na medida do necessário ao bom funcionamento do mercado interno"[17]. Estas medidas terão por objectivo, nomeadamente (art. 65.°):

---

15 Ver LIMA PINHEIRO – "Federalismo e Direito Internacional Privado – algumas reflexões sobre a comunitarização do Direito Internacional Privado", *Cadernos de Direito Privado* 2 (Junho 2003) 3-19, com mais referências.

16 Art. 2.°/15.

17 Estas medidas serão adoptadas nos termos do art. 67.° (ex-art. 73.°-O), com o aditamento feito pelo Tratado de Nice, que determina que em derrogação do n.° 1 o Conselho adopta nos termos do art. 251.° as medidas previstas no art. 65.°, com exclusão dos aspectos referentes ao Direito da Família. Isto tem por consequência, além da expressa inclusão do Direito Internacional Privado da Família no âmbito de competência a Comunidade, um encurtamento do período transitório (previsto no art. 67.°/1) em que esta medidas são

"a) Melhorar e simplificar:
– o sistema de citação e de notificação transfronteiriça dos actos judiciais e extrajudiciais;
– a cooperação em matéria de obtenção de meios de prova;
– o reconhecimento e a execução das decisões em matéria civil e comercial, incluindo as decisões extrajudiciais;
"b) Promover a compatibilidade das normas aplicáveis nos Estados-Membros em matéria de conflitos de leis e de jurisdição".

Este preceito encontra-se redigido em termos algo restritivos, que não parecem atribuir uma competência genérica aos órgãos comunitários em matéria de Direito Internacional Privado[18].

Mas os órgãos comunitários fizeram uma "interpretação extensiva" que, na prática, prescinde de qualquer nexo efectivo com o funcionamento do mercado interno e abrange a uniformização de quase todo o Direito Internacional Privado.

Neste sentido apontaram, designadamente, o Plano de acção do Conselho e da Comissão sobre a melhor forma de aplicar as disposições do Tratado de Amesterdão relativas à criação de um espaço de liberdade, de segurança e de justiça (1998)[19] e o projecto de programa de medidas destinadas a aplicar o reconhecimento mútuo das decisões em matéria civil comercial (2001)[20].

---

tomadas por unanimidade, com exclusão das relativas ao Direito da Família. Ver Jürgen BASEDOW – "European Conflict of Laws under the Treaty of Amsterdam", *in International Conflict of Laws for the Third Millenium. Essays in Honor of Friedrich K. Juenger*, 175--192, Ardsley, Nova Iorque, 2001, 180 e segs. e Harmut LINKE –"Die Europäisierung des Internationalen Privat- und Verfahrensrechts. Traum oder Trauma?", *in Einheit und Vielfalt des Rechts. FS Reinhold Geimer*, 529-554, Munique, 2002, 544 e segs.

[18] Ver LIMA PINHEIRO (n. 15), com mais referências.

[19] Que contemplou a uniformização em matéria de Direito aplicável às obrigações não-contratuais e, se necessário, o início da revisão de certas disposições da Convenção de Roma sobre a Lei Aplicável às Obrigações Contratuais, num prazo de dois anos a contar da entrada em vigor do Tratado (1/5/99). O mesmo Plano previu que no prazo de cinco anos a contar da entrada em vigor do Tratado se examinasse a possibilidade de actos comunitários sobre o Direito aplicável ao divórcio e sobre a competência internacional, Direito aplicável, reconhecimento e execução de sentenças em matéria de regime matrimonial de bens e de sucessão por morte.

[20] Que propôs a elaboração de instrumentos comunitários sobre competência internacional, reconhecimento e execução de sentenças em matéria de dissolução dos regimes

"Circulação de decisões judiciais e integração supranacional e internacional" 399

Seguindo esta "interpretação extensiva", o Conselho adoptou cinco regulamentos no domínio do Direito Internacional Privado, para além de outros regulamentos que dizem respeito ao Direito Processual Civil Internacional em sentido estrito[21]:

– o Reg. (CE) n.º 1346/2000, de 29/5, relativo aos processos de insolvência[22] – que cobre a determinação do Direito aplicável, a competência internacional e o reconhecimento de decisões;

– o Reg. (CE) n.º 1347/2000, de 29/5, relativo à competência, ao reconhecimento e à execução de decisões em matéria matrimonial e de regulação do poder paternal em relação a filhos comuns do casal[23];

– o Reg. (CE) n.º 44/2001, de 22/12/2000, relativo à competência judiciária, ao reconhecimento e à execução de decisões em matéria civil e comercial[24];

– o Reg. (CE) n.º 2201/2003, de 27/11/2003, relativo à competência, ao reconhecimento e à execução de decisões em matéria matrimonial e em matéria de responsabilidade parental e que revoga o Reg. (CE) n.º 1347/2000[25];

– o Reg. (CE) n.º 805/2004, de 21/4/2004, que cria o título executivo europeu para créditos não contestados[26].

---

matrimoniais, de consequências patrimoniais da separação de casais não casados e de sucessões, bem como em matéria de responsabilidade parental e dos outros aspectos não patrimoniais da separação de casais.

[21] Ao abrigo das mesmas disposições do Tratado foram também publicados os Regs. (CE) n.º 1348/2000, do Conselho, de 29/5/2000, relativo à citação e à notificação dos actos judiciais e extrajudiciais em matéria civil e comercial nos Estados-Membros, *JOCE* L 160/37, de 30/6/2000, e n.º 1206/2001, do Conselho, de 28/5/2001, relativo à cooperação entre os tribunais dos Estados-Membros no domínio da obtenção de provas em matéria civil ou comercial, *JOCE* L 174/1, de 27/6/2001. Ver ainda Decisão da Comissão de 25/9/2001 que estabelece um manual de entidades requeridas e um glossário de actos que podem ser objecto de citação ou de notificação ao abrigo do Reg. (CE) n.º 1348/2000 do Conselho, *JOCE* L 298/1, de 15/11/2001.

[22] *JOCE* L 160/1, de 30/6/2000

[23] *JOCE* L 160/19, de 30/6/2000.

[24] *JOCE* L 012/1, de 16/1/2001.

[25] *JOCE* L 338/1, de 23/12/2003.

[26] *JOCE* L 143/15, de 30/4/2004.

Além disso existe um projecto de regulamento comunitário sobre a Lei Aplicável às Obrigações Extracontratuais, designado Regulamento Roma II (proposta de 2003).

Também estão em curso trabalhos com vista à transformação da Convenção de Roma sobre a Lei Aplicável às Obrigações Contratuais num regulamento comunitário (designado Regulamento Roma I).

O projecto de Tratado Constitucional da União Europeia reforça esta orientação.

Que dizer do rumo seguido na União Europeia em matéria de reconhecimento de decisões proferidas noutros Estados-Membros?

Primeiro, é de aplaudir o ânimo unificador do Direito Internacional Privado que tem movido os responsáveis comunitários e que é partilhado por alguns círculos académicos, designadamente o Grupo Europeu de Direito Internacional Privado.

Em segundo lugar, é de observar que os órgãos comunitários optaram por uma via centralizadora, tomando a seu cargo a regulação desta matéria em quase todos os campos do Direito privado.

Isto permitiu obviar a algumas dificuldades com que deparava uma unificação com base em convenções internacionais entre os Estados-Membros, mas parece dificilmente conciliável com o presente estádio da integração europeia.

O presente estádio da integração europeia, que ainda não deu corpo a um Estado federal, mas a uma associação de Estados soberanos, não se ajusta à atribuição aos órgãos comunitários de competências legislativas que cerceiem substancialmente a autonomia legislativa dos Estados--Membros, designadamente no domínio do Direito privado. Mesmo num Estado federal é perfeitamente concebível, e porventura conveniente em certos casos, que os Estados federados mantenham a sua competência em matéria de Direito privado, incluindo o Direito Internacional Privado.

A uniformização do Direito Internacional Privado não é necessária para o estabelecimento de um mercado único.

Há diversos países em que vigoram diferentes sistemas locais com os seus próprios Direitos de Conflitos e regimes de competência e de reconhecimento de decisões e em que, como parece óbvio, as divergências entre estes regimes não obstaram à existência de um mercado único nem prejudicaram o seu "bom funcionamento". Os exemplos mais salientes são os do Reino Unido e dos EUA.

"Circulação de decisões judiciais e integração supranacional e internacional" 401

Pode pensar-se que a unificação se poderia fazer com mais vantagens e mais respeito da autonomia dos sistemas jurídicos dos Estados-Membros com base em Leis-Modelo que seriam propostas aos Estados-Membros para que as adoptassem na ordem interna ou nelas inspirassem a sua legislação.

Como terceira consideração, cumpre observar que os regulamentos comunitários em vigor seguiram até certo ponto as linhas atrás propugnadas, estabelecendo o reconhecimento automático do efeito de caso julgado e subordinando, em regra, a atribuição de força executiva a uma declaração de executoriedade.

Regista-se no entanto uma tendência para estabelecer um reconhecimento automático ou quási-automático da força executiva das decisões proferidas noutros Estados-Membros que é a meu ver criticável e que se enquadra numa tendência mais geral para reduzir ao mínimo a autonomia dos sistemas jurídicos dos Estados-Membros.

Essa tendência manifesta-se designadamente em três pontos:

– no Regulamento em matéria civil e comercial a declaração de executoriedade, bem como a declaração de reconhecimento, só dependem de um processo sumaríssimo, não contraditório, em que não são verificados os fundamentos de recusa de reconhecimento (art. 41.°);

– no Regulamento em matéria matrimonial e de responsabilidade parental as decisões sobre o direito de visita e sobre o regresso da criança têm força executiva independentemente de uma declaração de executoriedade no Estado de reconhecimento (arts. 40.° e segs.);

– o Regulamento que cria o título executivo europeu atribui força executiva a decisões condenatórias relativas a créditos pecuniários não contestados proferidas noutros Estados–Membros sem necessidade de uma declaração de executoriedade.

Enfim, assinale-se a supressão do controlo de mérito das decisões proferidas noutros Estados-Membros num vasto conjunto de matérias em que o Direito de Conflitos não se encontra ainda unificado, o que é, a meu ver, incoerente.

A ideia parece ser a de utilizar o Direito como um instrumento de integração política, criando uma realidade jurídica que corresponde a um Estado federal altamente centralizado. Por minha parte, tenha dúvidas que o Direito deva ser instrumentalizado dessa forma e que esse modelo de união política muito centralizada seja o que mais convém à Europa.

Mas isso já é tema para outro lugar e para outra ocasião.

Espero que estas breves considerações possam ter alguma utilidade para que nos processos de integração em que o Brasil participe se aproveitem os bons exemplos e se evitem os erros cometidos noutros processos.

A COMPETÊNCIA INTERNACIONAL EXCLUSIVA DOS TRIBUNAIS PORTUGUESES*

INTRODUÇÃO

Os tribunais portugueses só podem conhecer de litígio emergente de uma relação transnacional quando forem internacionalmente competentes. A violação das regras de competência internacional legal constitui uma excepção dilatória de conhecimento oficioso (incompetência absoluta) (arts. 101.º, 102.º/1 e 494.º/a CPC) e a decisão proferida por um tribunal em violação de regras de competência internacional é recorrível (art. 678.º/2 CPC).

A competência dos tribunais portugueses é *exclusiva* quando a ordem jurídica portuguesa não admite a privação de competência por pacto de jurisdição nem reconhece decisões proferidas por tribunais estrangeiros que se tenham considerado competentes[1]. A competência exclusiva contrapõe-se à *competência concorrente*, que é aquela que pode ser afastada por um pacto de jurisdição e que não obsta ao reconhecimento de decisões proferidas por tribunais estrangeiros.

Na ordem jurídica portuguesa vigoram dois regimes gerais de competência legal exclusiva: o regime comunitário e o regime interno. O regime interno só é aplicável quando a acção não for abrangida pelo âmbito de aplicação do regime comunitário, que é de fonte hierarquicamente superior[2].

---

* O presente trabalho foi elaborado, em 2005, com vista aos Estudos em Memória do Prof. Doutor J. Dias Marques.

[1] Em sentido próximo, à face do Direito alemão, KROPHOLLER [1982 n.º 149]. Como este autor indica o conceito de competência exclusiva não é uniforme nos diferentes sistemas.

[2] Ver LIMA PINHEIRO [2002b: 71].

404 *Estudos de Direito Internacional Privado*

O regime comunitário é definido pelo Regulamento (CE) n.° 44/ /2001, de 22/12/2000, Relativo à Competência Judiciária, ao Reconhecimento e à Execução de Decisões em Matéria Civil e Comercial[3] (doravante designado Regulamento em matéria civil e comercial).

Os critérios de competência legal exclusiva contidos no Regulamento em matéria civil e comercial são directamente aplicáveis sempre que o respectivo elemento de conexão aponte para um Estado-Membro vinculado pelo Regulamento e que o litígio emirja de uma relação transnacional (proémio do art. 22.°). Não se verificando um dos casos de competência (legal ou convencional) exclusiva previstos no Regulamento, a competência internacional dos tribunais dos Estados-Membros é regulada pelas regras de competência legal não exclusiva contidas no Regulamento se o réu tiver domicílio num Estado-Membro (art. 3.°).

Por conseguinte, o regime interno de competência internacional exclusiva só é aplicável quando não se verifique um dos casos de competência (legal ou convencional) exclusiva previstos no Regulamento e o réu não tenha domicílio num Estado-Membro (art. 4.°/1 do Regulamento).

Procedi a um estudo sistemático da competência internacional no Volume III das minhas lições de Direito Internacional Privado[4]. O presente trabalho, dedicado à memória do Professor José Dias Marques, retoma e desenvolve a matéria relativa à competência internacional exclusiva. Ocupar-me-ei, em primeiro lugar, do regime comunitário, examinando, em seguida, o regime interno. Inclui-se, no final, a bibliografia.

I. REGIME COMUNITÁRIO

A) Aspectos gerais

Os casos de competência exclusiva encontram-se regulados na Secção VI do Capítulo II do Regulamento, que compreende um só artigo (22.°).

---

[3] *JOCE* L 012/1, de 16/1/2001. O Reg. (CE) n.° 1496/2002, de 21/8/2002 [*JOCE* L 225/13, de 22/8/2002], alterou os anexos I e II.

[4] Almedina, Coimbra, 2002.

Este preceito faz sempre referência aos "tribunais do Estado-Membro", formulação que torna claro que apenas é regulada a competência internacional. A competência territorial é regulada pelo Direito interno dos Estados-Membros. Se do Direito interno da jurisdição exclusivamente competente não resultar a competência territorial de um tribunal local, verifica-se uma lacuna do regime da competência, que deve ser integrada com base nos critérios vigentes na respectiva ordem jurídica. Geralmente estes critérios apontarão para a aplicação analógica das regras sobre competência internacional contidas no art. 22.° do Regulamento à determinação da competência territorial[5].

A competência exclusiva dos tribunais de um Estado-Membro afasta o critério geral do domicílio do réu e os critérios especiais de competência legal. A competência exclusiva também não pode ser derrogada nem por um pacto atributivo de competência nem por uma extensão tácita de competência (arts. 23.°/5 e 24.°). O tribunal de um Estado-Membro, perante o qual tiver sido proposta, a título principal, uma acção relativamente à qual tenha competência exclusiva um tribunal de outro Estado-Membro deve declarar-se oficiosamente incompetente (art. 25.°). Se não o fizer, verifica-se um fundamento de recusa de reconhecimento, nos outros Estados-Membros, da decisão que proferir (arts. 35.°/1 e 45.°/1).

No caso, pouco frequente, de uma acção ser da competência exclusiva de vários tribunais, o tribunal a que a acção tenha sido submetida posteriormente deve declarar-se incompetente em favor daquele a que a acção tenha sido submetida em primeiro lugar (art. 29.°).

Como já se observou, os critérios de competência internacional exclusiva contidos no art. 22.° são directamente aplicáveis sempre que o respectivo elemento de conexão aponte para um Estado-Membro vinculado pelo Regulamento e que o litígio emirja de uma relação transnacional. A competência exclusiva dos tribunais de um Estado-Membro não depende de o réu estar domiciliado no território de um Estado-Membro

---

5 Em resultado, também KROPHOLLER [2002 Art. 22 n.° 1], SCHLOSSER [2003 Art. 22 EuGVVO Vorbemerkungen n.° 2] e *MüKoZPO*/GOTTWALD [2001 EuGVÜ Art. 16 n.° 2 e 2002 EuGVO Art. 22 n.° 3]. Diferentemente, GEIMER/SCHÜTZE [2004 Art. 22 n.° 22] defendem a consagração de uma norma uniforme segundo a qual é territorialmente competente o tribunal da capital do Estado a cujos tribunais o art. 22.° atribui competência internacional.

(cf. proémio do art. 22.°). Tão-pouco é necessária uma conexão com outro Estado-Membro[6].

Isto liga-se à justificação genérica das competências legais exclusivas retida pelo TCE: "a existência de um nexo de ligação particularmente estreito entre o litígio e um Estado contratante, independentemente do domicílio tanto do requerente como do requerido"[7].

Em rigor, porém, parece que estas competências exclusivas não são justificadas apenas pela intensidade da ligação, mas também pela circunstância de se tratar de matérias em que vigoram, na generalidade dos sistemas nacionais, regimes imperativos cuja aplicação deve ser assegurada sempre que se verifique uma determinada ligação com o Estado que os editou. Na verdade, os critérios de competência exclusiva coincidem tendencialmente com os elementos de conexão relevantes para a aplicação destes regimes imperativos[8].

O art. 22.° do Regulamento tem como precedente normativo o art. 16.° da Convenção de Bruxelas em que se baseia quase inteiramente. As diferenças de conteúdo, de reduzido alcance, verificam-se apenas em dois casos:

– no 2.° § do n.° 1 (acrescentado à Convenção de Bruxelas pela Convenção de Adesão de Portugal e da Espanha), em matéria de contratos de arrendamento de imóveis, quanto aos pressupostos de competência dos tribunais do Estado-Membro onde o requerido tiver domicílio;

– no n.° 4, em matéria de inscrição ou de validade de direitos de propriedade industrial, com respeito aos direitos regulados por um instrumento comunitário ou pela Convenção relativa à patente europeia.

Estas diferenças serão examinadas quando procedermos ao estudo na especialidade.

Se o elemento de conexão utilizado pela regra de competência legal exclusiva aponta para um terceiro Estado, a competência é regulada pelo

---

[6] Cf. GOTHOT/HOLLEAUX [1985: 21], GEIMER/SCHÜTZE [2004 Art 22 EuGVVO notes 7-11] e KROPHOLLER [2002 Art 22 EuGVO note 6].

[7] Cf. ac. 13/7/2000, no caso *Group Josi* [*CTCE* (2000) I-05925], n.° 46.

[8] Como também observam GAUDEMET-TALLON [2002: 71] e CALVO CARAVACA/ /CARRASCOSA GONZÁLEZ [2004: 109].

A competência internacional exclusiva dos tribunais portugueses   407

Direito interno, se o réu não tiver domicílio num Estado-Membro (art. 4.º/1). Se o réu tiver domicílio num Estado-Membro, as opiniões dividem-se: os Relatores[9], seguidos por uma parte da doutrina[10], entendem que são aplicáveis as outras disposições do Regulamento (ou das Convenções de Bruxelas e de Lugano), designadamente o art. 2.º; alguns autores defendem que corresponde ao sentido do Regulamento (ou das Convenções) que nestas matérias só são adequados os elementos de conexão constantes do art. 22.º, razão por que os tribunais dos Estados-Membros se podem considerar incompetentes[11].

Este segundo entendimento é de preferir quando os tribunais do terceiro Estado se considerarem exclusivamente competentes[12], por várias razões.

Primeiro, é um entendimento coerente com a valoração subjacente ao art. 22.º do Regulamento. Se os Estados-Membros reclamam uma determinada esfera de competência exclusiva também devem reconhecer igual esfera de competência exclusiva a terceiros Estados.

Segundo, este entendimento contribui para uma distribuição harmoniosa de competências. A posição contrária leva a que os tribunais de um Estado-Membro se considerem competentes, ao mesmo tempo que os tribunais de terceiro Estado reclamam competência exclusiva com base em critérios razoáveis.

---

[9] Cf. JENARD/MÖLLER [n.º 54] e ALMEIDA CRUZ/DESANTES REAL/JENARD [n.º 25d].

[10] Ver GEIMER/SCHÜTZE [2004 Art. 22 n.º 13] e, entre nós, MOTA DE CAMPOS [1985: 121] e TEIXEIRA DE SOUSA/MOURA VICENTE [1994: 113 e seg., mas cp. 35], com mais referências. Cp. ainda TEIXEIRA DE SOUSA [2003: 321-323].

[11] Cf., designadamente, DROZ [1972: 109 e 1990: 14 e seg.] e GOTHOT/HOLLEAUX [1985: 84], mas só quando o Direito interno do Estado do foro o autorize; GAUDEMET-TALLON [1996b: 95 e segs. e 2002: 72 e seg.]; KROPHOLLER [2002 Art. 22 n.º 7]; *MüKoZPO/* /GOTTWALD [2001 EuGVÜ Art. 16 n.º 6]; FERNÁNDEZ ARROYO [2004: 178 e 186].

[12] Cf. JAYME [1988: 110 e seg.] e SCHLOSSER [Art. 22 EuGVVO n.º 14] (relativamente ao art. 22.º/1). CALVO CARAVACA/CARRASCOSA GONZÁLEZ [2004: 114 e seg.] manifestam preferência por uma teoria mista segundo a qual a competência internacional dos tribunais de um Estado-Membro fundada noutras regras do Regulamento só deveria ser afastada quando a decisão só possa ser executada no Estado terceiro; no entanto, assim como o art. 22.º estabelece a competência exclusiva dos tribunais dos Estados-Membros independentemente de a decisão carecer, em caso de necessidade, de ser executada num Estado terceiro, também faz sentido respeitar a competência exclusiva de um Estado terceiro mesmo que a decisão possa, em caso de necessidade, ser executada num Estado--Membro.

408   *Estudos de Direito Internacional Privado*

Terceiro, este entendimento conforma-se com o princípio da relevância da competência exclusiva de tribunais estrangeiros, adiante examinado e justificado (*infra* II)[13].

O Regulamento impõe que o tribunal de um Estado-Membro se declare incompetente quando o tribunal de outro Estado-Membro tenha competência exclusiva (art. 25.°), mas não proíbe o tribunal de um Estado-Membro de se declarar incompetente noutros casos, quando tal seja conforme ao sentido do Regulamento.

Claro é que o Regulamento também não impõe ao tribunal de um Estado-Membro que se declare incompetente quando o elemento de conexão utilizado por uma das regras do art. 22.° aponta para terceiro Estado cujos tribunais reclamem competência exclusiva. Por isso, se, nestas circunstâncias, o tribunal de um Estado-Membro se considerar competente, tal não constitui fundamento de recusa de reconhecimento da decisão noutros Estados-Membros[14].

Do texto do art. 22.° e da sua *ratio* resulta inequivocamente que a enumeração de casos de competência internacional exclusiva aí contida tem natureza taxativa[15]. O Regulamento não admite o alargamento dos casos de competência exclusiva por via da analogia ou com base em qualquer outra técnica.

Os conceitos empregues para delimitar a previsão das regras de competência do art. 22.° devem ser objecto de uma interpretação autónoma[16].

---

[13] À luz deste princípio é indiferente que a decisão que venha a ser proferida pelos tribunais exclusivamente competentes de terceiro Estado esteja ou não em condições de ser reconhecida. A aceitação da competência exclusiva dos tribunais de outro Estado não garante, de per si, que a decisão por eles proferida seja reconhecível no Estado local. Não obstante a diferença de regime aplicável, o problema coloca-se tanto em relação às decisões proferidas em terceiros Estados como em relação às decisões proferidas em Estados-Membros. Pelo menos perante o Direito interno a não reconhecibilidade da decisão proferida pelos tribunais estrangeiros competentes pode fundamentar uma competência de necessidade – cf. Lima Pinheiro [2002b: 204].

[14] Ver, em sentido convergente, Eugénia Galvão Teles [1996: 152 e seg.].

[15] Cf. Kropholler [2002 Art. 22 n.° 1], Gaudemet-Tallon [2002: 71] e Calvo Caravaca/Carrascosa González [2004: 108].

[16] Cp., porém, Schlosser [1979 n.° 168], que parece apontar no sentido de uma qualificação *lege causae* com respeito ao conceito de direito real sobre imóvel, i.e., uma qualificação com base no Direito do lugar da situação do imóvel. O TCE, porém, pronunciou-se no sentido de uma interpretação autónoma deste conceito, cf. 10/1/1990, no caso *Reichert e Kockler* [*CTCE* (1990) I-00027], n.° 8.

A *competência internacional exclusiva dos tribunais portugueses* 409

O TCE tem sublinhado que as disposições do art. 16.º da Convenção de Bruxelas – que, conforme já assinalado, constitui o precedente normativo do art. 22.º do Regulamento – não devem ser interpretadas em termos mais amplos do que os requeridos pelo seu objectivo, desde logo porque têm como consequência a privação da liberdade de escolha do foro, bem como, em determinados casos, a submissão das partes a uma jurisdição em que nenhuma delas está domiciliada[17].

Em princípio, as matérias enumeradas no art. 22.º só fundamentam a competência exclusiva quando o tribunal as conhece a título principal (cf. art. 25.º)[18].

B) Direitos reais sobre imóveis e arrendamento de imóveis

Em matéria de direitos reais sobre imóveis e de arrendamento de imóveis, têm competência exclusiva os tribunais do Estado-Membro onde o imóvel se encontre situado (n.º 1/§ 1.º).

Todavia, em matéria de arrendamento de imóveis celebrados para uso pessoal temporário por um período máximo de seis meses consecutivos, são igualmente competentes os tribunais do Estado-Membro onde o requerido tiver domicílio, desde que o arrendatário seja uma pessoa singular e o proprietário e o arrendatário tenham domicílio no mesmo Estado-Membro (n.º 1/§ 2.º).

Esta competência exclusiva também se encontra consagrada nas Convenções de Bruxelas e de Lugano (art. 16.º/1), mas regista-se uma divergência entre estas Convenções quanto aos pressupostos da competência dos tribunais do domicílio do requerido. A Convenção de Bruxelas exige que o proprietário e o arrendatário sejam pessoas singulares e estejam domiciliados no mesmo Estado Contratante. Perante a Convenção de Lugano é suficiente que o arrendatário seja uma pessoa singular e que nenhuma das partes esteja domiciliada no Estado Contratante onde o imóvel se encontre situado.

---

[17] Cf. ac. 14/12/1977, no caso *Sanders* [*CTCE* (1977) 00865], n.os 17 e 18, retomado por diversas decisões referidas em TCE 27/1/2000, no caso *Dansommer* [*CTCE* (2000) I-00393], n.º 21.

[18] Cf. JENARD [1979: 152].

O Regulamento seguiu uma via de algum modo intermédia: é suficiente que o arrendatário seja uma pessoa singular, mas exige-se que ambas as partes tenham domicílio no mesmo Estado-Membro. O proprietário tanto pode ser uma pessoa singular como uma pessoa colectiva[19]. Esta parece ser, à luz da *ratio* do preceito, a melhor solução. Com efeito, justifica-se a possibilidade de instaurar a acção no foro do domicílio comum do proprietário e do arrendatário mesmo que o proprietário seja, como é frequente, uma pessoa colectiva[20].

Exige-se ainda que o arrendamento seja celebrado para uso pessoal temporário por um período máximo de seis meses consecutivos. O conceito de "uso pessoal" deve ser entendido à luz do conceito de contrato com consumidor que resulta do art. 15.°/1 do Regulamento. Por conseguinte, o arrendamento não se considera para uso pessoal quando seja celebrado para o exercício de uma actividade económica independente[21].

Verificando-se estes pressupostos, o autor pode escolher entre propor a acção nos tribunais do Estado-Membro em que o imóvel está situado ou nos tribunais do Estado-Membro em que o réu está domiciliado. Segundo o Relatório de JENARD e MÖLLER (relativo à Convenção de Lugano) trata-se de "duas competências exclusivas", que podem ser qualificadas de "competências exclusivas alternativas"[22].

Este desvio à competência exclusiva do *forum rei sitae* permite normalmente evitar que duas pessoas domiciliadas no mesmo Estado-Membro, que são partes de um contrato de arrendamento de curta duração relativo a imóvel situado noutro Estado-Membro, tenham de discutir os litígios daí emergentes nos tribunais deste Estado-Membro, que será, em regra, um foro inconveniente para ambas as partes. Esta hipótese verifica-se frequentemente com respeito ao arrendamento de casas de férias.

O conceito autónomo de direito real é caracterizado pela "faculdade de o seu titular poder reclamar o bem que é objecto desse direito a qualquer pessoa que não possua um direito real hierarquicamente superior"[23].

Quanto à delimitação das acções abrangidas pela competência exclusiva, o TCE atende ao fundamento desta competência: "a circunstância de

---

[19] Cf. Exposição de Motivos da proposta da Comissão, 18.

[20] No mesmo sentido, GAUDEMET-TALLON [2002: 78].

[21] Ver também RAUSCHER/MANKOWSKI [2003 Art. 22 Brüssel I-VO n.° 26].

[22] N.° 52. Ver também NORTH/FAWCETT [1999: 233] e KROPHOLLER [2002 Art. 22 n.° 32].

[23] Cf. SCHLOSSER [1979 n.° 166].

A competência internacional exclusiva dos tribunais portugueses   411

o tribunal do lugar da situação ser o melhor colocado, em atenção à proximidade, para ter um bom conhecimento das situações de facto e para aplicar as regras e os usos que são, em geral, os do Estado da situação"[24]. Acrescente-se que os direitos imobiliários estão geralmente submetidos à *lex rei sitae* e que as regras aplicáveis têm predominantemente carácter imperativo e um nexo estreito com a constituição económica, por forma que a competência exclusiva do *forum rei sitae* garante a aplicação desses regimes imperativos[25].

É controverso se o conceito de imóvel deve ser interpretado autonomamente ou com base no Direito da situação do imóvel[26]. A favor desta segunda posição faz-se valer que o preceito tem vista a conexão entre o tribunal competente e a aplicabilidade da *lex rei sitae*. Na verdade, acabámos de ver que a competência da *lex rei sitae* nesta matéria é uma consideração relevante para fundamentar a competência exclusiva. O argumento que daí se pretende retirar para a interpretação do conceito de imóvel, porém, é inconclusivo, uma vez que a competência da *lex rei sitae* é normalmente independente do carácter móvel ou imóvel da coisa.

A competência exclusiva só abrange a acção que se baseie num direito real, e já não uma acção pessoal. Assim, estão excluídas a acção de resolução e/ou de indemnização pelo prejuízo com o incumprimento de contrato de venda de imóvel[27]; a acção baseada em responsabilidade extracontratual por violação de direito imobiliário[28]; a acção de cumprimento das obrigações do vendedor com respeito à transmissão da propriedade, nos sistemas em que esta transmissão não constitui efeito automático do contrato de venda[29]; a acção de restituição de imóvel baseada em in-

---

[24] Cf. TCE 10/1/1990, no caso *Reichert e Kockler* [*CTCE* (1990) I-00027], n.º 10.

[25] Ver também *Dicey & Morris* [2000: 374] e GAUDEMET-TALLON [2002: 73]. Cp. As considerações críticas de GEIMER/SCHÜTZE [2004 Art. 22 n.os 38 e segs.] e FERNÁNDEZ ARROYO [2004: 177 e seg.].

[26] No primeiro sentido, *MüKoZPO*/GOTTWALD [2001 EuGVÜ Art. 16 n.º 8] e GEIMER/SCHÜTZE [2004 Art. 22 n.º 42]; a favor da segunda posição, KROPHOLLER [2002 Art. 22 n.º 11]; SCHLOSSER [Art. 22 EuGVVO n.º 2], que fala a este respeito de uma "qualificação segundo o Direito do Estado da situação"; RAUSCHER/MANKOWSKI [2003 Art. 22 Brüssel I-VO n.º 5].

[27] Cf. TCE 5/4/2001, no caso *Gaillard* [*CTCE* (2001) I-02771], n.os 18 e segs.

[28] Cf. SCHLOSSER [1979 n.º 163].

[29] Cf. SCHLOSSER [1979 n.º 170]. Ver ainda SCHLOSSER [1979 n.º 171] e RAUSCHER/MANKOWSKI [2003 Art. 22 Brüssel I-VO note 8].

cumprimento do contrato de venda[30]; a acção de anulação do contrato de venda[31]; a acção que vise obter o reconhecimento de que o filho possui o apartamento em exclusivo benefício do pai (como *trustee*) e a condenação do filho na preparação dos documentos necessários para transferir a propriedade para o pai[32]; a impugnação pauliana[33]; a acção de indemnização pela fruição de uma habitação na sequência da anulação da respectiva transmissão de propriedade[34].

A competência exclusiva não compreende o conjunto das acções que dizem respeito aos direitos reais imobiliários, mas somente àquelas que, simultaneamente, estão dentro do âmbito de aplicação do Regulamento e tendem a determinar a extensão, a consistência, a propriedade, a posse de um bem imobiliário ou a existência de outros direitos reais sobre este bem e a assegurar aos titulares destes direitos a protecção das prerrogativas que estão ligadas ao seu título[35].

A extensão desta competência exclusiva ao arrendamento é justificada, por um lado, pelo nexo estreito que frequentemente existe entre os regimes aplicáveis ao arrendamento e o regime da propriedade imobiliária e, por outro, pela circunstância de os regimes aplicáveis ao arrendamento conterem geralmente normas imperativas protectoras do arrendatário[36].

Por "arrendamento de imóveis" entende-se qualquer tipo de arrendamento: arrendamento para habitação, arrendamento para exercício de profissão liberal, arrendamento comercial e arrendamento rural[37], incluindo arrendamentos de curta duração, designadamente de habitações de férias[38]. Neste último caso, a circunstância de um contrato tendo por objecto a cessão do uso de um alojamento de férias ser celebrado entre uma agência de viagens (que actua como "intermediário" entre o proprietário e o

---

[30] Cf. SCHLOSSER [1979 n.° 171] e TCE 5/4/2001, no supracit. caso *Gaillard*, n.° 21.

[31] Cf. GOTHOT/HOLLEAUX [1985: 84 e seg.], GAUDEMET-TALLON [2002: 73] e RLx 24/4/2001 [*CJ* (2001-III) 73].

[32] Cf. TCE 17/5/1994, no caso *Webb* [*CTCE* (1994) I-01717], n.° 15.

[33] Cf. TCE 10/1/1990, no caso *Reichert e Kockler* [*CTCE* (1990) I-00027], n.° 12.

[34] Cf. TCE 9/6/1994, no caso *Lieber* [*CTCE* (1994) I-2535], n.os 13 e segs.

[35] Cf. TCE 10/1/1990, no supracit. caso *Reichert e Kockler*, n.° 11.

[36] Ver também JENARD [1979: 153], GAUDEMET-TALLON [2002: 75], NORTH/FAWCETT [1999: 232] e SCHLOSSER [2003 Art. 22 EuGVVO n.° 1]. Cp. GEIMER/SCHÜTZE [2004 Art. 22 n.os 105 e segs.].

[37] Cf. JENARD [1979: 153].

[38] Cf. TCE 15/1/1985, no caso *Rösler* [*CTCE* (1985) 99], n.os 23 e segs.

A competência internacional exclusiva dos tribunais portugueses 413

arrendatário) e um cliente e de conter cláusulas acessórias relativas ao seguro em caso de rescisão e à garantia do preço pago pelo cliente não prejudica a sua qualificação como arrendamento de imóvel[39].

O contrato deve ter como função principal a cessão do uso do imóvel[40]. São excluídos os contratos que tenham outra função principal. Assim, não se considera "arrendamento de imóvel" um contrato de cessão de exploração de estabelecimento[41]. Tão-pouco se considera como tal um contrato em que predominam elementos de prestação de serviço, designadamente o acordo celebrado por um organizador profissional de viagens que, além de se obrigar a obter para o cliente o uso de um alojamento de férias, de que não é proprietário, se obriga igualmente a um conjunto de prestações de serviços – tais como informações e conselhos sobre o destino de férias, a reserva de um alojamento pelo período escolhido pelo cliente, a reserva de lugares para o transporte, o acolhimento no local e, eventualmente, um seguro para o caso de cancelamento da viagem – por um preço global[42]. Neste caso trata-se normalmente de um contrato com consumidor, subsumível na al. c) do art. 15.°/1 e, eventualmente, na 2.ª parte do art. 15.°/3 do Regulamento.

Quanto à natureza do litígio, deve entender-se que são abrangidos não só os litígios que dizem respeito à existência ou à interpretação desses contratos, à reparação das deteriorações causadas pelo arrendatário e ao despejo do imóvel[43], mas também a generalidade dos litígios relativos às obrigações geradas por esses contratos, incluindo, portanto, os relativos ao pagamento da renda[44]. Já são excluídos os litígios que só indiretamente dizem respeito ao uso do imóvel arrendado, tais como os que concernem à perda do benefício das férias pelo proprietário e às despesas de viagem em que incorreu alegadamente devido ao incumprimento do contrato[45].

---

[39] Cf. TCE 27/1/2000, no caso *Dansommer* [*CTCE* (2000) I-00393], n.° 38. Cp. a an. crítica de HUET [2000: 553].

[40] Cf. TCE 14/12/1977, no caso *Sanders* [*CTCE* (1977) 865], n.° 16, e RAUSCHER/MANKOWSKI [2003 Art. 22 Brüssel I-VO n.° 15].

[41] Cf. TCE 14/12/1977, no supracit. caso *Sanders*, n.° 19.

[42] Cf. TCE 26/2/1992, no caso *Hacker* [*CTCE* (1992) I-01111], n.° 14 e seg.

[43] Cf. JENARD [1979: 153], seguido pelo TCE 14/12/1977, no supracit. caso *Sanders*, n.° 15.

[44] Cf. TCE 15/1/1985, no caso *Rösler* [*CTCE* (1985) 99], n.os 28 e seg., e SCHLOSSER [Art. 22 EuGVVO n.os 7 e 12]. Em sentido oposto, JENARD [1979: 153] e GEIMER/ /SCHÜTZE [2004 Art. 22 n.° 120]. Ver ainda SCHLOSSER [1979 n.° 164].

[45] Cf. TCE 15/1/1985, no supracit. caso *Rösler*, n.° 28.

A actuação deste critério de competência com respeito a contratos relativos ao uso a tempo parcial de bens imóveis (frequentemente chamados "contratos de *timesharing*") tem suscitado algumas dificuldades nos tribunais dos Estados-Membros. Estas dificuldades são em vasta medida devidas às diferenças entre os Direitos dos Estados-Membros com respeito à qualificação do direito de uso conferido por esses contratos. Tais diferenças foram reconhecidas pela Dir. 94/47/CE do Parlamento Europeu e do Conselho relativa à protecção dos adquirentes quanto a certos aspectos dos contratos de aquisição de um direito de utilização a tempo parcial de bens imóveis[46], que visou apenas estabelecer uma base mínima de regras comuns sobre acordos de *timesharing* que permita assegurar o "bom funcionamento do mercado interno" e a protecção dos adquirentes[47]. Outra dificuldade resulta da diferença entre os arrendamentos "tradicionais" e os contratos de *timesharing* no que toca ao modo de pagamento[48].

De modo geral, pode dizer-se que cada contrato de *timesharing* deve ser caracterizado à luz dos efeitos que produz perante o Direito ou Direitos aplicáveis por força das regras de conflitos dos Estados-Membros.

É indubitável que as acções em matéria de direitos reais conferidos por contratos de *timesharing* estão sujeitas ao Art. 22.°/1 do Regulamento. Para além disso, os contratos de *timesharing* devem, em princípio, ser tratados como "arrendamentos de imóveis". Isto vale também para relações de *timesharing* que embora formalmente configuradas como "societárias" ou "associativas" são substancialmente equivalentes a relações contratuais de uso de um imóvel[49]. O mesmo entendimento foi seguido pelo Advogado-Geral L. A. GEELHOED nas suas conclusões no caso *Brigitte Klein*[50], relativamente ao Art. 16.°/4 da Convenção de Bruxelas.

Os litígios relativos às obrigações geradas por esses contratos devem considerar-se abrangidos pela mesma competência exclusiva, ainda que esses contratos confiram um direito real ao adquirente. Com efeito, faria pouco sentido que esses litígios fossem abrangidos pela competência exclusiva quando resultassem de "arrendamentos meramente contratuais"

---

[46] Terceiro Considerando, *JOCE* L 280/83, de 29/10/1994.

[47] Segundo e Nono Considerandos.

[48] Quinto Considerando.

[49] Ver também RAUSCHER/MANKOWSKI [2003 Art. 22 Brüssel I-VO n.° 17. Cp. KROPHOLLER [2002 Art. 22 EuGVO n.° 17], SCHLOSSER [2003 Art. 22 EuGVVO n.° 10] e GEIMER/SCHÜTZE [2004 Art. 22 EuGVVO n.° 112].

[50] Proc. C-73/04 *in* http://curia.eu.int, n.ºs. 27-31.

A competência internacional exclusiva dos tribunais portugueses   415

e já não quando resultassem de contratos relativos ao uso de imóvel que também conferem um direito real[51].

No caso de uma propriedade imobiliária se situar em dois Estados-Membros, os tribunais de cada um destes Estados são, em princípio, exclusivamente competentes com respeito à propriedade situada no seu território[52]. No entanto, se a parte da propriedade imobiliária situada num Estado-Membro for contígua com a parte situada no outro Estado-Membro e a propriedade se situar quase inteiramente num destes Estados, pode ser apropriado encarar a propriedade como uma unidade inteiramente situada num destes Estados para efeitos de atribuição de competência exclusiva aos tribunais deste Estado[53].

Deve entender-se que estes princípios de solução, formulados pelo TCE relativamente ao arrendamento de imóveis, são transponíveis para os direitos reais imobiliários[54].

C) Pessoas colectivas

Em matéria de validade, de nulidade ou de dissolução das sociedades ou de outras pessoas colectivas que tenham a sua sede no território de um Estado-Membro, ou de validade ou nulidade das decisões dos seus órgãos, têm competência exclusiva os tribunais desse Estado-Membro (n.° 2)[55].

Para determinar essa sede, o tribunal aplicará as regras do seu Direito Internacional Privado (n.° 2/2.ª parte). A razão por que não se atende, neste particular, ao conceito autónomo de domicílio definido no art. 60.°, reside na necessidade de atribuir competência exclusiva a uma só jurisdição[56].

---

[51] Pelo contrário, está excluído um litígio relativo ao direito de reembolso de um montante erradamente pago para além do montante pedido em contrapartida do uso de um apartamento, que não se baseia num direito ou obrigação resultante do contrato de *timesharing* mas no enriquecimento sem causa – ver supracit. Conclusões do Advogado-Geral L. A. GEELHOED no caso *Brigitte Klein*, n.°. 39.

[52] Cf. TCE 6/7/1988, no caso *Scherrens* [*CTCE* (1988) 3791], n.° 13.

[53] *Idem*, n.° 14.

[54] Cf. GAUDEMET-TALLON [2002: 76].

[55] Cf. art. 16.°/2 das Convenções de Bruxelas e de Lugano.

[56] Cf. DROZ/GAUDEMET-TALLON [2001: 641].

416   *Estudos de Direito Internacional Privado*

Quanto ao fundamento desta competência exclusiva, Jenard refere três razões[57]. Primeiro, no interesse da segurança jurídica há que evitar que sejam proferidas decisões contraditórias no que se refere à existência das pessoas colectivas e à validade das deliberações dos seus órgãos. Segundo, é no Estado da sede que são cumpridas as formalidades de publicidade da sociedade, razão que justifica a centralização do processo nos tribunais deste Estado. Terceiro, esta solução conduzirá frequentemente à competência do tribunal do domicílio do réu.

A estas razões cabe acrescentar mais duas[58].

Por um lado, esta regra de competência conduzirá frequentemente a uma coincidência entre o foro e o Direito aplicável, porquanto a lei aplicável ao estatuto pessoal da pessoa colectiva é, na maior parte dos casos, a lei em vigor no lugar da sede[59]. Isto é assim mesmo nos sistemas em que vigora a teoria da constituição, visto que normalmente a pessoa colectiva tem a sua sede estatutária no país em que se constituiu.

À luz desta consideração, e na falta de elementos interpretativos que apontem noutro sentido, o art. 22.º/2/2.ª parte deve ser interpretado por forma que a sede relevante para o estabelecimento da competência seja a mesma que releva para a determinação do estatuto pessoal. Este entendimento harmoniza-se com o entendimento seguido perante o art. 53.º das Convenções de Bruxelas e de Lugano[60].

Assim, nos países que adoptam a teoria da sede releva a sede da administração. Esta teoria é tradicionalmente prevalente na Alemanha e na Áustria mas, devido à jurisprudência do TCE com respeito ao direito de estabelecimento, tem perdido terreno a favor da teoria da constituição relativamente às "sociedades comunitárias"[61]. Os sistemas que seguem a teoria da constituição – tais como o inglês e o holandês –, submetem as pessoas colectivas ao Direito segundo o qual se constituíram. Em regra, as pessoas colectivas têm a sede estatutária no país em que se constituíram e, por conseguinte, poderia pensar-se que nestes sistemas seria apenas rele-

---

[57] 154.

[58] Cf. Kropholler [2002 Art. 22 n.º 33]. Cp. as considerações críticas de Geimer/Schütze [2004 Art. 22 n.ºs 141 e segs.].

[59] Ver Lima Pinheiro [2002a: 79 e seg.] e Schlosser [2003 Art. 22 EuGVVO n.º 16].

[60] Ver Lima Pinheiro [2002b: 77 e seg.].

[61] Ver Kropholler [2004: 563-566], com mais referências. Sobre a jurisprudência comunitária em questão ver também Lima Pinheiro [2005: 84 e segs.].

A competência internacional exclusiva dos tribunais portugueses 417

vante a sede estatutária. Perante o Direito inglês, porém, os entes colectivos são para este efeito considerados sedeados em Inglaterra quer tenham sido constituídos em Inglaterra ou tenham a sede da administração no seu território, a menos, nesta segunda hipótese, que o Estado-Membro em que a sociedade se tenha constituído a considere sedeada no seu território (art. 10.º do *Civil Jurisdiction and Judgments Order 2001*).

Também se suscitam dificuldades num sistema como o nosso, que em matéria de sociedades comerciais combina a teoria da sede (da administração) com a relevância da sede estatutária nas relações com terceiros[62]. Caso a sociedade tenha apenas a sede estatutária ou a sede da administração em Portugal, creio que a sede relevante para o estabelecimento da competência dos tribunais portugueses deve ser aquela que constitui o elemento de conexão utilizado para a determinação do Direito aplicável à questão controvertida. A relevância da sede estatutária ou da sede da administração depende, portanto, da natureza da questão.

A determinação da sede relevante não deve depender da sua localização num Estado-Membro ou num terceiro Estado[63]. Se for relevante a sede estatutária situada num Estado-Membro os seus tribunais terão competência exclusiva mesmo que a sede da administração esteja situada num Estado terceiro cujos tribunais reclamam igual competência. O mesmo se diga na hipótese inversa.

Por outro lado, em matéria de estatuto das pessoas colectivas há normas imperativas do Estado da sede cuja aplicação deve ser garantida pela competência exclusiva dos respectivos tribunais.

A versão portuguesa do Regulamento, seguindo a versão portuguesa das Convenções de Bruxelas e de Lugano, refere-se a "sociedades ou outras pessoas colectivas". Isto poderia levar a pensar que esta competência exclusiva só diz respeito a sociedades que sejam pessoas colectivas. Neste ponto, porém, a versão portuguesa parece não exprimir correctamente a intenção do legislador comunitário. Com efeito, as versões em línguas francesa e alemã referem-se a "sociedades ou pessoas colectivas" [*sociétés ou personnes morales/Gesellschaft oder juristischen Person*], e os comentadores entendem geralmente que as Convenções de Bruxelas e de Lugano, bem como, o Regulamento, quando se referem a "sociedades", abrangem determinadas sociedades sem personalidade jurídica –

---

[62] Ver LIMA PINHEIRO [2002a: 98 e seg.].
[63] Em sentido diferente, GAUDEMET-TALLON [2002: 80 e seg.].

418   *Estudos de Direito Internacional Privado*

como a *Offene Handelsgesellschaft* do Direito alemão e o *partnership* dos sistemas do *Common Law* – e, mais em geral, determinadas organizações sem personalidade jurídica[64].

Esta competência exclusiva só abrange as acções relativas à validade, nulidade ou dissolução dos entes colectivos, ou à validade ou nulidade das decisões dos seus órgãos. Ficam excluídas outras questões do âmbito do seu estatuto pessoal[65].

O termo "dissolução" não deve ser interpretado no sentido técnico restrito que lhe atribuem os sistemas jurídicos da família romanogermânica. Este termo abrange igualmente os processos que têm por objectivo a liquidação após a "dissolução" da sociedade. Entre estes processos contam-se os litígios relativos à partilha do activo pelos sócios[66].

Poderão surgir dificuldades na delimitação entre acções relativas à "dissolução" e processos de falência ou processos análogos que estão excluídos do âmbito material do Regulamento nos termos do art. 1.°/2/b.

O Relatório de Schlosser afirma, com respeito à Convenção de Bruxelas, que esta competência pode abranger aqueles processos judiciais de *winding-up* (de Direitos inglês e irlandês) que, contrariamente ao que sucede na maioria dos casos, não se fundamentem na insolvência da sociedade[67].

O mesmo Relatório esclarece que, no caso de uma sociedade integrada no "sistema jurídico continental", os processos em que se discuta a admissibilidade da falência ou as modalidades da sua execução não se encontram sujeitos à Convenção. "Pelo contrário, todos os outros processos que têm por objectivo verificar ou provocar a dissolução da sociedade não dependem do direito da falência. É irrelevante verificar se se trata de uma sociedade solvente ou insolvente. O facto de existirem questões prejudiciais sujeitas ao direito da falência também em nada altera a situação.

---

[64] Ver, especificamente em relação ao art. 16.°/2 da Convenção de Bruxelas, Schlosser [1979 n.° 162] e, em relação ao Regulamento, Kropholler [2002 Art. 22 n.° 35], Gaudemet-Tallon [2002: 80], Lima Pinheiro [2002b: 125], Rauscher/Mankowski [2003 Art. 22 Brüssel I-VO n.° 28], Geimer/Schütze [2004 Art. 22 n.os 146 e segs.] e Calvo Caravaca/Carrascosa González [2004: 112]. Cp. *Dicey & Morris* [2000: 375] que suscita a dúvida relativamente aos *partnerships* "ingleses".

[65] Cf. Schlosser [Art. 22 EuGVVO n.° 19].

[66] Cf. Schlosser [1979 n.° 58 e Art. 22 EuGVVO n.° 17], Kropholler [2002 Art. 22 EuGVO n.° 40] e Rauscher/Mankowski [2003 Art 22 Brüssel I-VO n.os 35-37].

[67] Cf. 1979 n.° 57.

Por exemplo, um litígio relativo à eventual dissolução de uma sociedade justificada pela falência de uma pessoa que dela é sócia não se encontra sujeito ao direito da falência, entrando, por conseguinte, no âmbito de aplicação da Convenção. A Convenção também é aplicável quando, no âmbito de uma dissolução não judicial de uma sociedade, terceiros alegam perante os tribunais a sua qualidade de credores da sociedade e têm por isso uma pretensão de pagamento sobre o património da sociedade"[68].

É possível que com base no art. 22.°/2 sejam competentes os tribunais de dois Estados-Membros quando, perante os respectivos Direitos de Conflitos, o ente colectivo tiver sede em ambos os Estados. Isto pode suceder por duas razões diferentes.

Por um lado, a lei ou leis aplicáveis podem admitir que o ente colectivo tenha duas sedes. Neste caso, o autor pode intentar a acção em qualquer dos Estados em que o ente colectivo tem sede[69]. Não parece, porém, que os principais sistemas de Direito Internacional Privado devam ser entendidos neste sentido.

Por outro lado, a competência dos tribunais de dois Estados-Membros pode decorrer de uma divergência sobre o conceito de sede relevante perante os respectivos Direitos de Conflitos. Por exemplo, quando uma sociedade seja considerada sedeada em Inglaterra (por ter sido aí constituída) e tenha sede da administração na Alemanha (onde se segue, em princípio, o critério da sede da administração). Também neste caso o autor pode intentar a acção em qualquer dos Estados.

Na hipótese de a mesma acção ser proposta nos tribunais competentes de dois Estados-Membros diferentes aplica-se o disposto no art. 29.°.

D) Validade de inscrições em registos públicos

Em matéria de validade de inscrições em registos públicos, são exclusivamente competentes os tribunais do Estado-Membro em cujo território esses registos estejam conservados (n.° 3)[70].

O fundamento desta competência exclusiva é evidente: os tribunais de um Estado não podem interferir com o funcionamento de um registo público de outro Estado.

---

[68] N.° 59.

[69] Em sentido convergente, SCHLOSSER [1979 n.° 162].

[70] Cf. art. 16.°/3 das Convenções de Bruxelas e de Lugano.

420   *Estudos de Direito Internacional Privado*

São abrangidas, designadamente, as inscrições no registo predial e no registo comercial. A validade das inscrições no registo civil está, em princípio, excluída do âmbito de aplicação do Regulamento (art. 1.º/2/a)[71]. Esta competência exclusiva abrange só a validade de inscrições em registos públicos e já não os efeitos destas inscrições[72].

E) Inscrição ou validade de direitos de propriedade industrial

Em matéria de inscrição ou de validade de patentes, marcas, desenhos e modelos, e outros direitos análogos sujeitos a depósito ou a registo, são exclusivamente competentes os tribunais do Estado-Membro em cujo território o depósito ou o registo tiver sido requerido, efectuado ou considerado efectuado nos termos de um instrumento comunitário ou de uma Convenção internacional (art. 22.º/4/§ 1.º).

Sem prejuízo da competência do Instituto Europeu de Patentes, nos termos da Convenção Relativa à Emissão de Patentes Europeias (Munique, 1973), os tribunais de cada Estado-Membro são os únicos competentes, sem consideração do domicílio do réu, em matéria de inscrição ou de validade de uma patente europeia emitida para esse Estado (n.º 4/§ 2.º).

Esta competência exclusiva já constava do art. 16.º/4 das Convenções de Bruxelas e de Lugano, mas a redacção dada pelo Regulamento permite abranger os direitos de propriedade industrial cujo depósito ou registo seja regulado por um instrumento comunitário.

O segundo parágrafo do art. 22.º/4 do Regulamento também torna claro que, sem prejuízo da competência do Instituto Europeu de Patentes, nos termos da Convenção sobre a Patente Europeia, a competência exclusiva se estende à patente europeia. Este preceito incorpora o disposto no art. V-D do Protocolo Anexo à Convenção de Bruxelas, salvo no que diz respeito à Convenção do Luxemburgo Relativa à Patente Europeia para o Mercado Comum (1975), que nunca chegou a entrar em vigor[73].

---

[71] Ver também GEIMER/SCHÜTZE [2004 Art. 22 n.º 215], RAUSCHER/MANKOWSKI [2003 Art. 22 Brüssel I-VO n.º 38] e CALVO CARAVACA/CARRASCOSA GONZÁLEZ [2004: 112]. Cp. GAUDEMET-TALLON [2002: 82].

[72] Cf. KROPHOLLER [2002 Art. 22 n.º 42], BÜLOW/BÖCKSTIEGEL/SAFFERLING [Art. 16 n.º 22] e *MüKoZPO*/GOTTWALD [2001 EuGVÜ Art. 16 n.º 25 n. 64]. Cp. JENARD [1979: 154], em que a referência a "validade ou aos efeitos das inscrições" se parece dever a um lapso.

[73] Nos termos do art. 57.º/1 da Convenção de Bruxelas é ressalvada a aplicabilidade

A Convenção sobre a Patente Europeia estabelece um processo unificado de concessão da patente para uma ou mais Estados Contratantes (art. 3.°). Em cada um dos Estados contratantes para os quais é concedida, a patente europeia tem os mesmos efeitos que uma patente nacional concedida nesse Estado (art. 2.°/2). Portanto, quando a patente europeia é concedida para vários Estados surgem vários direitos de propriedade intelectual independentes entre si. Com vista a evitar que as acções relativas à inscrição ou à validade de uma patente concedida para um Estado tenham de ser propostas noutro Estado (do registo), o art. 22.°/4/§ 2 atribui competência exclusiva aos tribunais do Estado para o qual a patente foi emitida[74].

O art. 16.°/4 da Convenção de Bruxelas, quando se refere ao "registo (...) considerado efectuado nos termos de uma convenção internacional", tem em vista, em primeira linha, o sistema instituído pelo Acordo de Madrid Relativo ao Registo Internacional de Marcas de Fábrica ou de Comércio (1981, com várias revisões e com um Protocolo de 1989), e o Acordo da Haia Relativo ao Depósito Internacional de Desenhos e Modelos Industriais (1925, revisto em 1934)[75]. Segundo este sistema, o registo ou depósito feito na secretaria internacional, por intermédio da Administração do país de origem, produz os mesmos efeitos nos outros Estados contratantes que o registo ou depósito directo das marcas, desenhos e modelos nestes Estados. O Tratado de Cooperação em Matéria de Patentes (Washington, 1970, alterado em 1979 e modificado em 1984 e 2001) institui um sistema semelhante.

O art. 22.°/4 do Regulamento estende esta previsão ao "registo (...) considerado efectuado nos termos de um instrumento comunitário". Poderia pensar-se que esta extensão visa especialmente o Reg. CE n.° 40/94, do Conselho, de 20/12/93, sobre a marca comunitária[76]. Tendo em conta o regime instituído por este Regulamento, porém, é muito duvidoso que o preceito seja aplicável à marca comunitária[77].

---

de regras especiais de competência internacional contidas em Convenções em matéria de patentes. Por força do art. V-D do Protocolo Anexo à Convenção de Bruxelas são exclusivamente competentes, em matéria de inscrição ou de validade de uma patente europeia, os tribunais do Estado para que foi emitida a patente.

[74] Cf. KROPHOLLER [2002 Art. 22 EuGVO n.° 56] e RAUSCHER/MANKOWSKI [2003 Art 22 Brüssel I-VO n.° 49].

[75] Cf. JENARD [154]. Portugal não é parte deste segundo Acordo.

[76] *JOCE* 1994 L 011/1. Cf. KROPHOLLER [2002 Art. 22 EuGVO n.° 54].

[77] Ver KOHLER [1995: 656-657] e RAUSCHER/MANKOWSKI [2003 Art. 22 Brüssel I-VO n.° 52].

422 Estudos de Direito Internacional Privado

O fundamento desta competência exclusiva está, em primeiro lugar, na conexão de certas acções com o processo de concessão do direito e com a organização do registo. Por acréscimo, como o direito de propriedade industrial só é protegido, em princípio, no território do Estado do depósito ou registo, esta competência exclusiva conduz geralmente a uma coincidência entre o foro e o Direito aplicável[78].

O conceito de "matéria de inscrição ou de validade de patentes, marcas, desenhos e modelos, e outros direitos análogos sujeitos a depósito ou a registo" deve ser interpretado autonomamente em relação aos Direitos dos Estados-Membros e de modo restritivo[79].

Assim, dizem respeito à *inscrição* os litígios sobre a regularidade da inscrição e à *validade* os litígios sobre a validade do direito ou a própria existência do depósito ou do registo.

A competência exclusiva já não abrange os litígios sobre a titularidade do direito à protecção da propriedade industrial ou que resultem de contratos tendo por objecto direitos de propriedade industrial[80]. Assim, o TCE decidiu que o art. 16.°/4 da Convenção de Bruxelas não se aplica ao "...diferendo entre um trabalhador, autor de uma invenção para a qual foi pedida ou obtida uma patente, e a sua entidade patronal, quando o litígio respeita aos seus direitos respectivos sobre esta patente decorrentes da sua relação de trabalho"[81].

Excluídas desta competência exclusiva estão igualmente, em princípio, as acções de responsabilidade extracontratual por violação de direitos de propriedade industrial e as acções de abstenção de condutas lesivas[82], bem como as acções relativas à concessão, revogação ou remuneração de licenças obrigatórias, uma vez que não dizem respeito à inscrição ou à validade do direito mas a uma intervenção pública que limita o poder exclusivo de exploração do direito conferido ao seu titular[83].

---

[78] Ver, sobre o Direito aplicável, LIMA PINHEIRO [2001c: 70 e segs.].

[79] Ver TCE 15/11/1983, no caso *Duijnstee* [*CTCE*. (1983) 3663].

[80] Cf. KROPHOLLER [2002 Art. 22 n.° 48], GAUDEMET-TALLON [1996a: 68 e 2002: 82], TEIXEIRA DE SOUSA/MOURA VICENTE [1994: 116] e FAWCETT/TORREMANS [1998: 19 e seg.].

[81] Ac. 15/11/1983, no supracit. caso *Duijnstee*.

[82] Cf. KROPHOLLER [2002 Art. 22 n.° 50], *Dicey & Morris* [2000: 377 e seg.] e SCHLOSSER [Art. 22 EuGVVO n.° 22].

[83] Cf. KROPHOLLER [2002 Art. 22 n.° 49]. Segundo este autor, estas acções estarão mesmo excluídas do âmbito de aplicação do Regulamento, por não constituírem "matéria

A competência internacional exclusiva dos tribunais portugueses   423

Uma questão em aberto, que já foi objecto de um pedido de decisão prejudicial apresentado ao TCE[84], é a de saber se a competência exclusiva do art. 22.º/4 do Regulamento (ou do art. 16.º/4 da Convenção de Bruxelas) é extensível às acções de responsabilidade extracontratual por violação de direitos de propriedade industrial quando o réu deduza a excepção de invalidade do direito, bem como às acções de declaração de inexistência de violação quando o autor invoque a invalidade do direito[85].

No caso *GAT*, as Conclusões do Advogado-Geral L. A. GEELHOED[86], dão conta de três posições diferentes defendidas por cada uma das partes, pelos governos envolvidos e pela Comissão.

Segundo um primeiro entendimento, baseado numa "interpretação restrita" do art. 16.º/4 da Convenção de Bruxelas, este preceito só é aplicável a um litígio sobre a validade de patente se este litígio constituir a principal causa de pedir do processo[87].

A posição oposta, fundada numa "interpretação ampla" do mesmo preceito, defende a sua aplicação às acções respeitantes à violação de patentes.

Enfim, de acordo com uma posição intermédia, acolhida pelo Advogado-Geral, verifica-se a competência exclusiva sempre que for invocada a questão da validade ou da nulidade de uma patente ou de outro direito de propriedade industrial referido nesta disposição; por conseguinte, o art. 16.º/4 da Convenção de Bruxelas será aplicável quando o réu num processo por violação de patente ou o autor num processo de declaração de inexistência de violação de patente aleguem a invalidade dessa patente. Se a acção de violação tiver sido proposta noutra jurisdição e o réu deduzir esta excepção, o tribunal pode "reenviar integralmente o processo,

---

civil e comercial". Cf. também SCHLOSSER [2003 Art. 22 EuGVVO n.º 22] e RAUSCHER/MANKOWSKI [2003 Art. 22 Brüssel I-VO n.º 44].

[84] Proc. n.º 4/03, no caso *GAT*.

[85] Em geral, sobre esta questão, ver FAWCETT/TORREMANS [1998: 201 e segs.] e *Dicey & Morris* [2000: 378].

[86] *In* http://curia.eu.int/pt/content/juris/index.htm.

[87] Ver também FAWCETT/TORREMANS [1998: 203]; KROPHOLLER [2002 Art. 22 n.º 50]; GEIMER/SCHÜTZE [2004 Art. 22 n.os 19, 231 e 237 e seg.], assinalando que alguns sistemas não admitem que a nulidade da patente se faça valer mediante excepção na acção de violação; RAUSCHER/MANKOWSKI [2003 Art. 22 Brüssel I-VO n.º 47], mas distinguindo o caso em que, segundo o Direito processual do foro, o efeito de caso julgado se estenda à questão prévia da validade da patente.

pode suspendê-lo até que o órgão jurisdicional competente de outro Estado-Membro, nos termos do artigo 16.°, n.° 4, decida da validade da patente e pode ele próprio apreciar essa validade em caso de má fé do demandado".

Este terceiro entendimento parece ser o mais equilibrado. A decisão do TCE é ansiosamente aguardada.

Os "direitos análogos sujeitos a depósito ou a registo" são outros direitos de propriedade industrial[88], como, por exemplo, o direito ao uso exclusivo do nome e insígnia do estabelecimento que seja garantido pelo registo.

As regras gerais de competência contidas no Regulamento são aplicáveis às acções em matéria civil e comercial relativas a direitos de propriedade industrial que não sejam abrangidas por esta competência exclusiva[89].

Nos termos gerais, prevalecem sobre as regras do Regulamento as regras especiais contidas em actos comunitários ou nas leis nacionais harmonizadas nos termos desses actos (art. 67.°) ou em Convenções internacionais em que os Estados-Membros fossem partes no momento da entrada em vigor do Regulamento (art. 71.°).

Assim, há que atender às regras especiais de competência internacional contidas no Reg. CE n.° 40/94, do Conselho, de 20/12/93, sobre a marca comunitária (designadamente nos arts. 92.° a 94.°)[90], e no Reg. CE n.° 6/2002, do Conselho, de 12/12/2001, relativo aos desenhos ou modelos comunitários (arts. 81.° e segs.).

No que toca a Convenções internacionais, prevalecem sobre o Regulamento as regras de competência internacional (bem como as regras de reconhecimento) contidas no Protocolo de Reconhecimento que faz parte integrante da Convenção de Munique sobre a Patente Europeia (art. 164.°/1) (1973)[91]. Este Protocolo contém regras de competência internacional com respeito às acções, intentadas contra o requerente, relativamente ao direito à obtenção de uma patente europeia[92].

---

[88] Cf. GEIMER/SCHÜTZE [2004 Art. 22 n.os 240 e segs.].

[89] Cf. JENARD [1979: 154].

[90] Sobre estas regras ver HUET [1994: 656 e segs.] e KOHLER [1995: 656 e segs.].

[91] Ver KROPHOLLER [2003 Art 22 EuGVO n.° 56], RAUSCHER/MANKOWSKI [2003 Art. 22 Brüssels I-VO n.° 49] e GEIMER/SCHÜTZE [2004 Art. 22 n.os 250 e segs.].

[92] Arts. 2.°-6.°.

F) Execução de decisões

Em matéria de execução de decisões, são exclusivamente competentes os tribunais do Estado-Membro do lugar da execução (n.° 5)[93]. Trata-se de uma verdadeira competência exclusiva: só podem praticar actos de execução no território de um Estado os tribunais deste Estado[94]. Esta competência exclusiva já decorre do Direito Internacional Público[95]: por força do Direito Internacional Público geral, os tribunais de um Estado só têm jurisdição para a realização de actos de coerção material no seu território. Mas a dúvida pode suscitar-se com respeito à inclusão nesta competência exclusiva de certos meios processuais ligados à execução, tais como os embargos de executado e os embargos de terceiro.

Segundo o Relatório de JENARD, constituem "matéria de execução de decisões" os "diferendos a que podem dar lugar 'o recurso à força, à coerção ou ao desapossamento de bens móveis e imóveis para assegurar a execução material de decisões e actos'"[96].

Isto é geralmente entendido no sentido de abranger os procedimentos contraditórios que apresentam um laço estreito com a execução, tais como os embargos de executado[97] e os embargos de terceiro[98].

Já está excluída a impugnação pauliana, que não visa a resolução de um litígio relativo à execução[99]. O mesmo entendimento deve ser seguido com respeito às acções de indemnização por prejuízo causado por execução indevida, em que a regularidade da execução se suscita apenas como questão prévia, bem como relativamente às acções de restituição por enriquecimento sem causa obtido por meio da execução[100].

---

[93] Cf. arts. 16.°/5 das Convenções de Bruxelas e de Lugano. Sobre a penhora de créditos internacionais ver SCHLOSSER [1979 n.° 207].

[94] Cf. KROPHOLLER [2002 Art. 22 n.os 59 e segs.], GAUDEMET-TALLON [2002: 86 e segs.], SCHLOSSER [2003 Art. 22 EuGVVO n.° 24] e GEIMER/SCHÜTZE [2004 Art. 22 n.° 262]. Cp. TEIXEIRA DE SOUSA [2004: 53 e segs.].

[95] Ver também GEIMER/SCHÜTZE [2004 Art. 22 n.os 4 e 264].

[96] 1979: 154.

[97] Cf. TCE 4/7/1985, no caso *AS-Autoteile Service* [*CTCE* (1985) 2267], n.° 12.

[98] Cf. KROPHOLLER [2002 Art. 22 n.° 61], TEIXEIRA DE SOUSA/MOURA VICENTE [118] e SCHLOSSER [Art. 22 EuGVVO n.° 25].

[99] Cf. TCE 26/3/1992, no caso *Reichert* [*CTCE* (1992) I-02149], n.° 28.

[100] Cf. GEIMER/SCHÜTZE [2004 Art.22 EuGVVO n.° 272], KROPHOLLER [2002 Art. 22 EuGVO n.° 62] e RAUSCHER/MANKOWSKI [2003 Art. 22 Brüssel I-VO n.° 59].

A jurisprudência comunitária também sugere a exclusão das medidas provisórias ou cautelares, mesmo que autorizem ou ordenem actos de execução. Primeiro, porquanto admite genericamente que tais medidas podem ser decretadas pelo tribunal competente para conhecer do mérito da causa[101], bem como por outro tribunal que tenha uma "conexão real entre o objecto das medidas requeridas e a competência territorial do Estado contratante do juiz a quem são pedidas"[102]. Segundo, uma vez que os tribunais de outros Estados-Membros (designadamente aqueles que devam praticar os actos de execução) estão, em princípio, obrigados a reconhecer, nos termos dos arts. 33.° e segs. e 38.° e segs., pelo menos as providências provisórias decretadas por tribunais competentes com base nas regras de competência do Regulamento[103].

A inclusão dos embargos de executado no âmbito desta competência exclusiva não significa que perante os tribunais do lugar de execução possam ser deduzidas todas excepções admitidas pelo Direito do foro. O TCE teve ocasião de decidir que o art. 16.°/5 da Convenção de Bruxelas não permite invocar perante os tribunais do lugar de execução a compensação entre o direito em que se baseia a execução e um crédito que estes tribunais não teriam competência para apreciar caso fosse objecto de uma acção autónoma[104].

Como parece óbvio, esta competência exclusiva não se refere à declaração de executoriedade de decisões estrangeiras, a respeito da qual se fala de "execução" noutro sentido, aliás impróprio[105]. O art. 22.°/5 não se aplica aos processos que se destinam a declarar exequíveis as sentenças proferidas em matéria civil e comercial noutro Estado-Membro ou num Estado terceiro[106].

---

[101] TCE 17/11/1998, no caso *Van Uden* [*CTCE* (1998) I-07091], n.° 19. Ver também *MüKoZPO*/GOTTWALD [2001 EuGVÜ Art. 16 n.° 39] e CALVO CARAVACA/CARRAS-COSA GONZÁLEZ [2004: 113].

[102] TCE 17/11/1998, no caso *Van Uden*, supracit., n.° 40. Sobre as dúvidas suscitadas por esta formulação, ver GAUDEMET-TALLON [1999b: 164]. Ver também TCE 21/5/1980, no caso *Denilauler* [*CTCE* (1980) 1553], n.° 15 e seg.

[103] Parece que já não há tal obrigação de reconhecimento quanto às providências decretadas com base no art. 31.° do Regulamento – cf. KROPHOLLER [2002 Art. 31 n.° 24], com mais referências. Cp. SCHULZ [824 e segs.]. Ver ainda GAUDEMET-TALLON [2002: 86].

[104] Cf. TCE 4/7/1985, no supracit. caso *AS-Autoteile Service*, n.os 12 e 19. Ver, sobre a bondade desta decisão, GAUDEMET-TALLON [2002: 87 e seg.] com mais referências.

[105] Ver LIMA PINHEIRO [2002b: 232].

[106] Cf. TCE 20/1/1994, no caso *Owens Bank* [*CTCE* (1994) I-00117], n.os 24 e seg.

II. REGIME INTERNO

A principal *ratio* dos casos de competência exclusiva contidos no art. 65.°-A CPC parece ser a salvaguarda da aplicação de certos regimes imperativos contidos no Direito material português[107]. Com efeito, nestes casos, o Direito material competente segundo o nosso Direito de Conflitos, será, em regra, o português.

A maior parte destes casos corresponde aos estabelecidos pelo Regulamento em matéria civil e comercial. O legislador português de 1995 teve a intenção de alinhar tanto quanto possível o regime interno da competência internacional com o disposto nas Convenções de Bruxelas e de Lugano[108]. A recente intervenção do legislador português em matéria de competência exclusiva, que ocorreu com o DL n.° 38/2003, de 8/3, teve expressamente em vista reforçar o alinhamento do art. 65.°-A com o Regulamento em matéria civil e comercial, como resulta do Preâmbulo desse diploma.

Por conseguinte, na falta de indicação clara em sentido diferente que resulte do texto legal, *os preceitos do art. 65.°-A CPC devem ser interpretados em conformidade com o Regulamento*.

Na nossa ordem jurídica, as competências internacionais legais são, em regra, concorrentes. *Os casos de competência legal exclusiva são excepcionais.* À semelhança do que se verifica perante o Regulamento em matéria civil e comercial (*supra* I.A), a enumeração de casos de competência internacional exclusiva contida no art. 65.°-A tem *natureza taxativa.* O intérprete não pode alargar os casos de competência exclusiva legalmente estabelecidos por via da analogia ou com base em qualquer outra técnica.

O primeiro caso de competência exclusiva é o das *acções relativas a direitos reais ou pessoais de gozo sobre imóveis sitos em território português* (art. 65.°-A/a)[109].

---

[107] Em sentido convergente, TEIXEIRA DE SOUSA [1993: 58]. Já merece reserva a afirmação, feita pelo mesmo autor, que o legislador visa a "protecção de interesses económicos nacionais"; com efeito, boa parte dos regimes imperativos em causa destina-se à protecção de interesses particulares, sejam eles nacionais ou estrangeiros.

[108] Cf. MOURA RAMOS [1998: 9 e 34].

[109] À face ao art. 65.°A/a antigo TEIXEIRA DE SOUSA [1993: 58] defendia que não são abrangidas as acções de despejo e de preferência sobre imóveis. O ponto é duvidoso, em particular quanto às acções de despejo, que são relativas a direitos pessoais de gozo.

Esta matéria é regulada pelas Convenções de Bruxelas e de Lugano (art. 16.°/1) e pelo Regulamento comunitário em matéria civil e comercial (art. 22.°/1). Estas fontes contêm uma ressalva em matéria de contratos de arrendamento de imóveis para uso pessoal temporário por um período máximo de seis meses consecutivos que não consta do art. 65.°--A/a (*supra* I.B).

Este preceito só releva para efeitos de determinação da competência internacional indirecta no reconhecimento de decisões proferidas num Estado que não seja vinculado por esse Regulamento comunitário nem parte contratante nessas Convenções[110].

Em segundo lugar, temos os *processos especiais de recuperação da empresa e de falência*, relativamente a pessoas domiciliadas em Portugal ou a pessoas colectivas ou sociedades cuja sede esteja situada em território português (art. 65.°-A/b).

Esta competência exclusiva não abrange a instauração destes processos com respeito a sucursal ou outra forma de representação local de sociedade com sede no estrangeiro, que se encontrava prevista no n.° 2 do art. 82.° CPC e é actualmente permitida no quadro definido pelo art. 294.° C. Insolv./Rec. Emp.[111].

É de supor que o legislador quis estabelecer esta competência exclusiva para as pessoas colectivas ou entes equiparados que tenham estatuto pessoal português. Como já foi assinalado a respeito do Regulamento em matéria civil e comercial (*supra* I.C), isto suscita dificuldades num sistema como o nosso, que em matéria de sociedades comerciais combina a teoria da sede (da administração) com a relevância da sede estatutária nas relações com terceiros. Caso a sociedade tenha apenas a sede estatutária ou a sede da administração em Portugal, creio que a sede relevante para o estabelecimento da competência dos tribunais portugueses deve ser aquela que constitui o elemento de conexão utilizado para a determinação do Direito aplicável à questão controvertida. A relevância da sede estatutária ou da sede da administração depende, portanto, da natureza da questão.

A competência nesta matéria é hoje regida principalmente pelo Regulamento Relativo aos Processos de Insolvência[112].

---

[110] Cf. Teixeira de Sousa [1997: 102].

[111] No mesmo sentido, face ao art. 65.°A/b antigo, Teixeira de Sousa [1993: 49].

[112] Ver Lima Pinheiro [2002a: 273 e seg. e 2002b § 87 B].

A *competência internacional exclusiva dos tribunais portugueses* 429

Terceiro, *as acções referentes à apreciação da validade do acto constitutivo ou ao decretamento da dissolução de pessoas colectivas ou sociedades que tenham a sua sede em território português, bem como as destinadas a apreciar a validade das deliberações dos respectivos órgãos* (art. 65.°-A/c).

Esta matéria é regulada pelas Convenções de Bruxelas e de Lugano (art. 16.°/2) e pelo Regulamento comunitário em matéria civil e comercial (art. 22.°/2) (*supra* I.D).

Quarto, temos *as acções que tenham como objecto principal a apreciação da validade da inscrição em registos públicos de quaisquer direitos sujeitos a registo em Portugal* (art. 65.°-A/d).

A formulação dada a esta alínea dá azo a diversas dúvidas, desde logo porque os principais registos públicos têm por objecto factos e não direitos. Parece que o preceito deve ser entendido em sintonia com os n.os 3 e 4 do art. 16.° das Convenções de Bruxelas e de Lugano e do art. 22.° do Regulamento em matéria civil e comercial (*supra* I.D e E). Assim, o art. 65.°-A/d abrangerá quer a validade da generalidade das inscrições em registos públicos quer a regularidade da inscrição ou a validade de direitos sujeitos a registo[113].

O art. 65.°-A CPC será aplicável às acções relativas aos registos públicos de factos ou de direitos que se encontrem fora do âmbito de aplicação das Convenções de Bruxelas e de Lugano e do Regulamento em matéria civil e comercial (designadamente as inscrições no registo civil)[114].

Por último, referem-se *as execuções sobre bens existentes em território português*. Embora a redacção deste preceito suscite algumas dificuldades interpretativas[115], parece que deve ser entendido à luz do art. 16.°/5 das Convenções de Bruxelas e de Lugano e do art. 22.°/5 do Regulamento em matéria civil e comercial. Como ficou atrás assinalado (*supra* I.F), a exclusividade da competência de execução já decorre do Direito Internacional Público, mas o preceito das Convenções e do Regulamento tem pelo menos a utilidade de tornar claro que certos meios processuais liga-

---

[113] Ver, em sentido convergente, Moura Ramos [1998: 34 e seg.].

[114] Lebre de Freitas/João Redinha/Rui Pinto [1999 Art. 65.°-A an. 5], seguindo sugestão feita anteriormente por Lebre de Freitas [1995: 443], sugerem que a al. d), ao limitar a competência exclusiva às acções que têm como objecto principal a validade da inscrição em registos públicos, exclui aquelas em que essa apreciação seja feita acessoriamente.

[115] Ver Teixeira de Sousa [2004: 53 e segs.].

430   *Estudos de Direito Internacional Privado*

dos directamente à execução, tais como os embargos de executado e os embargos de terceiro, estão abrangidos pela competência exclusiva.

Porquanto o art. 16.° das Convenções de Bruxelas e de Lugano e o art. 22.° do Regulamento comunitário em matéria civil e comercial são aplicáveis mesmo que o requerido não tenha domicílio num Estado contratante, as competências exclusivas estabelecidas pelo art. 65.°-A CPC só não são redundantes quando estejam para além do disposto naquele preceito. É o que se verifica com a al. b) e, só parcialmente, com as als. a) e d) do art. 65.°-A.

A *relevância da competência exclusiva de tribunais estrangeiros*, por forma a afastar a competência legal concorrente ou a competência convencional dos tribunais portugueses, é questão que não tem sido suscitada entre nós. A falta de base legal não encerra a questão, uma vez que há valores e princípios da ordem jurídica que apontam para a relevância da competência exclusiva de tribunais estrangeiros. É o que se verifica com a igualdade, com o bem comum e com o princípio da harmonia internacional de soluções[116].

Quando a principal *ratio* dos casos de competência exclusiva seja a salvaguarda da aplicação de regimes imperativos contidos no Direito material do foro há um nexo estreito entre o Direito da Competência Internacional e o Direito de Conflitos. A igualdade de tratamento das situações internas e das situações transnacionais, designadamente quanto à incidência de normas imperativas e à eliminação de conflitos de deveres, também justifica a relevância da competência exclusiva estrangeira. O respeito da competência exclusiva estrangeira, quando prossiga fins colectivos comuns às normas de competência exclusiva do Estado do foro, também é postulado pelo bem comum universal. Enfim, o respeito da competência exclusiva estrangeira evita até certo ponto o surgimento de decisões contraditórias e de decisões não reconhecíveis noutro Estado em contacto com a situação, contribuindo para a harmonia internacional de soluções.

Sem pretender ser conclusivo neste ponto, direi apenas que, em minha opinião, só pode relevar a competência estrangeira exclusiva que, além de estabelecida com base no Direito da Competência Internacional do respectivo Estado, se baseie num critério atributivo de competência exclusiva consagrado no Direito português[117].

---

[116] Ver, relativamente ao Direito de Conflitos, Lima Pinheiro [2001 §§ 16 e 17 B].

[117] Ver também Kropholler [1982 n.° 156], que, porém, parece determinar a competência exclusiva estrangeira somente com base no Direito da Competência Internacional interno.

BIBLIOGRAFIA

ARROYO, Diego FERNÁNDEZ
2004 – "Exorbitant and Exclusive Grounds of Jurisdiction in European Private International Law: Will They Ever Survive?", *in FS Erik Jayme*, vol. I, 169-186, Munique.

BATIFFOL, Henri e Paul LAGARDE
1983/1993 – *Droit international privé*, vol. I – 8.ª ed., vol. II – 7.ª ed., Paris.

BÜLOW, Arthur, Karl-Heinz BÖCKSTIEGEL, Reinhold GEIMER e Rolf SCHÜTZE (org.)
1989 – *Das internationale Rechtsverkehr in Zivil- und Handelssachen*, vol. II, B I 1e por Stefan AUER, Christiane SAFFERLING e Christian WOLF, Munique.

CAMPOS, J. MOTA DE
1985 – "Um instrumento jurídico de integração europeia. A Convenção de Bruxelas de 27 de Setembro de 1968 sobre Competência Judiciária, Reconhecimento e Execução das Sentenças", *DDC (BMJ)* 22 (1985) 73-235

CARAVACA, Alfonso-Luis CALVO e Javier CARRASCOSA GONZÁLEZ
2004 – *Derecho Internacional Privado*, vol. I, 5.ª ed., Granada.

CRUZ, ALMEIDA, DESANTES REAL e P. JENARD
1990 – "Relatório relativo à Convenção de Adesão do Reino de Espanha e da República Portuguesa à Convenção de Bruxelas relativa à competência judiciária e à execução de decisões em matéria civil e comercial de 1968", *JOCE* C 189, 28/7, 35-56.

Dicey and Morris on the Conflict of Laws
2000 – 13.ª ed. por Lawrence COLLINS (ed. geral), Adrian BRIGGS, Jonathan HILL, J. McCLEAN e C. MORSE, Londres.

DROZ, Georges
1972 – Compétence judiciaire et effets des jugements dans le Marché Commun, Paris.

DROZ, Georges e Hélène GAUDEMET-TALLON
2001 – "La transformation de la Convention de Bruxelles du 27 septembre 1968 en Règlement du Conseil concernant la compétence judiciaire, la reconnaissance et l'exécution des décisions en matière civile et commerciale", *R. crit.* 90: 601-652.

FAWCETT, James e Paul TORREMANS
1998 – Intellectual Property and Private International Law, Oxford.

FREITAS, José LEBRE DE
1995 – "Revisão do processo civil", *ROA* 55: 417-518.

FREITAS, José LEBRE DE, JOÃO REDINHA e RUI PINTO
1999 – *Código de Processo Civil Anotado*, vol. I, Coimbra.

GAUDEMET-TALLON, Hélène
1996a – *Les conventions de Bruxelles et de Lugano. Compétence internationale, reconnaissance et exécution des jugements en Europe*, 2.ª ed., Paris.
1996b – "Les fontières extérieures de l'espace judiciaire européen: quelques repères", *in E Pluribus Unum. Liber Amicorum Georges A. L. Droz*, 85-104, A Haia, Boston e Londres.
2002 – *Compétence et exécution des jugements en Europe*, 3.ª ed., Paris.

GEIMER, Reinhold e Rolf SCHÜTZE
2004 – *Europäisches Zivilverfahrensrecht*, 2.ª ed., Munique.

432   *Estudos de Direito Internacional Privado*

GOTHOT, Pierre e Dominique HOLLEAUX
1985 – *La Convention de Bruxelles du 27 Septembre 1968*, Paris.

GOTTWALD, Peter
2001/2002 – "Internationales Zivilprozeßrecht", *in Münchener Kommentar zur Zivilprozeßordnung*, vol. III, 2.ª ed. (2001); *Aktualisierungsband*, 2.ª ed. (2002), Munique.

HUET, André
1994 – "La marque communautaire: la compétence des juridictions des Etats membres pour connaître de sa validité et de sa contrefaçon", *Clunet* 121 (1994) 623.

JAYME, Erik
1988 – "Das europäische Gerichtsstands-und Vollstreckungsübereikommen und die Drittländer – das Beispiel Österreich", *in* Fritz SCHWIND (org.) – *Europarecht, IPR, Rechtsvergleichung*, 97-123, Viena.

JENARD, P.
1979 – "Relatório sobre a Convenção, de 27 de Setembro de 1968, relativa à competência judiciária e à execução de decisões em matéria civil e comercial", *JOCE* C 189, 28/7/90, 122-179.

JENARD, P. e G. MÖLLER
1989 – "Relatório sobre a Convenção relativa à competência judiciária e à execução de decisões em matéria civil e comercial, celebrada em Lugano em 16 de Setembro de 1988", *JOCE* C 189, 28/7/90, 57-121.

KOHLER, Christian
1995 – "Kollisionsrechtliche Anmerkungen zur Verordnung über die Gemeinschaftsmarke", *in FS Ulrich Everling*, org. por Marcus LUTTER e Jürgen SCHWARZE, Baden-Baden, 651-667.

KROPHOLLER, Jan
1982 – "Internationale Zuständigkeit", in Handbuch des Internationalen Zivilverfahrensrechts, vol. I, Tubinga.
2002 – Europäisches Zivilprozeßrecht. Kommentar zum EuGVO und Lugano-Übereinkommen, 7.ª ed., Heidelberga.
2004 – Internationales Privatrecht, 5.ª ed., Tubinga.

MAYER, Pierre e Vincent HEUZÉ
2004 – *Droit international privé*, 8.ª ed., Paris.

NORTH, Peter e J. FAWCETT
1999 – *Cheshire and North's Private International Law*, 13.ª ed., Londres.

PINHEIRO, Luís de LIMA
2001/2002 – *Direito Internacional Privado*, vol. I – *Introdução e Direito de Conflitos/Parte Geral* (2001); vol. II – *Direito de Conflitos/Parte Especial*, 2.ª ed. (2002a); vol. III – *Competência Internacional e Reconhecimento de Decisões Estrangeiras* (2002b), Almedina, Coimbra.
2005 – "O Direito de Conflitos e as liberdades comunitárias de estabelecimento e de prestação de serviços", *in Seminário Internacional sobre a Comunitarização do Direito Internacional Privado*, org. por LIMA PINHEIRO, 79-109.

RAMOS, Rui MOURA
1998 – *A Reforma do Direito Processual Civil Internacional*, Coimbra.

RÄUSCHER, Thomas (org.)

2003 – *Europäisches Zivilprozeßrecht*, "Art. 22 Brüssel I-VO", por Peter MANKOWSKI, Munique.

SCHLOSSER, Peter

1977 – "Der EuGH und das Europäische Gerichtsstands- und Vollstreckungsübereikommen", *NJW* 30 (1977) 457-463.

1979 – "Relatório sobre a Convenção, de 9 de Outubro de 1978, relativa à Adesão do Reino da Dinamarca, da Irlanda e do Reino Unido da Gra-Bretanha e da Irlanda do Norte à Convenção relativa à competência judiciária e à execução de decisões em matéria civil e comercial, bem como ao Protocolo Relativo à sua interpretação pelo Tribunal de Justiça", *JOCE* C 189, 28/7/90, 184-256.

2003 – *EU-Zivilprozessrecht*, 2.ª ed., Munique.

SCHULZ, Andrea

2001 – "Einstweilige Maßnahmen nach dem Brüsseler Gerichtsstands- und Vollstreckungsübereikommen in der Rechtsprechung des Gerichtshofs der Europäischen Gemeinschaften", *ZeuP* 9: 805-836.

SOUSA, Miguel TEIXEIRA DE

1993 – *A Competência Declarativa dos Tribunais Comuns*, Lisboa.

1997 – "Die neue internationale Zuständigkeitregelung im portugiesischen Zivilprozeßgesetzbuch und die Brüsseler und Luganer Übereinkommen: Einige vergleichende Bemerkungen", *IPRax*: 352-360.

2003 – "Der Anwendungsbereich von Art. 22 Nr. 1 S. 2 EuGVVO", *IPRax* (2003) 320-323.

2004 – "A competência internacional executiva dos tribunais portugueses: alguns equívocos", *Cadernos de Direito Privado* 5/2004: 49-57.

SOUSA, Miguel TEIXEIRA DE e Dário MOURA VICENTE

1994 – *Comentário à Convenção de Bruxelas de 27 de Stembro de 1968 Relativa à Competência Judiciária e à Execução de Decisões em Matéria Civil e Comercial*, Lisboa.

TELES, EUGÉNIA GALVÃO

1996 – "Reconhecimento de sentenças estrangeiras: o controle de competência do tribunal de origem pelo tribunal requerido na Convenção de Bruxelas de 27 de Setembro de 1968", *Revista da Faculdade de Direito da Universidade de Lisboa* 37: 119-169.

RECONHECIMENTO AUTÓNOMO DE DECISÕES ESTRANGEIRAS E CONTROLO DO DIREITO APLICÁVEL[*]

I. INTRODUÇÃO

A) Conceito de reconhecimento de decisões estrangeiras

Importa principiar pelo conceito de reconhecimento de decisões estrangeiras.

O problema do reconhecimento é geralmente colocado, em Direito Internacional Privado, com respeito aos *actos públicos estrangeiros* e às *decisões arbitrais "estrangeiras"*. Trata-se de saber se estes actos podem produzir efeitos na ordem jurídica local e, em caso afirmativo, quais as condições a que é subordinada essa eficácia.

Com mais rigor, podemos dizer que o problema do reconhecimento se coloca relativamente a decisões externas.

Os *actos públicos* podem classificar-se em internos e externos conforme são praticados por autoridades nacionais ou por autoridades estrangeiras ou supraestaduais.

As *decisões arbitrais* não são actos públicos, porquanto os árbitros são particulares que, segundo o melhor entendimento, não exercem uma função pública mas uma actividade jurisdicional privada[1]. A lei portuguesa trata as decisões arbitrais "nacionais" como actos internos, embora fosse concebível que estas decisões fossem consideradas como actos

---

[*] Texto que serviu de base à Lição proferida em provas de agregação realizadas em 21 e 22 de Dezembro de 2005 na Universidade de Lisboa.

[1] Ver LIMA PINHEIRO – *Arbitragem Transnacional. A Determinação do Estatuto da Arbitragem*, Coimbra, 2005, 191 e segs.

externos, visto que os tribunais arbitrais não são órgãos públicos nacionais de aplicação do Direito.

A relevância das decisões externas na ordem jurídica interna depende das proposições jurídicas desta ordem[2]. As proposições jurídicas que atribuem a uma decisão externa relevância na ordem interna operam o seu reconhecimento.

O *reconhecimento em sentido amplo* é pois a atribuição a um acto externo de relevância na ordem jurídica interna. Tanto podem estar em causa efeitos desencadeados pela decisão externa segundo um Direito estrangeiro ou não-estadual, como a atribuição de força executiva à decisão externa como ainda outros modos de relevância.

B) Objecto do reconhecimento

Atentemos agora no objecto do reconhecimento.

O reconhecimento de uma decisão estrangeira, entendido em sentido amplo, abrange o reconhecimento de efeitos, a atribuição de força executiva e outros modos de relevância, tais como o valor probatório e a tomada em consideração como mero facto material.

Quanto ao *reconhecimento de efeitos*, importa esclarecer quais os efeitos da sentença que entram em jogo.

O efeito específico da sentença enquanto acto jurisdicional é o *caso julgado*. A sentença faz caso julgado quando a decisão nela contida se torna imodificável, impedindo que o mesmo ou outro tribunal, ou qualquer outra autoridade, possa definir em termos diferentes a situação jurídica[3].

Quanto à definição da relação jurídica a sentença pode ter um *efeito declarativo* (reconhece ou nega um direito) ou *constitutivo* (constitui, modifica ou extingue situações jurídicas). São exemplo de sentenças constitutivas as de divórcio, anulação de negócio jurídico, investigação de paternidade, falência e dissolução de uma sociedade comercial.

O caso julgado abrange ambos os efeitos.

---

[2] Cf. ISABEL DE MAGALHÃES COLLAÇO – *Revisão de sentenças estrangeiras* (Apontamentos de alunos), Lisboa, 1963, 7.

[3] Cf. ANTUNES VARELA, J. MIGUEL BEZERRA e SAMPAIO E NORA – *Manual de Processo Civil*, 2.ª ed., Coimbra, 1985, 702 e seg. e CASTRO MENDES – *Direito Processual Civil*, vol. II, Lisboa, 1987, 768 e segs.

A sentença pode ainda produzir *efeitos acessórios ou reflexos*. Por exemplo, face à lei portuguesa o trânsito em julgado da decisão que condena o réu a cumprir uma obrigação tem reflexamente por efeito o início da contagem de um novo prazo de prescrição (arts. 326.º e 327.º CC)[4]. O efeito acessório ou reflexo distingue-se do efeito constitutivo porque não constitui objecto da decisão[5].

Entre outros modos de relevância da sentença estrangeira conta-se, como vimos, o seu valor probatório e a sua tomada em consideração como mero facto material[6]. O valor probatório e o valor da sentença como mero facto material são geralmente aceites, sem dependência de quaisquer normas de reconhecimento.

C) Modos de relevância das decisões estrangeiras

O reconhecimento de decisões estrangeiras pode ser operado por dois modos diferentes.

Um destes modos é dependente do *Direito de Conflitos*: na aplicação do Direito material designado pelo Direito de Conflitos pode dar-se relevância aos efeitos jurídicos produzidos por uma decisão externa. Pode igualmente dizer-se que este reconhecimento depende da lei aplicável (segundo o Direito de Conflitos).

---

[4] Sobre estes efeitos ver E. BARTIN – "Le jugement étranger considéré comme un fait", *Clunet* 51 (1924) 857-876; Henri BATIFFOL e Paul LAGARDE – *Droit international privé*, vol. II, 7.ª ed., Paris, 613 e seg.; FERRER CORREIA – "La reconnaissance et l'exécution des jugements étrangers en matière civile et commerciale (droit comparé)", *in Estudos Vários de Direito*, 105-191, Coimbra, 1982, 131 e segs. e 144; Id. – "O reconhecimento das sentenças estrangeiras no direito brasileiro e no direito português", *RLJ* 116 (1983) n.os 3707 a 3711, n.º 10; Id.– *Lições de Direito Internacional Privado I*, Coimbra, 2000, 471 e segs.; e Haimo SCHACK – *Internationales Zivilverfahrensrecht*, 3.ª ed., Munique, 2002, 340.

[5] Os autores alemães falam a este respeito de um "efeito de pressuposição" [*Tatbestandswirkung*] – ver Dieter MARTINY – "Anerkennung ausländischer Entscheidungen nach autonomen Recht", *in Handbuch des Internationalen Zivilverfahrensrechts*, vol. III/1, Tubinga, 1984, n.os 427 e segs.

[6] Ver, quanto ao valor probatório, LIMA PINHEIRO – *Direito Internacional* Privado, vol. III – *Competência Internacional e Reconhecimento de Decisões Estrangeiras*, 2002, Coimbra, § 97 A e, quanto à tomada em consideração como facto material, MARTINY (n. 5) n.º 342.

Este modo de relevância é admitido quando, por exemplo, para que um estrangeiro divorciado no estrangeiro tenha capacidade para celebrar novo casamento em Portugal seja suficiente que o divórcio seja reconhecido pela lei competente (em princípio a lei da sua nacionalidade).

Outro modo de relevância é a recepção na ordem jurídica local dos efeitos produzidos pelo acto na ordem jurídica de origem, quer seja ou não a ordem jurídica designada pelo Direito de Conflitos, ou a atribuição à decisão externa do mesmo valor que uma decisão interna por via de *normas de reconhecimento*.

Por exemplo, o credor de uma sociedade sedeada em Portugal obteve, no Canadá, uma sentença que a condena no pagamento de uma indemnização. A sociedade devedora não cumpre a sentença nem tem bens que respondam pela dívida no país onde foi proferida. O credor pretende executar em Portugal a sentença. Através da acção de revisão de sentença estrangeira pode ser atribuída à sentença condenatória a mesma força executiva que tem uma sentença nacional.

A este *reconhecimento autónomo* de decisões externas corresponde a *acepção estrita* de reconhecimento.

É geralmente admitido que não só a atribuição de força executiva mas também o reconhecimento do efeito de caso julgado da decisão estrangeira são objecto de um *reconhecimento autónomo*.

Por outro lado, é geralmente aceite que os efeitos acessórios ou reflexos dependem exclusivamente do Direito competente[7].

Já é controverso se os efeitos constitutivos são objecto de reconhecimento dependente do Direito de Conflitos ou autónomo. Já tive ocasião de me pronunciar sobre esta controvérsia, em que não entrarei na presente Lição[8]. A presente Lição incide apenas sobre o reconhecimento autónomo. A aplicação das soluções aqui defendidas ao reconhecimento dos efeitos constitutivos dependerá da orientação que se siga.

A questão que aqui justamente se coloca é a de saber se a autonomia do reconhecimento operado pelas normas de reconhecimento é absoluta ou relativa. Por outras palavras, se no reconhecimento autónomo da decisão

---

[7] Cf. MARTINY (n. 5) n.° 428, com mais referências.

[8] Ver LIMA PINHEIRO – "A triangularidade do Direito Internacional Privado – Ensaio sobre a articulação entre o Direito de Conflitos, o Direito da Competência Internacional e o Direito de Reconhecimento", *in Estudos em Homenagem à Professora Isabel* DE MAGALHÃES COLLAÇO, Almedina, Coimbra, 335 e segs.; Id. (n. 6) 250 e 332 e segs.

estrangeira deve ou não, em certos casos, ser tida em conta a lei competente segundo o nosso Direito de Conflitos.

D) Plano da Lição

A presente Lição versa exclusivamente sobre a relação entre o reconhecimento autónomo de decisões jurisdicionais estrangeiras e o controlo do Direito aplicável. O reconhecimento de actos administrativos estrangeiros assume acentuada especificidade, não sendo viável incluir na Lição a sua problemática.

Deste modo, a presente Lição comporta duas partes, a primeira parte dedicada às decisões judiciais e a segunda às decisões arbitrais.

II. RECONHECIMENTO AUTÓNOMO DE DECISÕES JUDICIAIS ESTRANGEIRAS E CONTROLO DO DIREITO APLICÁVEL

A) Considerações gerais

A favor do reconhecimento das sentenças estrangeiras é invocada a tutela da confiança depositada na definição da relação controvertida por via judicial, a continuidade e estabilidade de situações jurídicas consolidadas ou constituídas pela sentença e a harmonia internacional de soluções[9].

Mas o reconhecimento também encerra riscos.

Se a situação que foi objecto da decisão estrangeira é regulada pelo Direito de Conflitos do Estado de reconhecimento, *maxime* se os seus tribunais são competentes, a susceptibilidade de reconhecimento coloca em risco a certeza e a previsibilidade jurídicas na ordem jurídica local[10]. A confiança depositada na competência dos tribunais locais e na aplicabilidade do Direito de Conflitos local por parte de um sujeito jurídico

---

[9] Ver FERRER CORREIA (n. 4 [1982]) 119, (n. 4 [1983]) n.º 2 e (n. 4 [2000]) 460 e seg.

[10] Ver Arthur VON MEHREN – "Recognition and Enforcement of Foreign Judgments – General Theory and the Role of Jurisdictional Requirements", *RCADI* 167 (1980) 9-112, 33.

440 Estudos de Direito Internacional Privado

é frustrada quando este sujeito se vê forçado a participar num processo que corre noutro Estado.

Por outro lado, a harmonia internacional só justifica o reconhecimento da decisão dos tribunais de um Estado quando a relação tem uma conexão mais significativa com este Estado do que com outros Estados estrangeiros. Se o Direito de Conflitos do Estado de reconhecimento remete para a lei de outro Estado estrangeiro a harmonia com este Estado é mais importante do que a harmonia com o Estado de origem da decisão. Com efeito, o Direito de Conflitos do Estado de reconhecimento designa a lei do Estado que, na perspectiva da ordem jurídica do Estado de reconhecimento, apresenta a conexão mais significativa com a relação.

Enfim, o tribunal de origem pode ter aplicado na decisão do caso uma lei diferente da designada pela nossa norma de conflitos. Se estivermos dispostos a reconhecer decisões estrangeiras sem um controlo do Direito material aplicado estamos a admitir um limite à aplicação do nosso sistema de Direito de Conflitos.

Como assinalou WENGLER, o reconhecimento de decisões estrangeiras proferidas segundo uma lei diferente da que seria competente de acordo com o Direito de Conflitos do foro opera como uma referência global à ordem jurídica do Estado de origem da decisão[11]. A ordem jurídica do Estado de reconhecimento vai receber a situação jurídica definida pela ordem jurídica do Estado de origem, considerada no seu conjunto, com inclusão do seu Direito Internacional Privado.

Um sistema de reconhecimento formal (i.e., sem controlo do Direito material aplicado) está disposto a remeter globalmente para a ordem jurídica de qualquer dos Estados que considera internacionalmente competentes[12]. Esta remissão, porém, só se opera quando o tribunal de um destes Estados profere uma decisão ou, perante um sistema que conceda relevância à litispendência estrangeira, a partir do momento em que a litispendência seja invocável.

O Direito de Reconhecimento constitui assim um Direito de Conflitos especial[13], que afasta o Direito de Conflitos geral.

---

[11] Cf. Wilhelm WENGLER – *Internationales Privatrecht*, Berlim 1981, 7.

[12] Em sentido próximo, WENGLER (n. 11) 395. Isto pode eventualmente ser contrariado pela antecipação da outra parte mediante a propositura no Estado de reconhecimento de uma acção de simples apreciação negativa – cf. também WENGLER (n. 11) 113.

[13] Cf. LIMA PINHEIRO – *Um Direito Internacional Privado para o Século XXI. Relatório sobre o Programa, os Conteúdos e os Métodos do Ensino do Direito Internacional*

Qual o fundamento para este afastamento do Direito de Conflitos geral do Estado de reconhecimento?

A exigência de uma conexão adequada entre o Estado de origem da decisão e a situação constitui o principal fundamento para o sistema de reconhecimento formal. O controlo da lei aplicada é substituído pelo controlo da competência do tribunal de origem[14].

Nesta base, o entendimento dominante favorece o sistema de reconhecimento formal, contanto que entre o Estado de origem e a relação em causa exista uma conexão adequada. O reconhecimento só envolve, em regra, no Direito unificado e na maioria dos regimes de fonte estadual, um controlo formal. A tendência de evolução tem ido no sentido do abandono dos casos de controlo de mérito[15]. É o que se verificou designadamente com a Convenção da Haia sobre o Reconhecimento e a Execução de Sentenças Estrangeiras em Matéria Civil e Comercial (1971)[16], com as Convenções de Bruxelas e de Lugano Relativas à Competência Judiciária e à Execução de Decisões em Matéria Civil e Comercial, com os Regulamentos comunitários em matéria civil e comercial e em matéria matrimonial e de responsabilidade parental e com os Direitos alemão, italiano (segundo a doutrina dominante) e suíço[17].

No entanto, no Direito francês tanto o reconhecimento automático do efeito de caso julgado como o *exequatur* (i.e., a declaração de executoriedade) envolvem, em princípio, um controlo da lei aplicável[18]. Esta regra

---

Privado, Lisboa, 2000, 26. Ver considerações convergentes de Wilhelm WENGLER – "The General Principles of Private International Law", *RCADI* 104 (1961) 271-469, 11 e 443, seguido por BATIFFOL/LAGARDE (n. 4) 586 e por Paolo PICONE – *Les méthodes de coordination entre ordres juridiques en droit international privé* (Sep. de *RCADI* 276), A Haia, Boston e Londres, 2000, 59, que fala de "regra de conflitos oculta adicional" [*disguised additional allocation rule*]. Em sentido contrário, Pierre MAYER e Vincent HEUZÉ – *Droit international privé*, 8.ª ed., Paris, 2004, 255.

14 Cf. PICONE (n. 13) 61.

15 Ver FERRER CORREIA (n. 4 [1982]) 150 e segs. e (n. 4 [2000]) 466 e FRANK VISCHER – "General Course on Private International Law", *RCADI* 232 (1992) 9-256, 234 e segs.

16 Até certo ponto, uma vez que esta Convenção admite o controlo de mérito com respeito às questões de estado e de capacidade (art. 7.º/2).

17 Relativamente ao Direito italiano, ver Tito BALLARINO – *Diritto Internazionale Privato*, Pádua, 3.ª ed., Pádua, 1999, 172 e segs. e PICONE (n. 13) 389 e segs.

18 Cf., na jurisprudência, *Cass. civ.* 22/1/1951 [*R. crit.* 40 (1951) 167]; *Cass. civ.* 19/2/1952 [*R. crit.* 42 (1953) 806]; *Cass. civ.* 17/4/1953 [*R. crit.* 42 (1953) 412]; *Cass.*

442 Estudos de Direito Internacional Privado

foi objecto de uma atenuação, segundo a qual se considera suficiente uma equivalência entre a lei aplicada e a lei competente com respeito à solução do caso[19].

Por acréscimo, em ligação com o controlo da competência do tribunal de origem, a jurisprudência francesa exige que a escolha da jurisdição não tenha sido "fraudulenta".

Esta exigência é entendida no sentido de que deve ser negado o reconhecimento da sentença em duas situações. Primeiro, quando ocorre uma fraude à lei no sentido tradicionalmente relevante para o Direito Internacional Privado: uma manipulação do elemento de conexão com a intenção de afastar a lei normalmente aplicável (veja-se, na lei portuguesa, o art. 21.º CC). Segundo, quando, na impossibilidade de obter uma determinada sentença nos tribunais locais, se recorre a uma jurisdição estrangeira com o fim de obter o reconhecimento da sentença estrangeira na ordem jurídica local.

Vejamos um exemplo, dois irlandeses residentes em França, ao tempo em que o divórcio não era permitido pela lei irlandesa, divorciam-se no Nevada, onde os tribunais admitem facilmente a sua competência e aplicam a lei do foro e, subsequentemente, pedem o reconhecimento da decisão em França.

Neste caso não há manipulação do elemento de conexão relevante para o Direito de Conflitos (não houve mudança de nacionalidade), e, portanto, não há fraude à lei. Também não há qualquer fraude à norma de competência internacional: o elemento de conexão utilizado nesta norma não é manipulado. Ocorre antes um *forum shopping*, em que as partes, aproveitando-se da concorrência de jurisdições competentes, escolhem a jurisdição mais conveniente para atingirem os seus fins. Não obstante, algumas decisões francesas invocaram nestes casos a fraude para negarem

---

17/6/1958 [*R. crit.* 47 (1958) 736; na doutrina, BATIFFOL/LAGARDE (n. 4) 585 e 630 e MAYER/HEUZÉ (n. 13) 279 e segs., que se mostram favoráveis a uma maior limitação da regra. No sentido da sua substituição pelo controlo da "fraude à lei", no sentido exposto em seguida, Séverine GRESSOT-LEGER – "Faut-il supprimer le contrôle de la loi appliquée par le juge étranger lors de l'instance en exequatur?", Clunet 130 (2003) 767-790, 789.

[19] Outros aspectos desta atenuação são a interdição de controlar a interpretação da lei aplicada pelo tribunal estrangeiro, a aceitação da devolução e, em matéria de estatuto pessoal, a consideração, como nacionalidade relevante de um plurinacional, da nacionalidade estrangeira do Estado de origem da decisão, apesar de o interessado também ter a nacionalidade francesa.

o reconhecimento, falando-se a este respeito de uma "fraude à sentença" que teria proferido o tribunal normalmente competente[20].

Segundo MAYER e HEUZÉ[21], para que haja "fraude à sentença", não basta que a acção tenha sido subtraída à competência dos tribunais locais; é necessário que tenha sido proposta em tribunais estrangeiros com o fim principal de se invocar a sentença na ordem jurídica local, porquanto não seria possível obter tal sentença nos tribunais locais. Perante as dificuldades de prova desta intenção, os autores afirmam que se a solução dada no estrangeiro é diferente daquela que teria sido dada pelo tribunal do Estado de reconhecimento e se o centro de gravidade do litígio está localizado no Estado de reconhecimento – se as partes vivem aí, ou se o réu tem os seus bens aí – a fraude é evidente.

A "fraude à sentença estrangeira" também deve ser sancionada contanto que seja sancionada pelos tribunais estrangeiros "defraudados".

Os mesmos autores consideram este instituto necessário em todos os sistemas que não controlam a competência internacional indirecta[22].

Esta orientação foi consagrada legalmente no novo Código belga de Direito Internacional Privado (2004). Este Código, embora proíba o controlo de mérito (art. 25.°/2), consagra um fundamento de recusa de reconhecimento que, em certos casos, pode conduzir ao mesmo resultado: ter a decisão sido obtida, numa matéria em que as pessoas não dispõem livremente dos seus direitos, com o único fim de escapar à aplicação do Direito designado pelo Direito de Conflitos belga (art. 25.°/1/3.°). Este fundamento de recusa de reconhecimento é entendido como uma aplicação do instituto da fraude à lei[23].

A Exposição de Motivos da Proposta de Lei oferece o seguinte exemplo[24]: em matéria de contratos, uma das partes propõe a acção no estrangeiro para evitar a aplicação de uma norma imperativa que protege a outra

---

[20] Cf. MAYER/HEUZÉ (n. 13) 285 e seg. e Bernard AUDIT – *Droit international privé*, 3.ª ed., Paris, 2000, 204 e 571 e seg.

[21] (N. 13) 286 e seg.

[22] Op. cit. 286. Cp. AUDIT (n. 20) 406 e seg. que se pronuncia no sentido de a "fraude à sentença" não ter autonomia relativamente à fraude à lei ou à exigência de um laço significativo entre o foro demandado e a situação.

[23] Cf. Comentário ao art. 25.° da Exposição de Motivos da Proposta de Lei, RIGAUX/FALLON [2005: 450 e seg.] e Jean-Yves CARLIER – "Le Code belge de droit international privé", *R. crit.* 94 (2005) 11-45, 26.

[24] Comentário ao art. 25.°.

parte, por exemplo um consumidor, trabalhador ou concessionário, mesmo que o tribunal estrangeiro seja competente por força de uma cláusula de jurisdição que, válida segundo o Direito do foro estrangeiro, seria inoponível à parte fraca segundo o Direito belga.

A lei portuguesa também enuncia uma condição de confirmação da sentença estrangeira que pode ser entendida a esta luz. Refiro-me à al. c) do art. 1096.° CPC, que exige que a sentença "provenha de tribunal estrangeiro cuja competência não tenha sido provocada em fraude à lei e não verse sobre matéria da competência exclusiva dos tribunais portugueses". De que "fraude à lei" se trata aqui?

A fraude à lei competente só é sancionável se houver um controlo da lei aplicável, o que no nosso sistema se verifica apenas no caso previsto no art. 1100.°/2 CPC[25], adiante examinado. Se não há controlo da lei aplicável é irrelevante a lei que o tribunal de origem aplicou e, por conseguinte, também é irrelevante que a competência dessa lei tenha sido desencadeada por uma manipulação do elemento de conexão. Só por via do art. 1100.°/2 CPC, por conseguinte, poderá relevar à fraude à lei competente no reconhecimento da sentença.

Por outro lado, uma fraude à lei no plano das regras de competência internacional consistirá numa manipulação de elementos de facto ou de Direito de que dependa o estabelecimento da competência internacional[26]. Por exemplo, a fixação de domicílio em determinado Estado com o único fito de atribuir competência internacional aos respectivos tribunais.

No entanto, não parece que esta fraude às regras de competência internacional directa possa constituir um impedimento ao reconhecimento de sentenças estrangeiras[27].

Senão vejamos. A actuação fraudulenta pode traduzir-se exclusivamente na atribuição de competência aos tribunais de um Estado ou também numa privação de competência de outra jurisdição estadual.

---

[25] Ver LIMA PINHEIRO (n. 6) 371 e segs.

[26] Cf. BARBOSA DE MAGALHÃES – *Estudos sobre o novo Código de Processo Civil*, vol. II – *Da competência internacional*, Coimbra, 1947, 439, e LEBRE DE FREITAS – "A fraude à lei na provocação da competência de tribunal estrangeiro", *RFDUL* 39 (1998) 7-15, 12.

[27] Cp. Dário MOURA VICENTE – "A competência internacional no Código de Processo Civil revisto: aspectos gerais", *in Aspectos do Novo Processo Civil*, 71-92, Lisboa, 1997, 90.

No primeiro caso, só está em causa um efeito atributivo de competência e é de observar que se houve fraude à lei no estabelecimento da competência do tribunal de origem, mas este tribunal aceitou a competência, é porque não sancionou a fraude à lei. Deverá o Estado de reconhecimento sancioná-la? O princípio da harmonia internacional de soluções aponta em sentido contrário. Se nós sancionarmos a fraude à norma de competência estrangeira quando o Direito do foro estrangeiro não sanciona a fraude, ficamos em desarmonia com este Direito.

No caso de um efeito preventivo da competência de uma jurisdição estadual desencadeado por actuação fraudulenta, a sanção normal consiste na aceitação da competência por parte desta jurisdição estadual[28]. Sendo irrelevante a manipulação do elemento de conexão destinada a privar de competência os tribunais locais, a parte interessada pode propor uma acção nestes tribunais. Mas não sendo a competência dos tribunais locais exclusiva, nada obsta, em princípio, a que a acção seja proposta em tribunal estrangeiro e que a decisão proferida por este tribunal seja reconhecida na ordem jurídica local. Não se vê razão por que tal fraude à lei deva ser sancionada pela recusa de reconhecimento de uma sentença estrangeira[29].

Mas não poderá atribuir-se um sentido útil à referência do art. 1096.º/c CPC à "fraude à lei"?

Embora não tenhamos elementos para conhecer a intenção do legislador histórico, é patente que a redacção desta alínea foi inspirada pela jurisprudência e pela doutrina francesas. E o único modo de atribuir um sentido útil à referência à "fraude a lei" é justamente o de incluir aqui os casos de "fraude à sentença".

Creio ser esta a interpretação mais correcta do preceito. A sanção do recurso abusivo a jurisdição estrangeira impõe-se tanto mais quanto o sistema de reconhecimento actualmente em vigor renuncia quase completamente ao controlo da competência internacional do tribunal de origem.

Com efeito, perante o atrás referido art. 1096.º/c CPC, afora a sanção da "fraude à sentença", a competência dos tribunais do Estado de origem

---

[28] É óbvio que a fraude à lei não pode ser invocada quando se encontrem satisfeitos os requisitos de um pacto de jurisdição válido.

[29] Quando muito, seria de admitir tal recusa nos casos em que a jurisdição privada de competência é a de um terceiro Estado e este Estado nega o reconhecimento da decisão. Em sentido contrário, TEIXEIRA DE SOUSA – "Sobre a competência indirecta no reconhecimento de sentenças estrangeiras. Anotação ao acórdão do Supremo Tribunal de Justiça de 21 de Maio de 1998", *ROA* 60 (2000) 757-783, 780.

apenas é limitada pela competência exclusiva dos tribunais portugueses. Neste preceito consagra-se em vasta medida a teoria da *unilateralidade atenuada* ou dupla, sem o temperamento, sugerido por FERRER CORREIA/ /FERREIRA PINTO[30] e MOURA RAMOS[31], de uma cláusula geral que exija uma conexão suficiente entre a relação controvertida e o Estado de origem da decisão. Acresce que só em casos muito limitados, que podem ser considerados excepcionais, os tribunais portugueses reclamam competência exclusiva.

A solução consagrada na nova redacção da al. c) do art. 1096.º é fortemente criticável, visto que o reconhecimento de uma sentença estrangeira na ordem interna só se justifica quando haja uma conexão adequada entre o Estado de origem da decisão e a situação e não encontra paralelo nos principais sistemas estrangeiros. A renúncia ao controlo da competência internacional indirecta compromete o fundamento do sistema de reconhecimento e está em contradição valorativa com o nosso Direito de Conflitos[32].

Mas regressando ao nosso tema, será que a sanção da "fraude à sentença" é suficiente, ou justificar-se-ia um controlo de mérito das decisões estrangeiras mais generalizado?

B) Posição defendida *de lege ferenda*

Cumpre tomar posição numa perspectiva *de lege ferenda*.

São muito variados os argumentos esgrimidos contra o controlo de mérito. À luz da fundamentação relevante para o reconhecimento de decisões estrangeiras, são de salientar quatro argumentos principais:

---

[30] Cf. António FERRER CORREIA e F. FERREIRA PINTO – "Breve apreciação das disposições do anteprojecto de código de processo civil que regulam a competência internacional dos tribunais portugueses e o reconhecimento de sentenças estrangeiras", *RDE* 13 (1987) 25-64, Ver também FERRER CORREIA – "Quelques réflexions sur le système portugais concernant la reconnaissance et l'exécution des jugements étrangers en matière civile et commerciale", *Droit international et droit communautaire*, 135-141, Paris, 1991, 140 e seg.

[31] Cf. Rui MOURA RAMOS – "Les clauses d'exception en matière de conflits de lois et de conflits de juridictions – Portugal", *in Das Relações Privadas Internacionais. Estudos de Direito Internacional Privado*, Coimbra, 1995, 319. Ver também Id. – *A Reforma do Direito Processual Civil Internacional* (sep. RLJ), Coimbra, 1998, 43 e seg. Em sentido convergente, MOURA VICENTE (n. 27) 92.

[32] Ver, com mais desenvolvimento, LIMA PINHEIRO (n. 6) 254 e 349 e segs.

1.º – a decisão estrangeira deve ser reconhecida por considerarmos que emana de tribunal internacionalmente competente e não por acreditarmos que a causa foi bem decidida[33];

2.º – o controlo de mérito dificulta o reconhecimento das decisões estrangeiras[34];

3.º – o controlo de mérito exige uma averiguação mais ou menos extensa dos factos e do Direito aplicável que o tribunal de reconhecimento não se encontra bem colocado para realizar[35];

4.º – no que toca à justiça da decisão é suficiente o controlo efectuado pela cláusula de ordem pública internacional[36].

---

[33] Ver FERRER CORREIA (n. 4 [2000]) 465 e segs. O autor também se opõe ao mero controlo da lei aplicável [*Lições de Direito Internacional Privado – Aditamentos – Do reconhecimento e execução das sentenças estrangeiras*, Coimbra, 1973, 58 e segs. e (n. 4) 468 e seg.], por entender que não parece razoável que o Estado do foro imponha aos outros Estados os seus pontos de vista, como se unicamente eles representassem a verdadeira justiça do Direito Internacional Privado. Se o juiz se limita a verificar se o juiz estrangeiro considerou aplicável a mesma lei que o tribunal do Estado do foro deveria reconhecer como competente, abstraindo da interpretação e aplicação correcta desta lei, o controlo é esvaziado praticamente de todo o conteúdo. Se controla também a correcta interpretação e aplicação da lei competente cai sob a crítica movida à revisão de mérito. Ver ainda MARTINY (n. 5) n.os 125 e seg.e 138 e segs. e Reinhold GEIMER e Rolf SCHÜTZE – *Internationale Urteilsanerkennung*, vol. I., t. I, Munique, 1983, 1393, fazendo valer que o Direito de Conflitos do foro só tem uma pretensão de aplicação quando os tribunais do foro são chamados a decidir um litígio determinado e não pretende constituir um critério para a decisão do tribunal estrangeiro. Para outra linha de argumentação, que tenho por incompatível com as concepções actuais, ver Álvaro MACHADO VILLELA – "Observações sobre a execução das sentenças estrangeiras", *BMJ* 32 (1952) 31-66, 49 e segs.

[34] Ver VON MEHREN (n. 10) 39 e segs. Também Jan KROPHOLLER – *Internationales Privatrecht*, 5.ª ed., Tubinga, 2004, 658, embora reconhecendo que um sistema de reconhecimento formal instiga à fraude ao Direito competente para os tribunais locais através do "forum shopping", como assinalou Paul NEUHAUS – "Der schweizer IPR-Entwurf – ein internationales Modell?", RabelsZ. 43 (1979) 277, 280, entende que isto, desde que o reconhecimento não produza um resultado intolerável, deve ser considerado um mal menor do que o não reconhecimento da decisão estrangeira.

[35] Ver FERRER CORREIA (n. 33) 51 e seg. argumentando que, por um lado, tendo-se desenrolado o processo no estrangeiro e sendo presente ao juiz do foro apenas a decisão, o tribunal do reconhecimento arriscar-se-ia a cometer os erros mais grosseiros se tivesse de apreciar de novo a matéria de facto; por outro lado, o exame da matéria de Direito envolveria problemas de aplicação de leis, de correntes jurisprudenciais, até mesmo de costumes, que o juiz não conhecerá senão muito imperfeitamente. Ver também VON MEHREN (n. 10) 39 e segs.

[36] Ver SCHACK (n. 4) 374 e seg., assinalando que só conta o resultado jurídico-material e não o caminho jurídico-conflitual para aí chegar.

Que dizer destes argumentos?

O argumento segundo o qual o controlo de mérito dificulta o reconhecimento das decisões estrangeiras não tem autonomia. A justiça do Direito de Reconhecimento não exige o favorecimento do reconhecimento *à tout prix* mas antes o condicionamento do reconhecimento à realização das finalidades do Direito Internacional Privado. Ora, decorre do anteriormente exposto que a harmonia internacional com a ordem jurídica de origem da decisão não é mais importante do que a harmonia internacional com a ordem jurídica competente segundo o Direito de Conflitos português. O controlo de mérito serve justamente a harmonia com a ordem jurídica competente.

A necessidade de reentrar na apreciação da matéria de facto pode ser evitada por um controlo de mérito que se baseie na matéria de facto apurada pelo tribunal de origem. No que toca ao Direito aplicável, mesmo que se trate de um Direito estrangeiro, as dificuldades na averiguação do seu conteúdo não são superiores às que surgiriam se o caso tivesse sido submetido originariamente aos tribunais do Estado de reconhecimento.

O argumento retirado da cláusula de ordem pública internacional está intimamente relacionado com o baseado na competência internacional do tribunal de origem. O cerne da questão está pois em saber se havendo um controlo adequado da competência internacional do tribunal de origem e a exclusão do reconhecimento de decisões manifestamente injustas se justifica o afastamento do Direito de Conflitos do Estado de reconhecimento.

A este respeito, é antes de mais de observar que no Direito português não há um controlo adequado da competência do tribunal de origem (*supra* II.A) e que, por isso, nunca se poderia opor esse argumento ao controlo de mérito.

Mas, na perspectiva *de lege ferenda* em que nos colocamos, cabe perguntar se o controlo de mérito tem um papel a desempenhar num sistema que controle adequadamente a competência do tribunal de origem.

Em meu entender, a existência de uma conexão adequada entre o Estado de origem e a relação controvertida não pode obnubilar o grau de ligação com o Estado de reconhecimento. Se existe uma ligação suficientemente forte com o Estado de reconhecimento para fundamentar a competência dos seus tribunais e, até, a aplicabilidade do seu Direito material, será justificado o afastamento do seu Direito de Conflitos geral?

Não haverá que tutelar a confiança depositada no Direito de Conflitos geral do Estado de reconhecimento e na definição da relação controvertida pela lei competente?

Não posso pois deixar de concordar, no essencial, com muitas das críticas que foram movidas por alguns dos mais eminentes internacionalprivatistas do séc. XX ao sistema de reconhecimento formal.

NEUHAUS observou que o sistema de reconhecimento formal instiga à fraude ao Direito competente para os tribunais locais através do "forum shopping"[37].

VON MEHREN assinalou o efeito adverso sobre a segurança jurídica que resulta de permitir, na ordem jurídica local, diferentes soluções para uma controvérsia conforme a acção é proposta originariamente nos tribunais locais ou em tribunais estrangeiros[38].

Enfim, WENGLER sublinhou que o sistema de reconhecimento formal compromete a função reguladora do Direito de Conflitos do Estado de reconhecimento e sacrifica a confiança depositada, pelos sujeitos jurídicos, neste Direito de Conflitos[39].

Estas críticas, porém, não conduzem a meu ver à aceitação de um controlo de mérito generalizado.

Há antes uma difícil ponderação a fazer. De um lado, temos uma exigência de tutela da confiança que possa ter sido depositada no Direito de Conflitos português quando os tribunais portugueses forem internacionalmente competentes. Por outro lado, se o Estado de origem da decisão apresenta uma conexão adequada com a relação controvertida, também pode merecer tutela a confiança depositada no seu Direito de Conflitos e na solução a que ele conduz.

As situações transnacionais são muito variadas e é impossível antecipar todas as constelações de interesses a que dão lugar. Os regimes de competência internacional directa e de controlo da competência internacional indirecta dos diferentes sistemas nacionais apresentam divergências vincadas e, amiúde, estão longe de corresponder a modelos ideais. O sistema português, designadamente, reclama uma esfera de competência internacional dos tribunais portugueses demasiado ampla, ao mesmo tempo que, em sede de reconhecimento de sentenças estrangeiras, renuncia quase completamente ao controlo da competência do tribunal de origem. Por tudo isto, parece inevitável deixar alguma margem de apreciação do conjunto das circunstâncias do caso concreto ao tribunal de reconhecimento.

---

[37] (N. 34) 280.

[38] (N. 10) 39 e segs.

[39] (N. 11) 396 e segs.

A teoria da "fraude à sentença" permite esta ponderação das circunstâncias do caso concreto mas apresenta uma desvantagem importante: faz depender o reconhecimento da averiguação do motivo da propositura da acção no estrangeiro. Ora, não só a averiguação de motivos suscita sempre dificuldades, como também, e esta é a objecção fundamental, pode justificar-se a tutela da confiança depositada no Direito de Conflitos português mesmo que exista um motivo legítimo para a propositura da acção no estrangeiro.

Creio que a melhor solução será admitir excepcionalmente um certo controlo de mérito quando os tribunais do Estado de reconhecimento forem competentes e, perante o conjunto das circunstâncias do caso concreto, não se afigurar razoável o afastamento do Direito de Conflitos deste Estado. Para averiguar se o afastamento do Direito de Conflitos do foro de reconhecimento é razoável, serão tidos em conta a conexão da relação controvertida com o Estado de reconhecimento e com o Estado de origem da decisão e os interesses legítimos das partes[40].

Por exemplo, não é, em princípio, legítimo o interesse de uma das partes em actuar num tribunal estrangeiro uma pretensão contratual que previsivelmente não seria acolhida por um tribunal do Estado de reconhecimento, quando ambas as partes têm residência habitual, sede e estabelecimento no Estado de reconhecimento. Já é legítimo o interesse na propositura da mesma acção em tribunal estrangeiro, se o réu tiver bens executáveis nesse Estado estrangeiro e não os tiver no Estado de reconhecimento; mas mesmo neste caso não se pode excluir que o réu possa ter um interesse atendível na aplicação do Direito de Conflitos do Estado de reconhecimento, por exemplo, quando na perspectiva deste Direito de Conflitos for aplicável uma norma de protecção que invalida o contrato.

Este controlo de mérito deve ser entendido em termos de equivalência de soluções materiais. É indiferente que tenha sido aplicada pela decisão estrangeira uma lei que não é a competente segundo o Direito de Conflitos do Estado de reconhecimento a partir do momento em que a solução seja equivalente à que se chegaria por aplicação da lei competente.

---

[40] Ver as considerações convergentes de Arthur VON MEHREN e Donald TRAUTMAN – "Recognition of Foreign Adjudications: A Survey and a Suggested Approach", *Harvard L. R.* 81 (1968) 1601-1696, 1636 e segs., e, em especial, VON MEHREN (n. 10) 39 e segs.

O controlo de resultado só deve ser completamente afastado em espaços em que o Direito de Conflitos esteja unificado[41], como poderá ser, em breve, o caso do espaço comunitário europeu.

Em minha opinião, a preocupação de tutelar a confiança depositada em situações constituídas perante uma ordem jurídica que apresenta uma forte conexão com a situação, apesar de não ser a ordem jurídica primariamente competente segundo o nosso Direito de Conflitos, deve ser tida em conta em primeira linha no quadro do sistema de Direito de Conflitos, e não do sistema de reconhecimento.

Com efeito, esta confiança deve ser tutelada não só quando é proposta uma acção em tribunal estrangeiro mas também quando o litígio é originariamente apreciado por um tribunal local.

É o que se verifica, na ordem jurídica portuguesa, com o art. 31.º/2 CC. Este preceito permite salvar a validade do negócio do estatuto pessoal que, embora inválido segundo a lei pessoal, seja celebrado no país da residência habitual do declarante, em conformidade com a lei desse país, desde que esta se considere competente.

C) Regimes comunitários (Regulamento em "matéria civil e comercial" e Regulamento em matéria matrimonial e de responsabilidade parental)

Vejamos até que ponto o Direito constituído admite um controlo de mérito.

Na ordem jurídica portuguesa vigoram principalmente os regimes comunitários e o regime interno que é aplicável fora do âmbito de aplicação dos regimes comunitários e de outros regimes supraestaduais. Principiando pelos regimes comunitários.

A principal fonte de Direito Comunitário de Reconhecimento é o Reg. (CE) n.º 44/2001, de 22/12/2000, Relativo à Competência Judiciária, ao Reconhecimento e à Execução de Decisões em Matéria Civil e Comercial.

Este Regulamento exclui o controlo de mérito.

Já as Convenções de Bruxelas e de Lugano, embora excluam em princípio o controlo de mérito (art. 29.º), admitem no art. 27.º/4 um con-

---

[41] Incluindo as normas de conexão especiais ligadas a Direito material especial e a normas materiais "autolimitadas".

452 Estudos de Direito Internacional Privado

trolo de mérito limitado às questões prévias concernentes ao estado e capacidade de indivíduos, direitos patrimoniais resultantes de uma relação matrimonial, disposições de última vontade ou sucessão legal[42].

O Regulamento suprimiu este fundamento de recusa do reconhecimento, mantendo a proibição da revisão de mérito (arts. 36.° e 45.°/2). Como motivo para esta supressão, alega a Exposição de Motivos da proposta da Comissão que estas normas de Direito Internacional Privado estão a ser gradualmente aproximadas nos Estados-Membros[43]. É um argumento pouco convincente, uma vez que ainda não há Direito de Conflitos unificado à escala comunitária em matéria de estatuto pessoal. Só depois de esta unificação estar concluída é que se justificaria tal supressão. É uma manifestação do favorecimento do reconhecimento *à tout prix* e da desvalorização da autonomia dos sistemas jurídicos dos Estados--Membros.

KROPHOLLER defende que a violação de proposições fundamentais do Direito Internacional Privado pode em casos excepcionais conduzir a uma recusa de reconhecimento com base em contrariedade à ordem pública internacional (art. 34.°/1)[44]. Estes casos excepcionais verificar-se-iam especialmente com normas de Direito da Economia, designadamente normas de Direito da Concorrência, que também devem ser aplicadas imperativamente a situações transnacionais.

Em sentido contrário se pronunciam outros autores e aponta o relatório de JENARD[45], segundo a qual "o reconhecimento não poderá ser recusado, por motivo de ordem pública, pelo facto de o juiz estrangeiro ter aplicado uma lei que não a determinada pela norma de conflitos do tribu-

---

[42] O art. 27.°/4 das Convenções de Bruxelas e de Lugano estabelece, como fundamento de recusa de reconhecimento, fundar-se a decisão na resolução de uma questão prévia concernente ao estado e capacidade de indivíduos, direitos patrimoniais resultantes de uma relação matrimonial, disposições de última vontade ou sucessão legal, quando as normas de Direito Internacional Privado do Estado de reconhecimento conduzissem a um resultado diferente.

[43] 23.

[44] Cf. Jan KROPHOLLER – *Europäisches Zivilprozeßrecht. Kommentar zu EuGVO, Lugano-Übereinkommen und Europäischem Vollstreckungstitel*, 8.ª ed., Francofortesobre-o-Meno, 2005, Art. 34 n.° 17.

[45] 161. Ver também, designadamente, GEIMER/SCHÜTZE (n. 33) 1060; Id. – *Europäisches Zivilverfahrensrecht*, 2.ª ed., Munique, 2004, Art. 34 n.° 37; e Hélène GAUDEMET-TALLON – *Compétence et exécution des jugements en Europe*, 3.ª ed., Paris, 1996, 314.

nal em que se invoca o reconhecimento"[46]. No mesmo sentido parece apontar também a jurisprudência do TCE relativamente a este fundamento de recusa de reconhecimento[47].

Neste contexto, é também de mencionar o Reg. (CE) n.º 805/2004, de 21/4/2004, que cria o título executivo europeu, atribuindo força executiva a decisões condenatórias relativas a créditos pecuniários não contestados proferidas noutros Estados–Membros sem necessidade de uma declaração de executoriedade (art. 5.º). Este regulamento proíbe a revisão de mérito da decisão ou da sua certificação no Estado-Membro de execução (art. 21.º/2).

Em matéria pessoal, vigora o Reg. CE n.º 2201/2003, de 27/11/2003, Relativo à Competência, ao Reconhecimento e à Execução de Decisões em Matéria Matrimonial e em Matéria de Responsabilidade Parental.

Este Regulamento também não admite o controlo de mérito da decisão (arts. 22.º, 23.º e 26.º) e determina expressamente que o reconhecimento de uma decisão não pode ser recusado com o fundamento de a lei do Estado-Membro requerido não permitir o divórcio, a separação de pessoas e bens ou a anulação com base nos mesmos factos (art. 25.º).

---

[46] KROPHOLLER, porém, entende esta passagem no sentido de que nem todo o desvio relativamente ao Direito Internacional Privado do Estado de reconhecimento deve ser encarado como um caso de aplicação da ordem pública internacional. Não ficaria, porém, excluída a possibilidade de uma intervenção da ordem pública internacional, com este fundamento, em casos excepcionais.

[47] Relativamente à Convenção de Bruxelas, os acs. TCE 28/3/2000, no caso *Krombach* [*CTCE* (2000) I-01935], n.ᵒˢ 36 e seg., e 11/5/2000, no caso *Renault* [*CTCE* (2000) I-02973], n.ᵒˢ 29 e 30, entenderam que proibição da revisão de mérito obsta a que o reconhecimento possa ser recusado "com base apenas no facto de existir uma divergência entre a regra de direito aplicada pelo órgão jurisdicional do Estado de origem e a que seria aplicada pelo órgão jurisdicional do Estado requerido se tivesse sido este último a conhecer do litígio", que "o órgão jurisdicional do Estado requerido não pode controlar a exactidão das apreciações jurídicas ou da matéria de facto levadas a cabo pelo órgão jurisdicional do Estado de origem" e que "O recurso à cláusula de ordem pública, constante do artigo 27.º, n.º 1, da convenção, só é concebível quando o reconhecimento ou a execução da decisão proferida noutro Estado contratante viole de uma forma inaceitável a ordem jurídica do Estado requerido, por atentar contra um princípio fundamental. A fim de respeitar a proibição de revisão de mérito da decisão estrangeira, esse atentado devia constituir uma violação manifesta de uma regra de direito considerada essencial na ordem jurídica do Estado requerido ou de um direito reconhecido como fundamental nessa ordem jurídica".

454 *Estudos de Direito Internacional Privado*

A expressão "lei do Estado-Membro" inclui tanto o Direito material como o Direito de Conflitos[48].

A este respeito, cabe observar que as profundas divergências entre os Direitos de Conflitos dos Estados-Membros em matéria de estatuto pessoal tornam ainda mais difícil de aceitar um sistema de reconhecimento meramente formal das decisões sobre o casamento[49]. Este sistema, aliado a um leque muito amplo de critérios alternativos de competência internacional directa, permite ao interessado na dissolução do casamento a escolha do Direito de Conflitos que remete para a lei mais favorável ao resultado por si pretendido. Não se tutela a confiança depositada no Direito de Conflitos de um Estado-Membro, ainda que fundada na competência internacional dos seus tribunais.

D) Regime interno

Passemos ao regime interno.

Quanto ao reconhecimento do efeito de caso julgado e à atribuição de força executiva o regime interno consagra um *sistema de reconhecimento individualizado, fundamentalmente formal* ou de delibação. Este carácter formal do sistema é temperado pelo controlo de mérito no caso do n.° 2 do art. 1100.° CPC.

O art. 1100.°/2 CPC estabelece um fundamento adicional de impugnação do pedido de confirmação – "Se a sentença tiver sido proferida contra pessoa singular ou colectiva de nacionalidade portuguesa, a impugnação pode ainda fundar-se em que o resultado da acção lhe teria sido mais favorável se o tribunal estrangeiro tivesse aplicado o direito material português, quando por este devesse ser resolvida a questão segundo as normas de conflitos da lei portuguesa".

Este preceito consagra um caso de *controlo de mérito*, constituindo uma reformulação do requisito que constava, antes da reforma de 1995//1996, como condição de confirmação, do art. 1096.°/g CPC.

---

[48] Cf. ALEGRÍA BORRÁS – "Relatório explicativo da Convenção, elaborada com base no artigo K.3 do Tratado da União Europeia, relativa à competência, ao reconhecimento e à execução de decisões em matéria matrimonial", *JOCE* C 221/27, de 16/7/98, 1998, n.° 76.

[49] No mesmo sentido, ver Christian KOHLER – "Libre circulation du divorce? Observations sur le règlement communautaire concernant les procédures en matière matrimoniale", *in Estudos Isabel* DE MAGALHÃES COLLAÇO, vol. I, 231-248, Coimbra, 2002, 236 e segs.

Os pressupostos deste fundamento adicional de impugnação são três. Primeiro, que a sentença tenha sido proferida contra pessoa de nacionalidade portuguesa.

Segundo, que o Direito material português seja competente perante o Direito de Conflitos português.

Por último, que o resultado da acção fosse mais favorável à pessoa de nacionalidade portuguesa se o tribunal tivesse aplicado o Direito material português.

Por "normas de conflitos", no sentido do art. 1100.°/2, devemos entender todas as normas de Direito Internacional Privado, com inclusão das normas sobre devolução e das normas de conexão *ad hoc* ligadas ao Direito material especial e às normas "autolimitadas" de Direito comum.

Também devemos atender ao n.° 2 do art. 31.° CC, que, nas circunstâncias aí previstas, poderá afastar a competência da lei portuguesa quando esta desencadeie a invalidade de um negócio do estatuto pessoal[50].

Por acréscimo, parece de aplicar analogicamente este preceito às situações constituídas por sentença judicial. Assim, por exemplo, podemos entender que não há fundamento de impugnação do pedido de confirmação de uma sentença estrangeira de divórcio de portugueses proferida no país da sua residência habitual por aplicação da lei deste país ainda que a lei portuguesa (competente segundo a norma de conflitos portuguesa) não admitisse o divórcio[51].

A nova redacção e inserção deste requisito de reconhecimento vêm eliminar algumas dúvidas que antes se suscitaram.

Uma primeira questão era a de saber se este fundamento de oposição funcionava quando a revisão fosse requerida pela parte portuguesa vencida.

Para uma parte da jurisprudência, bem como para a doutrina dominante[52], a al. g) do art. 1096.° limitava-se a assegurar aos portugueses a

---

50 Cf. FERRER CORREIA (n. 4 [1983]) n.° 17.

51 Cf. FERRER CORREIA (n. 4 [1983]) n.° 17 e (n. 4 [2000]) 469 e seg.; Manuel FERNANDES COSTA – "Direitos adquiridos e reconhecimento de sentenças estrangeiras (Da interpretação da al. g) do Código de Processo Civil)", *in Est. António Ferrer Correia*, vol. I, 121-186, Coimbra, 1986, 168-178; e MOURA RAMOS (n. 31 [1998]) 46 e seg.. Na jurisprudência ver STJ 22/2/84 [*BMJ* 334: 437], 14/12/1988 [*BMJ* 382: 484], 14/11/91 [*BMJ* 411: 491], 21/11/1991 [*BMJ* 411: 509] e 16/12/99 [*CJ/STJ* (1999-III) 144], RCb 18/5/93 [*CJ* (1993-III) 34], 23/10/96 [*CJ* (1996-IV) 40] e 17/11/98 [*CJ* (1988-V) 18] e RLx 20/6/2000 [*CJ* (2000-III) 124].

52 FERRER CORREIA (n. 33) 110 e segs., (n. 4 [1983]) n.° 17 e (n. 30) 138; FERNANDES COSTA (n. 51) 163 e seg.; João BAPTISTA MACHADO – Anotação a STJ 31/3/87, *RLJ* 121

protecção das nossas leis e este interesse era disponível ou renunciável. Sucede, porém, que este preceito só protegia o cidadão português quando o Direito material português fosse competente segundo o Direito Internacional Privado português e tratava-se de uma condição de confirmação de conhecimento oficioso. Portanto, em minha opinião, o preceito também salvaguardava a competência da lei portuguesa e não era meramente o interesse particular do cidadão português que estava em causa.

A nova redacção elimina essa questão, uma vez que deixa de ser um requisito de conhecimento oficioso e que passa a ser um fundamento de impugnação que tem de ser invocado pelo português vencido[53]. Em todo o caso observe-se que o interesse particular do português só é protegido quando o Direito material português for aplicável. O raciocínio parece ser o seguinte: para que se justifique a protecção do português não basta o vínculo de nacionalidade que o une ao Estado português, é também necessário que se estabeleça com o Estado português aquele laço que é relevante para a individualização da ordem jurídica competente (e que pode ou não ser o referido vínculo de nacionalidade) à face do Direito de Conflitos português.

Portanto, a confiança na competência do Direito material português fundada no Direito de Conflitos português concorre para a fundamentação desta solução.

Em segundo lugar, como foi assinalado por TEIXEIRA DE SOUSA relativamente à anterior al. g) do art. 1096.°, no divórcio por mútuo consentimento a decisão não é "proferida contra" nenhuma das partes e, por conseguinte, o n.° 2 do art. 1100.° nunca é aplicável à decisão que o decrete[54]. O mesmo se diga de uma sentença homologatória de transacção[55].

(1989) 267-270, n.° 3; TEIXEIRA DE SOUSA – *O Regime Jurídico do Divórcio*, Coimbra, 1991, 20 e seg.; e ANTUNES VARELA – Anotação aos Acs. STJ 1/7/86 e 26/10/86, *RLJ* 126 (1993) n.os 3828 e 3829/3830, n.os 6 e 7.

[53] A favor desta solução, ver FERRER CORREIA/FERREIRA PINTO (n. 30) 54 e seg. e TEIXEIRA DE SOUSA – "Apreciação de alguns aspectos da 'Revisão do Processo Civil – Projecto'", *ROA* 55 (1995) 353-416, 373. Acresce que cessa a faculdade de o Ministério Público recorrer da decisão de confirmação anteriormente prevista no art. 1102.°/2

[54] No mesmo sentido, perante o anterior 1096.°/g, TEIXEIRA DE SOUSA (n. 52) 21 e ANTUNES VARELA (n. 52) n.° 3.

[55] Cf. Carlos FERREIRA DA SILVA – "De la reconnaissance et de l'exécution de jugements étrangers au Portugal (hors du cadre de l'application des conventions de Bruxelles et de Lugano)", *in Recognition and Enforcement of Foreign Judgments Outside the Scope of the Brussels and Lugano Conventions*, 465-491, org. por Gerhard Walter e Samuel Baumgartner, A Haia, Londres e Boston, 2000, 481.

Já continua a oferecer dúvida se o português vencido pode invocar este fundamento de oposição depois de ter manifestado a sua adesão à sentença através de factos concludentes. Por exemplo, o ex-cônjuge português, vencido em acção de divórcio litigioso, celebrou entretanto um segundo casamento. Seguindo o entendimento de FERRER CORREIA creio que a resposta deve ser negativa[56].

Uma última questão é a de saber se a simples não aplicação do Direito material português fundamenta a impugnação do pedido. A nova redacção torna claro ser o "resultado da acção" que releva[57]. A sentença estrangeira deve ser confirmada, ainda que não tenha sido aplicado o Direito material português, quando a aplicação deste Direito não conduzisse a um resultado mais favorável ao português.

Pelo contrário, uma aplicação manifestamente errónea do Direito português pelo tribunal estrangeiro, em desfavor da parte portuguesa, deve ser equiparada à não aplicação do Direito português, constituindo, por conseguinte, fundamento de impugnação. Neste sentido se pronunciaram FERRER CORREIA e MARQUES DOS SANTOS[58].

Este fundamento de impugnação do pedido implica um controlo de mérito em sentido forte. Para verificar este fundamento de impugnação o tribunal tem de examinar os factos e o Direito aplicável. Mas não procede a um novo julgamento. Por um lado, o tribunal não pode admitir novos meios de prova sobre a matéria de facto nem sequer rectificar as conclusões que o tribunal retirou das provas produzidas[59]. O controlo de mérito cinge-se à matéria de Direito. Por outro lado, o tribunal revisor não pode alterar a decisão: só pode conceder ou negar a confirmação[60].

O n.° 3 do § 1.° do art. 328.° ZPO alemão continha uma disposição até certo ponto semelhante que excluía o reconhecimento de uma decisão

---

[56] Cf. FERRER CORREIA/FERREIRA PINTO (n. 30) 55 e FERRER CORREIA (n. 30) 138.

[57] Ver também Acta n.° 90 da Comissão de Revisão, *in BMJ* 417: 72 e seg.

[58] À face do anterior art. 1096.°/g, FERRER CORREIA (n. 33) 99 e, à face do Direito vigente, António MARQUES DOS SANTOS – "Revisão e confirmação de sentenças estrangeiras no novo Código de Processo Civil de 1997 (alterações ao regime anterior)", *in Aspectos do novo Processo Civil*, 105-155, Lisboa, 1997, 147.

[59] Cf. FERRER CORREIA (n. 4 [1983] e n.° 17 e ANTUNES VARELA (n. 52) n. 2 p. 95.

[60] Isto não impede ANTUNES VARELA [loc. cit.] de admitir uma confirmação parcial, por exemplo, quando a sentença de divórcio não ofenda disposições do Direito nacional quanto à dissolução da relação matrimonial, mas já ofender quanto aos efeitos patrimoniais.

458   *Estudos de Direito Internacional Privado*

em matéria de casamento, divórcio, filiação legítima e legitimação, quando a decisão tivesse sido proferida contra uma parte alemã, por o juiz estrangeiro ter aplicado um Direito que não era o competente segundo as normas de conflitos alemãs. Mas este caso de controlo de mérito foi abolido pela reforma de 1986.

A tendência, como foi atrás observado, tem ido no sentido do abandono dos casos de controlo de mérito.

Não obstante, entendo que o caso de controlo de mérito contido no art. 1100.º/2 CPC é justificado à luz da indagação feita anteriormente numa perspectiva de política jurídica. Quando for competente o Direito material do Estado de reconhecimento e exista uma forte conexão entre a parte vencida e este Estado não é razoável o afastamento do Direito de Conflitos do Estado de reconhecimento. O preceito do art. 1100.º/2 é um temperamento bem-vindo a um sistema que não garante nem um controlo adequado da competência do tribunal de origem nem um controlo de resultado em casos em que tal controlo se justificaria.

No entanto, têm-se suscitado dúvidas quanto à constitucionalidade do preceito.

O n.º 2 do art. 1100.º CPC estabelece um tratamento diferenciado conforme a parte vencida é portuguesa ou estrangeira. Esta diferença de tratamento não parece compatível com o princípio da equiparação entre nacionais e estrangeiros consagrado pelo art. 15.º CRP[61].

É certo que o n.º 2 do art. 15.º CRP admite, como excepção ao princípio da equiparação, que a lei reserve direitos exclusivamente aos cidadãos portugueses. Mas daqui decorre, em meu entender, que os estrangeiros só verão a sua capacidade de gozo limitada pelas normas legais que reservem uma determinada categoria de direitos aos portugueses[62]. Ora, a limitação introduzida pelo art. 1100.º/2 CPC aos direitos que podem ser gozados por estrangeiros não se reporta a uma determinada categoria de direitos.

Em todo o caso, bem vistas as coisas, a inconstitucionalidade não resulta de uma protecção injustificada dos portugueses, mas da circuns-

---

[61] Cf. MARQUES DOS SANTOS (n. 58) 144 e, em termos dubitativos, TEIXEIRA DE SOUSA (n. 52) 20. Por seu turno, LEBRE DE FREITAS – *A Acção Executiva à luz do Código Revisto*, 2.ª ed., Coimbra, 1997, 40 n. 20, entende que há violação do art. 13.º/2 CRP.

[62] Ver LIMA PINHEIRO – *Direito Internacional Privado*, vol. II – *Direito de Conflitos. Parte Especial*, 2.ª ed., Coimbra, 2002, 142 e segs.

tância de os estrangeiros que têm uma forte ligação com o Estado português não gozarem da mesma protecção. Ora, esta discriminação pode ser evitada mediante uma extensão analógica da protecção concedida pelo art. 1100.°/2 CPC aos estrangeiros e apátridas residentes habitualmente em Portugal. O *ratio* do preceito abrange este caso, visto que há uma forte conexão pessoal com o Estado português que justifica a protecção da pessoa em causa, através do controlo de mérito, quando seja aplicável o Direito português.

Também foi colocada em dúvida, por JAYME, a compatibilidade da norma do art. 1100.°/2 CPC com o princípio da não discriminação consagrado pelo art. 12.° (ex-art. 6.°) do Tratado da Comunidade Europeia[63].

Parece-me indiscutível que a proibição de discriminação em razão da nacionalidade, no âmbito de aplicação do Tratado da Comunidade Europeia, é incompatível com normas de Direito Internacional Privado que estabeleçam um tratamento menos favorável de nacionais de outros Estados-Membros[64].

Duas observações, porém, se impõem.

Em primeiro lugar, o art. 12.° só proíbe a discriminação no "âmbito de aplicação do Tratado". Para este efeito, o âmbito de aplicação do Tratado é entendido em sentido amplo, abrangendo as normas nacionais que tenham uma incidência directa ou indirecta sobre as liberdades comunitárias[65]. Em todo o caso, parece que a actuação do art. 1100.°/2 CPC em matéria jurídico-pessoal está fora do âmbito de aplicação desta proibição.

Em segundo lugar, decorre do anteriormente exposto que defendo a extensão analógica da protecção concedida pelo art. 1100.°/2 CPC a estrangeiros e apátridas residentes habitualmente em Portugal. A seguir-se

---

[63] "MACHADO VILLELA 1871-1956 und das Internationale Privatrecht", *in FS Ulrich Drobnig*, 289-297, 1998, 295 e seg.. Ver também MOURA VICENTE – "Competência judiciária e reconhecimento de decisões estrangeiras no Regulamento (CE) n.° 44/2001", *in Direito Internacional Privado.Ensaios*, vol. I, 291-324, Coimbra, 2002, 318 n. 57.

[64] Ver Marc FALLON – "Les conflits de lois et de juridictions dans un espace économique intégré. L'expérience de Communauté européenne", *RCADI* 253 (1995) 9-282, 126 e segs., e KROPHOLLER (n. 34) 72 e seg..

[65] Ver Michael WILDERSPIN e Xavier LEWIS – "Les relations entre le droit communautaire et les règles de conflits de lois des États membres", *R. crit.* 91 (2002) 1-37 e 289--313, 6 e segs. Ver ainda MARIA LUÍSA DUARTE – *A Liberdade de Circulação de Pessoas e a Ordem Pública no Direito Comunitário*, Coimbra, 1992, 184 e segs., e Takis TRIDIMAS – *The General Principles of EC Law*, Oxford, 1999, 81 e segs.

460 Estudos de Direito Internacional Privado

este entendimento, o preceito deixa de ter carácter discriminatório, razão por que não suscita um problema de compatibilidade com o art. 12.° do Tratado da Comunidade Europeia.

III. RECONHECIMENTO AUTÓNOMO DE DECISÕES ARBITRAIS "ESTRANGEIRAS" E CONTROLO DO DIREITO APLICÁVEL

A) Considerações gerais

Foi atrás assinalado que as decisões arbitrais podem, em geral, ser consideradas *decisões externas* (I.A). Por isso, é concebível que o problema do reconhecimento se coloque relativamente a todas as decisões arbitrais e não só às decisões arbitrais "estrangeiras". Foi este o caminho seguido pela Lei-Modelo sobre Arbitragem Comercial Internacional da Comissão das Nações Unidas para o Direito Comercial Internacional e por diversos sistemas nacionais[66].

Todavia, o Direito interno português, bem como as Convenções internacionais em vigor na ordem jurídica portuguesa, adoptam uma posição diferente: só as decisões arbitrais "estrangeiras" colocam um problema de reconhecimento.

Isto tem consequências quanto à questão de saber se o tribunal de reconhecimento deve controlar o Direito aplicado pelos árbitros.

A norma de conflitos especial estabelecida pela LAV para a arbitragem internacional, contida no seu art. 33.°, só se aplica quando a arbitragem tem lugar em Portugal, por força do disposto no art. 37.° da mesma lei[67]. Por conseguinte, o Direito de Conflitos português em matéria de arbitragem internacional não é aplicável quando o litígio é submetido a uma arbitragem que tem lugar no estrangeiro.

E quando se trate de reconhecimento de decisão arbitral "estrangeira" que não resulte de "arbitragem internacional" no sentido do art. 32.° LAV, i.e., que não ponha em jogo interesses de comércio internacional?

Mesmo que o Direito de Conflitos geral português possa reclamar aplicação a uma arbitragem transnacional que não ponha em jogo interes-

---

[66] Ver desenvolvimento em LIMA PINHEIRO (n. 1) 283 e segs.
[67] Ver LIMA PINHEIRO (n. 1) 351 e segs.

ses do comércio internacional, quando esta arbitragem tenha lugar em Portugal[68], já não tem vocação a regular uma arbitragem que tem lugar no estrangeiro. Com efeito, o sistema português só regula as arbitragens que têm lugar em Portugal[69].

Daqui resulta que no reconhecimento de decisões arbitrais "estrangeiras" nunca está em causa a tutela da confiança depositada no Direito de Conflitos português. Por esta razão, não se justifica um controlo de mérito semelhante ao defendido, em determinados casos, relativamente ao reconhecimento de decisões judiciais estrangeiras.

B) Regime da Convenção de Nova Iorque

Examinemos o Direito positivo. Na ordem jurídica portuguesa vigoram principalmente o regime da Convenção de Nova Iorque sobre o Reconhecimento e a Execução de Sentenças Arbitrais Estrangeiras (1958) e o regime interno que é aplicável fora do âmbito de aplicação da Convenção e de outros regimes supraestaduais.

Principiando pelo regime da Convenção de Nova Iorque.

O sistema de reconhecimento instituído pela Convenção de Nova Iorque é fundamentalmente formal.

Segundo o entendimento mais corrente, o Estado de reconhecimento não pode controlar o Direito que foi aplicado pelos árbitros ao mérito da causa.

Por minha parte, admito um controlo limitado ao respeito da escolha feita pelas partes e, na falta de escolha, à observância das directrizes sobre a determinação do Direito aplicável contidas na lei do lugar da arbitragem.

Com efeito, o art. 5.°/1/d da Convenção estabelece como fundamento de recusa de reconhecimento a desconformidade do processo arbitral com a convenção das partes ou, na falta de tal convenção, com a lei do país em que teve lugar a arbitragem. A meu ver, o desrespeito da escolha de lei feita pelas partes e, na falta de escolha, a inobservância das directrizes

---

[68] Ver ISABEL DE MAGALHÃES COLLAÇO – "L'arbitrage international dans la récente loi portugaise sur l'arbitrage volontaire", in *Droit international et droit communautaire, Actes du colloque. Paris 5 et 6 avril 1990* (Fundação Calouste Gulbenkian, Centro Cultural Português), 55-66, Paris, 1991, 60 *in fine* e seg., e LIMA PINHEIRO (n. 1) 258.

[69] Ver LIMA PINHEIRO (n. 1) 80 e 351 e segs.

sobre a determinação do Direito aplicável contidas na lei do lugar da arbitragem podem ainda ser vistas como desconformidades processuais[70].

Mesmo que se siga este entendimento, não se trata de um controlo de mérito feito perante o Direito do Estado de reconhecimento, uma vez que não se atende ao Direito de Conflitos do Estado de reconhecimento, mas apenas à convenção das partes e às normas sobre a determinação do Direito aplicável do Estado de origem.

C) Regime interno

Entendo que o sistema de reconhecimento estabelecido pelo regime interno é absolutamente formal. A regularidade processual não constitui uma condição de reconhecimento (diferentemente do que se verifica face à Convenção de Nova Iorque)[71]. Por conseguinte, parece que o regime interno nem sequer permite controlar o respeito da escolha de lei feita pelas partes e, na falta de escolha, a observância das directrizes sobre a determinação do Direito aplicável contidas na lei do lugar da arbitragem. Este aspecto de regime interno é sem dúvida criticável.

Mas não será este formalismo temperado pelo disposto no art. 1100.°/2 CPC à semelhança do que se verifica com as decisões judiciais estrangeiras?

Em minha opinião, o art. 1100.°/2 CPC não é aplicável à revisão de sentença arbitral proferida em arbitragem internacional no sentido do art. 32.° LAV.

Com efeito, este preceito só protege a parte portuguesa quando esta pode confiar na competência do Direito material português com base no Direito de Conflitos português. Ora o Direito de Conflitos em matéria de arbitragem internacional só se aplica às arbitragens que têm lugar em Portugal. Tratando-se de uma decisão proferida em arbitragem que teve lugar no estrangeiro não pode haver uma confiança na competência da lei portuguesa fundada no Direito de Conflitos português[72].

---

[70] Ver Philippe Fouchard, Emmanuel Gaillard e Berthold Goldman – *Traité de l'arbitrage commercial international*, Paris, 1996, 1005; Christian Von Bar e Peter Mankowski – *Internationales Privatrecht*, vol. I – *Allgemeine Lehren*, 2.ª ed., 2003, Munique, 87; Lima Pinheiro (n. 1) 270.

[71] Ver Lima Pinheiro (n. 1) 321 e segs.

[72] Cp. Isabel de Magalhães Collaço (n. 68) 66 e Morais Leitão/Moura Vicente – "Portugal", *in International Handbook on Commercial Arbitration*, Suppl. 35, 1-29, 28.

Pode porventura defender-se que o art. 1100.°/2 CPC já é aplicável no caso de reconhecimento de decisão "estrangeira" que não resulte de "arbitragem internacional". Não creio, porém, que estes casos sejam abrangidos pelo *ratio* do preceito: uma vez que o Direito de Conflitos geral português não tem vocação a aplicar-se a uma arbitragem que tenha lugar no estrangeiro (*supra* A) não pode haver uma confiança depositada na competência da lei portuguesa baseada neste Direito de Conflitos.

IV. CONCLUSÕES

Concluindo.

Perante um sistema de reconhecimento que controle adequadamente a competência do tribunal de origem o reconhecimento das decisões judiciais estrangeiras pode, em regra, depender de um controlo meramente formal. Mesmo neste caso, porém, seria defensável um controlo de mérito das decisões judiciais estrangeiras, com carácter excepcional, quando os tribunais do foro forem internacionalmente competentes e não for razoável o afastamento do Direito de Conflitos do foro.

O Direito positivo, porém, falha nesta articulação entre o Direito de Conflitos, o Direito de Reconhecimento e o Direito da Competência Internacional, ao consagrar um sistema de reconhecimento essencialmente formal, ou mesmo inteiramente formal, sem atender à conexão da relação controvertida com o Estado de reconhecimento.

Já no que toca ao reconhecimento de decisões arbitrais "estrangeiras" é aceitável um sistema de reconhecimento formal que apenas permita o controlo da conformidade da determinação do Direito aplicável com a escolha feita pelas partes e, na falta de escolha, com as directrizes contidas na lei da sede da arbitragem. Mesmo aqui, porém, o regime interno vai demasiado longe ao estabelecer um sistema absolutamente formal.

A *coerência do sistema* reclama a articulação interna entre o Direito de Conflitos, o Direito de Reconhecimento e o Direito da Competência Internacional. No Direito positivo manifesta-se por vezes uma falta de articulação que chega a repercutir-se em graves contradições valorativas. A evolução recente do Direito positivo não se tem mostrado sensível a esta preocupação e tem mesmo agravado os desajustamentos e antinomias entre os complexos normativos em jogo. Isto é resultado, em vasta medida, de uma falta de visão de conjunto e da pouca atenção prestada aos nexos entre os complexos normativos em jogo. Urge inverter esta tendência, mediante a consciencialização da interdependência destes complexos normativos e da necessidade de as suas soluções serem integradas num sistema global e coerente.

A *integração das soluções num sistema global e coerente* traduzir--se-á em soluções mais adequadas à vida jurídica transnacional, reduzindo os factores de incerteza e imprevisibilidade, tutelando a confiança depositada no Direito de Conflitos e atenuando o desequilíbrio entre as partes criado pelo *forum shopping* e pelo aproveitamento abusivo do instituto de reconhecimento de decisões judiciais estrangeiras.